सैद्धान्तिक अर्थशास्त्र

सैद्धान्तिक अर्थशास्त्र

(Theoretical Economics)

डॉ॰ मनोज कुमार

अर्जुन पब्लिशिंग हाउस

सैद्धान्तिक अर्थशास्त्र

प्रथम संस्करण : 2011

ISBN 978-81-8330-288-3

प्रकाशक :

अर्जुन पब्लिशिंग हाऊस

4831/24, प्रह्लाद गली
अंसारी रोड, दरियागंज
नई दिल्ली—110002
फोन : 23272541, 23257835
फैक्स : 91-011-23257835
e-mail : arjunbooks2001@gmail.com

टाइपसेटिंग :

डिम्पल कम्प्यूटर्स
दिल्ली

प्रिन्टर्स :

रोशन आफसेट प्रिंटर्स
दिल्ली - 53

प्रस्तावना

आर्थिक सिद्धान्तों का निर्माण तथा विकास किसी अर्थव्यवस्था का महत्त्वपूर्ण कार्य है। प्रत्येक अर्थव्यवस्था कार्यालय सिद्धान्तों का अनुशरण कर दो विकास की दिशा में निरन्तर अग्रसर रह सकती है। अर्थव्यवस्था में विकास का मार्ग भी असम्भव नहीं तो चुनौतीपूर्ण आवश्यक है। अर्थव्यवस्था में चुनौतियाँ का सफलतापूर्वक सामना करने हेतु आर्थिक सिद्धान्तों की विशेष भूमिका रहती है।

सैद्धान्तिक अर्थशास्त्र विषय पर प्रस्तुत इस पुस्तक की विषय-सामग्री में विषय-प्रवेश, सम्पूरकता और प्रतिस्थापनीयता, आर्थिक नियम, प्रतिस्पर्द्धात्मक बाजार अर्थव्यवस्था, उपभोक्ता व्यवहार सिद्धान्त, समाजवाद, मिश्रित अर्थव्यवस्था, प्रतिद्वन्द्वी परिस्थितियाँ, मूल्य-विभेद, मूल्य अर्थशास्त्र, वस्तु-श्रृंखला मूल्य-निर्धारण, व्यापार चक्र के विभिन्न अध्यायों में प्रमाणिक शोध, प्रकाशनों एवं सरकारी प्रतिवेदनों का विस्तृत उल्लेख किया गया है।

इस पुस्तक के अध्यायों का चयन विभिन्न विश्वविद्यालयों के पाठ्यक्रमों को ध्यान में रखकर किया गया है। आशा है यह पुस्तक विषय के विद्यार्थियों के लिए अत्यन्त उपयोगी सिद्ध होगी।

लेखक

विषय-सूची

1. विषय-प्रवेश 1

2. सम्पूरकता और प्रतिस्थापनीयता 29

3. आर्थिक नियम 39

4. प्रतिस्पर्द्धात्मक बाजार अर्थव्यवस्था 49

5. उपभोक्ता व्यवहार सिद्धान्त 65

6. समाजवाद 84

7. मिश्रित अर्थव्यवस्था 105

8. प्रतिद्वन्द्वी परिस्थितियाँ 124

9. मूल्य-विभेद 180

10. मूल्य अर्थशास्त्र 202

11. वस्तु-शृंखला मूल्य-निर्धारण 245

12. व्यापार चक्र 258

1

विषय-प्रवेश
[Introduction]

अर्थव्यवस्था के प्रकार
(Type of Economics)

प्रत्येक अर्थव्यवस्था की क्रियाएँ या कार्य प्रणाली इसकी उत्पादन इकाइयों के पूर्ण सहयोग पर निर्भर करती है जो आपस में एक-दूसरे से सम्बन्धित और एक दूसरे पर आधारित हैं। इसीलिए यह कहा जाता है कि अर्थव्यवस्था सम्बन्धित अंगों का समन्वय है। यह सहज ही स्पष्ट है कि प्रत्येक आर्थिक इकाई कच्चे पदार्थों या मशीन आदि की पूर्ति के लिए दूसरी आर्थिक इकाई पर निर्भर करती है। यदि एक आर्थिक इकाई को पर्याप्त वांछित मात्रा में कच्चे पदार्थ, मशीन तथा अन्य आवश्यक सामग्री नहीं मिल पाती है तो वह उचित रूप से कार्य नहीं कर सकेगी। अत: एक उत्पादन इकाई की कार्य पद्धति दूसरी इकाई की उचित कार्य पद्धति पर निर्भर करती है। इस तथ्य को एक उदाहरण की सहायता से समझा जा सकता है।

इसके लिए एक सूती कपड़े की मिल का उदाहरण ले लीजिये। मिल को कपड़ा तैयार करने के लिए मशीन, श्रमिक, कच्चा माल और इनके अतिरिक्त और बहुत-सी चीजों की आवश्यकता होती हैं। मशीन की उत्पत्ति और पूर्ति कई उत्पादन इकाइयों पर निर्भर करती है जिसमें खानों से लोह खनिज तथा कोयला निकालने से लेकर रासायनिक पदार्थों, लोहा और इस्पात के तैयार करने तक की क्रियाएँ शामिल होती हैं और तब मशीन तैयार होती है। इसी प्रकार कच्चे माल का उत्पादन और पूर्ति विभिन्न प्रकार की व्यापारिक और निर्माणकारी फर्मों के कार्य पर निर्भर करती है। यदि इन आर्थिक इकाइयों में से एक आर्थिक इकाई का कार्य भी गलत हो जाता है तो इससे कपड़े की मिल का सारा कार्य ही खतरे में पड़ जायेगा। उदाहरण के लिए, यदि सूती कपड़े की मिल को पर्याप्त कच्चा माल नहीं मिल पाता है तो

इसका उत्पादन उतनी मात्रा में नहीं होगा जितना होना चाहिये। यही बात उस समय भी सत्य होगी जब मशीन और पूँजी की पूर्ति सही मात्रा में न हो।

उपरोक्त कथन से यह सारांश निकलता है कि वस्तु की एक इकाई के उत्पादन में लाखों श्रमिक और बड़ी संख्या में आर्थिक इकाइयाँ शामिल होती हैं। यह सब आर्थिक इकाइयाँ संगठित रूप में कार्य करती हैं जो बहुत सीमा तक एक दूसरे पर निर्भर होती है। इसी प्रकार प्रत्येक आर्थिक इकाई में एक वस्तु के उत्पादन की प्रक्रिया में विभिन्न कार्य करने वाले श्रमिकों में पारस्परिक सहयोग और निर्धनता होती है। संक्षेप में हम यों कह सकते हैं कि अर्थव्यवस्था अन्तर्सम्बन्धित प्रक्रियाओं का संगठन हैं जिसमें उपभोक्ता की आवश्यकताओं की वस्तुओं और सेवाओं के उत्पादन और पूर्ति में श्रमिक और उत्पादक सहयोग देते हैं। प्रो. जै. आर. हिक्स के शब्दों में यों कह सकते हैं कि "अर्थव्यवस्था केवल आर्थिक उपभोक्ताओं की आवश्यकता की संन्तुष्टि के लिए वस्तुओं और सेवाओं को उत्पादित करने में विभिन्न उत्पादकों और श्रमिकों के बीच सहयोग है।"

एक प्रश्न उत्पन्न होता है कि ये उपभोक्ता कौन है जिनके लिए उत्पादन किया जा रहा है? उपभोक्ता वे ही हैं (और उनके परिवार के सदस्य हैं) जो विभिन्न उत्पादन इकाइयों में श्रमिकों और उत्पादकों की तरह कार्य करते हैं। श्रमिक और उत्पादक के रूप वे वस्तुओं और सेवाओं को उत्पन्न करते हैं और उपभोक्ता के रूप में एक दूसरे से वस्तुयें और सेवायें खरीदते हैं जिनसे वे अपनी आवश्यकताओं की सन्तुष्टि करते हैं। इस तथ्य का और स्पष्टीकरण इस प्रकार किया जा सकता है।

अर्थव्यवस्था में प्रत्येक व्यक्ति एक उपभोक्ता भी है जिसे उपभोग के लिये वस्तुओं और सेवाओं की आवश्यकता है। इन सारी वस्तुओं को वह स्वयं पैदा करने में असमर्थ है, इसलिए वह इन वस्तुओं में से एक दो या कुछ वस्तुओं के उत्पादन पर अपनी शक्तियाँ लगाता है। वह इन वस्तुओं का उत्पादन अपनी आवश्यकता से अधिक करता है जिससे इन वस्तुओं के बदले में दूसरों से अपनी आवश्यकता की वस्तुयें और सेवायें प्राप्त कर सकें। मानो प्रत्येक उत्पादक दूसरे को कहता है कि 'आप यह काम मेरे लिये करें, में यह काम आपके लिए करुँगा'

आधुनिक अर्थव्यवस्थाओं में विनिमय अदल-बदल अर्थात् वस्तु-विनिमय के रूप में ही नहीं किया जाता बल्कि बाजार से वस्तुओं और सेवाओं को मुद्रा के रूप में खरीदा और बेचा जाता है। मुद्रा के आविष्कार ने और विनिमय माध्यम के रूप में इसके प्रयोग ने आधुनिक जटिल अर्थव्यवस्थाओं में विनिमय पद्धति को सरल बना दिया है तथा उत्पादन प्रक्रिया को जटिल बना दिया है। यह इस कारण है कि उत्पादक बाजार में विक्रय के लिये उत्पत्ति करता है, अपने स्वयं के उपभोग के लिए नहीं। उत्पादन का यह ढंग प्रत्यक्ष उत्पादन की अपेक्षा अधिक कुशल समझा जाता है क्योंकि इससे विशिष्टीकरण और श्रम विभाजन सम्भव होता है और कम लागत पर अधिक उत्पादन किया जा सकता है। इससे एक निश्चित

समय में लोगों को अधिक वस्तुयें और सेवायें उपलब्ध हो जाती हैं जिनसे उनका रहन–सहन का स्तर ऊँचा होने में मदद मिलती है।

उपरोक्त कथन से यह निष्कर्ष निकलता है कि आज उत्पादन का ढंग अप्रत्यक्ष और जटिल हो गया है। उत्पत्ति करने के पश्चात् उत्पादक और श्रमिक अपनी वस्तुओं और सेवाओं का बाजार में मुद्रा के बदले विनिमय करते हैं। इस मुद्रा को वे आपस में अपने कार्य के पारिश्रमिक के रूप में लगान, ब्याज, मजदूरी, वेतन तथा लाभ आदि के रूप में बाँट लेते हैं। वितरण का यह ढंग विभिन्न अर्थव्यवस्थाओं में भिन्न भिन्न होता है जो अर्थव्यवस्था के प्रकार व रूप पर निर्भर करता है। जो मुद्रा श्रमिकों और उत्पादकों को इस प्रकार प्राप्त होती है, उसे वे अपनी आवश्यकता की वस्तुओं और सेवाओं के खरीदने पर व्यय करते हैं और इससे जितनी वस्तुयें और सेवायें प्राप्त कर सकते हैं उनका उपभोग करते हैं। इस प्रकार कहा जा सकता है कि अर्थव्यवस्था विभिन्न उत्पादकों के बीच सहयोग और उनके पारस्परिक विनिमय की प्रणाली ही है जिसे मुद्रा के प्रयोग ने सरल बना दिया है। फिर प्रो. जे. आर हिक्स के शब्दों में कह सकते हैं कि ''एक ओर तो हम अर्थव्यवस्था को उपभोक्ताओं की सन्तुष्टि के लिए विभिन्न उत्पादकों में सहयोग के रूप में देख सकते हैं और दूसरी और विभिन्न उत्पादकों के बीच पारस्परिक विनिमय के रूप में।''

अर्थव्यवस्था के प्रकार

वास्तविक जगत में विभिन्न प्रकार की अर्थव्यवस्थायें देखने को मिलती हैं। कुछ अर्थव्यवस्थायें साधारण अर्थव्यवस्थायें हैं और कुछ जटिल अर्थव्यवस्थायें हैं जो आर्थिक विकास की अवस्थाओं और निर्भर करती हैं। इस तरह अर्थव्यवस्था के विभिन्न रूप हैं जैसे पूँजीवादी, समाजवादी और या इन दोनों का मिश्रण अर्थात् मिश्रित अर्थव्यवस्था। जो अर्थव्यवस्थायें आर्थिक विकास के ऊँचे स्तर पर पहुँच गई हैं, विकसित अर्थव्यवस्था और दूसरी अल्प विकसित अर्थव्यवस्थायें हैं। हम इन अर्थव्यवस्थाओं के लक्षण या विशेषतायें इस प्रकार देख सकते हैं।

1. सरल (साधारण) व जटिल अर्थव्यवस्था

आर्थिक विकास के स्तर की दृष्टि से अर्थव्यवस्था सरल अथवा जटिल कही जाती है। सरल अर्थव्यवस्था वह है, जिसमें विभिन्न क्रियायें आरम्भिक अवस्था में होती हैं तथा आधुनिक व कुशल प्रकार के जटिल श्रम विभाजन और विशिष्टीकरण का अभाव पाया जाता है। इस प्रकार की अर्थव्यवस्था का उदाहरण अकेले व्यक्ति की अर्थव्यवस्था रोबिन्सन क्रूसों की अर्थव्यवस्था का दिया जाता है, लेकिन इस प्रकार की अर्थव्यवस्था आज दूनिया के किसी देश में नहीं पाई जाती है, लेकिन इस प्रकार की अर्थव्यवस्था आज दूनिया के किसी देश में नहीं पाई जाती। हाँ, सम्भव है कि चन्द्रमा या अन्य किसी ग्रह पर इस प्रकार की अर्थव्यवस्था का पता चल जाए जहाँ निकट भविष्य में अमरीकी अनरिक्ष यात्री पहुंच रहे हैं। मान लो ऐसा हो जाय और एक सरल अर्थव्यवस्था अस्तित्व में आ जाए तो ऐसी अर्थव्यवस्था का सबसे प्रमुख लक्षण यह होगा कि एक व्यक्ति अपनी सारी क्रियाओं को पूरा करेगा और अपनी

आवश्यकताओं को पूरा करने के लिये वह आत्मनिर्भर होगा। (यह दूसरी बात है कि उसकी आवश्यकतायें भी बहुत ही सीमित हों)

ऐसा होने पर कुछ ही अवधि में दूसरे अन्तरिक्ष यात्री पुरूष और स्त्री वहाँ पहुँचेगे। वे वहाँ कुछ जटिलता उत्पन्न करेंगे क्योंकि उनकी आवश्यकतायें उनमें से किसी एक व्यक्ति द्वारा की गई क्रियाओं से पूरी नहीं होंगी। तब वे श्रम विभाजन और विशिष्टीकरण अपनायेंगे। विभिन्न कार्यों (पेशों) को वे आपस में बाँट लेंगे और उनमें विशिष्टता प्राप्त करेंगे। यदि यह सब भी हो गया तो भी अर्थव्यवस्था अभी बहुत हद तक सरल अर्थव्यवस्था ही रहेगी जिसका कारण होगा-कम लोग और उनकी कम आवश्यकतायें। इसके उपरान्त और आदमी उस ग्रह पर जायेंगे और वहाँ पहुँचे हुए लोगों की भी संख्या बढ़नी आरम्भ होगी। इस प्रकार जनसंख्या और इसके साथ-साथ उनकी आवश्यकताओं में लगातार वृद्धि होगी। बढ़ती आवश्यकताओं के लिये अधिक उत्पादन की आवश्यकता होंगी जिसके लिये अधिक विशिष्टीकरण और श्रम विभाजन की जरूरत पड़ेगी। इन सबसे अर्थव्यवस्था की जटिलता बढ़ेगी। संक्षेप में कह सकते हैं कि यह अर्थव्यवस्था भी यू. एस. ए., यू. के. एस. एस. आर. और भारत जैसी आधुनिक जटिल अर्थव्यवस्थाओं की भाँति हो जायेगी।

2. पूँजीवादी समाजवादी और मिश्रित अर्थव्यवस्थाएँ

(1) पूँजीवादी अर्थव्यवस्था - पूँजीवादी अर्थव्यवस्था वह अर्थव्यवस्था है जिसमें उत्पादन के साधनों जैसे भूमि, इमारतें, कारखाने, उद्योग आदि पर निजी लोगों का अधिकार होता है और इन साधनों के स्वामित्व के नाते वे राष्ट्रीय आय में से एक बड़ा भाग प्राप्त करते हैं। श्रमिक, जो वास्तव में वस्तुओं और सेवाओं के उत्पादक हैं, मजदूरी-मात्र प्राप्त करते हैं और पूँजीपतियों की जेबों में लाभ, ब्याज, लगान आदि के रूप में मोटी रकम जाती है। पूँजीवादी अर्थव्यवस्था की अन्य विशेषतायें यह हैं कि इसमें उपभोग, उत्पत्ति, रोजगार की स्वतन्त्रता होती है, प्रतियोगिता पाई जाती हैं, मूल्य प्रणाली और बाजार प्रणाली में एकाधिकार और एकाधिकारी तत्त्व विद्यमान होते हैं। पूँजीवादी अर्थव्यवस्था में व्यवस्थापक का ऊँचा स्थान होता है। उत्पादन बड़े पैमाने पर होता है। व्यवस्थापक की सहायता के बिना उत्पादन कार्य नहीं चलता। व्यवस्था व्यापार की योजना बनाता है, उसको क्रियान्वित करता है। उत्पत्ति के विभिन्न व्यापार की योजना बनाता है, उसको क्रियान्वित करता है। उत्पत्ति के विभिन्न साधनों को जुटाता है और उनका समन्वय करता है, तथा जोखिमों को अपने ऊपर लेता है, इन्हीं कारणों से इस व्यवस्था में उसका स्थान ऊँचा होता है। पूँजीवादी अर्थव्यवस्था में कीमत प्रणाली ही विभिन्न आर्थिक क्रियाओं जैसे उत्पादन, उपभोग तथा निवेश को नियमित करती है परन्तु अनुचित प्रतियोगिता और एकाधिकारी तत्त्वों के बढ़ जाने से कीमत प्रणाली का कार्य गड़बड़ हो जाता है। इसमें उत्पत्ति के साधनों का भी उचित प्रयोग नहीं हो पाता क्योंकि उत्पत्ति के साधनों का प्रयोग धनी लोगों के उपभोग के लिये विलासिता की वस्तुयें तैयार करने में किया जाता है, निर्धन लोगों की अनिवार्यता की वस्तुयें तैयार करने में नहीं। इन्हीं दोषों के कारण पूँजीवादी अर्थव्यवस्थायें कम होतीं जा रही हैं और इनके स्थान पर समाजवादी या मिश्रित अर्थव्यवस्थाओं की प्रवृत्ति बढ़ती जा रही है।

(ब) समाजवादी अर्थव्यवस्था – समाजवादी अर्थव्यवस्था वह है जिसमें उत्पादन के साधनों पर सामूहिक रूप से समाज का अधिकार होता है और सामाजिक उत्पादन का वितरण इस प्रकार से किया जाता है, जिसमें जहाँ तक सम्भव हो सके, समानता हो। इस प्रकार की अर्थव्यवस्था की सबसे बड़ी विशेषता यह है कि ऐसी अर्थव्यवस्था में उत्पादन नियोजित ढंग से किया जाता है जिसमें पहले कुछ प्राथमिकतायें और उद्देश्य निश्चित कर लिये जाते हैं। दूसरी बात यह है कि राष्ट्रीय उत्पादन का वितरण अधिक समान रूप से किया जाता है जिसमें पूँजीवादी अर्थव्यवस्था जैसी असमानतायें नहीं होती। ऐसा इसलिये भी सम्भव है कि किसी समय समाजवादी अर्थव्यवस्था को वर्ग–विहिन समाज की संज्ञा दी जाती थी, लेकिन वास्तव में विभिन्न प्रकार के और प्रोत्साहन को बढ़ाने के लिये आवश्यक भी है। संक्षेप में कह सकते हैं कि यह समाजवादी अर्थव्यवस्था के लक्षण है– उत्पादन के साधनों पर समाज का सामूहिक, नियोजित उत्पादन और सामाजिक आय का सामान वितरण।

(स) मिश्रित अर्थव्यवस्था – मिश्रित अर्थव्यवस्था में उपरोक्त दोनों अर्थव्यवस्थाओं (पूँजीवादी और समाजवादी अर्थव्यवस्थाओं) के मिले जूले लक्षण होते हैं। सेम्युलसन के अनुसार, मिश्रित अर्थव्यवस्था वह है जहाँ निजी और सार्वजनिक दोनों ही संस्थायें आर्थिक नियंत्रण को लागू करती हैं। उत्पादन के साधनों के एक भाग पर पूँजीपतियों का अधिकार होता है और दूसरे भाग पर सामूहिक रूप से समाज का स्वामित्व होता है। उत्पत्ति के साधनों पर रक्षा, सुरक्षा, सामाजिक कल्याण आदि के कारण सामूहिक स्वामित्व होता है। आर्थिक इकाइयाँ सार्वजनिक क्षेत्र में होती है जिनका उद्देश्य सार्वजनिक सेवा होता है जैसे जल–पूर्ति और विद्युत पूर्ति विभाग, रेलें और रोडवेज, हवाई और समुद्री सेवायें, अस्पताल और डिस्पेन्सरीज, स्कूल और कॉलिज तथा युद्ध सामग्री बनाने वाले उद्योग और आधारभूत उद्योग जैसे लोह–इस्पात के कारखाने आदि। बहुत–सी उत्पादन इकाइयाँ निजी क्षेत्र में भी होती हैं जो विभिन्न वस्तुओं और सेवाओं का उत्पादन करती हैं। कुछ उद्यम ऐसे भी होते हैं, जिनका सार्वजनिक और निजी क्षेत्र मिलकर संचालन करते हैं। उदाहरण के लिये भारत में लोह–इस्पात आदि का उत्पादन निजी और सार्वजनिक क्षेत्र मिलकर करते हैं।

मिश्रित अर्थव्यवस्था में जहाँ तक आय के वितरण का प्रश्न हैं, उसमें विभिन्न ढंग अपनाकर जैसे कर, लेवी और सार्वजनिक और विषमताओं को कम करते हैं। पूँजीवादी अर्थव्यवस्था या मुक्त उद्यम की तरह ही मिश्रित अर्थव्यवस्था की एक बड़ी महत्त्वपूर्ण विशेषता कीमत–प्रणाली है। संक्षेप में, मिश्रित अर्थव्यवस्था में बाजार–प्रणाली पूँजीवादी अर्थव्यवस्था की तरह और आर्थिक नियोजन की प्रणाली तथा न्यायपूर्ण वितरण का ढंग समाजवादी अर्थव्यवस्था जैसा होता है।

3. विकसित और अविकसित अर्थव्यवस्थायें

(अ) विकसित अर्थव्यवस्था – अर्थव्यवस्थाओं को विकसित और अविकसित के आधार पर भी बाँटा जाता है। विकसित अर्थव्यवस्था वह है जो लोगों को अच्छे नागरिक जीवन की अनिवार्य और आरामदायक सुविधायें प्रदान करते है। आर्थिक विकास से तात्पर्य

साधनों में वृद्धि और लोगों की आवश्यका की वस्तुओं और सेवाओं की बढ़ोतरी से है। आर्थिक विकास की मापने का पैमाना राष्ट्रीय और प्रति व्यक्ति आय तथा प्रति व्यक्ति उपभोग में वृद्धि हैं। यदि किसी अर्थव्यवस्था में राष्ट्रीय व प्रति व्यक्ति आय और प्रति व्यक्ति उपभोग पर्याप्त लम्बे समय तक बढ़ता रहता है तो यह विकसित अर्थव्यवस्था कही जाती है, या जब अर्थव्यवस्था के उत्पादन, उपभोग व रहन-सहन आदि का स्तर ऊँचा हो जाता है तो यह विकसित अर्थव्यवस्था हो जाती है। स्पष्ट व सरल शब्दों में कह सकते हैं कि विकसित अर्थव्यवस्था वह है जो उत्पादन में कार्यक्षमता की एक सीमा तक पहुँच गई हैं और अपने लोगों को एक उचित जीवन स्तर प्रदान करती है।

(ब) अल्प-विकसित अर्थव्यवस्था - अल्पविकसित अर्थव्यवस्था वह अर्थव्यवस्था है जो अपने लोगों को अच्छे और आरादायक जीवन की सुविधायें प्रदान करने में असमर्थ हैं। ऐसा दो कारणों से सम्भव है या तो उस अर्थव्यवस्था में प्राकृतिक साधनों का अभाव है या उनका पूर्ण शोषण व उपयोग नहीं किया गया है। ऐसी अर्थव्यवस्था में कुशल उत्पादन का अभाव होता है, कुल उत्पादन और प्रति व्यक्ति उत्पादन का नीचा स्तर होता है, उपभोग का स्तर गिरा हुआ होता है और निम्न जीवन स्तर होता है। अल्पविकसित अर्थव्यवस्था में लोग जीवन रक्षक आवश्यक आवश्यकताओं जैसे भोजन, वस्त्र और मकान जैसी सुविधाओं से भी वंचित रहते हैं। ऐसी अर्थव्यवस्था में औद्योगीकरण का अभाव होता है, कृषि पर अधिक निर्भरता होती हैं, जनसंख्या में तीव्र वृद्धि होती है, घोर निर्धनता का साम्राज्य होता है और भोजन में पोषक तत्वों की कमी होती है तथा आए दिन रोग व महामारी का आक्रमण होता है। संसार में ऐसी बहुत से देशों की अर्थव्यवस्थायें हैं जिनमें ये लक्षण दिखाई देते हैं। उदाहरणत: भारत, चीन, पाकिस्तान और अफ्रीका, एशिया और लेटिन अमेरिका के बहुत से देशों की ऐसी ही अल्प-विकसित अर्थव्यवस्थायें हैं।

4. बन्द अर्थव्यवस्था और उन्मुक्त अर्थव्यवस्था - अर्थव्यवस्था का यह भी एक विभाजन है। बन्द या संवृत अर्थव्यवस्था वह अर्थव्यवस्था होती है जो अपने आपमें पूर्ण होती है तथा अपने ऊपर निर्भर करती है। ऐसी अर्थव्यवस्था विदेशी व्यापार में अर्थात् दूनिया के आयात-निर्यात में भाग नहीं लेती, अपनी सभी आवश्यकताओं की पूर्ति करने के लिये अपनी ही उत्पादन प्रणाली पर निर्भर करती है।

उन्मुक्त अथवा अनावृत अर्थव्यवस्था अन्य देशों की अर्थव्यवस्थाओं से सम्बन्ध रखती है। ऐसी अर्थव्यवस्था दूसरे देशों से आयात और दूसरे देशों को निर्यात भी करती है अर्थात् अन्तर्राष्ट्रीय व्यापार में भाग लेती हैं। आजकल सभी अर्थव्यवस्थायें इसी प्रकार की होती है। संवृत अर्थव्यवस्था में नही पाई जाती।

अर्थव्यवस्था की अपने निवासियों को मौलिक आवश्यक सुविधाएँ

अर्थव्यवस्था अपने निवासियों को अच्छे या बुरे जीवन निर्वा साधन उपलब्ध कराती है। पीछे हम देख चुके हैं कि विकसित अर्थव्यवस्था जीवन निर्वाह के अच्छे साधन जुटाती है और अविकसित अर्थव्यवस्था अच्छे साधन उपलब्ध नहीं करा पाती। अब हम

संक्षेप में इस बात पर विचार करेंगे कि संसार की कुछ मुख्य अर्थव्यवस्थायें किस प्रकार वहाँ के रहने वालों को मौलिक अनिवार्यतायें और दूसरी आवश्यक चीजें उपलब्ध कराती है।

1. भोजन – सर्वप्रथम हम भोजन को ही लेते हैं। कैलोरीज के रूप में प्रति व्यक्ति उपभोग की मात्रा उन्नत देशों जैसे यू. एस. ए. ब्रिटेन आदि में अविकसित देशों जैसे भारत, चीन, पाकिस्तान आदि की अपेक्षा 20–30 गुना अधिक होती है। विकसित और अविकसित देशों की अर्थव्यवस्थाओं में भोजन की श्रेणी में भी अन्तर होता है। धनी देशों में भोजन में माँस, दूध, घी, पनीर आदि पोषक तत्त्व का भाग अधिक होता है और निर्धन देशों के भोजन में सब्जी, गेहूँ, चावल, दाल आदि का अनुपात अधिक होता है जिसमें पोषक तत्त्व कम होते हैं।

2. वस्त्र – अविकसित देशों की अपेक्षा विकसित देशों में प्रति व्यक्ति वस्त्र उपभोग की मात्रा 3 से 8 गुना तक अधिक होती है। हालाँकि यह बहुत कुछ विभिन्न देशों की जलवायु और प्राकृतिक परिस्थितियों पर भी निर्भर करता है, परन्तु फिर भी इस पर उत्पादन और उपलब्धि का भी प्रभाव पड़ता है।

3. निवास स्थान – विकसित देशों में 80 प्रतिशत मकानों में सारी सुविधाएँ सहित प्रति व्यक्ति के लिए एक से अधिक कमरे का औसत पड़ता है और अविकसित देशों में यह सुविध उन्नत देशों की अपेक्षा पाँचवें हिस्से से दसवें हिस्ते तक ही होती है, या यों कह सकते हैं कि पाँच आदमियों को एक कमरे का औसतर पड़ता है और जिसमें सारी सुविधाओं का भी अभाव होता है।

यदि भोजन, वस्त्र और मकान – इन तीनों मदों पर एक साथ विचार करें तो पता चलेगा कि अविकसित देशों में लोगों को अपनी आमदनी का 80 से 90 प्रतिशत तक इन तीनों मदों पर ही खर्च करना पड़ जाता है और दूसरी सभी वस्तुओं व आवश्यकताओं के लिए केवल 10–12 प्रतिशत बचता है। इसकी तुलना में विकसित देशों में लोग अपनी आय का आधा भोग ही इन मदों पर खर्च करते हैं और आधा भाग, जीवन को अधिक सुखमय बनाने वाली वस्तुओं और सेवाओं पर व्यय करते हैं। उदाहरणत: विकसित देशों में तीन गुना अध्यापन की सुविधायें तथा 10 गुना स्वास्थ्य व चिकित्सा की अधिक सुविधायें प्राप्त की जाती है। इनके अतिरिक्त अनेक विभिन्न वस्तुओं जैसे समाचार–पत्र, पत्रिकायें, रेड़ियों, टेलिविजन, मोटर–गाड़ियाँ आदि का उपयोग भी करते हैं, जिनका पिछड़े देशों के लोग केवल स्वप्न ही देख सकते हैं।

प्रश्न उत्पन्न होता है कि क्या ये तुलनायें सही है और वास्तविकता को प्रदर्शित करती है। आधारभूत वस्तुओं के विषय में ये अनुमान ही लगाये गये हैं, जो विभिन्न अर्थव्यवस्थायें अपने निवासियों को उपलब्ध करती हैं। विभिन्न कठिनाइयों के कारण बिल्कुल वास्तविक व निश्चित नापजोख करना कठिन हैं।

कठिनाइयाँ

1. आँकड़ों का अभाव – इसमें सर्वप्रथम कठिनाई तो यह आती है कि विभिन्न अर्थव्यवस्थाओं में उत्पादित वस्तुओं और सेवाओं के विश्वसनीय आँकड़े व सूचनायें उपलब्ध

नहीं होती। ऐसे आँकड़े उन्नत देशों में तो उपलब्ध हो भी सकते हैं पर अवनत देशों में उपलब्ध नहीं हो पाते। इसका कारण यह है कि पिछड़े देशों में उत्पादन का अधिक भाग स्वयं ही उत्पादक भोग कर लेता है और बाजार में बिक्री के लिए नहीं आ पात। जैसे भारत में छोटे छोटे किसान जो अनाज उत्पन्न करते हैं इसका अधिकांश भाग अपने उपयोग के लिए रख लेते हैं और इस प्रकार देश की कुल उपज का सही अनुमान नहीं लगाया जा सकता। इसी प्रकार पिछड़े देशों में घर में काम करने वाली पत्नी की सेवाओं का अनुमान लगाना कठिन हैं जो अविकसित अर्थव्यवस्था में उपभोग का एक महत्त्व पूर्ण भाग हैं।

2. भार देने की समस्या - दूसरी कठिनाई यह होती है कि विकसित और अविकसित अर्थव्यवस्थाओं में जिन वस्तुओं का वहाँ के लोग उपभोग करते हैं, उनकी तुलनात्मक महत्ता में अन्तर होता है। एक देश और दूसरे देश के लोगों की भोजन, वस्त्र, मकान और रहने सहने की आदतों में प्राकृतिक सामाजिक और धार्मिक आधार पर बड़ा अन्तर होता है। विभिन्न देशों के लोग विभिन्न वस्तुओं के उपभोग को अधिक भार देते हैं जिससे तुलनात्मक अध्ययन की कठिनाई और बढ़ जाती है और यह समस्या पैदा हो जाती है कि किस देश के उपभोग स्तर या उपभोग प्रवृत्ति को तुलनात्मक आधार माना जाय।

लेकिन कितनी ही कठिनाइयाँ हो, हमें उपभोग स्तर के तुलनात्मक अध्ययन नहीं चूकना चाहिये। प्रो. ए.जे.ब्राउन ने यह मार्ग सुझाया है कि अर्थव्यवस्थाओं के तुलनात्मक अध्ययन के लिये हमें एक से स्तर वाले देशों के एक समूह में रखकर उनकी तुलना दूसरे स्तर वाले देशों के समूह से करनी चाहिये। इसी आधार पर अब हम आगे चलेंगे। अध्ययन की सुविधा की दृष्टि से संसार के सभी देशों को उनके विकास और उपभोग के आधार पर चार मुख्य वर्गों में बाँटा जा सकता है। जो इस प्रकार हैं-

1. संयुक्त राज्य अमेरिका, ग्रेट ब्रिटेन, फ्रांस, बेल्जियम, जर्मनी आदि देशों की अर्थव्यवस्था अति विकसित है।

2. विकसित देश जैसे इटली, रूस, जापान आदि।

3. मध्यम वर्ग के देश जैसे पूर्वी यूरोप के देश, यूगोस्वालिया, अल्बानिया, ग्रीस और कुछ दक्षिण अमेरिका के देश तथा पश्चिमी द्वीप समूह।

4. गरीब, पिछड़े देश जैसे भारत, चीन, पाकिस्तान, बर्मा, एशिया के कुछ भाग तथा अफ्रीका के कुछ देश।

पहले वर्ग में संयुक्त राज्य अमेरिका सबसे ऊपर है। सन् 1950 में उसका प्रति व्यक्ति उपभोग-स्तर ब्रिटिश लोगों से 60 से 100 प्रतिशत तक ऊँचा था। इस वर्ग के अन्य देश ब्रिटेन से कुछ नीचे स्तर पर हैं।

दूसर वर्ग के देशों का उपभोग-स्तर नीचा है। सन् 1950 में इस वर्ग के देश इटली, जापान, रूस आदि में प्रति व्यक्ति औसत वस्तुओं और सेवाओं के उपभोग का स्तर ब्रिटेन की

अर्थव्यवस्था से 2-3 गुना नीचा था। सन् 1950 के बाद से इन देशों में जो विकास हुआ है उससे यह अन्तर धीरे धीरे कम होता जा रहा है।

मध्यम वर्ग के देशों की अर्थव्यवस्था का स्तर दूसरे वर्ग के देशों की अर्थव्यवस्था के स्तर से करीब आधा है। दूसरे शब्दों में यों कह सकते हैं कि मध्यम वर्ग के देशों का औसत उपभोग स्तर दूसरे वर्ग के उन्नत देशों से आधा है और पहले वर्ग की अपेक्षा बहुत नीचा है।

चौथा वर्ग के देशों की अर्थव्यवस्थायें विकास की दृष्टि से बहुत पीछे हैं। इनका उपभोग-स्तर दुनिया देशों की श्रेणी में आता है जिनका स्थान संसार में सबसे नीचा है। इस वर्ग के लोगों का उपभोग स्तर तीसरे वर्ग के देशों की तुलना में आधे से एक तिहाई तक है। यदि चौथा वर्ग के देशों का उपभोग स्तर अलग अलग देशों का देखें तो भारत का उपभोग स्तर चीन और अफ्रीका के भूमध्यरेखीय देशों से 60 प्रतिशत ऊँचा है।

निष्कर्ष - संक्षेप में यह विभिन्न अर्थव्यवस्थाओं के उपभोग स्तर का एक सामान्य और सापेक्षिक अनुमान है। अब प्रश्न उत्पन्न होता है कि इस प्रकार के अन्तर्राष्ट्रीय तुलनात्मक अध्ययन का क्या महत्त्व है। इसका सरल उत्तर यह है कि इससे विभिन्न देशों के लोगों के रहन-सहन के स्तर के अन्तर का पता चलता है। ऐसा करने पर अगला काम यह होता है कि उपभोग और जीवन स्तर के इस अन्तर को जहाँ तक हो सके, कम किया जाय। निर्धन देशों का उपभोग और रहन-सहन का स्तर ऊँचा किया जाय और उन्नत देशों के स्तर तक लाया जाय।

अर्थशास्त्र की परिभाषा की भांति ही अर्थशास्त्र की प्रकृति व क्षेत्र भी विवाद ग्रस्त विषय रहा है। अर्थशास्त्र की परिभाषा एंव उसका क्षेत्र परस्पर सम्बन्धित हैं। अर्थशास्त्र की परिभाषा उसके क्षेत्र पर प्रकाश डालती है तथा अर्थशास्त्र का क्षेत्र उसकी परिभाषा निर्धारित करता है। अर्थशास्त्र की परिभाषा के सम्बन्ध में अत्यन्त विवाद रहा है तथा इसी कारण अर्थशास्त्र के क्षेत्र के सम्बन्ध में भी विवाद रहा है। अर्थशास्त्र एक गतिशील व विकासात्मक विज्ञान है। आर्थिक क्रियाओं में निरन्तर परिवर्तन होने के कारण अर्थशास्त्र का क्षेत्र भी व्यापक होता जा रहा है।

अर्थशास्त्र का क्षेत्र
(Scope of Economics)

अर्थशास्त्र का क्षेत्र से आश्य इस बात की जानकारी प्राप्त करना है कि अर्थशास्त्र के अन्तर्गत किन-किन बातों का अर्थात किस प्रकार की समस्याओं का अध्ययन किया जाता हे। प्रो. कीन्स के मतानुसार अर्थशास्त्र के क्षेत्र के अन्तर्गत निम्नलिखित तीन विषय सम्मिलित किये जाते है।

(I) अर्थशास्त्र की विषय सामग्री

(II) अर्थशास्त्र की प्रकृति इसके अन्तर्गत निम्न बातें सम्मिलित की जाती हैं।

(i) क्या अर्थशास्त्र विज्ञान हैं?

(ii) अर्थशास्त्र वास्तविक विज्ञान है अथवा आदर्श विज्ञान अथवा दोनों?

(iii) क्या अर्थशास्त्र कला भी हैं?

(3) अर्थशास्त्र की मान्यताएं तथा सीमाएँ

(I) **अर्थशास्त्र की विषय सामग्री** (Subject Matter of Economics): अर्थशास्त्र की विषय सामग्री उसकी परिभाषा के साथ साथ परिवर्तित होती हैं। अर्थशास्त्र की प्रकृति उसकी परिभाषा पर निर्भर करती है। किन्तु अर्थशास्त्र की परिभाषा के बारे में अनेक मत हैं। अभी तक अर्थशास्त्र की कोई भी परिभाषा ऐसी नहीं है जो सर्वस्वीकृत हो। अत: अर्थशास्त्र की विषय सामग्री के बारे में भी कोई सर्व सर्वकृति नहीं है। परिभाषा के वर्गों के मतभेद के अनुसार अर्थशास्त्र की विषय सामग्री के सम्बन्ध में निम्न मत हैं।

(i) **प्रतिष्ठित अर्थशास्त्रियों की विचारधारा :** प्रतिष्ठित अर्थशास्त्रियों में एडम स्मिथ प्रमुख हैं जिन्हें अर्थशास्त्र का जन्मदाता माना जाता है। एडम स्मिथ के अतिरिक्त सीनीयर, वाकर, जे.बी. से., एस. मिल आदि अर्थशास्त्री भी इसी वर्ग में सम्मिलित किए जाते है। एडम स्मिथ ने अर्थशास्त्र को धन का विज्ञान माना था। अत: एडम स्मिथ के अनुसार अर्थशास्त्र की विषय सामग्री धन है। धन की प्रकृति, धन का अर्जन, प्रयोग व धन की वृद्धि के उपायों का अर्थशास्त्र में अध्ययन किया जाता है। अर्थशास्त्र की विषय सामग्री के सम्बन्ध में एडम स्मिथ के विचारों की कटु आलोचना हुई क्योंकि उनके द्वारा मानव को गौण व धन को प्रधान माना गया। आज अर्थशास्त्र की विषय सामग्री के सम्बन्ध में इस मत से कोई भी सहमत नहीं है।

(ii) **कल्याणवादी अर्थशास्त्रियों की विचारधारा :** मार्शल व उसके समर्थकों पीगू, बेवरीज, फेयर चाइल्ड, केनन आदि अर्थशास्त्रियों को कल्याणवादी विचारधारा के वर्ग में सम्मिलित किया जाता है। एडम स्मिथ द्वारा व्यक्त विचारों के कारण अर्थशास्त्र की आलोचना हुई। मार्शल ने अर्थशास्त्र ने अर्थशास्त्र की इन आलोचनाओं से रखा कि तथा अपना मत प्रकट किया। कल्याणवादी अर्थशास्त्रियों के अनुसार अर्थशास्त्र की विषय सामग्री मानव का भौतिक कल्याण है। ये अर्थशास्त्री धन की अपेक्षा मानव को प्राथमिकता देते हैं तथा अर्थशास्त्र का उद्देश्य मानव के भौतिक कल्याण में वृद्धि मानते है। इन अर्थशास्त्रियों के अनुसार अर्थशास्त्र में वास्तविक, सामाजिक व सामान्य व्यक्तियों का अध्ययन किया जाता है। इस प्रकार अर्थशास्त्र एक सामाजिक विज्ञान है।

कल्याणवादी अर्थशास्त्रियों की विचारधारा की भी आलोचना की गई क्योंकि उनकी विचारधारा में अर्थशास्त्र की विषय सामग्री सीमित हो गई। उन्होंनें मानव क्रियाओं को सामान्य-असामान्य, भौतिक-अभौतिक, कल्याणकारी-अकल्याणकारी, सामाजिक-व्यक्तिगत आदि अनेक भागों में बांट दिया तथा केवल सामाजिक व सामान्य व्यक्तियों की भौतिक कल्याण सम्बन्धि क्रियाओं को ही अर्थशास्त्र की विषय सामग्री में सम्मिलित किया।

(iii) **दर्लभता सम्बन्धि विचारधारा :** मार्शल व उसके अनुयायियों की कल्याणकारी विचारधारा की रोबिन्स ने आलोचना की व अपना नवीन दृष्टिकोण प्रस्तुत किया। रोबिन्स के अनुसार केवल धन से सम्बन्धित हो जाने से ही कोई क्रिया आर्थिक नहीं हो जाती। रोबिन्स के अनुसार अर्थशास्त्र दुर्लभता का विज्ञान है। मनुष्य की आवश्यकताएँ

अनन्त है किन्तु उनको पूरा करने के लिए उपलब्ध साधन सीमित हैं। इन सीमित साधनों का भी वैकल्पिक प्रयोग हो सकता है। अत: रोबिन्स के अनुसार अर्थशास्त्र की विषय सामग्री में उन सभी मानवीय क्रियाओं का समावेश हो जाता है जिनका सम्बन्ध चुनाव करने या निर्णय करने से होता है। इन शब्दों के स्थान पर रोबिन्स ने आर्थिक पहलू या आर्थिक समस्या शब्दों का भी प्रयोग किया। इस प्रकार रोबिन्स के अनुसार अर्थशास्त्र को सीमित साधनों के आबंटन का अध्ययन कहा जा सकता है।

साधन सीमित होने के कारण इनका मितव्ययता के साथ प्रयोग करना आवश्यक है। अत: अर्थशास्त्र को मितव्ययता का विज्ञान (Science of Economic) भी कहा जाता है। साधनों की सीमितता से ही आर्थिक समस्या उत्पन्न होती है। अत: अर्थशास्त्र की विषय सामग्री का आधार साधनों की सीमितता है। अत: इस दृष्टिकोण को दुर्लभता सम्बन्धि दृष्टिकोण व इस दृष्टिकोण के अनुसार अर्थशास्त्र को दुर्लभता का विज्ञान (Science of Scareity) कहा जाता है।

रोबिन्स ने अर्थशास्त्र के अध्ययन में सभी प्रकार के मनुष्यों के चुनाव के पहलू के अध्ययन को सम्मिलित किया, चाहे वह सामाजिक हो अथवा नहीं। अत: रोबिन्स के अनुसार अर्थशास्त्र एक मानव विज्ञान है।

(iv) **आधुनिक विचारधारा या विकासवादी विचारधारा :** 1932 में रोबिन्स द्वारा प्रस्तुत विचारों के पश्चात् अर्थशास्त्र की विषय सामग्री में पर्याप्त विकास हो चुका है। आधुनिक विचारधारा प्रस्तुत करने वाले अर्थशास्त्रियों में सेम्यूलसन व मिल्टन फ्रीडमैन प्रमुख है। आधुनिक विकासवादी अर्थशास्त्रियों के अनुसार आर्थिक समस्या केवल दिये हुए सीमित साधनों के आबंटन की ही नहीं हैं। साधनों में वृद्धि करना भी आर्थिक समस्या है जिससे बढ़ती हुई आवश्यकताओं की पूर्ति की जा सकें। अत: आधुनिक विकासवादी अर्थशास्त्री अर्थशास्त्र की विषय सामग्री में आर्थिक विकास, रोजगार, आय आदि को भी सम्मिलित करते हैं। इस प्रकार आधुनिक विचारधारा के अनुसार समष्टि अर्थशास्त्र (Macro Economics) को अर्थशास्त्र की महत्वपूर्ण विषय सामग्री माना है।

आर्थिक क्रियाओं के विभाग
(Units of Economics Activities)

अर्थशास्त्र की विषय सामग्री के सम्बन्ध में प्रस्तुत विभिन्न विचारों के आधार पर अर्थशास्त्र की विषय सामग्री को पांच भागों में बांटा जाता है। आर्थिक क्रियाओं के इन विभागों से प्राय: सभी सहमत हैं। अर्थशास्त्रियों का कथन है कि मनुष्य की आवश्यकताओं, उनकी पूर्ति के साधन, आवश्यकताओं की पूर्ति के लिए प्रयत्न आदि सभी का निरन्तर प्रवाह चलता रहता है। इस प्रवाह से आर्थिक समस्याएँ उत्पन्न होती हैं, उनका अध्ययन अर्थशास्त्र के निम्न पाँच विभागों में किया जाता है:

(1) उपभोग (Consumption) : उपभोग सभी आर्थिक क्रियाओं का आधार हैं क्योंकि उपभोग की आवश्यकता के कारण ही अनेक समस्याएँ उत्पन्न होती है। **मेयर्स** के अनुसार, "स्वतन्त्र मानव समाज की आवश्यकताओं की पूर्ति के लिए वस्तुओं तथा सेवाओं

का प्रत्यक्ष तथा अन्तिम प्रयोग ही उपभोग होता है।'' इस प्रकार आवश्यकताओं की पूर्ति अर्थात सन्तुष्टि करने में जब वस्तुओं व सेवाओं की उपयोगिता कम या नष्ट हो जाती है तो उसे उपभोग कहा जाता है। अर्थशास्त्र के इस विभाग में आवश्यकताएँ, उनकी प्रकृति, उपयोगिता, उपयोगिता सम्बन्धि नियम जैसे सीमान्त उपयोगिता ह्रास नियम, सम सीमान्त उपयोगिता नियम, उपभोक्ता की बचत, उपभोक्ता की सार्वभौमिकता, माँग, माँग का नियम, माँग की लोच आदि का अध्ययन किया जाता है।

(2) **उत्पादन** (Production) : उत्पादन अर्थशास्त्र का एक अन्य विभाग है। **पेन्सन** के अनुसार, ''उत्पादन का अर्थ किसी पदार्थ का निर्माण करना नहीं है वरन् इसका अर्थ किसी वस्तु में मानवीय आवश्यकताओं को सन्तुष्ट करने की योग्यता, क्षमता अथवा गुण में वृद्धि करना है।'' इस प्रकार अर्थशास्त्र के अन्तर्गत वस्तु में उपयोगिता का सृजन करना या वृद्धि करना ही उत्पादन कहलाता है। आवश्यकताओं का पूरा करने के लिए उत्पादन किया जाता है। अर्थशास्त्र के इस विभाग में उत्पादनों के साधनों-भूमि, श्रम, पूंजी, संगठन व साहस उनकी विशेषताओं, कार्य-क्षमता व समस्याओं, उत्पत्ति के नियमों, उत्पत्ति के पैमाने, श्रम-विभाजन आदि के बारे में अध्ययन किया जाता है।

(3) **विनिमय** (Exchange) : अर्थशास्त्र का तीसरा विभाग विनिमय है, जिसमें उन क्रियाओं का अध्ययन किया जाता है जिससे वस्तुएँ उत्पादक से उपभोक्ता तक पहुँचती है। **जेवन्स** के अनुसार, ''कम आवश्यक वस्तु के बदले अधिक आवश्यक वस्तुओं के आदान-प्रदान को विनिमय कहते हैं।'' प्राचिन समय में वस्तु विनिमय प्रचलन में था किन्तु वस्तु विनिमय की कठिनाइयों के कारण मुद्रा का जन्म हुआ तथा अब मुद्रा विनिमय ही प्रचलन में है। श्रम विभाजन व विशिष्टीकरण के कारण विनिमय की क्रियाएँ बढ़ी है। अर्थशास्त्र के इस विभाग में विभिन्न बाजार व उनके मूल्य निर्धारण तथा विनिमय सहायक क्रियाओं का अध्ययन किया जाता है।

(4) **वितरण** (Distribution) : उत्पादन का कार्य उत्पादन के विभिन्न साधनों के सहयोग से किया जाता है। विभिन्न साधनों के सहयोग से धन का जो उत्पादन होता है, उसे उन सभी साधनों में बांटना होता है। इसे ही वितरण कहा जाता है। वितरण में राष्ट्रीय आय अथवा प्रतिफल निर्धारण जैसे लगान, मजदूरी, ब्याज, लाभ आदि के निर्धारण का अध्ययन किया जाता है। अधिकतम सामाजिक कल्याण के लिए यह आवश्यक है कि राष्ट्रीय आय का न्यायपूर्ण वितरण किया जाए। अत: आज के युग में वितरण की समस्या एक महत्वपूर्ण समस्या बन गई हैं।

(5) **राजस्व** (Public Finance) : अर्थशास्त्र के इस विभाग में सरकार (राष्ट्र व राज्य सरकारों) तथा स्थानीय निकायों की आय व व्यय के बारे में अध्ययन किया जाता है। सरकार की आय के स्रोत व व्यय की मदें, कराधान, सार्वजनिक ऋण, सार्वजनिक आय, व्यय, ऋण आदि के सिद्धान्तों का इस भाग में अध्ययन किया जाता हैं।

(II) **अर्थशास्त्र की प्रकृति** (Nature of Economics) : अर्थशास्त्र की प्रकृति का तात्पर्य इस बात की जानकारी करना है कि अर्थशास्त्र विज्ञान है अथवा कला अथवा दोनों। साथ ही यदि अर्थशास्त्र विज्ञान है तो यह वास्तविक विज्ञान है अथवा आदर्श विज्ञान

अथवा दोनों। अर्थशास्त्र की प्रकृति के बारे में निर्णय लेने से पहले यह जानना आवश्यक है कि विज्ञान क्या है:

विज्ञान का अर्थ : किसी भी विषय के क्रमबद्ध ज्ञान को विज्ञान कहते है **कीन्स** के अनुसार, ''विज्ञान ज्ञान का वह क्रमबद्ध संग्रह है जो कारण और परिणाम के बीच सम्बन्ध स्थापित करता है।'' इस प्रकार केवल तथ्यों का संग्रह ही विज्ञान नहीं कहलाता वरन् उन तथ्यों को क्रमबद्ध करने तथा कारण व परिणाम के बीच सम्बन्ध स्थापित करने पर ही उसे विज्ञान कहा जा सकता है। **प्वानकेयर** (Poincare) के अनुसार, ''विज्ञान तथ्यों से इस प्रकार बना हुआ है जिस प्रकार पत्थरों से एक मकान बना होता है, परन्तु जिस प्रकार पत्थरों के ढेर को मकान नहीं कहा जा सकता, ठीक उसी प्रकार तथ्यों के संकलनमात्र से ही विज्ञान नहीं बन सकता हैं।'' इस प्रकार किसी भी विषय को विज्ञान तभी कहा जा सकता है जब उसमें विज्ञान की विशेषताएँ हों। विज्ञान में निम्न विशेषताएँ होती हैं :

1. क्रमबद्ध ज्ञान,
2. लक्ष्यों में कारण व परिणाम में पारस्पिरिक सम्बन्ध,
3. तथ्यों का क्रमबद्ध एकत्रीकरण व विश्लेषण,
4. वस्तुगत दृष्टिकोण,
5. वैज्ञानिक रीतियों का प्रयोग,
6. पूर्वानुमान लगाना सम्भव होना।

विज्ञान कई प्रकार के होते है जैसे : प्राकृतिक विज्ञान, जीव विज्ञान, सामाजिक विज्ञान, सांस्कृतिक विज्ञान, मानवीय व्यवहार विज्ञान आदि, विज्ञान के प्रमुख प्रकार हैं। एक अन्य दृष्टिकोण से विज्ञान दो प्रकार के होते है-वास्तविक विज्ञान व आदर्श विज्ञान।

क्या अर्थशास्त्र विज्ञान है ?
(Is Economics Science?)

अर्थशास्त्र विज्ञान है अथवा नहीं, इसका निर्णय करने के लिए इसके पक्ष व विपक्ष में दिए गए तर्कों का विश्लेषण आवश्यक है।

पक्ष में तर्क
(Arguments in Favour)

अर्थशास्त्र विज्ञान है, इसके पक्ष में निम्न तर्क दिए जा सकते हैं:

1. क्रमबद्ध ज्ञान : किसी भी विषय के क्रमबद्ध ज्ञान को विज्ञान कहा जाता है। इस आधार पर अर्थशास्त्र को भी विज्ञान कहा जा सकता है। अर्थशास्त्र में भी आर्थिक तथ्यों का क्रमबद्ध अध्ययन ही किया जाता है। आर्थिक तथ्यों को क्रमबद्ध ढंग से एकत्र कर उनका क्रमबद्ध ही वर्गीकरण व विश्लेषण किया जाता है। जैसा कि पहले वर्णित किया जा चुका है अर्थशास्त्र की विषय सामग्री को 5 भागों (उपभोग, उत्पादन, विनिमय, वितरण तथा राजस्व) में विभाजित किया गया है।

2. आर्थिक नियम : अर्थशास्त्र के भी उसी प्रकार से अपने नियम है जिस प्रकार अन्य नियम विज्ञानों में है। इन नियमों को आर्थिक नियम अथवा आर्थिक सिद्धान्त कहा जाता है। सीमान्त उपयोगिता ह्रास नियम, प्रतिस्थापन का नियम, माँग का नियम, उत्पादन के नियम, जनसंख्या सिद्धान्त आदि इनमें प्रमुख नियम है।

3. वैज्ञानिक रीति का प्रयोग : अर्थशास्त्र में भी वैज्ञानिक रीति का प्रयोग किया जाता है। वैज्ञानिक रीति के प्रयोग में कारण व परिणाम सम्बन्धी व्याख्या सम्मिलित की जाती है। माँग के नियम में मूल्य घटने या बढ़ने के कारण माँग में वृद्धि या कमी के परिणाम की व्याख्या की गई है। सीमान्त उपयोगिता ह्रास नियम में किसी भी वस्तु के लगातार उपभोग का परिणाम व उसकी सीमान्त उपयोगिता में कमी बताया गया है। अर्थशास्त्र में व्यक्तियों व समूह के व्यवहार का अवलोकन किया जाता है तथा तथ्यों के आधार पर परिकल्पानाएँ बनाई जाती है तथा तथ्यों के आधार पर परिकल्पानाओं की जांच की जाती है। इस प्रकार यह कहा जा सकता है कि अर्थशास्त्र में वैज्ञानिक रीति का प्रयोग किया जाता है।

4. भविष्यवाणी सम्भव : अर्थशास्त्र में भी आर्थिक घटनाओं की भविष्यवाणी व गणितीय रीतियों के प्रयोग व अर्थमिति के कारण अर्थशास्त्र की भविष्यवाणी करने की शक्ति बढ़ गई है।

5. अर्थशास्त्र में भी प्रयोग सम्भव हैं : अर्थशास्त्र में भी अन्य विज्ञानों की भांति प्रयोग करना सम्भव है। अर्थशास्त्र में तथ्यों का परिक्षण मुद्रा रूपी मापदण्ड के द्वारा किया जा सकता है तथा तथ्यों की सत्यता परखी जा सकती है।

6. अर्थशास्त्र को वस्तुपरक (Objective) **कहा जा सकता है :** अर्थशास्त्र के नियम व सिद्धान्त अन्य विज्ञानों की भांति तथ्यों पर आधारित होते है। अतः अर्थशास्त्र को वस्तुपरक कहा जा सकता है। वास्तविक अर्थशास्त्र में तो वस्तुपरकता और भी बढ़ गई हैं।

उपरोक्त तर्को के आधार पर यह कहा जा सकता है कि अर्थशास्त्र एक विज्ञान है।

विपक्ष में तर्क

(Arguments Against)

कुछ विद्वान अर्थशास्त्र को विज्ञान नहीं स्वीकार करते है वे अर्थशास्त्र को विज्ञान नहीं मानने के लिए निम्न तर्क प्रस्तुत करते हैं:

1. एक मत का अभाव : विभिन्न अर्थशास्त्रियों के मतों में एक मत का अभाव पाया जाता है। मतों में विभिन्नता के कारण अर्थशास्त्र को विज्ञान नहीं माना जा सकता।

किन्तु इस तर्क को उचित नहीं कहा जा सकता क्योंकि अर्थशास्त्र एक गतिशील व विकासात्मक विषय है। इस प्रकार के विषय में मतों में विभिन्नता होना स्वाभाविक हैं।

2. आँकड़ों व तथ्यों में निरन्तर परिवर्तन : अर्थशास्त्र में आँकड़ों व तथ्यों के आधार पर निष्कर्ष निकाले जाते है किन्तु ये तथ्य व आँकड़े निरन्तर बदलते रहते हैं। इसी प्रकार उत्पादन की पद्धतियों व संस्थाएँ भी परिवर्तित होती रहती है। अतः इनका केवल एतिहासिक महत्व ही रह जाता है।

किन्तु यह तर्क भी उचित नहीं कहा जा सकता क्योंकि व्यवहार में दीर्घकाल में भी स्थायित्व रहता है। इसी कारण उत्पादन व उपभोग के नियम आज भी सत्य है।

3. निश्चित भविष्यवाणी सम्भव नहीं : अर्थशास्त्र के आँकड़े व तथ्यों में निरन्तर परिवर्तन होता रहता है। इसके साथ ही अर्थशास्त्र मानव व्यवहार से सम्बन्धित है। मानव व्यवहार भी तीव्र गति से परिवर्तित होता रहता है। यही प्रमुख कारण है कि अर्थशास्त्र में निश्चित भविष्यवाणी करना सम्भव नहीं है। अतः आर्थिक नियम अन्य प्राकृतिक विज्ञानों की भांति निश्चित नहीं होते।

किन्तु इस तर्क का भी अधिक महत्व नहीं हैं। यह सही है कि अर्थशास्त्र मानव व्यवहार से सम्बन्धित है तथा मानव व्यवहार परिवर्तनीय है। अतः यद्यपि एक व्यक्ति के व्यवहार के सम्बन्ध में बारें में निश्चित भविष्यवाणी करना सम्भव नहीं है किन्तु मनुष्यों के समूह के व्यवहार की भविष्यवाणी करना सम्भव है जो सही भी सिद्ध होती है। यदि अर्थशास्त्र में कोई भविष्यवाणी सही सिद्ध न हो तो इसका प्रमुख कारण अर्थशास्त्र की सीमाएं है। अर्थशास्त्र में प्राकृतिक या भौतिक विज्ञान की भांति नियन्त्रित प्रयोग सम्भव नहीं हैं। आर्थिक वास्तविकता (Economic Reality) भी बहुत जटिल होती है। देश में करोड़ों मनुष्य, लाखों वस्तुएं, कीमतें आदि होती है। इस प्रकार अर्थशास्त्र में भविष्य वाणियों का सही न होने का कारण उसकी सीमाएं है। किन्तु यह भी सही नहीं है कि अन्य विज्ञानों में भविष्य वाणियां सही उतरती है। मौसम विज्ञान की भविष्य वाणियां सदैव सही सिद्ध नहीं होती।

4. मुद्रा रूपी मापदण्ड अनिश्चित व दोषपूर्ण : अर्थशास्त्र में आर्थिक घटनाओं को मापने के लिए मुद्रा रूपी मापदण्ड का प्रयोग किया जाता है। किन्तु मुद्रा रूपी यह मापदण्ड अनिश्चित व दोषपूर्ण है। अतः इसके आधार पर बनाए गये नियम व सिद्धान्त भी निश्चित नहीं होते।

इस तर्क के सम्बन्ध में यह कहा जा सकता है कि यह दोष अर्थशास्त्र की सीमाओं के कारण है जिनके अन्तर्गत अर्थशास्त्री को कार्य करना पड़ता है। अर्थशास्त्र का तो विषय ही ऐसा है कि उसे सही-सही मापा ही नहीं जा सकता।

अर्थशास्त्र विज्ञान है अथवा नहीं इसके पक्ष व विपक्ष में उपर्युक्त वर्णित प्रस्तुत किय गए तर्कों के विश्लेषण के आधार पर यह कहा जा सकता है कि अर्थशास्त्र एक विज्ञान है। अधिकांश विषय विशेषज्ञ भी अर्थशास्त्र को एक विज्ञान मानते है। यही कारण है कि 1969 से अर्थशास्त्र विज्ञान के लिए भी नोबेल पुरस्कार (Noble Prize) प्रारम्भ किया गया है। इसे अर्थशास्त्र के विज्ञान माने जाने के पक्ष में एक प्रमाण कहा जा सकता है।

वास्तविक विज्ञान बनाम आदर्श विज्ञान
(Positive Science V/s Normative Science)

जब अर्थशास्त्र को एक विज्ञान मान लिया गया है तो यहां एक अन्य प्रश्न भी उपस्थित होता है कि अर्थशास्त्र वास्तविक विज्ञान है अथवा आदर्श विज्ञान, अथवा दोनों इस बात का निर्णय करने के लिए पहले वास्तविक व आदर्श विज्ञान का अर्थ समझना आवश्यक है।

वास्तविक विज्ञान (Real Science): वास्तविक विज्ञान वह विज्ञान है जो वास्तविक स्थिति से सम्बन्धित होता है, यह तथ्यों को वास्तविक रूप में प्रस्तुत करता है यह केवल, क्या है से सम्बन्धित है, यह कारण व परिणाम में सम्बन्ध स्थापित करता है किन्तु यह किसी के उचित या अनुचित होने के बारे में कोई सुझाव नहीं देता। वास्तविक विज्ञान यह तो बताता है कि किसी भी कारण का क्या परिणाम होगा किन्तु यह परिणाम अच्छा है अथवा बुरा, इस बारे में बतलाना वास्तविक विज्ञान का कार्य नहीं है। यह कोई भी आदर्श स्थिति उत्पन्न नहीं करता। वास्तविक विज्ञान की तुलना उस द्वीप स्तम्भ से की जाती है। जो जहाजों को रोशनी दिखाकर उन्हें चट्टान का संकेत देता है किन्तु यह नहीं बताता कि जहाज को पूर्व में जाना चाहिये या पश्चिम में।

आदर्श विज्ञान (Ideal Science) : आदर्श विज्ञान 'क्या होना चाहिए' से सम्बन्ध रखता है। आदर्श विज्ञान यह बताता है कि आदर्श स्थिति क्या होनी चाहिए यह उस आदर्श स्थिति की ओर संकेत करता हैं जिस तक पहुँचना लक्ष्य होना चाहिए।

आदर्श स्थिति को प्राप्त करने के लिए सदैव प्रयत्नशील होना चाहिए। वास्तविक विज्ञान जहां केवल आदर्श स्थिति का संकेत करता है। वहां आदर्श विज्ञान आदर्श स्थिति का संकेत करता हैं। वास्तविक विज्ञान का कार्य वास्तविक स्थिति के अध्ययन व विश्लेषण के साथ समाप्त हो जाता है। इसके पश्चात आदर्श विज्ञान स्थिति की उपर्युक्ता या अनुपयुक्तता के बारे में निर्णय देता है तथा इनमें व्याप्त दोषों को दूर करने के उपाय बताता है।

आदर्शवादी पहलू पर विवाद
(Disputes on Idealism)

अर्थशास्त्र की उत्पत्ति के समय से ही यह विवाद रहा है कि अर्थशास्त्र आदर्श विज्ञान है अथवा नहीं? प्रतिष्ठित अर्थशास्त्रियों ने अर्थशास्त्र को एक वास्तविक विज्ञान माना। जर्मनी के ऐतिहासिक स्कूल का मत था कि अर्थशास्त्र एक आदर्श विज्ञान है। मार्शल व उसके अनुयायियों ने भी अर्थशास्त्र के आदर्शवादी पहलू को स्वीकार किया। मार्शल के विचारों के पश्चात् इस पहलू पर वाद-विवाद समाप्त सा हो गया था। किन्तु 1932 में रोबिन्स के विचारों से पुनः इस सम्बन्ध में विवाद उठ खड़ा हुआ क्योंकि रोबिन्स अर्थशास्त्र को आदर्श विज्ञान नहीं मानते।

केवल वास्तविक विज्ञान होने के पक्ष में तर्क
(Arguments in Favour of Only Real Science)

सीनियर, केयरनेस, रोबिन्स आदि अर्थशास्त्री अर्थशास्त्र को वास्तविक विज्ञान मानते है। अर्थशास्त्र एक वास्तविक विज्ञान है। यह एक विवाद रहित धारणा है क्योंकि जो अर्थशास्त्री यह मानते है कि अर्थशास्त्र एक आदर्श विज्ञान है वे यह भी मानते हैं कि अर्थशास्त्र वास्तविक विज्ञान भी है। अर्थशास्त्र की प्रत्येक विचारधारा के अर्थशास्त्रियों ने इसे वास्तविक विज्ञान स्वीकार किया। किन्तु कुछ अर्थशास्त्री इसे केवल वास्तविक विज्ञान मानते है। सीनीयर के अनुसार, "राजनीतिक अर्थशास्त्री का कार्य किसी काम को करने या न करने का उपदेश देना नहीं वरन् केवल सामान्य तथ्यों की विवेचना करना है।"

केयरनेस के अनुसार, "जिस प्रकार रेल मैकेनिक योजनाओं के लिए तथा रसायन शास्त्री स्वास्थ्य सुधार की विभिन्न योजनाओं के बीच तटस्थ रहता है उसी प्रकार राजनीतिक अर्थशास्त्री विभिन्न प्रतियोगी सामाजिक योजनाओं के प्रति तटस्थ रहता है।"

जे. बी. सें. के अनुसार, "हम जनता को केवल यह बताने के लिए उत्तरदायी है कि अमुक तथ्य क्यों व कैसे किसी अन्य तथ्य का परिणाम है, चाहे यह परिणाम स्वीकृत हो या अस्वीकृत। इतना ही यथेष्ठ है कि अर्थशास्त्र वस्तु स्थिति को प्रस्तुत करे दे। उसके सम्बन्ध में परामर्श देना इसका कार्य नहीं हैं।

रोबिन्स के अनुसार, "अर्थशास्त्र उद्देश्यों के प्रति तटस्थ हैं। अर्थशास्त्री का कार्य अन्वेषण व व्याख्या करना है न कि समर्थन या निन्दा करना।

रोबिन्स का यह मानना है कि अर्थशास्त्र का आदर्शवादी पहलू नहीं है क्योकि ऐसा होने के लिए हमें नीतिशास्त्र की सहायंता लेनी होगी जबकि नीतिशास्त्र व अर्थशास्त्र को मिलाया नहीं जा सकता। रोबिन्स के शब्दों में, "दुर्भाग्यवश इन दोनों अध्ययनों को पास पास रखने के अलावा इनसे और कोई तार्किक सम्बन्ध स्थापित करने की सम्भावना नहीं दिखाई देती। अर्थशास्त्र जांचने योग्य तथ्यों का अध्ययन करता है, जबकि नीतिशास्त्र मूल्याकंनों तथा कर्त्तव्यों का। खोज के ये दोनों क्षेत्र वार्तालाप के एक ही स्तर पर नहीं हैं।"

इस प्रकार कुछ अर्थशास्त्री अर्थशास्त्र को केवल वास्तविक विज्ञान मानते हैं जिसका कार्य केवल वास्तविक स्थिति की व्याख्या करना है, आदर्श से इसका कोई सम्बन्ध नहीं है।

वास्तविक विज्ञान

(Real Science)

अर्थशास्त्र को वास्तविक विज्ञान मानने के पक्ष में निम्न तर्क प्रस्तुत किये जाते है :

1. पूर्व निर्धारित उद्देश्य : अर्थशास्त्र का सम्बन्ध उन क्रियाओं से होता है जिनका उद्देश्य पहले से ही निर्धारित होता है। समस्या विशेष के दौरान लाभ या उद्देश्य अपरिवर्तित रहते है। अतः सुझाव देना या आदर्श प्रस्तुत करना अर्थशास्त्र के क्षेत्र का उल्लंघन है।

2. आर्थिक विश्लेषण तर्क पर आधारित होता है : यह कहा जाता है कि आर्थिक विश्लेषण तर्क तर आधारित होता है जबकि आदर्श विज्ञान भावनाओं पर आधारित होने के कारण इसे वास्तविक विज्ञान ही माना जा सकता है, आदर्श विज्ञान नहीं।

3. श्रम विभाजन का तर्क : वर्तमान युग में अनेक कार्य श्रम विभाजन के सिद्धान्त के आधार पर किये जाते है, अर्थात् एक ही व्यक्ति सभी कार्य नहीं करता वरन् उस कार्य का एक भाग ही करता है। प्रत्येक व्यक्ति से यह भी आशा नहीं की जा सकती कि वह सभी कार्यों में निपुण हो। श्रम विभाजन का यह सिद्धान्त अर्थशास्त्र पर भी लागु होता है। अर्थशास्त्री केवल वास्तविक स्थिति का विश्लेषक होना चाहिए व आदर्शात्मक पहलू को अन्य लोगों पर छोड़ देना चाहिए। इससे अर्थशास्त्री अपने कार्य में भी दक्ष हो सकेगा। यदि अर्थशास्त्री सभी कार्य स्वयं करेगा तो वह किसी भी कार्य में दक्ष नहीं हो सकेगा।

4. यथार्थ व आदर्श के अन्तराल को पाटना कठिन : प्रत्येक क्षेत्र में यथार्थ व आदर्श की स्थिति अलग अलग है। इन दोनों स्थितियों में बहुत अन्तर है। इन दोनों के अन्तराल को पाटना बहुत कठिन है। उदाहरण के लिए वास्तविक स्थिति यह है कि भारत में करोड़ों लोग बेरोजगार है। आदर्श यह है कि प्रत्येक व्यक्ति को रोजगार प्राप्त होना चाहिए। किन्तु आदर्श व वास्तविकता इन दोनों में यह जो अन्तर है इसे दूर करना कठिन है।

5. अर्थशास्त्र को आदर्श विज्ञान मानने पर इसकी प्रगति रूक जाएगी : वास्तविक स्थिति का वश्लेषण करने पर प्रत्येक व्यक्ति का एक ही निष्कर्ष होगा। किन्तु आदर्श स्थिति क्या होनी चाहिए, इस सम्बन्ध में अनेक मत हो सकते है। अत: यदि अर्थशास्त्र को आदर्श विज्ञान माना जाए तो अर्थशास्त्र में वाद-विवाद व मतभेद बढ़ जाएगें। इससे अर्थशास्त्र की प्रगति में रूकावट आएगी।

6. साम्य केवल साम्य हैं : अर्थशास्त्र में साम्य की विचारधारा बहुत महत्वपूर्ण है। साम्य वह स्थिति बताता है जिस पर अधिकतम सन्तुष्टि प्राप्त होती है। रोबिन्स का मत है कि साम्य साधनों की मांग व पूर्ति की पारस्परिक शक्तियों का परिणाम होता है। किन्तु साम्य सदैव आदर्श स्थिति को नहीं बताता, यदि स्वयं साम्य की स्थिति आदर्श नहीं है। साम्य केवल साम्य है। साम्य में अनुमोदन का बल नहीं है, साम्य अधिकतम सन्तुष्टि का भी प्रतीक नहीं है। अत: साम्य केवल साम्य है। साम्य में अनुमोदन का बल नहीं है। साम्य अधिकतम सन्तुष्टि का भी प्रतीक नहीं है। अत: साम्य केवल साम्य है, के तर्क के आधार पर भी अर्थशास्त्र वास्तविक विज्ञान है।

7. आदर्श विज्ञान मानने पर भ्रम उत्पन्न होने का भय : यदि अर्थशास्त्र का आदर्श विज्ञान भी मान लिया जाए तो भ्रम होने की सम्भावना उत्पन्न हो जाएगी। अर्थशास्त्र के वास्तविक व आदर्श, दोनों पहलुओं को मिलाने पर अर्थशास्त्री अपने प्रत्येक कार्य व अध्ययन के सम्बन्ध में वास्तविक स्थिति बताने के साथ साथ आदर्श भी बताना होगा। इससे उसका कार्य भी बढ़ जाएगा। यदि वह आदर्श के बारे में चुप रहता है तो यह समझा जाएगा कि वह वर्तमान स्थिति को ही आदर्श मानता है। इससे अर्थशास्त्र के सम्बन्ध में भ्रम उत्पन्न हो सकता है।

इसी प्रकार अर्थशास्त्र तर्क पर आधारित है तथा आदर्श विज्ञान भावुकता पर आधारित है। दोनों के इस अनमेल मिश्रण से भी भ्रम उत्पन्न होने का भय रहता है।

अर्थशास्त्र आदर्श विज्ञान के रूप में

(Economics as Ideal Science)

प्राय: सभी अर्थशास्त्री इस बात को स्वीकार करते हैं कि अर्थशास्त्र वास्तविक विज्ञान है। किन्तु कुछ अर्थशास्त्रियों का मत है कि अर्थशास्त्र वास्तविक विज्ञान के साथ-साथ आदर्श विज्ञान भी है। मार्शल, पीगू, फेयर चाइल्ड, कैनन, बेवरिज, पेंसन, हाट्रे, फ्रेजर, श्रीमति वूटन आदि अर्थशास्त्र को एक आदर्श विज्ञान भी मानते हैं। पीगू के अनुसार, ''अर्थशास्त्र का अध्ययन करते समय हमारा दृष्टिकोण एक दार्शनिक की भांति केवल ज्ञान के लिए ज्ञान प्राप्त करना नहीं होना चाहिए बल्कि एक डाक्टर के समान होना चाहिए जो रोगियों की सेवा करने के लिए ज्ञान प्राप्त करने का इच्छुक होता है।'' **हाट्रे** के शब्दों में, ''अर्थशास्त्र

को नीतिशास्त्र से पृथक नहीं किया जा सकता है।" **श्रीमती वूटन** के शब्दों में, "अर्थशास्त्रियों के लिए यह बड़ा कठिन कार्य है कि वे अपनी विवेचना को सभी नीति प्रधान विषयों से मुक्त रखें।" इस प्रकार अनेक अर्थशास्त्रियों ने अर्थशास्त्र को आदर्श विज्ञान भी माना है।

अर्थशास्त्र आदर्श विज्ञान

(Economics as Ideal Science)

अर्थशास्त्र को आदर्श विज्ञान मानने के पक्ष में निम्न तर्क दिए जाते हैं:

1. मनुष्य केवल तार्किक ही नहीं भावुक भी होता है : अर्थशास्त्र मानव विज्ञान है। इसमें मनुष्य के बारे में अध्ययन किया जाता है। अत: मनुष्य जैसा भी है उसका वैसा ही अध्ययन किया जाना चाहिए। मनुष्य न केवल तार्किक वरन् भावुक भी होता है। अत: अर्थशास्त्र में मानव व्यवहार के दोनों पहलुओं का अध्ययन किया जाता है। अत: अर्थशास्त्र वास्तविक विज्ञान के साथ विज्ञान भी है।

2. श्रम विभाजन का गलत तर्क : अर्थशास्त्र को केवल वास्तविक विज्ञान मानने के पक्ष में श्रम विभाजन का तर्क दिया जाता है। किन्तु इस प्रकार का श्रम विभाजन त्रुटि पूर्ण है। यह श्रम विभाजन उचित नहीं कहा जा सकता कि किसी विषय का अध्ययन कोई और करे तथा जब निर्णय देने का समय आए तो यह कार्य अन्य व्यक्ति पर छोड़ दिया जाए। प्रो. पी. सी. जैन के अनुसार, "गलत श्रम विभाजन विचित्र तथा असंगत होगा जिसमें एक व्यक्ति केवल खाना खाए तथा दूसरा केवल पानी पीये।" गलत श्रम विभाजन से समय व शक्ति की बर्बादी होगी। अत: अर्थशास्त्र में वास्तविक स्थिति के अध्ययन के साथ यह निर्णय देने कि क्या करना चाहिए क्या नहीं इसका भी अध्ययन किया जाना चाहिए।

3. वास्तविक अर्थशास्त्र भी पूर्णतया वस्तुगत (Objective) **नही रह सकता :** अर्थशास्त्र में मनुष्य का अध्ययन किया जा सकता है। अत: अर्थशास्त्री उतना वस्तुगत नहीं रह सकता जितना कि एक भौतिक शास्त्री अथवा रसायन शास्त्री। मनुष्य से सम्बन्धित होने के कारण तथ्यों के अध्ययन व आंकड़ों के एक रूप में पक्षपात किया जा सकता है। नीति सम्बन्धि सुझाव भी विभिन्न विचारधाराओं के अनुसार अलग अलग हो सकते है।

4. साम्य संबंधी तर्क गलत : रोबिन्स का कहना है कि साम्य केवल साम्य है इसमें अनुमोदन का कोई बल नहीं है। किन्तु साम्य संबंधी यह तर्क गलत है। यदि कोई तथ्य साम्य की स्थिति में है तो अर्थशास्त्र को वास्तविक विज्ञान माने पर उसमें सुधार की कोई आवश्यकता अनुभव नहीं की जा सकती। उदाहरण के लिए भारत में मजदूरी की निम्न दर श्रम की मांग व पूर्ति के साम्य के कारण है। किन्तु यह कहना उचित न होगा कि भारत में मजदूरी की दर में वृद्धि करने की आवश्यकता नहीं है।

5. आदर्श अर्थशास्त्र समाज के उत्थान के लिए एक यन्त्र है : यदि अर्थशास्त्र को समाज के उत्थान के लिए एक यन्त्र बनाना है तो उसे आदर्श विज्ञान मानना ही होगा। यदि अर्थशास्त्र को केवल वास्तविक विज्ञान माना जाए तथा वह सामाजिक कल्याण की वृद्धि के लिए कोई सुझाव न दे तो अर्थशास्त्र का कोई महत्व नहीं रह जाएगा। आर्थिक समस्याओं के हल प्रस्तुत कर आदर्शात्मक अर्थशास्त्र समाज के लिए इन्जन का कार्य करता है।

6. आदर्शात्मक पहलू अर्थशास्त्र को रूचिकर व उपयोगी बनाता है : यदि अर्थशास्त्र को केवल वास्तविक अर्थशास्त्र ही माना जाए तो यह फीका व अरूचिकर प्रतीत होगा। किन्तु यदि अर्थशास्त्र को आदर्श विज्ञान भी माना जाए तो यह अध्ययन कर्त्ताओं व अन्वेषकों के लिए रूचिकर व उपयोगी विषय बन जाता है।

7. आर्थिक नियोजन का आधार : आज विश्व की प्रत्येक अर्थव्यवस्था नियोजित अर्थव्यवस्था है। अधिकतम भौतिक कल्याण की प्राप्ति के लिए प्रत्येक अर्थव्यवस्था में किसी न किसी प्रकार का नियोजन अपनाया जाता है। यह इस बात की स्वीकृति है कि अर्थशास्त्र आदर्श विज्ञान है क्योंकि आर्थिक नियोजन में आदर्श स्थिति तक पहुँचने का प्रयत्न किया जाता है। इसी कारण **वुल्फ** (Wolf) ने कहा है कि बिना आदर्शवादी पहलू के अर्थशास्त्र की स्थिति हेमलेट नाटक में से उसके नायक हेलमेट को निकाल देने पर के सद्रान हो जाएगी।

8. मानव प्रकृति आदर्श मुलक है – **बेबलन** के अनुसार, ''मानव प्रकृति सदैव प्रभावी कार्य करने तथा बेकार प्रयत्नों से बचने की होती है। वह योग्यता बर्बादी व निरर्थकता का विरोधी व कार्य-कुशलता, सफलता व उत्पादकता का प्रशंसक है।'' अर्थशास्त्र मानव विज्ञान है। मानव की प्रकृति ही आदर्श मूलक होने के कारण अर्थशास्त्र भी एक आदर्श विज्ञान है।

9. सीमित साधनों का सर्वोत्तम प्रयोग : मनुष्य की आवश्यकतायें उन्नत है किन्तु उनको पूरा करने के लिए उसके साधन सीमित है। अतः सीमित साधनों का सर्वोत्तम प्रयोग करने के लिए आवश्यक है कि अर्थशास्त्र को आदर्श विज्ञान माना जाए। अर्थशास्त्र को आदर्श विज्ञान मानने पर ही अर्थशास्त्री उचित अनुचित का विश्लेषण कर देश के साधनों का सर्वोत्तम प्रयोग करने में सहयोग दे सकता है।

10. यथार्थवादी भी अर्थशास्त्र के आदर्शात्मक पहलू को अप्रत्यक्ष रूप से स्वीकार करते है : यथार्थवादी अर्थशास्त्री भी अप्रत्यक्ष रूप से अर्थशास्त्र के आदर्शात्मक पहलू को स्वीकार करते है। रोबिन्स ने जो अर्थशास्त्र को वास्तविक विज्ञान मानने वाले अर्थशास्त्रियों में प्रमुख हैं, एक जगह लिखा है, ''इस सब का यह अर्थ नहीं है कि अर्थशास्त्री को नीति सम्बन्धी प्रश्नों पर कुछ नहीं कहना चाहिए। यद्यपि वनस्पति शास्त्र, सौन्दर्य शास्त्र नहीं है फिर भी इसका अर्थ यह नहीं है कि वनस्पति शास्त्री को बगीचों के डिजाइनों पर अपने विचार व्यक्त नहीं करने चाहिए। अर्थशास्त्री से यह अपेक्षा की जाती है कि वे सम्बन्धित विषयों पर सोच विचार करें, क्योंकि ऐसा करने पर ही वे समाधान के लिए दी जाने वाले समस्याओं के दिए हुए आशयों को भली भांति जानने की स्थिति में होंगें। अतः स्पष्ट है कि रोबिन्स भी अप्रत्यक्ष रूप से अर्थशास्त्र को आदर्श विज्ञान मानते हैं।

निष्कर्ष
(Conclusion)

उपरोक्त तर्कों के आधार पर यह निष्कर्ष निकाला जा सकता है कि अर्थशास्त्र वास्तविक विज्ञान भी है तथा आदर्श विज्ञान भी। विज्ञान के ये दोनों पक्ष अलग अलग नहीं किये जा सकते। अतः अर्थशास्त्र भी दोनों ही प्रकार का विज्ञान है। धीरे धीरे अर्थशास्त्र के आदर्शात्मक रूप का महत्व बढ़ता जा रहा है। अतः प्रबन्ध के क्षेत्र में अर्थशास्त्र का महत्व बढ़ गया है । इसी कारण प्रबन्धकीय अर्थशास्त्र का विकास हुआ है।

अर्थशास्त्र कला के रूप में
(Economics as an Art)

अर्थशास्त्र की प्रकृति में अर्थशास्त्र वास्तविक व आदर्श विज्ञान है, यह जानने के पश्चात् यह जानना आवश्यक है कि क्या अर्थशास्त्र कला भी है? विज्ञान की भांति अर्थशास्त्र को कला मानने के सम्बन्ध में भी अर्थशास्त्रियों में मतभेद है। एडम स्मिथ रिकार्डो, पीगू, मिल, मार्शल आदि अर्थशास्त्र को कला मानते है किन्तु शुम्पीटर, रोबिन्स, वालारस, सीनियर कुर्नो आदि अर्थशास्त्र को कला नहीं मानते।

कला का अर्थ
(Meaning of Art)

कला शब्द 'कृत' धातु से बना है। इसका अर्थ किसी कार्य को सर्वोत्तम विधि से करना होता है। **कींस** के शब्दों में, "कला एक दिए हुए उद्देश्य की प्राप्ति के लिए नियमों की एक प्रणाली है।" दूसरे शब्दों में कला एक व्यावहारिक ज्ञान है। कला ज्ञान की वह शाखा है जो निश्चित उद्देश्यों की प्राप्ति के लिए सर्वोत्तम विधि बताती है। किसी विषय के बारे में जानकारी प्राप्त करना विज्ञान है तो उसे व्यवहार में कार्य रूप में लाना कला है। कला आदर्श की प्राप्ति के लिए उपाय बतलाती है। दूसरे शब्दों में वास्तविक विज्ञान व आदर्श विज्ञान को जोड़ने वाली कड़ी कला है।

अर्थशास्त्र को कला मानने के पक्ष में तर्क
(Arguments in Favour)

एडम स्मिथ, रिकार्डो, मार्शल, पीगू आदि अर्थशास्त्री अर्थशास्त्र को कला मानते हैं। अर्थशास्त्र को कला मानने के पक्ष में निम्न तर्क प्रस्तुत किए जाते हैं:

(1) अनेक समस्यायें विशुद्ध आर्थिक होती हैं : अनेक समस्याएँ इस प्रकार की होती हैं जिनकी प्रकृति विशुद्ध आर्थिक होती है। मुद्रा, साख, बैंक दर, विनिमय दर आदि की समस्याएँ विशुद्ध आर्थिक होती है। अर्थशास्त्री का यह उत्तरदायित्व है कि वह ऐसी समस्याओं का हल प्रस्तुत करे। मिश्रित प्रकृति की समस्याओं को भी हल करने में अर्थशास्त्री का सहयोग आवश्यक है। अत: अर्थशास्त्र को कला मानना आवश्यक है।

(2) अर्थशास्त्र सैद्धान्तिक दृष्टिकोण से विज्ञान व व्यावहारिक दृष्टिकोण से कला है : अर्थशास्त्र में सैद्धान्तिक व व्यावहारिक दोनों पक्ष सम्मिलित किए जाते हैं। अर्थशास्त्र की कुछ शाखाएँ सैद्धान्तिक प्रकृति की हैं तो कुछ व्यावहारिक पक्ष की। अर्थशास्त्र का सैद्धान्तिक पक्ष विज्ञान **है तथा व्यावहारिक पक्ष कला है।**

(3) अर्थशास्त्र को कला मानने पर उसके विकास में बाधा नहीं : अर्थशास्त्र को तभी महत्वपूर्ण माना जा सकता है जब वह समस्याओं को हल करने में सहायक हो। उसका विकास भी उसी दशा में सम्भव है जब उसका व्यावहारिक महत्व हो। अत: अर्थशास्त्र को कला मानने से अर्थशास्त्र का विकास होगा।

पीगू के अनुसार, "(अर्थशास्त्र के अध्ययन में) हमारी मनोदशा एक दार्शनिक की सी नहीं होती अर्थात् इस ज्ञान की खोज, केवल ज्ञान के लिए नहीं करते वरन् हमारी मनोवृत्ति एक डाक्टर की सी होती है जो कि ज्ञान को स्वस्थ करने के लिए प्रयोग करता है।" इस प्रकार अर्थशास्त्र का कार्य केवल आर्थिक समस्याओं का विश्लेषण करना ही नहीं वरन्

उनका हल भी प्रस्तुत करना है। अर्थशास्त्र का काम बेरोजगारी, निर्धनता आदि का विश्लेषण करना ही नहीं है वरन् इन समस्याओं का समाधान प्रस्तुत करना भी है।

(4) व्यावहारिक अर्थशास्त्र का बढ़ता महत्व : वर्तमान समय में व्यावहारिक अर्थशास्त्र का महत्व बढ़ता ही जा रहा है। आज मुद्रा, बैंकिंग, राजस्व आदि के क्षेत्र में व्यावहारिक अर्थशास्त्र का महत्व बढ़ता ही जा रहा है। आज अधिकांश अर्थशास्त्री अपना समय अर्थशास्त्र के व्यावहारिक रूप में अध्ययन व समस्याओं के हल के लिए लगाते हैं। व्यावहारिक अर्थशास्त्र कला का ही प्रतीक है।

(5) आर्थिक नियोजन में अर्थशास्त्र कला का रूप है : वर्तमान समय में सभी देशों में आर्थिक नियोजन अपनाया जाता हैं। आर्थिक नियोजन अनेक आर्थिक समस्याओं का हल प्रस्तुत करने व देश के विकास करने की एक विधि है। नियोजन में आर्थिक समस्याओं का विश्लेषण किया जाता है तथा उनका हल प्रस्तुत किया जाता है। अत: आर्थिक नियोजन में अर्थशास्त्र कला का रूप धारण करता है।

अर्थशास्त्र कला नहीं है
(Economics is Not on Art):

रोबिन्स, सीनियर, शुम्पीटर आदि अर्थशास्त्री अर्थशास्त्र को कला नहीं मानते। अर्थशास्त्र को कला न मानने के पक्ष में निम्न तर्क प्रस्तुत किए जाते हैं :

(1) समस्याएँ विशुद्ध आर्थिक नहीं होती : अर्थशास्त्रीयों द्वारा अर्थशास्त्र को कला न मानने के पक्ष में यह तर्क प्रस्तुत किया जाता है कि समस्याएँ विशुद्ध आर्थिक नहीं होती। अधिकांश समस्याओं में सामाजिक, राजनैतिक, धार्मिक आदि तत्वों का प्रभाव पड़ता है। अत: अर्थशास्त्री के लिए यह सम्भव नहीं है कि वह विशुद्ध आर्थिक आधार पर समस्याओं का हल प्रस्तुत कर सके।

इस तर्क के विरूद्ध यह कहा जा सकता है कि अनेक समस्याएँ विशुद्ध आर्थिक होती है। मुद्रा, साख, बैंक दर, विनिमय दर आदि अनेक समस्याएँ विशुद्ध आर्थिक होती हैं। अत: इन समस्याओं का हल विशुद्ध आर्थिक दृष्टिकोण के आधार पर किया जाएगा। मिश्रित स्वभाव की समस्याओं के आर्थिक पहलू के सम्बन्ध में भी आर्थिक दृष्टिकोण की आवश्यकता पड़ती है।

(2) अर्थशास्त्र विशुद्ध वास्तविक विज्ञान है : अर्थशास्त्र एक विशुद्ध वास्तविक विज्ञान है। यदि अर्थशास्त्र को विशुद्ध वास्तविक विज्ञान माना जाए तो यह आवश्यक है कि इसे कला न माना जाए क्योंकि कला उद्देश्य प्राप्ति का मार्ग बताती है। अत: अर्थशास्त्र कला नहीं है।

किन्तु यह तर्क भी सही नहीं कहा जा सकता है क्योंकि हम विभिन्न तर्कों के आधार पर पहले ही यह निष्कर्ष निकाल चुके हैं कि अर्थशास्त्र केवल वास्तविक विज्ञान नहीं है वरन् यह आदर्श विज्ञान भी है।

(3) विज्ञान व कला की भिन्न प्रकृति : विज्ञान व कला की प्रकृति अलग अलग है। विज्ञान किसी विषय की खोज व व्याख्या करता है। कला कार्य करने की विधि है।

यह विषय की व्यावहारिक जानकारी देती है। अर्थशास्त्र को कला मानने पर उसका विज्ञान रूपी पक्ष कमजोर हो जाता है। अतः अर्थशास्त्र के वैज्ञानिक रूप को बनाए रखने के लिए यह आवश्यक है कि इसे कला न माना जाए।

इस तर्क में भी अधिक वजन नहीं है। यह सही अवश्य है कि विज्ञान व कला की प्रकृति अलग अलग है किन्तु एक विषय विज्ञान व कला दोनों ही हो सकता है। अतः अर्थशास्त्र को विज्ञान माने जाने के साथ साथ कला भी माने जाने में किसी प्रकार की कठिनाई नहीं है।

(4) अर्थशास्त्र अपूर्ण कला है : अर्थशास्त्र को कला न मानने वाले यह तर्क भी देते हैं कि अर्थशास्त्र निष्कर्ष निकालने में तो सहायक होता है किन्तु जो निष्कर्ष निकाले जाते हैं वे स्पष्ट व सुनिश्चित नहीं होते। **कीन्स** के शब्दों में, "अर्थशास्त्र के सिद्धान्त हमें ऐसे कोई सुनिश्चित निष्कर्ष प्रदान नहीं करते जिन्हें तत्काल नीति निर्धारण में प्रयोग किया जा सके। यह सिद्धान्त नही वरन् विश्लेषण का एक ढंग है, विचार करने की विधि तथा मस्तिष्क का एक यंत्र है जो इसके अपनाने वाले को सही निष्कर्ष निकालने में सहायता देता है।" इस आधार पर अर्थशास्त्र को केवल अपूर्ण कला ही कहा जा सकता हैं।

इस तर्क के विरोध में यह कहा जा सकता है कि कुछ उद्देश्य ऐसे भी होते है जिन्हें सामान्यतः सभी स्वीकार करते है। पूर्ण रोजगार, आर्थिक विकास आदि इसी प्रकार के उद्देश्य है। ऐसे उद्देश्यों के लिए सामान्य स्वीकृत उद्देश्यों के आधार पर अर्थशास्त्री नीति सम्बन्धी सिफारिशें करते है। अन्य क्षेत्रों में वह अपने स्वयं के मूल्यांकनों के आधार पर नीति सम्बन्धी सिफारिश करता है। अतः अर्थशास्त्र के सिद्धान्तों के आधार पर सुनिश्चित निष्कर्ष भी प्राप्त किये जा सकते हैं।

मार्शल अर्थशास्त्र को कला नहीं वरन् कला का आधार मानते हैं। मार्शल के शब्दों में, "अर्थशास्त्री जिस प्रकार के विज्ञान का विकास करने का प्रयत्न करेंगें, वह ऐसा होना चाहिए जो कला के आधार के रूप में प्रयोग में किया जा सके। वह एक विज्ञान व कला होने के स्थान पर केवल एक विज्ञान है। वह शुद्ध तथा व्यावहारिक दोनों प्रकार का विज्ञान है।"

निष्कर्ष : अर्थशास्त्र कला है अथवा नहीं - दोनों मतों के पक्ष व विपक्ष में दिए गए तर्कों के आधार पर यह कहा जा सकता है कि अर्थशास्त्र कला भी है। अर्थशास्त्र आर्थिक समस्याओं का विश्लेषण भी करता है तथा उन्हें हल करने के उपाय भी बताता है। अतः इसे कला मानना आवश्यक है। पीगू के अनुसार, "यदि अर्थशास्त्री व्यवहार पक्ष को ध्यान में नहीं रखता तो वह उस डॉक्टर की भाँति होगा जो रोगी की बीमारी का निदान तो करे किन्तु उसके इलाज के लिए दवा न बताए।"

अर्थशास्त्र की वास्तविक प्रकृति : अर्थशास्त्र की प्रकृति के सम्बन्ध में किए गए उपरोक्त वर्णन व विश्लेषण से यह निष्कर्ष निकाला जा सकता है कि अर्थशास्त्र विज्ञान व कला दोनों ही है। विज्ञान के रूप में अर्थशास्त्र वास्तविक विज्ञान भी है तथा आदर्श विज्ञान भी । अर्थशास्त्र के सिद्धान्तों का व्यावहारिक महत्व होने के कारण अर्थशास्त्र कला भी है। इस प्रकार अर्थशास्त्र वास्तविक विज्ञान, आदर्श विज्ञान व कला तीनों है।

अर्थशास्त्र की सीमाएँ
(Limitations of Economics)

अर्थशास्त्र की प्रकृति व क्षेत्र के सम्बन्ध में किए गए उपरोक्त वर्णन से अर्थशास्त्र एक व्यापक विषय प्रतित होता है किन्तु अर्थशास्त्र की कुछ सीमाएँ भी है। अर्थशास्त्र की अर्थशास्त्र की सीमाओं के अध्ययन से अर्थशास्त्र को अन्य विषयों से अलग करने में सहायता मिलती है। सीमाओं के अध्यैयन से ही यह ज्ञात किया जा सकता है कि किन तथ्यों का अर्थशास्त्र में अध्ययन किया जाएगा व किनका नहीं। अर्थशास्त्र की प्रमुख सीमाएँ निम्न प्रकार है:

(1) मानवीय क्रियाओं का अध्ययन : अर्थशास्त्र एक मानव विज्ञान है। इसमें केवल मानवीय क्रियाओं का अध्ययन किया जाता है। मानव के अतिरिक्त अन्य किसी जीव के बारे में अध्ययन अर्थशास्त्र के क्षेत्र के बाहर है।

(2) वास्तविक, सामाजिक व सामान्य मनुष्यों की क्रियाओं का अध्ययन : अर्थशास्त्र में केवल वास्तविक मनुष्यों की क्रियाओं का अध्ययन किया जाता है। एडम स्मिथ के आर्थिक मानव जैसे काल्पनिक मनुष्यों का अध्ययन अर्थशास्त्र में नहीं किया जाता। इसी प्रकार अर्थशास्त्र में प्राय: सामाजिक मनुष्यों की क्रियाओं का अध्ययन किया जाता है। यद्यपि रोबिन्स समाज से अलग रहने वाले व्यक्तियों की क्रियाओं का भी अध्ययन अर्थशास्त्र में सम्मिलित करते है क्योंकि सभी को चुनाव सम्बन्धी निर्णय करने पड़ते है। इसी प्रकार अर्थशास्त्र सामान्य मनुष्यों का अध्ययन है। असामान्य मनुष्य जैसे पागल आदि का अध्ययन अर्थशास्त्र की सीमा से बाहर है।

(3) आर्थिक क्रियाओं का अध्ययन : अर्थशास्त्र में मानव की सभी प्रकार की क्रियाओं को सम्मिलित नहीं किया जाता। अर्थशास्त्र में केवल आर्थिक क्रियाओं का अध्ययन किया जाता है। मार्शल ने अर्थशास्त्र को मानव की धन सम्बन्धी क्रियाओं का अध्ययन कहा। पीगू के अनुसार अर्थशास्त्र में केवल उन्हीं क्रियाओं का अध्ययन किया जाता है जिनको मुद्रा के मापदण्ड से नापा जा सकता है।

इस सम्बन्ध में रोबिन्स के विचार अन्य अर्थशास्त्रियों के विचारों से अलग हैं। रोबिन्स के अनुसार अर्थशास्त्र में मानव की उन सभी क्रियाओं का अध्ययन किया जाता है जिनका सम्बन्ध सीमित साधनों व असीमित साध्यों के बीच चयन करने व निर्णय लेने से सम्बन्धित है।

(4) अर्थशास्त्र विज्ञान व कला दोनों है : अर्थशास्त्र विज्ञान व कला दोनों है। विज्ञान के रूप में अर्थशास्त्र वास्तविक विज्ञान भी है तथा आदर्श विज्ञान भी। व्यावहारिक प्रयोग व महत्व के कारण इसे कला भी माना जाता है।

(5) अर्थशास्त्र के नियम कम निश्चित है : अर्थशास्त्र के नियम अन्य भौतिक विज्ञानों की तुलना में कम निश्चित है। इसका कारण यह है कि अर्थशास्त्र में मानव व्यवहार का अध्ययन किया जाता है। मानवीय प्रकृति निश्चित नहीं होती। हाँ अन्य सामाजिक विज्ञानों की तुलना में अर्थशास्त्र के नियम अधिक निश्चित होते है।

अर्थशास्त्र का महत्व
(Importance of Economics)

अर्थशास्त्र की परिभाषा, प्रकृति व क्षेत्र की भाँति अर्थशास्त्र के महत्व के सम्बन्ध में भी विभिन्न अर्थशास्त्रियों में काफी मतभेद है।

पीगू के अनुसार किसी भी विषय के अध्ययन के दो उद्देश्य हो सकते है: ज्ञान के लिए ज्ञान प्राप्त करना तथा फलदायक बातों को प्राप्त करना जो इस विषय से प्राप्त हो सकती है। जो अर्थशास्त्री अर्थशास्त्र को विशुद्ध विज्ञान ही मानते हैं वे उसके सैद्धान्तिक महत्व को मान्यता देते है। किन्तु जो अर्थशास्त्री अर्थशास्त्र को विज्ञान के साथ साथ कला भी मानते है वे इसके व्यावरिक महत्व को भी मान्यता देते है।

मार्शल के अनुसार अर्थशास्त्र के अध्ययन के दो उद्देश्य हैं - ज्ञान के लिए ज्ञान प्राप्त करना तथा व्यावहारिक जीवन विशेषत: सामाजिक जीवन में मार्गदर्शन प्राप्त करना।

इस प्रकार अर्थशास्त्र के अध्ययन के महत्व को दो भागों में बाँटा जा सकता है:

(1) अर्थशास्त्र का सैद्धान्तिक महत्व।

(2) अर्थशास्त्र का व्यावहारिक महत्व।

अर्थशास्त्र का सैद्धान्तिक महत्व
(Theoretical Importance of Economics)

सैद्धान्तिक महत्व का तात्पर्य ज्ञान प्राप्ति के लाभ से है। अर्थशास्त्र में आर्थिक समस्याओं का अध्ययन किया जाता है। अर्थशास्त्र में मनुष्य की आर्थिक क्रियाओं का अध्ययन किया जाता है। कारण व परिणाम के पारस्परिक सम्बन्धों को अर्थशास्त्र स्पष्ट करता है। अर्थशास्त्र में वैकल्पिक प्रयोग सीमित साधनों को असीमित साध्यों के लिए प्रयोग करने के लिए चयन व निर्णय प्रक्रिया का अध्ययन किया जाता है। अर्थशास्त्र में इस प्रकार के अध्ययन से मनुष्य में विवेकशीलता बढ़ती है। उसकी विचार शक्ति व तार्किक शक्ति का विकास होता है। स्कॉट के अनुसार, ''अर्थशास्त्र मानव में सर्वाधिक महत्व का वह गुण पैदा करती है जिससे उसमें प्रमाण प्राप्त करने की बुद्धि पैदा होती है अर्थात बिना यांत्रिक सहायता के विभिन्न तथ्यों के महत्व तथा औचित्य के बारे में निष्कर्ष निकालने की बुद्धि मनुष्य में विकसित होती है।''

अर्थशास्त्र के अध्ययन से ज्ञात होता है कि मनुष्य किस प्रकार आवश्यकताओं से प्रेरित होकर उनकी पूर्ति के लिए प्रयत्न करता है। सीमित साधनों से अधिकतम सन्तुष्टि कैसे प्राप्त की जा सकती है। उत्पादन किस प्रकार होता है, उत्पादन में वृद्धि किस प्रकार की जा सकती है, लागत में किस प्रकार कमी की जा सकती है, मूल्य व मांग में क्या सम्बन्ध है, मूल्य का निर्धारण किस प्रकार होता है, समाज का उपभोग का स्तर कैसा हे, उत्पादन के साधनों का पारिश्रमिक किस प्रकार निर्धारित होता है, करदाता के क्या क्या अधिकार व उत्तरदायित्व हैं। आदि अनेक बातों का इससे ज्ञान प्राप्त होता है। इस प्रकार अर्थशास्त्र के अध्ययन से अनेक बातों का ज्ञान होता है। समस्याओं का विश्लेषण करने की शक्ति का भी

विकास होता है। अर्थशास्त्र मानसिक शक्ति के विकास में भी सहयोग देता है। इससे मनुष्य आर्थिक समस्याओं का हल भी आसानी से ढूँढ़ सकता है।

रोबिन्स, वालरस, शुम्पीटर, कुर्नो आदि अर्थशास्त्री अर्थशास्त्र को केवल सैद्धान्तिक दृष्टि से ही महत्वपूर्ण मानते है। रोबिन्स के अनुसार, "अर्थशास्त्र विवेकपूर्ण कार्य करने की विधि प्रदान करता है तथा हमारे साधनों तथा उद्देश्यों के बीच चुनाव क्रिया का संगत ढंग से सम्पादन सम्भव होता है।" इस प्रकार अर्थशास्त्र विभिन्न विकल्पों के परिणामों के बारे में जानकारी प्रदान करता है। इससे चुनाव की प्रक्रिया सरल हो जाती है तथा मनुष्य विवेकपूर्ण निर्णय लेने में सफल होता है। रोबिन्स अर्थशास्त्र को केवल वास्तविक विज्ञान मानते हैं अत: उनके अनुसार अर्थशास्त्र का महत्व भी केवल सैद्धांन्तिक है।

अर्थशास्त्र का व्यावहारिक महत्व
(Practical Importance of Economics)

अर्थशास्त्र के सैद्धान्तिक महत्व के साथ इसका व्यावहारिक महत्व भी है। एडम स्मिथ, मार्शल, पीगू, रिकार्डो, मिल आदि अर्थशास्त्री अर्थशास्त्र को व्यावहारिक दृष्टि से भी महत्वपूर्ण मानते हैं। अर्थशास्त्री केवल ज्ञान के लिए ज्ञान प्राप्त नहीं करता वरन् उस ज्ञान को व्यवहार में आर्थिक समस्याओं के हल के लिए भी प्रयोग में लाता है। अर्थशास्त्री केवल समस्याओं का विश्लेषण ही नहीं करता वरन् उनका समाधान भी करता है। पीगू (Pigou) के अनुसार, "अर्थशास्त्र का महत्व मुख्यत: न तो बोद्धिक व्यायाम के रूप में और न सत्य साधन के रूप है, वरन् नीति शास्त्र की दासी एवं व्यवहार का दास बनने में हैं।"

फ्रेजर ने भी इसी प्रकार का मत व्यक्त किया है। फ्रेजर के अनुसार, "एक अर्थशास्त्री जो केवल अर्थशास्त्री है एक सुन्दर किन्तु मूक मछली की भाँति है।"

अत: अर्थशास्त्र व्यावहारिक समस्याओं के समाधान के लिए भी महत्वपूर्ण है। समाज के विभिन्न वर्गों को व्यक्तिगत रूप में तथा सामूहिक रूप में अर्थशास्त्र के अध्ययन से लाभ पहुचाता है। उपभोक्ता, उत्पादक, श्रमिक, व्यापारी, समाज सुधारक, राजनीतिज्ञ आदि सभी को अर्थशास्त्र के अध्ययन से लाभ पहुँचाता है। समाज के विभिन्न वर्गो के लिए अर्थशास्त्र का महत्व निम्न प्रकार है।

(1) उपभोक्ता को लाभ : समाज का प्रत्येक व्यक्ति उपभोक्ता है। प्रत्येक उपभोक्ता अपने सीमित साधनों से अधिकतम संतुष्टि प्राप्त करना चाहता है। अर्थशास्त्र उसे इस कार्य में सहयोग प्रदान करता है। समसीमान्त उपयोगिता नियम को ध्यान में रखकर उपभोग करने पर उसे अधिकतम सन्तुष्टि प्राप्त होती है। उपयोगिता ह्रास नियम, ऐंजिल का उपयोग का नियम, पारिवारिक बजट, माँग व पूर्ति के नियम मूल्य निर्धारण के सिद्धान्त आदि की सहायता में वह अपने साधनों का सर्वोत्तम प्रयोग कर सकता है।

(2) उत्पादक को लाभ : उत्पादक का लक्ष्य अधिकाधिक लाभ कमाना होता है। अर्थशास्त्र उसे इस उद्धेश्य की पूर्ति में सहायता प्रदान करता है। श्रम विभाजन, उत्पाद के नियम, बड़े पैमाने की बचतों, उत्पादन के साधनों के अनुकूलतम संयोग प्रतिस्थापन नियम आदि के ज्ञान की सहायता से वह कम लागत पर अधिक वस्तुओं का उत्पादन करने में सफल होता है। बाजार का अध्ययन कर वह उन्हीं वस्तुओं का उत्पादन करता है जिनकी

बाजार में मांग होती है। सरकारी नीतियों का भी वह अपने हित में प्रयोग कर सकता है। विनिमय, बीमा, बैंक, परिवहन आदि सुविधाओं का भी उसे अर्थशास्त्र के अध्ययन से ज्ञान हो जाता है।

(3) श्रमिकों को लाभ : अर्थशास्त्र का अध्ययन श्रमिकों के लिए भी लाभकारी होता है। श्रमिक अधिक से अधिक मजदूरी कमाना चाहता है। अर्थशास्त्र के अध्ययन से उसे यह ज्ञान हो जाता है कि कार्यक्षमता व मजदूरी का प्रत्यक्ष सम्बन्ध होता है। अतः वह अपनी कार्यक्षमता बढ़ाने का प्रयत्न करता है। अर्थशास्त्र के अध्ययन से श्रमिक को मजदूरी के निर्धारण, मजदूरी के अतिरिक्त अन्य लाभ, बोनस, स्वामित्व में भागीदारी, श्रम संगठन, श्रम कल्याण, श्रम कानून आदि का भी ज्ञान हो जाता है जिनका वह अपने हितों की रक्षा के लिए प्रयोग कर सकता है।

(4) व्यापारी को लाभ : अर्थशास्त्र के अध्ययन से व्यापारी को अपना लाभ अधिकतम करने में सहायता मिलती है। अर्थशास्त्र के अध्ययन से व्यापारी को वस्तु के मूल्यों को प्रभावित करने वाले कारकों का ज्ञान हो जाता है। माँग व पूर्ति के आधार पर भावी मूल्यों के सम्बन्ध पूर्वानुमान लगाकर वह अपने लाभ को अधिकतम कर सकता है। विभिन्न बाजारों के ज्ञान से वह सस्ते बाजारों से वस्तुएँ क्रय कर महंगे बाजारों में बेचकर लाभ कमा सकता है। सरकारी नीतियों के वस्तुओं के मूल्यों पर पड़ने वाले प्रभावों का पूर्वानुमान लगाकर वह अपने लाभ में वृद्धि करने का प्रयास कर सकता है।

(5) समाज सुधारक को लाभ : समाज सुधारक का कार्य समाज में व्याप्त बुराइयों को दूर करना है। अर्थशास्त्र के अध्ययन से उसे समाज में व्याप्त अनेक बुराइयों व उनके कारणों का ज्ञान प्राप्त हो जाता है। उपभोक्ताओं का शोषण, श्रमिकों का शोषण, वर्ग संघर्ष, शराब व अन्य हानिकारक वस्तुओं का प्रयोग, विलासिता की वस्तुओं का उत्पादन व उपयोग, जनसंख्या की समस्या, वेश्यावृत्ति आदि अनेक समस्याओं का ज्ञान प्राप्त कर समाज सुधारक इन समस्याओं को हल करने का प्रयत्न कर सकता है।

(6) राजनीतिज्ञ को लाभ : वर्तमान युग में प्रत्येक क्षेत्र में राज्य का हस्तक्षेप बढ़ रहा है। अब सरकार का कार्य रक्षा व प्रशासन ही नहीं है वरन् राज्य की आर्थिक गतिविधियों में प्रत्यक्ष या अप्रत्यक्ष रूप में हस्तक्षेप करके आर्थिक जीवन को प्रभावित करती है। सरकारी नीतियो की उपयुक्तता, एवं सफलता बहुत कुछ राजनीतिज्ञों के अर्थशास्त्र के ज्ञान पर निर्भर करती है। बेरोजगारी, जनाधिक्य, मूल्य, वृद्धि, मुद्रा प्रसार, श्रम का शोषण, चोर बाजारी, भ्रष्टाचार, औद्योगिक, अशांति, आय का असमान वितरण आदि अनेक समस्याओं व उनके हल का ज्ञान राजनीतिज्ञ अर्थशास्त्र के अध्ययन की सहायता से ही प्राप्त कर सकता है। सामाजिक सेवओं का विस्तार, कर नीति, उद्योगों को संरक्षण, परिवहन व संचार के साधनों का विकास आदि के लिए भी वह सुझाव प्रस्तुत कर सकता है। यदि सरकार की नीतियाँ उपयुक्त नहीं है तो वह सरकार का ध्यान इस ओर आकर्षित कर सकता है। सरकारों का सत्ता में बने रहना अथवा सत्तच्यूत होना भी बहुत कुछ उनकी आर्थिक क्षेत्र में सफलता या असफलता पर निर्भर करता है। अर्थशास्त्र राजनीतिज्ञों को उचित सरकारी नीतियों के निर्धारण व क्रियान्वयन के लिए आवश्यक ज्ञान प्रदान करता है।

(7) समाज को लाभ : समाज के विभिन्न वर्गो को तो अर्थशास्त्र के अध्ययन से लाभ पहुँचता ही है साथ ही समाज को सामुहिक रूप से भी लाभ पहुँचता है। समाज में रहने वाले सभी व्यक्तियों के हित आपस में जुड़े हुए हैं। अतः अर्थशास्त्र का अध्ययन पूरे समाज

के लिए लाभकारी है। कुछ समस्याएँ ऐसी है जो पूरे समाज से जुड़ी हुई है। हानिकारक व विलासिता की वस्तुओं पर रोक, राष्ट्रीय आय में वृद्धि, बेरोजगारी का निराकरण, औद्योगिक व व्यापारिक नीति, सार्वजनिक क्षेत्र सम्बन्धी नीति, मूल्य नियन्त्रण, मुद्रा प्रसार पर रोक, वस्तुओं का उचित वितरण, परिवहन, बीमा, बैंकिंग आदि का विस्तार आदि अनेक क्षेत्र समष्टीमूलक हैं। अर्थशास्त्र इन सभी क्षेत्रों में उचित निर्णय लेने में सहायता देता है।

इस प्रकार अर्थशास्त्र के अध्ययन का सैद्धान्तिक व व्यावहारिक दोनों दृष्टि से महत्व है। मार्शल के अनुसार, ''अर्थशास्त्र का प्रमुख उद्देश्य सामाजिक समस्याओं के समाधान में सहायता देना है।'' पीगू ने अर्थशास्त्र के महत्व को स्वीकार करते हुए लिखा है। ''हमारी (अर्थशास्त्री की) मनोदशा एक दार्शनिक की सी नहीं होती जो केवल ज्ञान के लिए ज्ञान की खोज करे वरन् एक चिकित्सक की भाँति होती है जो अपने ज्ञान का उपयोग रोग दूर करने के लिए करता है।''

परिक्षापयोगी प्रश्न

1. अर्थशास्त्र की प्रकृति एवं क्षेत्र की विवेचना कीजिएं।

   Discuss the nature and scope of Economics.

2. अर्थशास्त्र के विज्ञान होने के दावे की जाँच कीजिए।

   Examine the claim of Economics to be a science.

3. अर्थशास्त्र के उद्देश्यों के बीच तटस्थ है। व्याख्या कीजिए।

   "Economics is neutral between ends as such." Discuss

4. अर्थशास्त्र विज्ञान है अथवा कला? यदि आप इसे विज्ञान मानते हैं तो क्या यह वास्तविक विज्ञान है अथवा आदर्श विज्ञान?

   Is Economics a science or an art? If you call it a science, is it a Positive or a Normative science?

5. अर्थशास्त्र का सम्बन्ध चाहे जिससे हो परन्तु इसका सम्बन्ध भौतिक कल्याण के कारणों से नहीं है। रोबिन्स के इस कथन की विवेचना कीजिए।

   "Whatever economics is concerned with. It is not concerned with the causes of material welfare." (Robbins.) Discuss.

□□□

2

सम्पूरकता और प्रतिस्थापनीयता
[Complementary and Substitution]

मार्शल ने सम्पूरकता और प्रतिस्थापनीयता का कोई विवरण प्रदान नहीं किया। एजवर्थ और पेरीटो ने प्रतिस्थापन और सम्पूरकता की व्याख्या संख्यासूचक उपयोगिता प्रकार्य (Cardinal Utility Function) के रूप में अर्थात् सीमान्त उपयोगिता की सहायता से की।

सम्पुरकता और प्रतिस्थापनीयता की परिभाषा

Y नामक एक वस्तु X नामक अन्य वस्तु की सम्पूरक उसी दशा में होती है जब उपभोक्ता के बजट में X की मात्रा में (यदि Y की मात्रा स्थिर रहे) वृद्धि होने से Y की सीमान्त उपयोगिता में वृद्धि हो जाय। घड़ी और चेन, कार और पेट्रोल, कम और प्लेट, पेन और स्याही सम्पूरकता के अच्छे उदाहरण हैं। उदाहरण के लिए, स्याही के बिना पेन का उपयोग नहीं हो सकता। फिर पेन की मात्रा में वृद्धि होने से स्याही की उपयोगिता बढ़ जाती है, अत: पेन और स्याही परस्पर सम्पूरक वस्तुएँ हैं।

इसी प्रकार Y नामक वस्तु X नामक वस्तु की प्रतिस्थापक अथवा प्रतियोगी उसी दशा में होगी जब उपभोक्ता के बजट में X की मात्रा में वृद्धि होन से (यदि Y की मात्रा स्थिर बनी रहे) Y की सीमान्त उपयोगिता कम हो जाय। उदाहरणार्थ, उपभोक्ता के बजट में चाय की मात्रा में वृद्धि हो जाने से उसके लिए कॉफी की उपयोगिता कम हो जाती है। अत: वे परस्पर प्रतिस्थापक वस्तुएँ हैं।

उपरोक्त विवेचन से स्पष्ट है कि सम्पूरकता और प्रतिस्थापनीयता के उत्क्रमणीय (Reversable) भी होते है अर्थात यदि Y नामक वस्तु X नामक वस्तु की सम्पूरक है तो X नामक वस्तु भी Y नामक वस्तु की सम्पूरक होगी। इसी प्रकार यदि X के लिए Y प्रतिस्थापक है तो Y के लिए X भी प्रतिस्थापक होगी। इससे यह परिणाम निकलता है कि

मुद्रा की सीमान्त उपयोगिता स्थिर मान ली जाय तो X की कीमत में गिरावट X को माँग को बढाएगी और यदि X और Y परस्परक सम्पूरक हैं तो Y सीमान्त उपयोगिता वृद्धि में होगी और Y की माँग भी बढ़ेगी। इसी प्रकार यदि X तथा Y एक दूसरी की प्रतिस्थापक हैं तो X की कीमत में गिरावट X की माँग को बढ़ाएगी, परन्तु Y की मांग घटा देगी।

पेरीटो ने सम्पूरकता और प्रतिस्थापनीयता की परिभाषा को उदासीनता वक्रों के अधिक झुकाव या एक झुकाव द्वारा समझाने का प्रयत्न किया है। जैसे चित्र 1 सम्पूरक वस्तुआकें को प्रदर्शित कर रहा है और 2 में प्रतिस्थापन अथवा प्रतियोगी वस्तुओं को बताया गया है।

आलोचना

(1) प्रो. हिक्स इसे गलत मानते हैं क्योंकि यह बताना असम्भव है कि उदासीनता वक्रों की कितनी वक्रता (झुकाव) सम्पूरक और प्रतिस्थापक वस्तुओं के बीच भेद बताने के लिए आवश्यक है।

(2) पेरीटो का अपना सिद्धान्त था कि उपयोगिता मापी नहीं जा सकती है परन्तु उपर्युक्त परिभाषा इस सिद्धान्त के भी प्रतिकूल है। क्योंकि पेरीटो ने सम्पूरकता और प्रतिस्थापन की उपर्युक्त परिभाषा सीमान्त उपयोगिता की सहायता से समझाई है।

(3) इसके साथ ही चूँकि उपयोगिता एक भावनात्मक विषय है इसलिए वह मापी जाने वाली मात्रा नहीं है, वह तो केवल उपभोक्ता के रूचि क्रमों का एक निर्देशांक ही है। इसलिए इस परिभाषा का कोई अर्थ ही नहीं है।

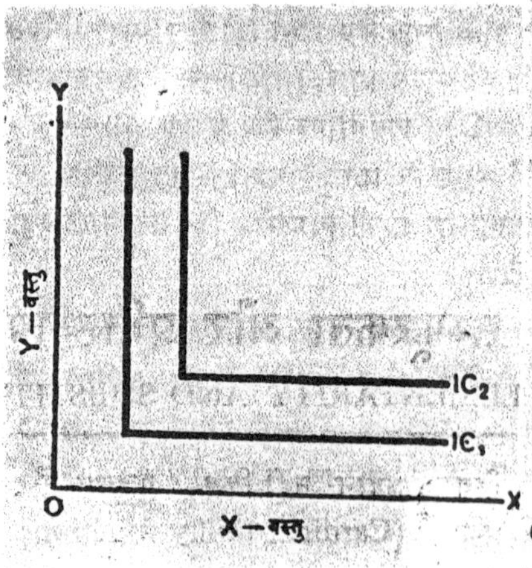

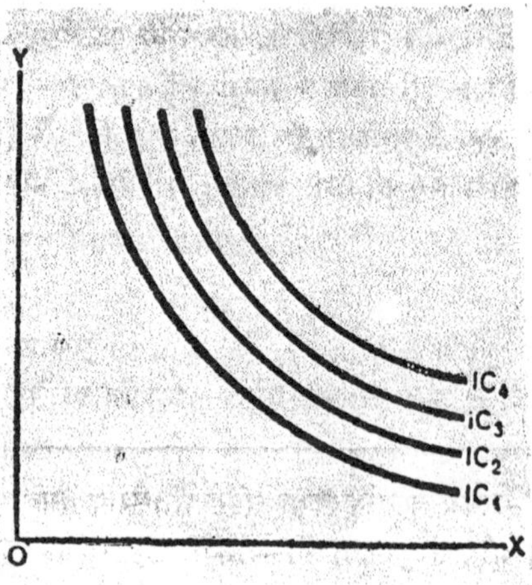

उपर्युक्त परिभाषा में हिक्स द्वारा सुधार

प्रो. हिक्स ने अपनी पुस्तक 'मूल्य और पूंजी' में सम्पूरकता और प्रतिस्थापन की एक दूसरी परिभाषा दी है। प्रो. हिक्स का मत है कि एजवर्थ और पेरीटो की उपर्युक्त परिभाषा की कठिनाई और परिभाषा में सीमान्त उपयोगिता के स्थान पर मुद्रा के लिए प्रतिस्थापन की 'सीमान्त दर' कर देने से दूर हो जाती है। मुद्रा के लिए प्रतिस्थापन की सीमान्त दर वास्तव में वस्तु विशेष की मुद्रा की इकाइयों में बताई गई सीमान्त उपयोगिता है। उदाहरण के लिए यदि एक प्यासा व्यक्ति एक गिलास पानी के लिए 25 पैसे देने का तत्पर है तो हम यह कह सकते हैं कि वह व्यक्ति 25 पै. को उतना ही पसन्द करता है जितना कि एक गिलास पानी को। इस प्रकार 25 पै. में 1 गिलास पानी उसकी पानी की, मुद्रा से सीमान्त प्रतिस्थापन दर कही जाएगी। इसी प्रकार यदि वह 50 पै. की एक रोटी खरीदने को तैयार है तो उसकी रोटी की मुद्रा से सीमान्त प्रतिस्थापन दर 50 पै. में एक रोटी होगी। इस प्रकार हम कह सकते हैं कि 1 गिलास पानी अथवा 1 रोटी की सीमान्त प्रतिस्थिापन दर मुद्रा की वह मात्रा है जो कि उतनी ही पसन्त की जाती है, जितना कि 1 गिलास पानी अथवा 1 रोटी। इस प्रकार प्रो. हिक्स ने सम्पूरकता और प्रतिस्थापन की एक ऐसी परिभाषा दी जो उपयोगिता की संख्यासूचक माप पर निर्भरता की धारणा से मुक्त है। हिक्स के अनुसार X और Y नामक दो वस्तुएँ उस दशा में परस्पर सम्पूरक होगी जब मुद्रा के स्थान पर X को इस प्रकार प्रतिस्थापित करने पर जिससे उपभोक्ता की सन्तुष्टि के स्तर में कोई परिवर्तन न हो, मुद्रा के लिए Y की मुद्रा के लिए प्रतिस्थापन दर बढ जाय इसी प्रकार X और Y नामक दो वस्तुएँ उस दशा में एक दूसरे के लिए प्रतिस्थापक अथवा प्रतियोगी होंगी, जब मुख्य के स्थान पर X को इस प्रकार प्रतिस्थापित करने पर, जिससे उपभोक्ता पहले से अच्छी दशा में न हो, Y की मुद्रा लिए सीमान्त प्रतिस्थापन दर घट जाय।

प्रो. हिक्स की परिभाषा एजवर्थ और पेरीटो की परिभाषा से अच्छी है क्योंकि:

(अ) यह उपयोगिता के संख्यासूचक माप पर आधारित नहीं है, और

(ब) ऐसी स्थितियों में भी लागू हो सकती है।

जहाँ मुद्रा की सीमान्त उपयोगिता की स्थिरता की कल्पना न की गई हो वहाँ हम यह देखने का प्रयत्न करेंगे कि किसी विशेष वस्तु की कीमत में परिवर्तन होने पर उपभोक्ता के व्यय पर क्या प्रभाव पड़ता है। यदि X वस्तु की कीमत में गिरावट आती है, और अन्य वस्तुओं की कीमत यथास्थिर रहती है तो X तथा उपभोक्ता द्वारा खरीदी जाने वाली अन्य वस्तुओं की माँगों पर दो प्रकार के प्रभाव पड़ेगे – एक तो आय प्रभाव और दूसरा प्रतिस्थापन प्रभाव।

आय प्रभाव का साधारण अर्थ यह होता है कि जब किसी वस्तु की कीमत में गिरावट आती है तो उपभोक्ता को उस वस्तु की पहले ही जितनी मात्रा खरीदने के लिए अब मुद्रा देनी पड़ेंगी। इसलिए वस्तु के ऊपर जो पहले व्यय किया जाता था अब उस वस्तु की कीमत गिरने के कारण उसके ऊपर कम खर्च करना पड़ेगा। इस प्रकार एक प्रकार की बचत

हो जाती है। इस बचत अथवा नई आय से कुछ तो उसी वस्तु को खरीदा जाता है जिसकी कीमत में गिरावट आती है, और कुछ अन्य वस्तुएँ खरीदी जाती हैं। जब किसी वस्तु की कीमत गिरती है तो एक प्रतिस्थापन प्रभाव का साधारण अर्थ यह होता है कि किसी वस्तु की कीमत गिरती है तो उपभोक्ता उस वस्तु की पहले से अधिक मात्रा खरीदने के लिए प्रोत्साहित होता है।

अब हम देखेंगे कि X वस्तु की कीमत में गिरावट आने पर 'आय प्रभाव' और 'प्रतिस्थापन प्रभाव' से कोई अधिक परेशानी नहीं होती। X की कीमत में कमी की प्रतिक्रिया उपभोक्ता के लिए आय बढ़ने के लिए सदृश होती है और इस प्रकार निकृष्ट वस्तुओं को छोडकर उपभोग की जाने वाली प्रत्येक वस्तु की माँग बढ़ने की प्रवृत्ति होती है। अतः X की कीमत में गिरावट आने से X का उपभोग भी बढ़ जायेगा यदि X कोई निकृष्ट वस्तु नहीं है। यदि X पर आय का कम अनुपात व्यय किया जाता है तो आय प्रभाव भी न्यून होगा, इसलिए X की मार्ग पर केवल थोड़ा प्रभाव पडेगा और किसी भी वस्तु की माँग पर इसका समानुपातिक प्रभाव कम होगा।

X की कीमत में गिरावट आने से एक प्रतिस्थापन प्रभाव की प्रक्रिया भी प्रारम्भ हो जायेगी। प्रतिस्थापन प्रभाव में अवश्य ही प्रतिस्थापन X के पक्ष में होगा (क्योंकि X की कीमत कम हो गयी है) और इसलिए X के अतिरिक्त किसी अन्य वस्तु के विपक्ष में होगा। यदि X से भिन्न सभी वस्तुओं को संयुक्त करके उन्हें एक वस्तु मान ले तो प्रतिस्थापन प्रभाव की प्रवृत्ति इस संयुक्त वस्तु की माँग को कम करने की होगी। परन्तु ऐसा केवल तभी सम्भव होगा जब हम अन्य सभी वस्तुओं को सम्मिलित रूप में देखेंगे। इसका यह अर्थ नहीं है कि अलग-अलग प्रत्येक वस्तु की माँग घटेगी। किन्तु इसके विपरीत, आय प्रभाव उस समय तक इस संयुक्त वस्तु की मांग को बढाने के लिए क्रियाशील होगा, जब तक कि संयुक्त वस्तुएँ निकृष्ट वस्तुएँ न हों। संक्षेप में X वस्तु के अतिरिक्त अन्य सभी वस्तुओं की मांग का अर्थ है प्रतिस्थापन प्रभाव इनकी माँग को कम करेगा तथा आय प्रभाव लगभग हमेशा ही वृद्धि करेगा।

मान लीजिए इस संयुक्त वस्तु समूह में Y नामक कोई वस्तु है। तब हम देखेंगे कि X वस्तु की कीमत में गिरावट होने से Y नामक किसी अन्य विशेष वस्तु की माँग पर क्या प्रभाव पड़ेगा। मान लीजिए कि Y नामक वस्तु X वस्तु की सम्पूरक है तो X की कीमत में गिरावट आने से जब मुद्रा के लिए X का प्रतिस्थापन होगा तो साथ ही साथ मुद्रा के लिए Y का भी प्रतिस्थान होगा। यह X की कीमत में गिरावट हाने के कारण Y पर पडने वाला प्रतिस्थापन प्रभाव का द्योतक है। इसके विपरीत, यदि वस्तु X और Y प्रतियोगी अथवा प्रतिस्थापक होगा तो Y साथ ही साथ मुद्रा के लिए Y का भी प्रतिस्थापन होगा। यह X की कीमत में गिरावट होने के कारण पर Y पडने वाला प्रतिस्थापन प्रभा का द्योतक है। इसके विपरीत यदि वस्तु X और Y प्रतियोगी अथवा प्रतिस्थापक वस्तुएँ हैं तो Y पर पडने वाला प्रतिस्थापन प्रभाव यह होगा कि Y की माँग कम हो जाएगी, और X की कीमत में गिरावट आने पर Y की मात्रा पर एक आय प्रभाव भी पडेगा। साधारणतः आय प्रभाव के कारण Y

वस्तु की माँग बढ़ जायेगी (चाहे X वस्तु Y वस्तु की प्रतियोगी हो या सम्पूरक) किन्तु यदि Y एक निकृष्ट वस्तु है तो Y की माँग घट जायेगी।

इस प्रकार उपर्युक्त विवेचन से निम्न बातें स्पष्ट होती हैं:

(1) यदि X की कीमत में गिरावट है तो X की माँग और अन्य वस्तुओं की माँग पर पड़ने वाले प्रभावों को आय प्रभाव और प्रतिस्थापन प्रभाव द्वारा दिखाया जा सकता है।

(2) जहाँ तक X की माँग का सम्बन्ध है प्रतिस्थापन प्रभाव के कारण यह अवश्य बढ़ेगी और आय प्रभाव भी ऐसा ही करेगा यदि X वस्तु निकृष्ट वस्तु नहीं है।

(3) जहां तक एक साथ ली हुई (संयुक्त) सभी वस्तुओं की मांग का प्रश्न है प्रतिस्थापन प्रभाव इसे कम करेगा और आय प्रभाव इसे बढाएगा।

(4) जहाँ तक अन्य वस्तुओं में से Y नामक किसी विशेष वस्तु की माँग का प्रश्न है यदि यह X की सम्पुरक नहीं है तो प्रतिस्थापन प्रभाव इसकी मांग से ह्रास ले आएगा और यदि यह निम्न कोटि की वस्तु नहीं है तो आय प्रभाव इसकी मांग में वृद्धि लाएगा।

प्रो. हिक्स ने X तथा Y वस्तुओं के पारस्परिक सम्बन्धों की 4 प्रकार की स्थितियों का जिक्र किया है:

(1) X के साथ Y अत्यधिक सम्पूरक हो सकती है : यहाँ ऐसी स्थिति में प्रतिस्थापन प्रभाव इतना अधिक हो सकता है कि आय प्रभाव पर छा जाय और फलस्वरूप Y की माँग में निश्चित रूप में वृद्धि होगी। आय प्रभाव भी Y की माँग में वृद्धि करेगा। इसका उदाहरण वह स्थिति है जहाँ X और Y को निश्चित अनुपातों में प्रयुक्त करना अनिवार्य हो।

(2) X के साथ Y हल्की सम्पूरक हो : इस स्थिति में प्रतिस्थापन प्रभाव न्यून होगा औय प्रभाव अधिक महत्त्वपूर्ण होगा। साधारण आय प्रभाव और प्रतिस्थापन प्रभाव दोनों ही एक ही दिशा में कार्य करते हैं, जिससे Y वस्तु की माँग में कुछ वृद्धि आएगी। किन्तु यदि Y एक निकृष्ट वस्तु है तो आय प्रभाव और प्रतिस्थापन प्रभाव एक दूसरे को काट सकते हैं, अथवा कभी-कभी यह भी सम्भव हो सकता है कि आय प्रभाव व ऋणात्मक प्रभाव काफी जोरदार हो और Y की माँग कुछ कम हो जाय।

(3) X के लिए Y हल्की प्रतिस्थापनीय हो : इस स्थिति में आय प्रभाव और प्रतिस्थापन प्रभाव सामान्यत: विरोधी दिशाओं में कार्य करते हैं, इस प्रकार इसके अन्दर एक दूसरे को काटने की प्रवृत्ति होती है अथवा की माँग पर अत्यन्त थोड़ा प्रभाव पड सकता है, जो किसी भी दिशा में जा सकता है। परन्तु Y अगर एक निकृष्ट वस्तु है तो इसकी माँग निश्चित रूप से संकुचित होगी, हालांकि संकुचन की यह मात्रा अत्यन्त न्यून होगी।

(4) X के लिए Y अत्यधिक प्रतिस्थापनीय हो : इस स्थिति में पुन: प्रतिस्थापन प्रभाव आय की अपेक्षा अधिक प्रभावशील होगा और Y की मांग में ह्रास आएगा। यदि ये परस्पर पूर्णरूपेण प्रतिस्थापनीय हैं तथा X की कीमत में गिरावट आती है, तो Y वस्तु की

माँग शुन्य हो जायेगी। पूर्ण प्रतिस्थापन दशा का सम्बन्ध अक्रमणीय है। यदि X के लिए Y पूर्ण प्रतिस्थापन है तो Y के लिए X भी प्रतिस्थापन अवश्य ही होगा।

हम ऐसी स्थितियों की भी कल्पना कर सकते हैं जिनके अन्तर्गत X की कीमत में कमी का प्रभाव Y की माँग पर नहीं पड़ता। स्पष्ट है कि ऐसा तब होगा जब या तो Y की माँग पर पड़ने वाले आय प्रभाव और प्रतिस्थापन प्रभाव, दोनों ही नगण्य (न्यूनतम से भी कम) हों अथवा वे परस्पर विपरीत दिशाओं में कार्य कर रहे हों और वस्तुत: एक दूसरे को निकृष्ट कर देते हों।

प्रतिस्थापन और सम्पूरकता एक दूसरे के दृष्टिकोण से

प्रतिस्थापन और सम्पूरकता के सम्बन्धों को हम आडी लोच (Crissed Elasticity) के सन्दर्भ में भी बता सकते हैं। स्टिगलर के अनुसार यदि X वस्तु की कीमत में वृद्धि होने (और इस प्रकार X वस्तु की माँग घट जाने) के फलस्वरूप Y वस्तु की माँग बढ जाती है, तो ये दोनों वस्तुएँ (X और Y) परस्पर प्रतियोगी अथवा प्रतिस्थापक होंगी। यदि X वस्तु की कीमत बढ़ जाने से (और इस प्रकार X वस्तु की माँग कम हो जाने से) Y वस्तु की माँग भी कम हो जाती है, तो ये दोनों वस्तुएँ सम्पूरक है।

उदाहरण के लिए चाय (X वस्तु) तथा कॉफी (Y वस्तु) है, और यदि कॉफी की कीमत बढती है तो चाय की कीमत में वृद्धि हो जायेगी। क्योंकि काफी महंगी होने के कारण लोग चाय का प्रयोग अधिक करने लगेंगे। अत: चाय और कॉफी एक-दूसरे की प्रतिस्थापक वस्तुएँ है। इस प्रकार प्रतिस्थापक वस्तुओं की कीमत तथा माँगी गई मात्रा में सीधा सम्बन्ध होता है। एक वस्तु की कीमत में वृद्धि या कमी दूसरी वस्तु की माँग में वृद्धि या कमी करती है। पूरक वस्तुओं का एक उदाहरण, कार (X वस्तु) तथा पेट्रोल (Y वस्तु) का है। यदि वस्तु (मोटर) की कीमत बढ़ती है तो मोटर की माँग में कमी होगी, और परिणामस्वरूप पेट्रोल की माँग में भी कमी हों जायगी। अत: पूरक वस्तुओं की कीमत तथा माँगी गई मात्रा में उल्टा सम्बन्ध होता है। एक वस्तु की कीमत में वृद्धि होने से दूसरी वस्तु की माँग में कमी आ जाती है।

यदि अन्य वस्तुओं की कीमत तथा लोगों की रूचियाँ यथास्थिर रहें तो X वस्तु और X वस्तु के बीच में आड़ी लोच इस सूत्र के द्वारा निकाली जा सकती है।

$$\text{माँग की आड़ी लोच} = \frac{\text{X वस्तु की माँग में आनुपातिक परिवर्तन}}{\text{Y वस्तु के मूल्य में आनुपातिक परिवर्तन}}$$

माँग की आडी लोच निकालने में उपरोक्त सूत्र को और अधिक सही रूप में निम्न प्रकार से बताते हैं:

$$\text{माँग की आडी लोच} = \frac{\dfrac{\text{X वस्तु की पूति मात्रा} - \text{X वस्तु की नई मात्रा}}{\text{X वस्तु की पूर्ति मात्रा} + \text{X वस्तु की नई मात्रा}}}{\dfrac{\text{Y वस्तु का पूर्व मूल्यज़} - \text{Y वस्तु की नई मात्रा}}{\text{Y वस्तु का पूर्व मूल्य} + \text{Y वस्तु का नया मूल्य}}}$$

यह आडी लोच जितनी ही बडी और धनात्मक होगी X तथा Y उतनी ही अच्छी एक दूसरे की प्रतियोगी अथवा प्रतिस्थापक होगी। अर्थात चाय X की कीमत में गिरावट कॉफी Y की माँग में अवश्य गिरावट लाएगा। क्योंकि जब चाय की कीमत घटेगी और कॉफी की कीमत पूर्ववत् रहेगी तो लोग कॉफी के बदले चाय की अधिक मात्रा खरीदने लगेंगे।

(अ) यदि माँग की आड़ी लोच धनात्मक संख्या दी हुई है, तो उसको देख कर हम कह सकते हैं कि सम्बन्धित दो वस्तुएँ प्रतियोगी या प्रतिस्थापक वस्तुएँ हैं।

(ब) माँग की आड़ी लोच का गुणांक या संख्या (Coefficient or Numerical Value)- जितनी अधिक होगी उतनी ही वे वस्तुएँ अधिक निकट की प्रतिस्थापक होंगी।

इसके विपरीत X और Y वस्तुएँ एक दूसरे की सम्पूरक तब होंगी जब उन दोनों के बीच की माँग की आडी लोच ऋणात्मक हो अर्थात् मोटर कार X की कीमत में कमी आने और इस प्रकार से माँग में वृद्धि होने से पैट्रोल की माँग में भी कुछ वृद्धि अवश्य होगी, इस प्रकार यदि--

(अ) माँग की आड़ी लोच का ऋणात्मक गुणांक दिया हुआ है तो उसे देखकर हम यह कह सकते हैं कि X और Y वस्तुएँ पूरक वस्तुएँ हैं न कि प्रतियोगी या प्रतिस्थापक वस्तुएँ।

(ब) आड़ी लोच का गुणांक जितना अधिक होगा उतनी ही वे वस्तुएँ अधिक निकट की पूरक वस्तुएँ होगी।

योग या जोड़ की समस्या
(Adding-up Problem)

सीमान्त उत्पादकता सिद्धान्त एक अन्य विवादग्रस्त समस्या अर्थात् जोड़ की समस्या को जन्म देते हैं। चूंकि प्रत्येक साधन का पुरस्कार उसकी सीमान्त उत्पादकता के बराबर होता है इसलिए कुल उत्पादन, इस योग के बराबर होगा, जो प्रत्येक साधन को उसके सीमान्त उत्पादन से गुणा करने पर प्राप्त होता है अर्थात कुल उत्पादन = सीमान्त उत्पादन × विभिन्न उत्पादन के साधनों की इकाइयों की संख्या। इस तथ्य को इस प्रकार से व्यक्त किया जा सकता है -

अगर P = कुल उत्पादन है।

a, b, c .... विभिन्न उत्पादन के साधनों की मात्राएँ हैं, तथा

M_1, M_2, M_3 .... विभिन्न साधनों की क्रमशः सीमान्त उत्पादकता है तो -

$P = M_1a + M_2b + M_2c$ ....

इस स्पष्टीकरण करने की समस्या (उपर्युक्त समीकरण ठीक है) को ही जोड़ की समस्या कहते हैं। अगर हम इस समीकरण का विश्लेषण करें तो समस्या यह कि यदि उत्पत्ति के प्रत्येक साधन को सीमान्त उत्पादन अदा कर दिया जाय तो उपक्रमी (साहसी) के

लिए भी केवल उसका सीमान्त उत्पादन ही शेष रह जायेगा। उसका अंश न तो उससे अधिक होगा और न ही कम।

विकस्टीड का समाधान : विकस्टीड ने अपनी पुस्तक कोआर्डिनेशन ऑफ दी लाज आफ डिस्ट्रीव्यूशन (Co-ordination of the Laws of Distribution) में उपरोक्त समीकरण का गणितीय प्रमाण जो यूलर के प्रमेय अगणितीय भाषा में यूलर का प्रमेय यह व्यक्त करता है कि यदि उत्पादन स्थिर उत्पादन के नियम के अन्तर्गत होता है तो प्रत्येक उत्पादन को उसके सीमान्त उंत्पादन के अनुसार भुगतान करने के परिणामस्वरूप कुल उत्पादन समाप्त हो जाता है। दूसरे शब्दों में यदि प्रत्येक साधन को उसके सीमान्त उत्पादन के अनुसार पुरस्कृत किया जाय तो पुरस्कार का कुल योग कुल उत्पादन के बराबर होगा। इस कथन को निम्न समीकरण द्वारा व्यक्त किया जा सकता है–

अगर P = F (a, b, c........) नामक समीकरण प्रथम श्रेणी का समरूपी प्रकार्य (Homogeneous function) है तो

$$P = a\frac{\delta P}{\delta a} + b.\frac{\delta P}{\delta b} + c.\frac{\delta P}{\delta c} + \text{..........}$$

उपरोक्त समीकरण को हम अब सरल शब्दों में व्यक्त करेंगे।

(1) P = F (a, b, c.........) का अर्थ है कि उत्पादन प्रयुक्त उत्पत्ति के साधनों का फल है।

(2) यह समीकरण प्रथम श्रेणी का समरूपी प्रकार्य है जिसका अर्थ है कि उत्पादन अनुपातीय प्रतिफल नियम (अर्थात स्थिर उत्पादन नियम) के अधीन होता है।

(3) $\frac{\delta P}{\delta a} \frac{\delta P}{\delta b}$ व $\frac{\delta P}{\delta c}$ विभिन्न उत्पादन के साधनों की सीमान्त उत्पादकता है।

हम मान लेते हैं aभूमि, bश्रम तथा cपूँजी की इकाइयाँ हैं तो ऐसी स्थिति में कुल उत्पादन में भूमि का हिस्सा भूमि की कुल इकाइयाँ (a) तथा भूमि के सीमान्त उत्पादन $\left(\frac{\partial P}{\partial a}\right)$ के गुणनफल $\left(a\frac{\partial P}{\partial a}\right)$ के बराबर होगा। इसी प्रकार कुल उत्पादन में श्रम का हिस्सा श्रम की इकाइयाँ (b) तथा श्रम के सीमान्त उत्पादन $\left(\frac{\partial P}{\partial b}\right)$ के गुणनफल $\left(b\frac{\partial P}{\partial b}\right)$ के बराबर होगा। इसी प्रकार उत्पादन में पूँजी का हिस्सा, कुल पूंजी की इकाइयाँ (c) तथा पूँजी के सीमान्त उत्पादन $\left(\frac{\partial P}{\partial c}\right)$ के गुणनफल $\left(c\frac{\partial P}{\partial c}\right)$ के बराबर होगा। यदि प्रत्येक उत्पादन साधन को उसके सीमान्त उत्पादन के अनुसार भुगतान न करने के कुल उत्पादन समाप्त हो जाता है तो कुल उत्पादन साधन को प्राप्त हुए हिस्सों के योग के बराबर होगा।

अर्थात् $P = a.\frac{P}{a} + b.\frac{P}{b} + c\frac{P}{c} + ...$

यूलर के प्रमेय के अनुसार उपरोक्त समीकरण केवल उसी दशा में सत्य होगा जब उत्पादन क्षेत्र में आनुपातिक प्रतिफल नियम लागू होता हो। उदाहरण के लिए यदि श्रम की पाँच इकाइयों तथा पूँजी की 2 इकाइयों के सहयोग से वस्तु की 100 इकाइयाँ उत्पादित की जाती हैं तो श्रम की 10 इकाइयों पर पूँजी की 4 इकाइयों के संयोजन द्वारा वस्तु की 200 इकाइयाँ उत्पादित की जायेंगी। इसे समरूप उत्पादन प्रकार्य (Homogeneous Production Function) कहते हैं। चित्र में पैमाने के प्रतिफल की स्थिरता इस बात से स्पष्ट झलकती है कि विभिन्न समुत्पादक वक्रों के बीच की दूरी सदैव बराबर रहती है अर्थात् OA = AB = BC = CD. प्रत्येक उत्पादन साधन को उसकी सीमान्त उत्पादकता के अनुसार भुगतान करने पर कुल उत्पादन केवल तभी समाप्त होगा जब उत्पादन क्षेत्र में ह्रासमान तथा वर्द्धमान प्रतिफल नियम अनुपस्थित होंगे। यदि उत्पादन वर्धमान प्रतिफल नियम के अन्तर्गत होता है तो सीमान्त उत्पादन को साधन की मात्रा से गुणा कर देने पर जो मात्रा उपलब्ध होगी, वह कुल उत्पादन की मात्रा से अधिक होगी। इसके विपरीत उत्पादन में ह्रासमान प्रतिफल का नियम लागु साधनों को जो कुछ प्राप्त होता है वह कुल उत्पादन से कम होगा जिसके फलस्वरूप उत्पादन इकाई को अधिक लाभ प्राप्त होगा।

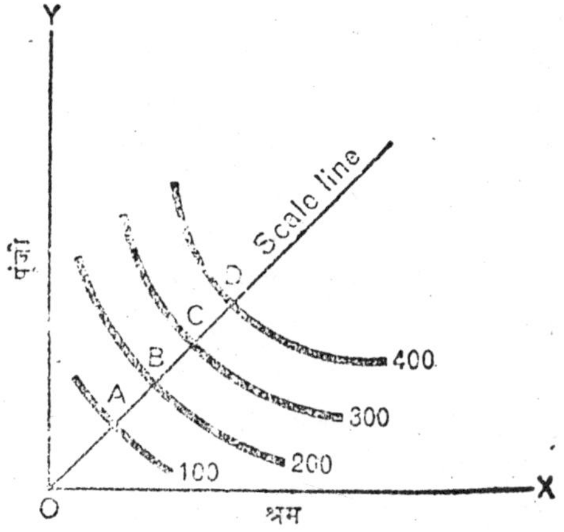

चित्र

अतः केवल स्थिर उत्पादन और पूर्ण प्रतियोगिता की स्थितियों के अन्तर्गत ही वह कथन सत्य होगा, यदि सभी साधनों को उनकी सीमान्त उत्पादकता के अनुसार पुरस्कृत किया जाय तो उनके भुगतान में कुल उत्पादन पूर्णतया समाप्त हो जायेगा।

यह कहा जाता है कि यूलर के प्रेमय के लागू होने के लिए आनुपातिक प्रतिफल के नियम का लागू होना अनिवार्य है। फर्म के लिए इस दशा में विद्यमान होने का अर्थ यह है कि फर्म का लागत वक्र समतल होना चाहिए। परन्तु यह पूर्ण प्रतियोगिता की मान्यता के

प्रतिकूल है। वालरस, पेरीटो व एजवर्थ आदि अर्थशास्त्रियों ने विकस्टीड की इतनी कड़ी आलोचना की कि विकस्टीड ने अपनी पुस्तक 'The Commonesense of Political Economy' में गणितीय प्रमाण को, जो यूलर के प्रमेय पर आधारित था, वापस ले लिया।

बेरोन, वालरस तथा विक्सेल ने स्वतत्र रूप से बिना स्तर उत्पादन नियम की मान्यता के कुल उत्पादन समाप्ति सिद्धान्त को सिद्ध किया है। विकस्टीड के हल की मुख्य आलोचना, जैसा कि हम ऊपर देख चुके हैं यह थी कि स्थिर उत्पादन, नियम, पूर्ण प्रतियोगिता की मान्यता के प्रतिकूल है। इन लेखकों ने यह तर्क प्रस्तुत किया है कि लागत फलन प्रथम श्रेणी का अनुरूप फलन न होकर U-आकार का होता है। कुल उत्पादन समाप्ति की घटना को सिद्ध करने के लिए केवल यह पर्याप्त है कि पूर्ण प्रतियोगिता में प्रत्येक फर्म U-आकार औसत वक्र के निम्नतम बिन्दु पर सन्तुलन प्राप्त करती है। चूंकि U-आकार औसत वक्र के न्यूनतम बिन्दु पर स्पर्श रेखा समतल रेखा होती है, अत: इस बिन्दु पर विकस्टीड की आनुपातिक प्रतिफल की मान्यता भी सिद्ध हो जाती है। प्रो. हिक्स ने कहा है, ''यह कोई आश्चर्यजनक बात नहीं है कि इस बिन्दु पर विकस्टीड की मान्यता सत्य है।'' इस प्रकार हम कह सकते हैं कि जब किसी फर्म के उत्पादन सम्बन्धी पैमाने पर प्राप्त हो रहे उत्पादन की मात्रा स्थिर बनी रहे, जैसा कि फर्म की औसत लागत वक्र के न्यूनतम बिन्दु पर होता है और जब फर्म द्वारा प्रयुक्त प्रत्येक साधन की प्रत्येक इकाई को उसके सीमान्त उत्पादन के बराबर पुरस्कार मिल रहा हो तो सभी साधनों के पुरस्कारों का योग ठीक-ठीक कुल उत्पादन के बराबर होता है। उदाहरणार्थ, यदि उत्पादन के A और B दो साधन है तो A साधन की प्रयुक्त मात्रा को उसके सीमान्त उत्पादन से गुणा कर देने पर प्राप्त मात्रा और B साधन की प्रयुक्त मात्रा को उसके सीमान्त उत्पादन से गुणा कर देने पर प्राप्त मात्रा का योग फर्म के कुल उत्पादन के योग के बराबर होगा।

प्रश्न

1. जोड़ की समस्या पर एक निबन्ध लिखिये।
2. ''यदि उत्पादन के सभी साधन अपने सीमान्त उत्पादों के अनुसार पुरस्कृत हों तो कुल उत्पादन पूर्णतया समाप्त हो जायेगा।'' इस कथन पर विचार कीजिए और उन मान्यताओं पर प्रकाश डालिए, जिन पर ये आधारित हैं।
3. ''यदि प्रत्येक साधन को इसके सीमान्त उत्पादन के अनुसार पुरस्कृत किया जाय, तो पुरस्कार का कुल योग कुल उत्पाद के बराबर होता है।'' इस कथन पर विचार कीजिए।

1. 'प्रतिस्थापन' और 'सम्पुरकता' की व्याख्या कीजिये। किसी वस्तु के मूल्य परिवर्तन का उपभोक्ता के सामान्य व्यय पर जो प्रभाव पड़ता है, उस पर प्रकाश डालिये।
2. एक वस्तु की कीमत में गिरावट होने से (अ) उपभोक्ता की आय और (ब) उसके कुल व्यय पर जो प्रभाव पड़ता है उस पर प्रकाश डालिये।

3

आर्थिक नियम
[Economic Laws]

'नियम' शब्द का सामान्यत: प्रयोग किसी क्षेत्र में कारण व परिणाम के सम्बन्ध को व्यक्त करने के लिए किया जाता है। नियम निश्चित प्रवृत्तियों की व्याख्या तथा सामान्य कथनों की सत्यता के प्रतीक होते हैं। मार्शल (Marshall) के अनुसार नियम शब्द का अर्थ सामान्य कथन अथवा प्रवृत्तियों के कथन से कुछ अधिक नहीं होता है, जो कम या अधिक सत्य, कम या अधिक निश्चत होते हैं।''

टगवैल (Tugwell) के अनुसार, ''एक नियम देखे गये शब्दों का सारांश है, अनुभव का संक्षिप्त विवरण है, एक संक्षिप्त चिन्ह है जो बहुत सी सम्बन्धित बातों को समझने में सहायता करता है।''

इस प्रकार नियम अनुभव व तथ्यों पर आधारित सामान्य कथन होते हैं जिनमे कारण व परिणामों के बीच सम्बन्ध स्थापित किया जाता है। नियम सार्वभौमिक होते हैं, अर्थात् ये सभी जगह लागू होते हैं। नियम के लिए सिद्धान्त (Theory) शब्द का भी प्रयोग किया जाता है।

प्रत्येक विज्ञान के अपने नियम होते हैं। अर्थशास्त्र भी एक विज्ञान है। अत: अर्थशास्त्र के भी अपने नियम है। अन्य विज्ञानों की भांति अर्थशास्त्र का उद्देश्य भी नियमों का निर्माण करना है। किसी भी विज्ञान के नियम उसकी प्रकृति को दर्शाते हैं। **मार्शल** के अनुसार, ''एक विज्ञान की प्रगति उसके नियमों की संख्या में वृद्धि व निश्चितता पर निर्भर करती है।''

अन्य विज्ञानों की भांति अर्थशास्त्र में भी परिकल्पना (Hypothesis) सिद्धान्त (Theory) , तथा नियम (Laws) आदि शब्दों का प्रयोग किया जाता है। इस सम्बन्ध में निम्न बातें महत्वपूर्ण हैं:

1. अर्थशास्त्र में अवलोकन करके तथा आंकड़े एकत्र करके आर्थिक घटनाओं का अनुमान लगाया जाता है। एक प्रकार की आर्थिक घटनाओं की सामान्य अनुमानित व्याख्या की जाती है। जिसे परिकल्पना (Hypothesis) कहा जाता है।

2. यदि परिकल्पना उसी प्रकार की नयी स्थितियों के कारणों की व्याख्या कर सकती है तो उसे आर्थिक सिद्धान्त कहा जाता है।

3. यदि एक सिद्धान्त बार-बार सही प्रतीत होता है तो उसे आर्थिक नियम कहा जाता है।

4. इस प्रकार सिद्धान्त अस्थायी व नियम स्थायीत्व का प्रतीक है। अत: आधुनिक अर्थशास्त्री आर्थिक नियमों के स्थान पर आर्थिक सिद्धान्तों का प्रयोग करते है। जब आर्थिक नियम शब्द का प्रयोग किया जाता है तब भी प्राय: उसका अभिप्राय आर्थिक सिद्धान्तों से ही लगाया जाता है।

नियमों के प्रकार (Types of Laws)

प्रत्येक विज्ञान में नियमों का प्रयोग होता है। इस आधार पर नियमों के निम्न प्रकार होते है:

1. वैधानिक नियम (Statutory Laws): देश का प्रशासन चलाने व देश में शान्ती व सुरक्षा बनाये रखने के लिए सरकार द्वारा जो नियम बनाये जाते है उन्हें वैधानिक नियम कहते है। इन नियमों का पालन करना प्रत्येक नागरिक के लिए आवश्यक है। इन नियमों के उल्लंधन पर दण्ड का प्रावधान भी रहता है। वैधानिक नियम सरकार द्वारा बनाये जाते है। इनके पालन के लिए सरकार व्यवस्था करती है। आर्थिक नियमों का पालन न करने पर दण्ड की व्यवस्था नहीं होती।

2. वैज्ञानिक नियम (Scientific or Natural Laws): किसी घटना के बीच सम्बन्ध स्थापित करने वाले नियम वैज्ञानिक नियम कहलाते है। इन नियमों का प्रतिपादन अनुसंधान व खोज से होता है। गुरूत्वाकर्षण का नियम वैज्ञानिक नियम है। आर्थिक नियम भी इसी श्रेणी में आते है क्योंकि ये भी कारण व परिणाम के बीच सम्बन्ध व्यक्त करते है। उदाहरण के लिए कीमत व मांग के सम्बन्ध को मांग के नियम द्वारा व्यक्त किया गया है।

3. सामाजिक नियम (Social Laws): समाज में प्रचलित प्रथाओं व रीति रिवाजों को ही सामाजिक नियम कहा जाता है। ये नियम समाज की मान्यताओं परम्पराओं व रीतिरीवाजों से प्रतिपादित हो जाते है। लोकाचार, जन्म, विवाह, मृत्यु आदि से सम्बन्धित नियम सामाजिक नियम है। कानूनन इन नियमों का पालन करना अनिवार्य नहीं होता किन्तु

समाज में अपनी प्रतिष्ठा बनाये रखने के लिए इन नियमों का पालन अनिवार्य होता है। इन नियमों का पालन न करने वाले व्यक्ति को समाज में अनादर से देखा जाता है। आर्थिक नियम प्रथामूलक नहीं होते।

4. नैतिक नियम (Moral Laws): नैतिक नियम नीतिशास्त्र व धर्म से सम्बन्धित हैं। ये नियम व्यक्ति के सामने आदर्श प्रस्तुत करते है कि उसे किस प्रकार का व्यवहार करना चाहिए तथा किस प्रकार का नहीं। इन नियमों का पालन करना या न करना व्यक्ति की इच्छा पर निर्भर करता है। किन्तु सामाजिक भय के कारण इनका पालन किया जाता है। इनका पालन न करने पर मनुष्य का नैतिक पतन होता है। आर्थिक नियम भी आदर्शमूलक होते है। किन्तु उनका पालन न करने में किसी प्रकार का भय नहीं होता।

5. संस्थागत नियम (Institutional Laws): किसी संस्था या संगठन का कार्य सुचारू रूप से चलाये जाने के लिए जो नियम बनाये जाते है उन्हें संस्थागत नियम कहा जाता है। ये नियम संस्था के कार्य को सुचारू रूप से चलाने में सहायक होते है। ये नियम प्रणाली से सम्बन्धित होते है। विभिन्न खेलों के नियम संस्थागत नियम ही कहलाते हैं।

आर्थिक नियम (Economic Laws)

अर्थशास्त्र के नियमों को आर्थिक नियम कहा जाता है। ये नियम आर्थिक घटनाओं के कारण व परिणाम के मध्य सम्बन्धों की व्याख्या करते है। अर्थशास्त्र मनुष्य की आर्थिक क्रियाओं का अध्ययन है। अत: आर्थिक नियम मनुष्य की आर्थिक क्रियाओं से सम्बन्धित नियम होते है।

मार्शल के अनुसार, "आर्थिक नियम अथवा आर्थिक प्रवृत्तियों के कथन ऐसे सामाजिक नियम हैं, जिनका सम्बन्ध आचरण की उन शाखाओं से होता है, जिनमें मुख्य उद्देश्यों की शक्ति को मुद्रा के द्वारा मापा जा सकता है।"

मार्शल की इस परिभाषा से आर्थिक नियमों को निम्न विशेषताएँ प्रकट होती है:

(1) आर्थिक नियम सामाजिक नियम होते है।

(2) आर्थिक नियम मानव व्यवहार पर आधारित हैं।

(3) आर्थिक नियम मानव व्यवहार के उस पहलू से सम्बन्धित होते हैं जिसे मुद्रा से मापा जा सकता है।

रोबिन्स के अनुसार, "आर्थिक नियम मानव व्यवहार के सम्बन्ध में उन समानेताओं के कथन होते हैं जिनका सम्बन्ध असीमित आवश्यकताओं की पूर्ति के लिए वैकल्पिक प्रयोगों वाले सीमित साधनों के प्रयोग से होता है।"

रोबिन्स की इस परिभाषा के अनुसार आर्थिक नियमों में निम्न विशेषताएँ होती हैं:

(1) आर्थिक नियम मानव व्यवहार से सम्बन्धित होते है:

(2) आर्थिक नियम मानव के उस व्यवहार से सम्बन्धित होते हैं जो मनुष्य की असीमित आवश्यकताओं की पूर्ति के लिए सीमित व वैकल्पिक प्रयोग वाले साधनों से सम्बन्धित हैं। तथा

(3) आर्थिक नियम मानव व्यवहार से सम्बन्धित कुछ समानताओं को व्यक्त करते है।

थॉमस के अनुसार, "आर्थिक नियम में साधारण व्यवसाय में संलग्न मानव के आचरण तथा कार्यों में निहित सिद्धान्तों का वर्णन होता है।"

इस प्रकार थॉमस के अनुसार आर्थिक नियमों में मानव के साधारण व्यवसाय को प्रभावित करने वाले उसके व्यवहार तथा कार्यों से सम्बन्ध रखने वाले सिद्धान्तों का किया जाता है।

आर्थिक नियमों की विशेषताएँ अथवा प्रकृति (Nature of Economic Laws)

अर्थशास्त्र एक विज्ञान है। अत: आर्थिक निमय भी वैज्ञानिक नियमों की भांति ही होते हैं। ये नियम भी कारण व परिणामों के बीच सम्बन्ध स्थापित करते है। इसी कारण रोबिन्स ने तो कहा है कि अर्थशास्त्र के नियम दूसरें विज्ञानों के नियमों के बिल्कुल समान होते है। किन्तु अर्थशास्त्र एक सामाजिक विज्ञान है जो मानव व्यवहार से सम्बन्धित है। अत: अर्थशास्त्र के नियमों की निम्न विशेषताएँ है:

1. आर्थिक नियम काल्पनिक होते हैं अथवा आर्थिक नियम मान्यता प्रधान होते हैं (Economic Laws are hypothetical: आर्थिक नियम मान्यता प्रधान होते है। अर्थशास्त्र मानवीय प्रवृत्तियाँ से सम्बन्धित है। मानव स्वभाव परिवर्तनशील है। अत: आर्थिक नियम अनिश्चित व परिवर्तनशील होते है। ये नियम काल्पनिक होते है। इनमें अन्य बातें समान रहने की कल्पना कर ली जती है। अर्थशस्त्र के प्रत्येक नियक के साथ "अन्य बातें समान रहने पर" लगा होता है। सेलिगमेंन के अनुसार, "आर्थिक नियम अनिवार्यत: काल्पनिक होते है। प्रत्येक आर्थिक नियम के साथ सदैव 'यदि अन्य बातें समान रहें' वाक्यांश विशेषण के रूप में जुड़ा होता है।" किन्तु व्यवहार में अन्य बातें समान नहीं रहती। परिस्थितियों में परिवर्तन होने से ये 'अन्य बातें' भी बदल जाती है। अत: आर्थिक नियमों को काल्पनिक कहा जाता है। उदाहरण के लिए मूल्य में वृद्धि होने पर मांग कम होती है, यह मांग का सामान्य नियम है। किन्तु यदि भविष्य में और भी अधिक मूल्य वृद्धि की सम्भावना हो तो वर्तमान में मूल्य बढ़ने पर भी मांग में वृद्धि होगी।

किन्तु इसका यह तात्पर्य नहीं है कि आर्थिक नियम पूर्णतया काल्पनिक होते हैं अत: ये अवैज्ञानिक या अवास्तविक हैं। वास्तव में अन्य वैज्ञानिक नियमों में भी कल्पना का सहारा लिया जाता है। उदाहरण के लिए गुरूत्वाकर्षण का नियम विज्ञान का एक नियम है। इसके अनुसार सभी वस्तुएं ऊपर से नीचे गिरती हैं। किन्तु इसमें भी सदैव ऐसा नहीं होता।

यदि गुब्बारे में हवा से हल्की गैर भर कर उसे छोड़ा जाए तो यह नीचे आने के स्थान पर ऊपर जाएगा। इस प्रकार अन्य वैज्ञानिक नियमों में भी कल्पना का अंश होता है।

इस प्रकार अर्थशास्त्र के नियम भी अन्य विज्ञानों के नियमों की भांति हैं। अन्य विज्ञानों के नियमों की भांति इनमें भी कल्पना का अंश होता है। अन्तर सिर्फ इतना है कि आर्थिक नियमों में कल्पना का अंश अन्य वैज्ञानिक नियमों की तुलना में अधिक है। इसका कारण यह है कि अर्थशास्त्र मनुष्य का अध्ययन है जो बुद्धिमान व तर्कहीन है तथा उसका स्वभाव परिवर्तनशील है। मानव पर प्रयोगशाला में प्रयोग भी नहीं किये जा सकते।

2. आर्थिक नियम आर्थिक प्रवृत्तियों के कथन मात्र होते हैं अर्थात वे कम निश्चित होते हैं (Economic Laws are mere Statements of Economic Tendencies that is they are less excet): प्राकृतिक नियमों की तुलना में आर्थिक नियम कम निश्चित होते है। ये नियम केवल मानव व्यवहार की प्रकृति बताते हैं। इसके अनिवार्य रूप से घटित होने का दावा नहीं करते। आर्थिक नियम सभी स्थानों व समयों पर लागू नहीं होते। उदाहरण के लिए रसायनशास्त्र का नियम यह बतलाता है कि एक निश्चित दबाब व तापक्रम पर यदि दो हिस्सा हाइड्रोजन व एक हिस्सा आक्सीसन मिलाया जाए तो पानी बन जाता है। यह नियम सभी समय व स्थानों पर लागू होता है किन्तु आर्थिक नियमों के साथ ऐसा नहीं है। उदाहरण के लिये मूल्य बढ़ने पर मांग में कमी होती है किन्तु यदि मूल्य दोगुने कर दिए जाए तो यह आवश्यक नहीं है कि मांग पहले से आधी रह जाए। मार्शल ने इसका कारण बताते हुए लिखा है, कि एक रसायनशास्त्री जिस विषय का अध्ययन करता है, वह सदा एक सा रहता है किन्तु अर्थशास्त्र जीवशास्त्र के समान ऐसे विषय का अध्ययन करता है जिसका आन्तरिक स्वभाव और बनावट तथा बाहरी रूप निरन्तर बदलता रहता है।

हेराल्ड डेविस के अनुसार, "आर्थिक समस्याओं का एक मानवीय पक्ष भी होता है जिसके कारण अर्थशास्त्र के नियमों को अधिक निश्चितता के साथ प्रकट करना सम्भव नहीं होता है। आर्थिक अध्याय में यह परिवर्तन मनुष्यों के परिवर्तनशील मनोविज्ञान के कारण उत्पन्न होता है।

3. आर्थिक नियम सापेक्षिक होते है(Economic Laws are relative): आर्थिक नियम सापेक्षिक होते हैं। ये किसी समय, स्थान व देश से सम्बन्धित होते है। प्रत्येक समय व स्थान पर इन्हें लागू नहीं किया जा सकता अर्थात ये नियम सार्वभौमिक नहीं होते।

किन्तु यह नही कहा जा सकता कि अर्थशास्त्र के कोई भी नियम सार्वभौमिक नहीं है। आर्थिक नियमों को इस आधार पर दो भागों में बांटा जा सकता है:

(1) अर्थशास्त्र के कुछ नियम सार्वभौमिक हैं जो प्रत्येक समय व स्थान पर साधारणतः लागू होते हैं। उपभोग के नियम, मांग का नियम, पुर्ति का नियम आदि ऐसे नियम है जो सार्वभौमिक हैं जो प्रत्येक समय व स्थान पर साधारणतः सत्य होते हैं। अतः इन्हें सापेक्षिक नहीं कहा जा सकता।

(2) अर्थशास्त्र के कुछ नियम सापेक्षित होते है। अर्थात प्रत्येक समय व स्थान पर ये लागू नहीं होते। मुद्रा, बैंकिंग, उद्योग, व्यापार आदि से सम्बन्धित नियम, माल्थस का जनसंख्या सिद्धान्त आदि ऐसे नियम हैं जो सापेक्षिक नहीं हैं।

रोबिन्स के अनुसार, ''आर्थिक सामान्यताओं अर्थात आर्थिक नियमों को ऐतिहासिक सापेक्षिक कहना एक खतरनाक भ्रम हैं। आर्थिक नियमों का प्रयोग करते समय हमें उनकी ऐतिहासिक सापेक्षिक मान्यताओं को ध्यान में चाहिए। अपनी मान्यताओं को ध्यान में रखना चाहिए। अपनी मान्यताओं के अंन्तर्गत आर्थिक नियम सही उतरेंगें।''

आर्थिक नियमों की कम निश्चितता के कारण

प्राकृतिक नियमों की तुलना में आर्थिक नियम कम निश्चित होते है, इसके निम्न कारण है:

1. अर्थशास्त्र का विषय मानव आचरण है जड़ पदार्थ नहीं : अर्थशास्त्र में मानव आचरण का अध्ययन किया जाता है जबकि प्राकृतिक विज्ञानों में जड़ पदार्थों का अध्ययन किया जाता। जड़ पदार्थों में जान न होने के कारण उन पर समय व स्थान का कोई प्रभाव नहीं पड़ता। इसके विपरीत मानव आचरण अनेक तत्वों से प्रभावित होता है। मानव आचरण परिवर्तनशील भी है। मानव आचरण के बारे में पूर्वानुमान लगाना सम्भव नहीं होता क्योंकि मानव आचरण में समय व स्थान के साथ परिवर्तन होते रहते है। इस कारण प्राकृतिक विज्ञानों की तुलना में आर्थिक नियम कम निश्चित हैं। मार्शल के अनुसार, ''एक रसायन शास्त्री जिस वस्तु का अध्ययन करता है, वह सदा एक सी रहती है लेकिन अर्थशास्त्र जीवशास्त्र की भांति ऐसे विषय का अध्ययन किया करता है जिसका आन्तरिक स्वभाव, बनावट व बाह्य रूप बराबर बदलते रहते है।'' डेविस के अनुसार, ''आर्थिक समस्याओं का एक मानवीय पक्ष भी होता है जिसके कारण अर्थशास्त्र के नियमों को अधिक निश्चितता के साथ प्रकट करना सम्भव नहीं होता है। आर्थिक अध्ययन में यह परिवर्तन मनुष्यों के परिवर्तनशील मनोविज्ञान के कारण होता है।''

2. विभिन्न प्रकार की प्रवृत्तियों का प्रभाव : अर्थशास्त्र में मानव व्यवहार का अध्ययन किया जाता है। मनुष्य पर केवल आर्थिक परिस्थितियों का ही प्रभाव नहीं पड़ता वरन् गैर आर्थिक जैसे सामाजिक, धार्मिक, नैतिक, राजनैतिक आदि अनेक प्रकार की परिस्थितियों का भी प्रभाव पड़ता है। गैर आर्थिक तत्वों के प्रभाव के कारण आर्थिक नियम कम निश्चित होते हैं। उदाहरण के लिए अर्थशास्त्र के नियम के अनुसार श्रमिक वही काम करता है जहाँ उसे अधिक मजदूरी प्राप्त होती है किन्तु अनेक बार पारिवारिक प्रेम अपने स्थान के प्रति प्रेम भाषा की कठिनाई आदि के कारण श्रमिक अधिक मजदूरी पर कार्य करने के लिए नहीं जाते व कम मजदूरी पर कार्य करते रहते हैं।

3. आर्थिक नियमों का प्रयोगशाला में परीक्षण सम्भव नहीं हैं : प्राकृतिक विज्ञानों के अध्ययन के विषय में जड़ पदार्थों पर प्रयोगशाला में प्रयोग किए जा सकते हैं

किन्तु अर्थशास्त्र मानव व्यवहार का अध्ययन है। मानव का प्रयोगशाला में परीक्षण करना सम्भव नहीं है। मानव की प्रयोगशाला तो पूरा विश्व हैं।

4. मुद्रा रूपी मापदण्ड स्वयं दोषपूर्ण हैं : प्राकृतिक विज्ञानों में मापदण्ड की इकाईयां निश्चित हैं। इनमें कोई परिवर्तन नहीं होता। अर्थशास्त्र में आर्थिक क्रियाओं की मापदण्ड मुद्रा है जो स्वयं ही दोषपूर्ण है। मुद्रा से आर्थिक क्रियाओं को ठीक से नहीं मापा जा सकता है क्योंकि स्वयं मुद्रा का मूल्य परिवर्तित होता रहता है। मुद्रा की उपयोगिता भी अलग अलग व्यक्तियों के लिए अलग अलग होती है। धनिकों के लिए मुद्रा की उपयोगिता कम व गरीबों के लिए अधिक होती है। एक व्यक्ति अपनी मुद्रा को ज्यों ज्यों खर्च करता जाता है, शेष मुद्रा की उपयोगिता बढ़ती जाती है। मुर के अनुसार, ''अर्थशास्त्र में कोई ऐसा सुविधाजनक मापक नहीं है जिससे व्यापारिक कार्यों के प्रवाह को मापा जा सके। कारण यह है कि व्यापारिक कार्य भय एवं हास्यास्पद आशावाद के झौकों से भी प्रभावित होते है जिनके सम्बन्ध में भूकम्प को ही भांति भविष्य वाणी नहीं की जा सकती।

5. प्रभाव डालने वाली प्रवृत्तियों का स्व्यं परिवर्तनशील होना : आर्थिक तथ्यों को तथा कारणों को अपना प्रभाव दिखाने में कुछ समय लगता है किन्तु इस बीच तथ्य व कारण स्वयं ही बदल जाते है। ऐसी दशा में तथ्यों व कारणों का निश्चित प्रभाव नहीं पड़ पाता। अत: आर्थिक नियम कम निश्चित होते हैं।

6. अज्ञात तत्वों का प्रभाव : मनुष्य पर अनेक तत्वों का प्रभाव पड़ता है। इनमें से अनेक तत्व अभी भी अज्ञात हैं। ज्ञात तत्वों के परिणाम अज्ञात तत्व बदल देते है। ज्ञात तत्वों पर आधारित निष्कर्ष अज्ञात तत्वों के प्रभाव से गलत हो जाते है। डरबिन के अनुसार, ''आर्थिक घटनाओं को निर्धारित करने वाले सभी वास्तविक तत्वों को अभी तक पूर्णतया खोज नहीं हो पायी है। अत: केवल ज्ञात तत्वों पर आधारित भविष्यवाणियाँ या नियम अज्ञात तत्वों के प्रभाव गलत हो जाते है।

7. विकासशील विज्ञान : अर्थशास्त्र एक विकासशील विज्ञान है। अभी भी इसका विकास हो रहा है और विकास होना शेष है। विकासशील विज्ञान होने के कारण अभी इसके नियम कम विकसित हैं। जब इसका पूर्ण विकास हो जायेगा तब इसके नियम अधिक निश्चित हो सकेंगें। अर्थशास्त्र में निरन्तर विकास की प्रक्रियद्म होने से नये नये आंकड़, तथ्यों व अनुभवों पर नये-नये सिद्धान्त बनाये जा रहे हैं।

उपरोक्त कारणों से अर्थशास्त्र के नियम प्राकृतिक नियमों की अपेक्षा कम निश्चित है। अभी आर्थिक नियमों में प्राकृतिक नियमों की भांति निश्चितता व पूर्णता नहीं आई हैं। मार्शल के अनुसार, ''अर्थशास्त्र में कोई भी प्रवृति ऐसी नहीं है जो गुरूत्वाकर्षण की तरह निश्चित व अटल हो। अतएव अर्थशास्त्र का कोई भी ऐसा नियम नहीं है जिसकी तुलना गुरूत्वाकर्षण नियम से की जा सके''।

किन्तु फिर भी अर्थशास्त्र के नियम अन्य सामाजिक विज्ञानों की तुलना में अधिक निश्चित हैं। अर्थशास्त्र में मुद्रा रूपी मापदण्ड के कारण आर्थिक नियम अन्य सामाजिक

मापदण्ड ने, भले ही वह कम निश्चित तथा अपूर्ण है, अर्थशास्त्र को अन्य सामाजिक शास्त्रों से अधिक सही बना दिया है'।

अर्थशास्त्र में गणितीय विधियों व इकोनोमेट्रिक्स के प्रयोग के कारण भी आर्थिक नियमों में निश्चितता आने लगी है। अत: अब अर्थशास्त्र के नियम अधिक निश्चित होने लगे हैं। रोबिन्स के अनुसार, ''अर्थशास्त्र के नियम अन्य विज्ञानों के नियम समान ही है।'' आर्थिक नियमों की तुलना गुरूत्वाकर्षकण के साधारण नियमों की अपेक्षा ज्वार भाटे के नियमों से करनी चाहिए।

आर्थिक नियमों की तुलना में कम निश्चितता के कारण मार्शल ने कहा है कि आर्थिक नियमों की तुलना गुरुत्वाकर्षण के साधारण एवं निश्चित नियम से नही वरन् ज्वार भाटे के नियमों से करना चाहिए।''

यदि हम गुरुत्वाकर्षण का नियम अधिक निश्चित है। यह नियम सभी स्थानों व समय पर सही उतरता है। किन्तु ज्वार भाटे के नियम गुरूत्वाकर्षण के नियम की तुलना में कम निश्चित है ज्वार भाटे के नियम के अनुसार ज्वार चन्द्रमा पर निर्भर है। पूर्ण चन्द्रमा के दिन ज्वार अधिक ऊँचा होता है व चन्द्रमा के आकार के साथ साथ कम होता जाता है। किन्तु सदैव ऐसा होना आवश्यक नहीं है। वर्षा, आँधी, तुफान आदि के कारण ज्वार की ऊँचाई में परिवर्तन हो सकता है। इस प्रकार जवार भाटें का नियम सामान्य परिस्थितियों में ही सही उतरता है।

यदि इस दृष्टि से हम आर्थिक नियमों की गुरुत्वाकर्षण व ज्वार भाटे के नियमों से करें तो यह प्रतीत होता है कि आर्थिक नियम गुरुवाकर्षण के नियम की भांति हैं। अर्थात् आर्थिक नियम भी सामान्य परिस्थितियों में लागू होते हैं। परिस्थितियों में परिवर्तन होने पर यह आवश्यक नहीं है कि आर्थिक नियम पूर्णत: लागू हों। इसी कारण आर्थिक नियमों में प्राय: अन्य बातें समान रहने पर वाक्यांश जुड़ा रहता है।

आर्थिक नियमों के स्वभाव को देखते हुए अर्थशास्त्र को एक विज्ञान कहना कहाँ तक ठीक हैं? (In view of the Nature of Economic Laws, how far is it Legitimate to call Economics a Scienct ?)

आर्थिक नियमों की प्रकृति जिसका वर्णन किया जा चुका है, के अनुसार आर्थिक नियम कम निश्चित होते हैं तथा इनमें सार्वभौमिकता का गुण नहीं पाया जाता आर्थिक नियमों के इस प्रकार के स्वभाव को देखने से यहाँ यह प्रश्न उठता है कि क्या अर्थशास्त्र को विज्ञान कहना उचित होगा? आर्थिक नियम मानव व्यवहार परिवर्तनशील है। अत: आर्थिक नियम कम निश्चित होने के कारण अर्थशास्त्र को विज्ञान न माना जाए, यह निश्चित नहीं हैं। अर्थशास्त्र के नियम कम निश्चित होने पर भी अर्थशास्त्र को निम्न आधारों पर विज्ञान कहा जा सकता है:

1. कुछ आर्थिक नियम सार्वभौमिकता होते है : यह कहना उचित नहीं हो।गा कि सभी आर्थिक नियम सार्वभौमिक नहं होते। कुछ आर्थिक नियम सार्वभौमिक होते है। ये नियम सभी स्थानों पर अवश्य ही लागू होते है। सीमांत उपयोगिता ह्रास नियम, उत्पत्ति ह्रास नियम, मांग का नियम, पूर्ति का नियम आदि अर्थशास्त्र के ऐसे नियम हैं जो सदैव लागू होते हैँ चाहे थोड़े समय के लिए स्थगित क्यों न हो जाए। उदाहरण के लिए यह सम्भव है कि किसी वस्तु का लगातार उपभोग करने पर प्रारम्भ में बढ़ती हुई दर से उपयोगिता प्राप्त हो किन्तु अन्त में उपयोगिता में कमी ही होगी।

2. अन्य वैज्ञानिक नियमों की सरलता की मान्यताओं व शर्तों पर आधारित होती है: यह कहा जाता है कि अर्थशास्त्र के नियम और मान्यताओं पर आधारित होते है। किन्तु अन्य वैज्ञानिक नियम भी मान्यताओं पर आधारित है, तथा कुछ शर्ता के पूरा होने पर ही सत्य होते है। उदाहरण के लिए गुरूत्वाकर्षण का नियम बताता है कि कोई भी वस्तु ऊपर उछालने पर वह नीचे गिरेगी किन्तु यदि गुब्बारे में हवा से हल्की गैस भर कर उसे उछाला जाए तो वह ऊपर जाएगी नीचे नहीं गिरेगा। इस प्रकार गुरूत्वाकर्षण के सिद्धान्त की मान्यता है कि यह उछालने की प्रक्रिया पृथ्वी के आकर्षण क्षेत्र में हो तथा उसके विरूद्ध कोई शक्ति क्रियाशील न हो। अत: आर्थिक नियमों की भांति अन्य प्राकृतिक नियमों में भी मान्यताएँ होती है तो प्राकृतिक विज्ञानों की भाँति अर्थशास्त्र को भी विज्ञान मानना उचित होगा।

3. अन्य सामाजिक विज्ञानों की तुलना में आर्थिक नियम अधिक निश्चित है : जैसा कि पहले भी स्पष्ट किया जा चुका है कि अन्य सामाजिक विज्ञानों की तुलना में आर्थिक नियम अधिक निश्चित है। अर्थशास्त्र में मुद्रा के मापदण्ड के प्रयोग गणितीय व सांख्यिकीय विधियों का प्रयोग इकोनोमेट्रिक्स के बढ़ते हुए उपयोग आदि के कारण आर्थिक नियम अन्य सामाजिक विज्ञान की तुलना में अधिक निश्चित है। अत: अर्थशास्त्र को विज्ञान कहना अनुचित नहीं हरेगा क्योंकि अन्य सामाजिक विज्ञानों के विषय को विज्ञान कहा जाता है।

4. सामुहिक व्यवहार के सम्बन्ध मं भविष्यवाणी सम्भव है : यह कहा जाता है कि आर्थिक नियम मानव व्यवहार पर आधारित है तथा मानव व्यवहार परिवर्तशील है। किन्तु इसका यह अभिप्राय नहीं है कि मानव व्यवहार के बारे में भविष्यवाणी करना सम्भव नहीं है। मानव अपनी स्वतन्त्र इच्छा रखता है। मानव के निर्णय का कुछ न कुछ आधार अवश्य होता है। अत: सामुहिक व्यवहार के सम्बन्ध में भविष्यवाणी करना सम्भव है।

5. प्राकृतिक विज्ञान के नियम भी सदैव सत्य नही होते : अनेक प्राकृतिक विज्ञानों के नियम भी सदैव सत्य नहीं होते। मौसम विज्ञान के नियम व भविष्यवाणियाँ सत्य नहीं होती। किन्तु फिर भी उन्हें विज्ञान माना जाता है। इसी आधार पर अर्थशास्त्र को भी विज्ञान माना जाता है।

6. अर्थशास्त्र में वैज्ञानिक विधियों का प्रयोग होता है : अर्थशास्त्र में वैज्ञानिक विधियों का प्रयोग किया जाता है अत: अर्थशास्त्र को विज्ञान माना जाना चाहिए।

7. अर्थशास्त्र एक उपयोगी विषय है : अर्थशास्त्र का सैद्धान्तिक महत्व तो है ही साथ ही इसका व्यावहारिक महत्व भी है। व्यवहारिक महत्व के कारण यह एक उपयोगी विषय है। उपभोक्ता उत्पादक समाजशास्त्री, राजनीतिज्ञ, समाज सुधारक आदि सभी के लिए अर्थशास्त्र एक उपयोगी विषय है।

प्रश्न

1. आर्थिक नियम की परिभाषा दीजिए। क्या आर्थिक नियम वास्तवकि रूप में स्वतन्त्र हो सकता है?

   Define 'Economic Law'. Can economic laws in real sense can be independent.

□□□

4

प्रतिस्पर्द्धात्मक बाजार अर्थव्यवस्था
[Competitive Market Economy]

पूँजीवाद से आशय

पूँजीवाद एक ऐसी आर्थिक प्रणाली है जिसमें उत्पादन के साधनों पर निजी स्वामित्व होता है तथा इन साधनों का प्रयोग पूँजीपति अपने लाभ को अधिकतम करने के लिए करता है। पूँजीवाद में सरकार की कोई महत्त्वपूर्ण भूमिका नहीं होती है। सरकार का मुख्य कार्य बाहरी आक्रमण से देश की रक्षा, आन्तरिक शांति एवं सुव्यवस्था और न्याय की व्यवस्था बनाये रखना होता है। आर्थिक कार्यों में सरकार हस्तक्षेप नहीं करती है। इसीलिए पूँजीवादी अर्थव्यवस्था का 'स्वतंत्र अर्थव्यवस्था', अनियोजित अर्थव्यवस्था तथा बाजारोन्मुखी अर्थव्यवस्था भी कहा जाता है।

लुक्स तथा **हूट्स** के अनुसार, "पूँजीवाद आर्थिक संगठन की एक ऐसी प्रणाली है जिसमें निजी सम्पत्ति पायी जाती है तथा मानव निर्मित एवं प्राकृतिक पूँजी का उपयोग निजी लाभ के लिए किया जाता है।"

मेकोनैल के अनुसार, "मुक्त बाजार या पूँजीवादी अर्थव्यवस्था एक स्वयं ही संचालित होने वाली प्रणाली है, जिसमें हर व्यक्ति स्व-हित से प्रेरित होकर कार्य करता है तथा जो प्रतियोगिता से नियन्त्रित होती रहती है।"

प्रो. ए.सी.पीगू के अनुसार, "एक पूँजीवादी व्यवस्था वह है जिसमें उत्पादन के साधनों पर निजी व्यक्तियों का स्वामित्व होता है और वे इनके द्वारा इस प्रकार संचालित किये जाते हैं कि जिन बस्तुओं और सेवाओं के उत्पादन में ये साधन सहायता देते हैं उनको लाभ पर बेचा जा सके। एक पूँजीवादी अर्थव्यवस्था अथवा प्रणाली में पूँजीवादी उद्योग विद्यमान होते हैं।"

पूँजीवादी अर्थव्यवस्था की विशेषताएँ

पूँजीवादी अर्थव्यवस्था की प्रमुख विशेषताएँ निम्न हैं—

1. निजी सम्पत्ति का अधिकार—पूँजीवादी अर्थव्यवस्था में उत्पादन के साधनों पर निजी स्वामित्व का अधिकार होता है। इसके अन्तर्गत खेतों, कारखानों, पूँजी आदि पर अलग-अलग व्यक्तियों का अधिकार होता है। वे इनका प्रयोग अपनी इच्छानुसार कर सकते हैं। इस प्रणाली के अन्तर्गत प्रत्येक व्यक्ति को निजी सम्पत्ति प्राप्त करने, उसे रखने और मृत्यु के पश्चात् अपने उत्तराधिकारियों को देने का अधिकार होता है। निजी सम्पत्ति रखने का अधिकार, व्यक्ति को अधिक कार्य करने को प्रेरणा देता है। इस प्रकार, व्यक्तिगत सम्पत्ति का अधिकार पूँजीवादी अर्थव्यवस्था की आधारभूत संस्था है। इसके अभाव में पूँजीवाद का अस्तित्व ही समाप्त हो जाता है।

2. आर्थिक स्वतन्त्रता —पूँजीवाद की दूसरी महत्त्वपूर्ण विशेषता आर्थिक स्वतन्त्रता है। इस प्रणाली में प्रत्येक व्यक्ति को इस बात की पूरी स्वतन्त्रता होती है कि वह अपनी सम्पत्ति जिस प्रकार चाहे, उपयोग कर सकता है। प्रत्येक व्यक्ति अपने आर्थिक कार्यों का संचालन इस प्रकार करता है कि उसे अधिकतम लाभ प्राप्त हो सके। यह स्वतन्त्रता पूँजीवादी अर्थव्यवस्था में श्रमिक, पूँजीपति, किसान, उत्पादक, उपभोक्ता एवं विनियोगकर्त्ता सभी को प्राप्त होती है। इसीलिए इसे 'स्वतन्त्र अर्थव्यवस्था' भी कहा जाता है।

पूँजीवादी अर्थव्यवस्था में यह आर्थिक स्वतन्त्रता तीन प्रकार की होती है—

(अ) व्यावसायिक स्वतन्त्रता, (ब) प्रसंविदा की स्वतन्त्रता, (स) चुनाव की स्वतंत्रता।

पूँजीवादी अर्थव्यवस्था में प्रत्येक व्यक्ति को अपनी लिए व्यवसाय चुनने तथा कारोबार के सिलसिले में प्रसंविदा या इकरारनामें करने की स्वतंत्रता होती है। इसी प्रकार से प्रत्येक उपभोक्ता को अपनी पंसंद के अनुसार वस्तुओं का उपभोग करने की स्वतंत्रता होती है। किन्तु लोगों की यह स्वतन्त्रता वैधानिक सीमाओं के अन्तर्गत होती है।

3. 'स्वहित' एवं निजी लाभ की प्रवृत्ति—पूँजीवादी अर्थव्यवस्था में यह माना जाता है कि प्रत्येक व्यक्ति अपने निजी हित का सबसे बड़ा संरक्षक होता है। अतः प्रत्येक व्यक्ति को अपनी इच्छा के अनुसार कार्य करने के लिए पूर्णतया स्वतत्र छोड़ देना चाहिए। व्यक्ति के कार्यों में राज्य का हस्तक्षेप नहीं होना चाहिए। अतः पूँजीवादी अर्थव्यवस्था में प्रत्येक व्यक्ति अपने लाभ को अधिकतम करने का प्रयास करता है। पूँजीपति अपनी पूँजी का प्रयोग उन कारोबार में करते हैं जिनसे उन्हें अधिकतम लाभ मिलने की सम्भावना होती है। इसीलिए जी.डी.एच.कोल ने लिखा है कि—"लाभ प्राप्त करने की आशा ही वह धूरी है जिसके चारों और पूँजीवादी आर्थिक प्रणाली परिक्रमा करती है।" कार्ल मार्क्स ने लिखा है कि "जमा करो, जमा करो, यही ब्रह्म आदेश है। यही पूँजीपतियों के लिए दैव आदेश है जिसमें लाभ के देवता की पूजा की जाती है।"

4. प्रतियोगिता —पूँजीवादी अर्थव्यवस्था में प्रतियोगिता हर स्तर पर देखने को मिलती है। वस्तु को बेचने के लिए विक्रेताओं के बीच प्रतियोगिता, वस्तु को खरीदने के लिए क्रेताओं के बीच प्रतियोगिता, वस्तु के कीमत-निर्धारण के लिए क्रेताओं के बीच प्रतियोगिता, श्रमिकों को रोजगार पाने के लिए प्रतियोगिता, श्रमिक एवं पूँजीपति के बीच

मजदूरी निर्धारण को लेकर प्रतियोगिता, उत्पादन के साधनों के बीच राष्ट्रीय आय के वितरण में साधनों के बीच अधिक हिस्सा प्राप्त करने के लिए प्रतियोगिता देखने को मिलती है।

5. मूल्य-तंत्र —पूँजीवादी अर्थव्यवस्था 'मूल्य-तंत्र' पर आधारित व्यवस्था होती है। इस प्रणाली में सभी निर्णय मूल्य तंत्र के आधार पर लिये जाते हैं। एक उत्पादक किन वस्तुओं का उत्पादन करेगा? वस्तु का कितनी मात्रा में उत्पादन किया जायेगा? वस्तु का उत्पादन किस स्थान पर किया जायेगा? किस उत्पादन तकनीक के अन्तर्गत वस्तु का उत्पादन किया जायेगा? इन सभी प्रश्नों का उत्तर वह मूल्य तन्त्र के आधार पर ही लेता है। एक उत्पादक उन्ही वस्तुओं का उत्पादन करता है जिनका मूल्य बाजार में सबसे अधिक है क्योंकि ऐसी वस्तुओं की बिक्री से उसका लाभ अधिकतम हो सकेगा। दूसरी तरफ, उपभोक्ता भी मूल्य-तंत्र के आधार पर निर्णय लेता है कि वह कौनसी वस्तु खरीदे, कितनी मात्रा में खरीदे तथा किस स्थान से खरीदे कि उसे कम से कम मूल्य पर श्रेष्ठ वस्तुएँ पर्याप्त मात्रा में मिल सकें। इस प्रकार स्पष्ट है कि पूँजीवादी अर्थव्यवस्था में 'मूल्य-तत्र' एक निर्देशक तंत्र के रूप में कार्य करता है।

6. उपभोक्ता की प्रभुता —पूँजीवादी अर्थव्यवस्था में उपभोक्ता सम्राट होता है। पूँजीवादी अर्थव्यवस्था में उपभोक्ता की सम्प्रभुता उसके द्वारा बाजार में वस्तु के लिए दिये जाने वाले मूल्य में दिखाई देता है। जिन वस्तुओं के लिए उपभोक्ता अपनी रुचि एवं पसंदगी को व्यक्त करता है अर्थात् जिनके लिए वह ऊँचा मूल्य देने को तैयार होता है, उन्हीं वस्तुओं का उत्पादन उत्पादकगण करते हैं। पूँजीवादी अर्थव्यवस्था में सम्पूर्ण उत्पादन ढाँचा उपभोक्ताओं की सेवा में लगा रहता है।

7. केन्द्रीय योजना का अभाव —पूँजीवादी अर्थव्यवस्था में केन्द्रीय योजना का अभाव होता है क्योंकि यह एक स्वतन्त्र अर्थव्यवस्था होती है। इस प्रणाली में करोड़ों उपभोक्ताओं एवं उत्पादकों के द्वारा स्वतन्त्र रूप से निर्णय लिये जाते हैं। इनके निर्णयों के बीच समन्वय स्थापित करने के लिए देश में कोई केन्द्रीय योजना अधिकारी नहीं होता है। पूँजीवादी अर्थव्यवस्था में सम्पूर्ण कार्य मूल्य-तन्त्र के द्वारा संचालित होता है। प्रो. हॉम ने लिखा है कि "पूँजीवादी अर्थव्यवस्था अनियोजित तथा समन्वयरहित होती है। यह करोड़ों लोगों तथा फर्मों की व्यक्तिगत तथा परस्पर निर्भर क्रियाओं पर आधारित होती है।"

8. स्वचालित आर्थिक क्रिया —पूँजीवादी अर्थव्यवस्था में राज्य का हस्तक्षेप नहीं होता है। प्रत्येक व्यक्ति को अपने 'स्वहित' के आधार पर कार्य करने एवं निर्णय लेने की पूर्ण स्वतन्त्रता होती है। इसके अन्तर्गत सभी आर्थिक निर्णय 'मूल्य-तंत्र' के द्वारा लिया जाता है। इसीलिए पूँजीवादी अर्थव्यवस्था को स्वचालित आर्थिक व्यवस्था कहते हैं। डी. एच. रॉबर्टसन ने लिखा है कि, "पूँजीवादी अर्थव्यवस्था में पूँजीवादी समाज दूध की हांडी के समान होता है। उत्पादक तथा उपभोक्ता मक्खन की गोली के समान होते हैं। पूँजीवादी मूल्य तन्त्र मथानी का काम करती है तथा लोग अनजाने ही इस मथानी के चारों ओर आकर्षित होते नजर आते हैं।"

9. सम्मिश्रण एवं एकीकरण—पूँजीवादी अर्थव्यवस्था में जहाँ एक ओर क्रेताओं एवं विक्रेताओं में प्रतियोगिता होती है, वहीं दूसरी ओर उत्पादकगण अपने लाभ को अधिकतम करने के लिए प्रतिस्पर्धा को छोड़कर आपस में एकाधिकारी संस्था का निर्माण

करते हैं जैसे—कार्टेल, पूल, उत्पादकों का संघ आदि। मजदूर वर्ग भी अपनी मजदूरी बढ़ाने, अन्य सुविधाएँ प्राप्त करने के लिए आपस में मिलकर 'श्रमिक संघ' का गठन करते हैं। उपभोक्तागण भी शोषण से बचने के लिए उपभोक्ता सहकारी समितियों का गठन करते हैं। इस प्रकार, पूँजीवाद में सभी वर्ग अपने हितों की रक्षा करने के लिए आपस में मिल जाते हैं।

10. वर्ग-संघर्ष —पूँजीवादी अर्थव्यवस्था में समाज दो वर्गों में बँटा होता है—

(अ) पूँजीवादी वर्ग या हुजूर वर्ग — यह वह वर्ग होता है जिसका उत्पादन के साधनों पर अधिकार होता है तथा जिसके पास पूँजी होती है।

(ब) श्रमिक वर्ग या मजदूर वर्ग — इसमें वे लोग आते हैं जो मजदूरी पर अपने श्रम को बेच देते हैं। इन लोगों के पास सम्पत्ति का अभाव होता है। इन दोनों वर्गों के अपने निजी हित होते हैं। पूँजीपति वर्ग अधिक से अधिक लाभ कमाना चाहता है, जबकि श्रमिक वर्ग अधिक मजदूरी, बोनस एवं अन्य सुविधाओं की माँग करता है। अत: इन दोनों के हित आपस में टकराते हैं। इससे इन दोनों के बीच वर्ग-संघर्ष चलता रहता है। यह वर्ग-संघर्ष हड़ताल, तालेबन्दी, घैराव, धीरे काम करों के रूप में दिखायी देता है।

11. जोखिम के साथ नियन्त्रण का सम्बन्ध —पूँजीवादी अर्थव्यवस्था की एक महत्त्वपूर्ण विशेषता है—"जोखिम के साथ नियन्त्रण।" इसे पूँजीवादी अर्थव्यवस्था का स्वर्णिम नियम भी कहते हैं। इस नियम का अर्थ है कि जो व्यवसाय में लाभ-हानि का जोखिम उठायेगा, वही व्यवसाय पर नियन्त्रण भी करेगा। कहावत भी है कि—"जो बांसुरी वादक को पैसा देता है, उसी का अधिकार उसकी तान तथा स्वर पर भी होता है अर्थात् उसी की इच्छा के अनुसार अपना तान एवं राग छेड़ता है।" प्रो. रॉबर्टसन ने भी लिखा है कि "जहाँ जोखिम है वहीं नियन्त्रण का अधिकार भी है।" पूँजीवादी अर्थव्यवस्था में जो व्यवसाय में पूँजी लगाता है, उसे ही व्यवसाय पर नियन्त्रण का अधिकार प्राप्त होता है।

12. बचत करने की स्वतन्त्रता — पूँजीवाद में प्रत्येक व्यक्ति को यह निश्चय करने की स्वतन्त्रता होती है कि वह आमदनी में से कितना व्यय करें। इस प्रकार लोग अपने वर्तमान उपभोग तथा भविष्य के उपभोग के बीच चुनाव करने के लिए बिल्कुल आजाद होते हैं। इसके साथ ही उन्हें अपनी बचत अथवा उससे बनाई गई सम्पत्ति को विरासत में देने का अधिकार भी होता है। लोगों को निजी सम्पत्ति रखने तथा उसको अपनी इच्छा के अनुसार प्रयोग करने की आजादी होती है।

13. आर्थिक असमानताएँ —पूँजीवादी अर्थव्यवस्था में बड़ी मात्रा में आर्थिक असमान्ताएँ पायी जाती हैं। सम्पत्तिवान धनी वर्ग के व्यक्तियों के पास प्रचुर साधन उपलब्ध होते हैं, जबकि सम्पत्तिहीन निर्धन वर्ग के पास दो वक्त की रोटी जुटाने के लिये भी साधन नसीब नहीं होते हैं। पूँजीवादी अर्थव्यवस्था में धन तथा सम्पत्ति की कुछ ही हाथों में केन्द्रित होने की प्रवृत्ति होती है, जिसके कारण धनी और अधिक धनी तथा गरीब और अधिक गरीब होता जाता है। पूँजीवाद की प्रगति के साथ-साथ अमीर तथा गरीब और अधिक गरीब होता जाता है। पूँजीवाद की प्रगति के साथ-साथ अमीर तथा गरीब के बीच की खाई बढ़ती जाती है। विशिष्टीकरण, मशीनीकरण एवं एकाधिकारी शक्तियों ने इन असमान्ताओं को और अधिक बढ़ाया है।

14. व्यापार चक्र - एक तेजीकाल और एक मन्दीकाल के योग को व्यापार-चक्र कहते हैं। पूँजीवाद अर्थव्यवस्था में जब उत्पादकों के उत्पादन सम्बन्धी अनुमान गड़बड़ा जाते हैं तो कभी अति उत्पादन तो कभी न्यून उत्पादन की समस्या उत्पन्न हो जाती है। अति उत्पादक वस्तुओं की कीमतों में कमी अर्थात् मन्दी को तथा न्यून उत्पादक वस्तुओं की कीमतों में वृद्धि अर्थात् तेजीकाल को जन्म देता है। पूँजीवादी अर्थव्यवस्था में मन्दी के बाद तेजी तथा तेजी के बाद मन्दी निरन्तर एक क्रम में आती रहती है।

(15) साहसी का महत्त्व —पूँजीवादी अर्थव्यवस्था में साहसी उत्पत्ति का सबसे महत्त्वपूर्ण घटक होता है। वही उत्पत्ति के सभी साधनों को एकत्रित करता है, उत्पादन सम्बन्धी समस्त निर्णय लेता है तथा लाभ-हानि की जोखिम भी उठाता है। योग्य एवं कुशल साहसियों के बिना पूँजीवाद के विकास की कल्पना भी सम्भव नहीं है।

(16) आत्मघाती प्रवृत्ति —पूँजीवाद में स्वयं के विनाश के बीच छुपे रहते हैं। पूँजीवाद के विकास के साथ-साथ ऐसी परिस्थितियाँ उत्पन्न होती है कि वह स्वयं अपने आपको समाप्त कर लेता है। पूँजीवाद में एक ओर बड़ा पूँजीपति छोटे पूँजीपति को वैसे ही समाप्त कर देता है, जिस प्रकार बड़ी मछली छोटी मछली को निगल जाती है, दूसरी ओर पूँजीपति मशीनों का अत्यधिक उपयोग करके अधिक से अधिक श्रमिकों को बेरोजगार कर देते हैं। इससे बहुसंख्यक श्रमिकों की आर्थिक स्थिति अत्यन्त दयनीय हो जाती है। अन्त में श्रमिक मालिकों के विरुद्ध क्रान्ति की घोषणा कर देंगे और पूँजीवाद समाप्त हो जायेगा।

पूँजीवाद का उद्‌भव एवं विकास

पूँजीवाद का उदय कब हुआ इसे बताना कठिन है। कुछ विद्वानों के मतानुसार इसका बोजारोपण सोलहवीं शताब्दी में यूरोप में हुआ। इससे पूर्व सामन्तवादी अर्थव्यवस्था थी, जिसके अन्तर्गत आर्थिक साधन विशेषत: भूमि जागीरदारों, महन्तों और सामन्तों के अधीन थी और कार्यशील वर्ग कृषक दासों का था। शनै: शनै व्यापार, टेक्नोलाजी, द्रव्य और श्रम-विभाजन के परिणामस्वरूप सामन्तवादी प्रथा भंग हो गई तत्पश्चात् घरेलू और कुटीर उद्योग धन्धे स्थापित हुए और फिर जब स्टीम, बिजली एवं मशीनों का आविष्कार हुआ तब बड़े पैमाने पर उत्पादन हजारों मजदूरों द्वारा विशाल कल-कारखानों में होने लगा। यहीं से पूँजी को अधिक महत्त्व मिलना आरम्भ हुआ। वह कुछ ही व्यक्तियों के हाथों में केन्द्रित होती गई। इसके फलस्वरूप पूँजीवाद का उद्‌भव हुआ।

पूँजीवाद का उत्थान 19वीं शताब्दी में हुआ। प्रतिष्ठित अर्थशास्त्रियों के लेखों ने पूँजीवाद के विकास को बहुत दृढ़ता प्रदान की थी। एडम स्मिथ जिसे राजनैतिक अर्थशास्त्र का जनक कहा जाता है, ने यह प्रमाणित किया कि, "अधिकतम कुशलत, (अर्थात् अधिकतम लोगों का अधिकतम कल्याण)केवल पूर्ण प्रतिस्पर्धा द्वारा ही सम्भव है। अत: उसने आर्थिक मामलों में सरकारी हस्तक्षेप को पूर्णतया अवांछनीय माना। जैसा कि आर्थिक विचारों के इतिहास से प्रकट होता है, पूँजीवाद के अन्तर्गत बाजार विकसित होते गये तथा माँग बढ़ती गई, स्टीम एवं मशीन ने औद्योगिक उत्पादन में क्रान्ति ला दी। विश्व बाजार बन गये, जिससे वाणिज्य, जल परिवहन एवं संवाद वाहन का अत्यधिक विकास हुआ। इससे उद्योगों का क्षेत्र बढ़ गया। पिछली कुछ शताब्दियों में अनेक नये क्षेत्रों की खोज ने विकासोन्मुख पूँजीवाद के लिए सुदृढ़ आधार प्रदान कर दिये

पूँजीवाद के विकास के चरण

पूँजीवाद एक बहुत प्राचीन प्रणाली है। इसका इतिहास समाजवाद एवं मिश्रित प्रणाली की तरह बहुत छोटा नहीं है। प्रारम्भिक अवस्था से लेकर आज तक पूँजीवाद ने अनेक उतार-चढ़ाव देखे हैं। यह दीर्घकालीन आर्थिक विकास की प्रक्रिया का परिणाम है। अपनी विकास प्रक्रिया की लम्बी यात्रा में पूँजीवाद अनेक चरणों से होकर गुजरा है।

प्रो. वार्नर सोम्बार्ट ने पूँजीवाद की तीन अवस्थाओं की व्याख्या की है—

1. प्रारम्भिक पूँजीवाद (1200 ई. से 1750 ई.)
2. निर्बन्ध पूँजीवाद (1750 ई. से 1914 ई.)
3. आधुनिक पूँजीवाद (1914 ई. से आज तक)

प्रो. शुम्पीटर ने पूँजीवाद के विकास की चार प्रमुख अवस्थाओं की व्याख्या की है—

1. प्रारम्भिक पूँजीवाद (ग्रीक रोमन समय से 1550 ई. तक)
2. वणिकवादी पूँजीवाद (1550 ई. से 1800 ई. तक)
3. शुद्ध पूँजीवाद (1800 ई. से 1898 ई. तक)
4. आधुनिक पूँजीवाद (1898 से आज तक)

अनेक विद्वानों द्वारा प्रतिपादित पूँजीवाद के विकास के विभिन्न चरणों को निम्नानुसार विभाजित किया जा सकता है—

1. औद्योगिक पूँजीवाद (1775-1850) — सामन्तवादी आर्थिक प्रणाली के बाद प्रारम्भ हुए पूँजीवाद को औद्योगिक पूँजीवाद के नाम से जाना जाने लगा। शुम्पीटर ने इसको पूर्ण पूँजीवाद की संज्ञा दी है किन्तु अन्य कई प्रमुख अर्थशास्त्री इसकी व्याख्या परम्परावादी पूँजीवाद के रूप में करते हैं। इस शताब्दी में एडम स्मिथ की प्रसिद्ध पुस्तक 'वेल्थ ऑफ नेशन्स' —1776 का प्रकाशन एवं औद्योगिक क्रान्ति के परिणामस्वरूप उद्योगों का तेजी से विकास हुआ, कृषि तकनीक में सुधार आया, व्यापार एवं साख व्यवस्था का विस्तार हुआ तथा समाज पूँजीपति एवं श्रमिक जैसे दो वर्गों में विभाजित हुआ।

2. प्रतियोगी पूँजीवाद (1850-1875)—1850 ई. की अवधि में प्रचलित पूँजीवाद को प्रतियोगी पूँजीवाद के नाम से जाना जाता है। इसका प्रारम्भ अमेरिका में गृह युद्ध के साथ हुआ था। इससे पूर्व अमेरिका में फर्मों का आकार छोटा एवं विनियोग बहुत ही कम मात्रा में था। इस कारण कम श्रमिकों को रोजगार दिया जाता था। 1850 के पहले श्रमिकों में सामूहिक क्रियाओं का अभाव था। किन्तु इसके बाद श्रम संघ बनने लगे जिनका विकास 19वीं शताब्दी के अन्त में हुआ। इस अवधि के दौरान उत्पादन एवं वितरण के क्षेत्र में प्रतियोगिता प्रारम्भ हो गई थी इसलिए इसे प्रतियोगी पूँजीवाद कहा जाता है।

3. वित्त पूँजीवाद (1975-1929)— अमेरिका में प्रतियोगी पूँजीवादी 19वीं शताब्दी के अन्तिम वर्षों में अपने विकास की चरम सीमा तक पहुँच गया था और उसके स्थान पर वित्त पूँजीवाद का अभ्यूदय होने लगा था। वित्त पूँजीवाद 1914 ई. तक पूर्ण रूप से

विकसित हो गया। वित्त के क्षेत्र में शाखा बैंकिंग प्रणाली का जन्म हुआ था। लेकिन प्रथम विश्व युद्ध के बाद की महान् मन्दी के कारण वित्त-पूँजीवाद समाप्त हो गया।

4. नियन्त्रित पूँजीवाद-कल्याणकारी पूँजीवाद का उदय (1929-1946)—1929 की महान् मन्दी के कारण अमेरिका की अर्थव्यवस्था बहुत अस्थिर हो गई थी। इसके परिणामस्वरूप व्यवसाय एवं उद्योगों के विकास को काफी झटका लगा। 1933 ई. में एक सुदृढ़ सरकार की आवश्यकता महसूस की जाने लगी जिसके द्वारा स्थिर आर्थिक प्रगति एवं व्यवसाय, कृषि श्रम तथा उपभोक्ताओं में सन्तुलन के उद्देश्यों को प्राप्त किया जा सके। नियन्त्रित पूँजीवाद को कल्याणकारी पूँजीवाद भी कहा जाता है।

5. राष्ट्र पूँजीवाद या एकाधिकार पूँजीवाद (1946 से वर्तमान तक)—द्वितीय विश्व युद्ध 1946 में समाप्त हुआ। इसके पश्चात् पूँजीवादी राष्ट्रों में सरकार के बढ़ते हुए कार्यों को देखते हुए प्रचलित पूँजीवाद को राष्ट्र पूँजीवाद का नाम दिया गया। पूँजीवादी राष्ट्रों में सरकारी हस्तक्षेप इतना अधिक बढ़ गया था कि इन राष्ट्रों की अर्थव्यवस्था समाजवाद के काफी निकट पहुँच गई। प्रतियोगिता को बनाए रखने एवं इसको और अधिक प्रभावशाली बनाने के लिए पूँजीवादी राष्ट्रों को एकाधिकारी की भूमिका निभानी पड़ती है। इसलिए इसे एकाधिकारी पूँजीवाद कहा जाता है। पूँजीवाद के इस चरण को समकालीन पूँजीवाद भी कहा जाता है।

आधुनिक समय में विभिन्न पूँजीवादी देशों की सरकारों ने एकाधिकारी प्रवृत्तियों को रोकने के लिए 'एकाधिकार विरोधी कानून' बनाए है। साथ ही सामाजिक सुरक्षा तथा श्रम कल्याण के लिए भी आवश्यक कानून बनाए हैं तथा श्रम संघों को कानूनी आधार प्रदान किया गया है जिससे कि सामूहिक सौदेबाजी द्वारा श्रमिकों एवं प्रबन्धकों के पारस्परिक सम्बन्धों को स्थायित्व दिया जा सके। इस प्रकार कल्याणकारी राज्य की मान्यता ने औद्योगिक सम्बन्धों को मधुरता प्रदान की है।

पूँजीवाद के गुण

पूँजीवादी अर्थव्यवस्था अपने गुण के कारण ही इस युग में अगुआ बनी हुई है और संसार के उन्नतिशील देशों जैसे अमेरिका, इंग्लैण्ड आदि में इसका प्रचलन है। इस प्रणाली के अन्तर्गत निम्नलिखित गुण पाए जाते हैं—

1. जीवन में सम्पन्नता लाना—साहसी लाभ की भावना से प्रेरित होकर नये व्यवसाय को चलाने की जोखिम अपने सिर लेता है और नई-नई अनेक वस्तुओं का निर्माण करता है, उत्पादन व्यय को कम करने के लिए नई तकनीकों का आविष्कार होता है इससे विभिन्न प्रकार की वस्तुयें कम ही मूल्य पर प्राप्त हो जाती हैं, जिससे जीवन स्तर ऊँचा होता है, जीवन में वैभव की वृद्धि होती है और जीवन अधिकाधिक परिपूर्ण एवं सम्पन्न होता है।

2. सीमित साधनों का अधिकतम प्रयोग—पूँजीवादी अर्थव्यवस्था के अन्तर्गत साधनों का पूर्ण उपयोग सम्भव होता है। अधिकतम लाभ कमाने के उद्देश्य से उत्पादक सदा उत्पादन के नये-नये तरीकों को अपनाने का प्रयास करते हैं। साथ ही ये गौण पदार्थ के उत्पादन पर भी जोर देते हैं। प्रतियोगिता के युग में प्रत्येक साहसी योग्यता, दूरदर्शिता तथा असाधारण चतुराई से व्यवसाय का संचालन करता है जिससे उत्पादन-लागत कम हो जाती है। जिनकी उत्पादन लागत कम होगी वही प्रतियोगिता में टीक पाता है। समाज के सीमित

साधनों का अधिकतम मितव्ययिता से प्रयोग करके वह अपने लाभ को अधिकतम बनाने में सफल होता है।

3. उपभोक्ताओं की सार्वभौमिकता—पूँजीवादी अर्थव्यवस्था में उपभोक्ता का तो राज्य ही रहता है। वह तो सम्राट के समाज होता है। वही यह निश्चित करता है कि उत्पादन का क्या रूख होगा। इसी प्रकार उपभोक्ता अपनी इच्छा के अनुसार उपभोग करता है और पूँजीपति उत्पादक को उपभोक्ता की माँग के अनुसार ही उत्पादन करना पड़ता है। कोई भी उत्पादक उपभोक्ता-वर्ग की अवहेलना करके सफल नहीं हो सकता। अतः पूँजीवादी अर्थव्यवस्था जनतन्त्रीय है जिस पर उपभोक्ता वर्ग अप्रत्यक्ष रूप से नियन्त्रण रखते हैं।

4. स्वयं संचालित —पूँजीवादी अर्थव्यवस्था स्वयं संचालित होती है। इसमें किसी प्रकार के नियन्त्रण की आवश्यकता नहीं पड़ती। प्रत्येक व्यक्ति जनहित से प्रेरित होकर कार्य करता हे। किस वस्तु का उत्पादन होना चाहिए, कितनी मात्रा में उत्पादन होना चाहिए आदि बातों का निर्णय स्वयं उत्पादक ही करते हैं, किन्तु इनके निर्णय के पीछे दूर-दूर तक विस्तृत उपभोक्ताओं की मांग काम आती है।

5. उत्पादन बढ़ाने की प्रेरणा —पूँजीवादी अर्थव्यवस्था में प्रत्येक व्यक्ति को सम्पत्ति रखने तथा अपने लाभ को अधिकतम करने का अधिकार होता है। पूँजीवाद में अपने लाभ को अधिकतम करने की प्रेरणा उत्पादकों को उत्पादन बढ़ाने के लिए प्रेरित करती है। उत्पादकगण अपने लाभ को बढ़ाने के लिए न केवल उत्पादन में वृद्धि करता है बल्कि नये-नये प्रकार की वस्तुएँ उत्पादित कर उपभोक्ताओं को अपनी ओर आकर्षित करते हैं। इससे उपभोक्ताओं को कम कीमत में श्रेष्ठ किस्म की वस्तुएँ सरलता से मिलने लगती हैं।

6. लचीलापन —पूँजीवादी अर्थव्यवस्था का सबसे बड़ा गुण इसका लचीलापन है। पूँजीवादी अर्थव्यवस्था समय एवं परिस्थितियों में परिवर्तन के साथ अपने आपकों समायोजित कर लेती है। इस प्रणाली के लचीलेपन के कारण ही उत्पत्ति के साधनों में गतिशीलता उत्पन्न होती है और साधन कम लाभप्रद क्षेत्रों में स्थानान्तरित होकर अधिक लाभप्रद क्षेत्रों में क्रियाशील होते हैं।

7. साधनों का कुशलतम प्रयोग —पूँजीवादी अर्थव्यवस्था में निजी लाभ, व्यक्तिगत सम्पत्ति का अधिकार, उत्तराधिकार, आर्थिक स्वतन्त्रता एवं प्रतियोगिता आदि विशेषताएँ साधनों के कुशलतम प्रयोग को बढ़ावा देती है। विशेषकर 'स्व' की भावना मिट्टी को भी सोने के रूप में बदल देने के लिए उत्साह का संचार करती है। पूँजीवादी अर्थव्यवस्था प्रतिस्पर्धा पर आधारित होती है अतः इस रूप में केवल वे उत्पादक ही सफल हो सकते हैं जो कम से कम कीमत में बढ़िया माल उत्पादित करते हैं। अतः उत्पादकगण प्रतियोगिता में बने रहने के लिए अधिक कुशलता के साथ उत्पादन करते हैं।

8. तकनीकी प्रगति —पूँजीवादी व्यवस्था में वस्तु के उत्पादन लागत में कमी लाने तथा वस्तु की किस्म में सुधार करने के लिए उत्पादकगण ज्ञान-विज्ञान की उन्नति तथा अनुसंधान कार्यों पर भारी मात्रा में खर्च करते हैं। इससे तकनीकी प्रगति को प्रोत्साहन मिलता है। संयुक्त राज्य अमेरिका, पश्चिमी यूरोपीय देश एवं जापान में तकनीकी प्रगति का मुख्य कारण इनका पूँजीवादी स्वरूप ही है।

9. रोजगार के अवसरों में वृद्धि—पूँजीवादी में निजी लाभ की प्रवृत्ति तथा व्यक्तिगत स्वतन्त्रता लोगों को व्यवसाय में जोखिम उठाने के लिए प्रेरित करती है। निजी लाभ को अधिकतम करने के लिए लोग नई वस्तुओं, नई उत्पादन तकनीकों और नवीन शोधों का प्रयोग करते है। इससे देश में बड़े पैमाने पर वस्तुओं का उत्पादन होता है और लोगों को रोजगार के नये-नये अवसर मिलते हैं।

10. योग्यतम व्यक्ति की जीत — पूँजीवाद के अन्तर्गत सर्वत्र स्वतन्त्र प्रतियोगिता पायी जाती है। इस स्वतन्त्र प्रतिस्पर्धा में केवल योग्यतम उत्पादक ही अपना अस्तित्व बनाये रखने में सफल होते हैं। अकुशल उत्पादक प्रतिस्पर्धा में लम्बे समय तक नहीं टिक पाते हैं और उनका अस्तित्व समाप्त हो जाता है। परिणामस्वरूप उपभोक्ताओं को अकुशल उत्पादकों से मुक्ति मिल जाती है।

11. जीवन-स्तर में वृद्धि—पूँजीवादी अर्थव्यवस्था में लोगों का जीवन-स्तर ऊँचा होता है। इसका कारण यह है कि इसमें उपभोक्ताओं को श्रेष्ठ किस्म की वस्तुएँ कम कीमत पर पर्याप्त मात्रा में सरलता से मिलने लगती है। यही कारण है कि पूँजीवादी देशों में लोगों के जीवन-स्तर में उत्तरोत्तर वृद्धि होती चली जाती है।

12. पूँजी-निर्माण को प्रोत्साहन—पूँजीवाद के अन्तर्गत निजी सम्पत्ति का अधिकार लोगों को अधिक मेहनत तथा उत्पादन करने की प्रेरणा देता है ताकि वे अधिक धन व सम्पत्ति अर्जित कर सकें। उत्तराधिकार के अधिकार के कारण लोग अधिक बचत करते हैं। इससे देश में पूँजी निर्माण को प्रोत्साहन मिलता है।

13. साधनों का अनुकूलतम प्रयोग —पूँजीवाद में साधनों का कुशलतम उपयोग होने से उनकी कुशलता और क्षमता का विस्तार होता है। उत्पादन के साधनों पर निजी स्वामित्व के कारण प्रत्येक उत्पादक न्यूनतम साधन व्यय पर अधिकतम उत्पादन करता है। इससे साधनों की बचत होती है।

14. अधिकतम सन्तुष्टि —पूँजीवादी आर्थिक प्रणाली में वस्तुओं का उत्पादन उपभोक्ताओं की रुचि के अनुसार होता है। इससे उन्हें अधिकतम सन्तुष्टि प्राप्त होती है।

15. व्यक्तिगत देखभाल —पूँजीवादी अर्थव्यवस्था में उत्पादन निजी लाभ के उद्देश्य से किया जाता है। अतः प्रत्येक उत्पादक अपना उत्पादन कार्य बड़ी कुशलतापूर्वक तथा व्यक्तिगत देखभाल के साथ सम्पन्न करता है, जिससे कि उसे अधिक से अधिक लाभ प्राप्त हो सके।

16. जोखिम का पुरस्कार—पूँजीवादी प्रणाली में साहसी जोखिम उठाकर लाभ कमाता है। अतः साहसी अधिकतम लाभ कमाने के लिये अधिकतम जोखिम उठाता हैं। इससे समाज में नये-नये आविष्कारों का प्रादुर्भाव होता है।

पूँजीवाद के दोष

पूँजीवादी अर्थव्यवस्था के दोष निम्नलिखित हैं—

1. उपभोक्ता का शोषण —सैद्धान्तिक दृष्टि से उपभोक्ता को पूँजीवादी अर्थव्यवस्था का सम्राट माना जाता है परन्तु व्यावहारिक दृष्टि से उपभोक्ता का शोषण ही होता

है। यह व्यवस्था एकाधिकार को जन्म देती है, एकाधिकारी अवस्था प्राप्त हो जाने पर उत्पादक वस्तुओं का मनमाना मूल्य बढ़ाकर उपभोक्ताओं का शोषण करते हैं।

2. श्रमिकों की बेकारी — श्रमिकों की नौकरी अस्थायी रहती है और उन्हें हर समय यह डर लगा रहता है कि उन्हें नौकरी से न निकाल दिया जाये। मशीनरी के प्रयोग से श्रमिक बेकार हो जाते हैं जिन्हें बहुत समय तक कोई काम नहीं मिलता। अत: पूँजीवादी अर्थव्यवस्था श्रमिकों में बेकारी को बढ़ावा देती है।

3. विज्ञापन पर अपव्यय —इस व्यवस्था में माँग पहले उत्पन्न की जाती है और बाद में चीज उत्पन्न की जाती है। दूसरे प्रतियोगिता का बोल-बाला होता है। अत: प्रत्येक साहसी अपने माल को बेचने के लिए विज्ञापन का आश्रय लेता है जिसमें रुपया बहुत बड़ी मात्रा में व्यय होता है जो सामाजिक दृष्टिकोण से अपव्यय है।

4. व्यापार चक्र का प्रभाव —पूँजीवाद में अर्थव्यवस्था स्थिर नहीं रहती। इस कारण व्यवसाय चक्र आते रहते हैं। कभी अति उत्पत्ति तो कभी न्यून उत्पत्ति के कारण आर्थिक संकट उत्पन्न होते हैं जिसके फलस्वरूप आर्थिक सन्तुलन ठीक नहीं रहता जिसके कारण समय-समय पर समाज को मन्दी व तेजी के दुष्परिणामों को भोगना पड़ता है।

5. साधनों का अपव्यय—साहसी वही काम करता है जिसमें उसे लाभ की सम्भावना रहती है। यदि उसे तुरन्त लाभ की आशा नहीं होती तो वह उत्पादन नहीं करता और उत्पादन के साधन उस काल तक बेकार रहते हैं।

6. आर्थिक ढाँचे का बेढंगा विकास —इस व्यवस्था में उन्हीं उद्योगों का विकास तथा परिचालन होता है जो लाभप्रद होते हैं। जिन उद्योगों में लाभ अधिक देर से मिलता है अथवा लाभ मिलने की सम्भावना कम रहती है, उनका विकास नहीं हो पाता। परिणामस्वरूप आर्थिक-विकास बेढ़ंगा रूप में विकसित होता है।

7. बिना कार्य किये आय —जिन स्थानों पर उद्योग विकसित होते हैं वहाँ की भूमि का लगान स्वत: ही बढ़ जाता है। उस भूमि के मालिक को बिना प्रयास किये ही अधिक आय होने लगती है। इसके अतिरिक्त एकाधिकारी लाभ तथा उत्तराधिकार में प्राप्त सम्पत्ति की आय भी बिना परिश्रम के ही मिल जाती है।

8. आय एवं धन की असमानता —पूँजीवादी अर्थव्यवस्था का सबसे बड़ा दोष यह है कि इसके अन्तर्गत लोगों की आय एवं धन में व्यापक असमानता पायी जाती है। देश की सम्पत्ति कुछ मुट्ठी भर लोगों के हाथों में ही केन्द्रित रहती है और अधिकांश लोग गीबी एवं बेरोजगारी में असहाय जीवन व्यतीत करते हैं। सम्पत्तिशाली लोग अपनी सम्पत्ति के कारण अधिक धन कमाते हैं जबकि कम सम्पत्ति वाले उत्पादक प्रतिस्पर्धा में टिक नी पाते है अत: धनवान और धनवान तथा गरीब और गरीब होते जाते हैं। पीगू ने लिखा है कि "एक पीढ़ी में आय की असमानता स्वयं में बुराई नहीं है किन्तु यह दूसरी पीढ़ी में भी आय की विषमता का कारण बन जाती है।"

नैतिक दृष्टि से यह उचित नहीं है कि कुछ लोग बगैर कोई महत्त्वपूर्ण कार्य किए विलासिता का जीवन व्यतीत करें तथा दूसरी ओर कठोर परिश्रम करने वाले लोगों को दो जून की रोटी भी नसीब न हो सके। आय एवं धन की असमानता उचित नहीं है।

9. वर्ग-संघर्ष—पूँजीवाद समाज दो वर्गों में बँटा होता है—(अ) पूँजीपति वर्ग और (ब) श्रमिक वर्ग। पूँजीपति वर्ग अधिक से अधिक लाभ कमाना चाहता है जबकि श्रमिक वर्ग अधिक मजदूरी की माँग करता है। अत: दोनों वर्ग के हित आपस में टकराते हैं। इससे अर्थव्यवस्था में हड़ताल, घैराव, तालेबन्दी, तोड़-फोड़ आदि देखने को मिलती है। इससे न केवल दोनों वर्गों को हानि होती है, बल्कि राष्ट्र को भी हानि होती है।

10. आर्थिक अस्थिरता —पूँजीवादी अर्थव्यवस्था 'एक योजना रहित अर्थव्यवस्था' होती है। इसके अन्तर्गत हजारों उत्पादकों के उत्पादन एवं करोड़ों उपभोक्ताओं की माँग के बीच समन्वय स्थापित करने के लिए कोई केन्द्रीय संस्था नहीं होती है। इसलिए पूँजीवाद में वस्तुओं की माँग एवं पूर्ति के बीच सामन्जस्य स्थापित नहीं हो पाता तथा तेजी एवं मन्दी की घटना आम विशेषता बन जाती है। 1929-33 की महान् विश्वव्यापी मंदी पूँजीवाद की ही देन थी। इसने सम्पूर्ण यूरोपीय देशों की अर्थव्यवस्था को अस्त व्यस्त कर दिया था।

11. मानवीय कल्याण के प्रति उदासीन —पूँजीपति का उद्देश्य अपने लाभ को अधिकतम करना होता है। अत: वे ऐसी वस्तुओं का उत्पादन करते हैं जिनकी कीमतें अधिक होती हैं। गरीब लोगों की आम जरूरतों की वस्तुओं का उत्पादन कम कियां जाता है। इससे पूँजीवादी अर्थव्यवस्था में मानवीय कल्याण की उपेक्षा होती है।

12. अनुपार्जित आय —पूँजीवादी प्रणाली में समाज के कुछ वर्ग के व्यक्ति बिना काम किये दूसरों की आय एवं सम्पत्ति पर जीवित रहते हैं। धनी वर्ग के उत्तराधिकारियों को बिना श्रम किये ही काफी सम्पत्ति मिल जाती है। यह अनुपार्जित आय समाज में श्रम के महत्त्व को कम कर देती हैं।

13. विकास के समान अवसरों का अभाव — पूँजीवादी अर्थव्यवस्था में सभी लोगों को विकास का समान अवसर प्राप्त नहीं होते हैं। इस अर्थव्यवस्था में पूँजीपतियों एवं धनवान लोगों के बच्चों को अच्छी शिक्षा-दीक्षा मिलती है तथा वे अच्छे स्कूल में पढ़ते हैं। इसके विपरीत गरीबों को शिक्षा व अच्छे शिक्षकों के अभाव के अलावा पौष्टिक आहार भी नहीं मिलता है। वे झुग्गी-झोपड़ी व गन्दी बस्तियों में रहते हैं। इस प्रकार इन दोनों वर्गों के बच्चों के शारीरिक एवं मानसिक विकास करने के अवसरों में भारी अन्तर होता है।

14. उपभोक्ता की सम्प्रभुता काल्पनिक —पूँजीवाद में उपभोक्ता की सम्प्रभुता काल्पनिक होती है। वास्तव में उत्पादकगण उपभोक्ताओं की रुचि एवं पसंद का अध्ययन नहीं करते हैं। वे वस्तुओं का उत्पादन पहले करते हैं व बाद में विज्ञापन कला द्वारा भ्रमित करते हैं। जिससे उपभोक्ता स्वत: माँग करते हैं। इस प्रकार उपभोक्तागण पूँजीपति के गुलाम या दास बन जाते हैं, न कि सम्राट। अत: उपभोक्ता की सम्प्रभुता काल्पनिक होती है।

15. साम्राज्यवाद — पूँजीवाद में एकाधिकारी उत्पादन प्रणाली के कारण अपना आर्थिक साम्राज्यवाद बढ़ा लेते हैं। इसमें बड़ा उत्पादक छोटे उत्पादक को समाप्त कर देता है।

16. क्षेत्रीय असमानता —पूँजीवाद में केवल साधन सम्पन्न भौगोलिक क्षेत्रों का ही विदोहन किया जाता है। इससे देश में कुछ क्षेत्रों में ही उद्योगों का केन्द्रीयकरण हो जाता है। इसके विपरीत अधिकांश भौगोलिक क्षेत्रों में किसी प्रकार का विकास नहीं होता है। अत: पूँजीवाद से भौगोलिक असमानता बढ़ती है।

17. नैतिक मूल्यों का ह्रास —यह पूँजीवाद का ही दोष है कि आज नैतिक मूल्यों का ह्रास हो गया है। पिछली दो सदियों में जो भौतिक उन्नति हमने की है, उसने मानव जाति के उन नैतिक मूल्यों को नष्ट कर दिया है, जिन पर हमें कभी बहुत गर्व था। पूँजीवाद ने हमारा बहुमूल्य खजाना (नैतिक मूल्य) छीन लिया है और उसके बदले में हमें ऐसी सतही एवं शुष्क व्यवस्था दी है जिसमें स्त्रियों एवं बच्चों का शोषण किया जाता है, वृद्ध, बीमार और बेरोजगारों को अपमानित किया जाता है तथा मानवीय सम्बन्धों की तुलना में मौद्रिक विचारों को अधिक महत्त्व दिया जाता है।

इस प्रकार आर्थिक दृष्टि से पूँजीवाद एक दोषपूर्ण प्रणाली है तथा सामाजिक दृष्टि से भी इसका समाज पर प्रतिकूल प्रभाव पड़ता है। इसके साथ औद्योगिक प्रणाली की कई बुराइयाँ भी पनपती हैं। व्यापार चक्रों के कारण बेरोजगारी पनपनती है, जो एक व्यापक मानवीय समस्या है। सबसे बड़ा दोष यह है कि इससे असमानता एवं अन्याय को प्रश्रय मिलता है। यही कारण है कि विश्व के कई देशों ने पूँजीवाद को तिलांजलि दे दी है। इन कारणों की वजह से भारत में मिश्रित अर्थव्यवस्था को अपनाया गया है।

पूँजीवाद के दुष्प्रभाव को रोकने के उपाय

पूँजीवादी अर्थव्यवस्था के उपरोक्त वर्णित दोषों के कारण इसके अस्तित्व को ही खतरा उत्पन्न हो गया था। परन्तु समय के साथ पूँजीवाद अपने आपको परिवर्तित करता रहा है और आज भी कर रहा है। पूँजीवाद के आज भी जीवित रहने का मुख्य कारण उसमें लोच का होना है। अमेरिका, इंग्लैण्ड तथा अन्य पूँजीवचादी देशों में राज्य का हस्तक्षेप बढ़ गया है और पूँजीवादी प्रणाली के अन्दर पर्याप्त सुधार किये जा रहे हैं। इन सुधारों से पूँजीवादी प्रणाली के दोषों को रोकने में महत्त्वपूर्ण सफलता मिली है। ये सुधार या उपाय निम्नानुसार हैं—

1. आधारभूत उद्योगों का राष्ट्रीयकरण कर दिया गया है अथवा उन पर सरकार का पर्याप्त नियन्त्रण रहता है।

2. स्वतन्त्र बाजार प्रणाली में सरकार का हस्तक्षेप दिन-प्रतिदिन बढ़ता जा रहा है तथा उसको सरकार द्वारा नियमित किया जाता है। इससे आर्थिक शोषण की प्रवृत्ति पर रोक लगी है।

3. आय तथा धन की असमानताओं को प्रगतिशील करारोपण जैसे ऊँचे आयकर, मृत्युकर आदि द्वारा दूर किया जा रहा है। इससे समाज में आय तथा वितरण की विषमतायें घटी हैं।

4. एकाधिकारियों पर सरकार का कड़ा अकुंश रहता है तथा इस बात के सतत् प्रयत्न किये जा रहे हैं कि भविष्य में एकाधिकारी शक्तियों को उत्पन्न न होने दिया जाये।

5. राजकोषीय नीति का संचालन इस प्रकार किया जा रहा है ताकि समाज के गरीब वर्ग के व्यक्तियों को अधिक से अधिक लाभ प्राप्त हो। इससे सामाजिक कल्याण में वृद्धि होगी।

6. प्रशुल्क एवं मौद्रिक नीतियों द्वारा व्यापार चक्रों को रोकने के प्रयत्न किये जा रहे हैं।

7. मालिकों द्वारा श्रमिकों को लाभ एवं प्रबन्ध में भागीदार बनाया जा रहा है। परिणामस्वरूप उनके आपसी सम्बन्धों में काफी सुधार हुआ है। इस उपाय ने हड़ताल, तालाबन्दी एवं वर्ग-संघर्ष की सम्भावना को काफी कम कर दिया है।

इस प्रकार पूँजीवादी आर्थिक प्रणाली में उसके ढाँचे के अन्तर्गत ऐसे अनेक उपाय एवं सुधार किये जा रहे हैं, जिनसे इसके दोषों को दूर किया जा सके। इस हेतु पूँजीवाद में अनेक संशोधन को स्वीकार किया जा रहा है। इन संशोधनों को स्वीकार करने के कारण यह कहा जा सकता है कि आज का पूँजीवाद लगभग मिश्रित अर्थव्यवस्था में परिणित हो चुका है।

पूँजीवादी प्रणाली के विनाश के कारण

पूँजीवाद के विषय में यह कहावत प्राचीन समय से चली आ रही है कि पूँजीवाद के गर्भ में उसके स्वयं के विनाश के बीज उपस्थित रहते हैं। यह कहावत यह स्पष्ट करती है कि जब पूँजीवाद अपनी चरम सीमा में पहुँच जाता है, तो अपने-आपकों नष्ट करने की प्रवृत्ति उसमें उत्पन्न हो जाती है। अत्यधिक एवं अनैतिक प्रतिस्पर्द्धा के फलस्वरूप देश में केवल कुछ ही शक्तिशाली पूँजीपति रह जाते हैं। उन्हें देश की चिन्ता कम रहती है और अपने लाभ को अधिकतम करने का उनका लक्ष्य रहता है। यह प्रवृत्ति आत्मघाती सिद्ध होती है, क्योंकि समूचे देश के नागरिक इस प्रवृत्ति का घोर विरोध करते हैं।

पूँजीवादी प्रणाली के विनाश के कार्ल मार्क्स ने निम्नलिखित कारण बताये हैं—

1. बड़े पैमाने पर उत्पादन करना — पूँजीवाद प्रणाली में सभी प्रकार के उद्योगों के बड़े पैमाने पर उत्पादन करने से कुटीर उद्योग समाप्त हो जाते हैं और श्रमिकों की संख्या बढ़ने लगती है, जिससे उनका शोषण, बेकारी भी बढ़ती है। ये सभी कारण पूँजीवाद के विनाश के कारण बन जाते हैं।

2. अशान्ति का भय —पूँजीवादी व्यवस्था में समाज दो वर्गों में बँट जाता है। इससे वर्ग-संघर्ष का भय समाज में बना रहता है। इस वर्ग संघर्ष के कारण समाज की शान्ति एवं व्यवस्था समाप्त हो जाती है।

3. एकाधिकारी संघों की स्थापना —पूँजीवादी व्यवस्था में पूर्ण प्रतियोगिता होती है, क्योंकि उत्पादकगण आपस में मिलकर लाभ को बढ़ाने के लिए एकाधिकारी संघों की स्थापना कर लेते हैं।

4. पूँजी का केन्द्रीयकरण —पूँजीवादी प्रणाली में गलाकांट प्रतियोगिता के कारण कुछ इने-गिने व्यक्तियों के हाथ में आर्थिक शक्ति केन्द्रित हो जाती है। पूँजी का यह केन्द्रीयकरण इस प्रणाली का विनाश करता है।

5. ग्रामीण जनता का शहरों की ओर आकर्षण —पूँजीवादी प्रणाली में समस्त बड़े उद्योग शहरों में ही स्थापित किये जाते हैं। ग्रामीण जनता रोजगार की तलाश में शहरों में बसती है, जिससे शहरों की दशा बिगड़ती जाती है और गरीबी व बेरोज़गारी बढ़ती है। इस असन्तुष्ट जनता से पूँजीवाद को भय रहता है।

6. लाभ की दर में कमी — पूँजीवादी प्रणाली में औद्योगिक विकास बढ़ने पर स्थिर पूँजी की मात्रा कम होती जाती है, इससे लाभ की दर गिर जाती है। यह पूँजीवादी प्रणाली के पतन का प्रारम्भ है।

7. गरीबी का बढ़ना — पूँजीवादी प्रणाली में उत्पादन अधिक मात्रा में होता है, लेकिन उपभोक्ताओं के पास में वस्तुओं को खरीदने के लिए क्रयशक्ति नहीं होती है और वे बिना माल खरीदे ही रह जाते हैं।

8. आर्थिक अपव्यय —पूँजीवादी प्रणाली में प्रतियोगिता के कारण साधनों का एक बड़ा भाग विज्ञापन एवं प्रचार में व्यय कर दिया जाता है तथा दूसरी ओर फर्में प्रतियोगिता के कारण वस्तुओं का अति उत्पादन कर लेती हैं, जो साधनों का आर्थिक अपव्यय है।

9. आत्मघाती प्रवृत्ति —पूँजीवादी के बारे में कहा जाता है कि अधिक समय तक पूँजीवादी व्यवस्था के बने रहने से एक ऐसी स्थिति उत्पन्न हो जाती है, जिसमें पूँजीवाद अपने को विनाश की ओर ले जाता है, क्योंकि जैसे-जैसे उद्योग-धन्धे विकसित होते जाते हैं एवं नये धन्धे खुलने लगते हैं, वर्ग-संघर्ष बढ़ता जाता है और अन्त में यह पूँजीपतियों को विनाश की ओर ले जाता है।

अतः इससे स्पष्ट है कि पूँजीवाद के गर्भ में स्वयं उसके विनाश के बीज उपस्थित होते हैं।

पूँजीवाद का भविष्य

पूँजीवाद के दोषों एवं मार्क्स की इस घोषणा 'पूँजीवाद का पतन सुनिश्चित है' को इतिहास ने झूठा साबित कर दिया है। इतिहास इस बात की गवाह है कि मार्क्स के बाद पूँजीवाद समाप्त होने की अपेक्षा और अधिक मजबूत हुआ है। मार्क्स की घोषणा के विपरीत पिछले वर्षों में विश्व की जानी मानी समाजवादी अर्थव्यवस्थायें जैसे सोवियत रूस, हंगरी, पूर्वी जर्मनी, बुल्गारिया आदि का पतन हो गया। वर्तमान समय में समाजवाद अपनी अंतिम सांसे ले रहा है।

यह सत्य है कि वर्तमान समय में 18वीं शताब्दी का विशुद्ध पूँजीवाद जीवित नहीं है। किन्तु अपने संशोधित रूप में यह आज भी पहले से अधिक प्रभावशाली ढंग से अस्तित्व में है। वास्तव में पूँजीवाद के जीवित रहने का कारण इसकी लोचशीलता है।

वर्तमान में पूँजीवाद के स्वरूप में बहुत परिवर्तन हुए हैं और अब यह प्रणाली इतनी कटु आलोचना की पात्र नहीं रही जितनी कि प्रारम्भ में थी। इसमें न्यूनतम मजदूरी, लाभ एवं प्रबन्ध में श्रम की भागीदारी आदि से सम्बन्धित कानून बनाये गये हैं। बाजार प्रणाली का सरकार द्वारा नियमन किया जा रहा है। एकाधिकारी शक्तियों पर नियन्त्रण लगाने के उद्देश्य से अधिनियम पारित किये जा रहे हैं। किन्तु इस बात से भी इंकार नहीं किया जा सकता है कि इस प्रणाली की अपनी मूलभूत कमजोरियाँ हैं तथा इन कमजोरियों अथवा दोषों को मात्र सीमान्त समायोजन से ठीक नहीं किया जा सकता। पूँजीवादी प्रणाली के ढाँचे में रहकर हम एक सभ्य तथा सुसंस्कृत समाज का निर्माण कर सकें, इसके लिए मानवीय मूल्यों की प्रणाली में समूल परिवर्तन की आवश्यकता है। भविष्य यह तय करेगा कि हम ऐसे मूल्यों का निर्माण करने में कहाँ तक सफल होते हैं?

कीमत यंत्र की कार्यप्रणाली

कीमत यंत्र को जानने के लिए निम्न तीन अवधारणाओं को समझना आवश्यक है—

(अ) माँग पक्ष —एक उपभोक्ता अलग-अलग कीमत पर किसी वस्तु की जितनी मात्रा क्रय करने को तत्पर रहता है उसे वस्तु की माँग कहते हैं। माँग के नियमनानुसार, अन्य बातों के समान रहने पर यदि कीमत बढ़ती है तो माँग कम होगी तथा इसके विपरीत, कीमत कम होने पर माँग में वृद्धि होती है। इस प्रकार कीमत एवं माँग में विपरीत सम्बन्ध होने से कीमत माँग वक्र का ढाल ऋणात्मक अथवा बायें से दायें नीचे गिरता हुआ होता है।

(ब) पूर्ति पक्ष —वस्तु की वह मात्रा जो विभिन्न कीमतों पर विक्रेता द्वारा विक्रय की जाती है, पूर्ति कहलाती है। पूर्ति के नियमानुसार, अन्य बातों के समान रहने पर अधिक कीमत पर अधिक पूर्ति तथा कम कीमत पर कम पूर्ति होती है। इस प्रकार वस्तु की कीमत एवं पूर्ति के बीच सीधा या धनात्मक सम्बन्ध होता है।

(स) सन्तुलन कीमत —जिस बिन्दु पर वस्तु की माँग एवं वस्तु की पूर्ति दोनों बराबर-बराबर हो जाती है, उस बिन्दु पर सन्तुलन कीमत का निर्धारण होता है।

उदाहरण द्वारा स्पष्टीकरण — माँग एवं पूर्ति के सन्तुलन द्वारा साम्य मूल्य के निर्धारण को निम्न तालिका की सहायता से समझा जा सकता है—

सन्तुलन-मूल्य तालिका

वस्तु का मूल्य (रु. में)	वस्तु की माँग (प्रति किलो)	वस्तु की पूर्ति (प्रति किलो)
1	500	100 अतिरिक्त माँग की दशा
2	400	200
3	300	300 सन्तुलन-मूल्य
4	200	400 अतिरिक्त पूर्ति की दशा
5	100	500

उपर्युक्त तालिका से स्पष्ट है कि जब कीमत 1 रु. है तब माँग 500 किलो और पूर्ति 100 किलो है, अर्थात् माँग पूर्ति से अधिक है। इसके विपरीत, यदि वस्तु की कीमत 5 रु. हो जाती है तो वस्तु की माँग 100 किलो तथा पूर्ति 500 किलो की होती है। इस स्थिति में, माँग की तुलना में पूर्ति अधिक होती है। अत: माँग व पूर्ति में सन्तुलन 3 रु. कीमत पर ही होता है, इसलिए कीमत 3 रु. ही निर्धारित होती है; जो साम्य-मूल्य है।

कीमत यंत्र की आलोचना (सीमाएँ)

कीमत यंत्र की प्रमुख आलोचनाएँ निम्नलिखित हैं—

(1) कीमत यंत्र केवल व्यक्तिगत आवश्यकताओं के संकेतक हैं। यह सामूहिक आवश्यकताओं को नहीं दर्शाता है।

(2) बाजार अर्थव्यवस्था में केवल उन्हीं वस्तुओं का उत्पादन किया जाता है जिनकी कीमत ऊँची होती है। अतः कीमत यंत्र समाज की सन्तुष्टि को अधिकतम नहीं करता है।

(3) कीमत यंत्र कभी-कभी साधनों के उपयुक्त आबंटन द्वारा सामाजिक कल्याण को बढ़ाने में असफल रहता है।

(4) कीमत-यंत्र में उपभोक्ता की प्रभुसत्ता वास्तविकता ही नहीं बल्कि एक कल्पना मात्र है।

(5) बड़े-बड़े एकाधिकारी एवं अल्पाधिकार के कारण कीमत-यंत्र संसाधनों का कुशलतम आबंटन नहीं कर पाता।

(6) कीमत-यंत्र समय-समय पर मुद्रा-स्फीति तथा आर्थिक मन्दी को जन्म देता है जो अर्थव्यवस्था में अनेक समस्याएँ उत्पन्न करती है।

(7) कीमत-यंत्र आय एवं सम्पत्ति के वितरण में असमानता को बढ़ाता है, जो पीढ़ी दर पीढ़ी चलती रहती है।

(8) कीमत-यंत्र माँग एवं पूर्ति की शक्तियों में परिवर्तन होने पर शीघ्रताशीघ्र समायोजन करने में असमर्थ रहता है॥

प्रश्न

1. पूँजीवाद की आवश्यक पूर्व शर्तों का विस्तार से वर्णन कीजिए।
2. कीमत यंत्र की कार्यप्रणाली की सफलता के लिए कौन -सी आवश्यक शर्तें हैं?

□□□

5

उपभोक्ता व्यवहार सिद्धान्त
[Consumer BehaviourTheory]

उपभोक्ता की प्रभुसत्ता अथवा सार्वभौमिकता का अर्थ
(Meaning of Consumer Sovereignty)

उपभोक्ता का सम्राट के समान होना ही उसकी प्रभुसत्ता अथवा सार्वभौमिकता को व्यक्त करता है। पूंजीवादी अर्थव्यवस्था में उपभोक्ता एक प्रकार से सम्राट होता है और पूंजीवाद का सम्पूर्ण उत्पादन तंत्र उसके आदेश, इच्छाओं एवं अधिमानों द्वारा संचालित होता है। पूंजीवादी व्यवस्था में उत्पादक उपभोक्ता का सेवक होता है तथा उनकी रूचियों के अनुसार उत्पादन कार्य करता है। यदि कोई भी उत्पादक उपभोक्ता की रूचियों एवं अधिमानों की अवहेलना करता है तो उस उत्पादक की वाजार में वस्तुएँ नहीं बिकती है तथा उस उत्पादक को अपना उत्पादन कार्य बन्द करना पड़ता है। अत: प्रत्येक विवेकशील उत्पादक उपभोक्ता की माँग के अनुसार ही वस्तुओं का उत्पादन करता है। प्रो. राबर्टसन ने पूंजीवादी अर्थव्यवस्था में उपभोक्ता के महत्व को व्यक्त करते हुये लिखा है, ''पूंजीवादी अर्थव्यवस्था के अन्तर्गत उपभोक्ता ही सम्राट है और उसकी सेवा करने के लिए उद्योग का सबसे बड़ा प्रबल सेनापति अवश्य तैयार रहेगा।'' उपभोक्ता की स्थिति उत्पादन तंत्र में एक मतदाता के समान होती है। जिस प्रकार प्रजातन्त्र में जनता अपने मत का प्रयोग करके सरकार को नियंत्रित करती है ठीक उसी प्रकार उपभोक्ता भी अपने व्यय द्वारा समाज में उत्पादन की मात्रा तथा स्वरूप को निश्चित करती है। उपभोक्ता जिस वस्तु पर अधिक व्यय करता है समाज में उसी वस्तु का अधिक उत्पादन होता है चाहे वह वस्तु विलासित की है या हानिकारक मादक वस्तु। कीखोपर ने उपभोक्ता के अधिमानों को निम्न शब्दों में व्यक्त किया है। ''सार्वजनिक उपभोग सार्वजनिक मतदान के समान है। उपभोक्ता में केवल इस योग्यता की आशा की जाती है कि आवश्यक वस्तुओं के क्रय करने के लिए उसके पास आये हैं। आर्थिक चुनाव में उपभोक्ता उतने ही वोट

देता है जितने डालर उसके व्यय करने के लिए है .... उपभोक्ता का चुनाव चाहे वह समझदारी का हो या मूर्खतापूर्ण समस्त औद्योगिक प्रणाली को नियंत्रित करता है।'' इस प्रकार स्पष्ट होता है कि स्वतंत्र अर्थव्यवस्था में किन किन वस्तुओं का उत्पादन होगा, उनकी मात्रा एवं स्वरूप क्या होगा? उपभोक्ता के अधिमानों पर निर्भर करता है अत: वह उत्पादन तंत्र का वास्तविक संचालक होता है।

उपभोक्ता की प्रभुसत्ता की सीमाएं

यद्यपि उपभोक्ता सैद्धान्तिक दृष्टि से पूंजीवादी अर्थव्यवस्था में सम्राट होता है। जिसके आदेशों के अनुसार उत्पादन की समस्त क्रियाएं संचालित होती है परन्तु व्यवहार में उपभोक्ता की प्रभुसत्ता पर अनेक प्रतिबन्ध एवं बाधांएं होती है जिनके कारण उपभोक्ता की प्रभुसत्ता स्वत: ही सीमित हो जाती है। उपभोक्ता की प्रभुसत्ता को सीमित करने वाली परिसीमाएं निम्न हैं –

1. उपभोक्ता की आय – उपभोक्ता की प्रभुता उसकी आय से सीमित होती है। उदाहरण के लिए एक साधारण श्रमिक उपभोक्ता मोटरकार एवं रेफ्रीजरेटर खरीदने के लिए क्रय शक्ति नहीं रखता अत: ऐसा श्रमिक मोटरकार एवं रेफ्रीजरेटर के उत्पादन को अपने अधिमानों द्वारा प्रभावित नहीं कर सकता है।

2. उत्पादन के लिए उपलब्ध साधन एवं तकनीकी ज्ञान – किसी देश का उत्पादन प्राकृतिक संसाधनों एवं उपकरणों तथा समय विशेष व उपलब्ध तकनिक तक सीमित होता है अत: ऐसी वस्तुओं की उपभोक्ता की मांग जो इन साधनों एवं ज्ञान के द्वारा प्रदान करना संभव नहीं है को उपभोक्ता के अधिमान प्रभावित नहीं कर सकते है।

3. वस्तुओं की बाजार में उपलब्धी – उपभोक्ता जिस वस्तु को चाहता है यदि वह वस्तु बाजार में उपलब्ध नहीं होती है तब उपभोक्ता को उस वस्तु के स्थान पर अन्य स्थानापन्न वस्तु खरीदनी पड़ेगी। अत: उपभोक्ता की स्वतन्त्रता उपलब्ध वस्तुओं तक सीमित होती है।

4. सरकारी नियंत्रण – सरकारी नियंत्रण अनेक प्रकार से उपभोक्ता के चुनाव को सीमित करते हैं। उदाहरण के तौर पर सरकार वस्तुओं पर राशन व्यवस्था लगाकर उपभोक्ता को निश्चित मात्रा से अधिक माल खरीदने पर प्रतिबन्ध लगा सकती है। इसी तरह सरकार किसी वस्तु की बिक्री पर पूर्ण प्रतिबन्ध लगा सकती है।

5. एकाधिकार – एकाधिकारी शक्तियाँ उपभोक्ता की प्रभुसत्ता को बहुत सीमित कर देती है और आज अनेक प्रकार से एकाधिकारी संस्थाओं की स्थापना की प्रवृत्ति वृद्धि पर हैं। एकाधिकारी वस्तु की पूर्ति को कृत्रिम रूप से सीमित करके उसका ऊँचा मूल्य रखता है और ऐसे समय में उपभोक्ता को विवश होकर ऊँचे मूल्य पर उसी उत्पादक की वस्तु खरीदनी पड़ती है।

6. प्रामाणिक वस्तुओं का उत्पादन –आज बड़े पैमाने के उत्पादन के कारण अधिकांश वस्तुओं का प्रमापीकरण कर दिया गया है और अधिकांश वस्तुएं कुछ प्रमापित किस्मों में ही उपलब्ध होती है। अत: उपभोक्ता अपनी अपनी रूचि की वस्तु को प्राप्त नहीं

कर सकता है। प्रत्येक उपभोक्ता को उन्हीं प्रमापीकृत वस्तुओं में से ही चुनाव करना होता है जो बाजार में उपलब्ध होती है।

7. उपभोक्ता की अनभिज्ञता - उपभोक्ता अपनी अनभिज्ञता के कारण ठीक वस्तु का चुनाव नहीं कर सकता है क्योंकि अनेक वस्तुओं के बारे में उपभोक्ता को ज्ञान नहीं होता है।

8. विज्ञापन एवं विक्रय कला - वर्तमान में प्रत्येक उत्पादक अपनी वस्तुओं का बड़े लुभा वने ढंग से विज्ञापन करता है तथा विक्रय कला के द्वारा उपभोक्ताओं को स्वतंत्र चुनाव करने से रोकता है। उपभोक्ता उस विज्ञापन के बहकावे में उन्हीं वस्तुओं को अच्छी मान लेता है जिनको विज्ञापनों में अच्छा बताया गया है।

9. उपभोक्ता की आदतें - प्रत्येक उपभोक्ता की अपनी स्वयं की आदतें होती है और उपभोक्ता उन आदतों का गुलाम होता है। अत: वह अपनी आदत की वस्तुओं को ही खरीदता है तथा वह उन वस्तुओं का उपभोग छोड़ना नहीं चाहता अत: उस सीमा तक उसकी प्रभुता सीमित रहती है।

10. सामाजिक रीति रीवाज - सामाजिक रीति रिवाजों एवं बन्धनों में मनुष्य ऐसी वस्तुओं का भी क्रय करता है जिन्हें वह वास्तव में नहीं चाहता है। इस प्रकार सामाजिक रीति-रिवाज एवं बन्धन भी उपभोक्ता की प्रभुसत्ता को कम करते है।

उपरोक्त विवरण से स्पष्ट होता है कि आधुनिक युग में उपभोक्ता की प्रभुसत्ता सैद्धान्तिक ही रह गई है और व्यवहार में वह अपनी बहुत सी सीमाओं से बंधा हुआ है।

सीमान्त उपयोगिता ह्रास नियम

(Law of Marginal Diminishing Utility)

सीमान्त उपयोगिता ह्रास नियम का प्रतिपादन सर्वप्रथम फ्रांसीसी अर्थशास्त्री गौसेन ने किया था। अत: इसे गौसेन का प्रथम नियम भी कहते हैं। वैसे गौसेन से पूर्व बेन्थम के आर्थिक नियमों में भी इसका उल्लेख मिलता है।

मनुष्य की आवश्यकताएं अनन्त है किन्तु इनमें से प्रत्येक को एक समय विशेष पर सन्तुष्ट किया जा सकता है। यह एक सामान्य अनुभव की बात है कि हम ज्यों ज्यों किसी वस्तु का उपयोग करते जाते है वैसे वैसे हमारी इच्छा उस वस्तु के प्रति कम होती जाती है। अन्त में एक समय ऐसा आता है जब हमारी उस वस्तु के प्रति इच्छा बिल्कुल समाप्त हो जाती है। उदाहरण के लिए भुख लगने पर रोटी खाने की तीव्र इच्छा होती है। किन्तु जैसे जैसे हम रोटी खाते जाएंगें हमारी रोटी खाने की इच्छा कम होती जाएगी एवं एक ऐसा समय आएगा जब हमारी यह इच्छा बिल्कुल समाप्त हो जाएगी। इसके बाद भी यदि हम रोटी का उपयोग करते रहेंगे तो हमें उससे परेशानी भी हो सकती है अर्थात् उससे उपयोगिता के स्थान पर अनुपयोगिता भी प्राप्त हो सकती है। सामान्य शब्दों में यही सीमान्त उपयोगिता ह्रास नियम है। सीमान्त उपयोगिता ह्रास नियम का आधार आवश्यकताएं व उनकी विशेषताएँ हैं।

नियम की परिभाषाएँ
(Definition of Law)

नियम के प्रतिपादक गौसेन के अनुसार, ''जैसे जैसे हम किसी एक ही वस्तु की अधिकाधिक मात्रा को प्राप्त करते जाते हैं वैसे वैसे उसकी उपयोगिता घटती जाती है और अन्त में पूर्ण सन्तुष्टि की सीमा तक पहुँच जाती है।

मार्शल ने इस नियम की बहुत ही सरल शब्दों में व्याख्या की है। **मार्शल** के अनुसार, ''अन्य बातें समान रहने पर एक व्यक्ति के पास किसी वस्तु की मात्रा में वृद्धि होने से जो अतिरिक्त लाभ उसे प्राप्त होता है उसकी मात्रा प्रत्येक वृद्धि के साथ घटती जाती है।''

ब्रिग्स के शब्दों में, ''एक ही प्रकार की वस्तु की सीमान्त उपयोगिता उस वस्तु की इकाई में वृद्धि के साथ साथ घटती जाती है।''

हेन्डरसन के अनुसार, ''किसी व्यक्ति के लिए किसी वस्तु की सीमान्त उपयोगिता उसकी मात्रा में वृद्धि के साथ साथ घटती जाती है।''

स्पष्टीकरण – उपरोक्त वर्णित सभी परिभाषाओं से स्पष्ट होता है कि अन्य बातों के समान रहने पर जैसे जैसे किसी व्यि के पास किसी वस्तु विशेष की मात्रा बढ़ती जाती है वैसे वैसे उस वस्तु की अतिरिक्त इकाईयों से प्राप्त होने वाली सीमान्त उपयोगिता कम होती जाती है। एक ऐसी सीमा भी आती है जिसे पूर्ण सन्तुष्टि का बिन्दु कहा जाता है। इसके बाद वस्तु में अनुपयोगिता प्राप्त होती है जिससे कुल उपयोगिता घटती जाती है। इस नियम का सम्बन्ध केवल सीमान्त उपयोगिता से है। वस्तु के अधिकाधिक प्रयोग से सीमान्त उपयोगिता कम होती है, कुल उपयोगिता बढ़ सकती है।

उदाहरण –माना कि कोई व्यक्ति भुखा है, अत: वह रोटी का उपयोग करता है। उसे रोटीयों की विभिन्न इकाइयों से निम्न उपयोगिता प्राप्त होती है।

रोटी की इकाईयां	सीमान्त उपयोगिता	कुल उपयोगिता
1	40	40
2	30	70
3	20	90
4	10	100
5	0	100
6	–10	90

उपरोक्त तालिका से स्पष्ट है कि उस व्यक्ति को रोटी की पहली इकाई का उपयोग करने से 40 उपयोगिता प्राप्त होती है। रोटी की उत्तरोत्तर अधिक इकाइयों का उपभोग करने

पर उसकी उपयोगिता घटते हुए 30, 20 व 10 ही प्राप्त होती है। रोटी की पाँचवी ईकाई से उसे कोई उपयोगिता प्राप्त नहीं होती है। अत: यहाँ कुल उपयोगिता भी स्थिर रहती है। रोटी की छठी इकाई का उपभोग करने पर उसे अनुपयोगिता प्राप्त होती है। अत: कुल उपयोगिता भी 100 से घटकर 90 ही रह जाती है इस प्रकार रोटी की इकाइयों का उत्तरोत्तर प्रयोग करने से सीमान्त उपयोगिता कम हो जाती है।

नियम की मान्यताएँ
(Assumptions of the Law)

सीमान्त उपयोगिता ह्रास नियम कुछ मान्यताओं पर आधारित है। मार्शल ने इसे अन्य बातें समान रहने पर जोड़ कर माना है। नियम की मान्यताएं निम्न प्रकार है –

1. वस्तु की किस्म व गुण में समानता – यह नियम तभी कार्यशील होता है जब उपभोग की जाने वाली वस्तु की किस्म व गुण समान हो। यदि किस्म व गुण में अन्तर हो जाता है तो यह नियम लागू नहीं होगा। उदाहरण के लिए यदि पहले किसी व्यक्ति को गर्म पानी पीने को द्रिया जाए व दूसरा गिलास उसे ठंडे पानी का दिया जाए तो पहले की अपेक्षा उसे दूसरे गिलास पानी से उपयोगिता अधिक प्राप्त होगी।

2. उपभोग की इकाई उपयुक्त होनी चाहिए – यह नियम तभी लागू होता है जब उपभोग की इकाई उपयुक्त हो अर्थात् उपभोग की इकाई न तो बहुत छोटी हो और न बहुत बड़ी। प्यासे व्यक्ति को एक-एक चम्मच पानी देने से उसकी उपयोगिता घटने के स्थान पर बढ़ सकती है।

3. उपभोग की क्रिया लगातार होनी चाहिए – इस नियम की यह भी मान्यता है कि उपभोग का क्रम लगातार होना चाहिए। उपभोग के बीच समयान्तर होने पर यह नियम लागू नहीं होगा। उदाहरण के लिए एक रोटी सुबह खाई जाए, दूसरी दोपहर व तीसरी शाम को तो उपयोगिता घटने के स्थान पर बढ़ सकती है।

4. उपभोक्ता की रूचि, फैशन व आदतों में कोई परिवर्तन नहीं होना चाहिए – उपभोग के दौरान उपभोक्ता की रूचि या आदत में व फैशन में अन्तर नहीं आना चाहिए अन्यथा यह नियम लागू नहीं होगा।

5. उपभोग की वस्तु तथा उसकी स्थानापन्न वस्तु का मूल्य परिवर्तन नहीं होना चाहिए – यह नियम उपभोग की वस्तु एवं उसके स्थानापन्न वस्तु के मूल्य में परिवर्तन होने पर लागू नहीं होता। उदाहरण के लिए चाय का प्रयोग करते समय यदि चाय अथवा उसकी स्थानापन्न कॉफी के मूल्यों में परिवर्तन हो जाय तो यह नियम लागू नहीं होगा।

6. उपभोक्ता की मानसिक स्थिति में परिवर्तन नहीं होना चाहिए – उपभोग के दौरान उपभोक्ता की मानसिक स्थिति में परिवर्तन नहीं होना चाहिए अन्यथा यह नियम लागू नहीं होगा। उदाहरण के लिए यदि रोटी का उपभोग करते समय बीच में मादक वस्तु का प्रयोग कर लें तो यह नियम लागू नहीं होगा।

7. उपभोग के स्थान मे परिवर्तन नहीं होना चाहिए –यदि उपभोग के स्थान में परिवर्तन हो जाए तो भी यह नियम लागू नहीं होता। उदाहरण के लिए कम्बल की

उपयोगिता गर्म स्थान पर कम होगी किन्तु यदि उपभोक्ता ठंडे स्थान पर चला जाए तो कम्बल की अगली ईकाई की उपयोगिता बढ़ जाएगी।

8. वस्तु सामान्य उपभोग की होनी चाहिए - यह नियम तभी लागू होता है जब वस्तु सामान्य उपभोग की वस्तु होती है प्रदर्शन की नही। वस्तु का प्रदर्शन प्रभाव न पड़ने पर ही यह नियम लागू होता है। प्रदर्शन प्रभाव पड़ने पर यदि गरीब अमीरों की नकल करने लगे तो उपयोगिता बढ़ भी सकती है।

9. सुखमय मानसिक स्थिति में लागू होता है - यह नियम सुखमय आर्थिक स्थिति में लागू होता है। दु:खमय अर्थव्यवस्था में यह नियम लागू नहीं होता क्योंकि दु: खमय अर्थव्यवस्था में उपभोग के अवसर उपलब्ध नहीं होते।

नियम के तथाकथित अपवाद

(Exception of The Law)

सीमान्त उपयोगिता ह्रास नियम के कुछ अपवाद भी बतलाये जाते हैं। यद्यपि इन अपवादों में सत्यता नहीं है। इन अपवादों का नियम की मान्यताओं के परिपेक्ष में अध्ययन करने से प्रतीत होगा कि ये वास्तविक अपवाद नहीं है। नियम के निम्न अपवाद कहे जाते हैं।

1. दुर्लभ वस्तुएं - यह कहा जाता है कि दुर्लभ वस्तुओं पर यह नियम लागू नहीं होता। दुर्लभ टिकट, दुर्लभ पुराने सिक्के व ऑटो ग्राफ आदि वस्तुओं में यह नियम लागू नहीं होता।

किन्तु इसे नियम का अपवाद कहना उचित नहीं है। क्योंकि नियम की यह मान्यता है कि वस्तु के उपभोग की सभी इकाईयाँ एक सी होनी चाहिए। अत: यदि एक ही सिक्के की कई इकाईयां अथवा एक ही टिकट की कई इकाईयां होगी तो यह नियम अवश्य की लागू होगा।

2. इकाईया छोटी होने पर नियम लागू न होना - चैपमैन के अनुसार उपभोग की इकाई छोटी होने पर यह नियम लागू नहीं होता। उन्होंने उदाहरण दिया था कि यदि चाय बनाने को कोयले की आवश्यकता है और उपभोक्ता को एक एक करके कोयला दिया जाय तो उपयोगिता बढ़ती हुई दर से मिलेगी।

किन्तु इसे भी नियम का अपवाद नहीं कहा जा सकता क्योंकि यह नियम में पहले ही लिख दिया गया है कि उपभोग की इकाई का आकार उपयुक्त होना चाहिए।

3. मादक वस्तुएँ - मादक वस्तुओं पर यह नियम लागू नहीं होता। शराब की मात्रा बढ़ने के साथ साथ शराबी के लिए उसकी उपयोगिता बढ़ती जाती है।

नियम का यह अपवाद भी सत्य नहीं माना जा सकता क्योंकि नियम की मान्यताओं में पहले ही कहा गया है कि उपभोक्ता की मानसिक स्थिति में परिवर्तन नहीं होना चाहिए। शराब पीने से उपभोक्ता की मानसिक स्थित में परिवर्तन आ जाता है। अत: शराबी वैसे ही इस नियम की क्रियाशीलता के क्षेत्र से बाहर है। वैसे भी लगातार शराब पीने से एक समय बाद शराबी को अनुपयोगिता ही प्रात होगी।

4. धन - धन के बारे में यह कहा जाता है कि धन प्राप्त होने पर उसकी ओर अधिक इच्छा होती है उसकी उपयोगिता बढ़ती है।

किन्तु धन के बारे में भी ऐसा कहना सत्य नहीं है। धनी व्यक्ति के लिए धन का महत्व कम व गरीब के लिए धन का महत्व अधिक होता है। सरकार भी इसी आधार पर धनी पर अधिक कर व गरीब पर कम कर लगाती है जिससे दोनों का त्याग बराबर रहे।

5. अच्छी कविता या गाना - टॉजिग के मतानुसार एक रसीली कविता या गाना दूसरी तीसरी बार सूनने पर अधिक सीमान्त उपयोगिता अनुभव होती है। किन्तु टॉजिंग के इस कथन को भी वास्तव में सत्य नहीं माना जा सकता क्योंकि एकं निश्चित सीमा के पश्चात् चाहे कितनी भी सूरीली कविता या मधुर गीत क्यों न हो, इसे सुनने की इच्छा कम हो जायेगी। इसी कारण जनता नित्य नए गाने सुनना चाहती है।

6. किसी वस्तु के उपभोक्ताओं की मात्रा बढ़ने पर - यह कहा जाता है कि कभी कभी किसी वस्तु के उपभोक्ताओं की मात्रा बढ़ने पर उपयोगिता बढ़ जाती है। उदाहरण के लिए शहर में टेलीफोन उपभोक्ताओं की मात्रा बढ़ने पर टेलीफोन की उपयोगिता बढ़ जाएगी क्योंकि अब उससे अधिक व्यक्तियों से बात की जावेगी।

किन्तु यहा यह कहा जा सकता है कि यह नियम एक व्यक्ति के उपयोग पर आधारित है। एक व्यक्ति के पास एक से अधिक टेलिफोन होने पर उसकी उपयोगिता कम होगी।

सीमान्त उपयोगिता ह्रास नियम के तथाकथित अपवादों व उनके स्पष्टीकरण से यह स्पष्ट है कि वास्तव में यह नियम सदैव लागू होता है। कुछ समय तक सीमान्त उपयोगिता बढ़ सकती है। किन्तु अन्त में यह नियम अवश्य ही लागू होगा।

नियम की आलोचनाएँ
(Criticism of Law)

सीमान्त उपोगिता ह्रास नियम की निम्न आलोचनाएँ की जाती है -

1. उपयोगिता मापना कठिन - उपयोगिता मनोवैज्ञानिक धारणा है। इसे मापना कठिन है। यह स्थान, समय व व्यक्ति के अनुसार बदलती रहती है। उपयोगिता को मुद्रा के परोक्ष माध्यम से मापा जाता है किन्तु यह अविश्वसनीय है।

2. व्यक्तिगत भावना की प्रधानता -यह नियम व्यक्तिगत भावना को प्रधानता देता है। किन्तु मनुष्य सदैव तर्क से काम नहीं करता। आदत, फैशन, रीति रिवाज आदि सभी का मनुष्य पर प्रभाव पड़ता है।

3. मान्यतायें सही नहीं - जिन मान्यताओं पर यह नियम आधारित है वे मान्यताएँ आज के परिवर्तनशील युग में सही नहीं है। अत: नियम व्यावहारिक नहीं है।

4. पूरक वस्तुओं की अवहेलना - इस नियम में वस्तुओं की पूरक एवं स्थानापन्न वस्तुओं की अवहेलना की गयी है। किसी भी वस्तु की उपयोगिता उसकी पूरक वस्तुओं की कीमतों व मात्राओं पर भी निर्भर करती है।

5. दीर्घकालीन वस्तुओं में सत्य नहीं - कुछ आवश्यकताएँ ऐसी होती है जिन्हें दीर्घकाल में ही सन्तुष्ट किया जा सकता है। कुछ आवश्यकताएं ऐसी भी होती है जिन्हें दीर्घकाल में भी सन्तुष्ट नहीं किया जा सकता। अत: ऐसी आवश्यकताओं के सन्दर्भ में पूर्ण सन्तुष्टि बिन्दु की कल्पना करना भी उचित नहीं है।

6. यह नियम व्यष्टि प्रधान है - सीमान्त उपयोगिता ह्रास नियम व्यष्टि प्रधान है। अत: समष्टि विश्लेषण में इसका अधिक उपयोग नहीं होता।

नियम का महत्व
(Importance of Law)

सीमान्त उपयोगिता ह्रास नियम की मान्यताएं व इसकी कई आलोचनाओं के बावजूद भी इसका बहुत महत्व है। इस नियम को महत्व के दो भागों में बांटा जा सकता है :

1. सैद्धान्तिक महत्व
(Theoretical Importance)

सैद्धान्तिक रूप से इस नियम का निम्न महत्व है-

1. उपयोग मूल्य व विनिमय मूल्य के अन्तर को स्पष्ट करना - कुछ वस्तुओं के उपयोग मूल्य व विनिमय मूल्य में बहुत अधिक अन्तर होता है। उदाहरण के लिए पानी का उपयोग मूल्य बहुत अधिक किन्तु विनिमय मूल्य बहुत कम होता है। यह नियम इसका कारण स्पष्ट करता है। पानी का उपयोग मूल्य अधिक होता है क्योंकि उसकी सीमान्त उपयोगिता कम होती है। दूसरी ओर हीरे की सीमान्त उपयोगिता अधिक होने के कारण उसका मूल्य अधिक होता है जबकि उसका उपयोग मूल्य कम है।

2. समसीमान्त उपयोगिता नियम का आधार - प्रत्येक मनुष्य अपने सीमित साधनों से अधिकतम सन्तुष्टि प्राप्त करने का प्रयत्न करता है। सीमान्त उपयोगिता नियम उसे इस उद्देश्य की प्राप्ति में सहायता करता है। सीमान्त उपयोगिता ह्रास नियम के लाभ के कारण कोई भी व्यक्ति एक ही वस्तु की अनेक इकाईयां न खरीद कर अनेक वस्तुओं की थोडी थोड़ी मात्रा खरीदता है।

3. मांग के नियम का आधार - मांग के नियम के अनुसार कम कीमत पर मांग अधिक व अधिक कीमत पर मांग कम होती है। इसका कारण भी सीमान्त उपयोगिता ह्रास नियम है। बढ़ती हुई इकाइयों के प्रयोग में कम उपयोगिता प्राप्त होती है। अत: ये वस्तुएँ कम कीमत पर ही खरीदी जाती है। अत: यह नियम माँग के नियम का आधार है।

4. उपभोक्ता की बचत की धारणा का आधार -उपभोक्ता की बचत की धारणा भी सीमान्त उपयोगिता ह्रास नियम पर आधारित है। उपयोगिता कम होते होते विनिमय मूल्य पर आने पर उपभोक्ता इस वस्तु के उपयोग को ही रोक देता है। अतिरिक्त उपयोगिता उपभोक्ता की बचत कहलाती है।

5. समाजवाद का आधार -धनी व्यक्तियों के पास धन अधिक होने के कारण उनके लिए धन की उपयोगित कम होती है। इसके विपरीत गरीबों के पास धन की कमी होने के कारण उनके लिए धन की उपयोगिता अधिक होती है। अतः समाजवाद में धन के हस्तान्तरण द्वारा धन की उपयोगिता बढ़ाई जा सकती है।

2. व्यावहारिक महत्व
(Practical Importance)

सीमान्त उपयोगिता ह्रास नियम का व्यावहारिक महत्व निम्न प्रकार है -

1. कर प्रणाली का आधार - कर लगाने का एक सिद्धान्त समान त्याग का सिद्धान्त है। इस सिद्धान्त के अनुसार सभी को भुगतान करने में समान त्याग करना चाहिए। धनिकों के लिए धन की उपयोगिता कम व गरीबों के लिए थन की उपयोगिता अधिक होती है अतः कर के रूप में देय राशि में अन्तर होते हुए भी उनका त्याग बराबर होता है।

2. मूल्य निर्धारण में महत्व - बाजार में किसी भी वस्तु के मूल्य निर्धारण में भी यह नियम सहायता देता है। किसी भी वस्तु की पूर्ति कम होने पर उसकी सीमान्त उपयोगिता अधिक होती है। अतः पूर्ति कम होने पर उसके मूल्य भी अधिक होंगें, इसके विपरीत पूर्ति अधिक होने पर सीमान्त उपयोगिता भी अधिक कम होगी अतः वस्तु की पूर्ति अधिक होने पर मूल्य भी कम निर्धारित होंगे।

3. उपयोग में विभिन्नता के कारण -टॉजिंग के अनुसार यह उपयोगिता ह्रास नियम ही है जो उत्पादित वस्तुओं की बढ़ती हुई विभिन्नता तथा उपयोग एवं उत्पादन की बढ़ती हुई जटिलता की व्याख्या करता है। वर्तमान समय में जो वस्तुओं की अलग-अलग डिजाइनों, किस्मों आदि में समय समय पर परिवर्तन लाया जाता है। यह सीमान्त उपयोगिता ह्रास नियम के कारण ही है। एक वस्तु का अधिक मात्रा में प्रयोग करने से उसकी उपयोगिता कम होती है किन्तु यदि उस वस्तु की किस्म में अन्तर कर दिया जाए तो वह नई वस्तु होती है न कि उस वस्तु की पहले वाली मात्रा में वृद्धि।

उपरोक्त व्याख्या से स्पष्ट है कि उपयोगिता ह्रास नियम अर्थशास्त्र का बहुत महत्वपूर्ण नियम है। यह नियम सर्वव्यापक नियम कहा जा सकता है। अर्थात् प्रत्येक दशा में यह नियम लागू होता है इसलिए कैरनक्राम (Cairncorom) ने इस नियम के बारे में लिखा है, यह नियम केवल रोटी, मक्खन, रेल यात्रा, व्यक्ति के हैट आदि वस्तुओं पर ही लागू नहीं होता वरन् अर्थशास्त्रियों के व्याख्यानों, राजनीतिज्ञों के भाषणों तथा जासूसी कहानियों के अनेक संदिग्ध व्यक्तियों के सम्बन्ध में समान रूप से लागू होता है।

समसीमान्त उपयोगिता नियम
(Law of Equi-Marginal Utility)

समसीमान्त उपयोगिता नियम भी उपयोग का एक महत्वपूर्ण नियम है। इसका प्रतिपादन भी सर्वप्रथम फ्रांसिसी अर्थशास्त्री गौसेन ने किया था। अतः इसे गौसेन का दूसरा नियम कहा जाता है। (गौसेन का प्रथम नियम सीमान्त उपयोगिता ह्रास नियम है)। आधुनिक

अर्थशास्त्रियों में मार्शल ने भी इस नियम के महत्व को स्वीकार किया है। इंस नियम को प्रतिस्थापन का नियम (Law of Substitution) अधिकतम सन्तुष्टि का नियम (Law of Maximum Satisfaction) मितव्ययता का नियम (Law of Economy) व्यय का सिद्धान्त (Law of Spending) आदि भी कहा जाता है। आधुनिक व्याख्या के अनुसार इसे आनुपातिकता का सिद्धान्त (Law of Proportionality) भी कहा जाता है।

मनुष्य की आवश्यकताएं अनन्त है, किन्त उन आवश्यकताओं की पूर्ति के लिए उसके पास साधन सीमित है। इन साधनों के विभिन्न प्रयोग हो सकते है। प्रत्येक व्यक्ति अपने सीमित साधनों से अधिकतम सनतुष्टि प्राप्त करना चाहता है। साधनों के वैकल्पिक प्रयोग होने के कारण प्रत्येक व्यक्ति अपने साधन को उसी उपयोग में लाता है जिसमें उसे अधिकतम सन्तुष्टि प्राप्त होती है। अतः किसी भी व्यक्ति की उपयोगिता अधिकतम तब ही होगी जब सभी वस्तुओं की सीमान्त उपंयोगिता समान हो।

मार्शल के अनुसार यदि किसी व्यक्ति के पास ऐसी कोई वस्तु है जिसे वह विभिन्न प्रयोगों में ला सकता है तो वह उस वस्तु को विभिन्न प्रयोगों में इस प्रकार विभाजित करेगा कि प्रत्येक प्रयोग में उसे लगभग समान सीमान्त उपयोगिता प्राप्त हो। क्योंकि यदि उसकी सीमान्त उपयोगिता किसी एक प्रयोग से दूसरे प्रयोग की अपेक्षा अधिक है तो वह दूसरे प्रयोग से कुछ मात्रा हटाकर पहले में इनका प्रयोग कर अधिक लाभ उठायेगा।

मार्शल की उपरोक्त परिभाषा के अनुसार प्रत्येक व्यक्ति अधिकतम उपयोगिता प्राप्त करने के लिए अपने साधन को उस वस्तु पर व्यय करता है, जिससे उसे अधिक लाभ या उपयोगिता प्राप्त होती है। अधिकतम उपयोगिता तब प्राप्त होती है जब उसे सब वस्तुओं में प्राप्त होंने वाली सीमान्त उपयोगिता समान हो।

उदाहरण - समसीमान्त उपयोगिता नियम को निम्न उदाहरण से भी समझा जा सकता है। माना कि किसी व्यक्ति के पास 10 रू. है। वह उसे सन्तरा, सेव व मिठाई में व्यय करना चाहता है। इन वस्तुओं से प्राप्त उपयोगिता निम्न प्रकार है-

वस्तु की इकाईया	उपयोगिता		
	सन्तरा	सेव	मिठाई
1	25(1)	20(2)	10(5)
2	20(3)	10(6)	5(8)
3	14(4)	5(9)	4
4	10(7)	3	3
5	5(10)	2	0
6	0	0	−2

विवेकशील उपभोक्ता सर्वप्रथम सन्तरे पर अपनी मुद्रा व्यय करेगा दूसरी इकाई सेव पर व तीसरी इकाई मिठाई पर व्यय करेगा। इसी प्रकार वह अपनी मुद्रा की शेष इकाईयां उन वस्तुओं पर व्यय करेगा जिससे उसे अधिक उपयोगिता प्राप्त होती है अतः वह 5 रू. सन्तरे पर, 3 रू. सेव पर व 2 रू. मिठाई पर व्यय करेगा। सभी वस्तुओं में प्राप्त होने वाली सीमान्त उपयोगिता बराबर (5) होने में अधिकतम उपयोगिता (125) प्राप्त होगी इसे निम्न रेखा चित्र की सहायता से स्पष्ट किया जा सकता है।

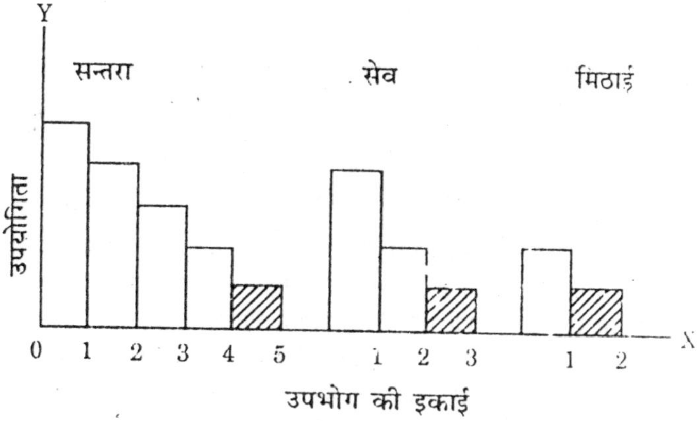

उपयोग की इकाई

उपरोक्त चित्र में OY पर उपयोगिता व OX पर उपयोग की इकाईयां दिखाई गई है। प्रत्येक वस्तु की सीमान्त उपयोगिता समान है जिन्हें रेखांकित किया गया है।

नियम की मान्यताएं - समसीमान्त उपयोगिता नियम की मान्यताएं निम्न प्रकार है:

1. उपभोक्ता विवेकशील है एवं अपनी अपनी आय को उचित ढंग में व्यय करता है।
2. उपभोक्ता की आय सीमित है अतः वह अपनी सीमित आय में अधिकतम सन्तुष्टि प्राप्त करना चाहता है।
3. वस्तुएं छोटी एवं अविभाज्य है।
4. उपभोग की अवधि में आय, रूचि, फैशन, आदि में परिवर्तन नहीं होता।
5. उपयोगिता को मापा जा सकता है।
6. मुद्रा की सीमांत उपयोगिता स्थिर रहती है।
7. एक वस्तु की उपयोगिता दूसरे से स्वतन्त्र होती है।

8. सीमांत उपयोगिता ह्रास नियम की सभी मान्यताएं यहाँ भी लागु होती है।

नियम की आधुनिक व्याख्या
(Modern Explanation of Law)

आधुनिक अर्थशास्त्रियों ने समसीमान्त उपयोगिता नियम का दूसरे ढंग से विश्लेषण किया है। आधुनिक अर्थशास्त्री इसे आनुपातिकता का नियम कहते हैं। इन अर्थशास्त्रियों के अनुसार समसीमान्त उपयोगिता नियम की प्राचीन व्याख्या में निम्न दोष हैं -

1. मुद्रा की सीमान्त उपयोगिता स्थिर नहीं रहती।
2. इसमें वस्तुओं के मूल्य को महत्व नहीं दिया जाता ।
3. अधिक कीमत वाली अविभाज्य वस्तुओ की छोटी वस्तुओं से तुलना नहीं की जा सकती ।
4. विभिन्न वस्तुओं की सीमांत उपयोगिताएं स्वतन्त्र नहीं होती।

नियम की प्राचीन व्याख्या में उक्त कमियां होने के कारण नियम की नवीन व्याख्या की गई है। इस नवीन व्याख्या के अनुसार उपभोक्ता अधिकतम सन्तुष्टि प्राप्त करने के लिए विभिन्न वस्तुओं से मिलने वाली सीमांत उपयोगिता को बराबर नहीं करना चाहता वरन् वह चाहता है कि क्रय की गई सीमांत उपयोगिताएं उनके मूल्यों के अनुपात में हों। इस नियम को निम्न गणितीय सूत्र से स्पष्ट किया जा सकता है।

$$\frac{MUx}{Px} = \frac{MUy}{Py} = \frac{MUz}{Pz}$$

इस प्रकार इस नियम की आधुनिक व्याख्या के अनुसार उपभोक्ता विभिन्न वस्तुओं से प्राप्त सीमांत उपयोगिता व उनके मूल्यों के अनुपात के समान रखने का प्रयास करता है।

उदाहरण - नियम की आधुनिक व्याख्या को एक उदाहरण से भी स्पष्ट किया जा सकता है। माना कि किसी व्यक्ति को सन्तरे व केले का उपयोग करना है। उसके पास व्यय करने के लिए 10 रू. है। सन्तरे का भाव दो रू. किलों व केले का भाव एक रू. किलो है। उपभोग की विभिन्न इकाईयों से उपभोक्ता को निम्न उपयोगिता प्राप्त होती है।

मात्रा	सीमान्त उपयोगिता	
1	10	12
2	9	10
3	9	9
4	6	8
5	4	6

इस उदाहरण में समीकरण तभी पूरा हो सकता है जब वह सन्तरों की तीन इकईयां खरीदे व केले की चार इकाईयां खरीदे। इस तरह उसे 6 रूपये सन्तरे पर व 4 रू. केलों पर व्यय करने होंगें। तब समीकरण इस प्रकार पूरा होगा -

$$\frac{MUx}{Px} = \frac{MUy}{Py}$$

or $\frac{8}{2} = \frac{4}{1}$ or $4 = 4$

or $1 = 1$

नियम की आलोचनाएँ
(Criticism of Law)

सम सीमान्त उपयोगिता नियम की निम्न आलोचनाएं की जाती है-

1. उपभोक्ता विवेकशील नहीं होते - इस नियम की यह मान्यता है कि उपभोक्ता विवेकशील होते है किन्तु वास्तव में सभी उपभोक्ता विवेकशील नहीं होते। वे उपयोग करते समय विभिन्न वस्तुओं की उपयोगिता की तुलना नहीं करते।

2. उपयोगिता मापी नहीं जा सकती - यह नियम यह मानता है कि उपयोगिता मापी जा सकती है किन्तु वास्तव में उपयोगिता एक मनोवैज्ञानिक धारणा है। इसे मापा नहीं जा सकता।

3. वस्तुओं की अविभाज्यता - कई वस्तुएं अविभाज्य होती है। अत: इनकी सीमान्त उपयोगिता की छोटी वस्तुओ की सीमान्त उपयोगिता से तुलना नहीं की जा सकती। कार, मकान, टी. वी. आदि की सीमान्त उपयोगिता की तुलना खाने या कपड़े की उपयोगिता से नहीं की जा सकती।

4. आय व व्यय की अनिश्चित अवधि - आय व विभिन्न वस्तुओं पर उनके व्यय की अवधि निश्चित नहीं होती। अत: वस्तुओं की उपयोगिता की तुलना में बाधा आती है। कई टिकाऊ वस्तुओं की जीवन अवधि कई वर्ष होती है।

5. आदत, फैशन व रीति रिवाज - उपभोक्ता की आदत, फैशन व रीति रिवाज इस नियम की कार्यशीलता में बाधा उत्पन्न करते हैं। इन तत्वों के कारण उसे कई बार ऐसी वस्तुओं पर अपनी आय को व्यय करना पड़ता है जिससे उसे कम उपयोगिता प्राप्त होती है।

6. पूरक वस्तुएं - पूरक वस्तुओं पर यह नियम लागू नहीं होता। एक के अभाव में दूसरे की कोई उपयोगिता नहीं होती। कार या स्कूटर व पैट्रोल; पैन व स्याही इसके उदाहरण है।

7. वस्तु की अपर्याप्तता - कई बार किसी वस्तु की उपयोगिता अधिक होने से उपभोक्ता उसे पाना भी चाहता है किन्तु वह वस्तु उसे बाजार में उपलब्ध नहीं होती। उदाहरण के लिए किसी व्यक्ति के लिए सीमेंट की अधिक उपयोगिता है किन्तु नियन्त्रण के कारण उसे सीमेन्ट प्राप्त नहीं हो सकती।

8. वस्तुओं के मूल्य में परिवर्तन - उपभोक्ता वस्तुओं के मूल्य में बार-बार परिवर्तन होते रहते हैं। अतः उपभोक्ता को इन वस्तुओं के उपयोग से मिलने वाली उपयोगिता का हिसाब लगाने में कठिनाई होती है। उपभोक्ता यदि एक बार प्राथमिकता तालिका बना भी ले तो उसे बार बार इसमें परिवर्तन करने होते हैं।

9. अधिकतम उपयोगिता अधिकतम सन्तुष्टि का माप नहीं - यह कहा जाता है कि अधिकतम उपयोगिता अधिकतम सन्तुष्टि का घोतक नहीं है। इसका कारण यह है कि उपयोगिता तो आवश्यकता के पूर्ण हो जाने पर अनुभव होती है। उदाहरण के लिए उपयोगिता होने के कारण फल खरीदा जाए किन्तु यदि वह खराब निकले तो सन्तुष्टि प्राप्त नहीं होती है।

सम सीमान्त नियम की उपरोक्त आलोचनाओं के बावजूद भी यह कहा जा सकता है कि जाने या अनजाने में प्रत्येक व्यक्ति इसी नियम के अनुसार कार्य करता है।

नियम का महत्व एवं क्षेत्र - कई आलोचनाओं के बावजूद भी समसीमान्त उपयोगिता नियम का अर्थशास्त्र में काफी महत्व है। यह नियम काफी व्यापक नियम है। यह अर्थशास्त्र के प्रत्येक क्षेत्र में लागू होता है। प्रत्येक क्षेत्र में सीमित साधनों से अधिकतम सन्तुष्टि प्राप्त करने की समस्या विद्यमान रहती है। अतः यह नियम प्रत्येक क्षेत्र में लागू होता है। विभिन्न क्षेत्रों में इस नियम का महत्व व कार्यशीलता निम्न प्रकार है

1. उपभोग में महत्व

(Importance in Consumption)

उपभोग में यह नियम निम्न प्रकार महत्वपूर्ण है -

(i) **अधिकतम सन्तुर्ष्टि प्राप्त करने का साधन** - प्रत्येक उपभोक्ता अपने सीमित साधनों से अधिकतम सन्तुष्टि प्राप्त करना चाहता है। यह नियम उसे अधिकतम सन्तुष्टि प्राप्त करने के लिए मार्ग दर्शन प्रदान करता है। यह नियम यह बताता है कि अधिकतम सन्तुष्टि प्राप्त करने के लिए सभी वस्तुओं से प्राप्त उपयोगिता में समानता होना आवश्यक है।

(ii) **वर्तमान व भावी आवश्यकताओं पर व्यय** - कई बार उपभोक्ता के सामने यह भी समस्या रहती है कि वह उपयोग की वर्तमान आवश्यकता पर व्यय करे अथवा भावी आवश्यकता पर अथवा इन पर अपनी आय का कितना कितना भाग व्यय करे। इस नियम के आधार पर उपभोक्ता यह निर्णय आसानी से ले सकता है। उपभोक्ता को वर्तमान व भविष्य दोनों में सीमान्त उपयोगिता बराबर रखकर अधिकतम सन्तुष्टि प्राप्त करनी चाहिए।

(iii) **वैकल्पिक प्रयोगों में आने वाली वस्तुओं के उपयोग में** - कई वस्तुएँ ऐसी होती है जिनके वैकल्पिक प्रयोग होते हैं। उदाहरण के लिए कपड़े का विभिन्न कार्यों के लिए प्रयोग किया जा सकता है। ऐसी वस्तुओं से भी अधिकतम सन्तुष्टि प्राप्त करने के लिए समसीमान्त उपयोगिता नियम का सहारा लिया जा सकता है। अधिकतम सन्तुष्टि प्राप्त करने के लिए इस प्रकार की वस्तु का भिन्न भिन्न कार्यों के लिए इस प्रकार प्रयोग किया जाना चाहिए कि इनकी सीमान्त उपयोगिता समान हो।

2. उत्पादन में प्रयोग

(Use in Production)

उत्पादन में नियम का प्रयोग दो प्रकार से होता है -

(i) **अधिकतम उत्पादन के लिए** - उत्पादन के साधन भी उपभोक्ता की भांति सीमित होते हैं। उत्पादक के पास पूंजी सीमित होती है जिस वह उत्पादन के आय की विभिन्न साधन प्राप्त करने के लिए व्यय कर सकता है। उत्पादक भी अपने सीमित साधनों से अधिकतम सन्तुष्टि प्राप्त करना चाहता है। उत्पादक की अधिकतम सन्तुष्टि अधिकतम उत्पादन में हैं। अधिकतम सन्तुष्टि प्राप्त करने के लिए उत्पादक अधिक उत्पादन वाले साधन को कम उत्पादन करने वाले साधन के स्थान पर प्रतिस्थापित कर सकता है। इस तरह उसे अधिकतम उत्पादन प्राप्त होगा।

(ii) **वैकल्पिक उपयोग वाले साधनों मे चुनाव** - उत्पादन के साधनों के भी वैकल्पिक प्रयोग हो सकते है। उदाहरण के लिए भूमि का उपयोग कई प्रकार की फसलें उत्पादित करने के लिए किया जा सकता है। ऐसे समय में किसान उस फसल को बोएगा जिसमें उसे अधिकतम लाभ हो। यदि उसे व्यापारिक फसलों के उत्पादन से अधिक लाभ प्राप्त होता है तो वह खाद्यान्न के स्थान पर उन्हें बो सकता है।

3. विनिमय में प्रयोग

(Use in Exchange)

विनिमय दो व्यक्तियों के बीच वस्तुओं का आदान प्रदान है। विनिमय का कार्य उस बिन्दु पर समाप्त हो जाता है जहाँ अपने पास की वस्तु व दूसरे पक्ष से प्राप्त वस्तु की सीमान्त उपयोगिता बराबर हो जाती है। उदाहरण के लिए किसी व्यक्ति के पास मुद्रा है। वह उस मुद्रा से एक वस्तु खरीदता है। वस्तु आने से उसके लिए वस्तु की उपयोगिता कम हो जाती है किन्तु मुद्रा की मात्रा कम होने से उसके लिए मुद्रा की उपयोगिता बढ़ती जाती है। अतः विनिमय तब तक जारी रहेगा जब तक वस्तु की उपयोगिता व मुद्रा की उपयोगिता बराबर नहीं हो जाती। वास्तव में प्रतिस्थापन करना ही विनिमय का उद्देश्य है।

4. वितरण में प्रयोग

(Use in Distribution)

उत्पत्ति उत्पादन के साधनों के सामुहिक प्रयत्नों का परिणाम है। अतः कुल उत्पादन को उत्पादन के साधनों में बांटा जाता है। यही वास्तव में वितरण की समस्या है। उत्पादन के प्रत्येक साधन को उसके सीमान्त उत्पादन के बराबर हिस्सा मिलता है। अतः उत्पादन का प्रत्येक साधन कम उत्पादकता वाला क्षेत्र छोड़कर अधिक उत्पादन वाले क्षेत्र की ओर चला जाता है। यह क्रम तब तक चलता है जब तक कि साधन की सीमान्त उत्पादकता प्रत्येक क्षेत्र में समान न हो जाय । अतः यह नियम राष्ट्रीय आय में से प्रत्येक साधन का पारिश्रमिक निर्धारण करने में सहायक होता है।

5. राजस्व में प्रयोग
(Use in Public Finance)

राजस्व में भी प्रतिस्थापन के नियम का प्रयोग होता है। राजस्व का एक आधारभूत सिद्धान्त अधिकतम सामाजिक लाभ का सिद्धान्त है। सरकार जनता के कल्याण पर व्यय करती है व इस कार्य के लिए कर लगा कर आय प्राप्त करती है। सरकार को अपना व्यय इस प्रकार करना चाहिए कि उससे अधिकतम सामाजिक लाभ हो। इसके लिए सरकार धनिकों से कर अधिक लेती है किन्तु इसे व्यय गरीबों पर करती है। जब गरीबों को सरकार द्वारा व्यय से प्राप्त सीमान्त उपयोगिता व धनिकों के कर देने से सीमान्त अनुपयोगिता बराबर हो जाती है तब अधिकतम समाजिक लाभ प्राप्त होता है। इस प्रकार राजस्व में भी यह नियम लागू होता है। सरकार इस नियम की सहायता से प्राप्त आय का अधिकतम सामाजिक लाभ के लिए उपयोग करती है।

उपरोक्त विवरण से यह स्पष्ट है कि प्रतिस्थापना का नियम अथवा समसीमान्त उपयोगिता नियम एक व्यापक नियम है। यह अर्थशास्त्र के प्रत्येक क्षेत्र में लागू होता है। जाने या अनजाने सभी इस नियम का प्रयोग कर अधिकतम सन्तुष्टि प्राप्त करते हैं। इसी कारण मार्शल ने कहा है कि प्रतिस्थापना का नियम आर्थिक जांच के प्रत्येक क्षेत्र में लागू होता है। यह नियम उपभोग, उत्पादन, विनिमय, वितरण व राजस्व सभी में लागू होता है। रोबिन्स ने इसे अर्थशास्त्र का आधार कहा है।

माँग विश्लेषण के दो दृष्टिकोण
(Two Views of Demand Analysis)

मांग को विश्लेषण करने के लिए दो अलग अलग विचारधाराएं अथवा दृष्टिकोण है। मार्शल तथा उसके समर्थकों ने मांग विश्लेषण के लिए उपयागिता दृष्टिकोण अपनाया है। उनकी मान्यता है कि उपयोगिता को मुद्रा रूपी मापदण्ड से मापा जा सकता है। इसे गणना वाचक दृष्टिकोण (Capital Approach) कहा जाता है। इसके अन्तर्गत सीमान्त उपयोगिता, कुल उपयोगिता, उपयोगिता ह्रास नियम, सम सीमान्त उपायोगिता नियम आदि आते हैं। ये सभी उपयोगिता की मापनीयता पर आधारित है।

इसके विपरीत कुछ आधुनिक अर्थशास्त्रियों जिनमें पेरेटों, हिक्स, एलन आदि प्रमुख है ने मार्शल व उसके समर्थकों की मान्यताओं का खण्डन किया है। इनके अनुसार उपयोगिता एक मनोवैज्ञानिक एवं परिवर्तनशील धारणा है। इसे मापा नहीं जा सकता। अत: उन्होंने मांग के विश्लेषण के लिए अधिमान अथवा प्राथमिकता दृष्टिकोण बताया। इसे क्रमवाचक दृष्टिकोण (Ordinal Approach) कहा जाता है। इसे तटस्थता वक्र विश्लेषण भी कहा जाता है।

उपयोगिता विश्लेषण के दोष

मार्शल व उसके समर्थकों ने माँग को मापनीय मान पर उपयोगिता दृष्टिकोण प्रस्तुत किया। किन्तु आधुनिक अर्थशास्त्रियों के अनुसार विश्लेषण की इस विधि में कुछ दोष हैं

जिनके कारण माँग विश्लेषण अवास्तविक व अव्यावहारिक है। उपयोगिता विश्लेषण के निम्न दोष है –

1. उपयोगिता अमापनीय – आधुनिक अर्थशास्त्रियों के अनुसार उपयोगिता को मापा नहीं जा सकता। उपयोगिता विश्लेषण के समर्थकों ने इसे मुद्रा के माध्यम से मापा है किन्तु यह सही नहीं है। उपयोगिता एक मानसिक धारणा है जो व्यक्तिगत है अतः इसे मापा नहीं जा सकता। उपयोगिता का सम्बन्ध मनुष्य के मस्तिष्क से होता है। अतः इसे निश्चित समय में व्यक्त नहीं किया जा सकता। हम विभिन्न वस्तुओं से प्राप्त होने वाली सन्तुष्टि की तुलना तो कर सकते हैं तथा उनका क्रम बता सकते हैं। यह बता सकते हैं कि एक वस्तु की तुलना में दूसरी में उपयोगिता कम है अथवा अधिक किन्तु इसे मापा नही जा सकता।

2. मुद्रा उपयोगिता मापने का अपूर्ण साधन है – मार्शल व उसके समर्थकों ने मुद्रा को उपयोगिता का मापदण्ड माना है। किन्तु मुद्रा उपयोगिता का मापदण्ड नहीं हो सकती। इसका कारण यह है कि स्वयं मुद्रा का मूल्य परिवर्तित होता रहता है। बाजार में मूल्य बढ़ने पर मुद्रा का मूल्य कम होता है। अतः मुद्रा का मूल्य बढ़ने पर उपभोक्ता का कम सन्तुष्टि प्राप्त होती है। मुद्रा का मूल्य कम होने पर अधिक उपयोगिता प्राप्त होती है।

3. मुद्रा की सीमान्त उपयोगिता स्थिर नहीं रहती – उपयोगिता विश्लेषण में यह माना गया है कि उपभोक्ता किसी वस्तु पर जितनी मुद्रा व्यय करने को तैयार होता है वही उसकी उपयोगिता है किन्तु यह विश्लेषण इस बात पर आधारित है कि मुद्रा किसी सीमान्त उपयोगिता पर स्थिर रहती है और इसमें कोई परिवर्तन नहीं होता। किन्तु वास्तव में यह मान्यता सत्य नहीं है। उपभोक्ता जैसे जैसे वस्तु के क्रय में मुद्रा व्यय करता जाता है वैसे वैसे उसके पास मुद्रा की कम इकाईयां रह जाती है। इसके परिणाम स्वरूप मुद्रा की सीमान्त उपयोगिता बढ़ पाती है। अतः उपयोगिता विश्लेषण सही नही कहा जा सकता।

4. विभिन्न वस्तुओं की उपयोगिता स्वतन्त्र नहीं होती – उपयोगिता विश्लेषण में विभिन्न वस्तुओं की उपयोगिता स्वतन्त्र मानी गई है। अर्थात् उपयोगिता एक दूसरे पर निर्भर नहीं रहती। एक वस्तु की उपयोगिता पर अन्य वस्तु का उपलब्धि या अभाव का कोई प्रभाव नहीं पड़ता । किन्तु वास्तव में यह सत्य नहीं है। विभिन्न वस्तुओं की उपयोगिता स्वतन्त्र नहीं होती। कई वस्तुएं आपस में सम्बन्धित होती है। इनमें से एक की उपयोगिता पर दूसरे की उपलब्धियों का भी प्रभाव पड़ता है। उदाहरण के लिए कार व पैट्रोल एक दूसरे से सम्बन्धित है। इनकी उपयोगिता को स्वतन्त्र नहीं माना जा सकता। पैट्रोल उपलब्ध न होने पर कार की कोई उपयोगिता नहीं रह जाती। स्थानापन्न वस्तुओं की उपलब्धि मे उपयोगिता घटती है व पूरक वस्तुओं की उपलब्धि में उपयोगिता बढ़ती है।

5. मूल्य परिवर्तन के आय व प्रतिस्थापन प्रभाव में अन्तर न करना – उपयोगिता विश्लेषण में वस्तु के मूल्य परिवर्तन के आय व प्रतिस्थापना प्रभाव में अन्तर नहीं किया गया है। जब किसी वस्तु का मूल्य घट जाता है तो उपभोक्ता की वास्तविक आय बढ़ जाती है। अतः वह उस वस्तु की अधिक मात्रा क्रय करता है। इसे आय प्रभाव कहा जाता है।

इसी प्रकार जब वस्तु का मूल्य घटता है व उसका मूल्य स्थानापन्न वस्तुओं का मूल्य स्थिर रहता है तो उपभोक्ता अन्य वस्तु का उपभोग त्याग कर उस वस्तु का उपयोग करने लगते हैं। इसे प्रतिस्थापन प्रभाव कहा जाता है। उपयोगिता विश्लेषण इस बात की व्याख्या नहीं करता कि मूल्य घटने पर जो मांग बढ़ती है उससे आय प्रभाव कितना है व प्रतिस्थापन प्रभाव कितना।

6. उपयोगिता विश्लेषण निकृष्ट अथवा प्रतिष्ठा की वस्तुओं की मांग का विश्लेषण करने में असमर्थ हैं – उपयोगिता विश्लेषण निकृष्ट व प्रतिष्ठा मूल्य वस्तुओं की मांग का विश्लेषण नहीं कर पाता। निकृष्ट वस्तुओं के मूल्य कम होने पर इसकी माँग कम होती है व मूल्य बढ़ने पर इनकी माँग बढ़ती है। इसी प्रकार की बात प्रतिष्ठा मूलक वस्तुओं के साथ है। इनका मूल्य बढ़ने पर इनकी माँग बढ़ती है। हीरे आदि इसी प्रकार की वस्तुएँ हैं जिनकी माँग मूल्य अधिक होने पर अधिक होती है व मूल्य कम होने पर माँग कम हो जाती है।

7. उपयोगिता विश्लेषण अविभाज्य वस्तुओं की मात्रा का उचित विश्लेषण नहीं करता- कुछ वस्तुएं जैसे रेडियो, कार, साइकिल, फ्रिज आदि अविभाज्य होती है। उपयोगिता, विश्लेषण इन वस्तुओं की माँग का उचित विश्लेषण नहीं करता । इन वस्तुओं के एक भाग का कोई महत्व नहीं होता व इनकी मात्रा एक से अधिक होने पर भी कोई विशेष अन्तर नहीं होता।

उपयोगिता विश्लेषण में उपरोक्त दोष होने के कारण आधुनिक अर्थशास्त्रियों ने तटस्थता वक्र विश्लेषण में इन्हें दूर करने का प्रयत्नकिया है। तटस्थता वक्र विश्लेषण का विस्तृत विवरण आगामी अध्यायन में प्रस्तुत किया गया है।

प्रश्न

1. 'उपभोक्ता प्रभुता' की परिभाषा दीजिए। क्या किसी उपभोक्ता का व्यवहार वास्तवकि रूप में स्वतन्त्र हो सकता है?

   Define 'Consumers Sovereignty'. Can Consumer Behaviour in real sense can be independent.

2. सीमान्त उपयोगिता ह्रास नियम की परिभाषा एवं व्याख्या कीजिए। इसकी सीमाएं व महत्व बतलाइये।

   Discuss definition of Law of Marginal Diminising Utility. What are its importance and limitation.

3. समसीमान्त उपयोगिता नियम की व्याख्या कीजिए तथा इसका महत्व बताइये।
   Explain law of equi-marginal utility and discuss its importance.

4. सीमान्त उपयोगिता तथा कुल उपयोगिता का अन्तर बताइए। यह सिद्ध कीजिए कि जब एक वस्तु की सीमान्त उपयोगिता शून्य होती है जो उसकी कुल उपयोगिता अधिकतम होती है।

Distinguish between marginal utility and total utility. Show how the total utility is at its maximum when the marginal utility is zero.

5. अर्थशास्त्र में सीमान्त विश्लेषण के महत्व की आलोचनात्मक विवेचना कीजिए।
Discuss critically the significance of marginal analysis in Economics.

6. आर्थिक विश्लेषण में सीमान्त उपयोगिता और कुल उपयोगिता के महत्व की विवेचना कीजिए। क्या उपयोगिता एक गणनावाचक विचार है या क्रमवाचक विचार है?
Discuss the significance of marginal and total utility in economic analysis. Is utility a cardinal concept or an ordinal concept?

❑❑❑

6

समाजवाद
[Socialism]

समाजवाद का जन्म पूँजीवादी अर्थव्यवस्था के दोषों को दूर करने के लिए एक प्रतिक्रिया के रूप में हुआ है। यद्यपि समाजवादी विचारधारा के विकास में अनेक विद्वानों का योंगदान है, किन्तु इसे वैज्ञानिक रूप में प्रस्तुत करने का श्रेय कार्ल मार्क्स को है। इसीलिए कार्ल मार्क्स को समाजवाद का जनक माना जाता है तथा उसकी पुस्तक 'दास केपिटल' को समाजवादियों के लिए बाइबिल माना जाता है। समाजवादी अर्थव्यवस्था अल्बानिया, बुल्गारिया, चैकोस्लोवाकिया, जर्मन प्रजातांत्रिक गणराज्य, हंगरी, पोलैण्ड, रूमानिया, सोवियत रूस, यूगोस्लाविया जैसे यूरोपीय देशों तथा चीन, उत्तरी कोरिया, मंगोलिया, उत्तरी वियतनाम तथा क्यूबा में फैली है। विश्व के इन देशों को दूसरी दुनिया के रूप में माना जाता है। वर्तमान समय में समाजवादी देशों में अत्यधिक परिवर्तन हो रहे हैं। फिर भी यहाँ समाजवादी अर्थव्यवस्था का अर्थ, उनकी मूलभूत विशेषताएँ एवं गुण-दोषों का विवेचन किया जा रहा है।

समाजवाद का अर्थ एवं परिभाषाएँ

समाजवाद के सम्बन्ध में लोगों के अनेक विचार हैं। विचारकों ने समाजवाद की 260 परिभाषाएँ दी हैं। अत: इसकी कोई एक सरल भाषा नहीं है। इसीलिए व्यंग्य करते हुए जोड ने लिखा है कि ''संक्षेप में, समाजवाद एक ऐसी टोपी हैं, जिसकी शक्ल बिगड़ गयी है क्योंकि हर कोई इसे पहन लेता है।'' इसी प्रकार यह भी कहा गया है ''समाजवाद का अपना कोई रूप नहीं है, यह एक ऐसी टोपी है जो प्रत्येक के सिर पर ठीक बैठ जाती है।''

समाजवाद के सम्बन्ध में उपर्युक्त कथनों के बावजूद भी समाजवाद की कुछ ऐसी विशेषताएँ हैं जिनके सम्बन्ध में सभी संमाजवादी विचारक सहमत हैं। इन्हीं के आधार पर समाजवाद की परिभाषा निम्न प्रकार से की गयी है—

डिकिन्सन के अनुसार, ''समाजवाद समाज का एक ऐसा आर्थिक संगठन है जिसमें उत्पादन के भौतिक साधनों पर सम्पूर्ण समाज का अधिकार होता है तथा उनका संचालन एक सामान्य योजना के अनुसार ऐसी संस्थाओं के द्वारा किया जाता है जो सम्पूर्ण समाज का प्रतिनिधित्व करती है और जो सम्पूर्ण समाज के प्रति उत्तरदायी होते हैं।''

मॉरिसन के अनुसार, ''समाजवाद की मुख्य विशेषता यह है कि सभी बड़े उद्योग और सम्पूर्ण भूमि सार्वजनिक या सामूहिक स्वामित्व में हो और वे एक राष्ट्रीय नियोजन के अनुसार इस प्रकार प्रयोग में लाये जावें कि उनसे व्यक्तिगत लाभ की तुलना में सामान्य हित में वृद्धि हो।''

समाजवाद की उपर्युक्त परिभाषाओं से स्पष्ट है कि—

(1) समाजवाद के अन्तर्गत उत्पादन के साधनों पर सम्पूर्ण समाज का अधिकार होता है न कि व्यक्ति विशेष का।

(2) उत्पादन के साधनों का प्रयोग सामाजिक हित को अधिकतम करने के लिए किया जाता है।

(3) उत्पादन के साधनों का प्रयोग एक केन्द्रीय संस्था के द्वारा एक सामान्य योजना के अनुसार किया जाता है।

(4) राष्ट्रीय आय का वितरण इस प्रकार किया जाता है कि इससे व्यक्ति की आर्थिक प्रेरणा, व्यवसाय चुनने की स्वतत्रता, उपभोक्ता की स्वतंत्रता में कोई हानि न हो।

अत: समाजवाद की परिभाषा निम्न प्रकार से की जा सकती है—''समाजवाद एक आर्थिक पद्धति हैं जिसमें उत्पादन के साधनों पर निजी स्वामित्व का अभाव होता है तथा जिसमें उत्पादन के साधनों का प्रयोग लोगों की सामान्य आवश्यकताओं को सन्तुष्ट करने के लिए किया जाता है। इस प्रकार समाजवाद का उद्देश्य व्यक्तिगत लाभ को बढ़ाना नहीं बल्कि सामाजिक हित में वृद्धि करना होता है।''

समाजवाद की विशेष्ताएँ

समाजवाद की प्रमुख विशेषताएँ निम्नलिखित हैं—

1. उत्पादन के साधनों पर सामाजिक स्वामित्व—समाजवाद के अन्तर्गत उत्पादन के साधनों पर किसी व्यक्ति विशेष का अधिकार न होकर पूरे समाज का अधिकार होता है। इन साधनों का प्रयोग राज्य के द्वारा लोगों के कल्याण को अधिकतम करने के उद्देश्य से किया जाता है।

2. अधिकतम सामाजिक कल्याण —समाजवादी अर्थव्यवस्था में वस्तु का उत्पादन व्यक्तिगत लाभ को अधिकतम करने के लिए नहीं बल्कि सामाजिक कल्याण को अधिकतम करने के उद्देश्य से किया जाता है। इसमें सामान्य जनता की मूलभूत आवश्यकता की वस्तुओं के उत्पादन तथा वितरण को लोगों के जीवन-स्तर को ऊँचा उठाने में प्रयत्न किया जाता है। इस प्रकार से समाजवादी अर्थव्यवस्था में सामाजिक आवश्यकता की पूर्ति करना ही उत्पादन के लिए मार्गदर्शक सिद्धान्त होता है।

3. आर्थिक नियोजन—समाजवादी अर्थव्यवस्था 'एक नियोजित अर्थव्यवस्था' होती है। इसमें 'केन्द्रीय नियोजन' का महत्त्वपूर्ण स्थान होता है। समाजवादी अर्थव्यवस्था में क्या उत्पादन किया जाये? कैसे उत्पादन किया जाये? किस प्रकार वस्तुओं का वितरण किया जाये? ये सभी निर्णय केन्द्रीय योजना तंत्र द्वारा लिये जाते हैं।

4. आर्थिक समानता — समाजवादी अर्थव्यवस्था में उत्पादन के साधनों पर राज्य का सामूहिक नियन्त्रण होता है। इन साधनों का प्रयोग अधिकतम सामाजिक कल्याण के लिए, किया जाता है। अत: इसमें आर्थिक समानता पाई जाती है। यद्यपि समाजवादी अर्थव्यवस्था का उद्देश्यपूर्ण समानता प्राप्त करना नहीं होता। किन्तु इसका उद्देश्य आय की असमानता को यथासम्भव कम करना होता है।

5. शोषण का निराकरण —समाजवाद में शोषण के लिए कोई स्थान नहीं होता है। इसमें प्रत्येक व्यक्ति को उसकी योग्यता एवं आवश्यकता के अनुसार वस्तुओं का वितरण किया जाता है। समाजवादी अर्थव्यवस्था में श्रमिकों की मजदूरी दो आधारों पर निश्चित की जाती है—

(अ) श्रमिक द्वारा उत्पादित की गयी वस्तु की मात्रा।

(ब) श्रमिक द्वारा किए गये कायै के गुण।

अत: अधिक योग्य एवं कुशल श्रमिक को अधिक मजदूरी मिलती है। समाजवादी अर्थव्यवस्था में अधिक से अधिक आर्थिक समानता बनाये रखने का प्रयास किया जाता है।

6. समाजवादी अर्थव्यवस्था में वर्ग नहीं बल्कि सामान्य श्रेणियाँ होती है—समाजवादी अर्थव्यवस्था में समाज दो वर्गों जैसे—पूँजीपति एवं श्रमिक वर्ग में बँटा हुआ नहीं होता है। यहाँ केवल एक ही वर्ग-श्रमिक वर्ग होता है। राज्य की स्थिति नियोक्ता की होती है। उदाहरण के लिए सोवियत रूस में अकुशल श्रमिक, कुशल श्रमिक, प्रबन्धक, शिक्षक एवं इंजीनियरों की अलग-अलग श्रेणियाँ होती हैं।

7. अनुपार्जित आय का अन्त —समाजवादी अर्थव्यवस्था में प्रत्येक व्यक्ति को काम करना पड़ता है। प्रत्येक व्यक्ति अपनी योग्यता के अनुसार कार्य करता है और उन्हें मजदूरी का भुगतान किया जाता है। जो व्यक्ति काम नहीं करना चाहते और बेरोजगार रहना चाहते हैं, उन्हें कोई महत्त्व नहीं दिया जाता है। हर व्यक्ति यहाँ अपनी मेहनत की रोटी खाता है। अत: अनुपार्जित आय पर निर्भर रहने वाले परजीवी व्यक्ति यहाँ नहीं पाये जाते हैं।

8. प्रतियोगिता की कमी —चूँकि समाजवादी अर्थव्यवस्था में पूँजीपति एवं श्रमिकों के रूप में वर्ग-भेद नहीं होता है। अत: प्रतियोगिता भी समाप्त हो जाती है। उत्पादन के साधनों पर राज्य का नियन्त्रण होता है और राज्य ही यह निर्णय लेता है कि क्या उत्पादन किया जाये? कैसे उत्पादन किया जाये? वस्तु का वितरण किस प्रकार किया जाये? अत: समाजवादी अर्थव्यवस्था में कोई प्रतियोगिता नहीं होती है। प्रतियोगिता के अभाव में वस्तुओं के विज्ञापन, प्रचार-प्रसार पर किया जाने वाले साधनों का अपव्यय नहीं होता है।

9. बेरोजगारी की समस्या का समाधान —पूँजीवाद के समान समाजवादी अर्थव्यवस्था में बेरोजगारी की कोई समस्या नहीं होती है। सरकार द्वारा प्रत्येक व्यक्ति को

उसकी योग्यतानुसार रोजगार उपलब्ध कराया जाता है। अपंग, वृद्ध एवं बीमार व्यक्तियों के भरण-पोषण का दायित्व सरकार स्वयं वहन करती है।

10. सरकार द्वारा उत्पादन एवं वितरण —समाजवादी अर्थव्यवस्था में किस वस्तु का, कितनी मात्रा में, कहाँ उत्पादन करना है, इसका निर्णय सरकार करती है। यही नहीं उत्पादित वस्तुओं एवं सेवाओं का किस क्षेत्र में कितना वितरण होगा, इसका निर्धारण भी सरकार करती है।

समाजवाद के गुण

समाजवादी अर्थव्यवस्था के प्रमुख गुण निम्नलिखित हैं—

1. साधनों का पूर्ण उपयोग—समाजवादी आर्थिक प्रणाली में सभी साधनों पर सरकारी नियन्त्रण होता है तथा उसके उपयोग का निर्धारण केन्द्रीय सत्ता के द्वारा होता है। अत: इनके दुरुपयोग की रोक-थाम की जा सकती है और उनका पूर्ण उपयोग सम्भव होता है। सभी साधनों का उपयोग केन्द्रीय नियोजन के माध्यम से विभिन्न क्षेत्रों की आवश्यकताओं की गहनता के आधार पर किया जाता है।

2. व्यापार-चक्रों एवं आर्थिक अस्थिरता का निराकरण —पूँजीवादी अर्थ-व्यवस्था के मुख्य दोष आर्थिक अस्थिरता को समाजवादी अर्थव्यवस्थाओं में दूर कर दिया जाता है। इस प्रणाली में उत्पादन एवं विनियोग की क्रियाओं में समन्वय होने से अति-उत्पादन या न्यून उत्पादन की स्थिति उत्पन्न नहीं होती है।

3. बेकारी में कमी —समाजवादी आर्थिक प्रणाली में मानवीय साधनों के उपयोग को सर्वोच्च प्राथमिकता दी जाती है। सरकार आर्थिक नियोजन को अपनाकर ऐसी तकनीक का प्रयोग करती है जिसके द्वारा अधिकाधिक रोजगार की व्यवस्था पाई जाती है क्योंकि वहाँ सभी कार्य कीमत प्रणाली द्वारा सम्पन्न होते हैं जबकि समाजवादी प्रणाली में सरकारी नियन्त्रण होने से बेकारी की समस्या उत्पन्न हो जाती है अथवा न्यूनतम पाई जाती है।

4. आर्थिक विषमता की कमी —समाजवादी आर्थिक प्रणाली में आय, धन एवं सम्पत्ति से सम्बन्धित विषमताएँ कम हो जाती है क्योंकि सरकार साधनों का आवंटन निजी लाभ के उद्देश्य से न करके अधिकतम सामाजिक लाभ के उद्देश्य से करती है तथा सभी को समान अवसर प्राप्त होते हैं। इस प्रणाली में निजी सम्पत्ति की संस्था समाप्त हो जाती है फलस्वरूप अनार्जित आय का कोई महत्त्व नहीं होता है। जहाँ पूँजीवादी प्रणाली में राष्ट्रीय आय का बहुत बड़ा भाग लगान और ब्याज के रूप में होता है जबकि समाजवाद में इनका हिस्सा बहुत कम होता है और यही कारण है कि प्रणाली में आर्थिक विषमताएँ पाई जाती है।

5. वर्ग संघर्ष एवं आर्थिक शोषण का अन्त —समाजवादी प्रणाली में श्रम का महत्त्व अधिक होता है तथा श्रमिक सेवायोजक भी होते हैं तथा उत्पादन के साधनों पर सामाजिक स्वामित्व होने से वर्ग संघर्ष एवं आर्थिक शोषण समाप्त हो जाता है। इस प्रणाली में पूँजीवादी प्रणाली के दो वर्ग पूँजीवादी एवं श्रमिक समाप्त हो जाते हैं तथा सभी को समान अवसर उपलब्ध होते हैं।

6. आर्थिक स्वतन्त्रता —उदार समाजवादी अर्थव्यवस्था में लोगों को आवश्यक आर्थिक स्वतन्त्रता देना सम्भव होता है। यद्यपि यह कहा जाता है कि पूँजीवाद में व्यक्तियों को स्वतन्त्रता प्राप्त होती है। परन्तु वास्तविकता यह है कि इसमें पूँजीपतियों का हस्तक्षेप प्रत्येक क्षेत्र में होता है तथा गरीबों का आर्थिक शोषण होता है। जबकि समाजवादी अर्थव्यवस्था में सभी व्यक्तियों के साथ समानता का व्यवहार होता है तथा उन्हें रोजी-रोटी की चिन्ता नहीं होती है।

7. 'लाभ उद्देश्य' के स्थान पर 'सामाजिक कल्याण उद्देश्य'—पूँजीवादी अर्थव्यवस्था में प्रत्येक व्यक्ति को अपनी सम्पत्ति रखने का अधिकार होता है जिसका उपयोग वे निजी लाभ के लिये करते हैं। इससे अमीर और अधिक अमीर तथा गरीब और अधिक गरीब होता जाता है। इसके विपरीत समाजवादी अर्थव्यवस्था में उत्पत्ति के सभी साधनों पर सरकार का स्वामित्व होता है जिनका उपयोग वह सामाजिक लाभ के लिए ही करती है। सरकार आर्थिक क्रियाओं का संचालन लाभ कमाने के उद्देश्य से नहीं बल्कि जनता के कल्याण में वृद्धि करने के उद्देश्य से करती है। सार्वजनिक सेवायें जैसे—शिक्षा, स्वास्थ्य आदि तो जनता को निःशूल्क प्रदान की जाती है। सामाजिक सुरक्षा, पेंशन, निराश्रितों को सहायता आदि योजनाओं के माध्यम से सरकार सामाजिक कल्याण में वृद्धि करती है।

8. सामाजिक परजीविता का अन्त — समाजवादी अर्थव्यवस्था में कोई भी व्यक्ति दूसरे व्यक्ति द्वारा कमायी गई आय पर आश्रित नहीं रह सकता है। प्रत्येक व्यक्ति को अपनी आवश्यकताओं को पूरा करने के लिये स्वयं कार्य करना पड़ता है। बगैर मेहनत लिये कोई भी व्यक्ति सम्पत्ति अर्जित नहीं कर सकता है क्योंकि समाजवादी अर्थव्यवस्था में उत्तराधिकार के नियम लागू नहीं होते हैं।

9. सन्तुष्टि की मात्रा में वृद्धि —समाजवादी अर्थव्यवस्था में उपभोक्ताओं को मिलने वाली सन्तुष्टि की मात्रा पूँजीवाद की तुलना में अधिक होती है। इसका कारण यह है कि समाजवादी अर्थव्यवस्था का उद्देश्य लाभ कमाना नहीं होता है। अतः लोगों की आवश्यकताओं की वस्तुओं के उत्पादन तथा उसके न्यायपूर्ण वितरण पर अधिक ध्यान दिया जाता है।

10. सामाजिक सुरक्षा —समाजवादी अर्थव्यवस्था में लोगों को अधिक सामाजिक सुरक्षा की सुविधाएँ प्राप्त होती हैं। बुढ़ापे में पेंशन, बेरोजगारों के लिए भत्ता, बीमार लोगों के लिए चिकित्सा सुविधा, योग्य बच्चों के लिए उच्च शिक्षा की व्यवस्था आदि सरकार स्वयं करती है। लोग अपने को पूँजीवाद की अपेक्षा इस व्यवस्था में अधिक सुरक्षित अनुभव करते हैं।

समाजवाद के दोष

समाजवाद के प्रमुख दोष निम्न हैं—

1. कुशलता एवं उत्पादकता की कमी —समाजवादी अर्थव्यवस्था में उद्योगों के प्रबन्ध का कार्य सरकारी अधिकारी करते हैं। चूँकि इन सरकारी अधिकारियों की नौकरी सुरक्षित रहती है, इनकी तरक्की एक निश्चित अवधि के बाद होती है तथा इनमें जोखिम उठाने की प्रेरणा का अभाव होता है। अतः सरकारी अधिकारियों की कुशलता एवं

प्रबन्धकीय योग्यता अपेक्षाकृत कम होती है। इसके अतिरिक्त, सरकारी अधिकारियों के बीच भाई-भतीजावाद, लालफीताशाही, भ्रष्टाचार का बोलबोला होता है। अतः समाजवादी अर्थव्यवस्था में उत्पादन कुशलता की कमी होती है। इसी प्रकार से श्रमिकों को राज्य के द्वारा उनकी आवश्यकता के अनुसार वस्तुएँ दी जाती हैं। उन्हें एक निश्चित मजदूरी मिलती है। अतः उनमें अधिक परिश्रम कर अधिक मजदूरी प्राप्त करने की प्रेरणा का अभाव होता है। इसलिए श्रमिकों की कार्यकुशलता एवं उत्पादकता अपेक्षाकृत कम होती है। इस प्रकार, समाजवादी अर्थव्यवस्था में प्रबन्धक तथा श्रमिक दोनों का कार्यकुशलता कम होने के कारण उत्पादन पर बुरा प्रभाव पड़ता है।

2. प्रशासन में जटिलता —समाजवादी अर्थव्यवस्था में योजना आयोग के कुछ अधिकारियों को ही वस्तु के उत्पादन, उसकी मात्रा, किस्म, उत्पादन पद्धति तथा वितरण व्यवस्था के सम्बन्ध में निर्णय लेना पड़ता है। अतः सभी निर्णय केन्द्रीय सत्ता एवं नियोजन अधिकारी के द्वारा लिये जाने के कारण प्रशासन सम्बन्धी जटिलता बढ़ जाती है।

3. उपभोक्ता की सम्प्रभुता समाप्त — पूँजीवादी अर्थव्यवस्था में उपभोक्ता सम्राट होता है। उपभोक्ता की रुचि, पसंदगी एवं माँग के अनुसार उत्पादकगण वस्तुओं का उत्पादन करते हैं। किन्तु समाजवादी अर्थव्यवस्था में उपभोक्ता की यह सम्प्रभुता समाप्त हो जाती है। इसके अन्तर्गत उपभोक्ता को वही वस्तुएँ उपभोग करनी होगी जो राज्य प्रदान करेगा। उपभोक्ता को उतनी ही मात्रा में वस्तु का उपभोग करना होगा जो राज्य प्रदान करेगा। उपभोक्ता को उतनी ही मात्रा में वस्तु का उपभोग करना होगा जितना राज्य उसे प्रदान करेगा। इस प्रकार उपभोक्ता की स्वतंत्रता एवं सम्प्रभुता दोनों समाप्त हो जाती है।

4. व्यक्तिगत स्वतंत्रता का लोप — समाजवादी अर्थव्यवस्था में व्यक्तिगत स्वतंत्रता समाप्त हो जाती है। सम्पूर्ण अर्थव्यवस्था में राज्य का नियत्रण होता है। उसी के निर्देशानुसार साधनों का उपयोग किया जाता है। इसके अन्तर्गत लोगों को अपना व्यवसाय चुनने की स्वतत्रता नहीं होती। लोगों को वही कार्य करना पड़ता है जो राज्य उसे आदेश दे। राज्य के द्वारा जो मजदूरी दी जाती है उसे स्वीकार करना पड़ता है। एक प्रतिनिधित्व थोड़े से व्यक्ति करते हैं जो तानाशाही व्यवहार करते हैं। ट्राटस्की ने लिखा है—''एक देश में जहाँ राज्य ही एक मात्र मालिक है, विरोध करने का अर्थ है—भूखों मरना। यह एक प्राचीन सिद्धान्त है कि जो काम नहीं करेगा उसे भूखा रहना होगा, किन्तु इसके स्थान पर यहाँ नया सिद्धान्त होता है तो आज्ञा का पालन नहीं करेगा, उसे भोजन नहीं मिलेगा।''

5. उत्पादन कार्य में प्रेरणा एवं प्रोत्साहन का अभाव —पूँजीवादी अर्थव्यवस्था में निजी सम्पत्ति, निजी लाभ के कारण उत्पादकों को नये-नये आविष्कारों एवं नयी नयी उत्पादन विधियों को अपनाने की प्रेरणा मिलती है। किन्तु समाजवादी अर्थव्यवस्था में इनका अभाव होने के कारण उत्पादन बढ़ाने की प्रेरणा का अभाव होता है। इसके अतिरिक्त, समाजवादी व्यवस्था में प्रेत्येक श्रमिक अपने को एक सरकारी कर्मचारी समझता है, अतः उसे अधिक कार्य करने की प्रेरणा नहीं मिल पाती है।

6. शक्ति का केन्द्रीयकरण —समाजवादी अर्थव्यवस्था में शक्ति का केन्द्रीयकरण उचित नहीं होता। डॉ. कुमारप्पा का कहना है ''जिस प्रकार से पूँजीवाद व्यक्तियों की सम्पत्ति

को छीनकर पूँजीपति के हाथों में संचित कर देता है, ठीक उसी प्रकार समाजवाद व्यक्तियों की शक्ति को छीनकर राज्य के हाथों में केन्द्रीत कर देता है। शक्ति का यह केन्द्रीयकरण धन के केन्द्रीयकरण की तुलना में कही अधिक खतरनाक होता है क्योंकि जो व्यक्ति शक्तिशालो होता है वह शक्ति के नशे में इसका प्रयोग अपने विरोधियों को कुचलने के लिए करता है।'' डॉ. कुमारप्पा का दृष्टिकोण सही है।

7. भ्रष्टाचार को प्रोत्साहन —समाजवाद के विरुद्ध यह आरोप भी लगाया जाता है कि वह समाज में भ्रष्टाचार को प्रोत्साहित करता है। समाजवादी अर्थव्यवस्था पूरी तरह से सरकारी कर्मचारियों के हाथों में होती है और वे इस अधिकार का दुरुपयोग कर सकते हैं। देश के आर्थिक जीवन पर सरकारी नियन्त्रण होने से भ्रष्टाचार के सुअवसर बहुत अधिक बढ जाते हैं। इसके विपरीत समाजवाद के समर्थकों का दावा है कि निजी सम्पत्ति तथा उत्तराधिकार पर सरकार के द्वारा नियन्त्रण किये जाने से भ्रष्टाचार के अवसर कम होते हैं। उनका कहना है कि बड़े आकार के निजी व्यवसायों में सरकारी व्यवसायों की अपेक्षा अधिक भ्रष्टाचार होता है और उन्हें समाप्त करके समाज में भ्रष्टाचार की मात्रा को कम किया जा सकता है।

8. निर्णयों में देरी —समाजवाद का एक दोष यह भी है कि इसमें शीघ्र ही सन्तुलित निर्णय नहीं लिये जा सकते हैं। न केवल निर्णय देर से लिये जाते हैं वरन् वे मनमाने एवं ऊपर से थोपे हुए होते हैं। इसका कारण यह है कि अर्थव्यवस्था का संचालन नौकरशाही द्वारा होता है। वितरण तथा उत्पादन के क्षेत्र में शीघ्र निर्णय लेना आवश्यक होता है, किन्तु समाजवाद में यह सम्भव नहीं हो पाता।

उपसंहार —समाजवाद के उपरोक्त गुण-दोषों के आधार पर यह कहा जा सकता है कि पूँजोवादी व्यवस्था की तुलना में समाजवाद श्रेष्ठ है। पूँजीवादी व्यवस्था में जहाँ शोषण व्यक्तिगत लाभ, निजी सम्पत्ति, उत्तराधिकारी आय एवं धन की व्यापक असमानता होती है वहीं दूसरी ओर समाजवादी व्यवस्था में सभी रोजगार एवं आर्थिक सुरक्षा प्रदान की जाती है। इसलिए विश्व के अधिकांश देशों का झुकाव समाजवादी व्यवस्था की ओर बढ़ा है।

भारत में समाजवाद की उपयोगिता

भारत एक प्रजातांत्रिक राष्ट्र है। यहाँ की कल्याणकारी सरकार का मुख्य उद्देश्य अधिकांश जनता का अधिक से अधिक कल्याण करना है। इस उद्देश्य की प्राप्ति के लिए पं. नेहरु ने 'समाजवादी समाज' की स्थापना का संकल्प लिया था। पं. नेहरु के पश्चात् भी आर्थिक नीतियों एवं योजनाओं में इसके समाजवादी स्वरूप को बरकरार रखा गया है। वास्तव में भारतवर्ष के लिये समाजवाद का लोकतांत्रिक रूप ही सबसे अधिक उपयुक्त है। लोकतांत्रिक समाजवाद की भारतीय अर्थव्यवस्था में उपयोगिता को निम्नलिखित आधारों पर स्पष्ट किया जा सकता है—

1. बेरोजगारी का अन्त—बेरोजगारी पूँजीवादी अर्थव्यवस्था की एक आवश्यक विशेषता है जबकि समाजवाद में बेरोजगारी बिल्कुल नहीं पायी जाती है। भारतवर्ष में तेजी से बढ़ती जनसंख्या ने बेरोजगारी की समस्या को जन्म दिया है और नासूर की तरह धीरे-धीरे भयंकर रूप धारण करती जा रही है। यदि भारतीय अर्थव्यवस्था से बेरोजगारी की समस्या

को समाप्त करना है तो समाजवाद को ही अपनाना होगा क्योंकि इसके अन्तर्गत प्रत्येक व्यक्ति को उसकी योग्यतानुसार रोजगार प्रदान करने की गारंटी सरकार द्वारा प्रदान की जाती है।

2. आर्थिक असमानता — पूँजीवाद में आर्थिक असमानताएँ पायी जाती हैं तथा पूँजीवाद के विकास के साथ-साथ बढ़ती जाती है। परन्तु समाजवाद में आर्थिक समानता को प्राप्त करना प्रमुख उद्देश्य होता है। भारतवर्ष में आय के वितरण की विषमतायें बहुत अधिक हैं तथा अमीरों एवं गरीबों के बीच की खाई निरन्तर बढ़ती जा रही है। यदि हम अमीर और गरीब के बीच की इस खाई को पाटना चाहते हैं तो हमे समाजवाद का रास्ता ही चुनना होगा। समाजवादी आर्थिक सिद्धान्तों द्वारा ही आर्थिक विषमताओं से उत्पन्न आर्थिक समस्याओं जैसे आर्थिक शोषण, वर्ग-संघर्ष आदि से निजात पाया जा सकता है।

3. सामाजिक कल्याण - पूँजीवाद में निजी लाभ को सर्वोपरि माना जाता है, जबकि समाजवाद में सामाजिक कल्याण के लक्ष्य को प्राप्त करना एक मात्र उद्देश्य होता है। भारत एक पिछड़ा हुआ एवं गरीब राष्ट्र है। यहाँ पर अधिकांश व्यक्तियों की आर्थिक स्थिति दयनीय है। कहीं-कहीं तो व्यक्ति को जीवन की आधारभूत सुविधायें —जैसे रोटी, कपड़ा और मकान भी नसीब नहीं होते हैं। पूँजीवाद में ऐसे व्यक्तियों के कल्याण की कल्पना करना भी व्यर्थ है परन्तु समाजवाद इनके दुःखों को महसूस करके यथासम्भव उन्हें दूर करने का प्रयास करती है। समाजवाद में जीवन की आधारभूत सुविधाओं जैसे शिक्षा, चिकित्सा, यातायात आदि की सुविधाएँ सरकार द्वारा मुहैया करवायी जाती है जिससे जनता के कल्याण में वृद्धि होती है।

4. अधिक उत्पादन —समाजवाद में उत्पादन के साधनों पर सरकार का अधिकार होता है। अतः इसके अन्तर्गत उत्पादन की मात्रा अधिक होती है। इसका कारण यह है कि इसमें प्रतियोगिता सम्बन्धी अपव्यय नहीं होते तथा सामाजिक लाभ को अधिकतम रखते हुए केन्द्रीय योग्यतानुसार उत्पादन किया जाता है। अतः समाजवादी अर्थव्यवस्था में पूँजीवाद की अपेक्षा साधनों की मितव्ययिता के साथ-साथ उत्पादन अधिक होता है। इस आधार पर यह कहा जा सकता है कि भारतवर्ष में उपलब्ध साधनों का मितव्ययितापूर्ण एवं कुशलतम उपयोग द्वारा अधिकतम उत्पादन प्राप्त करना है तो समाजवाद को अपनाना उपयोगी होगा।

5. आर्थिक विकास —भारत आर्थिक विकास के दृष्टिकोण से एक पिछड़ा राष्ट्र है। यहाँ पर आर्थिक विकास के लिए आधारभूत सुविधाओं का अभाव है। आर्थिक विकास के लिये सबसे प्रमुख आवश्यकता अधोसंरचना की होती है। अधोसंरचना में यातायात एवं सन्देशवाहन के साधन, विद्युत, पानी आदि को शामिल किया जाता है। निजी पूँजीपतियों की इनमें विनियोग की कोई रुचि नहीं होती है, क्योंकि इसमें विनियोग बड़ी मात्रा में करना पड़ता है, जबकि इनके लाभ दीर्घकाल में मिलते हैं। समाजवाद में इन आधारभूत सुविधाओं का विस्तार सरकार द्वारा किया जाता है तथा आधारभूत एवं भारी उद्योग जैसे लोहा एवं इस्पात उद्योग, इंजीनियरिंग उद्योगों की स्थापना भी स्वयं सरकार द्वारा ही की जाती है जिससे देश के आर्थिक विकास को गति मिलती है। अतः देश के आर्थिक विकास को गति प्रदान करने के उद्देश्य से भारत में समाजवाद को अपनाना उपयोगी होगा।

6. सन्तुलित विकास —पूँजीवाद के अन्तर्गत अर्थव्यवस्था का अनियोजित एवं असन्तुलित विकास होगा। जबकि समाजवाद के अन्तर्गत योजनाओं के माध्यम से सभी क्षेत्रों के विकास को पूरा-पूरा महत्त्व दिया जाता है। भारतवर्ष में अनेक प्रान्त है। यदि उनमें भेदभावपूर्ण व्यवहार किया जाये तो राष्ट्र के विघटन की समस्या उत्पन्न हो सकती है। समाजवाद में सभी क्षेत्रों के साथ समान व्यवहार द्वारा सन्तुलित क्षेत्रीय विकास की धारणा को अपनाया जाता है जो कि भारतवर्ष जैसे राष्ट्र के लिये अत्यन्त उपयोगी है।

7. प्राकृतिक साधनों का कुशलतम उपयोग —यह कहा जाता है कि भारत एक अमीर राष्ट्र है जहाँ निर्धन निवास करते हैं। इसका तात्पर्य यह है कि भारतवर्ष में प्राकृतिक साधन प्रचुर मात्रा में हैं परन्तु उनका समुचित उपयोग नहीं होने के कारण यहाँ की जनता गरीब है। यदि अप्रयुक्त प्राकृतिक साधनों का उपयोग करने के लिये देश में पूँजीवाद को अपनाया जाता है तो निजी पूँजीपति इन साधनों का उपयोग निजी लाभ के लिये करेंगें। पूँजीवाद में प्रतियोगिता के कारण इन साधनों का अपव्यय भी अधिक होगा। अत: प्राकृतिक साधनों के कुशलतम उपयोग के लिए भारतवर्ष में पूँजीवादी प्रणाली उपयुक्त नहीं है। इसके विपरीत समाजवादी आर्थिक प्रणाली में देश के प्राकृतिक साधनों का उपयोग योजनाओं के माध्यम से बहुत सोच-समझकर किया जाता है जिससे साधनों का अपव्यय बिल्कुल नहीं होता है। अत: प्राकृतिक साधनों के कुशलतम उपयोग के लिये भारतवर्ष में समाजवाद को अपनाना उपयोगी हैं।

निष्कर्ष

निष्कर्ष के रूप में यह कहा जा सकता है कि भारतवर्ष में वर्गविहीन एवं सन्तुलित आर्थिक विकास के लिये समाजवाद को अपनाना उपयोगी होगा। परन्तु विशुद्ध समाजवाद को अपनाना भी भारतवर्ष में सम्भव नहीं हैं इसलिये यहाँ मिश्रित आर्थिक प्रणाली को अपनाया गया है जिसमें समाजवाद एवं पूँजीवाद दोनों के दोषों को दूर करके दोनों के लाभों को प्राप्त करने का प्रयास किया जा रहा है। यदि हमें गांधी के रामराज्य विनोबा के सर्वोदय एवं पं. नेहरु के समाजवादी समाज की कल्पना को साकार रूप प्रदान करना है तो भारतीय अर्थव्यवस्था में समाजवादी सिद्धान्तों को महत्त्व देना ही होगा। चाहे हमने मिश्रित आर्थिक प्रणाली को अपनाया है परन्तु फिर भी हमारा झुकाव समाजवाद की ओर ही अधिक है और उचित भी है।

समाजवाद के रूप

समाजवाद के अनेक रूप हैं। मुख्य रूप में समाजवाद को दो भागों में बाँटा जा सकता है—

(1) विकासवादी समाजवाद, तथा

(2) क्रान्तिकारी समाजवाद। इन दोनों का उद्देश्य लगभग एक समान ही है, परन्तु उन्हें प्राप्त करने की रीतियों में अन्तर रहता है।

दोनों में अन्तर इस प्रकार है—प्रथम, विकासवादी समाजवाद का उद्देश्य धीरे-धीरे तथा शान्तिपूर्ण और वैधानिक रीतियों से समाजवाद की स्थापना करना होता है, जबकि

क्रान्तिकारी समाजवाद में समाजवाद की स्थापना के लिए हिंसक तथा क्रान्तिकारी रीतियों का प्रयोग किया जाता है। दूसरे, विकासवादी समाजवाद राज्य को समाप्त नहीं करना चाहता वरन् उसे अधिक सम्पन्न बनाना चाहता है, ताकि समाज के हितों को भली प्रकार से सुरक्षित रखा जा सके, इसके विपरीत, क्रान्तिकारी समाजवाद राज्य को भी शोषण का एक साधन मानता है और इसलिए राज्य को समाप्त करना चाहता है।

रूस, चीन इत्यादि साम्यवादी देशों का समाजवाद क्रान्तिकारी समाजवाद है जबकि ब्रिटेन की लेबर पार्टी का समाजवाद विकासवादी समाजवाद है। इन दोनों प्रकार के समाजवाद के रूपान्तर ही व्यवहार में प्रचलित हैं।

समाजवाद के मुख्य रूप निम्न हैं—

1. मार्क्सवादी समाजवाद या वैज्ञानिक समाजवाद —कार्ल मार्क्स द्वारा प्रतिपादित समाजवाद को मार्क्सवादी समाजवाद या केवल मार्क्सवाद कहा जाता है। मार्क्स के पूर्व भी कुछ विद्वानों द्वारा समाजवाद के सम्बन्ध में विचार व्यक्त किये गये थे, परन्तु मार्क्स ने ही सर्वप्रथम 1867 में अपनी विख्यात पुस्तक दास केपिटल में समाजवाद के सिद्धान्त को एक वैज्ञानिक आधार प्रदान करने का प्रयत्न किया। इसलिए मार्क्सवादी समाजवाद को वैज्ञानिक समाजवाद भी कहा जाता है। इसके प्रतिपादन तथा विकास में मार्क्स ने ऐंजिल्स का भी सहयोग लिया था। मार्क्स तथा ऐंजिल्स के पश्चात् रूस में लेनिन तथा स्तालिन ने भी इसके विकास में महत्त्वपूर्ण योगदान दिया।

मार्क्सवादी समाजवाद के दो मुख्य अंग हैं—

(1) मूल्य का श्रम सिद्धान्त या अतिरेक मूल्य का सिद्धान्त, तथा

(2) इतिहास की भौतिक व्याख्या।

मार्क्स का मूल्य का श्रम सिद्धान्त बताता है कि किसी वस्तु का उत्पादन श्रमिकों द्वारा किया जाता है, परन्तु उत्पादित वस्तू के मूल्य की अपेक्षा श्रमिकों को मजदूरी के रूप में बहुत कम मिलता है। इस प्रकार वस्तु की लागत पर सारा आधिक्य या अतिरेक पूँजीपतियों के पास रह जाता है।

मार्क्स के अनुसार यह मूल्य अतिरेक श्रमिकों को मिलना चाहिए क्योंकि यह श्रमिकों द्वारा ही उत्पन्न किया जाता है, परन्तु इस समस्त अतिरेक को पूँजीपति हड़प जाते हैं और इस प्रकार वे श्रमिकों का शोषण करते हैं, इसलिए मार्क्स ने पूँजीपति हड़प जाते हैं और इस प्रकार वे श्रमिकों का शोषण करते हैं, इसलिए मार्क्स ने पूँजीपतियों द्वारा अर्जित लाभ को लूट तथा शोषण कहा। मार्क्स ने बताया कि पूँजीपति मूल्य-अतिरेक को अपने पास रखने में निजी सम्पत्ति की संस्था के कारण सफ़ल होता है।

अतः मार्क्स के अनुसार, निजी सम्पत्ति एक प्रकार की चोरी है और उसको बिल्कुल समाप्त कर देना चाहिए। दूसरे शब्दों में, उत्पत्ति तथा उपभोग के साधनों पर समाज या सरकार का स्वामित्व तथा नियन्त्रण होना चाहिए। यही मार्क्स के समाजवाद का वैज्ञानिक आधार है।

मार्क्स का दूसरा सिद्धान्त इतिहास की भौतिक धारणा या व्याख्या यह बताता है कि सभी ऐतिहासिक घटनाओं के पीछे आर्थिक तत्त्व होते हैं। प्रत्येक देश में धनवान व्यक्ति निर्धन व्यक्तियों का शोषण करते हैं और इस प्रकार वर्ग-संघर्ष निरन्तर चलता रहता है। संसार के सभी देशों में झगड़े, युद्ध तथा राजनीतिक आन्दोलन आर्थिक कारणों के परिणामस्वरूप उत्पन्न होते हैं, किसी देश का राजनैतिक संगठन भी आर्थिक संगठन पर आधारित होता है। संक्षेप में, किसी देश के इतिहास का लेखा उसके आर्थिक तत्वों तथा आर्थिक संघर्षों का ही लेखा है।

इस प्रकार मार्क्स ने इतिहास की भौतिक व्याख्या की। इस सम्बन्ध में मार्क्स ने और आगे बताया कि पूँजीवाद अपने अन्दर ही अपने विनाश के बीज रखता है। कालान्तर में पूँजीपति अधिक धनी होते जायेंगे परन्तु उनकी संख्या कम होती जायेगी क्योंकि जिस प्रकार बड़ी मछली छोटी मछली को हड़प जाती है उसी प्रकार बड़े पंजीपति छोटे पूँजीपति को हड़प जायेंगे। वर्ग-संघर्ष इतना बढ़ जायेगा कि श्रमिको की अधिक संख्या पूँजीपतियों की थोड़ी संख्या को समाप्त कर देगी। इस प्रकार पूँजीवाद के अन्दर अपने विनाश के बीज रहते हैं। पूँजीपतियों तथा पूँजीवाद के समाप्त हो जाने पर वर्गविहीन समाज का जन्म होगा और पूर्ण समाजवाद की स्थापना की जायेगी।

मार्क्स का मूल्य का श्रम सिद्धान्त तर्कसंगत नहीं बताया जाता है। मार्क्स की इतिहास की भौतिक व्याख्या से बहुत से अर्थशास्त्री सहमत नहीं है, यद्यपि वे इस बात को मानते हैं कि देश के इतिहास में आर्थिक तत्त्व महत्त्वपूर्ण होते हैं। मार्क्स की यह भविष्यवाणी कि पूँजीवाद समाप्त हो जायेगा, गलत निकली। पूँजीवाद में पर्याप्त संशोधन हो चुके हैं और संशोधित रूप में वह आज भी कार्य कर रहा है तथा भविष्य में भी उसके समाप्त होने की सम्भावना प्रतीत नहीं होती।

2. सामूहिकवाद या राजकीय समाजवाद —राजकीय समाजवाद में समस्त उत्पत्ति के साधनों पर राज्य का अधिकार होता है और यह संसदीय लोकतन्त्र में विश्वास रखता है। राज्य ही समस्त वस्तुओं अर्थात् धन का उत्पादन करता है और न्यायसंगत वितरण करता है। निजी उपक्रम का अन्त हो जाता है। सब उत्पादन राजकीय कर्मचारियों द्वारा संचालित होता है तथा सारा लाभ राज्य को प्राप्त होता है जिसे जनता के हित में प्रयुक्त किया जाता है। वास्तव में, इसके अन्तर्गत व्यक्तिगत पूँजीपति का स्थान राज्य ग्रहण कर लेता है, इसलिए इसे कभी-कभी राजकीय पूँजीवाद भी कहते हैं। मार्क्सवादी समाजवाद तथा राजकीय समाजवाद में मुख्य अन्तर यह हे कि मार्क्सवाद हिंसक क्रान्ति द्वारा समाजवाद की स्थापना करना चाहता है जबकि राज्य समाजवाद शान्तिपूर्ण तथा संसदीय रीतियों द्वारा।

3. फासिज्म —राजकीय समाजवाद का एक भय यह है कि राज्य सर्वशक्तिमान हो सकता है। राजकीय समाजवाद बिगड़कर राष्ट्रीय समाजवाद का रूप धारण कर सकता है। जर्मनी में हिटलर का नाजीवाद तथा इटली में मुसोलिनी का फासिज्म राष्ट्रीय समाजवाद के ही रूपान्तर हैं। नाजीवाद तथा फासिज्म के दार्शनिक सिद्धान्त तथा कार्यक्रम लगभग एक समान ही होते हैं।

फासिज्म का राजनीतिक दर्शन —यह लोकतन्त्र के विरूद्ध है। फासिस्टों के अनुसार, लोकतन्त्र दोलायमान होता है, उसमें एकता की कमी होती है तथा यह निर्णय लेने में असमर्थ रहता है। अत: फासिज्म राज्य को सर्व-शक्तिमान बनाना चाहता है। इसके अन्तर्गत राज्य को व्यक्तियों का योग नहीं समझा जाता वरन् राज्य व्यक्ति से बहुत ऊँचा माना जाता है। राज्य से बड़ी कोई शक्ति नहीं मानी जाती और इसलिए आर्थिक, धार्मिक, शिक्षा, विज्ञान, कला, इत्यादि प्रत्येक क्षेत्र में राज्य का तीव्र तथा शक्तिशाली हस्तक्षेप होता है। व्यक्तिगत स्वतन्त्रता का लोप हो जाता है।

आर्थिक क्षेत्र में यद्यपि फासिज्म निजी सम्पत्ति की संस्था को बनाये रखता है। परन्तु सम्पत्ति के प्रयोग पर राज्य का पूर्ण नियन्त्रण होता है। निजी व्यवसाय केवल राज्य की इच्छानुसार चलाया जाता है और इस प्रकार निजी व्यवसाय की स्वतंत्रता नाममात्र को रह जाती है। यही बात श्रम-संघों तथा अन्य सामाजिक संस्थाओं के सम्बन्ध में लागू होती है।

फासिज्म राज्य तथा राष्ट्र की शक्ति को बढाना चाहता है, इसलिए वह आक्रामक सामरिक नीति का पालन करता हैं। इसके लिए उपभोग वस्तुओं के उत्पादन की उपेक्षा कर समस्त अर्थव्यवस्था को युद्ध सामग्री के उत्पादन में लगाये रखा जाता है। राष्ट्रीय आय का बहुत बड़ा भाग सेना पर तथा युद्ध सम्बन्धी आवश्यकताओं पर व्यय किया जाता हैं। इन सब बातों के परिणामस्वरूप सामान्य जनता का जीवन-स्तर बहुत निम्न रहता है। उपर्युक्त विवरण से स्पष्ट है कि फासिज्म की नीति अत्यन्त संकीर्ण तथा आक्रामक होती है इसलिए जर्मनी तथा इटली को इसके दुष्परिणाम भुगतने पड़े, यह अब समाप्त हो गया है और इसका भविष्य अन्धकारमय हो गया है।

4. शिल्प समाजवाद - इसके अन्तर्गत उत्पादन के साधनों तथा उद्योगों का स्वामित्व तो राज्य के हाथों में रहता है परन्तु इसका प्रबन्ध तथा संचालन श्रमिकों, मैनेजरों तथा तकनीशियनों के संघों के हाथों में रहता है। दूसरे शब्दों में, उद्योगों तथा कारखानों में प्रजातन्त्रीय शासन रहता है। राज्य केवल कारखानों का निरीक्षण करता है। वस्तुओं के मूल्यों को निर्धारित करता है तथा उपभोक्ताओं के हितों को ध्यान में रखता है। वास्तव में, शिल्प-समाजवाद केन्द्रीयकरण तथा नौकरशाही के दोषों को दूर करने के लिए विकेन्द्रित व्यवस्था पर जोर देता है। यह अपने उद्देश्यों की प्राप्ति के लिए शान्तिपूर्ण रीतियों को अपनाता है।

5. श्रमिक संघवाद —इसका जन्म फ्रांस में हुआ था। श्रमिक संघवादियों का विश्वास हैं कि सरकारी अधिकारी अकुशल होते हैं और उनमें नौकरशाही की प्रवृत्ति रहती है। इसलिए इसके अन्तर्गत उद्योगों पर राज्य का स्वामित्व तथा नियन्त्रण नहीं होता, वरन् प्रत्येक कारखाने के श्रमिकों के संघ कारखाने के स्वामी होते हैं और उसका संचालन करते हैं। राजनीतिक सत्ता तथा अपने उद्देश्यों की प्राप्ति के लिए श्रमिक संघवादी हड़तालों तथा हिंसात्मक रीतियों का प्रयोग करते हैं।

6. फेबियन समाजवाद--इसका जन्म इंग्लैण्ड में हुआ। वेब्स, जी.डी.एच.कोल तथा बर्नार्ड शाँ जैसे विद्वान इस विचारधारा के समर्थक हैं। ब्रिटेन, स्वीडन, इत्यादि देशों के श्रमिक दल फेबियन समाजवाद की स्थापना करना चाहते हैं।

फेबियन समाजवाद पूँजीवाद तथा राज्य समाजवाद के बीच समन्वय का प्रयत्न करता है। यह संसदीय, वैधानिक तथा शान्तिपूर्ण रीतियों का प्रयोग करता है। इसके अन्तर्गत

(क) मुख्य तथा आधारभूत उद्योगों का धीरे-धीरे राष्ट्रीयकरण किया जाता है ताकि कालान्तर में राज्य का उत्पत्ति के साधनों पर स्वामित्व हो जाय,

(ख) सामाजिक सुरक्षा तथा वर्तमान करनीति द्वारा धन के वितरण में आर्थिक समानता लायी जाती है, तथा

(अ) नियोजन को अपनाया जाता है ताकि सामान्य जनता के हित के लिए उपयोगी वस्तुओं का उत्पादन किया जा सके।

7. साम्यवाद —साम्यवाद मार्क्सवाद का उन्नत रूप है, वास्तव में यह समाजवाद का उग्र रूप है। साम्यवाद को सर्वसत्तावादी सामूहिकवाद भी कहते हैं। साम्यवाद के अन्तर्गत उत्पादन तथा उपभोग पर सामूहिक नियन्त्रण (अर्थात् राज्य का स्वामित्व तथा नियन्त्रण) होता है, कालान्तर में द्रव्य, कीमतों, मजदूरियों तथा स्वतन्त्र विनिमय को समाप्त कर दिये जाने का उद्देश्य होता है।

सामूहिक संगठन अर्थात् राज्य यह निर्धारित करेगा कि किन वस्तुओं का तथा कितनी मात्रा में उत्पादन किया जायेगा तथा राज्य ही राशनिंग द्वारा वस्तुओं का वितरण करेगा। लोग सरकारी मकानों में रहेंगें, सरकारी भोजनालयों में खाना खायेंगें, प्रत्येक अपनी योग्यतानुसार कार्य करेगा और अपनी आवश्यकतानुसार मिलेगा। साम्यवाद का अन्तिम उद्देश्य क्रान्ति द्वारा वर्गविहीन समाज की स्थापना करना है।

8. नाजीवाद — नाजीवाद हमदर्दी, सद्‌भावना और शांति के स्थान पर घृणा, हिंसा, आक्रमण में विश्वास रखता है। युद्ध के द्वारा यह राज्य की शक्ति को बढ़ाना चाहता है। परिणामस्वरूप इसमें सम्पूर्ण अर्थव्यवस्था पर राज्य का नियन्त्रण हो जाता है।

9. नक्सलवादी समाजवाद —यह विचारधारा भी सशस्त्र क्रान्ति द्वारा सर्वहारा वर्ग का शासन स्थापित करना चाहती है। इसका विश्वास है कि क्रान्ति बन्दुक की गोली में है। यह श्रमिकों, शोषितों और भूमिहीनों के गुरिल्ला संगठन बनाकर तथा उन्हें सशस्त्र प्रशिक्षण देकर पूँजीपति वर्ग को समाप्त कर समानता का राज्य स्थापित करना चाहता है।

10. अराजकतावाद — अराजकतावादियों के अनुसार, यदि पूँजीवाद को समाप्त कर दिया जाये तो समाज की समस्त बुराइयाँ दूर हो जायेगी और उस समय राज्य भी अनावश्यक रहेगा, क्योंकि आर्थिक व सामाजिक संगठन पारस्परिक सहयोग के आधार पर ही होगा।

समाजवाद का कौन सा रूप भारत के लिए सबसे अधिक उपयुक्त है?

भारत विश्व का सबसे बड़ा प्रजातांत्रिक राष्ट्र है। यहाँ संसदीय चुनावों के माध्यम से लोकतांत्रिक सरकार का गठन किया जाता है। पं. नहेरु ने आजादी के बाद देश में समाजवादी समाज की स्थापना का लक्ष्य रखा था। इसका तात्पर्य यह हे कि भारत का झुकाव प्रारम्भ से ही समाजवाद की तरफ रहा है। समाजवाद के अनेक रूप हैं। इनमें से भारत के लिये कौन सा रूप सबसे अधिक उपयुक्त रहेगा? इस प्रश्न का उत्तर यह है कि चूँकि भारत

में सरकार का स्वरूप लोकतांत्रिक है इसलिये इसमें लोकतांत्रिक समाजवाद ही सबसे उपयुक्त रहेगा। लोकतांत्रिक या प्रजातांत्रिक समाजवाद वस्तुत: पूँजीवाद एवं समाजवाद का एक सुरक्षित मध्यम मार्ग है। जिसे आधुनिक युग में प्रबल समर्थन मिला है। इसके अन्तर्गत पुँजीवाद एवं समाजवाद दोनों के लाभों को प्राप्त करने का प्रयास किया जाता है।

इस लोकतांत्रिक समाजवाद में निजी सम्पत्ति का अधिकार, आर्थिक स्वतंत्रता, स्वस्थ प्रतियोगिता, उपभोक्ता की सार्वभौमिकता आदि पूँजीवाद के गुण पाये जाते हैं तो दूसरी ओर वर्गहीन समाज, आय एवं वितरण की असमानता, आर्थिक शोषण का अन्त, आवश्यक वस्तुओं एवं सेवाओं का उत्पादन तथा वितरण पर राज्य का नियन्त्रण आदि समाजवाद के गुणों को भी प्राप्त करने का प्रयास किया जाता है। यह एक नियत्रित बाजार व्यवस्था होती है जिसमें आर्थिक निर्णय राज्य एवं मूल्य-तंत्र दोनो लेते हैं। आर्थिक नियोजन के माध्यम से उपलब्ध साधनों का सार्वजनिक हित में सर्वोत्तम उपयोग राज्य द्वारा किया जाता है। संक्षेप में, लोकतान्त्रिक समाजवाद ही भारतवर्ष के लिए सर्वोत्तम एवं उपयुक्त प्रणाली है।

पूँजीवाद तथा समाजवाद का तुलनात्मक अध्ययन (अन्तर)

अन्तर का आधार	पूँजीवाद	समाजवाद
1. आर्थिक स्वतन्त्रता	पूँजीवाद में व्यक्तियों को आर्थिक स्वतन्त्रता प्राप्त होती है। इसमें हर व्यक्ति को अपना स्वयं का व्यवसाय चुनने का अधिकार होता है।	समाजवाद में आर्थिक स्वतत्रता नहीं होती इसमें व्यक्तियों के निजी उद्योग न होकर राज्य के अन्तर्गत ही उत्पादन के साधन होते हैं जिसमें व्यक्तियों को कार्य करना पड़ता है।
2. उपभोक्ता की सार्वभौमिकता	इसमें उपभोक्ता को वस्तुओं का चुनाव करने की स्वतन्त्रता होती है। उपभोक्ता की स्थिति एक राजा के समान होती है जिसके लिए ही उत्पादन किया जाता है तथा उसकी पसन्द के अनुसार ही उत्पादन किया जाता है।	इसमें राज्य द्वारा उत्पादित वस्तुओं का उपभोग करने के लिए ही उपभोक्ता बाध्य है।
3. धन का वितरण	पूँजीवाद में धन का वितरण असमान होता है।	समाजवाद में धन का वितरण समान होता है।

4. आर्थिक स्थायित्व	पूँजीवाद में व्यापार-चक्र निरन्तर जारी रहता है। तेजी व मन्दी के कारण देश की अर्थ-व्यवस्था अस्त-व्यस्त हो जाती है।	समाजवाद में व्यापार चक्र उत्पन्न होते हैं।
5. उत्पादन प्रेरणा	पूँजीवाद में श्रमिकों को उनके कार्य का उचित पारिश्रमिक मिलता है, सम्पत्ति को अपनी इच्छानुसार व्यय करने की छूट होने के कारण व्यक्तियों को उत्पादन में वृद्धि करने की प्रेरणा मिलती है।	समाजवाद में व्यक्ति चाहे कार्य करे या नहीं करे उन्हें जीवन की न्यूनतम आवश्यकता की पूर्ति राज्य द्वारा प्रदान की जाती है। अतः कोई भी व्यक्ति इच्छानुसार किसी भी उत्पादन कार्य में मन लगा कर कार्य नहीं करता है।
6. लाभ का उद्देश्य	पूँजीवाद में लाभ का उद्देश्य प्रमुख होता है। हर व्यवसायी उसी व्यवसाय को प्रारम्भ करना उचित समझता है जिसमें उसे अधिक मात्रा में लाभ होता है।	समाजवाद में व्यक्तिगत लाभ के स्थान पर सामाजिक लाभ की ओर अधिक ध्यान दिया जाता है।
7. व्यक्तिगत सम्पत्ति का स्वामित्व	पूँजीवाद में सम्पत्ति के निजी स्वामित्व को प्रधानता दी जाती है।	समाजवाद में उत्पति के साधनों तथा उपलब्ध धन व सम्पदा पर सामूहिक रूप से राजकीय संस्थाओं का स्वामित्व होता है।
8. मूल्य स्तर में उच्चावचन	पूँजीवादी अर्थव्यवस्था में वस्तुओं का मूल्य निर्धारण स्वसंचालित मूल्य यन्त्र के माध्यम से होता है, जिसमें विपणि में माँग एवं पूर्ति की शक्तियों में विभिन्न परिवर्तन होने के कारण वस्तुओं के मूल्य स्तर में उच्चावचन दृष्टिगत होता है।	समाजवादी अर्थव्यवस्था में एक विशिष्ट मूल्य नीति का निर्धारण केन्द्रीय संस्था ही करती है, जिससे मूल्यों के उच्चावचन में पर्याप्त मात्रा में कमी की जाती है।

9. वैधानिक नियम	पूँजीवाद में आर्थिक क्रियाओं के संचालनार्थ शासन द्वारा वैज्ञानिक रूप से अधिनियमों का निर्माण करना आवश्यक नहीं है।	समाजवाद में शासन द्वारा प्राय: अधिकांश कार्य विशिष्ट वैज्ञानिक अधिनियमों की सहायता से ही सम्पादित किये जाते हैं।
10. राजकीय हस्तक्षेप	पूँजीमें राजकीय हस्तक्षेप की मात्रा अत्यन्त अल्प ही होती है।	समाजवाद में राजकीय हस्तक्षेप की मात्रा अत्यधिक होती है।
11. कटु प्रतिस्पर्धा की स्थिति	कटु प्रतिस्पर्धा में आर्थिक क्रियाओं का विकास ही पूँजीवाद की प्रमुख विशेषता है।	समाजवादी अर्थव्यवस्था विपणि स्थति कटु प्रतिस्पर्धा को समाप्त करने हेतु एक सकल प्रयास है।
12. राष्ट्रीयकरण द्वारा विकास	पूँजीवाद में पूँजीपतियों द्वारा प्राय: राष्ट्रीयकरण की नीति का विरोध किया जाता है।	समाजवाद में उद्योगों के राष्ट्रीयकरण की नीति अपनायी जाती हे क्योंकि दीर्घकाल में समस्त उद्योगों के राष्ट्रीयकरण द्वारा आर्थिक विकास में सम्बन्धित उद्देश्य की प्राप्ति की जाती है।
13. श्रमिक का शोषण	इसके अन्तर्गत श्रमिकों का शोषण पूँजीपतियों द्वारा किया जाता है।	समाजवाद में उत्पत्ति के साधनों पर सरकार का स्वामित्व होता है जिसके कारण श्रमिकों का शोषण नहीं हो पाता है।
14. वर्ग-संघर्ष	पूँजीवाद में दो वर्ग धनी तथा निर्धनों के बन जाते हैं तथा उनमें हमेशा तनाव बना रहता है।	समाजवाद में वर्ग संघर्ष का प्रश्न ही उत्पन्न नहीं होता है।
15. बेकारी की समस्या	पूँजीवाद में श्रमिकों को हमेशा बेकारी का भय बना रहता है। जिसके कारण वह स्वयं को असुरक्षित महसूस करता है।	समाजवाद में श्रमिकों के लिए रोजगार की पूर्ण व्यवस्था रहती है।

16. उत्पादन के साधनों का आबंटन	पूँजीवाद में साधनों का उपयोग लोककल्याण तथा राष्ट्र के हित के लिए नहीं किया जाता है। इसमें कोई भी निर्णायक संस्था नहीं होती है।	समाजवाद में केन्द्रीय सत्ता के निर्देशन में साधनों का उपयोग केवल समाज कल्याण के लिए उपयोगी वस्तुओं के निर्माण में किया जाता है। इस प्रकार समाजवाद में साधनों का वैज्ञानिक वितरण पूँजीवाद के बजाय अधिक होता है।

समाजवाद की श्रेष्ठता

समाजवाद की श्रेष्ठता के प्रमुख कारण निम्नलिखित हैं—

1. अपेक्षाकृत स्थिरता —समाजवादी व्यवस्था में पूँजीवाद की तुलना में अपेक्षाकृत अधिक स्थिरता होती है। फलतः सुरक्षा तथा आर्थिक विकास में मदद मिलती है।

2. लोचता — समाजवाद में मूल्य नियन्त्रित होने के कारण उनमें आवश्यकतानुसार परिवर्तन कर सकना अधिक सम्भव होता है।

3. साधनों का श्रेष्ठ उपयोग —दुर्लभ साधनों की ऊँची कीमत निर्धारित करके समाजवाद में दुर्लभ साधनों का अपव्यय रोका जा सकता है तथा उन्हें अधिक उपयोगी स्थानों पर लगाया जा सकता है।

4. उचित वितरण व्यवस्था — समाजवाद में कीमत नियन्त्रण एवं राशनिंग आदि विधियों का सहारा लेकर साधनों के वितरण की उचित व्यवस्था की जा सकती है।

5. आवश्यक उपभोग का नियन्त्रण —मूल्य नियन्त्रण के द्वारा समाजवाद में विलासिता की वस्तुओं के उपभोग अथवा अनावश्यक वस्तुओं के उपभोग पर नियन्त्रण लगा सकना सम्भव होता है।

6. उत्पादन की उन्नत तकनीक को प्रोत्साहन —समाजवाद में कीमतें इस प्रकार निर्धारित कर सकना सम्भव होता है, जिससे कि उत्पादक उन्नत तकनीक का प्रयोग अधिक करें।

7. युद्ध व्यवस्था — युद्ध के समय या सुरक्षा व्यवस्था में कीमत नियन्त्रण द्वारा साधनों की व्यवस्था कर सकना समाजवाद में अधिक सुविधाजनक होता है।

8. आर्थिक विकास में सहायक —समाजवादी कीमत-यंत्र स्फीतिक प्रभावों को कम करके उनके आर्थिक विकास को प्रेरित करता है।

पूँजीवाद एवं साम्यवाद में अन्तर

अन्तर का आधार	पूँजीवाद	समाजवाद
1. आर्थिक स्वतन्त्रता	पूँजीवाद में व्यक्ति आर्थिक रूप से स्वतन्त्र रहता है तथा अपनी इच्छानुसार अपना स्वयं का व्यवसाय चुन सकता है।	साम्यवाद में व्यक्ति आर्थिक रूप से स्वतन्त्र नहीं रहता। आर्थिक मामलों में सरकारी हस्तक्षेप रहता है।
2. व्यक्तिगत स्वतन्त्रता	पूँजीवाद में व्यक्ति को निजी स्वतन्त्रता रहती है।	साम्यवाद में व्यक्तिगत स्वतन्त्रता का पूर्णत: लोप हो जाता है।
3. उपभोक्ता का महत्त्व	पूँजीवाद में उपभोक्ता को अधिक महत्त्व दिया जाता है, उसके लिए तथा उसकी पसन्द से उत्पादन होता है।	साम्यवाद में उपभोक्ता की इच्छा को महत्त्व नहीं दिया जाता, उसे उन हीं वस्तुओं का उपभोग करना पड़ता है जो देश की सरकार चाहे।
4. स्वभाव	पूँजीवादी नियोजन शिथिल होता है।	साम्यवादी नियोजन कठोर होता है।
5. उत्पादन प्रेरणा	उचित पारिश्रमिक एवं सम्पत्ति पर उत्तराधिकार मिलने से पूँजीवाद में वृद्धि करने की प्रेरणा रहती है।	साम्यवाद में उत्पादन वृद्धि की प्रेरणा का अभाव पाया जाता है।
6. श्रम शोषण	पूँजीवाद में श्रमिकों का शोषण पूँजीपतियों द्वारा होता है।	साम्यवाद में श्रमिकों का शोषण सरकार द्वारा होता है।
7. सत्ता	पूँजीवाद में पूँजीपति सर्वशक्तिमान होता है। सत्ता पर वह हावी रहता है।	साम्यवादी अर्थव्यवस्था में सत्ता सरकार के हाथ में रहती है। राज्य सर्व शक्तिमान रहता है।

8. उत्पादन साधन	पूँजीवाद में उत्पादन साधनों पर पूँजीपति वर्ग का आधिपत्य रहता है जिसका उपयोग वह अपने हित को देखते हुए करता है, राष्ट्र हित अथवा लोक कल्याण से उसका कोई सरोकार नहीं रहता।	साम्यवाद के अन्तर्गत देश में उपलब्ध समस्त उत्पादन साधनों पर शासन का नियन्त्रण रहता है तथा शासन प्राथमिकता के क्रम में उनका उपयोग करता है।
9. उद्देश्य	पूँजीवाद का उद्देश्य अधिकतम लाभ कमाना रहता है।	साम्यवाद का मुख्य उद्देश्य आर्थिक एवं सामाजिक समानता के आधार पर एक वर्ग रहित समाज की स्थापना करना है।
10. प्रतिस्पर्धा	पूँजीवाद में वर्ग संघर्ष एवं प्रतिस्पर्धा बढ़ती जाती है जो शोषण का कारण बनती है।	साम्यवाद में वर्ग संघर्ष एवं प्रतिस्पर्धा अपेक्षाकृत कम होती है।
11. बल एवं शक्ति का प्रयोग	इसके अन्तर्गत बल एवं शक्ति का प्रयोग अपेक्षाकृत कम किया जाता है।	इसके अन्तर्गत बल एवं शक्ति का प्रयोग एक सामान्य बात है क्योंकि यह हिंसा पर आधारित है।
12. त्याग	पूँजीवाद में जनसामान्य को नियोजन के लिए त्याग नहीं करना पड़ता है।	साम्यवादी नियोजन में जनसामान्य को नियोजन के लिए अधिक त्याग करना पड़ता है।
13. बाजार व्यवस्था	पूँजीवाद में स्वतत्र बाजार व्यवस्था रहती है।	साम्यवादी नियोजन में स्वतन्त्र बाजार का अन्त हो जाता है।
14. लक्ष्य प्राप्ति	पूँजीवाद में लक्ष्य प्राप्ति में विलम्ब होता है।	साम्यवाद में बल एवं शक्ति का प्रयोग करके लक्ष्यों को शीघ्र एवं सुनिश्वित रूप से प्राप्त कर लिया जाता है।
15. साधनों का अपव्यय	पूँजीवाद में मूल्यवान साधनों का दुरूपयोग होता है।	साम्यवाद में उपलब्ध साधनों का पूर्ण सदुपयोग होता है।

16. हित	इसके अन्तर्गत निजी हित सर्वोपरि होता है।	इनके अन्तर्गत राष्ट्रहित सर्वोपरि रहता है।
17. एकरूपता	पूँजीवादी नियोजन में एकरूपता अथवा समानता का अभाव पाया जाता है।	साम्यवादी नियोजन में एकरूपता पायी जाती है। अत: समूचे देश के लिए एक-सी योजना बनाई जा सकी है।
18. जन्म स्थान	पूँजीवाद का जन्म स्थान भारत है।	साम्यवाद का जन्म रूस में हुआ।
19. आलोचना	पूँजीवाद को आलोचनाओं का शिकार होना पड़ता है।	साम्यवादी नियोजन में समस्त कार्यप्रणाली शासन द्वारा संचालित होती है। अत: विरोध एवं आलोचनाओं का अन्त हो जाता है।
20. निजी उद्योग	पूँजीवाद में निजी उद्योग धन्धे फलते-फूलते तथा विकसित होते हैं।	साम्यवाद में निजी उद्योग-धन्धों का पतन होता है।
21. धन का वितरण	पूँजीवाद में धन का वितरण असमान होता है।	साम्यवाद में इस बात का प्रयास किए जाते हैं कि धन का वितरण समाजन हो सके।
22. सार्वजनिक कल्याण	पूँजीवाद में स्वार्थ की मात्रा अधिक बढ़ जाने से सार्वजनिक कल्याण सम्बन्धी कार्य रूक जाते हैं।	साम्यवादी नियोजन में सामाजिक कल्याण सम्बन्धी कार्य अधिक किए जाते है।

प्रश्न

1. समाजवाद की परिभाषा दीजिए व इसका महत्त्व बताइए।
2. समाजवाद की परिभाषा दीजिए । समाजवाद मॉडल की प्रमुख विशेषताएँ बतलाइये।
3. समाजवाद का महत्व स्पष्ट कीजिए। समाजवाद किस प्रकार उपयोगी है।
4. समाजवाद की परिभाषा एवं व्याख्या कीजिए। इसकी **सीमाएं व महत्व** बतलाइये।

□□□

7

मिश्रित अर्थव्यवस्था
[Mixed Economy]

मिश्रित अर्थव्यवस्था से आशय (Meaning)

मिश्रित अर्थव्यवस्था का विचार विश्व के लिए एक नया विचार है। विश्व के अधिकांश देशों में मिश्रित अर्थव्यवस्था का प्रयोग बढ़ते जा रहा है। ऐसी स्थिति में यह स्वाभाविक प्रश्न उठता है कि मिश्रित अर्थव्यवस्था का अर्थ क्या है? इसकी क्या विशेषताएँ हैं? तथा इस व्यवस्था के गुण-दोष क्या है? इसके प्रयुत्तर में यह कहा जा सकता है कि मिश्रित अर्थव्यवस्था एक ऐसी प्रणाली है जिसमें पूँजीवाद एवं समाजवाद दोनों की विशेषताएँ पायी जाती हैं। इसके अन्तर्गत पूँजीवाद एवं समाजवाद दोनों के लाभों को प्राप्त करने का प्रयास किया जाता है किन्तु इसमें दोनों प्रणालियों की बुराइयों से बचने का प्रयास किया जाता है। इस प्रकार, मिश्रित अर्थव्यवस्था, पूँजीवाद एवं समाजवाद के बीच का सुनहला मध्य रास्ता (Golden mid-way) होता है। यह एक समझौतावादी प्रणाली है।

लॉर्ड जॉन मेनार्ड कीन्स ने लिखा है कि, "मिश्रित अर्थव्यवस्था एक ओर पूँजीवादी अर्थव्यवस्था में 1929-33 के विश्वव्यापी महान् मंदी की बुराइयाँ और दूसरी ओर सोवियत रूस में स्टालिन के अधिनायकवादी प्रशासन की बुराइयों को दूर करने के लिए एक विकल्प के रूप में हुआ है।"

मिश्रित अर्थव्यवस्था का अर्थ एवं परिभाषा (Meaning)

मिश्रित अर्थव्यवस्था एक ऐसी आर्थिक प्रणाली है जिसमें सार्वजनिक क्षेत्र एवं निजी क्षेत्र दोनों साथ-साथ कार्य करते हैं। इन दोनों क्षेत्रों की भूमिका अर्थव्यवस्था में इस प्रकार निर्धारित की जाती है कि समाज के सभी वर्गों के आर्थिक कल्याण में वृद्धि हो सके।

सार्वजनिक क्षेत्र में स्थापित उद्योगों का स्वामित्व, नियत्रण एवं निर्देशन सभी राज्य के द्वारा किया जाता है। इसके विपरीत निजी क्षेत्र स्थापित उद्योगों का स्वामित्व, प्रबन्धन,

नियंत्रण एवं निर्देशन निजी उद्यमियों एवं उद्योगपतियों के हाथ में होता है। इसके अतिरिक्त मिश्रित अर्थव्यवस्था में 'संयुक्त क्षेत्र' भी होता है। इसका संचालन सरकार एवं निजी उद्योगपतियों दोनों के द्वारा संयुक्त रूप से किया जाता है। इस प्रकार दोनों क्षेत्र आपसी प्रतियोगिता को समाप्त करके अपने-अपने क्षेत्र में कुशलतापूर्वक कार्य करते हैं। दोनों क्षेत्रों का उद्देश्य तीव्रगति से आर्थिक विकास करना एवं लोगों के आर्थिक कल्याण को अधिकतम करना है। इस मिश्रित अर्थव्यवस्था को हेन्सन ने 'द्विक अर्थव्यवस्था' और प्रो. मीड ने 'उदार अर्थव्यवस्था' (Liberal Economy) कहा है। प्रो. लर्नर ने मिश्रित अर्थव्यवस्था को एक मोटर बतलाया है जिसमें संचालक राज्य होता है। दूसरे शब्दों में, मिश्रित अर्थव्यवस्था में राज्य का योजनाबद्ध ढंग से नियंत्रण होता है। इसीलिए, प्रो. लर्नर ने इसे 'नियंत्रित अर्थव्यवस्था' कहा है।

मिश्रित अर्थव्यवस्था की विशेषताएँ (Characteristics)

मिश्रित अर्थव्यवस्था की प्रमुख विशेषताएँ निम्नलिखित हैं—

1. सार्वजनिक एवं निजी क्षेत्र दोनों की उपस्थिति —मिश्रित अर्थव्यवस्था की सबसे महत्त्वपूर्ण विशेषता यह हे कि देश की अर्थव्यवस्था में सार्वजनिक क्षेत्र एवं निजी क्षेत्र दोनों की उपस्थिति होती है। राज्य इन क्षेत्रों के बीच कार्य-क्षेत्र का स्पष्ट रूप से विभाजन कर देता है। इससे दोनों क्षेत्रों के बीच अनावश्यक प्रतियोगिता नहीं होती। दोनों क्षेत्र अपने-अपने कार्यक्षेत्र में कुशलता के साथ वस्तुओं एवं सेवाओं का उत्पादन करते हैं। इससे देश का तीव्रगति से विकास होता है और लोगों के कल्याण में वृद्धि होती है।

सामान्यतया कृषि एवं उपभोग वस्तुओं का उत्पादन करने वाले उद्योग निजी क्षेत्र में होते हैं। इसके विपरीत, भारी एवं आधारभूत उद्योग जैसे—लोहा इस्पात, रसायन उद्योग, सार्वजनिक क्षेत्र में स्थापित किए जाते हैं।

सामाजिक ऊपरी पूँजी जैसे यातायात, संचार के साधन, बैंक, बीमा कम्पनियाँ ऊर्जा से सम्बन्धित उद्योग भी सार्वजनिक क्षेत्र में सथापित किए जाते हैं।

राज्य की सुरक्षा के लिए रक्षा-उपकरण से सम्बन्धित उद्योग सार्वजनिक क्षेत्र में ही स्थापित किए जाते हैं।

इसके अतिरिक्त, सार्वजनिक उपयोगिता एवं ऐसे क्षेत्र जिनमें अधिक पूँजी का विनियोजन करना पड़ता है और जिनमें हानि होने की जोखिम अधिक होती है तथा जिनके लिए निजी क्षेत्र तेयार नहीं होते हैं, राज्य के द्वारा सार्वजनिक क्षेत्र में रखे जाते हैं।

इस प्रकार मिश्रित अर्थव्यवस्था के अन्तर्गत सार्वजनिक एवं निजी क्षेत्र दोनों की उपस्थिति का मुख्य उद्देश्य दोनों क्षेत्रों के लाभ को प्राप्त करना होता है तथा सम्पूर्ण अर्थव्यवस्था में राज्य का सामान्य नियन्त्रण बनाये रखना होता है।

2. निजी उद्योगों का सरकार के द्वारा नियमन एवं नियत्रण —मिश्रित अर्थव्यवस्था के अन्तर्गत निजी क्षेत्र में जो उद्योग स्थापित किए जाते हैं उन्हें सरकार के निर्देशन एवं नियंत्रण के अधीन कार्य करने होते हैं। इन्हें अपनी इच्छानुसार कार्य करने की स्वतंत्रता नहीं होती है।

3. उद्योगों का वर्गीकरण —मिश्रित अर्थव्यवस्था में सम्पूर्ण औद्योगिक ढाँचे का वर्गीकरण कर दिया जाता है। मिश्रित अर्थव्यवस्था में उद्योगों को सामान्यतया पाँच श्रेणियों में रखा जाता है—

(i) इस श्रेणी में वे उद्योग आते हैं जो केवल सार्वजनिक क्षेत्र में ही स्थापित किये जा सकते हैं। उदाहरण के लिए भारत में आधारभूत उद्योग, लोहा इस्पात, रसायन, कोयला, रक्षा उद्योग, अणु शक्ति के उत्पादन को प्रथम श्रेणी में रखा गया है।

(ii) इस श्रेणी में वे उद्योग आते हैं जो निजी क्षेत्र में ही स्थापित किये जाते हैं। जैसे—भारत में उपभोग वस्तुओं का उत्पादन करने वाले बड़े उद्योग, लघु उद्योग, कुटीर उद्योग तथा कृषि निजी क्षेत्र में रखे गये हैं।

(iii) इस श्रेणी में वे उद्योग आते हैं जिनकी स्थापना सार्वजनिक एवं निजी क्षेत्रों में किया जा सकता है। उदाहरण के लिए, भारत में सीमेन्ट उद्योग इसी श्रेणी में आता है।

(iv) इस श्रेणी में वे उद्योग आते हैं जो कि निजी क्षेत्र में पहले से ही स्थापित हैं। इन उद्योगों को उत्पादन जारी करने के लिए राज्य द्वारा अनुमति दी जाती है। किन्तु इस श्रेणी में नये उद्योग भविष्य में केवल सार्वजनिक क्षेत्र में ही स्थापित किए जाते हैं। निजी क्षेत्र को नये उद्योग स्थापित करने की अनुमति नहीं दी जाती है।

(v) **संयुक्त क्षेत्र**—इस श्रेणी में वे उद्योग होते हैं जिनमें पूँजी सरकार एवं निजी उद्योगपति दोनों लगाते हैं। राज्य का अंश अधिक होता है किन्तु प्रबन्ध का कार्य निजी उद्योगपतियों के द्वारा सरकार के निर्देशों के अनुसार किया जाता है।

4. आर्थिक नियोजन —मिश्रित अर्थव्यवस्था पूर्णत: स्वतत्र अर्थव्यवस्था नहीं होती है। तीव्रगति से आर्थिक विकास एवं लोगों के आर्थिक कल्याण को अधिकतम करने के लिए आर्थिक कल्याण को अधिकतम करने के लिए आर्थिक नियोजन को अपनाया जाता है। मिश्रित अर्थव्यवस्था में आर्थिक नियोजन के द्वारा सार्वजनिक एवं निजी दोनों क्षेत्रों के बीच समन्वय स्थापित किया जाता है। आर्थिक नियोजन के द्वारा दोनों क्षेत्रों के कार्यक्षेत्र भी निश्चित कर दिये जाते हैं।

5. अर्थव्यवस्था का संचालन मूल्य-तंत्र एवं सरकारी निर्देशों के अनुसार—मिश्रित अर्थव्यवस्था का संचालन, मूल्य-तंत्र एवं सरकारी निर्देशों, दोनों के अनुसार किया जाता है। सार्वजनिक क्षेत्र के सभी उद्योग सरकारी निर्देश में कार्य करते हैं, जबकि निजी क्षेत्र में उद्योग मूल्य-तंत्र के द्वारा संचालित होते हैं। इस प्रकार मिश्रित अर्थव्यवस्था में पूँजीवाद एवं समाजवाद दोनों के लाभों को प्राप्त करने का प्रयास किया जाता है।

6. सरकार की महत्त्वपूर्ण भूमिका—मिश्रित अर्थव्यवस्था में सरकार की महत्त्वपूर्ण भूमिका होती है। सार्वजनिक क्षेत्र में उद्योग सरकार के नियंत्रण में कार्य करते ही हैं, निजी क्षेत्र में भी सरकार यह देखती है कि यह सुचारू रूप से कार्य कर रहा है या नहीं। इसके लिए सरकार समय-समय पर उचित कार्यवाही भी करती है। इसके अतिरिक्त सरकार का यह भी कार्य है कि आर्थिक विकास के लाभों का समाज में न्यायपूर्ण वितरण हो। इसके लिए सरकार को ऐसी नीतियाँ निश्चित करनी होती हैं जिससे आर्थिक असमानता कम हो, श्रमिकों का शोषण न हो। सरकार श्रमिकों के लिए न्यूनतम मजदूरी, सामाजिक सुरक्षा,

भविष्य निधि, पेंशन की व्यवस्था शुरू कर सामाजिक कल्याण को अधिकतम करने में महत्त्वपूर्ण भूमिका भी निभती है।

7. आर्थिक समानता लाने के प्रयास—मिश्रित अर्थव्यवस्था में धन तथा सम्पत्ति की विषमता को दूर करने के प्रयास किए जाते हैं। आय की समानता के प्रयत्न किए जाते हैं तथा एकाधिकारी शक्तियों और प्रवृत्तियों पर अंकुश रखा जाता है। सामाजिक कल्याण तथा आर्थिक कल्याण की सुविधाएँ पर्याप्त मात्रा में राज्य द्वारा जुटाई जाती है।

8. लाभाजँन तथा मूल्य संयंत्र का अस्तित्व—मिश्रित अर्थव्यवस्था में लाभार्जन तथा मूल्य संयंत्र का अपना एक स्थान होता है। यद्यपि लाभार्जन के उद्देश्य को प्रधानता नहीं दी जाती है, फिर भी आर्थिक कुशलता की प्राप्ति के लिए लाभों को आवश्यक समझा जाता है। साधनों के वितरण के दृष्टिकोण से भी लाभार्जन एवं मूल्य-संयंत्र को आवश्यक महत्त्व दिया जाता है और आर्थिक कार्यकुशलता एवं सामाजिक हितों के मध्य सामंजस्य की स्थापना पर बल दिया जाता है। बाजार संयंत्र अपनी भूमिका निभाता रहता है।

9. आर्थिक स्वतन्त्रता की विद्यमानता — यद्यपि उत्पादन क्षेत्र में सरकारी नियन्त्रण रहता है, फिर भी मिश्रित अर्थव्यवस्था में निजी क्षेत्र को पर्याप्त आर्थिक स्वतन्त्रता समाजवादी अर्थव्यवस्थाओं की तुलना में रहती है।

10. सामाजिक पूँजी का सृजन —मिश्रित अर्थव्यवस्था में सार्वजनिक सेवा उपक्रमों तथा सामाजिक पूँजी-विनियोगों का उत्तरोत्तर सृजन किया जाता है जिससे सामाजिक कल्याण तथा आर्थिक कल्याण में वृद्धि होती है। यही कारण है कि रेल, सड़कें, वायु परिवहन, डाक-संचार, चिकित्सा, शिक्षा, बिजली, पानी, सामाजिक संस्थाएँ, पर्यटन केन्द्र आदि की व्यवस्था सरकार द्वारा की जाती है।

11. राष्ट्रीयकरण एवं सामाजिक नियन्त्रण की प्रवृत्तियाँ—मिश्रित अर्थव्यवस्था में सरकार महत्त्वपूर्ण सेवाओं एवं उद्योगों का राष्ट्रीयकरण करती है तथा कुछ परिस्थितियों में सामाजिक नियन्त्रण की नीति को अपनाती है। उदाहरण के लिए हमारे देश में बैंक, बीमा, वायु तथा रेलमार्ग, डाक-तार आदि का राष्ट्रीयकरण कर लिया गया है। सड़क मार्गों का भी तेजी से राष्ट्रीयकरण होता जा रहा है।

मिश्रित अर्थव्यवस्था के गुण अथवा लाभ

अथवा

मिश्रित अर्थव्यवस्था पूँजीवाद और समाजवाद पर सुधार है

मिश्रित अर्थव्यवस्था पूँजीवादी तथा समाजवादी अर्थव्यवस्थाओं के मध्य का एक मार्ग है। यह वतुत ऐसी अर्थव्यवस्था है जो पूँजीवादी तथा समाजवादी अर्थव्यवस्थाओं के गुणों से युक्त और बुराइयों से मुक्त है। इस अर्थव्यवस्था में न तो अनियन्त्रित पूँजीवाद और न ही अति नियन्त्रित समाजवाद की गन्ध है। इसलिए इस अर्थव्यवस्था की ओर विश्व के अधिकांश राष्ट्र आकृष्ट हो रहे हैं। प्रमुख लाभ निम्नलिखित हैं—

1. आर्थिक स्वतन्त्रता —मिश्रित अर्थव्यवस्था में लोक क्षेत्र तथा निजी क्षेत्र के बीच कार्य क्षेत्र का स्पष्ट विभाजन होता है। इसीलिए इस अर्थव्यवस्था में निजी उद्योगपतियों को पूर्ण आर्थिक स्वतन्त्रता रहती है। राज्य भी अनेक नवीन उद्योगों की स्थापना हेतु

प्रोत्साहित करता है। समाजवादी अर्थव्यवस्थाओं में व्यक्तिगत प्रेरणाएँ समाप्त हो जाती हैं, किन्तु इसमें प्रेरणाएँ बनी रहती है।

2. द्रुत आर्थिक विकास—मिश्रित अर्थव्यवस्था में राज्य का तीव्र सन्तुलित आर्थिक विकास सम्भव होता है क्योंकि न केवल निजी क्षेत्र ही उत्पादन कार्यों में लगा रहता है, अपितु राज्य भी उत्पादन एवं वितरण के कार्यों में सक्रिय भाग लेता है। राज्य देश के आर्थिक विकास हेतु नियोजन के मार्ग को अपनाता है। देश के सभी साधनों का कुशलतम उपयोग तथा वितरण केन्द्र एवं राज्यों के मध्य सम्भव होता है। सभी राज्यों की योजनाबद्ध चेष्टाएँ केन्द्रीय योजनाओं एवं लक्ष्यों के अनुरूप होती है। इसमें देश का तीव्र संन्तुलित विकास होता है।

3. उपभोक्ताओं की स्वतन्त्रता —मिश्रित अर्थव्यवस्था लाभार्जन पर अत्यधिक जोर न देकर जनकल्याण पर अधिक जोर देती है। यह उपभोक्ताओं की स्वतन्त्रता को बनाए रखती है। उपभोक्ता को अपनी पसन्द की वस्तु के उपभोग का अधिकार होता है। अनेक बार पूर्ति के सीमित होने पर वस्तु के वितरण हेतु सरकार राशनिंग एवं मूल्य नियन्त्रण की नीति को अपनाती है।

4. श्रमिकों के हितों की सुरक्षा —मिश्रित अर्थव्यवस्था श्रमिक हितों की सुरक्षा के दृष्टिकोण से अति उत्तम मानी गई हैं क्योंकि औद्योगिक सन्नियमों तथा श्रम कल्याणकारी कार्यों द्वारा सरकार श्रमिकों को उचित संरक्षण देती है तथा उन्हें एक उचित जीवन-स्तर पर उपलब्ध करती है। यही नहीं, श्रमिक-सम्बन्धों का नियमन भी सरकार करती है तथा श्रम विवादों की स्थिति में मध्यस्थ का कार्य भी करती है।

5. असमानताओं की समाप्ति —मिश्रित अर्थव्यवस्था आर्थिक विषमता आय एवं सम्पत्ति की असमानता एवं आर्थिक शक्ति के केन्द्रीयकरण को दूर करने का प्रयास करती है। बड़े-बड़े उद्योगों का राष्ट्रीयकरण करके प्रगतिशील करों की नीति को अपनाकर, सार्वजनिक सेवाओं का विस्तार करके और अन्य ऐसी ही अनेक नीतियों को अपनाकर राज्य में विद्यमान असमानताओं को समाप्त करने का प्रयास किया जाता है। इसमें जनहित में वृद्धि होती है तथा नियन्त्रित पूँजीवाद पनपता है।

6. विकासमान राष्ट्रों के लिए हितकारी —मिश्रित अर्थव्यवस्था को विकासशील तथा अविकसित राष्ट्रों के लिए अधिक उपयोगी माना गया है, क्योंकि ऐसे राष्ट्रों को आर्थिक विकास के लिए पूँजी की आवश्यकता होती है और मिश्रित अर्थव्यवस्था पूँजी निर्माण के दृष्टिकोण से सर्वोत्तम होती है। अर्थव्यवस्था में निजी क्षेत्र तथा सार्वजनिक क्षेत्र दोनों मिलकर पूँजी निर्माण के कार्यों में सहयोग देते हैं।

7. अत्यधिक उत्पादन —मिश्रित अर्थव्यवस्था राष्ट्रीय उत्पादन में तीव्र वृद्धि को सम्भव बनाती है, क्योंकि निजी सम्पत्ति, लाभ-उद्देश्य तथा मूल्य यन्त्र को उचित स्थान इस अर्थव्यवस्था में प्राप्त होता है। निजी सम्पत्ति तथा लाभ उद्देश्य उत्पादकों को अधिक उत्पादन के लिए प्रेरित करता है। सरकार भी निजी क्षेत्र के विकास को प्रोत्साहित करती है। इस प्रकार, तीव्र तथा अत्यधिक उत्पादन देश की समृद्धि बढ़ाता है।

8. संघर्षविहीन समाज का निर्माण —मिश्रित अर्थव्यवस्था कल्याणकारी राज्य की स्थापना करती है। ऐसे राज्य में समाज कल्याणकारी कार्यों को समुचित मात्रा एवं स्तर

पर सम्पन्न किया जाता है। परिणामस्वरूप, वर्ग संघर्ष, शोषण तथा विद्यमान असमान्ताएँ दूर होती है। देश में एक वर्गहीन समाज का निर्माण होता है।

9. प्रजातांत्रिक व्यवस्था का आधार —मिश्रित अर्थ-व्यवस्था प्रजातांत्रिक शासन प्रणाली की आधारशिला है। यह व्यवस्था समाजसेवी अर्थव्यवस्था की अच्छाइयों को उपलब्ध करने के साथ-साथ प्रजातांत्रिक शासन प्रणाली के मूल्यों का संरक्षण भी करती है।

मिश्रित अर्थव्यवस्था के दोष (Disadvantages of Mixed Economy)

यद्यपि मिश्रित अर्थव्यवस्था एक उत्तम आर्थिक प्रणाली है, फिर भी इसे दोषमुक्त नहीं माना जा सकता है। इसके प्रमुख दोष निम्नलिखित हैं—

1. राष्ट्रीयकरण का भय —मिश्रित अर्थव्यवस्था में निजी क्षेत्र को यद्यपि विकास विस्तार करने का पूरा-पूरा अवसर देती है, फिर भी अत्यधिक तथा अनुचित विस्तार के होने पर अथवा लोकहित के दृष्टिकोण से किसी भी उद्योग को सरकार राष्ट्रीय उद्योग घोषित करने का अधिकार रखती है। इस अधिकार से राष्ट्रीयकरण कर सकती है। इस भय के कारण निजी उद्योगपति अधिक पूँजी लगाने की ओर प्रोत्साहित नहीं होते हैं। परिणामस्वरूप आर्थिक विकास की गति धीमी हो जाती है।

2. अस्थिरता —कुछ व्यक्तियों का कहना है कि मिश्रित अर्थव्यवस्था स्थायी नहीं रह सकती, क्योंकि कालान्तर में जाकर निजी क्षेत्रों का स्थान सार्वजनिक क्षेत्र ले लेता है। इस सम्भावना के कारण साम्यवादी अर्थव्यवस्थाओं के रूप में मिश्रित अर्थव्यवस्था बदल सकती है और नागरिकों की आर्थिक स्वतन्त्रता का हनन हो सकता है। इसके विपरीत यह भी सम्भावना रहती है कि मिश्रित अर्थव्यवस्था पूँजीवादी व्यवस्था की ओर झूक जाए जिससे समाज का शोषण हो।

3. अनुचित प्रतिस्पर्धा एवं वर्ग-संघर्ष —मिश्रित अर्थव्यवस्था में यद्यपि आर्थिक क्रियाकलापों के क्षेत्र का विभाजन किया जाता है, किन्तु निजी क्षेत्र तथा सार्वजनिक क्षेत्र के मध्य एक अनुचित प्रतिस्पर्धा तथा वर्ग संघर्ष जन्म लेता है। इसका सीधा सा कारण इन दोनों क्षेत्रों की पृथक-पृथक् मान्यताओं एवं नीतियों का होना है। भारत का वातावरण अभी ऐसा ही दृश्य प्रस्तुत कर रहा है। सार्वजनिक क्षेत्र अपनी अकुशलता को छिपाने के लिए निजी क्षेत्र पर सहयोगी होने का दोषारोपण कर रहा है और निजी क्षेत्र सरकारी नीतियों को अनुचित करार दे रहा है।

4. नौकरशाही का प्रसार — सार्वजनिक क्षेत्र में नौकरशाही प्रधान होती है। इसमें अधिकारीगण अपनी शक्तियों का दुरुपयोग करते हैं और फलस्वरूप भ्रष्टाचार, चोर बाजारी, लालफीताशाही, उत्तरदायित्व का अभाव, साधनों का दुरुपयोग आदि दोष पैदा होते हैं। इन दोषों से निजी क्षेत्र भी अपने को बचा नहीं पाता है।

5. प्रसाधनों के बंटवारे की समस्या —राष्ट्रीय साधनों का वितरण देश के विकास को ध्यान में रखते हुए निजी क्षेत्र एवं सार्वजनिक क्षेत्र में कैसे किया जाय? यह कठिनाई असहयोग पैदा करती है। राज्य के साधन निजी क्षेत्र की तुलना में विशाल होते हैं और राज्य के अनुचित प्रयोग में निजी क्षेत्र को आर्थिक क्षति पहुँचा सकता है।

6. आर्थिक असमानता का बने रहना — यद्यपि मिश्रित अर्थव्यवस्था में आर्थिक विषमताओं को दूर करने का भरसक प्रयास किया जाता है किन्तु निजी क्षेत्र को इस अव्यवस्था में एक उचित स्थान प्राप्त होने के कारण आर्थिक विषमताएँ बनी रहती है। धीरे-धीरे ये विषमताएँ अधिक घनी हो जाती हैं जिससे आर्थिक विकास का मार्ग अवरुद्ध हो जाता है। भारत इसका ज्वलन्त उदाहरण है।

निष्कर्ष —उपर्युक्त विवेचन से स्पष्ट है कि ''यद्यपि मिश्रित अर्थव्यवस्था को अपनाना दो नावों में पैर रखकर नदी पार करना है जो कि क़रीब-करीब असम्भव सा है, फिर भी इस व्यवस्था के द्वारा आर्थिक विकास की गति को तीव्र और सन्तुलित रखा जा सकता है।'' केवल सरकारी हस्तक्षेप की मात्रा एवं अवसरों का निर्धारण विवेकपूर्ण तरीके से करने की जरूरत है। यदि निजी एवं सार्वजनिक क्षेत्र में उचित सामजस्य स्थापित किया जाए तो यह अर्थव्यवस्था सर्वोत्तम प्रमाणित हो सकती है। राष्ट्रीय नीतियों एवं सरकारी नियन्त्रण के फलस्वरूप दो नावों के मध्य अर्थात् लोक एवं निजी क्षेत्र के मध्य एक सन्तुलन और समन्वय रखा जा सकता है और आर्थिक विकास की यात्रा को निर्विघ्न चालू रखा जा सकता है।

भारतीय अर्थव्यवस्था एक मिश्रित अर्थव्यवस्था के रूप में

(Indian Economy as a Mixed Economy)

15 अगस्त 1947 को भारत स्वतन्त्र हुआ। स्वतंत्रता प्राप्ति के समय देश में भयंकर गरीबी थी। करोड़ों लोग बेरोजगार थे। आय एवं धन की व्यापक विषमता थी। कृषि परम्परागत अवस्था में थी। औद्योगिक पिछड़ापन था। देश में औद्योगिक विकास के लिए आवश्यक आर्थिक संरचनाओं (Infrastructure) का अभाव था। ऐसी स्थिति में लोगों के जीवन-स्तर को ऊँचा उठाने के लिए तीव्रगति से आर्थिक विकास की आवश्यकता थी। अत: मूल प्रश्न यह था कि आर्थिक विकास के लिए कौनसी आर्थिक प्रणाली अपनायी जाये? भारत के प्रथम प्रधानमन्त्री पं. जवाहरलाल नेहरू ने इसके लिए मिश्रित अर्थव्यवस्था को स्वीकार किया। 6 अप्रैल 1948 की औद्योगिक नीति ने मिश्रित अर्थव्यवस्था की नींव डाली गयी और 1956 तथा 1977 एवं अन्य औद्योगिक नीतियों एवं प्रस्तावों द्वारा इसकी पुष्टि की गयी है।

भारत में मिश्रित अर्थव्यवस्था की रूपरेखा (Framework)

भारत में मिश्रित अर्थव्यवस्था की रूपरेखा निम्नानुसार है—

1. सार्वजनिक क्षेत्र एवं निजी क्षेत्र का सह-अस्तित्व — भारतीय अर्थव्यवस्था में सार्वजनिक एवं निजी क्षेत्र दोनों क्षेत्रों का महत्त्वपूर्ण स्थान है। 6 अप्रैल 1948 की प्रथम औद्योगिक नीति में उद्योगों को 4 श्रेणियों में विभाजित कर उन्हें सार्वजनिक एवं निजी क्षेत्र में बाँटा गया है—

(i) प्रथम श्रेणी या अनुसूचि 'अ' में राष्ट्रीय महत्त्व के उद्योगों को रखा गया था तथा इन्हें सार्वजनिक क्षेत्र में रखा गया।

(ii) द्वितीय श्रेणी में आधारभूत उद्योगों को रखा गया और इन्हें भी सार्वजनिक क्षेत्र में रखा गया।

(iii) तृतीय श्रेणी में 20 उपभोग की आवश्यक वस्तुओं से सम्बन्धित उद्योगों को रखा गया तथा इन्हें भी सार्वजनिक क्षेत्र में रखा गया।

(iv) चतुर्थ श्रेणी में शेष उपभोग उद्योगों को निजी क्षेत्र में रखा गया।

1 अप्रैल 1956 की नयी औद्योगिक नीति ने 'समाजवादी ढाँचे पर समाज की स्थापना' का संकल्प लिया गया एवं उद्योगों की तीन वर्गों में फिर से वर्गीकृत करके उन्हें सार्वजनिक एवं निजी क्षेत्रों में विभाजित किया गया।

(i) प्रथम श्रेणी में राष्ट्रीय महत्त्व के 17 उद्योगों को रखा गया। इन्हें सार्वजनिक क्षेत्र के लिए सुरक्षित रखा गया।

(ii) द्वितीय श्रेणी में 12 खनिज, उर्वरक एवं रसायन उद्योगों को सम्मिलित किया गया और इन्हें भी सरकार के लिए सुरक्षित रखा गया।

(iii) तीसरी श्रेणी में शेष सभी उद्योगों को निजी क्षेत्र के लिए रखा गया।

1977 की औद्योगिक नीति तथा बाद के औद्योगिक प्रस्तावों में इसी का विस्तार के साथ अनुमोदन किया गया है।

2. आर्थिक नियोजन—भारत ने आर्थिक विकास के लिए पंचवर्षीय योजनाओं को स्वीकार किया है। किन्तु भारत में योजना प्रणाली लोकतात्रिक है।

3. पूँजीवाद एवं समाजवाद दोनों की विशेषताएँ — भारत की मिश्रित अर्थव्यवस्था में निजी क्षेत्र के उद्योगपतियों के निजी लाभ, निजी सम्पत्ति, व्यक्तिगत स्वतंत्रता तथा सार्वजनिक क्षेत्र में सामाजिक कल्याण को आर्थिक नियोजन के माध्यम से जोड़कर पूँजीवाद एवं समाजवाद दोनों के गुणों को प्राप्त करने का प्रयास किया गया है।

4. राष्ट्रीयकरण —समाजवादी ढाँचे पर समाज की स्थापना करने के लिए समय समय पर विभिन्न क्षेत्रों का राष्ट्रीयकरण किया गया है। 1969 में 14 बड़े बैंकों को तथा 1980 में 6 बैंकों का राष्ट्रीयकरण किया गया। इसके अतिरिक्त सरकार ने बीमा कम्पनियों, परिवहन एवं कोयला उद्योग का भी राष्ट्रीयकरण किया है। इसके बावजूद भी अर्थव्यवस्था का बहुत बड़ा हिस्सा निजी क्षेत्र के लिए छोड़ दिया गया है।

5. सरकार की भूमिका — मिश्रित अर्थव्यवस्था में सरकार की भूमिका महत्त्वपूर्ण होती है। भारत सरकार ने भी आय एवं धन की असमानता एवं आर्थिक शक्तियों के केन्द्रीयकरण को रोकने के लिए 'एकाधिकारी एवं प्रतिबन्धात्मक व्यापार व्यवहार अधिनियम 1970' पारित किया।

6. प्रोत्साहन एवं नियन्त्रण नीति —सरकार ने निजी क्षेत्र के उद्यमियों को करों में छुट देकर सस्ती ब्याज दर पर ऋण उपलब्ध कराकर, बिजली, कच्चा माल, प्रशिक्षण की सुविधा तथा माल की बिक्री में सहयोग देकर प्रोत्साहन दिया है। वहीं पर निजी क्षेत्र के उद्यमियों के शोषण नीति पर अंकुश करने के लिए अनेक नीतियाँ बनायी हैं।

इस प्रकार देश में मिश्रित अर्थव्यवस्था के माध्यम से 'लोकतांत्रिक समाजवाद' की स्थापना का प्रयास किया जा रहा है।

भारत में मिश्रित अर्थव्यवस्था की विशेषताएँ

1. भारतीय अर्थव्यवस्था मोटे तौर पर चार क्षेत्रों (सार्वजनिक क्षेत्र, निजी क्षेत्र, मिश्रित एवं संयुक्त क्षेत्र) में विभाजित है।

2. निजी एवं सार्वजनिक क्षेत्र की प्रतियोगिता को रोकने के लिये कानून बनाये गये हैं।

3. सार्वजनिक क्षेत्र निजी क्षेत्र की तुलना में अधिक महत्त्वपूर्ण है।

4. अधिकतर उपभोक्ता उद्योग निजी क्षेत्र में हैं।

5. दोनों क्षेत्रों के उत्पादन का बड़ा भाग सरकार खरीदती है।

6. दोनों क्षेत्र एक दूसरे के पूरक हैं।

7. आवश्यक वस्तुओं की पूर्ति पर सरकार का नियंत्रण है।

भारत में मिश्रित अर्थव्यवस्था के विकास की धीमी गति के कारण

1. सार्वजनिक एवं निजी दोनों क्षेत्रों में साधनों की गतिशीलता का अभाव है।

2. संस्थागत ढाँचों में वांछित परिवर्तन नहीं हुए है।

3. सरकार कीमत स्तर को नियंत्रित नहीं कर सकी है।

4. विनियोग की तुलना में उत्पादन कम हुआ है।

5. देश की आर्थिक शक्तियाँ निजी क्षेत्र के हाथों में केन्द्रित हो गई है।

6. दोनों क्षेत्र राष्ट्रीय उद्देश्य की पूर्ति में असफल रहे हैं।

भारत में मिश्रित अर्थव्यवस्था को सफल बनाने के उपाय

1. सार्वजनिक व निजी क्षेत्र में समन्वय हो।

2. दोनों में स्वस्थ प्रतियोगिता हो।

3. दोनों की कार्यप्रणाली एक दूसरे की पूरक हो।

4. सरकार निजी क्षेत्र पर लगे अनावश्यक प्रतिबन्ध हटा ले।

5. सरकार दोनों क्षेत्रों के प्रति पक्षपातरहित नीति अपनाए।

6. सरकार दोनों के लिये मार्गदर्शक का काम करे।

निष्कर्ष —भारत की आंशिक आर्थिक नियोजन प्रणाली के 45 वर्षों में राष्ट्र का काफी विकास हुआ है। कृषि एवं उद्योग के विकास का आधारभूत ढाँचा तैयार हो चुका है। अनेक वस्तुओं में आत्मनिर्भरता प्राप्त करने के साथ अतिरिक्त उत्पादन का निर्यात भी किया जाने लगा है। किन्तु फिर भी राष्ट्र के आकार एवं जनसंख्या की आवश्यकताओं के अनुपात में विकास की दर धीमी रही है। इसका प्रमुख लाभ सम्पन्न लोगों को ही पहुँचा है। इसके परिणामस्वरूप गरीब एवं बेरोजगारी की संख्या में और अधिक वृद्धि हुई है।

राजकीय व्यापार
(State Trading)

ऐसा व्यापार जिसका स्वामित्व एवं संचालन का कार्य जनता के हाथ में होता है उसे व्यक्तिगत व्यापार कहते हैं। जब व्यापार का संचालन स्वयं राज्य द्वारा किया जाता है तो उसे राजकीय व्यापार कहा जाता है। इस प्रकार के राज्य व्यापार के अन्तर्गत वस्तुओं का क्रय विक्रय सरकार द्वारा किया जाता है तथा इस प्रकार के व्यापार संचालन से प्राप्त लाभ पर भी सरकार का स्वामित्व होता है। इस लाभ से प्राप्त आय को सरकार सार्वजनिक हितों पर व्यय करती है। संक्षेप में, राजकीय व्यापार का अभिप्राय ऐसे व्यापार से है जिसका नियमन एवं स्वामित्व सरकार के हाथो में होता है। वर्तमान समय में आर्थिक विकास में सरकार की भूमिका दर्शक मात्र न होकर सक्रिय हो गयी है। राज्य की सक्रियता के कारण राज्य के क्रिया कलाप शासन व्यवस्था के अतिरिक्त उद्योग, व्यापार तथा व्यवसाय के क्षेत्र में भी विस्तृत हो गये हैं। उद्योगों का अधिक से अधिक राष्ट्रीयकरण तथा व्यापार पर अधिक से अधिक नियन्त्रण तथा संचालन वर्तमान राज्य प्रशासन की सामान्य गतिविधि बन गयी है।

वर्तमान में न केवल भारत वरन् विश्व के प्रायः सभी समाजवादी देशों में राज्य द्वारा व्यापार में महत्वपूर्ण हस्तक्षेप एक सामान्य घटना है। उदाहरण के लिए, सोवियत रूप का सम्पूर्ण व्यापार सरकार के हाथों में संचालित है। अमेरिका में भी व्यापार का एक भाग राजकीय संस्थाएँ संचालित करती हैं जबकि इंगलैण्ड के आयात का 50 प्रतिशत भाग सरकारी नियन्त्रण के अन्तर्गत होता है। इसके अतिरिक्त स्वीडन, फ्रांस, कनाड़ा, अर्जेण्टाइना तथा आस्ट्रेलिया आदि में भी राजकीय संस्थाओं द्वारा व्यापार किया जाता है, यद्यपि इसकी मात्रा अन्य देशों की अपेक्षा कुछ कम है। वर्तमान समय में अर्द्ध-विकसित तथा विकासशील राष्ट्रों में राज्य द्वारा व्यापार करने की प्रवृत्ति अधिक प्रचलित है क्योंकि इन राष्ट्रों को विदेशी विनिमय की कठिनाइयों का अधिक सामना करना पड़ता है।

राजकीय व्यापार के लाभ

(1) नियोजित अर्थ-व्यवस्था की सफलता - वर्तमान समय में विकासोन्मुख तथा अर्द्ध विकसित राष्ट्रों द्वारा विकास हेतु नियोजित आर्थिक विकास का मार्ग अपनाया गया है। राजकीय व्यापार के अन्तर्गत नियोजन के उद्धेश्यों तथा लक्ष्यों की प्राप्ति सुगमतापूर्वक की जा सकती है; क्योंकि इसमें अर्थ-व्यवस्था के एक महत्वपूर्ण अंग के एक बड़े भाग पर राज्य का नियन्त्रण तथा स्वामित्व होता है। इसके विपरीत यदि नियोजित अर्थव्यवस्था के अन्तर्गत व्यापार का महत्वपूर्ण भाग निजी व्यक्तियों के हाथों में ही रखा जाय तो योजनाओं के लक्ष्य पूरे होने में कठिनाई होगी।

(2) समाजवादी देशों के साथ व्यापार - जैसा कि उपरोक्त विवेचन में स्पष्ट किया जा चुका हैं, वर्तमान में अधिकतर समाजवादी देशों की अर्थव्यवस्था में व्यापार पर सरकार का अधिक अधिकार एवं नियन्त्रण है। ऐसे राष्ट्रों में निजी व्यापारियों को व्यापार करने में कठिनाइयाँ होती है। ऐसी स्थिति में 'सरकार से सरकार' को व्यापार की नीति अधिक

लाभदायक सिद्ध होती है। इस प्रकार समाजवादी राष्ट्रों अथवा राजकीय व्यापार का अनुसरण करने वाले राष्ट्रो के साथ व्यापार की सुविधाएँ प्राप्त करने के लिए राजकीय व्यापार आवश्यक समझा जाता है।

(3) व्यापार से लाभ का जन-हित में प्रयोग - राजकीय व्यापार के संचालन से प्राप्त लाभ पर किसी व्यक्ति अथवा संस्था का अधिकार नहीं होता है। राजकीय व्यापार से प्राप्त होने वाला लाभ सरकार को प्राप्त होता है। जिस प्रकार निजी व्यापार के संचालन से प्राप्त लाभ अंशधारियों की कल्याण वृद्धि में सहायक होता है उसी प्रकार राजकीय व्यापार के संचालन से प्राप्त लाभ राष्ट्र के विकास तथा जन हित के कल्याण कार्यो को प्रोत्साहित करने में सहायक होता है।

(4) द्विपक्षीय व्यापार के लिए - विदेशी व्यापार में द्विपक्षीय व्यापार एक ऐसी प्रणाली है जिसके अन्तर्गत एक राष्ट्र दूसरे राष्ट्र से एक पूर्व निर्धारित परिमाणात्मक अनुपात में निर्यात सम्बन्ध बनाये रखता है। स्पष्ट अर्थो में इसका अभिप्राय दो देशों के मध्य परस्पर निर्यात के सम्बन्ध पूर्व में निर्धारित किये गये अनुपात की मात्रा को बनाये रखने से है वर्तमान समय में मुद्राओं की स्वतन्त्र बहुमुखी परिवर्तनशीलता एवं बहुपक्षीय व्यापार को सम्भव बनाने वाली परिस्थितियों का अभाव है। ऐसी स्थिति में द्विपक्षीय व्यापार को अपनाया जाना आवश्यक है जो बिना राजकीय व्यापार के सम्भव नहीं है।

(5) व्यापार सन्तुलन की सुरक्षा - निर्यातों से अधिक आयात हो जाने पर व्यापार सन्तुलन में घाटे की समस्या उत्पन्न हो जाती है। व्यापार सन्तुलन में घाटे की समस्या के कारण विदेशी विनिमय की समस्या भी उत्पन्न हो जाती है। इस समस्या के समाधान के लिए यह आवश्यक है कि ऐसी समस्या से पीड़ित राष्ट्र के विदेशी व्यापारिक सम्बन्ध विस्तृत हों तथा विदेशी व्यापार का आकार विशाल हो जिसमें निर्यातों की प्रमुखता हों। वर्तमान समय में विश्व के कुछ राष्ट्रो में सम्पूर्ण व्यापार पर तथा अन्य में कुछ भाग पर राजकीय नियन्त्रण होने के कारण विदेशी व्यापार में वृद्धि शेष राज्यों द्वारा भी राजकीय व्यापार अपनाने से ही सम्भव है।

(6) मन्दी से मुक्ति - मुद्रा प्रसार के वर्तमान युग में व्यापार चक्रो का अधिक बोलबाला रहता है। राजकीय व्यापार में मन्दी आदि व्यापारिक उतार-चढ़ावो से सुरक्षा की क्षमता होती है। अतः विश्व के प्रायः सभी देशों द्वारा समय समय पर राजकीय व्यापार की नीति को अर्थव्यवस्था पर मन्दी के प्रभावों से मुक्ति के लिए अपनाया गया है। अर्जेण्टाइना सरकार द्वारा स्थापित किया गया अन्न मण्डल राजकीय व्यापार का ही उदाहरण है। इस अन्न मण्डल का उद्धेश्य मूल्यों में असाधारण वृद्धि हो जाने पर सुरक्षित कोषों से अनाज बेचना है।

(7) वस्तुओं का न्यायपूर्ण वितरण - राजकीय व्यापार की नीति अपनाकर वस्तुओं के न्यायपूर्ण वितरण के उद्धेश्य की पूर्ति भी की जा सकती है। न्यायपूर्ण वितरण व्यवस्था के अन्तर्गत ऐसी वस्तुएँ जिनकी माँग सामान्यतया पूर्ति की तुलना में अधिक होती है, उनका व्यापार सरकार स्वयं कर सकती है। यदि ऐसी वस्तुओं के वितरण का कार्य निजी

व्यक्तियों के हाथों में सौंप दिया जाय तो वे व्यक्तिगत स्वार्थों की पूर्ति करने से कभी नहीं चूकेंगें। ऐसा होने से वितरण का न्यायपूर्ण होना सम्भव नहीं होगा। लेकिन इन अभाव वाली वस्तुओं का वितरण यदि राजकीय व्यापार के अन्तर्गत होगा तो उस वस्तु को उचित मूल्य पर वितरण करके न्यायपूर्ण वितरण किया जा सकेगा।

(8) उपभोक्ताओं को लाभ - राजकीय व्यापार के अन्तर्गत उपभोक्ता वर्ग को कई प्रकार के लाभ प्राप्त होते हैं। अभाव के समय भी उपभोक्ता वर्ग को ऐसी वस्तुओं का वितरण सुरक्षित भण्डार से किया जाना राजकीय व्यापार के अन्तर्गत ही सम्भव होता है। राजकीय व्यापार का संचालन लाभ की दृष्टि से नहीं किये जाने के कारण इसके अन्तर्गत उपभोक्ताओं को वस्तुओं का उचित मूल्य, मात्रा तथा गुण में प्राप्त होना सम्भव होता है।

(9) उत्पादकों को लाभ - राजकीय व्यापार के अन्तर्गत उपभोक्ता वर्ग के अतिरिक्त उत्पादक वर्ग को भी लाभों की प्राप्ति होती है। प्राय: व्यापारी वर्ग कमजोर उत्पादकों से उनका उत्पादन सस्ते मूल्य पर खरीदने का प्रयास करते हैं तथा उनका शोषण करते हैं। लेकिन राजकीय व्यापार के अन्तर्गत कमजोर उत्पादको को भी उनके उत्पादन का उचित मूल्य चुकाया जाता है। इससे राष्ट्रीय उत्पादन में वृद्धि होती है क्योंकि अब छोटे उत्पादको को भी इस बात का विश्वास हो जाता है कि उन्हें उनके द्वारा उत्पादित माल का उचित मूल्य प्राप्त हो ही जायेगा।

(10) अन्य लाभ - राजकीय व्यापार के उपरोक्त वर्णित लाभों के अतिरिक्त भी व्यवहार में अनेक लाभ देखने को मिलते हैं। प्राय: व्यापारी वर्ग सट्टेबाजी की अटकलों द्वारा मूल्यों को बढ़ाने का प्रयास करते रहते हैं, लेकिन राजकीय व्यापार के अन्तर्गत ऐसे प्रयासों की सम्भावना बहुत कम रह जाती है। राजकीय व्यापार के अन्तर्गत वस्तुओं के मूल्यों में समानता आ जाती है। मूल्यों में इस प्रकार की समानता से मूल्य स्थिरता को प्रोत्साहन मिलता है। राजकीय व्यापार में स्वदेशी उत्पादकों की सौदेबाजी की शक्ति में वृद्धि करने का भी गुण विद्यमान होता है। इस गुण की विद्यमानता के कारण इन उद्योगों को राजकीय संरक्षण तथा विकास का समुचित अवसर प्राप्त होता है।

भारत में राजकीय व्यापार

भारत में राजकीय व्यापार की विचारधारा का विकास सर्वप्रथम द्वितीय महायुद्ध काल में हुआ। इस अवधि में भारत सरकार द्वारा भी अनाज की प्राप्ति तथा उसके वितरण का कार्य राजकीय व्यापार की नीति के अन्तर्गत किया गया। इसके अतिरिक्त कीमतों में वृद्धि को रोकने के उद्धेश्य से अनेक पदार्थो का क्रय विक्रय भी राजकीय व्यापार के अन्तर्गत किया गया। विकासशील राष्ट्रों में राजकीय व्यापार का विशेष महत्व होता है। अत: यह आवश्यक है कि इन राष्ट्रों द्वारा राजकीय व्यापार से सम्बन्धित नीति को उचित प्रकार से बनाया जाकर उसका सही क्रियान्वयन तथा मूलयाकंन किया जाय। भारत में भी राजकीय व्यापार का आर्थिक नीतियों में विशिष्ट स्थान है। भारत में राजकीय व्यापार को प्रभावशाली बनाने के लिए समय समय पर समितियों की स्थापना की गयी जिनका संक्षेप में वर्णन निम्न प्रकार है :

(1) देशमुख समिति - राजकीय स्तर पर इस सम्बन्ध में सर्वप्रथम प्रयास 1949 में डॉ. पी. एस. देशमुख की अध्यक्षता में एक राजकीय व्यापार समिति की स्थापना की गयी। इस समिति ने भारत में राजकीय व्यापार को प्रभावशाली बनाने के सम्बन्ध में निम्नलिखित सुझाव दिये:

(क) राजकीय व्यापार को संचालित करने के लिए वैधानिक निगम की स्थापना की जाय,

(ख) इस निगम को खाद्यान्न, उर्वरक, व्यावसायिक आयात एवं निर्यात, पूर्वी अफ्रीका से रूई के आयात तथा कुटीर उद्योगों द्वारा निर्मित वस्तुओं के निर्यात का कार्य सौपा जाय,

(ग) यह निगम राष्ट्रीय हित में सरकार के परामर्श दें, तथा

(घ) राजकीय व्यापार को विलासिता की वस्तुओं से अतिरिक्त आय प्राप्त करने के लिए संचालित किया जाये।

(2) राव समिति - श्री एस. बी. राव की अध्यक्षता में भारत सरकार द्वारा प्रथम पंचवर्षीय योजना के अन्त में इस राजकीय समिति की नियुक्ति की गयी। परिवर्तित परिस्थितियों को प्रतिवेदन का आधार मान कर समिति ने सुझाव दिया कि खाद्य पदार्थों, कपास तथा खाद का व्यापार राजकीय व्यापार के अन्तर्गत किया जाना उचित नहीं है। समिति का सुझाव था कि कुटीर एवं लघु उद्योगों के उत्पादन का निर्यात बढ़ाने के लिए राजकीय व्यापार निगम की स्थापना की जानी चाहिए।

इस प्रकार देशमुख समिति तथा राव समिति दोनों ने सरकार द्वारा राजकीय व्यापार की नीति अपनाने की सिफारिश की। सन् 1953-54 में करारोपण जाँच आयोग ने भी व्यापार के क्षेत्र में सरकार के विस्तृत एवं प्रत्यक्ष हस्तक्षेप को उपयुक्त बताया। भारत में राजकीय व्यापार को अपनाने के सम्बन्ध में विचार विमर्श का यह वह समय था जब यहाँ समाजवादी समाज की स्थापना की विचारधारा जोर पकड़े हुए थी। 1955 में प्रथम बार वित्तमन्त्री ने राजकीय व्यापार से सम्बन्धित किसी संस्था की स्थापना के विचार को विधिवत् स्वीकार किया। 1956 में भारत में राजकीय व्यापार के संगठन के विषय में सुझाव देने के लिए अर्थशास्त्रीय का एक पैनल भी तैयार किया गया। अर्थशास्त्रियों के इस पैनल ने भी राजकीय व्यापार के संगठन के बारे में उचित सुझाव दिये।

राजकीय व्यापार निगम

(1) स्थापना - राजकीय व्यापार निगम भारत का एक सार्वजनिक उपक्रम है। इस निगम की स्थापना 18 मई, 1956 को की गयी।

(2) प्रदत्त पूँजी - स्थापना के समय इस निगम की प्रदत्त पूँजी 1 करोड़ रूपये थी। निगम की प्रदत्त पूँजी क्रमशः बढ़ते हुए अब 15 करोड़ रूपये हो गयी है।

(3) उद्देश्य - राजकीय व्यापार निगम के प्रमुख उद्देश्य निम्न प्रकार हैं:

(अ) भारत के विदेशी व्यापार के ढाँचे से विद्यमान त्रुटियों को दूर करके व्यापार में वृद्धि करना।

(ब) उचित मूल्यों पर आवश्यक वस्तुओं का आयात करना।

(स) केन्द्रीय सरकार की नीति के अनुरूप देश में मूल्य स्थिरता के लिए बफर स्टाँक बनाना।

(द) घरेलू व्यापार की देखभाल भी करना जिससे विदेशी व्यापार में वृद्धि हो।

(य) अन्तर्राष्ट्रीय व्यापार पर उचित नियन्त्रण रखना।

(र) समाजवादी तथा साम्यवादी देशों के साथ व्यापार को बढ़ाना।

(4) कार्य निष्पादन मूल्यांकन - भारत में राज्य व्यापार निगम की स्थापना को पच्चीस से अधिक वर्ष व्यतीत हो चुके हैं। इस अवधि में निगम की भारत के विदेशी व्यापार, प्रमुख रूप से समाजवादी देशों के साथ व्यापार को विकसित करने में महत्वपूर्ण भूमिका रही है। भारतीय राज्य व्यापार निगम की विगत वर्षों में उपलब्धियों तथा आधुनिक प्रवृत्तियों का विवेचन निम्न प्रकार किया जा सकता है:

(अ) निगम के कुल व्यापार में वृद्धि - विगत वर्षों में भारत के व्यापारिक देशों की संख्या तथा निर्यात आयात की जाने वाली वस्तुओं दोनों में वृद्धि हुई है। इस वृद्धि के परिणामस्वरूप राज्य व्यापार निगम का कुल व्यापार जो वर्ष 1956-57 में केवल 9.2 करोड़ रूपये था बढ़कर 1980-81 में 1,670 करोड़ रूपये हो गया। इस प्रकार इस अवधि में निगम का व्यापार 1,660.8 करोड़ रूपये बढ़ गया। इस अवधि में निगम के कुल व्यापार में 99 प्रतिशत वृद्धि हुई जो स्वयं में एक कीर्तिमान है। इसके बाद 1981-82 में आयातों में कमी के कारण निगम का कुल व्यापार कुछ कम होकर 1,654 करोड़ रूपये ही हो गया।

(ब) निर्यातों में वृद्धि - राज्य व्यापार निगम की स्थापना का प्रमुख उद्देश्य भारत के निर्यात व्यापार में वृद्धि करना था। निगम इस उद्देश्य की प्राप्ति की दिशा में निरन्तर अग्रसर है। 1956-57 में निगम का व्यापार केवल 5.8 करोड़ रूपये था जो 1981-82 में बढ़कर 503 करोड़ रूपये हो गया। इस प्रकार इस अवधि में निगम के निर्यातों में 497.2 करोड़ रुपये, अर्थात 99 प्रतिशत वृद्धि सम्भव हुई। 1980-81 की तुलना में 1981-82 में निगम के निर्यातों में 14 प्रतिशत की वृद्धि हुई। यह सुखद विषय है कि 1980-82 की अवधि में निरूत्साहित अन्तर्राष्ट्रीय माँग, अनेक उत्पादित पदार्थों के सम्बन्ध में संरक्षण की नीति, कृषि वस्तुओं के सम्बन्ध में प्रतिकूल बाजार परिस्थितियों के बावजूद निर्यातों में इतनी अधिक वृद्धि सम्भव हो सकी।

(स) गैर सारणीबद्ध निर्यातों में वृद्धि - गैर-सारणीबद्ध निर्यातों का आशय ऐसे निर्यातों से है जिनके सम्बन्ध में निगम को एकाधिकार प्राप्त नहीं है। इन निर्यातों के क्षेत्र में निगम की अधिक सफलता प्राप्त नहीं हो सकी है। निगम के गैर-सारणीबद्ध निर्यात वर्ष 1979-80 में 32 करोड़ रुपये थे जो बढ़कर 1980-81 में 45 करोड़ रुपये तथा 1981-82

में 71.3 करोड़ रूपये हो गये। एक अनुमान के अनुसार 1982-83 में निगम के गैर ..रणीबद्ध निर्यात 107 करोड़ रूपये के हो जायेंगे।

(द) निर्यातों की संरचना - निगम द्वारा किये जाने वाले निर्यातों को प्रमुख पाँच वर्गों में बाँटकर उनका अध्ययन किया जा सकता है -

(1) इंजीनियरी सामान,

(2) उपभोग की वस्तुएँ - चमड़े के जूते, ऊनी पोशाकें, विग आदि,

(3) रसायन व औषधियाँ,

(4) रेल के उपकरण, तथा

(5) ताजे फल, फलों का रस, मछलियाँ तथा चावल व दालें। तम्बाकू प्रमुख रूप से निर्यात आय का साधन है। अब तक निगम द्वारा लगभग 70 करोड़ की तम्बाकू निर्यात की जा चुकी है। इसके अतिरिक्त अन्य निर्यातों - चावल, जूट का सामान, खाद्य सामग्री, टेक्सटाइल्स तथा तैयार वस्त्रों, में भी वृद्धि हुई है। निगम द्वारा 1981-82 में 11 करोड़ रूपये की ताजी तथा विधायित सामग्री का निर्यात किया गया जो 1980-81 के 5 करोड़ रूपये की अपेक्षा 100 प्रतिशत अधिक था।

(य) निगम के आयात - निगम भारतीय औद्योगिक विकास की गति को सुचारू रूप से बनाये रखने के लिए अनेक प्रकार का पूँजीगत सामान, औद्योगिक कच्चा माल तथा दुर्लभ वस्तुएँ विदेशों से मँगवाता है। निगम द्वारा 1956-57 में केवल 3.4 करोड़ रूपये का आयात किया गया जो बढ़कर 1980-81 में 1,214 करोड़ तथा 1981-82 में कुछ कम होकर 1,130 करोड़ रूपये रह गया। इस प्रकार 1956-57 से 1981-82 की अवधि में निगम के आयातों में 1,216 करोड़ रूपये की वृद्धि हुई।

(र) मूल्यों में स्थायित्व - निगम के सुपुर्द उचित मूल्य पर आयात तथा घरेलू व्यापार का उत्तरदायित्व भी है। इस उद्धेश्य की प्रर्ति हेतु विगत वर्षो में निगम ने मूल्यों में स्थायित्व लाने का प्रयास किया है। इस सम्बन्ध में निगम ने समय समय पर अनेक कार्य-कलाप सम्पन्न किये हैं। बफर स्टॉक मूल्य स्थायित्व के लिए किया गया प्रमुख प्रयास रहा है। निगम को कच्चे जूट, लाख, तम्बाकू, छोटे रेशे की कपास के व्यापार में वांछित सफलता प्राप्त हुई है।

(ल) सम्पर्क, वस्तु विनिमय तथा समानान्तर व्यवहार - निगम द्वारा अनेक देशों में व्यापारिक क्षेत्र में अच्छी ख्याति प्राप्त करने का प्रयत्न किया गया है। इस प्रयास के अन्तर्गत निगम द्वारा अनेक देशों में विदेशी फर्मो के साथ सम्पर्क, अदल बदल तथा समानान्तर व्यवहार सम्पन्न करके निर्यातों में वृद्धि को प्रोत्साहित किया है। इस व्यवस्था के अन्तर्गत अमेरिका को वस्तुओं के बदले गलीचे, तम्बाकू तथा ऊनी वस्त्रों का निर्यात किया गया, जर्मनी को सिलाई मशीने तथा स्विट्जरलैण्ड को टाट के थैले आदि का निर्यात किया गया।

(व) सहायक संगठन - विगत वर्षो में राज्य व्यापार निगम के कार्य कलापों में अत्यन्त वृद्धि हुई है। इन कार्य कलापों में उच्च स्तर की कुशलता बनाये रखने के लिए निगम के कार्य कलापों का विकेन्द्रीकरण हुआ है। वर्तमान में निगम के निम्नलिखित प्रमुख सहायक संगठन है :

(क) भारतीय धातु व खनिज व्यापार निगम - इस सहायक संगठन की स्थापना सितम्बर 1963 में की गयी। इस निगम की स्थापना धातुओं तथा खनिज पदार्थों के निर्यात तथा अलौह धातुओं तथा अन्य कच्चे माल के आयात में सुविधा की दृष्टि से की गयी।

(ख) भारतीय हस्तकला व हाथकरघा निर्यात निगम - इस निगम की स्थापना जून 1962 में राज्य व्यापार निगम की पूर्णतः स्वामित्व वाली सहायक कम्पनी के रूप में की गयी। निगम का प्रमुख उद्धेश्य हस्तकला तथा हाथकरघा सामान का निर्यात बढ़ाना रहा है।

(ग) भारतीय परियोजना व उपकरण निगम - इस निगम की स्थापना अप्रैल 1971 में की गयी। इस निगम की स्थापना का प्रमुख उद्धेश्य विदेशों में इन्जीनियरिंग उपकरणों तथा विभिन्न परियोजनाओं के निर्माण को निर्यात करना है।

राजकीय व्यापार निगम का आलोचनात्मक मूल्यांकन

राजकीय व्यापार निगम के उपरोक्त वर्णित कार्यकलापों के विवेचन से स्पष्ट है कि भारत के निर्यात प्रोत्साहन एवं सम्पूर्ण विदेशी व्यापार की वृद्धि में निगम द्वारा उल्लेखनीय प्रगति की गयी है। विगत वर्षो में निगम द्वारा सर्वाधिक सफलता आवश्यक कच्चे माल को प्राप्त करके, इसके न्यायोचित वितरण के क्षेत्र में प्राप्त की है। निगम द्वारा न केवल निर्यातकर्त्ताओं वरन् आयाताकर्त्ताओं को भी प्राथमिकताएँ प्रदान करके सम्पूर्ण व्यापारिक आधार को सुदृढ़ किया गया है। इस सफलता के साथ साथ निगम के कार्यकलापों में अनेक दुर्बलताओं का भी विकास हुआ है। इन दुर्बलताओं तथा भविष्य में निवारण हेतु सुझावों का विवेचन निम्न प्रकार किया जा सकता है:

(1) व्यापारिक दृष्टिकोण का अभाव - राजकीय व्यापार निगम की स्थापना का प्रमुख उद्धेश्य निर्यातों को प्रोत्साहन देना एवं नवीन बाजारों की खोज करना रहा है। निगम को नवीन बाजारों की खोज में अधिक सफलता नहीं प्राप्त हुई है। इस दुर्बलता के कारण निगम निर्यातों का उचित मूल्य प्राप्त करने में भी असमर्थ रहा है। इसलिए यह आवश्यक है कि निगम द्वारा निरन्तर बाजार सर्वेक्षण आदि का कार्य किया जाय।

(2) उपभोक्ताओं के हितों की पूर्ति - निगम से यह अपेक्षा की गयी कि वह अपने कार्यकलापों की सहायता से उपभोक्ताओं की आवश्यकताओं के अनुसार समय पर उचित मूल्यो पर वांछित किस्म का माल आयात करके उपलब्ध करा सकेगी। लेकिन निगम को इस कार्य में भी असफलता ही हाथ लगी है। अतः निगम को उपभोक्ता माँगो, मूल्यों तथा आयातों के सम्बन्ध में विस्तृत सर्वेक्षण करके इस कमी को पूरा करना चाहिए।

(3) एकाधिकार का दोष - राजकीय व्यापार निगम को सराणीबद्ध निर्यातों के सम्बन्ध में एकाधिकार प्राप्त है। इस प्रकार का एकाधिकार निगम के विकास में बाधक है। अतः भविष्य में निगम को गैर सारणीबद्ध वस्तुओं के निर्यात सम्वर्द्धन के प्रयास करने चाहिए।

(4) विदेशी मुद्रा की हानि - राजकीय व्यापार निगम द्वारा व्यापारिक नियमों की अवहेलना करके अनेक बार अन्तर्राष्ट्रीय मूल्यों से कम मूल्यों पर माल बेचा गया है। इससे विदेशी मुद्रा की हानि तथा राष्ट्रीय हितों की उपेक्षा हुई है। अतः भविष्य में ऐसे कार्य नहीं किये जाने चाहिए।

(5) कार्यकलापों का अनिश्चित क्षेत्र - राजकीय व्यापार निगम की स्थापना को पच्चीस से अधिक वर्ष व्यतीत हो चुके हैं। लेकिन अभी भी निगम के कार्यकलापों का क्षेत्र अस्पष्ट है। इस कारण निगम ऐसे लाभकर व्यापार को हाथ में लेता है। जिसमें निजी व्यापारियों का अत्यधिक हस्तक्षेप होता है। अतः भविष्य में इस बात का भय है कि इन क्षेत्रों में निजी क्षेत्र आधिपत्य न जमा लें। अतः कार्यकलापों के स्पष्ट निर्धारण की आवश्यकता है।

(6) अन्य - उपरोक्त वर्णित दुर्बलताओं के अतिरिक्त भी निगम के कार्य-कलापों में अनेक दुर्बलताएँ व्याप्त है। राजकीय संस्था होने के कारण निगम की कार्य प्रणाली अधिक खर्चीली है, प्रशासनिक शिथिलता, पक्षपात तथा भ्रष्टाचार का बोलबाला है। अतः व्यापारिक संस्था होने के कारण इन दुर्बलताओं का निवारण आवश्यक है।

राजकीय व्यापार से हानियाँ

राजकीय व्यापार की नीति अपनाने से सम्बन्धित हानियों का विवेचन निम्न प्रकार हैं:

(1) सामाजिक हितों का ह्रास- प्राय जिन उद्धेश्यों को ध्यान में रखकर राजकीय व्यापार प्रारम्भ किया जाता है, भविष्य में उन उद्धेश्यों तथा सामाजिक हितों को ध्यान में रखकर इसका संचालन नहीं किया जाता है। प्रायः ऐसा देखने को मिलता है कि जब मुल्यों में बढ़ने की प्रवृत्ति दृष्टिगोचर होती है।

उस समय राजकीय व्यापार सस्ते दामों पर वस्तुएँ बेचने में असमर्थ होता है। राजकीय व्यापार निगम की स्थापना सामाजिक हितों की रक्षा करने के लिए की गयी है। लेकिन असामान्य परिस्थितियों में राजकीय व्यापार की नीति सामाजिक हितों की रक्षा के बजाय सरकारी लाभ कमाने का माध्यम बन जाता है।

(2) बेरोजगारी में वृद्धि - देश की जनसंख्या का एक भाग आन्तरिक तथा विदेशी व्यापार के संचालन में रोजगार प्राप्त किये हुए है। राजकीय व्यापार की नीति के अन्तर्गत अधिक से अधिक व्यापार राजकीय संरक्षण के अन्तर्गत आ जाता है। निजी व्यापार में आयात-निर्यात के अन्तर्गत रोजगार प्राप्त व्यक्तियों को राजकीय व्यापार के अन्तर्गत रोजगार प्रदान करना सम्भव नहीं होता है।

(3) प्रशासनिक अकुशलता - राजकीय व्यापार निगमों का संचालन लोक सेवकों द्वारा किया जाता है। इन अधिकारियों को व्यापारिक गतिविधियों में दक्षता प्राप्त हो, यह आवश्यक नहीं है। इस प्रकार व्यापार की सफलता के लिए वास्तव में जिस व्यावसायिक दक्षता का गुण प्रशासको में होना चाहिए उसका प्राय: नितान्त अभाव पाया जाता है। कईं बार ये लोग व्यावसायिक निर्णय उचित प्रकार तथा सही समय पर नहीं ले सकते हैं। जिसके कारण निगम को बजट प्रावधानों के पूरा उपभोग न कर पाने की समस्या का सामना करना पड़ता है। इसके विपरीत राजनैतिक दबाव अथवा अन्य कारणों से कई बार जल्दबाजी में ऐसे निर्णय भी ले लेते हैं जिससे निगम को हानि का सामना करना पड़ता है।

(4) बहुपक्षीय तथा स्वतन्त्र व्यापार के विरूद्ध - राजकीय व्यापार की नीति बहुपक्षीय तथा स्वतन्त्र व्यापार की नीति के भी पूर्णत: विरूद्ध है क्योंकि राजकीय व्यापार के संचालन से एक ऐसे व्यापारिक ढाँचे का निर्माण हो जाता है जो इन दोनों ही व्यापारों से तालमेल बिठाने में असमर्थ होता है। राजकीय व्यापार में बहुपक्षीय व्यापार में विसंगति से अविकसित तथा दुर्बल राष्ट्रों का शोषण होने लगता है। इस प्रकार के शोषण का उत्पादन एवं आन्तरिक व्यापार का बुरा प्रभाव पड़ता है।

(5) राजनीतिक बन्धन तथा अकुशलता - राजकीय व्यापार के अन्तर्गत लालफीताशाही आदि कुरीतियों के कारण अकुशलता में वृद्धि होती है। स्वतन्त्र व्यापार के अन्तर्गत प्रतियोगिता का गुण विद्यमान होने के कारण इस प्रकार की अकुशलता का विकास सम्भव नहीं होता है। इसके अतिरिक्त स्वतन्त्र व्यापार की नीति के अन्तर्गत राष्ट्र विश्व के किसी भी देश के साथ व्यापार करने हेतु स्वतन्त्र होता है। लेकिन राजकीय व्यापार के अन्तर्गत इस प्रकार की स्वतन्त्रता नहीं होती है। ऐसी स्थिति में राजकीय व्यापार राजनीतिक बन्धनों में बँधकर रह जाता है तथा अकुशलता का विकास होता है।

(6) स्थिर बाजार क्रियाएँ - प्राय: राजकीय व्यापार के अन्तर्गत सरकार द्वारा थोक एवं फूटकर व्यापार में क्रय विक्रय से बाजार क्रियाएँ अभावपूर्ण हो जाती है। इससे मूल्य बढ़ते हैं तथा सरकारी क्रय अनार्थिक हो जाते हैं। इसका जनता की बचत पर प्रभाव पड़ता है तथा करों के रूप में भी जनता को अधिक भार वहन करना पड़ता है।

(7) व्यक्तिगत अभिरूचि का अभाव - राजकीय व्यापार से प्राप्त लाभ पर किसी व्यक्ति विशेष का अधिकार नहीं होता है। राजकीय व्यापार के संचालन से होने वाली हानि का वहन किसी व्यक्ति विशेष को नहीं करना पड़ता है। इन दोनों ही कारणों से राजकीय व्यापार के संचालन में व्यक्तिगत अभिरूचि एवं पहल की भावना का नितान्त अभाव होता है। व्यापार, प्रमुख रूप से विदेशी व्यापार में, अधिक लाभ की सम्भावना तब ही है जब विदेशी व्यापारियों, बैंकों, बीमा कम्पनियों, वित्तीय संस्थाओं तथा जहाजरानी कम्पनियों के साथ निकट का सम्पर्क बनाये रखा जा सके।

(8) अन्य दोष - राज्य व्यापार की नीति में उपरोक्त वर्णित दोषों के अतिरिक्त भी अनेक कई दोष विद्यमान है। राजकीय व्यापार के लिए जिस समुचित संगठन की

आवश्यकता होती है। अर्द्ध-विकसित देश उसे नहीं जुटा पाते अतः नौकरशाही का विकास होता है। राजकीय व्यापार के अन्तर्गत अपनाये गये कृत्रिम कार्यकलापों से विश्व समाज को आर्थिक हानि का सामना करना पड़ता है। इसके अतिरिक्त राजकीय व्यापार में केन्द्रीयकरण सम्बन्धी प्रवृत्तियों के कारण विद्यमान दुर्बलताओं को दूर करना भी सरल नहीं है।

प्रश्न

1. मिश्रित अर्थव्यवस्था के गुण-दोषों की व्याख्या करते हुए, भारत के संदर्भ में इसके औचित्य को स्पष्ट कीजिए ।

   Mention the merits and demerits of mixed economy and justify its existence in India.

2. मिश्रित अर्थव्यवस्था क्या है ? इसके गुण-दोष समझाइये ।

   What is mixed Economy ? Explain its merits and demerits.

3. मिश्रित अर्थव्यवस्था की परिभाषा दीजिए । उसकी विशेषताओं की विशेषताओं की विवेचना कीजिए ।

   Define mixed economy. Discuss its characteristics.

4. 'मिश्रित अर्थव्यवस्था में पूँजीवाद तथा समाजवाद दोनों के गुण विद्यमान है ।' स्पष्ट कीजिए ।

   'Mixed Economy contains the features of both capitalism and socialism.' Explain it.

5. मिश्रित अर्थव्यवस्था क्या है ? यह अर्थव्यवस्था कहाँ तक पूँजीवाद एवं समाजवाद में एक अच्छा समन्वय है ?

□□□

8

प्रतिद्वन्द्वी परिस्थितियाँ
[Competitive Situations]

माँग एवं लागत विश्लेषण के पश्चात् कोई भी व्यावसायिक फर्म अपनी वस्तुओं के मूल्य निर्धारण की नीतियों को निश्चित करने का प्रयास करती है। किन्तु मूल्य निर्धारण आसान काम नहीं हैं, क्योंकि यह माँग, लागत, आय, प्रतिस्थापक तथा अभिरूचि पर निर्भर करता है। इतना हीं नहीं, प्रतिस्पर्द्धा की स्थितियाँ भी व्यावसायिक निर्णय को बहुत प्रभावित करती हैं। फलस्वरूप व्यावसायिक कार्यपालक के लिए उसके उद्योग में प्रतियोगिता की संरचना का ज्ञान होना आवश्यक हो जाता है। यद्यपि प्रतियोगी कार्यपालक कई तरीकों से अन्य व्यवसायियों का जो निकटतम ज्ञान प्राप्त करता है उनके कोई विकल्प नहीं होते। फिर भी प्रतियोगिता की विभिन्न परिस्थितियों का उल्लेख होना चाहिए। यों तो सैद्धान्तिक दृष्टि से हम लोग पूर्ण प्रतियोगिता, शुद्ध प्रतियोगिता तथा एकाधिकार का अध्ययन करते आये हैं। लेकिन ये ऐसी काल्पनिक स्थितियाँ है जो केवल व्यावहारिक स्थितियों को समझने में मदद करती हैं, उनमें लागू नहीं होती।

व्यवहार में कुछ ऐसी बाजार की स्थितियाँ होती हैं जो कि इस सैद्धान्तिक विश्लेषण से भिन्न होती है और ये परिस्थितियाँ पूर्ण प्रतियोगिता तथा एकाधिकार के बीच में कहीं न कहीं होती है। अत: इस अध्याय में इन सभी सैद्धान्तिक एवं व्यावहारिक स्थितियों का वर्णन संक्षेप में किया जायगा।

प्रतिस्पर्द्धात्मक स्थितियों के प्रकार
(KINDS OF COMPETITIVE SITUATIONS)

प्रतियोगिता कई प्रकार की हो सकती है। प्रतियोगितापूर्ण संरचना का कोई भी **वर्गीकरण** आवश्यक रूप में इसके प्रयोग पर निर्भर करता है। **क्लेयर बिलकोक्स** के **अनुसार ऐसे** अध्ययन का उद्देश्य प्रतियोगिता के सामान्य विचारों का प्रयोगिक अध्ययन से

सम्बन्ध स्थापित करना है और इस सम्बन्ध में उन्होंने बाजार का निम्नलिखित वर्गीकरण किया है:

1. पूर्ण प्रतियोगिता (Perfect Competition),
2. शुद्ध प्रतियोगिता (Pure Competition),
3. अपूर्ण प्रतियोगिता (Imperfect Competition),
4. विभेदपूर्ण प्रतियोगिता (Discriminatory Competition),
5. अनुचित एवं उ़चित प्रतियोगिता (Unfair and Fiar Competition),
6. सम्भाव्य प्रतियोगिता (Potential Competition),
7. प्रभावपूर्ण प्रतियोगिता (Effective Competition),
8. विनाशकारी प्रतियोगिता (Destructive Competition),
9. एकाधिकार (Monopoly),
10. विभेदात्मक एकाधिकार (Discriminatory Monopoly),
11. द्विपक्षीय एकाधिकार (Bilateral Monopoly),
12. एकाधिकृत प्रतियोगिता (Monopolistic Competition),
13. द्वयाधिकार (Doupoly)
14. अल्पाधिकार (Oligopoly)

1. पूर्ण प्रतियोगिता (Perfect Competition)

"पूर्ण प्रतियोगिता" उस बाजार की स्थिति को कहा जाता है जहाँ बड़ी संख्या में क्रेता एवं विक्रेता हों, एक ही प्रकार की वस्तु हों, संगठित बाजार हों तथा इसमें प्रतियोगियों की प्रविष्टि एवं निष्कासन अनियन्त्रित हों।" इस परिभाषा से पूर्ण प्रतियोगिता की निम्नलिखित विशेषताएँ परिलक्षित होती हैं ।

1. जिस वस्तु का क्रय विक्रय होता है उसकी कुल मात्रा इतनी अधिक हो तथा वस्तु की प्रत्येक इकाई एक जैसी ही हो जिससे शीघ्रता से क्रेता एक विक्रेता से दूसरे विक्रेता की ओर कम कीमत का लाभ उठाने के लिए स्थानान्तरण करे।
2. जिस बाजार में वस्तु खरीदी जाय तथा बेची जाय वह संगठित हों, अर्थात् क्रय-विक्रय निरन्तर होता रहे और व्यापारी इतनी अधिक सूचना प्राप्त करते हों कि प्रत्येक इकाई एक समय पर एक ही कीमत पर बिके।
3. विक्रेता संख्या में काफी अधिक वृद्धि तथा प्रत्येक विक्रेता पूर्ति के कुल उत्पादन की दृष्टि में इतना सुक्ष्म हो कि उसके उत्पादन की वृद्धि एवं कमी से बाजार कीमत पर कोई असर न पड़े। इसी तरह क्रेता भी इतने अधिक हों कि एक क्रेता अगर अपनी वस्तु की खरीद में कमी या वृद्धि करे तो कुल माँग और कीमत पर कोई असर न पड़े। इन परिस्थितियों में जो विक्रेता बाजार स्तर से अपनी कीमत ऊँची रखता है तो वह कुछ भी नहीं बेच पायेगा तथा जो भी क्रेता इस स्तर से नीची कीमत लेता है वह इतना अधिक बाजार

अपने अधिकार में कर लेगा कि उसके पास सारे बाजार के माँग की पूर्ति करने की क्षमता ही न रहेगी। इसका परिणाम यह होता है कि कोई भी विक्रेता बाजार की कीमत नहीं ले सकता और दी हुई कीमत पर ही वह अपनी क्षमतानुसार उत्पादन का विक्रय कर सकता है। एक बात ध्यान देने योग्य है कि पूर्ण प्रतियोगिता में जो कीमत निर्धारित होती है वह कुल माँग एवं कुल पूर्ति की शक्तियों द्वारा होती है। प्रत्येक फर्म अपने उद्योग में व्याप्त माँग पूर्ति के द्वारा स्थापित साम्य (Equilibrium)पर जो मूल्य निश्चित होता है उसका अनुसरण करता है। उसका अपना कोई स्वच्छन्द मूल्य निर्णय नहीं होता।

4. किसी भी विक्रेता या क्रेता की स्वतन्त्रता पर रीति-रीवाज, प्रसंविदे, गुटबन्दी, धमकी तथा सार्वजनिक नियन्त्रण द्वारा रूकावट नहीं होनी चाहिए। प्रत्येक अपने हित को बढ़ाने के लिए कोई भी काम स्वच्छन्दतापूर्वक कर सकता है।

5. बाजार मूल्य कोई खास समय में तो एक ही रहे किन्तु समय में परिवर्तन के अनुसार निरन्तर पूर्ति एवं माँग के परिवर्तन के अनुसार कम या अधिक होता रहे। इतना ही नहीं एक उद्योग से दूसरे उद्योग, एक वस्तु से दूसरी वस्तु तथा एक फर्म से दूसरी फर्म की ओर पूँजी के स्थानान्तरण पर भी कोई रोक न हो। असफल प्रतिष्ठानों से शीघ्रताशीघ्र विनियोग को हटाया जाना चाहिए जिससे कि अन्य लाभदायक क्षेत्रों में उसका प्रयोग हो सके।

6. बाजार में प्रवेश अथवा निष्कासन पर किसी प्रकार की रोक न हो। सभी विक्रेताओं तथा क्रेताओं, चाहे वे देशी हों या विदेशी, उनको बाजार में पहुँचने में कोई बाधा नहीं होनी चाहिए। दूसरी ओर अगर कोई फर्म दिवालिया हो जाय या वह उत्पादन तथा विक्रय अपनी अयोग्यता के कारण दी हुई कीमत पर न कर सके तो उसके निष्कासन को नहीं रोकना चाहिए।

सामान्यत: पूर्ण प्रतियोगिता के अन्तर्गत कीमत पूर्ति एवं माँग के नियम के द्वारा उस बिन्दु पर निर्धारित होती है जहाँ ये दोनों शक्तियाँ साम्य पर होती है। इसे चित्र 1 के द्वारा समझा जा सकता है। इस चित्र में 'E' बिन्दु पर माँग एवं पूर्ति की रेखाएँ एक दूसरे को काटती हैं और साम्य की स्थिति पैदा करती है जहाँ पर OQ मात्रा का विक्रय OP कीमत पर होता है।

चित्र–1

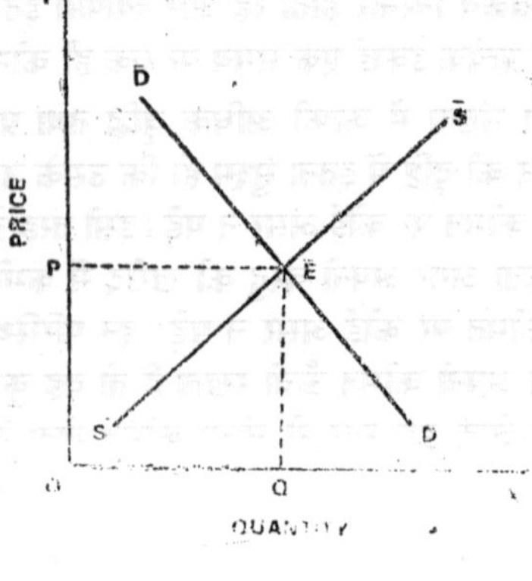

मूल्य व मात्रा में परिवर्तन (Changes in Price and Quantity) - साम्य में माँग एवं पूर्ति की शक्तियों में परिवर्तन के परिणामस्वरूप मूल्य में भी परिवर्तन आते हैं। ये परिवर्तन की स्थितियाँ माँग की लोच पर भी निर्भर करती हैं। उदाहरण के लिए, यदि माँग पूर्ण लोचदार हो तो उपभोक्ता तुरन्त मूल्य परिवर्तन के प्रति अपनी प्रतिक्रिया व्यक्त करेंगे जिससे अगर किसी वस्तु की कीमत बढ़ा दद्ध जाती है तो उसका क्रय घट जायेगा और अगर कीमत कम सतर पर कर दी गयी है तो क्रय की मात्रा बढ़ जायगी। अत: यहाँ पर लोच का प्रत्यक्ष असर कीमत पर न होकर वस्तु की मात्रा पर होता है। किन्तु यदि माँग बेलोचदार है तो समायोजन मुख्यतया कीमत में होगा।

इसी प्रकार अगर विक्रेता कीमत में अल्प वृद्धि पर भी शीघ्रताशीघ्र अपनी उत्पादन की मात्रा को बढ़ा देते हैं अथवा कीमत गिरने पर उत्पादन घटा लेते हैं तो माँग के अनुसार समायोजन अधिकाशत: पूर्ति की मात्रा में ही किया जाता है। लेकिन यदि कोई विक्रेता कीमत के प्रति संवेदनशील न हो अर्थात् उनकी पूर्ति बेलोचदार हो तो माँग में परिवर्तन के अनुसार कीमत में ही समायोजन किया जायगा। इस स्थिति के आधार पर कुछ सामान्य नियम बनाये जा सके हैं जिससे व्यावसायिक निर्णय लेने में सहायता मिलेगी:

1. माँग में वृद्धि होने से कीमत में वृद्धि होती है तथा माँग में कमी आने से कीमत में कमी आती है।

   इसे चित्र 2 द्वारा समझा जा सकता है। इसमें D माँग वक्र में वृद्धि को इंगित करते हुए दांयी ओर बढ़ता है और नयी माँग वक्र D'D' का निर्माण करता है। फलस्वरूप कीमत OP से बढ़कर OP_1 हो जाती है तथा विक्रय भी OQ से बढ़कर हो जाता है।

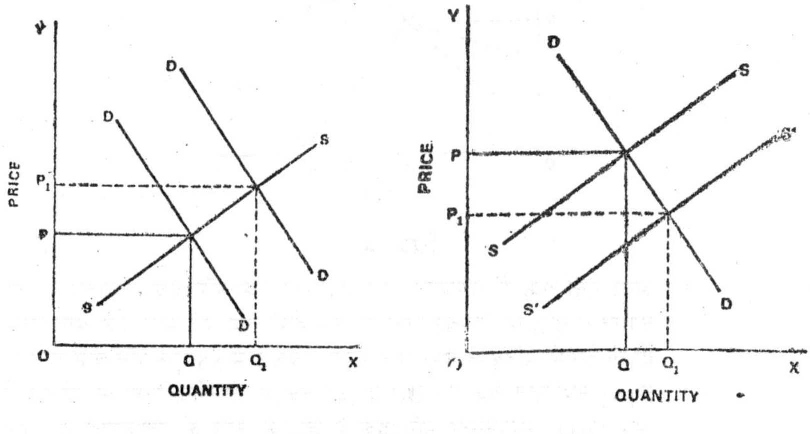

चित्र -2 और चित्र -3

2. पूर्ति में वृद्धि से कीमत गिरती है तथा पूर्ति में कमी से कीमत बढ़ती है। उदाहरणार्थ, चित्र 3 में पूर्ति वक्र पूर्ति में वृद्धि को बतलाते हुए SS से S'S' की ओर जाता है। इसका परिणाम यह हुआ कि कीमत OP से घटकर OP_1 हो गयी तथा विक्रय OQ से बढ़कर OQ_1 हो गया है।

3. माँग वक्र दिये हुए परिवर्तन पर कीमत में कम वृद्धि अथवा गिरावट होती है अगर पूर्ति वक्र में लोच हो तो।

दूसरी ओर यदि पूर्ति वक्र बेलोचदार हो तो कीमत में गिरावट एवं वृद्धि दोनों ही अधिक होगी। पुनः यदि कीमत में वृद्धि अधिक हो तो विक्रय में वृद्धि कम होगी और अगर कीमत में वृद्धि कम हो तो विक्रय में वृद्धि अधिक होगी। चित्र 4 के द्वारा इसे समझाया जा सकता है। माँग वक्र DD से बढ़कर D_1D_1 हो जाता है। पूर्ति वक्र SS जाह्य कि ढलूआ है लोचहीनता का द्योतक है। दूसरा पूर्ति वक्र S_1S_1 कम ढलुआं है जो लोच को बदलता है। दोनों ही पूर्ति वक्र मूल माँग वक्र को DD बिन्दु E पर काटते हैं जिसका अर्थ होता है कि माँग में परिवर्तन के पहले कीमत OP थी। पूर्ति वक्र SS माँग वक्र D_1D_1 को E_1 बिन्दु पर काटता है जिससे OP_1 कीमत निर्धारित होती है। S_1S_1 पूर्ति वक्र नये माँग वक्र D_1D_1को बिन्दु E_2 पर काटता है और OP_2 कीमत देता है जो कि OP_1 से कम है।

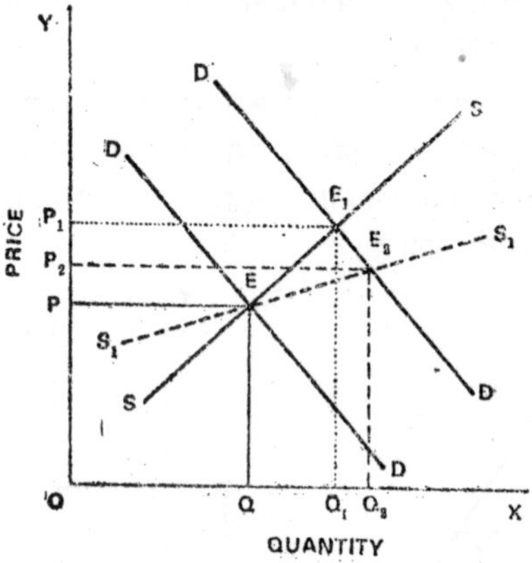

चित्र –4

4. अगर पूर्ति वक्र में परिवर्तन दिया हुआ हो तथा माँग वक्र लोचदार हो तो कीमत में वृद्धि या गिरावट दोनों ही कम होगी तथा यदि माँग वक्र बेलोचदार हों तो इसकी प्रतिकूल परिस्थिति होगी। चित्र 5 में SS मूल पूर्ति वक्र है तथा S_1S_1 नया पूर्ति वक्र है। DD ढलूआं वक्र है जो लोचहीनता का द्योतक है और D_1D_1 समानान्तर माँग वक्र है जो कि लोच को दिखलाता है। मूल साम्य कीमत OP है क्योंकि SS वक्र DD तथा D_1D_1 को E बिन्दु पर काटता है। पूर्ति वक्र के परिणामस्वरूप S_1S_1 वक्र D को E_2 बिन्दु पर काटता है जिससे OP_2 साम्य कीमत कीमत निर्धारित होती है। लेकिन S_1S_1 वक्र D_1D_1 वक्र को E_1 बिन्दु पर काटता है और OP1कीमत निर्धारित करता है जो कि OP_2 से ऊँची है।

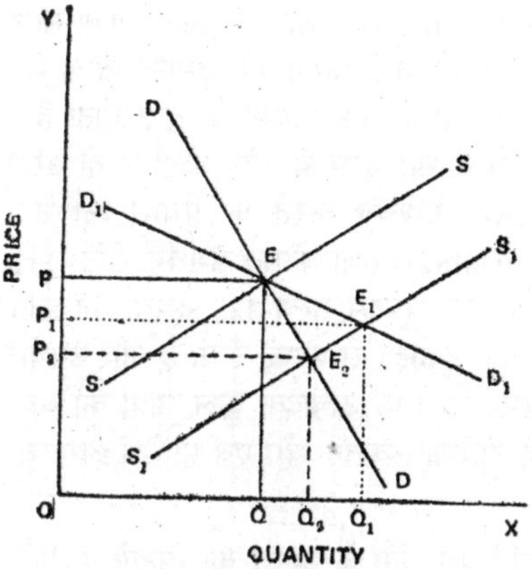

चित्र -5

5. अगर माँग एवं पूर्ति दोनों में वृद्धि होती हैस तो बिक्री में निश्चित रूप से वृद्धि होती है लेकिन कीमत में वृद्धि भी हो सकती है और नहीं भी।

कीमत में तभी वृद्धि होगी जबकि माँग पुरानी कीमत पर पूर्ति से अधिक हो जाती है। उदाहरण के लिए चित्र 6 में माँग DD से बढ़कर D_1D_1 हो जाती है तथा पूर्ति SS से बढ़कर S_1S_1 हो जाती है किन्तु चूँकि माँग में परिवर्तन पूर्तिं में परिवर्तन से अधिक हैं इसलिए कीमत बढ़कर OP से OP_1 हो गयी तथा विक्रय की मात्रा भी OQ से बढ़कर OQ_1 हो गयी तथा नया साम्य बिन्दु E_1 हुआ। दूसरी ओर, यदि पूर्ति की मात्रा पुरानी कीमत पर माँग से अधिक है तो कीमत में गिरावट आयगी। चित्र 7 में DD माँग बढ़कर D_1D_1 हो जाती है तथा पूर्ति SS बढ़कर S_1S_1 हो जाती है लेकिन पूर्तिं में वृद्धि माँग में वृद्धि से अधिक है अतः कीमत OP से घटकर OP_1 हो गयी है। जबकि विक्रय की मात्रा OQ से बढ़कर OQ_1 हो गयी है और साम्य बिन्दु E_1 है।

चित्र—6

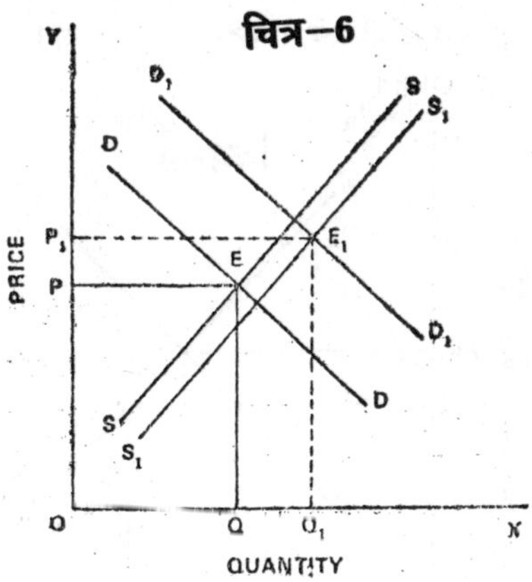

चित्र—7

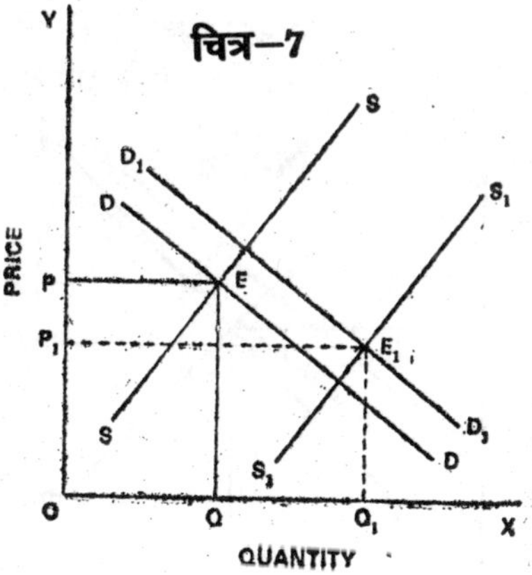

नियन्त्रित मूल्य (Controlled Prices) - प्राय: राज्य साम्य स्तर से ऊपर या नीचे कीमत निश्चित करने के लिए कीमत निर्धारण की सामान्य क्रिया में हस्तंक्षेप करता है। ऐसा कृत्रिम मूल्य निर्धारण विस्तृत प्रशासनिक नियमों के द्वारा होता है। अब हम यह देखें कि अगर सामान्य साम्य बिन्दु से कीमत ऊपर या नीचे होती है तो उसका क्या परिणाम होगा? साम्य स्तर से ऊपर कीमत निश्चित करते के प्रयास का उदाहरण न्यूनतम कानून (Minimum Wage Legislation) तथा कीमत समर्थन नीति (Price Support Policy) है। जब सरकार किसी वस्तु का न्यूनतम मूल्य 125 रूपये प्रति इकाई निर्धारित करे तो यह साम्य कीमत (100 रूपये प्रति इकाई) से काफी ऊँची है और उपभोक्ता इस वस्तु के उपयोग को कम करेंगे। दूसरी तरफ, वस्तु के उत्पादक कुल मात्रा को बढ़ायेगें क्योंकि उन्हें ऊँची कीमत मिल रही हैं। इसके परिणामस्वरूप माँग एवं पूर्ति में असाम्य होता है जिसे दूर करने के दो ही उपाय है:

1. सरकार पूर्ति एवं माँग के अन्तर को मिटाने के लिए वस्तु की काफी मात्रा खरीद ले, तथा
2. सरकार उत्पादकों को कह सकती है कि वे अपनी उत्पत्ति को घटायें। ऐसा एक बार अमरीका की सरकार ने गेहूँ की कीमत के समर्थन में किया था।

यदि साम्य बिन्दु के नीचे अधिकतम कीमत निश्चित करने के प्रयास किये जाते हों - जैसे कि चीनी और इस्पात पर मूल्य नियन्त्रण - तो भी निर्णय लेना एक कठिन कार्य होता है। उदाहरण के लिए, यदि चीनी की साम्य कीमत 2.50 रूपये प्रति किलोग्राम है किन्तु नियन्त्रित मूल्य 2 रूपये 15 पैसे प्रति किलोग्राम हो तो उत्पादक पूर्ति की मात्रा को कम कर देंगें जिससे अधिकांश उपभोक्ता असन्तुष्ट रह जायेंगे। तब समस्या यह उठती है कि चीनी किसे मिलनी चाहिए? सीमित पूर्ति के कारण माँग काफी है। विक्रेता उपभोक्ताओं के बीच पूर्ति के मामले में पक्षपात करने लगेंगे। इस परिस्थिति में भी सरकार के सामने दो ही विकल्प हैं :

1. राशनिंग (Rationing) लागू करना

2. चीनी उत्पादकों को 35 पैसे प्रति किलोग्राम की सहायता देना जिससे कि कम कीमत के कारण हुए घाटे की क्षतिपूर्ति की जा सके और चीनी का उत्पादन बढ़े। इन दोनों परिस्थितियों को चित्र 8 और चित्र 9 के द्वारा समझाया गया है।

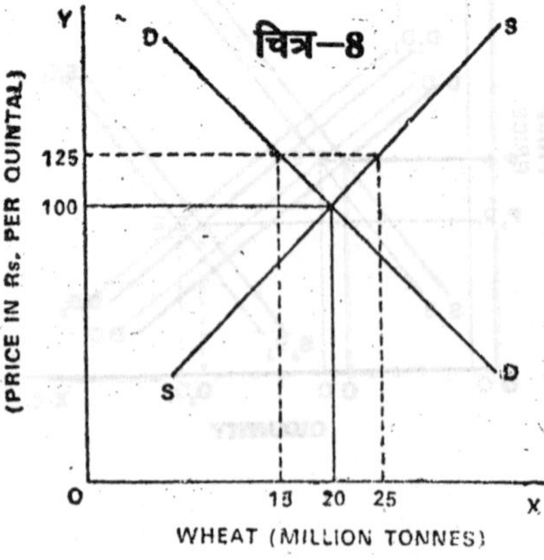

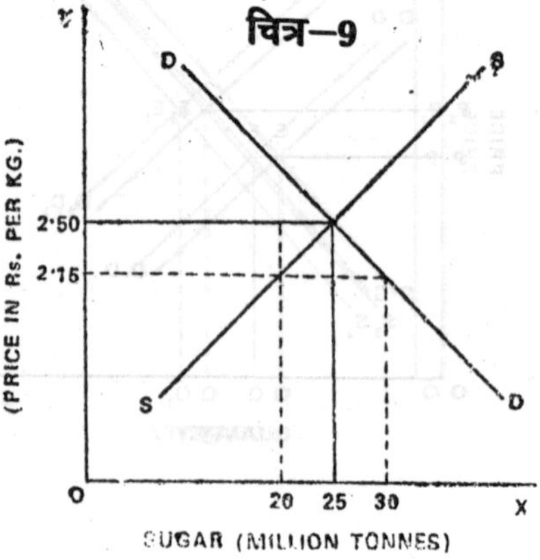

समय तत्व का प्रभाव (Effect of Time Element) – समय का प्रभाव मूल्य निर्धारण पर बहुत पड़ता है। अतः इसका अध्ययन जरूरी होता है। समय का असर माँग और पूर्ति दोनो ही शक्तियों पर पड़ता है। माँग पक्ष में समयान्तर में लोगों की आय, अभिरूचि तथा अधिमान में परिवर्तन होता है। इसी प्रकार पूर्ति में भी समय उत्पादन के आकार प्रकार तथा लागत में परिवर्तन लाता है जिसका प्रत्यक्ष परिणाम यह होता है कि कीमत बदलती है। फिर भी यहाँ पर अधिक विश्लेषण पूर्ति पर प्रभाव का ही किया जायेगा। सुविधा की दृष्टि से यह अच्छा होता है कि समय के महत्व की विवेचना करने के लिए **प्रो. मार्शल** की विचारधारा को आधार बनाया जाय। उनके अनुसार समय तीन तरह का होता है:

1. अतिअल्प काल (Market Period)
2. अल्पकाल (Short Period)
3. दीर्घकाल (Long Period)

मार्शल ने ऐसा सोचा था कि अति अल्पकाल सिर्फ एक दिन या कुछ दिनों का ही होता है। इस काल की विशेषता यह होती है कि अति अल्पकाल होने के कारण वस्तु की पूर्ति विद्यमान स्टॉक तक ही सीमित होती है अथवा अगर कहीं दूसरे निकट स्थान में पूर्ति के अस्तित्व का ज्ञान है तो उसकी गिनती की जा सकती है। रेखीय दृष्टि से पूर्ति वक्र खड़ा होता है जो यह बतलाता है कि कीमत कुछ भी हो, पूर्ति स्थिर है।

किन्तु अति अल्पकाल में पूर्ति वक्र सभी परिस्थितियों में लागू नहीं होता है। यह उन नाशवान वस्तुओं में विशेष महत्व रखता है जिनका अधिक दिन तक भण्डार नहीं रखा जा सकता और जिनकी माँग अल्पकालीन परिवर्तनों से प्रभावित होती है। उदाहरणार्थ, किसी शहर में गर्मी की किसी सुबह में बर्फ की पूर्ति स्थिर है। अब यदि अप्रत्याशित ताप में वृद्धि के कारण माँग में वृद्धि हो जाती है तो उस दिन बर्फ की पूर्ति पर कोई प्रभाव नहीं पड़ेगा।

अल्पकाल की परिभाषा देते हुए मार्शल ने कहा कि ''यह वह काल होता है जो कि चालू उत्पादन में वृद्धि या कमी के द्वारा वस्तु की पूर्ति में परिवर्तन लाने के लिए पर्याप्त होता है।'' लेकिन यह काल इतना लम्बा न हो कि संयन्त्र को बढ़ाया जा सके। दूसरे शब्दों में, अल्पकालीन लागत वक्र जैसा ही रहता है। यहाँ पर पूर्ति वक्र कुछ ढलुआँ होगा जो कि बायें से दायें जाता है और बताता है कि ज्यों ही कीमत ऊँची होती है, पूर्ति बढ़ती है।

दीर्घकाल को परिभाषित करते हुए प्रो. मार्शल कहते हैं कि इस अवधि में अतिरिक्त संयन्त्रों का निर्माण हो सकता है। फसल के लिए अतिरिक्त भूमि साफ किया जा सकता है। पुरानी मशीन तथा कारखानों को बन्द किया जा सकता उनके स्थान पर नया निर्माण हो सकता है। दूसरे शब्दों में, उत्पादन का आकार कैसी कठिनाई के बदला जा सकता है। फलतः दीर्घकाल में पूर्ति वक्रों में कम ढल की प्रवृत्ति होती है।

माँग व पूर्ति वक्र (Demand and Supply अब विभिन्न काल में अगर माँग में परिवर्तन दिया हुआ हो तो पूर्ति में परिव मस्वरूप मूल्य पर क्या असर होगा – इसे जाना जा सकता है। अति माँग में वृद्धि कीमत में तात्कालिक वृद्धि देगी क्योंकि पूर्ति में वृद्धि नही इससे अल्पकाल में उत्पादन कुछ अधिक होगा तथा ज्यों ही कोई फर्म करती है, तो कीमत में कमी आयेगी। इसके पश्चात चूँकि अधिक पूँजी जाता है तो उत्पादन में पुनः वृद्धि

होगी और कीमतें गिरेंगी। इसके विपरीत, माँग वक्र में अगर परिवर्तन गिरावट की ओर हो तो पूर्ति की हुई मात्रा पर तुरन्त असर नहीं पड़ेगा लेकिन कीमत तीव्रता से गिरेगी। किन्तु इसके बाद कीमत उठ सकती है क्यो कि कीमत अल्पकाल में फर्म उत्पादन को कम करेगी। दीर्घकाल में फर्म अपने संयन्त्र के ज्यादा लाभदायक प्रयोगों को देखेगा और यह निर्णय लेगा कि पूँजी संयन्त्र को, जब यह घिसता है, तब इसे विस्थापित नहीं किया जायेगा जिससे कुल उत्पादन फिर घटेगा एवं कीमत में पुनरूस्थान आयेगा। इसे संलग्न चित्र 10 द्वारा समझा जा सकता है D मछली की माँग को बतलाती है जबकि S, S_2 तथा क्रमशः अति अल्पकाल, अल्पकाल तथा दीर्घकाल का पूर्ति वक्र है। अब यदि मछली की माँग D से बढ़कर D_1 हो जाती है तो तात्कालिक परिणाम यह होगा कि मछली की पूर्ति तो नहीं की जा सकती इसलिए एक अतिअल्पकालीन साम्य OP_1 बिन्दु पर होगा।

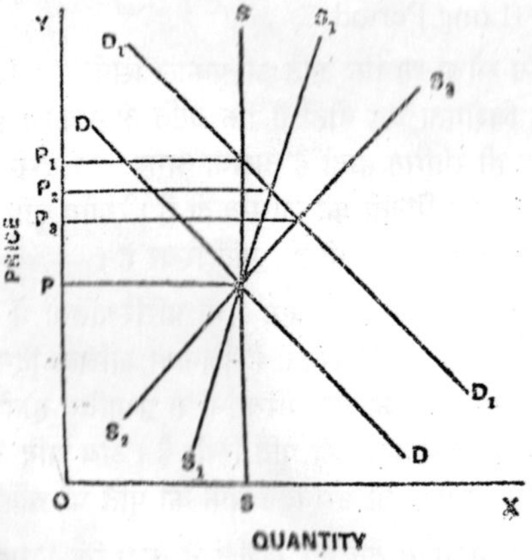

चित्र 10

अल्पकाल में मछली की पूर्ति को बढ़ाया जा सकता है क्योंकि वर्तमान मछली पकड़ने के साधनों जैसे नाव, जाल, अधिक काम के घण्टों को अपनाया जा सकता है। इसका प्रत्यक्षअसर कीमत में गिरावट होगी और कीमत OP_2 हो जायेगी।

दीर्घकाल में पूर्ति को पूर्णतः माँग स्थितियों के अनुसार समायोजित किया जा सकता है। ...नों को आकर्षित किया जा सकता है। नयी नावों, जालों तथा अन्य साधनों का उत्पादन किया ...ता है तथा उन्हें महली पकडनें के काम में लाया जा सकता हैं। अतः पूर्ति में और भी ...गी एवं दीर्घकालीन साम्य उस कीमत पर होगा जो कि पूर्व कीमतों से कम होगी।

उत्पत्ति ...

...(Output Decision) – कोई भी व्यवसायी अपने उत्पादन को तब तक बढ़ाता जाय... कि उसकी लागत में वृद्धि कीमत में वृद्धि से कम होगी। इस सम्बन्ध में वह उपभो... ...तों के अनुसार काम करता है हालांकि उसका उद्धेश्य केवल उसके लाभ को ...रना होता है। वह तब तक अतिरिक्त श्रमिक रखता जायगा तथा अतिरिक्त क... ...ता जायगा जब तक कि इन दोनों की लागत उसकी

उत्पत्ति की प्रति इकाई की अतिरिक्त आय से कम है। यहाँ वह श्रम एवं कच्चे माल के विक्रेता के हितों के अनुसार काम करता है। हालाँकि उद्धेश्य अधिकतम लाभ ही होता है। इस प्रकार व्यवसायी यद्यपि कोई वस्तु मुफ्त नहीं देता अपितु अपना लाभ अधिकतम करने के लिए साधनों के वितरण के समय उपभोक्ताओं एवं साधनों के स्वामियों के हितों को सदैव ध्यान में रखता है।

कोई फर्म अल्पकाल में विभिन्न कीमतों पर कौन-सी मात्रा बिक्री करेगी यह उसकी लागत की स्थिति (Cost Condition) पर निर्भर करता है। कोई भी फर्म जिसकी कीमत प्रति इकाई न्यूनतम परिवर्तनशील लागत से कम है तो फर्म को बन्द होना है। इस बिन्दु को 'उत्पादन बन्द करों' (Shut Down Point) कहा जाता है। ऐसी स्थिति में उत्पादन करना अल्पकाल में भी हानिकारक है क्योंकि आय लागत से कम है। हालाँकि अल्पकाल में सामान्य कुल लागत उत्पादन के निर्णय में कोई महत्वपूर्ण बात नहीं होगी क्योंकि स्थिर लागत, जो कि औसत कुल लागत का ही एक हिस्सा होती है, उत्पादन बन्द करने के निर्णय से प्रभावित नहीं होती है।

अब प्रश्न यह उठता है कि क्या यह वांछनीय होगा कि घाटे की स्थिति में भी उत्पादन को चालू रखा जाय? अल्प समय में फर्म घाटे पर उत्पादन करना भी कभी कभी उचित समझती है जिससे कि हानि को न्यूनतम किया जा सके। इसका कारण यह है कि हर हालत में फर्म को स्थिर लागत लगानी ही पड़ती है। अल्पकाल में, ब्याज जैसी कुछ लागतें स्थिर होती हैं, वे तो फर्म को देनी ही होगी चाहे वह उत्पादन करे या न करे। उदाहरण के लिए, यदि किसी फर्म की स्थिर लागत 1,00,000 रूपये प्रतिमाह है तो उत्पादन बिल्कुल बन्द करने से शत-प्रतिशत हानि साहसी को सहनी होगी।

इन परिस्थितियों में, यह स्पष्ट प्रतीत होता है कि अगर कोई फर्म अपनी परिवर्तनशील लागत उत्पादन के विक्रय से वसूल कर कुछ भी बचा लेती है तो उससे इस 1,00,000 रूपयें को कद्र करने में मदद मिलती है। मान लें कि किसी वस्तु की कीमत 100 रूपये प्रति इकाई है और उत्पादन 10,000 इकाई है और औसत परिवर्तनशील लागत 95 रूपये है तो फर्म की कुल परिवर्तनशील लागत 9,50,000 हुई और उसका विक्रय 10,00,000 रूपये है जबकि कुल लागत 9,50,000 + 1,00,000 = 10,50,000 रूपये हैं। इस हालत में उत्पादन करने से यद्यपि उसे हानि हुई लेकिन यह हानि 50,000 रूपये कम हुई है। यदि वह बिल्कुल उत्पादन न करती तो पूरे एक लाख रूपये का घाटा इसे होता। अतत्न यह फर्म चाहेगी कि घाटे पर भी अगर कुछ दिन फर्म चले तो ठीक है ।

लेकिन यदि वस्तु की कीमत घटकर 95 रूपये प्रति इकाई ही हो जाती है तो वैसी हालत में स्थायी लागत से सम्बन्धित हानि की कुछ भी क्षतिपूर्ति नहीं हो पा रही है। अत: फर्म आगे उत्पादन के लिए उदासीन (Indifferent) रहेगी और वह यह भी सोच सकती है कि अब उत्पादन न किया जाय। पुन: यदि कीमत गिरकर 90 रूपये प्रति इकाई हो जाय तो निश्चित रूप से फर्म को बन्द करना होगा।

उपरोक्त विश्लेषण से यह पता चलता है कि 'उत्पादन बन्द करो' बिन्दु वहाँ होता है जहाँ औसत परिवर्तनशील लागत, औसत आय के बराबर होती है।

पारस्परिक सम्बन्धित मूल्य (Mutually Related Prices) - अब तक किसी एक समय में एक वस्तु का क्या मूल्य होना चाहिए इसके बारे में देखा गया। लेकिन वास्तव में एक ही वस्तु अर्थव्यवस्था में नहीं होती अपितु एक से अधिक वस्तुएँ होती है। किसी एक वस्तु का मूल्य अन्य वस्तुओं के मूल्यों से प्रभावित होता है। अन्य मूल्य विश्लेषण में तभी आते हैं जबकि माँग तथा पूर्ति वक्रों की आकृति और स्थितियों को निश्चित किया जाना हो। ज्यों ही यह मान लिया जाता है कि अन्य मूल्य समान रहें तो पारस्परिक मूल्यों की उपस्थिति मालूम पड़ती है। इसके अतिरिक्त, केवल उन्हीं वस्तुओं के मूल्यों पर ध्यान दिया जाता है जो कि किसी विश्लेषण से सम्बन्धित होती है। इस प्रकार का विश्लेषण आंशिक साम्य सिद्धान्त (Partial Equilibrium Theory) कहलाता है।

लेकिन वस्तुतः मूल्य पारस्परिक रूप से निर्भर (Interdependent or Mutually Related) होते हैं। वस्तुओं की माँग, पूर्ति एवं विक्रय सर्वदा अन्तर्सम्बन्धित हैं। इस प्रकार का अन्तर्सम्बन्ध फर्मों के द्वारा किये जाने वाले विकल्पों से सम्बन्धित साधनों के क्रय एवं वस्तुओं के विक्रय में देखे जा सकते हैं। इस प्रकार के मूल्य का अध्ययन सामान्य साम्य सिद्धान्त (General Equilibrium Theory) के द्वारा सम्भव है।

मूल्यों के अन्तर्सम्बन्ध को सरल रूप से समझने के लिए सम्बधित वस्तुओं के मूल्यों के बीच सम्बन्ध का विश्लेषण करना पड़ता है। इसके पश्चात् दो बाजारों के बीच साम्य का वर्णन होता है। तत्पश्चात् पूर्ण प्रतियोगिता के सभी बाजारों में व्याप्त मूल्यों के सामान्य साम्य के सरल रूप को प्रस्तुत किया जाता है।

(1) दो वस्तुओं के मूल्यों के बीच सम्बन्ध (Relations between the prices of two commodities)- वस्तुएँ तथा सेवाएँ या तो एक दूसरे का विकल्प होती हैं अथवा पूरक। लेकिन सामान्यतः सम्बन्ध विकल्प का ही होता है। पूरक वस्तुएँ यत्र तत्र समूहों में पायी जाती है या संकीर्ण। यदि परिभाषाएँ संकीर्ण हों तो पूरक सम्बन्ध व्यापक होता है। पुनः यदि परिभाषाएँ विस्तृत होती हो तो पूरक सम्बन्ध समाप्त हो जाता है और सभी वस्तुएँ विकल्प होती हैं। दो सम्बन्धित वस्तुओं के मूल्यों के बीच का सम्बन्ध बहुत ही जटिल होता है। चूँकि वस्तुएँ माँग एवं पूर्ति दोनों ही के मामले में विकल्प या पूरक नहीं हो सकती हैं इसलिए इन सम्बन्धों को निम्न चार भागों में बाँटा जाता है।

(i) वस्तुएँ माँग पक्ष में विकल्प हों,

(ii) माँग पक्ष में वे पूरक हों,

(iii) पूर्ति पक्ष में वे विकल्प हों, और

(iv) पूर्ति पक्ष में वे पूरक हों।

(i)**माँग पक्ष में विकल्प वस्तुएँ** - जब दो वस्तुएँ क्रेताओं के लिए विकल्प हों तो उनमें से एक के मूल्य में वृद्धि होने से दूसरी वस्तु के मूल्य में भी वृद्धि होती है। माना कि दोनों वस्तुओं के लिए A और B बाजार हैं। दोनों ही बाजार साम्य की अवस्था में है। स्पष्ट रूप से यदि दोनों ही वस्तुओं की माँग बढ़ती है तो उनके मूल्य बढ़ेगे। लेकिन यदि केवल एक ही माँग बढ़ती है जिससे A के मूल्य में वृद्धि होने से B की माँग का विस्तार होता है

और फलत: B के मूल्य में भी वृद्धि होती है। फिर यह भी मानें कि A और B माँगों में प्रारम्भिक परिवर्तन नहीं होता है। यह भी मानें कि व्यवधान पूर्ति पक्ष से होता है। कल्पना कीजिए कि A की पूर्ति बढ़ती है जिससे A का मूल्य बढ़ता है B की माँग A के मूल्य तथा अन्य बातो पर निर्भर होने के कारण बढ़ती है और B का मूल्य भी तदनुसार बढ़ता है।

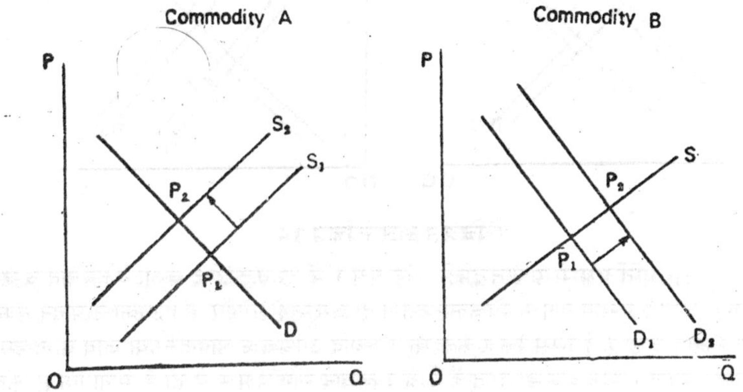

चित्र 11 और चित्र 12

चित्र 11 एवं 12 विकल्पों के मूल्यों के एक साथ बढ़ने की प्रवृत्ति को प्रदर्शित करते हैं चाहे माँग में प्रारम्भिक परिवर्तन न भी हुए हों। चित्र 11 दिखलाता है कि किस प्रकार पूर्ति में S_1 से S_2 कमी होने से A वस्तु की साम्य कीमत बढ़ जाती है। चित्र 12 में माँग को बढ़ाकर D_1 से D_2 करने से B वस्तु का मूल्य बढ़ता है। B वस्तु के लिए D_1 माँग बक्र A वस्तु के P_1 से सम्बन्धित है। इसी प्रकार D_2 का सम्बन्ध P_2 से है। मूल्य में ये दो परिवर्तन हमेशा समान या आनुपातिक हों यह कोई जरूरी नहीं है। इन मूल्यों में परिवर्तन तथा विकल्पों की निकटता पर आश्रित होता है एवं पूर्ति में कितनी कमी आती है यह भी इस परिवर्तन को प्रभावित करती है।

(ii) **माँग पक्ष में पूरक** – जब दो वस्तुएँ क्रेताओं की दृष्टि से पूरक होती हों तो एक वस्तु के मूल्य में वृद्धि दूसरी वस्तु के मूल्य में कमी लाती है। माना कि C तथा D पूरक हैं। फिर भी यह कल्पना करें कि पूर्ति पक्ष में कुछ व्यवधान आता है और C की पूर्ति घट जाती है। C का मूल्य बढ़ता है और ऊँचे साम्य मूल्य पर कम क्रय होता है। इसलिए D पूरक की कम आवश्यकता होती है। इसके परिणामस्वरूप D की माँग गिर जाती है जिससे D के मूल्य में भी कमी आती है। चित्र 13 एवं 14 इन परिवर्तनों को बतलाते हैं। यदि C की पूर्ति में विस्तार होता है तो ठीक इसका विपरीत होगा अर्थात् C का मूल्य गिरेगा फलत: इसका ज्यादा क्रय होगा और इससे D की माँग में भी वृद्धि होगी और इसका मूल्य बढ़ेगा। अब यह देखों कि पूरकों के मूल्य में विरोधी गति कब होती है जबकि पूर्ति पक्ष में परिवर्तन प्रारम्भ हो गया हो। यह स्पष्ट मालूम होता है कि दोनों ही मूल्य साथ ही साथ बढ़ेंगे भी और घटेंगे भी बशर्तें कि दोनों वस्तुओ की माँग साथ-साथ बढ़ या घट रही हो।

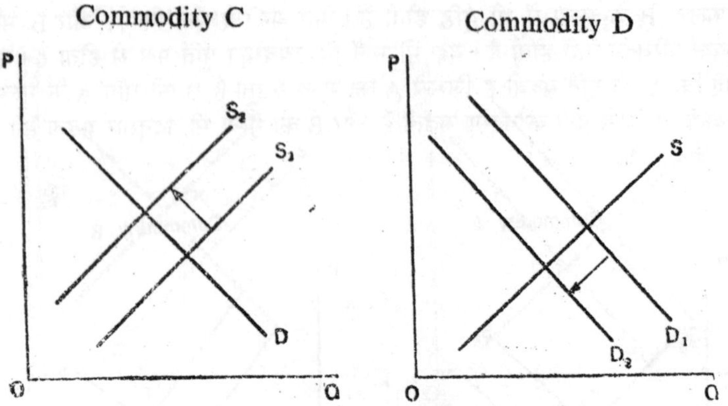

चित्र 13 और चित्र 14

(iii) **पूर्ति पक्ष में प्रतिद्वन्द्वी** – पूर्ति पक्ष में दो प्रतिद्वन्द्वि वस्तुओं का बर्ताव वैसा ही होता है जैसा कि माँग पक्ष में विकल्पों का । दो वस्तुएँ E और F हैं। उनका उत्पादन एक ही जैसे स्रोत चाहता है जिससे कि एक वस्तु का यदि अधिक उत्पादन किया जाय तो दूसरी केह्य लिए उपादेय साधन कम हो जाते हैँ अब व्यवधान माँग पक्ष से होता है माना कि E की माँग बढ़ रही है। इसके फलस्वरूप ऊँची कीमत पर E वस्तु की ज्यादा मात्रा उत्पादित होती है। अतएव F की पूर्ति कम हो जाती है और उसकी कीमत बढ़ जाती है।

(iv) **संयुक्त पूर्ति** – जब दो वस्तुएँ माँग पक्ष में पूरक होती है तो ऐसा माना जाता है कि वे संयुक्त पूर्ति की परिस्थितियों मे निर्मित हो रही है। एक वस्तु के उत्पादन में वृद्धि होने से दूसरे के भी उत्पादन में वृद्धि होती है। इसके उदाहरण गेहूँ तथा भुसा, मांस एवं चमड़ा, सोड़ा ऐश एवं कैल्शियम क्लोराइड हैं। जिस अनुपात में ये वस्तुएँ पैदा की जाती है वह चयनशील अथवा स्थिर हो सकता है। भेड़ का मांस और ऊन परिवर्तनशील अनुपात का उदाहरण है। दीर्घकाल में ऐसी व्यवस्था की जा सकती है कि केवल ऊन अथवा भेड़ के मांस का ही अधिक उत्पादन किया जा सके। अल्पकाल में यही सम्भव है कि काटने के लिए कम या अधिक भेड़े बेची जाये और बाजार में मांस एवं ऊन के अनुपात को आवश्यकतानुसार परिवर्तित किया जा सके। जब अनुपात परिवर्तनशील हो तो प्रत्येक वस्तु की सीमान्त लागत आगणित की जा सकती है। यदि G तथा H संयुक्त वस्तुएँ हो और उनके अनुपात अधिक G पैदा करने के लिए बदला जाता हो तो परिवर्तन की अतिरिक्त लागतें G की अतिरिक्त उत्पत्ति से समायोजित की जानी चाहिए। इसलिए जब अनुपात परिवर्तनशील हों तो फर्म की सीमान्त लागतों से अर्थपूर्ण पूर्ति वक्र निर्मित किये जा सकते हैँ। पुनःजब अनुपात स्थिर हो तो एक वस्तु को कम से कम अल्पकाल में उपोत्पाद (Bye-product) को किसी भी मूल्य पर बेचा जा सकता है। जब ऐसा हो तो उपोत्पाद का पूर्ति वक्र पूर्णत बेलोचदार होता है। अब मान लीजिए कि मुख्य वस्तु की माँग बढ़ रही है। इसका मूल्य और उत्पत्ति का आकार दोनों ही बढ़ रहे है। इसी तरह उपोत्पाद का उत्पादन भी बढ़ रहा है। यदि उपोत्पाद की माँग में कोई परिवर्तन नहीं होता है तो इसका मूल्य गिरता है। संयुक्त पूर्ति की **अवस्था में तब यह** सम्भव है कि दोनों कीमतें विरोधी दिशाओं में जायें।

(2) दो बाजारों में साम्य (Equilibrium between two Markets)- जब उपभोक्ता या व्यवसायी वस्तुओं के समूहों के जोड़ों के बारे में बातचीत करते हैं तो वे प्राय: कहते हुए पाये जाते हैं कि मूल्य ठीक हैं अथवा नहीं। क्रेता या विक्रेता अथवा दोनों के रूप में प्रत्येक व्यक्ति का अनुभव यह बतलाता है कि L वस्तु की कीमतें M वस्तु से ज्यादा है। यदि तब L का मूल्य गिर जाता है तो विक्रेता यह चाहता है कि मूल्य बढ़कर फिर अपने सामान्य स्तर ले लें। अभी तक जो कुछ कहा गया है वह यही है कि एक मूल्य में परिवर्तन दूसरे मूल्य में भी परिवर्तन लाता है। लेकिन सम्बन्धित मूल्यों के बारे में क्या हो? यहाँ पर भी प्रोफेसर जे. आर. हिक्स दो प्रतिद्वन्द्वी बाजारों के बीच साम्य की स्पष्ट व्याख्या करते हैं। यह साम्य प्रत्येक बाजार के अंन्तर्गत दो साम्यों से भिन्न है। इन बातों को हम चित्र 15 से समझा सकते हैं।

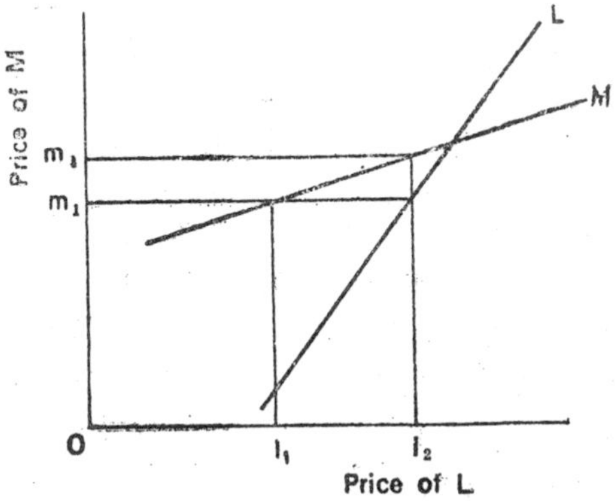

Equilibrium between two Markets

चित्र 15

इस चित्र में कुछ नवीनता है। यहाँ क्षेतिज अक्ष L वस्तु के मूल्य को मापता हैउदग्र अक्ष M के मूल्य को दिखाता है। दोनों वस्तुएँ एक-दूसरे का विकल्प है। दोनों ही अक्ष मूल्य की माप करते हैं। इस क्षेत्र में कोई भी बिन्दु दो मूल्यों को बतलाता है। L रेखा सभी सम्भव मूल्यों के अनुरूप L वस्तु के मूल्यों का साम्य दिखलाती है। चाहे M वस्तु का साम्य हो अथवा नहीं। इसी प्रकार M रेखा L वस्तु के सभी मूल्यों के अनुरूप M की वस्तुओं का साम्य बतलाती है। दोनों रेखाएँ सरलता के लिए सीधी रखी गयी है। L तथा M रेखाओं का मिलन बिन्दु उन दो मूल्यों को बतलाता है जहाँ प्रत्येक एवं दोनों साथ ही साथ साम्य की स्थिति में है । कोई भी एक कीमत दूसरी वस्तु पर प्रभाव नहीं डालती है। अब यह मान लें कि कुछ क्षणिक प्रभाव से L वस्तु का मूल्य थोड़े समय के लिए गिर जाता है और यह गिरकर L से OL_1 हो जाता है। तब M वस्तु के बाजार की प्रतिक्रिया प्रारम्भ होती है। L वस्तु के लिए OL_1 मूल्य M वस्तु के मूल्य को गिराकर OM_1 पर ले आता है। यह परिणाम M वक्र को पढ़ने से मालूम होता है। दूसरी प्रतिक्रिया यह होती है कि L वस्तु के बाजार पर असर पड़ता है। फलत: OM_1 मूल्य L वस्तु के मूल्य को OL_2 तक बढ़ाता है जिससे M की कीमत भी बढ़कर OM_2 हो जाती है। यह क्रिया तब तक चलती रहती है जब तक कि साम्य की स्थिति न आ जाय।

2. शुद्ध प्रतियोगिता (Pure Competition)

शुद्ध प्रतियोगिता बाजार की वह स्थिति है जहाँ किसी उद्योग में फर्म की संख्या काफी होती है तथा फर्मों की वस्तुओं में एकरूपता होती है। यह पूर्ण प्रतियोगिता से बहुत मिलती जुलती है और उसी का एक अपूर्ण रूप होता है। क्योंकि इसमें सिर्फ दो ही शर्त होती हैं –

(1) फर्म की बड़ी संख्या और

(2) एकरूप वस्तु।

जबकि पूर्ण प्रतियोगिता में इन शर्तों के अतिरिक्त कुछ अन्य भी हैं। शुद्ध प्रतियोगिता के अन्तर्गत पूर्ति एवं माँग की स्थितियों से सम्बन्धित वर्तमान एवं भविष्य की सूचनाएँ अपूर्ण तथा असमान रूप से वितरित होती हैं। रीति-रीवाज के कारण कार्यकलापों की स्वच्छन्दता पर रोक लग सकती है। संघर्ष से एक उद्योग से दूसरे उद्योग, एक वस्तु से दूसरी वस्तु के उत्पादन तथा एक फर्म से दूसरे फर्म में पूँजी के आवागमन को रोका जा सकता है। इस स्थिति में वस्तुओं का बाजार संगठित होता है। लेकिन यहाँ भी व्यक्तिगत व्यापारी अथवा व्यापारियों का समूह यदाकदा पूर्ति एवं माँग पर कीमत को इच्छानुसार बनाने के लिए नियन्त्रण करने की कोशिश करते हैं । सामान्य अर्थशास्त्रियों ने ही शुद्ध प्रतियोगिता एवं पूर्ण प्रतियोगिता में अन्तर समझा लेकिन प्रबन्धकीय निर्णय की दृष्टि से इन दोनों में कोई विशेष भेद नहीं माना जाता।

3. अपूर्ण प्रतियोगिता (Imperfect Competition)

अपूर्ण प्रतियोगिता बाजार की वह स्थिति होती है जिसमें पूर्ण प्रतियोगिता की सभी शर्तें नहीं होतीं। अतः यह पूर्ण प्रतियोगिता से भिन्न होती है। वृहत् रूप से यह कहा जा सकता है कि जो प्रतियोगिता पूर्ण नहीं है, अपूर्ण प्रतियोगिता कहलाती है। फलस्वरूप, अपूर्ण प्रतियोगिता के क्षेत्र बहुत व्यापक है और इसमें सभी सम्भावित प्रतियोगिता की परिस्थितियाँ सम्मिलित की जा सकती हैं। व्यवसायियों से वस्तुओं तथा कीमतों की रचना सम्बन्धि सूचना को गुप्त रखा जा सकता है। प्रसंविदें, व्यापार की परम्परा एवं प्रतियोगियों की दर के कारण कार्यकलापों की स्वतन्त्रता में बाधा पड़ सकती है। पूँजी के आगमन एवं बहिर्गमन पर रोक लगायी जा सकती है। इसी प्रकार, शुद्ध एवं पूर्ण प्रतियोगिता की शर्तो की भी पूर्ति न हो तो अपूर्ण प्रतियोगिता ही होगी। उदाहरणार्थ, प्रत्येक विक्रेता द्वारा बेची जाने वाली वस्तु हालाँकि देखने में दूसरे विक्रेता के ऐसी ही मालूम हो सकती है किन्तु यह इस प्रकार से भिन्न होती है कि क्रेता दूसरी वस्तु के उपभोग के लिए इच्छुक नहीं हैं। यदि ऐसी वस्तु का विक्रेता बाजार स्तर से भी ऊँची कीमत लेता है तो वह अन्य प्रतिद्वन्द्वियों के पक्ष में उसका सारा व्यापार नहीं होता है। दूसरी ओर इसी प्रकार यदि वह बाजार स्तर से नीची कीमत लेता है तो बाजार का सारा व्यवसाय उसके हाथ में नहीं आ जाता है। अतः वह इन दोनों सीमाओं के बीच में ही अपनी कीमत निश्चित करता है।

इतना ही नहीं, विक्रेता संख्या में कम हो सकते हैं तथा उनकी उत्पत्ति में कमी या वृद्धि का असर सम्भावित कीमत को प्रभावित कर सकता है। ऐसा भी सम्भव है कि विक्रेता कीमत लेने की अपेक्षा कीमत निर्धारित करे और अपने उत्पादन को उस बिन्दु तक बढ़ाता जायगा जहाँ अतिरिक्त इकाई की लागत इससे प्राप्त आय के बराबर होती है। इसके अतिरिक्त

वह उत्पादन के अनुपात में परिवर्तन के परिणामस्वरूप कीमत पर क्या असर होता है तथा वह किस तरह से अपनी उत्पत्ति को समायोजित करे, यह जानना चाहता है। उसकी उत्पादन नीति पूर्ण अथवा शुद्ध प्रतियोगिता की स्थिति से भिन्न होती है।

इसी प्रकार की स्थिति क्रेता के पक्ष में भी हो सकती है अर्थात् क्रेता कम संख्या में हो सकते हैं या एक ही क्रेता हो सकता है तथा उसके क्रय का प्रभाव कुल माँग एवं विद्यमान कीमत पर पड़ता है। आगे अपूर्ण प्रतियोगिता के अन्य रूपों की विस्तृत विवेचना की जायगी।

4. विभेदपूर्ण प्रतियोगिता (Discriminatory Competition)

विभेदपूर्ण प्रतियोगिता उसे कहते हैं जहाँ विक्रेता अपने विक्रय के उस मूल्य में कमी लाता है, जहाँ अन्य प्रतियोगी होगी हैं। इस प्रकार की कीमत में कमी या तो एकरूप हो सकती है अथवा भविष्य की एकाधिकारी शक्ति तथा लाभ को बचाने के लिए वर्तमान लाभ का स्वेच्छापूर्ण त्याग हो सकता है। फिर विक्रेता स्थानों के बीच में भी विभेद कर सकता है जैसे कि एक क्षेत्र में अस्थायी कीमत में कटौती करे तथा दूसरे क्षेत्र में वर्तमान कीमत को बनाये रखे। इतना ही नहीं विभेद का आधार वस्तु भी हो सकती है। वह एक व्यापार चिन्ह की वस्तु की कीमत कम कर सकता है जबकि अन्य वस्तुओं की कीमत पहले जैसी ही रहती है और कुछ समय के पश्चात उक्त कम की हुई कीमत को इसकी सामान्य कीमत को पुनर्स्थापित कर सकती है। बाजार की इस स्थिति की विशद व्याख्या आगे की जायेगी।

5. अनुचित और उचित प्रतियोगिता (Unfair and Fair Competition)

प्रतियोगिता में औचित्य और अनौचित्य की धारणा व्यावसायिक नीति संहिता (Code of Business Ethics) में आती है। अत: यह नीति एवं कानून पर आधारित होती है न कि आर्थिक विचारधारा पर। इसका सारतत्व अनिश्चित होता है क्योंकि समय के परिवर्तन के अनुरूप लोगों के विचार, संहिता कानून तथा निर्णय बदलते जाते हैं। अर्थशास्त्र में अनुचित प्रतियोगिता के अन्तर्गत वे सभी तरीके आते हैं जो कि एक प्रतियोगी को लाभ की स्थिति में ला देते हैं तथा दूसरे प्रतियोगी को हानि की स्थिति में डाल देते हैं जबकि उनकी कार्यक्षमता में कोई अन्तर नहीं होता है। दूसरी ओर, उचित प्रतियोगिता वह है जहाँ प्रतियोगिता के परिणामस्वरूप विक्रेताओं के विक्रय बाजार तथा कुल लाभ पर कोई प्रतिकुल असर न पड़े अपितु कुछ लाभ ही हो।

6. सम्भाव्य प्रतियोगिता (Potential Competition)

सम्भावित प्रतियोगिता या तो वास्तविक प्रतियोगिता से पूरक के रूप में अथवा इसके विकल्प के रूप में होती है जो कि उत्पादकों को विक्रय में अधिक मूल्य लेने तथा क्रय में कम मूल्य देने से रोकती है। सम्भाव्य प्रतियोगिता की आवश्यक शर्त है कि - बाजार में प्रवेश करने अथवा छोड़ने की स्वच्छन्दता बनी रहे। वस्तुओं के आयात-निर्यात, इकाइयों की समाप्ति अथवा विस्तार तथा नयी इकाइयो की स्थापना पर किसी भी तरह की प्राकृतिक अथवा कृत्रिम रोक न हो। लेकिन सीमित साधनों का एकाधिकारी स्वामित्व, अधिक विनियोजन वाली इकाइयों, टैरिफ, यातायात की अधिक लागत इत्यादि इस प्रतियोगिता के मार्ग में बाधाएँ है जो कि नहीं होनी चाहिए और इन बाधाओं का भय विज्ञापन अनुसन्धान तथा तान्त्रिकी के विकास के साथ साथ बना रहता है।

7. प्रभावपूर्ण प्रतियोगिता (Effective Competition)

विक्रेताओं के बीच में व्याप्त प्रतियोगिता प्रभावपूर्ण तब कही जाती है जबकि यह क्रेताओं को पर्याप्त वास्तविक विकल्प प्रदान करे, जिससे कि वे अपने क्रय को एक विक्रेता से दूसरे विक्रेता की ओर वास्तविक विकल्प प्रदान कर सकें। इस प्रकार का हस्तान्तरण वस्तु के गुण, सेवा तथा कीमत पर प्रभाव डालता है। प्रभावपूर्ण होने के लिए प्रतियोगिता के अन्तर्गत वस्तुओं का प्रभावीकरण होना आवश्यक नहीं है। फिर भी इसमें एक वस्तु का प्रतिस्थापन दूसरी वस्तु के द्वारा आसानी से हो हालाँकि गुण, सेवा तथा कीमत में अन्तर हो सकता है। प्रभावपूर्ण प्रतियोगिता आवश्यक सूचना की सामान्य प्राप्ति पर भी निर्भर करती है। क्रेता जब तक विकल्पों से परिचित नही हैं, विक्रेताओं के बर्ताव को प्रभावित नहीं कर सकते। इसमें बाजार, में कईं विक्रेता हों जिनमें प्रतियोगिता से बच निकलने एवं बढ़ने की क्षमता हो और सम्भावित प्रतियोगिता के भय को बनाये रखने की परिस्थिति भी रहे। यह उन स्थानों में नहीं हो सकती जहाँ कि पूँजी की जरूरते ज्यादा हों और स्थिर व्ययों का भार बहुत हो और मूल्य युद्ध के परिणामस्वरूप व्यापार के सदस्यो के बीच गुटबन्दी हो। प्रभावपूर्ण मख्यतया कार्य की स्वतन्त्रता चाहती है। प्रत्येक विक्रेता अपने उत्पादन तथा मूल्य से सम्बन्धित अलग नीति अपनाये तथा उस पर पुन: विचार करे तथा माँग व पूर्ति की स्थितियों में परिवर्तन के परिणामस्वरूप उचित सुधार लाये। अत: प्रभावपूर्ण प्रतियोगिता का सूचक क्रेताओं के बीच में सच्चे विकल्पों की उपादेयता है।

प्रभावपूर्ण तथा कार्य योग्य प्रतियोगिता विशिष्ट वस्तुएँ जो कि विशिष्ट साधनों से बनाती है और एक ही विक्रेता की इच्छा के अनुसार बनायी जाती है, में घटित नहीं हो सकती। यह सामान्य माँग की वस्तुओं के विनिमय में ही हो सकती है। यह क्रेताओं के ग्रस्तावो सम्बन्धी प्राप्त सूचनाओं के ऊपर निर्भर करती है। इसमें यह जरूरी है कि बाजार में कई क्रेता हों जिनमें से प्रत्येक इतना शक्तिशाली हो कि वह प्रतियोगिता के वातावरण में अपना अस्तित्व बचा सके तथा विकास करे। इसके साथ साथ वे शर्तें भी बनाये रखी जायें जिनसे क्रेताओं की ओर से कार्य की पर्याप्त स्वतन्त्रता हो जिससे कि क्रेताओं को उनकी माँग के स्रोतों के अन्तर्गत ही अन्य विकल्प भी मिल जायें।

प्रभावपूर्ण प्रतियोगिता की धारणा हालाँकि कम निश्चित होती है लेकिन पूर्ण प्रतियोगिता की अपेक्षा ज्यादा उपयुक्त होती है। आंशिक तौर पर यह कम से कम पूर्णता की कईं शर्तो की पूर्ति करती हो। इसमें अपूर्ण एकाधिकृत तथा मूल्यहीन प्रतियोगिता एवं शुद्ध प्रतियोगिता भी आती है। यह सम्भावित प्रतियोगिता के भय को बनाये रखना चाहती हैं। यह अल्पाधिकार तथा अल्प क्रेता बाजार की स्थिति में भी विद्यमान हो सकती है। संक्षेप में, ऐसा कहा जा सकता है कि प्रभावपूर्ण प्रतियोगिता क्रेताओं को विक्रेताओं के शोषण से पर्याप्त सुरक्षा देती है और यह कार्य एक सामाजिक कार्य हैं।

8. विनाशकारी प्रतियोगिता (Destructive Competition)

अर्थशास्त्रियों की ऐसी विचारधारा है कि उन्मुक्त प्रतियोगिता आर्थिक कार्यक्षमता में वृद्धि लाती है। किन्तु व्यवसायी इससे सहमत नहीं होते। उनके अनुसार प्रतियोगिता विनाशकारी तथा अनैतिक होती है और यही कारण है कि समय-समय पर प्रतियोगिता के नियन्त्रण हेतु पेटेण्ट, टैरिफ, संयोजन जैसे कदम उठाये गये। यों तो उक्त प्रतियोगिता की परिभाषा देना कठिन है, फिर भी इसे बाजार की वह स्थिति कहा जा सकता है जहाँ बेकार

उत्पादन क्षमता (idle productive capacity) तथा स्थायी व्ययों के दबाव के कारण उत्पादक मूल्य में कमी लाकर तथा अन्य कुरीतियों को अपनाकर अपना बाजार बना लेना चाहते हैं । क्लेयर विलकोक्स के अनुसार, प्रतियगिता गलाकाट अथवा विनाशकारी तब होती हैजबकि बेकार क्षमता तथा स्थिर व्ययों के कारण विक्रेता निरन्तर रूप से उस बिन्दु तक कीमत में कमी करते जाते हैं जहाँ कोई भी अपनी लागत तथा विनियोग पर उचित प्रतिफल प्राप्त नहीं कर सके। इस परिभाषा से विनाशकारी प्रतियोगिता की कुछ विशेषताएँ परिलक्षित होती है:

(1) बेकार क्षमता का अस्तित्व (Existence of Idle Capacity)- पूर्ण अथवा शुद्ध प्रतियोगिता के अन्तर्गत मूल्य युद्ध नहीं होता है क्योंकि वहाँ प्रत्येक विक्रेता कुल पूर्ति की दृष्टि में विशेष महत्व नहीं रखता तथा उसकी कीमत में कटौती का असर भी बाजार पर नहीं पड़ता है। अत: ऐसी स्थिति में मूल्य कटौती का प्रश्न ही नहीं उठता, लेकिन विनाशकारी प्रतियोगिता की यह प्रमुख विशेषता है कि उत्पादन क्षमता का आधिक्य माँग की तुलना में ज्यादा हो और जिसके परिणामस्वरूप स्थायी लागतों का भार बढ़ता चला जाय अर्थात् प्रति इकाई स्थिर लागत में वृद्धि हो। ऐसा इसलिए भी होता है कि स्थिर लागतों का यह नियम है कि अधिक उत्पादन पर कम लागत तथा कम उत्पादन पर अधिक लागत। अतएव बेकार उत्पादन क्षमता का मतलब है कम उत्पादन एवं ऊँची स्थिर लागत। इससे एक बात तो स्पष्ट है कि या तो माँग में कमी के कारण या नियोजन के अभाव में क्षमता का अधिक हो जाना है। उत्पादन क्षमता आधिक्य प्रयोग में नही लायी हुई क्षमता (unused capacity) से भिन्न समझा जाना चाहिए। क्योंकि जहाँ अमता आधिक्य का आशय किसी उद्योग से होता है। पुन: प्रयोगहीन क्षमता, चाहे वह इकाई की हो अथवा उद्योग की, को वास्तविक उत्पत्ति तथा उत्पत्ति क्षमता के अन्तर के द्वारा मापा जाता है। लेकिन प्रयोग नहीं की हुई क्षमता का अस्तित्व इस बात को सिद्ध नहीं करता कि क्षमता आधिक्य होगा ही। किसी उद्योग में क्षमता आधिक्य वह रकम होती है जो कि यदि उत्पादन से हटा ली जाय तो मूल्य वृद्धि के कारण सामान्य लाभ की स्थिति को पुनर्स्थापित कर सकती है।

(2) मूल्य कटौती (Price-cut)- चूँकि उत्पादन क्षमता व्यर्थ रहती है और स्थिर लागत बढ़ने की प्रवृत्ति प्रदर्शित करती है। इसलिए उत्पादक यह चाहता है कि वह अधिक उत्पादन करे जिससे लागत कम हो और लाभदेयता बढ़े। इसके लिए वह अन्य प्रतिद्वन्द्वियों को निकालकर बाजार में अपना आधिपत्य रखने का प्रयास करेगा। परन्तु ऐसा तभी हो सकता है जब वह कीमत गें इतनी अधिक कटौती करे कि प्रतियोगी ठहर ही न पायें या उन्हें बहुत अधिक हानि उठानी पड़े। इसी उद्धेश्य से मूल्य युद्ध (price war) होते हैं और प्रतिद्वन्द्वि एक-दूसरे का गला घोंटना चाहते हैं अर्थात् एक-दूसरे को बाजार से उखाड़ फेंकना चाहते हैं और इसका साधन मूल्य कटौती होता है। मूल्य कटौती के तरीके गुप्त छुट, अथवा अवास्तविक विज्ञापन भत्ते अथवा प्रत्यक्ष कटौती के रूप में हो सकते हैं जिससे कि कीमतें प्रतिद्वन्द्वियों की तुलना में आकर्षक हो सकें।

(3) कुरीतियाँ (Malpractices) - इसके अतिरिक्त, इसके व्यवसायियों द्वारा कुछ ऐसी कुरीतियों की भी भर्त्सना की जाती है जिससे विक्रेता तथा उपभोक्ता दोनों को ही हानि होती है। इसके अन्तर्गत झुठा विज्ञापन, वस्तुओं की मिलावट, व्यावसायिक घूसखोरी,

प्रतिद्वन्द्वियों की मानहानि एवं इसी तरह के अन्य कई धोखा धड़ी के काम आते हैं। ऐसे कार्य अवांछनीय होते हें और सभी के द्वारा इनका विरोध किया जाता है।

(4) मूल्य और लाभ (Prices and Profits) - उपरोक्त प्रतियोगिता के परिणामस्वरूप कीमत के साथ साथ लाभ में भी गिरावट आ जाती है जो कि वाछंनीय विशिष्ट स्तर के नीचे होती है। विनाशकारी प्रतियोगिता किसी उद्योग में इस लाभ के लिए घातक तब कही जाती है जबकि विनियोग पर औसत प्रतिफल की दर कुछ समय के लिए साम्य ब्रिन्दु से नीचे रहती है जो कि अन्य विनियोजकों को आकर्षित करती है।

विनाशकारी प्रतियोगिता का नियन्त्रण (Control of Destructive Competition)- किसी भी अर्थव्यवस्था के लिए प्रतियोगिता का विनाशकारी होना उचित नहीं है, अत: ऐसे कदम उठाये जायें जिससे प्रतियोगिता को जन्म देता है। अत: योग्य बात है कि क्षमता आधिक्य ही मूल्य युद्ध तथा तीव्र प्रतियोगिता को जन्म देता है। अत: क्यों न ऐसे प्रयास किये जायें जिससे उद्योग के क्षमता आधिक्य को इकाइयों के बीच समुचित उत्पत्ति के वितरण द्वारा हटा दिया जाय। इस दिशा में सबसे पहला कदम तो यह हो कि अर्थव्यवस्था की कुल माँग तथा उद्योग की कुल पूर्ति की तुलना की जाय। फिर माँग की तुलना में क्षमता का जितना आधिक्य है उसको हटाने की व्यवस्था की जाय। इसके लिए कटौती को सभी इकाइयों के बीच इस तरह से बाँटा जाय कि उनकी उत्पत्ति पर रोक आये तथा आपसी प्रतिस्पर्द्धा समाप्त हो जाय। ऐसा प्रत्येक इकाई की क्षमता में कटौती करने से सम्भव हो सकता है।

9. एकाधिकार (Monopoly)

एकाधिकार, अपूर्ण प्रतियोगिता का ही एक अंग है, जिसमें एक ही विक्रेता होता है एवं उसका पूरा पूरा नियन्त्रण पूर्ति पर रहता है साथ ही साथ मूल्य निर्धारण भी वह स्वयं ही करता है तथा उसकी वस्तु का निकट विस्थापक नहीं होता है।

इस परिभाषा के आधार पर हम एकाधिकार की निम्नांकित विशेषताएँ पाते हैं :

1. एकाधिकार की वस्तु अथवा सेवा का विक्रेता एक ही होता है।
2. पूर्ति पर उसका पूरा पूरा नियन्त्रण होता है अर्थात् अगर वह उत्पादन बढ़ाता है तो कुल उत्पादन बढ़ता है अन्यथा नहीं।
3. उसकी वस्तु का विस्थापक बहुत निकट नहीं होता और इसलिए आसानी से उपभोक्ता दूसरी वस्तु पर अपना अधिमान नही दे सकते। अत: एकाधिकारी वस्तु की माँग लगभग बेलोचदार होती है। क्योंकि कीमत या आय में परिवर्तन के बावजूद भी दूसरी वस्तु की ओर उपभोक्ता नही जाता।
4. चूँकि एकाधिकार में फर्म एवं उद्योग अलग अलग नहीं होकर एक ही होते हैं इसलिए यह स्वाभाविक है कि मूल्य निर्धारण का कार्य भी एकाधिकारी स्वयं ही करता है। इतना ही नहीं विक्रेता अपनी शक्तिशाली स्थिति को बनाये रखने के लिए ऐसे प्रयास भी करता है जिससे कि कोई नयी फर्म प्रवेश न कर सके।

जब हम यह भी देखे कि एक एकाधिकारी फर्म का कीमत एवं उत्पादन निर्धारण में क्या ह्यवहार करता हैं?

एकाधिकारी वस्तुओं की माँग एवं पूर्ति (Demand for and Supply of Monopoly Products)- पूर्ण प्रतियोगिता में फर्म की उत्पत्ति की माँग की रेखा सीधी होती है जबकि एकाधिकारी के माँग वक्र में एक ऋणात्मक ढलान होता है। एकाधिकारी का माँग वक्र बेलोचदार होता है तथा उसकी वस्तु के बाजारीकरण की सम्भावनाओं को व्यक्त करता है। दूसरे शब्दों में, एकाधिकारी यह कोशिश करता है कि माँग के ऊँचे स्तर के लिए ऊँची कीमत तथा माँग घट जाने पर एक सीमा तक कम कीमत ले।

दूसरी ओर, पूर्ति पर उसका पूरा-पूरा नियन्त्रण होता है और वह चाहता है कि उसको अधिकतम लाभ हो। ऐसा वह सीमान्त आगम (Marginal Revenue) की धारणा की सहायता से निश्चित कर पाता है। सीमान्त आगम कुल आय में वह वृद्धि है जो कि वस्तु की अतिरिक्त इकाइयाँ बेचने से होती है क्योंकि सामान्यतया यह नहीं होता कि कोई फर्म एक समय में एक ही इकाई बेचे और इसका कुल आगम पर क्या प्रभाव होता है इसकी गणना करे। नि:संदेह सामूहिक रूप में विक्रय में समायोजन होता है लेकिन बाजार की पूरी जानकारी तथा अधिकतम लाभ की मान्यता के कारण सीमान्त आगम का महत्व होता है। माँग एवं पूर्ति के बीच सामंजस्य की स्थिति के अनुसार ही एकाधिकारी वस्तु का मूल्य निर्धारण करता है जो कि सीमान्त आगम की धारणा के द्वारा तालिका 1 की सहायता से व्यक्त किया जा सकता है:

तालिका-1

मूल्य (AR)	वस्तु विक्रय की मात्रा	कुल आगम (TR)	सीमान्त आगम (MR)
Rs.		Rs.	Rs.
10	1	10	10
9	2	18	8
8	3	24	6
7	4	28	4
6	5	30	2
5	6	30	0
4	7	28	2

इस तालिका में सीमान्त आगम एवं कीमत के बीच सम्बन्ध दिखाया है। पहले दोनों कालम एकाधिकारी की माँग तालिका है। तीसरा कालम कुल आगम का है जो कि पहले दोनों कालम को गुणनफल है। चतुर्थ कालम सीमान्त आगम का है। तीन इकाइयों का सीमान्त आगम 6 रूपये है क्योंकि इनका कुल आगम 24 रूपये हैं, जबकि दो इकाइयों का कुल आगम 18 रूपये हैं। यह बात ध्यान देने योग्य है कि सीमान्त आगम कीमत से कम है और ज्यों ज्यों कीमत गिरती जाती है सीमान्त आगम में उससे भी तीव्र गति से गिरावट आती है। इसमें 5 रूपयें कीमत के ऊपर जबकि माँग लोचदार है तो सीमान्त आगम धनात्मक है। 5

रूपये के ऊपर जबकि माँग लोच इकाई के बराबर है तो सीमान्त आय शून्य है और जब माँग बेलोचदार हो जाती है तो सीमान्त आगम ऋणात्मक हो जाता है। यही कारण है कि एकाधिकारी का सीमान्त आगम वक्र औसत आगम वक्र के नीचे होता है। इस सम्बन्ध को चित्र 16 के द्वारा व्यक्त किया जा सकता है, जिसमें एकाधिकारी का मूल्य निर्णय केवल माँग की स्थिति के सन्दर्भ में हुआ है। यदि उत्पत्ति को माँग के अनुरूप भी समायोजित करना है तो उत्पादन की क्षमता OA होगी तथा उचित कीमत P_1 होगी। इस कीमत पर माँग की लोच इकाई के बराबर है और आय सबसे अधिक है। यदि उत्पादन क्षमता OC ही हो तो अनुकूलतम कीमत उच्च स्तर पर P_2 होगी क्योंकि इस कीमत पर सभी उपलब्ध पूर्ति को बेचा जा सकता है जबकि कुल आय पहली अवस्था में कम है यह दूसरी अवस्था में सबसे अधिक हो जाती है। एक तीसरी सम्भावना यह भी हो सकती है कि पूर्ति की मात्रा OS है जो कि OA से अधिक है। इस स्थिति में केवल P_3 ही एकमात्र अनुकूलतम कीमत नहीं है जिससे कि उत्पादन क्षमता का उपयोग पूरा पूरा किया जा सके बल्कि P_1 है। निजी दृष्टिकोण से यह लाभदायक होगा कि AS क्षमता का प्रयोग न किया जाय। यह निर्णय इस मान्यता पर आधारित है कि सीमान्त लागत शुन्य है लेकिन ऐसा हो सकता है कि सीमान्त लागत में भी परिवर्तन आये।

सीमान्त लागत तथा आगम की साम्यता (Equality of Marginal Cost and Revenue)- एकाधिकार के अन्तर्गत अल्पकालीन मूल्य उत्पादन नीति को समझने के लिए यह आवश्यक होता है कि सीमान्त लागत में होने वाले परिवर्तनों को भी ध्यान में रखा जाय। सीमान्त लागत को विश्लेषण में शामिल करने से व्यावसायिक निर्णय क्या होगा, यह चित्र 17 के द्वारा समझा जा सकता है। फर्म के स्वामी के दृष्टि से उत्पादन की सर्वश्रेष्ठ दर OA है क्योंकि उत्पादन की सीमान्त आय इस दर पर MC के बराबर है। इस मात्रा से ऊपर वाली इकाइयाँ लागत की अपेक्षा आय में कम वृद्धि लाती है तथा लाभ अधिकतम नहीं होगा। यह उस समय भी ठीक है जबकि जिस कीमत पर ये अतिरिक्त इकाइयाँ बेची जायेंगी उससे प्राप्त आय अतिरिक्त लागत से अधिक होगी। यहद फर्म OP से ऊपर अपनी कीमत निश्चित करती है तो इसकी बिक्री अनावश्यक रूप से कम होगी और परिणामस्वरूप इसे अपना उत्पादन भी घटाना होगा।

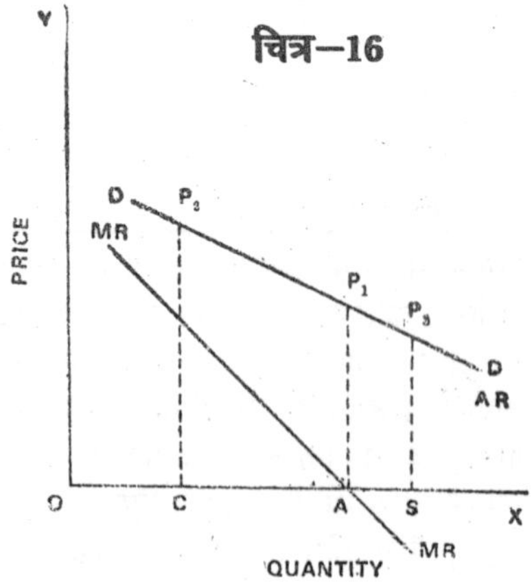

चित्र—16

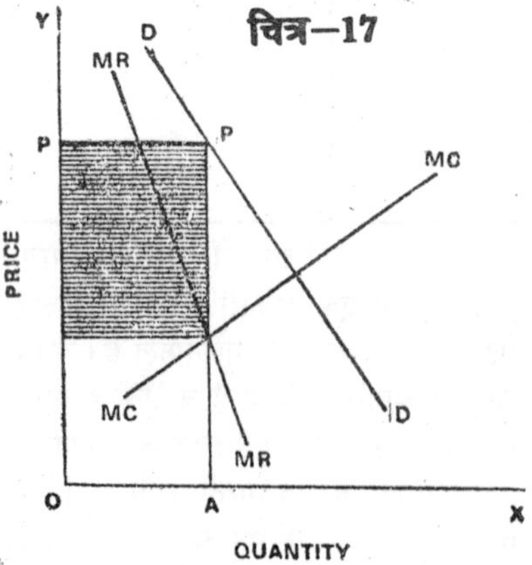

चित्र—17

यदि माँग एवं लागत की गणना में गलती भी हो जाय तो एकाधिकारी कीमत को बहुत अधिक या बहुत ऊँचा रखने की प्रवृत्ति होती है जिससे जनता का ध्यान आकर्षित होता है और एकाधिकार की कटु आलोचना की जाती है।

दीर्घकालीन समायोजन (Long run Adjustment)- कीमत और लागत के बीच का सम्बन्ध इस बात को निर्धारित करता है कि किसी फर्म को पूँजी पर प्रतिसपर्द्धा लाभ से अधिक लाभ हो रहा है या सामान्य लाभ हो रहा है अथवा हानि हो रही है। यदि फर्म का लाभ सामान्य से ऊपर है और इसका ज्ञान अन्य व्यावसायिक इकाइयों को भी हो जाता है तो इसी वस्तु का निर्माण या ऐसी ही मिलती जुलती वस्तुओं का निर्माण करना अन्य व्यवसायी भी शुरू कर देंगे जिससे कि माँग के एक हिस्से पर से एकाधिकार की शक्ति हट जायगी। यदि एकाधिकारी प्रतिद्वन्द्वियों के प्रवेश को राजनीतिक साधनों, पेटेण्ट अधिकारों अथवा तान्त्रिकी योग्यता के द्वारा रोकने में समर्थ हैं तो असामान्य लाभ को निरन्तर बनाये रखा जा सकता है।

अधिकतम लाभ कमाने के लिए एकाधिकारी फर्म उचित आकार की हो अर्थात् इसमें उत्पादन की लागत सबसे कम हो। उदाहरण के लिए, अगर किसी शहर में कई छोटी छोटी जनोपयोगी कम्पनियाँ हैं और वे बिजली, गैस, पानी, यातायात की सेवाएँ न्यूनतम लागत पर नहीं दे सकती है लेकिन अगर ये सब मिलकर अपना आकार बढ़ा लें या कई समूह बना लें तो वृहत् उत्पादन के कारण लागत को घटाया जा सकता है और न्यूनतम लागत की स्थिति को लाया जा सकता है।

यदि माँग में परिवर्तन न हो तो, दीर्घकालीन सीमान्त आय (Long run Marginal Cost) धारणा के प्रयोग से उत्पादन के सर्वश्रेष्ठ स्तर को निश्चित किया जा सकता है। इसके लिए यह जरूरी है कि दीर्घकालीन सीमान्त लागत को सीमान्त आय के बराबर किया जाय। इसका मतलब होता है कि बढ़ते हुए उत्पादन से प्राप्त अतिरिक्त आय सिर्फ विस्तार की गयी सयन्त्र क्षमता की अतिरिक्त लागत के बराबर ही है और उत्पादन के साधनों की लागत अर्थाभाव न्यूनतम कर दी गयी है।

अनुकूलतम उत्पादन अल्पकालीन एवं दीर्घकालीन सीमान्त लागत वक्रों के और सीमान्त आय वक्र के साथ मिलन बिन्दु के द्वारा निर्धारित हुआ है। अगर इसके बदले दीर्घकालीन सीमान्त लागत वक्र वर्तमान वक्र से नीचा होता हो तो संयन्त्र के आकार को और भी बढ़ाया जा सकता था।

अभी तक एकाधिकारी मूल्य एवं उत्पत्ति सम्बन्धी निर्णय इस मान्यता पर आधारित रहा है कि माँग एवं सीमान्त लागत में परिवर्तन नहीं होता है। किन्तु व्यावहारिक जीवन में इन दोनों में ही परिवर्तन सम्भव है। इसलिए यह जानना आवश्यक है कि अगर माँग एवं सीमान्त लागत में परिवर्तन हो तो व्यावसायिक निर्णय पर इसका क्या असर होगा?

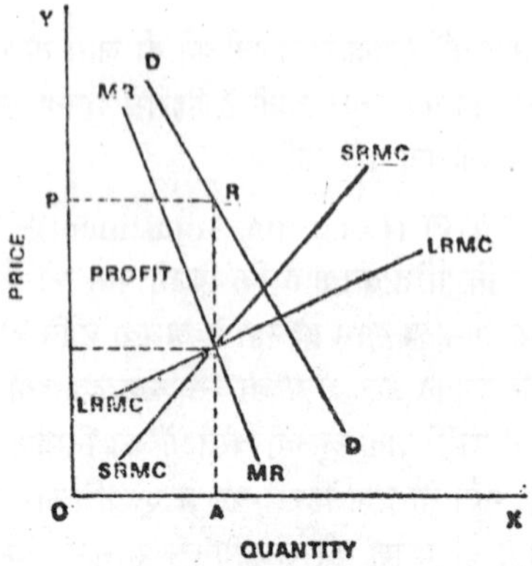

चित्र 18

माँग में परिवर्तन (Changes in Demand)– जब माँग बढ़ती है तो इसका सामान्य प्रभाव कीमत में वृद्धि है। यह शुद्ध प्रतियोगिता में ठीक ठीक लागू होती है बशर्ते कि पूर्ति में परिवर्तन न हो, तथा समान लागत अथवा लागत ह्रास वाले उद्योग की दीर्घकालीन साम्य कीमत को छोड़कर पूर्ति में परिवर्तन न हो। यदि एकाधिकारी की वस्तु की माँग में वृद्धि होती है तो क्या वह अपनी कीमत बढ़ायेगा ही ? यह आवश्यक नहीं है। यदि एकाधिकारी की सीमान्त लागत गिरती हुईं है तो वह अपनी कीमत को माँग की वृद्धि के बावजूद भी घटायेगा जब तक कि सीमान्त लागत एवं सीमान्त आय के बीच पुन: समानता स्थापित न हो जाय। विवेकशील एकाधिकारी वास्तव में कीमत की ऊँचाई पर ध्यान नहीं देता बल्कि अपनी शुद्ध आय एवं शुद्ध लाभ पर जोर देता है। लेकिन इस पर भी अगर सीमान्त लागत नहीं गिरती है तो एकाधिकारी माँग में वृद्धि के साथ साथ कीमत को घटाकर लाभान्वित हो सकता है परन्तु पुरानी माँग की तुलना में नयी माँग ज्यादा लोचदार हो। इसे संलग्न चित्र 19 के द्वारा स्पष्ट किया जा सकता है। चित्र 19 में माँग D_1 से D_2 बढ़कर हो गयी है जिसके परिणामस्वरूप एकाधिकारी ने अपनी कीमत को घटाकर P_1 से P_2 कर दिया है।

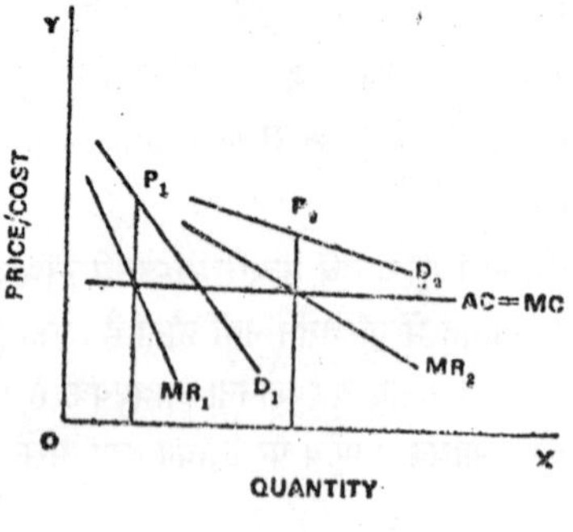

चित्र 19

इसी प्रकार यदि एकधिकारी की माँग गिरती है और यदि नयी माँग कम लोचदार है तो वह अपनी कीमत को बढ़ा देता है। व्यावसायिक फर्म विशेषकर अर्द्ध-एकाधिकारी स्थितियों में कभी कभी शिथिल माँग के समय भी कीमत बढ़ाते हुए पाये जाते हैं। इसकी सामान्य आलोचना यही हो सकती है कि ये फर्म अपने हितों में भी निर्णय नहीं लेती। किन्तु सिद्धान्त से ऐसा प्रतीत होता है कि इस कदम के बारे में कुछ भी कहा जाय, सचमुच में, गिरती हुई माँग के समय कीमत का बढ़ाना विवेकपूर्ण है बशर्ते कि माँग बेलोचदार हो गयी हो।

लागत में परिवर्तन (Changes in Cost) – यदि एकाधिकारी की लागत बढ़ती है तो उससे कीमत बढ़ाने की अपेक्षा की जाती है। यदि उसकी औसत कुल लागत 10 प्रतिशत से बढती है तो नियमत: कीमत भी 10 प्रतिशत से बढ़नी चाहिए, लेकिन एक विवेकशील एकाधिकारी कीमत में वृद्धि तो करता है किन्तु 10 प्रतिशत से कम। क्योंकि वह केवल सीमान्त लागत एवं आय की समानता पर ध्यान देता है। यदि लागत बढ़ती है और उसका सीमान्त आय वक्र नया होगा। वह उत्पत्ति एवं कीमत को इस प्रकार से समायोजित करता है जिससे कि उच्चतर सीमान्त लागत सीमान्त आय के बराबर हो जाय।

लागत में वृद्धि के कई कारण हो सकते है। सरलता के लिए हम यह मानें कि एकाधिकारी के द्वारा बेची जाने वाली वस्तु की प्रत्येक इकाई पर उत्पादन कर (Excise) लगा दिया गया है। क्योंकि एकाधिकारी प्रति इकाई कर की रकम से कम वृद्धि कीमत में करता है। इसे संलग्न चित्र 20 द्वारा समझा जा सकता है।

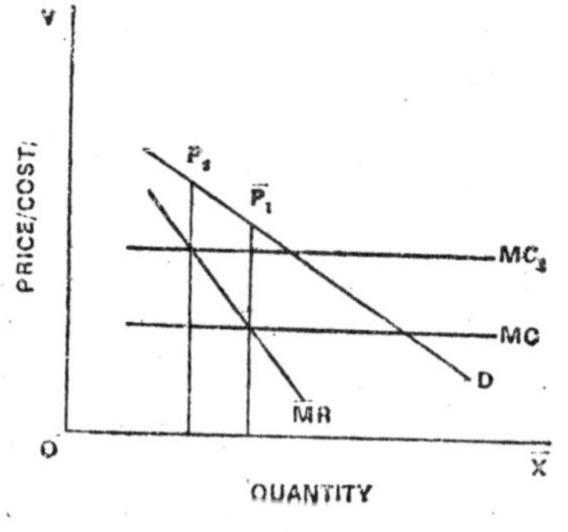

चित्र 20

यहाँ कर लगाने कें पहले कीमत P_1 है। कर के पहले सीमान्त लागत वक्र MC_1 तक चला गया। नयी कीमत P_2 है तथा P_2 और P_1 का अन्तर कर की रकम से कम है। कर लगाने द्ये MC कर की रकम से बढती है। अतएव MR भी उसी दर से बढ़े जिससे कि MR और MC से बीच समानता हो। लेकिन ज्योंही विक्रय एवं उत्पादन को कम कर दिया जाता है, कीमत में वृद्धि होती है, किन्तु यह MR की अपेक्षा धीमी गति से बढ़ती है। ठीक इसके विपरीत MR के कम होने से होता है। अत: कीमत कर की रकम से बढ़ती है।

10. विभेदात्मक एकाधिकार (Discriminating Monopoly)

अब तक हम लोगों ने इस मान्यता के साथ अध्ययन किया कि एकाधिकारी फर्म अपनी वस्तुओं की सभी इकाइयों के लिए सभी क्रेताओं से एक ही मूल्य लेती है। अब इस धारणा को छोड़कर यह मानें कि एकाधिकारी एक ही वस्तु के लिए एक ही समय में विभिन्न क्रेताओं से अलग अलग मूल्य ले रहा है। इस अवस्था को विभोदात्मक एकाधिकार (Discriminationg Monopoly) अथवा मूल्य विभेद (Price Discrimination) कहते हैं। इसका यह भी अर्थ होता है कि किसी फर्म की वस्तुओं के मूल्यों में अन्तर उनके उत्पादकों की लागतों में अन्तर से ज्यादा होता है। विभेदात्मक एकाधिकार माँग पक्ष पर ज्यादा बल देता है। लागतें वस्तुतः माँग से ही सम्बद्ध कर दी जाती है और लागतों की भूमिका के सहायक के रूप में होती है। इसके विपरीत, व्यावसायिक व्यवहार में लागतों में अन्तर पर बल दिया जाता है क्योंकि माँग का अनुमान करना कठिन है।

मूल्य विभेद के रूप (Forms of price discrimination) - मूल्य विभेद कई रूपों में होता है और कभी कभी तो इसका अस्तित्व तो होता है किन्तु रूप नहीं। इन रूपों में से केवल विक्रेता के लाभों को बढ़ाने वाले प्रकारों पर ही यहाँ पर विचार किया जायेगा। अतएव किसी स्थान अथवा वस्तु श्रृंखला विशेष में लगी हुई छोटी प्रतिद्वन्द्वी फर्मो को दिवालिया करने के बड़े फर्म द्वारा क्षणिक मूल्य कटौतियों वाला शिकारी मूल्य विभेद (Predatory price discrimination) यहाँ अध्ययन में सम्मिलित नहीं किया जायेगा। तालिका 2 के द्वारा मूल्य विभेद के रूपो को देखा जा सकता है।

तालिका 2

मूल्य विभेद के मुख्य रूप

मुख्य श्रेणी	विभेद का आकार	उदाहरण
A ह्यक्तिगत	(i) क्रेताओ की आय	शल्य चिकित्सक का शुल्क
	(ii) क्रेताओं की अर्जन शक्ति	पेटेण्ट, मशीन अथवा क्रियाओं के प्रयोग के लिए दिया गया अधिकार शुल्क।
B समुह	(i) क्रेताओं की आयु, यौन, नागरिक स्थिति, आदि	बच्चों की बाल छँटाई, सेना के लोगों के लिए निम्नतर प्रवेश शुल्क
	(ii) क्रेताओं का स्थान	क्षेत्रीय मूल्य, आधार बिन्दु मूल्य, कम निर्यात मूल्य (राशिपातन)।
	(iii) क्रेताओं की स्थिति	नये ग्राहको के लिए कम मूल्य, बड़े क्रेताओं के लिए मात्रा छूट।
	(iv) वस्तु का प्रयोग	रेल सड़क दरें, जनोपयोगी दरे, दूध के उपयोगानुसार दरें।

C वस्तु	(1) वस्तुओं के गुण	विलासिता वस्तुओं के लिए अपेक्षाकृत ऊँची कीमतें।
	(ii) वस्तुओं के लेबल	बिना ब्राण्ड की वस्तुओं की नीची कीमतें।
	(iii) वस्तुओ के आकार	सापेक्षिक रूप से बड़े आकारों के लिए नीची कीमतें (जैसे बड़े आकार का टूथपेस्ट)
	(iv) तेजी एवं मन्दीकाल सेवाएँ	मन्दीकाल में कम कीमतें, जैसे कि यातायात में आमोद -यात्रा दरें।

मूल्य विभेद की शर्तें (Conditions of discrimination)- मूल्य विभेद के लिए सबसे आवश्यक शर्त अलग-अलग बाजारों का होना है तथा इन बाजारों के बीच माँग की लोच में अन्तर होना चाहिए। इसका सबसे प्रचलित उदाहरण उस एकाधिकार से हैं जिसमें स्वदेशी बाजार में अधिक कीमत पर तथा विदेशी बाजार में कम कीमत पर वस्तु को बेचा जाता है। दोनों बाजार टैरिफ दीवार (Tariff Wall) के द्वारा अलग-अलग रखे जाते हैं। फलस्वरूप स्वदेशी क्रेता कम कीमत पर विदेशी वस्तु खरीदकर आयात नहीं कर सकते। विदेशी बाजार में मूल्य इसलिए नीचा होता है कि वहाँ माँग लोचदार होती है क्योंकि इसी प्रकार की अन्य वस्तुओं से वहाँ प्रतियोगिता करनी पड़ती है। परन्तु स्वदेशी बाजार में ऐसी प्रतियोगिता नहीं होता।

बाजारों को कई प्रकार से भिन्न भिन्न रखा जाता है। यदि फर्म बाजारों को अलग नहीं रख सकती है तो इसके सभी क्रेता उस बाजार से क्रय करेंगे जहाँ न्यूनतम मूल्य हैं। इसके परिणामस्वरूप मूल्य विभेद के द्वारा फर्म का लाभ वृद्धि का प्रयास विफल हो जाता है। थियेटरों में बॉक्स सीटों, आरकेस्ट्रा सीटों तथा बालकॉनी सीटों को अलग अलग टिकटों एवं उपभोक्ताओं द्वारा कई बाजारों में विभक्त किया जाता है। इसका कारण यह है कि भौतिक वस्तुओं के विपरीत सेवाओं का पुनर्विक्रय नहीं हो सकता है, फलतः उन्हें अलग अलग श्रेणियों में रखा जाता है। बिजली कम्पनियाँ प्रकाश, भोजन, गर्म पानी एवं व्यावसायिक अथवा औद्योगिक प्रयोगों के लिए मीटर तथा अन्य सेवाएँ भिन्न दरों पर देती है। मूल्य विभेद बहुत कुछ क्रेताओं के अपूर्ण ज्ञान और अज्ञानता पर निर्भर करता है। प्रायः कुछ परस्पर निर्भरता का अंश बाजारों के बीच पाया जाता है। उदाहरण के लिए, एक समुद्रतटीय होटल मन्दीकालीन दरों पर नियमित ग्राहकों को आकर्षित कर सकता है। इसका अर्थ यह होता है कि मूल्य विभेद के कई अंश होते हैं जिनका अध्ययन आगे किया गया है।

मूल्य विभेद के अंश (Degress of Price discrimination)- कोई एकाधिकारी अपनी वस्तु के लिए कहाँ तक विभिन्न मूल्य ले सकता है और इस प्रकार के विभेद से शुद्ध लाभ वृद्धि की क्या सीमाएँ हैं यह प्रश्न सामने आता है। इस दृष्टि से प्रोफेसर ए. सी. पीगू ने विभेद के अंशों की धारणा को जन्म दिया। ये अंश तीन प्रकार के हैं:

(i) प्रथमांश विभेद (First degree discrimination),

(ii) द्वितीयांश विभेद (Second degree discrimination),

(iii) तृतीयांश विभेद (Third degree discrimination)।

(i) प्रथमांश विभेद – इस प्रकार के विभेद में एकाधिकारी किसी मात्रा के लिए उपभोक्ता द्वारा भुगतान की जाने वाली मुद्रा की अधिकतम राशि को जानता है। इसके पश्चात् एकाधिकारी अपना मूल्य तदनुसार निश्चित करता है जिससे कि प्रत्येक उपभोक्ता से उसकी बचत का सम्पूर्ण भाग ले लेता है। इस विभेद को श्रीमती जॉन राबिन्सन ने पूर्ण विभेद कहा है। यह विभेद वहाँ पर पाया जाता है जहाँ एक उपभोक्ता वस्तु की एक ही इकाई एकाधिकारी से खरीदता है। उपभोक्ता की आवश्यकता एवं तत्परता को देखते हुए वह उस बिन्दु तक कीमत का बढ़ाता है जहाँ तक कि क्रेता खरीदने से इन्कार नहीं कर दे। यदि उसके सभी उपभोक्ता अलग-अलग अभिरूचियों वाले हैं तो वह प्रत्येक के लिए भिन्न मूल्य लेता है। ''इसकी न्यूनतम कीमत उसकी लागत के द्वारा निश्चित होती है।''

जब उपभोक्ता एकाधिकारी की वस्तु की एक से ज्यादा इकाइयाँ खरीदते हैं तो वे ज्यादा इकाइयाँ कम कीमत पर ही खरीद सकते हैं। इस स्थिति में एकाधिकारी विक्रय की इकाइयों में आवश्यक समायोजन लाता है। मान लें कि एक उपभोक्ता 10 वस्तुओं के क्रय का चयन कर पाता हैं बशर्ते कि मूल्य 1 रूपये प्रति वस्तु हो अर्थात् 10 इकाइयों की सीमान्त उपयोगिता 1 रूपये के बराबर है हालांकि 10 इकाइयों की कुल उपयोगिता अपेक्षाकृत अधिक है। फिर यह भी मानें कि 10 इकाइयों की कुल उपयोगिता उपभोक्ता के लिए 40 रूपये हैं। एकाधिकारी की उपयोगिता की वस्तु की एक इकाई 10 वस्तुओं की हैं और यहाँ पर उपभोक्ता की बचत 30 रूपये (40 रूपये – 10 रूपये) हैं।

प्रथमांश विभेद सीमित तथा विरल परिस्थितियों में होता है। स्पष्टत: यह तभी हो सकता है जबकि क्रेता बहुत अल्प संख्या में हों और एकाधिकारी इतना चतुर हो कि उपभोक्ताओं की अधिकतम कीमतों को जान सके।

(ii) **द्वितीयांश विभेद** – मूल्य विभेद में इस प्रकार में एकाधिकारी अपने उपभोक्ताओं की सम्पूर्ण बचत को न लेकर आंशिक रूप से लेता है। जनोपयोगी सेवाओं के लिए दरों की तालिका द्वितीयांश विभेद का एक ज्वलन्त उदाहरण है। चित्र संख्या 21 के द्वारा इसको समझा जा सकता है।

इस चित्र में D वक्र समुदाय का घरेलू प्रयोग हेतु बिजली शक्ति की माँग का है। दर तालिका अर्थात् मूल्य सूची इस प्रकार की है कि पहले कुछ किलोवाट घण्टों (Kwh)प्रति माह उपभोग के लिए ऊँची कीमत ली जाती है। P_1 मूल्य कुल उपभोग OA किलोवाट है। दूसरा समूह अपेक्षाकृत कम कीमत P_2 पर बेचा जाता है। इस मूल्य पर AB किलोवाट का उपभोग होता है। इसी तरह P_3 मूल्य पर BC किलोवाट का उपभोग होता है। दर तालिकाएँ सामान्यत: तीन से ज्यादा समूह वाली होती है और ये समूह आकार में अलग अलग होते हैं। किन्तु चित्र संख्या 21 समझने की दृष्टि से तीनों मूल्यों को समाविष्ट करता है।

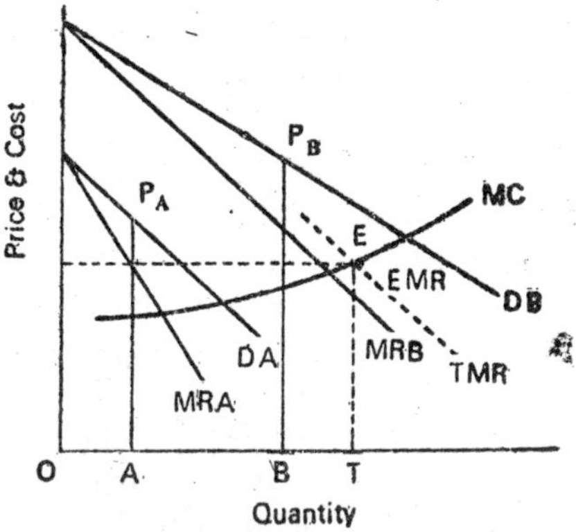

चित्र 21

इस काल्पनिक विद्युत शक्ति कम्पनी में यदि एकाधिकारी को एक ही मूल्य लेने दिया जाय और वह OC मात्रा बेचे तो मूल्य P_3 होगा। इस एक मूल्य पर उसका कुल आगम तुलनात्मक रूप से कम होगा (P_3C X OC) । लेकिन तीन मूल्यों पर कुल आगम (P_3B, P_2A) तथा P_1O चतुर्भुजों का योगा होगा। इस तरह से एकाधिकारी उपभोक्ता बचत का एक हिस्सा ले लेता है। जिस हिस्से को वह नहीं ले पाता, वह तीन छोटे त्रिभुजों का योग है।

द्वितीयांश मूल्य विभेद जहां कई क्रेता होते हैं, वहाँ अपनाया जाता है। एक ही दर या मूल्य तालिका सभी क्रेताओं को लागू नहीं होनी आवश्यक है। चूँकि अभियचियों एवं आयों में अन्तर होता है इसलिए वह उन्ही ग्राहकों की बचत का अंश ले पाता है जिनकी माँग इसकी वस्तु के लिए तीव्र होती है एवं उनकी आय अपेक्षाकृत ऊँची होती है। द्वितीयांश विभेद छोटद्ध इकाइयों के समूहों तक सीमित होता है - जैसे कि किलोवाट बिजली, टेलीफोन पर वार्ता का मिनटों में रूपान्तर आदि जिनकी माँग, अभिलेख या बिल आसानी से हो सकते हैं।

(iii) **तृतीयांश विभेद** - जब एकाधिकारी अपने ग्राहकों को दो या उससे अधिक वर्गों या समूहों में बाँटकर प्रत्येक वर्ग से भिन्न कीमतें लेता है तो वहाँ तृतीयांश मूल्य विभेद होता है। इसका सरलतम विश्लेषणात्मक उद्धरण पहले से ही उत्पादित वस्तुओं के दो अलग अलग बाजारों में बेचे जाने से मिलता है। इस अवस्था को राशिपातन (Dumping) भी कहा जाता है। केवल अन्तर इतना ही होता है कि यहाँ पर दूसरे बाजार से आशय विदेशी बाजार है। राशिपातन की वस्तुएँ अधिकांशत: विदेशी बाजार में औसत से नीचे किन्तु सीमान्त लागत से ऊपर बेची जाती है। लेकिन इसके विपरीत स्थिति भी सम्भव है। इसलिए राशिपातन को मूल्य विभेद के उस प्रकार में भी परिभाषित किया जाता है जहाँ एकाधिकारी स्वदेशी बाजार की अपेक्षा कम मूल्य पर अपनी वस्तु को विदेशी बाजार में बेचता है। राशिपातन का प्रयोग उत्पादन के आधिक्य, विदेशों में प्रतिद्धन्द्धीयों को हटाने, वृद्धिगत प्रतिफल को प्राप्त करने, विदेशी बाजार में माँग निर्माण करने तथा माँग लोच में अन्तर के लाभ को उठाने के लिए होता है।

यह समस्या एकाधिकारी के तत्क्षण बाजार (Immediate Market) में विक्रय द्ये गिलती जुलती है क्योंकि कुछ मात्रा बेचने के लिए उसकी उत्पादन लागत पर ध्यान नहीं दिया जाता है। जब वह दो बाजारों में बेचता है तो एकाधिकारी इस प्रकार से मात्रा को समायोजित करता है कि सीमान्त आगम समान (Marginal Revenues are equal in both the markets) हो। यहाँ पर सम-सीमान्त सिद्धान्त का प्रत्यक्ष प्रयोग है। दोनों बाजारों में बेची जाने वाली अन्तिम इकाई से प्राप्त अतिरिक्त आय कुल आय में समान रूप से वृद्धि करे।

· मान लें कि A बाजार में एकाधिकारी 1200 इकाइयाँ बेचता है और B में 300। प्रत्येक बाजार में यह मानें कि उसका सीमान्त आगम 5 रूपये हैं। यदि वह A में अधिक इकाइयाँ बेचता है और B में कम तो उसका कुल आगम कम होगा क्योंकि A में सीमान्त आगम गिर रहा है। इस अवस्था में वह उसके कुल आगम में 5 रूपये जोड़ने वाली इकाई को हटाकर उस बाजार में ले जायगा जहाँ पर कि उसके कुल आगम में 4 रूपये की वृद्धि हो रही हो। B बाजार में कम बेचने से वह B के सीमान्त आगम को बढ़ाकर 6 कर देता है। इसलिए ज्यादा हानि देकर कम लाभ कमाना उचित नहीं होता है। परिणामस्वरूप उस स्थिति में एकाधिकारी को वापस आना पड़ता है जहाँ पर कि प्रत्येक बाजार में सीमान्त आगम सीमान्त आगम समान हो। इसके साथ यह भी जरूरी हैं कि दोनों बाजारों में मुल्य लोच अलग अलग हो। यदि मूल्य लोच में अन्तर नहीं होता है तो विभेद की समस्या नहीं उठती है।

जब एकाधिकारी अपने उत्पादन एवं विक्रय नियोजन के लिए भविष्य को दृष्टि में रखता है तो वह आगम के साथ साथ लागतों को भी ध्यान में रखे। यहाँ भी दोनों बाजारों में आगम एक ही है। लेकिन ये आगम उसके समस्त उत्पादन की सीमान्त लागतों के बराबर ही होते हैं। जब सीमान्त लागत उपयुक्त उत्पत्ति श्रृंखला में समानान्तर रहती है तो यह आसानी से देखा जा सकता है कि दोनों बाजारों में सीमान्त आगम सीमान्त लागत के बराबर है। परन्तु जब सीमान्त लागत उत्पत्ति का परिवर्तनशील परिणाम होती है तो दोनों बाजारों के बीच लाभ सर्वाधिकारक विक्रय वितरण चित्र के द्वारा प्रदर्शित किया जाता है है। इस स्थिति को चित्र संख्या 22 के द्वारा स्पष्ट किया जा सकता है।

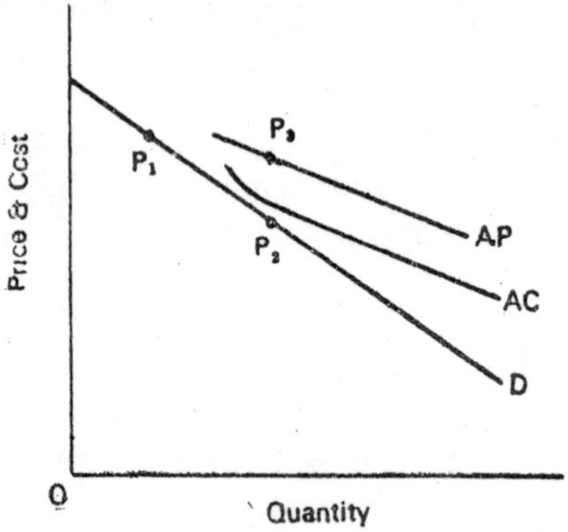

चित्र 22

इस चित्र में एकाधिकारी के दो बाजार A और B है तथा उनमें माँग DA तथा DB है। बाजार में A माँग कम तथा लोचदार है जबकि बाजार B में ऐसा नहीं है। चित्र में दोनों बाजारों के सीमान्त आगम वक्र दिखाये गये हैं। एक ही वस्तु चूँकि दोनों बाजारों में बेची जाती है इसलिए सीमान्त लागत वक्र एक ही है। यह विश्लेषण अल्पकाल तथा दीर्घकाल दोनों के ही लिए है। एकाधिकारी कुल उत्पत्ति को इस प्रकार निर्धारित करता है –

उनको जोड़ देता है। MRA तथा MRB का योग TMR है। TMR रेखा दो अलग अलग सीमान्त आगमों का क्षैतिज योग है। TMR रेखा E बिन्दु MC पर को काटती है। यहाँ पर कुल उत्पादन OT है। EMR रेखा सम सीमान्त आगम की रेखा है। इससे यह मालूम होता है कि OA मात्रा A बाजार में P_A मूल्य पर बेची जाती है OB तथा मात्रा B बाजार में P_B मूल्य पर बेची जाती है। MRA तथा MRB दोनों EMR के बराबर हैं जोकि OT उत्पादन की सीमान्त लागत के बराबर है।चूकि OA उत्पादन का MRA OA उत्पादन के MC से अधिक है इसलिए बाजार में ज्यादा मात्रा क्यों न बेची जाय? इसका उत्तर यह है कि जब बाजार B में OB विक्रय दिया हुआ है तो A बाजार में अतिरिक्त विक्रय MC, E बिन्दु से बढ़ जायेगा। अर्थात् अतिरिक्त विक्रय अतिरिक्त ज्यादा लागत पर भी सम्भव है। E बिन्दु के दायें MC बढ़कर MRA से अधिक हो जाता है। यही बात B बाजार में OB से अधिक विक्रय की मात्रा में लागू होती है।

मूल्य विभेद में उत्पादन (Output under Price Discrimination) - जब विक्रेता मूल्य विभेद का प्रयोग कर रहा है तो क्या उसकी उत्पत्ति पहले की अपेक्षा ज्यादा या कम हो रही है? इसका उत्तर एकाधिकारी या प्रतियोगी उत्पत्ति के बीच सम्बन्ध को बतलाता है, किन्तु मूल्य विभेद के अन्तर्गत कोई एक सामान्य नियम नहीं बनाया जा सकता। एकाधिकारी की दो या दो से अधिक मूल्यों पर कुल उत्पत्ति एक कीमत की अपेक्षा वास्तव में ज्यादा या कम हो सकती है। यदि मूल्य विभेद न हो तो कुछ वस्तुएँ तथा सेवाएँ पैदा नहीं हो सकती। इसका सरलतम उदाहरण किसी समाज में चिकित्सक है। यदि वह सभी रोगियों से एक ही फीस ले तो उसकी आय बहुत कम होगी। परन्तु यदि वह मूल्य विभेद करता है तो उसका व्यवसाय पहले की अपेक्षा ज्यादा आय देता है। यह इस बात को बतलाता है कि मूल्य विभेद से समुदाय में चिकित्सा सेवा ज्यादा दी जा सकती है। यही बात रेल यातायात में भी है ।

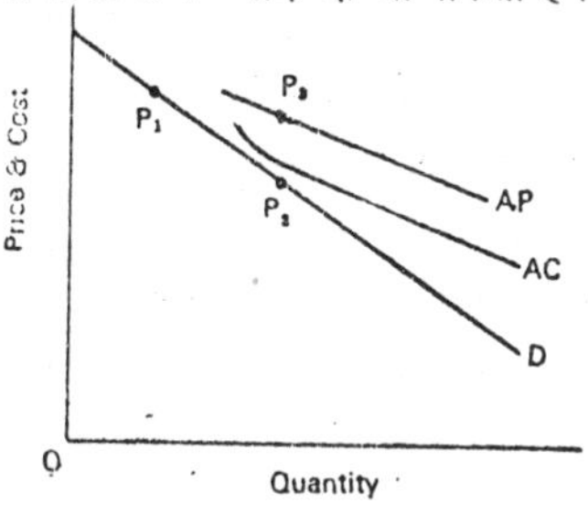

चित्र—23

इस चित्र में D रेखा सामान्य माँग है जो सभी क्रेताओं को विभिन्न मूल्यों पर बेची जाने वाली मात्राओं को बतलाती है। AP रेखा प्राप्त औसत मूल्य को दिखाती है। जबकि अलग अलग मूल्य लिये जा रहे हों। इसलिए मूल्य P_3 दोनों मूल्य P_1 तथा P_2 का औसत है। इसी तरह AP रेखा खींची गयी है। मूल्य विभेद का ढाँचा कुछ भी हो, AP रेखा हमेशा सामान्य वक्र D के दायें होगी। इस चित्र में AC लागत वक्र D के ऊपर किन्तु AP के नीचे है। तदनुसार यदि फर्म D पर एक मूल्य चुनता है तो उत्पादन नहीं होगा। परन्तु मूल्य विभेद का उत्पादन भी हैं क्योंकि फर्म AP औसत मूल्य को चुन सकती है जो कि विभेदात्मक मूल्य का औसत है और इससे लागतों से ज्यादा आगम होता है। यदि एकाधिकारी पूर्णतः विभेद का प्रयोग कर पाता है तो वह शुद्ध प्रतियोगी उत्पत्ति वाली माँग तथा लागत परिस्थितियों में भी बहुत अधिक उत्पादन कर सकता है। ऐसा इसलिए होता है कि एकाधिकारी उपभोक्ता माँग वक्र को अपने सीमान्त आगम वक्र जैसा समझता है। वह इस सीमान्त आगम को अपनी सीमान्त लागत के बराबर करता है।

इस प्रकार वह शुद्ध प्रतियोगिता के साम्य की तरह ही **माँग को सीमान्त लागत के बराबर करता है।**

द्वितीयांश विभेद प्रथमांश के सन्निकट है अतः यह बतलाता है कि एकल मूल्य की अपेक्षा एकाधिकारी ज्यादा उत्पादन करता है। जब एकाधिकारी तृतीयांश विभेद लागू करता है तो उसका उत्पादन उसकी एक कीमत पर होने वाले उत्पादन के बराबर उससे कम या उससे ज्यादा हो सकता है। यह उसके दोनों बाजारों में माँग वक्र की आकृति पर निर्भर करता है। यदि अलग अलग बाजारों में माँग वक्र रेखीय है तो कुल उत्पादन समान ही रहेगा। इसका अर्थ यह होता है कि यदि एक बाजार में कम लोचदार माँग है तो वह लोचदार माँग वाले बाजार के विस्तार के बराबर ही विक्रय में कमी लाती है। इसीलिए श्रीमती जाँन रांबिन्सन इस निष्कर्ष पर पहुँचती हैं कि प्रत्येक अवस्था में मूल्य विभेद से उत्पादन अधिक होता है।

11. द्विपक्षीय एकाधिकार (Bilateral Monopoly)

द्विपक्षीय एकाधिकार वह होता है जहाँ कि क्रय का एकाधिकार विक्रय के एकाधिकार से समायोजित किया जाता है। दूसरे शब्दों में एकल एकाधिकारी एकल क्रेताधिकारी का सामना करता है। वास्तविक जगत में ऐसी स्थिति कम ही होती है।

एकाधिकारी वहाँ तक अपना क्रियाकलाप करता है जहाँ तक कि उसका सीमान्त आगम उसकी सीमान्त लागत के बराबर है क्योंकि इससे उसका एकाधिकारी लाभ अधिकतम होता है। दूसरी और, क्रेताधिकारी वहाँ तक अपना क्रय करता हैं जहाँ पर उसके क्रय की सीमान्त लागत सीमान्त उपयोगिता के बराबर होती है। यह क्रिया उस अनुकूलतम मूल्य को बतलाती है जो कि क्रेता एवं विक्रेता दोनों के लिए उपयुक्त है।

इन दोनों पक्षों के बीच वस्तुतः कौन सा मूल्य हो उसके बारे में कोई निश्चित आर्थिक सिद्धान्त नहीं है। माँग तथा लागत वक्रों के बारे में पूर्ण ज्ञान का अभाव होता है और प्रशासक मूल्य एवं उत्पत्ति के बारे में निश्चित रूप से कुछ कहना सम्भव नहीं होता। मूल्य परिस्थिति विशेष पर निर्भर करता है। अधिकांश परिस्थितियों में यह एक समझौता मूल्य होता है जो कि दोनों पक्षों के पारस्परिक मोल-जोल की शक्ति के द्वारा प्रभावित होता है। आर्थिक प्रेरणा में अतिरिक्त निर्णय में प्रशासनिक तत्व भी हो सकते हैं। अतः हम कह सकते हैं कि द्विपक्षीय एकाधिकार की अवस्था में मूल्य तथा उत्पत्ति अनिश्चित होते है । इसे चित्र संख्या 24 में दर्शाया गया है।

इस चित्र में D माँग वक्र है, MC सीमान्त लागत वक्र है तथा MC_1 एक **अतिरिक्त** इकाई के क्रय की लागत है। द्विपक्षीय एकाधिकार में प्रत्येक पक्ष यह चाहता है कि **वह दूसरे से** अपेक्षाकृत अच्छा मूल्य अपने मोल जोल के द्वारा प्राप्त करे। एकाधिकारी चाहता **है कि क्रयाधिकारी** इस प्रकार से बर्ताव करे कि मानों **वह पूर्ण** प्रतियोगिता की तरह कई **क्रेताओं में** से एक है जिससे कि क्रेता **एकाधिकारी के द्वारा निश्चित मूल्य** को स्वीकार कर **ले। इसी प्रकार** क्रयाधिकारी भी **यह चाहता है कि एकाधिकारी इस तरह** का बर्ताव करे कि **मानों वह पूर्ण** प्रतियोगिता की तरह **मूल्य को प्रभावित करने में असमर्थ** हो जिससे कि **क्रयाधिकारी** अपने मूल्यानुसार क्रय कर सके। सम्भवतः इन दोनों शक्तियों के बीच **समझौता होता है।**

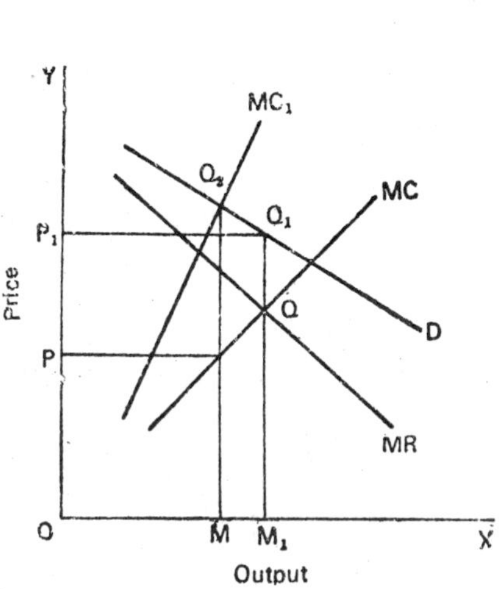

चित्र 24

उपर्युक्त चित्र के द्वारा प्रदर्शित विश्लेषण के अनुसार एकाधिकारी यदि OM_1 उत्पत्ति पर $OP_1 = (M_1Q)$ मूल्य लेता है तो वह अपना लाभ सर्वाधिक कर रहा है क्योंकि यहाँ पर उसका सीमान्त आगम उसकी सीमान्त लागत के बराबर है। दूसरी ओर, क्रयाधिकारी OM मात्रा OP मूल्य पर खरीदता है क्योंकि वहाँ पर Q_2 बिन्दु D एवं MC_1 एक दूसरे को काट रहे हैं और सीमान्त मूल्य क्रय की सीमान्त लागत के बराबर है। जैसा कि पहले ही कहा जा चुका है कि दोनों पक्षों में से कोई भी पूर्ण रूप से अपना उद्धेश्य प्राप्त नहीं कर सकता इसलिए बीच की स्थिति ही स्वीकार करनी पड़ती है। अतएव मूल्य OP तथा OP_1 के बीच कहीं पर निश्चित होता है एवं उत्पत्ति OM तथा OM_1 के बीच दोनों पक्षों की मोल जोल की क्षमता के अनुसार किसी स्थान पर निश्चित होती है।

एकाधिकार का नियन्त्रण (Control of Monopoly)- एकाधिकारी जैसा वह चाहता है अपनी वस्तु का मूल्य लेता है। उसके सामने सामाजिक कल्याण का कोई महत्व नहीं होता अपितु उसके सामने लाभ का सर्वाधिकरण उसका मुख्य लक्ष्य होता है। लेकिन वास्तविक संसार में एकाधिकारी ऐसा व्यवहार नहीं कर सकता है। उसके एकाधिकार पर कई प्रकार की रोक लगायी जाती है।

सर्वप्रथम तो स्वयं एकाधिकारी ही कई सम्भावित प्रतियोगियों (Potential Rivals) से आतंकित रहता है। यदि वह बहुत ऊँची कीमत लेता है तो कुछ अन्य साहसी ऊँचे लाभों को लेने के लिए उसके क्षेत्र में हस्तक्षेप करते हैं और उससे बाजार छीन लेते हैं।

एकाधिकार पर दूसरी रूकावट उपभोक्ता संघों (Consumer Organisations के द्वारा डाली जाती है। उपभोक्ता अपने शोषण को चुपचाप सहन नहीं करते हैं। एक सीमा के पश्चात् वे सक्रिय रूप से अपने आप को संगठित करते हैं और एकाधिकारी का खुलकर विरोध करते हैं। ऐसी अवस्था में कोई भी एकाधिकारी अपने ग्राहकों की सहानुभूति नहीं प्राप्त कर सकता है।

इसके अतिरिक्त, ऐसी कोई ही वस्तु होती है जिसका विकल्प नहीं हो। भले ही वह विकल्प निकटवर्त्ती या सुदूरवर्ती हो। एकाधिकारी का लालच विकल्पों के आगमन से संयमित हो जाता है। उपभोक्ता केवल विकल्प एवं एकाधिकारी वस्तु के बीच में कुछ मूल्य का अन्तर मात्र चाहते हैं। ज्यों ही यह अन्तर दृष्टिगत होता है, बाजार में वैकल्पिक वस्तुएँ आ जाती है।

माँग की शर्तें (Conditions of Demand) भी एकाधिकारी के द्वारा अनदेखी नहीं की जा सकती। इनके अभाव में वह कोई स्वतन्त्र एवं एकतरफाा निर्णय नहीं ले सकता। प्रत्येक अवस्था में माँग पर उसे विचार करना ही होगा। यदि माँग सापेक्षिक रूप से लोचशील है तो एकाधिकारी की स्थिति कमजोर होती है।

आन्तरिक विघटन (Internal Disintegrations) सदैव एकाधिकारी के सामने कठिनाई पैदा करते हैं। संयोजित रूप से अपनी समूची व्यवस्था को चलाना आज के युग में एकाधिकारी के लिए सम्भव नहीं है। उसके संगठन में ही विरोधी हो सकते हैं जिनका तालमेल उसके लक्ष्यों से नहीं बैठ रहा हो अर्थात् उसके ऊँचे मूल्य और अति लाभ का विरोध उसके प्रबन्ध के लोग भी कर सकते हैं।

अन्त में, राजकीय हस्तक्षेप (State Intervention) का भय भी एकाधिकारी को कम नहीं सताता। सामान्य जनता के हितों के संरक्षक के रूप में राज्य एकाधिकारी को समुदाय का शोषण करने की अनुमति नहीं दे सकता है। यदि आवश्यकता हुई तो यह उसकी क्रियाओं में हस्तक्षेप करता है। इससे एकाधिकारी पर बहुत कठोर नियन्त्रण हो पाता है।

12. एकाधिकृत प्रतियोगिता (Monopolistic Competition)

अपूर्ण प्रतियोगिता की एक और शाखा एकाधिकारी प्रतियोगिता भी है जो कि व्यावसायिक फर्म की कीमत एवं उत्पत्ति की मात्रा का दिग्दर्शन करती है। यदि सिद्धान्त प्रो. ई. एच. चैम्बरलिन ने अपनी पुस्तक 'थ्योरी ऑफ मोनोपोलिस्टिक कम्पिटिशन' में दिया था। एकाधिकृत प्रतियोगिता फर्म की उस परिस्थिति को बतलाती है जिसमें उसको एकाधिकार की शक्ति होती है किन्तु लगभग उससे मिलते जुलते ही अन्य उत्पादनों से प्रतियोगिता करनी पड़ती है।

इस परिभाषा के विश्लेषण के कुछ विशेषताएँ सामने आती है :

(1) विक्रेताओं की अधिक संख्या (Large Number of Sellers)- एकाधिकृत प्रतियोगिता में विक्रेता असंख्य हो सकते हैं और उनमें से कोईं भी सामान्य वस्तु की पूर्ति, जो कि सब के सब विक्रय के लिए प्रस्तुत करते हैं, पर नियन्त्रण नहीं रखते, किन्तु पूर्ण प्रतियोगिता की अपेक्षा इसमें उनका नियन्त्रण अधिक होता है।

(2) विभेदात्मक उत्पत्ति (Differentiated Products)- हालाँकि उत्पादित वस्तुएँ बहुत कुछ एक-दूसरे के समान ही प्रतीत होती है लेकिन कुछ कारणवश वे एक विशेष अर्थ में भिन्न होती है। ऐसी भिन्नता या तो वस्तु के गुण, रूप, पैकिग, मात्रा तथा अन्य आकर्षण के कारण हो सकती है जिसके परिणामस्वरूप एकाधिकृत फर्म की वस्तु की माँग उपभोक्ता बराबर बनाये रखते हैं और वे अपने अधिमान को आसानी से बदलना नहीं चाहते। जितनी ही सीमा तक यह भिन्नता होती है उतनी ही अधिक विक्रेता की प्रवत्ति एकाधिकृत होती है और इस अर्थ में उसे एकाधिकारी भी कहा जा सकता है। उदाहरण के लिए, सभी

वनस्पति घी निर्माता एक ही तरह का उत्पादन करते हैं किन्तु डालडा ब्राण्ड के प्रति लोग सबसे अधिक आकर्षित होते हैँ। यह उत्पादन विभेद का ही परिणाम है।

माँग (Demand)- वस्तु विभेद फर्म के उत्पादन की माँग के आकार पर प्रभाव डालता है। यदि विभेद बहुत अधिक है तो वस्तु की माँग बेलोचदार हो जाती है तथा यदि विभेद कम हैं तो माँग लोचदार हो जाती है। इसी को चित्र 25 के द्वारा व्यक्त किया गया है। इस चित्र में A तथा B दो माँग वक्र है। दोनों ही वक्र लोचदार हैं क्योंकि दोनों वस्तुएँ एक ही प्रकार की वस्तु से प्रतियोगिता करती हैं, फिर भी माँग वक्र B 'A' की अपेक्षा ज्यादा लोचदार है। इसका मतलब यह होता है कि 'B' वस्तु का A की तुलना में विभेद हुआ है जिससे B की कीमत में परिवर्तन की प्रतिक्रिया उपभोक्ताओं पर A की अपेक्षा अधिक हुईं हैं।

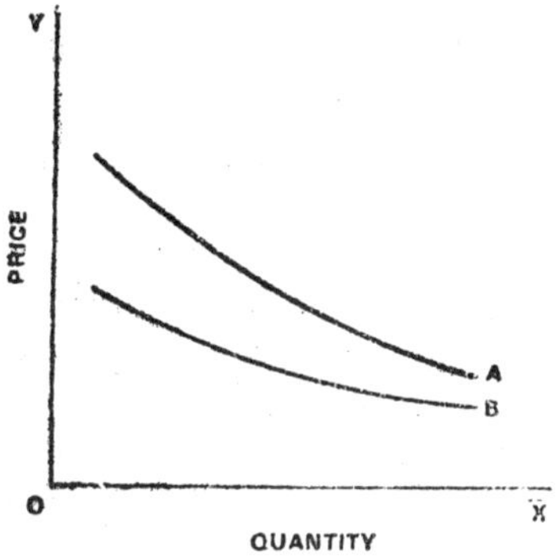

चित्र 25

प्रो. चेम्बरलिन ने अपने सिद्धान्त को स्पष्ट करने के लिए यह बतलाया कि व्यावसायिक फर्मे कई प्रकार के समायोजन करती हैं जिससे कि उनका लाभ एवं बाजार हमेशा बना रहे। इन समायोजनों (Adjustments) को उन्होंनें तीन भागों में बाँटा :

(क) मूल्य समायोजन (Price Adjustment)।

(ख) वस्तु समायोजन (Product Adjustment)।

(ग) विक्रय प्रयास समायोजन या विक्रय लागतें (Selling effort adjustment or selling costs)।

(क) मूल्य समायोजन (Price Adjustment)- एकाधिकृत प्रतियोगिता में कोई भी फर्म अनेकों में से एक होती है। तदनुसार कोई भी फर्म एक उद्योग को प्रभावित नहीं करती। प्रत्येक फर्म अपनी वस्तु को अन्य वैसी ही फर्मों की प्रतियोगिता की अपेक्षा तो बहुत अधिक होती है किन्तु पूर्ण प्रतियोगिता की तुलना में कम होती है क्योंकि वस्तु विस्थापक प्राय: निकटतम होते हैं। विक्रेताओं के किसी समूह में, कुछ तो उपभोक्ताओं का ज्यादा शक्तिशाली अधिमान रखने का सौभाग्य रखते हैं और कुछ कम। अब हम यह देखें कि फर्म तथा उद्योग में मूल्य समायोजन किस प्रकार होता है?

(1) फर्म (The Firm)- पहले हम एक फर्म को ही लें और इस बात को अभी छोड़ दें कि वह किस प्रकार के प्रतियोगी वातावरण में हैं। मान लें कि फर्म की वस्तु का गुण दिया हुआ है तथा फर्म कोई विज्ञापन नहीं करती हैं और स्थिति दीर्घकालीन है, तो फर्म का माँग वक्र इसकी वस्तुओं के लिए उपभोक्ताओं की अभिरूचि, उनकी आय तथा अन्य फर्मो की वस्तुओं की दी हुई कीमतों को बतलाता है। इन परिस्थितियों के अन्तर्गत फर्म का स्वभाव एकाधिकारी की तरह हो जाता है और वह उसी के अनुरूप कीमत निर्धारित करता है। इस प्रकार हम यह कह सकते हैं कि जब किसी फर्म की साम्य की स्थिति को अन्य फर्मो से अलग देखा जाय तो वह एकाधिकारी की तरह होगा। फिर भी फर्म के पास थोड़ा ही मूल्य निर्णय होने की सम्भावना होती है क्योंकि इसका माँग वक्र पड़ा (Horizontal) होता है। एकाधिकृत प्रतियोगिता सचमुच में एकाधिकार की अपेक्षा शुद्ध प्रतियोगिता के ज्यादा निकट होती है। यद्यपि ढलाऊ माँग वक्र के कारण एकाधिकृत प्रतियोगिता वाली फर्म में एकाधिकार के कुछ औपचारिक गुण रहते हैं लेकिन इसमें एकाधिकार के मूल तत्वों की कमी होती है।

(2) समूह (The Group)- कई फर्म जिनका बाजार एक-दूसरे से गुथा हुआ है - चैम्बरलिन के शब्दों में, समूह कहलाता है। यद्यपि एक समूह कुछ अर्थ में उद्योग से मिलता जुलता है लेकिन उद्योग दो या दो से अधिक समूहों को मिलाकर बनता है। उदाहरण के लिए, पुस्तक प्रकाशन को यदि हम एक उद्योग मानें तो इसमें कुछ फर्म ऐसी होती है जो सामान्य पठन-पाठन की पुस्तक छापती हैं जबकि अन्य प्रकार की फर्म केवल पाठ्य पुस्तकें तथा अन्य उच्चकोटि के प्रकाशन में लगी होती हैं। यहाँ व्यवसाय से दोनों की दिशाएँ बाजार तथा उद्धेश्य से भिन्न हो सकती है। लेकिन सब पुस्तक उद्योग के ही अंश है। इन समूहों में से कुछ ऐसे होते हे जिनके प्रकाशन पाठकों द्वारा काफी पसन्द किये जाते हैं एवं खरीदे जाते हैं जबकि अन्य के प्रति उदासीनता प्रकट होती है। यह वस्तु विभेद का तथा कीमत अन्तर का परिणाम है।

एकाधिकृत प्रतियोगिता में फर्म के समूह का पूर्ति वक्र नहीं खींचा जा सकता क्योंकि पूर्ति वक्र यह दिखलाता है कि विभन्न कीमतों पर कितनी वस्तुएँ बेची जायेगी और यह इस मान्यता पर आधारित होता है कि सभी फर्म की वस्तुएँ एवं कीमतें किसी विशेष समय में समान रहती है। लेकिन एकाधिकृत प्रतियोगिता में समूह का प्रत्येक फर्म वस्तु विभेद करता है। अतएव कीमतों में भिन्नता स्वाभाविक है।

फलतः समूह के स्वभाव का असर एक फर्म पर अवश्य पड़ता है। इसीलिए चैम्बरलिन ने यह माना कि प्रत्येक फर्म के माँग वक्र एवं लागत वक्र समान होते हैं। यदि माँग वक्र समान हो तो यह मानना पड़ेगा कि फर्मो का बाजार में हिस्सा समान है। अगर किसी समूह में 100 फर्में हैं तो एक फर्म कुल बिक्री का सौवा हिस्स बेचेगी। चित्र 26 में व्यक्तिगत तथा सामूहिक साम्य को दर्शाया गया है। पहले यह मानें कि प्रत्येक फर्म की माँग D_1 है। AC की दीर्घकालीन पूर्ण लागतों के साथ प्रत्येक फर्म पर्याप्त लाभ कमा सकती है। यहाँ कीमत, सीमान्त लागत सीमान्त आगम तथा लाभ के रेखांकन की आवश्यकता नहीं है। वे कल्पना से ही समझे जा सकते हैं। चूँकि सभी फर्म समान हैं, इसलिए समूह का शुद्ध लाभ ऊँचा होगा फिर चूँकि हम दीर्घकाल का उल्लेख कर रहे हैं इसलिए नयी फर्में प्रवेश कर सकती है और इस बाजार में नये उत्पादन बेचे जा सकते हैं। ऐसा होने से D_1 वक्र बायीं

और बढ़ता है जो कि वर्तमान फर्मों की वस्तुओं के घटते हुए विक्रय को प्रदर्शित करता है। पुराने तथा नये फर्म को कीमत घटानी पड़ती है और ऐसा तब तक होता रहता है जब तक शुद्ध लाभ की आशा बनी रहती है। यह क्रिया तब समाप्त होती है जबकि माँग वक्र लागत वक्र स्पर्शी (Tangent) हो जाते हैं अर्थात् D_2 हो जाता है। इसे दूसरी तरह इस प्रकार भी कहा जा सकता है कि यहाँ पर लागत वक्र AC सबसे कम हैं तथा इससे आगे बढ़ने पर उत्पादन की मितव्ययिताओं की सम्भावना नहीं रह जाती है।

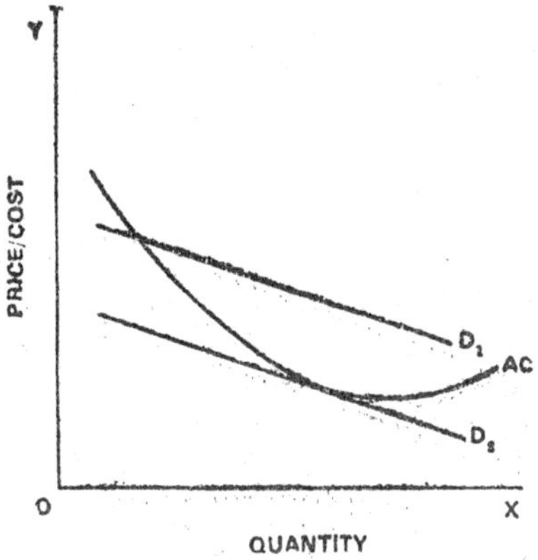

चित्र 26

फलत: चैम्बरलिन के सिद्धान्त में सामूहिक साम्य की समस्या का निदान सदैव स्पर्श (Tengency) होता है जो यह बतलाता है कि कीमत पूर्ण लागत के बराबर होती है। स्पर्श के साथ कोई फर्म बिना घाटा सहे कीमत को नहीं बढ़ा सकती है। शुद्ध लाभ उस बिन्दु पर अधिकतम होते हैं तथा बाहर से कोई भी फर्म इस समूह में प्रवेश नहीं करना चाहती क्योंकि लाभ सामान्य होते हैं। सामान्य लाभ मिलते रहने के कारण कोई फर्म समूह को छोड़ना भी नहीं चाहती और समूह साम्य की स्थिति में रहता है।

(3) अदूरदर्शी मूल्य गिरावट (Short-sighted price-cutting)- अगर फर्मों की संख्या निश्चित हो और इनके बीच आपस में कीमत में अन्तर हो तो साम्य की स्थिति मूल्य युद्ध से स्थापित होगी। चित्र 27 पर अगर हम विचार करे तो पाते हैं कि इसमें दो तरह के माँग वक्र है। d_1 वक्र जो किसी एक फर्म के लिए होता है इस मान्यता पर खींचा जाता है कि अन्य फर्में तो अपनी कीमत में परिवर्तन नहीं लाती जबकि यह अपनी कीमत बदलता है। इसके विपरीत d_2 वक्र यह दिखलाता है कि जब प्रतियोगी सचमुच में इसकी कीमत में परिवर्तन के बराबर हो उसी समय परिवर्तन लाते हैँ तो इसकी बिक्री पर क्या असर पड़ेगा? D वक्र, d_2 पक्र की अपेक्षा कम लोचदार है। Dवक्र समुचे की माँग वक्र द्योतक है। फिर माना कि समुह में फर्में हैं, जब D वक्र के द्वारा विक्रय की मात्रा का पढ़ा जायगा तो 100 से गुणा करना होगा और गुणनफल सारे समूह का माँग वक्र होता है।

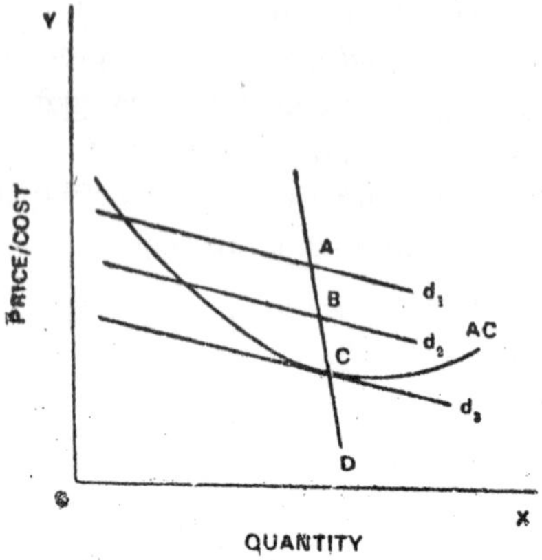

चित्र 27

अब कल्पना करें कि समूह में से एक फर्म A बिन्दु पर है। हालाँकि फर्म को बहुत लाभ हो रहा है लेकिन यह और भी अधिक लाभ अर्जित कर सकती है बशर्तें कि यह लाभ वक्र d_1 के समानान्तर अपने विक्रय को बढ़ा लेती है। पुनः यह भी कल्पना करें कि इस फर्म का स्वामी एक दूरदर्शी व्यवसायी नहीं हैं और वह मान्यता है कि अगर वह अपनी कीमत घटाता है तो उसके प्रतिद्वन्द्धि कीमत नहीं घटाते हैं। अतः वह अधिक बिक्री एवं लाभ की आशा में कीमत में कमी लाता है। लेकिन उसे निराशा मिलती है क्योंकि उसके प्रतिद्वन्द्वी भी अपनी अपनी कीमतों को घटाते है। यद्यति 'B' बिन्दु पर बिक्री कुछ अधिक हुई लेकिन लाभ पहले से कम हो गया है। माँग वक्र D से उतरकर d_1 तथा d_2 तक नीचे आ गया है। मान लें कि कीमत कम करने वाली फर्म अपने इस कार्य से लाभान्वित नही होती है और फिर वह कीमत में कटौती करती है जो कि पुनः अन्य फर्मो के द्वारा भी की जाती है। एक बार फिर D वक्र नीचे गिरता है और यह d_3 तक आता है। लेकिन इससे आगे यह फर्म कीमत नहीं घटायेगी क्योंकि इससे हानि ही होगी। इस प्रकार का मूल्य युद्ध फर्म तथा समुह साम्य को स्थापित करता है। कीमत पूर्ण लागत के बराबर होती है और वक्र स्पर्शी हो जाते हैं।

(4) **माँग एवं लागत में परिवर्तन** (Changes in demand and cost) - उपरोक्त जितनी भी बातें थी वे एकरूप माँग एवं लागत पर आधारित थी किन्तु समूह में सभी फर्मो की लागत एवं माँग भिन्न भिन्न होती है। इसलिए इनकी कीमतें उत्पादन की मात्रा तथा लाभ की अलग अलग होते हैं । इन भिन्नताओं को नीचे चित्र 28 के द्वारा स्पष्ट किया जा सकता है।

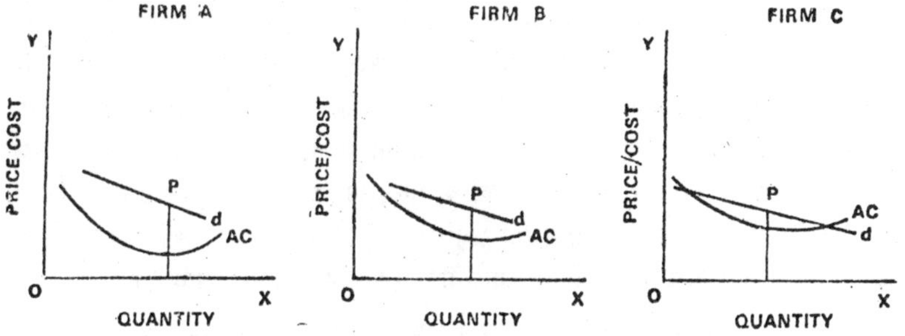

चित्र 28

यहाँ पर A, B, C, एवं D चार फर्म हैं और इसी के आधार पर E, F, G फर्मों को किसी भी संख्या की स्थिति को जाना जा सकता है। यद्यपि फर्मों के बीच भिन्नता है लेकिन सारा समूह हमेशा कुछ निश्चित लाभ अथवा हानि की प्रवृत्ति को बतलाता है। माना कि सारा समूह तो लाभदायक है, फिर भी कुछ फर्म हानि पर चल रहे हैं। जो फर्म समूह के बाजार से बाहर होते हैं वे सोचते हैं कि क्यों न इसमे प्रवेश किया जाय और वे ऐसा करते भी है। ज्यों ही नये फर्म अपनी वस्तुओं को बाजार में लाते हैं, पुराने फर्म विक्रय में हानि सहते हैं लेकिन सभी समान रूप से प्रभावित नहीं होते। शायद A फर्म बिरले ही नयी प्रतियोगिता को महसूस करते हों क्योंकि इसकी वस्तु बाजार में काफी जमी हुई है। लेकिन C तथा D फर्म बाहरी लोगों के आक्रमण से बहुत कठिनाई में पड़ गये हैं। वस्तुत: नये फर्म की प्रविष्टि समाप्त हो जाती है तथा समूह के बाजार बाहरी लोगों के लिए कोई आकर्षण नही रखते हैं। शुद्ध लाभ अब समूह में विकीर्ण (Scattered) हो गया है। लेकिन उसकी प्रवृत्ति प्रविष्टि के लिए कोई प्रोत्साहन नहीं छोड़ती है।

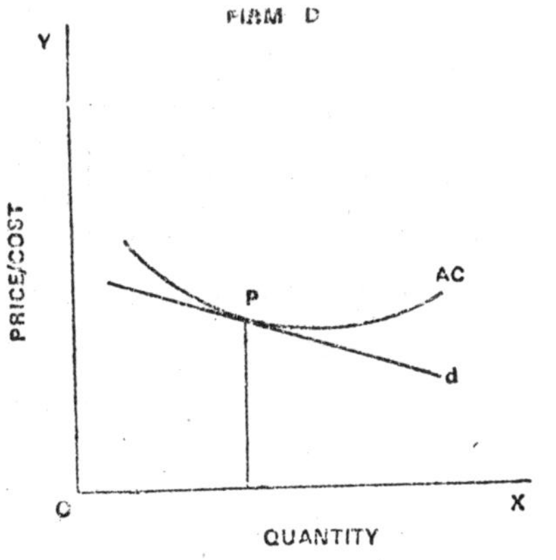

चित्र

(ख) वस्तु समायोजन (Product Adjustment) - एकाधिकृत प्रतियोगिता का अधिकांश भाग मूल्यहीन प्रतियोगिता होती है जिसके दो मुख्य रूप वस्तु विभेद तथा विज्ञापन है। वस्तु विभेद का आशय चैम्बरलिन के अनुसार गुण (Quality) प्रतियोगिता से है। मूल्यहीन प्रतियोगिता में फर्मो के बीच मुठभेड़ उनकी वस्तु की किस्म तथा विज्ञापन कार्यो में हेर-फेरे द्वारा होती है। जब वे ऐसा करते हैं तो उनकी कीमतें एक ही समय में महीनों तक अथवा कुछ वर्षो तक भी समान बनी रहती है। कीमत समान होने के कई कारण है। कुछ कीमतें स्थिर होती है चूँकि ये सामान्य सिक्कों के मूल्य के बराबर होती है तथा कुछ कीमतें इसलिये स्थिर होती है या स्थिर होने की प्रवृत्ति रखती है चूँकि क्रेता तथा विक्रेता इसके आदी हो गये है और कुछ कीमतें रीति रिवाज के कारण कम परिवर्तित होती है।

(1) फर्म (The Firm) - अब हम ऐसी फर्म को ले जो कि अपनी वस्तु को रीति रिवाज या अन्य कारणों से स्थिर कीमत पर बेचती है। चूँकि इसकी वस्तु भिन्न है इसलिए वस्तु को किसी भी तरह से रंग, टिकाऊपन, कला, डिजाइन अथवा सेवाओं के द्वारा बदला जा सकता है। माना कि उपभोक्ता सुधरी हुई वस्तु की अपेक्षाकृत ज्यादा मात्रा खरीदते हैं। हालाँकि यह सुधार फर्म की दृष्टि से लाभदायक भी हो सकता है और नहीं भी। सुधार का उद्धेश्य यही होता है कि वस्तु की खरीद उपभोक्ता पहले से ज्यादा करें। पुनः हम पहले दिये हुए पुस्तक उद्योग के उदाहरण को याद करें तो पाते हैं कि ऐसी स्थिति आ सकती है जबकि किसी पुस्तक की और अधिक बिक्री करने के लिए आकर्षक जिल्द की ह्यवस्था करें जिसके कारण लागत बढ़ जाय।

बढ़ी हुई बिक्री से प्राप्त आय प्राय आय का प्रयोग बढ़ी हुई कीमत की क्षतिपूर्ति में करे। अतः फर्म अपनी वस्तु के गुण को इस तरह से समायोजित करती है जिससे कि लाभ अधिक हो सके। इसे चित्र 29 से समझा जा सकता है।यदि पुस्तक विक्रेता अपनी कीमत को कम करता है तो कुल आय को बढ़ाता है लेकिन इसी समय इसकी कुल लागत भी बढ़ जाती है क्योंकि यह वस्तु की ज्यादा इकाइयाँ बेच रहा है चित्र में OP सामान्य कीमत हैं, P से खींची गयी सीधी रेखा कीमत को व्यक्त करती है, यह माँग वक्र है। CA वक्र उत्पादन की A किस्म के लिए दीर्घकालीन औसत लागत वक्र हैं ।

जब फर्म A गुण की वस्तु को चुनती है तो यह OA मात्रा का विक्रय करती है। शुद्ध लाभ छायांकित चतुर्भुज के द्वारा दिखाया गया है । फर्म के उत्पादन की B किस्म के लिए CB लागत वक्र है। इसमें हम देखते हैं कि विक्रय OA से बढ़कर OB हो गया है जो कि वस्तु में सुधार का परिणाम है(लेकिन यह बिल्कुल स्पष्ट है कि नये विक्रय से प्राप्त लाभ पहले के विक्रय से कम है। अगर यह फर्म B के अतिरिक्त CDF प्रकार की वस्तुएँ भी पैदा करे तो वह अपनी लागत विक्रय तथा शुद्ध लाभ की गणना कर सकता है और जहाँ तक चयन का प्रश्न है उसमें उसी वस्तु का चुनाव किया जायेगा जो कि अधिकतम शुद्ध लाभ देती है।

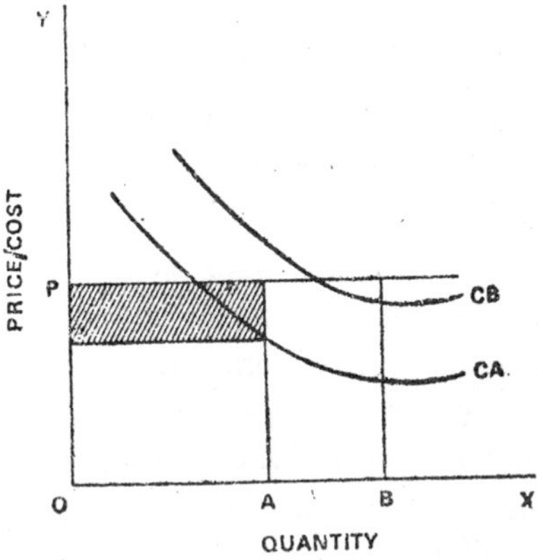

चित्र 29

लेकिन चैम्बरलिन का वस्तु विभेद तकनीकी सुधार (technical improvement) को समाविष्ट नहीं करता। प्रायः कोईं भी टिकाऊ उपभोक्ता वस्तु धीरे धीरे पहले की अपेक्षा अच्छी होती जाती है। यह सुधार रूप अथवा अभियन्त्रणा सम्बन्धी हो सकता है। वस्तु में इस तरह का विभेद अभिरूचियों में परिवर्तन तथा तान्त्रिकी एवं व्यावसायिक आविष्कारों के कारण होता है(इसके विपरीत, चैम्बरलिन का सिद्धान्त इस मान्यता पर है कि वस्तु में सुधार विद्यमान तान्त्रिकी के द्वारा ही वर्तमान अभिरूचियों के अनुसार लाया जाता है।

(2) **समूह** (The Group)- जब वस्तु परिवर्तनशील हो तो साम्य की स्थिति भी स्पर्श (Tangency) स्थान पर होती है क्योंकि सभी फर्म की लागत एवं बाजार का हिस्सा एक ही जैसा होता है। मान लें कि समूह में सभी फर्में एक जैसी है और सभी शुद्ध लाभ कमा रही है। ऐसी अवस्था में समूह में नयी फर्में अपना चाहेंगी जिससे पुरानी फर्म का विक्रय घट जायगा। पुरानी फर्में विक्रय के घाटे की सम्भावना को कम करने के लिए अपनी वस्तुओं में और भी अधिक सुधार करना चाहेंगी। फलतः उनका लागत वक्र ऊपर उठ जायगा और तब तक वह ऊँचा होता जायगा जब तक कि वह चित्र में सीधी रेखा के समानान्तर नहीं हो जाता है। जब विक्रय स्वतः स्पर्शता की स्थिति में आने के लिए समायोजित होता है तो फर्मं साम्य में होती है। इसी प्रकार चूँकि स्पर्शता का मतलब कीमत और कुल लागत का बराबर होना है इसलिए समूह से न तो वर्तमान फर्म निकलेंगी और न ही नयी फर्म आयेंगी।

(ग) विक्रय प्रयास समायोजन या विक्रय लागतें (Selling Effort Adjustment or Selling Costs) - विक्रय लागत वस्तु की माँग को बढ़ाने के लिए होती है। विक्रय लागत का विस्तृत अर्थ विज्ञापन से बड़ा होता है क्योंकि इसमें विक्रय एजेण्ट, खुदरा विक्रेताओं को प्रदर्शन के लिए भत्ते तथा अन्य विक्रय प्रवर्तन सम्बन्धी व्यय सम्मिलित किये जाते हैं। चैम्बरलिन विक्रय, लागत तथा उत्पादन लागत के बीच अन्तर समझते हैं। वह लागत जो कि वस्तु को बनाने, यातायात करने और दी हुई आवश्यकताओं के अनुसार

उपभोक्ताओं को उपलब्ध कराने की लागत उत्पादन लागत ही होती है। लेकिन उपभोक्ताओं की माँग में परिवर्तन लाने हेतु जो लागत होती है उसे विक्रय लागत कहा जाता है। उदाहरणार्थ, किसी वस्तु की पैंकिंग को आकर्षक बनाने के खर्च को उत्पादन लागत समझा जाय या विक्रय लागत? यहाँ पर यह देखना है कि यदि पैंकिंग के परिणामस्वरूप लोगों की माँग बढ़ गयी है तो इसे विक्रय लागत कहा जायगा अन्यथा यह उत्पादन लागत ही समझी जायगी।

विज्ञापन का मुख्य उद्धेश्य विक्रय को बढ़ाना है। विक्रय में वृद्धि का आशय, वर्तमान माँग में हुई वृद्धि से होता है। अब हम विज्ञापन ह्यय तथा विक्रय की इकाइयों के बीच एंक सम्बन्ध स्थापित करने का प्रयास करंगे। इस सम्बन्ध को विंक्रय लागत वक्र के द्वारा चित्र 30 द्रारा प्रदर्शित किया जाता है। इसमें विक्रय लागत V- आकार का होता है। इसमें SC वक्र प्रति इकाई विक्रय औसत लागत है। OA_1 बिक्री के लिए औसत लागत AA_1 है। OB_1 विक्रय के लिए औसत लागत BB_1 है। वक्र पहले गिरता है क्योंकि इसमें बढ़ते हुए विज्ञापन की स्तर के पश्चात इस वक्र का न्यूनतम बिन्दु आ जाता है और उसके पश्चात फिर वक्र ऊपर की ओर जाता है जिसका तात्पर्य यह है कि अब विक्रय को बढ़ाने से लागत भी क्रमशः बढ़ती जायगी और विक्रय खर्च बढ़ाते रहने पर वक्र लम्ब रूप में हो सकता है । विक्रय लागत बहुत ज्यादा या बहुत कम भी हो सकती है, इस सम्बध में कोई एक सामान्य नियम बताना सम्भव नहीं है।

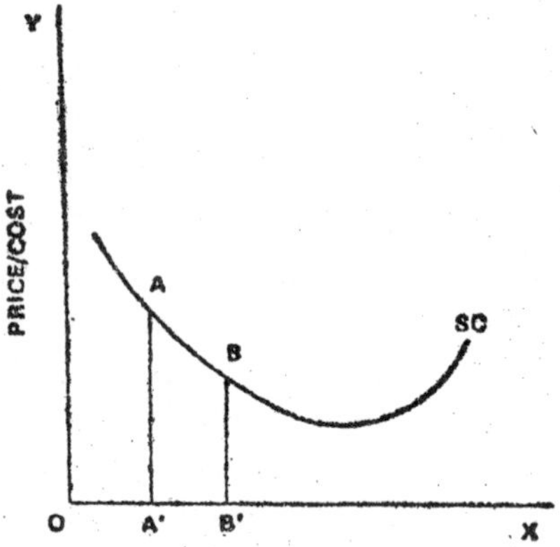

चित्र 30

एक फर्म के विक्रय लागत वक्र का आकार एवं स्थिति और किसी खास समय में अन्य प्रभावकारी तत्वों की शक्ति को भी बतलाती है तथा ये तत्व वस्तु की कीमत व विकल्प, वस्तु का गुण और इसके विकल्प का गुण, क्रेताओं की आय एवं उनका विरोध, जो कि विज्ञापन के कारण होता है, इत्यादि हैं। इन तत्वों में से किसी में भी परिवर्तन आने से विक्रय वक्र के आकार एवं स्थिति में भी परिवर्तन आता है। यदि कीमत अधिक हो गयी है तो इसका मतलब ही वस्तु की विक्रय लागत बढ़ने के कारण इसका वक्र भी ऊँचा हो गया

है। यदि वस्तु के गुण में सुधार लाया जाता है तो वक्र नीचा हो जाता है। अब उपभोक्ताओं की अभिरूचि विद्यमान वस्तु से हट रही है तो वक्र में शीघ्र मोड़ आ जायेंगे।

किसी फर्म को विज्ञापन पर कितना व्यय करना चाहिए यह एक कठिन प्रश्न है। लाभ अधिकतम करने वाली फर्म इतनी राशि खर्च करती है जिससे कि उत्पादन एवं विज्ञापन की सीमान्त लागत मिलकर वस्तु की कीमत के बराबर हो जाय। अर्थात् अतिरिक्त बेची जाने वाली इकाई का मूल्य इसके उत्पादन एवं विक्रय मूल्य के बराबर हो, इसे चित्र 31 से समझा जा सकता है। यहाँ फर्म की वस्तु की कीमत OP है और पड़ी हुई रेखा जो कि P खींची गयी है उसे MR वक्र समझना चाहिए क्योंकि विज्ञापन के द्वारा फर्म कीमत को घटाये बिना ही अधिक विक्रय कर सकती है। प्रति इकाई विक्रय को उत्पादन लागत वक्र के ऊपर रखा जाय। साम्य की मात्रा OA है और अब हम उत्पादन लागत, विक्रय लागत शुद्ध लाभ को जान सकते हैं। स्पष्टत: फर्म OA से अधिक उत्पादन या विक्रय करना नहीं चाहती क्योंकि अगर वह इससे अधिक करती है तो सीमान्त लागत कीमत से अधिक हो जायेगी और शुद्ध लाभ घट जायेगा।

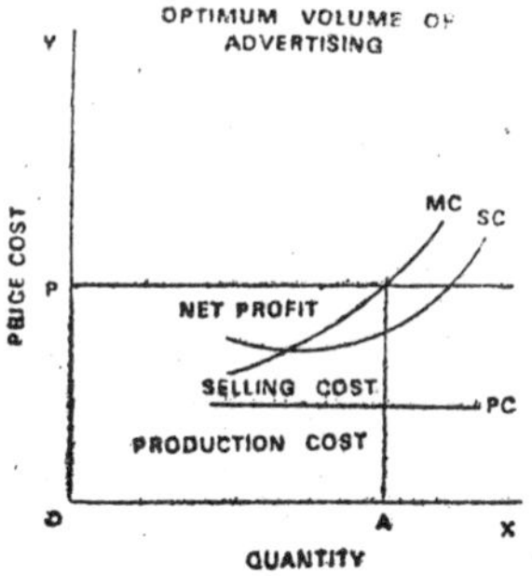

चित्र 31

व्यावसायिक फर्में जो कि विज्ञापन करती है प्राय: कठोर नियमों का अनुसरण करती हैं जैसे कि निश्चित विज्ञापन बजट के अनुसार ही काम करना अथवा विक्रय का एक पूर्व निर्धारित प्रतिशत ही विज्ञापन पर खर्च करना अथवा प्रतिद्वन्द्वियों का जितना खर्च करना अथवा जितना सामर्थ्य है उनके अनुसार खर्च करना । ये तरीके सुरक्षित हो सकते हैं और उनमें गुण भी होते हैं लेकिन वे कभी कभी विवेकपूर्ण नहीं होते। फिर भी ऊपर दिये गये चित्र में जो धारणा है वह विवेकशील है क्योंकि यह लाभ अधिकतम करने वाले विज्ञापन व्यय पर जोर देती है।

विज्ञापन और साम्य (Advertising and Equilibrium) - विज्ञापन सम्बन्धी निरन्तर विवाद हमेशा इस प्रश्न को छोड़ता है कि विज्ञापन का कौन-सा अंश अधिक सूचना की इच्छा को सन्तुष्ट करता है तथा कौनसा भाग केवल विक्रय को एक वस्तु से दूसरी वस्तु या एक समूह से दूसरे समूह की ओर ले जाता है? यह प्रश्न हमें प्रतिद्वन्द्वि विज्ञापन (Competitive Advertising) के अध्ययन की ओर ले जाता है। जब कोई फर्म अपने विक्रय को बढ़ाने के लिए विज्ञापन करती है तो इसका असर कभी कभी फर्म के प्रतिद्वन्द्वियों

के विक्रय में वृद्धि होती है। जब विज्ञापन बढ़ता है तो उपभोक्ताओं की इच्छा इसी फर्म की वस्तुओं के प्रति जाग्रत नहीं होती अपितु उस श्रेणी की सभी वस्तुओं की माँग बढ़ती है। चैम्बरलिन के अनुसार, किसी समूह में फर्म यदि साम्य में हो और यदि कोई भी कुछ लाभ नहीं कमा रहा है तो उनमें से कोई भी विज्ञापन नहीं करता, फिर यह भी कल्पना करें कि अदूरदर्शी कीमत कम करने वाले फर्म की तरह कोई फर्म सोचे की उसे विज्ञापन से कुछ लाभ हो सकता है और ऐसा वह इसलिए सोचता है कि प्रतिद्वन्द्धि विज्ञापन नहीं कर रहे हैं। चित्र 32 के द्वारा प्रतियोगितापूर्ण विज्ञापन को समझा जा सकता है।

इसमें उत्पादन लागत वक्र PC तथा कीमत OP है। प्रारम्भिक साम्य की उत्पत्ति OA है। चूँकि कीमत औसत उत्पादन लागत के बराबर है अतः शुद्ध लाभ नहीं हो रहा है। तब एक फर्म ने विज्ञापन की योजना बनायी और लागू की जो कि SC_1 के द्वारा दिखायी गयी है, यह बतलाती है कि अगर वह अकेले ही विज्ञापन करे तो कैसे अपने विक्रय को बढ़ा सकती है। वह अपने विक्रय को OB तक बढ़ा सकती है जहाँ सीमान्त लागत (यहाँ दिखायी नहीं गयी है) कीमत के बराबर है। लेकिन विज्ञापनकर्त्ता बाद में अनुभव करता है कि उसने गलत किया है। वह उत्पादन OB तक नहीं जा पाता है और न ही उत्पादन से सम्बंन्धित उसे लाभ ही मिल पाता है क्योंकि उसके प्रतिद्वन्द्धी भी विज्ञापन के मामले में उसका अनुसरण कर रहें हैं। प्रत्येक फर्म का विक्रय कुछ बढ़ता तो है लेकिन आशा से कम। यह अपना विक्रय बढ़ाने के लिए अल्पदृष्टि वाले विज्ञापन की ही कोशिश करता हैं। किन्तु अब उसका विक्रय अधिक महँगा हो गया है और विक्रय लागत वक्र SC_2 है जो कि लाभ तभी दे सकता है जबकि अन्य फर्में न हों। एक बार फिर वह अपने विज्ञापन खर्च को बढ़ाती है लेकिन उसे कुछ भी लाभ नहीं मिलता है। साम्य की स्थिति उस समय आती है जबकि सभी फर्में OC मात्रा का उत्पादन नहीं करती है और उनका विक्रय SC_3 लागत वक्र है। यहाँ पर भी स्पर्श का महत्व है। अब कोई भी फर्म विज्ञापन में वृद्धि करके लाभ कमाने की आशा नहीं कर सकती। इसमें साम्य होने पर उत्पादन एवं विक्रय की मात्रा OA से बढ़कर OC हो गयी है।

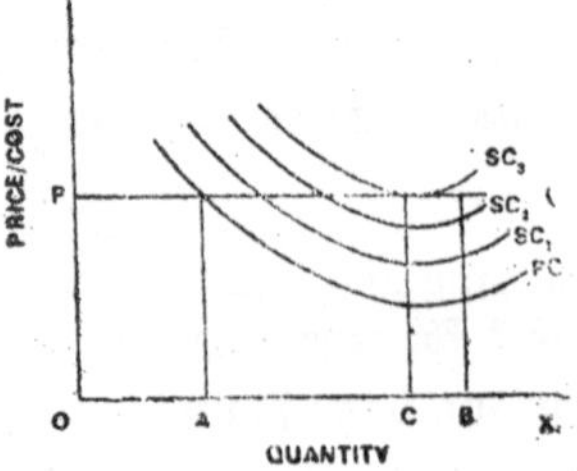

चित्र 32

13. द्वयाधिकार (Duopoly)

द्वयाधिकार बाजार की वह अवस्था है जिसमें एक के स्थान पर दो एकाधिकारी होते हैं और एकाधिकारी शक्ति का आपस में विज्ञापन करते हैं।

द्वयाधिकार दो प्रकार के हो सकते हैं :

1. वस्तु विभेद रहित द्वयाधिकार (Duopoly without product differentiation)

2. वस्तु विभेद सहित द्वयाधिकार (Duopoly with product differentiation)

1. वस्तु विभेद रहित द्वयाधिकार – द्वयाधिकार के अन्तर्गत सरलतम स्थिति वह होती है जहाँ पर दो एकधिकारी एक ही प्रकार की वस्तु को बेच रहे हों और वस्तु विभेद न हो। ऐसी हालत में उनमें मुठभेड़ (Collusion) की सम्भावना है। वे मूल्य निर्धारण अथवा क्षेत्र-विभाजन पर समझौता कर सकते हैं जिससे कि संघर्ष न करना पड़े। परन्तु ऐसा तभी सम्भव है जबकि उनके पारस्परिक लागत वक्र एक जैसे हों अथवा लगभग एक हों और साथ ही साथ माँग स्थायी तथा कम लोचदार हो। स्पष्टतः यह संघर्ष एकाधिकार की स्थिति में परिणत हो जाता है और मूल्य भी तदनुसार निश्चित होता है। जब दोनों पक्षों के बीच समझौता नहीं होता है तो एक निरन्तर मूल्य युद्ध की सम्भावना हो जाती है। यहाँ पर सबसे अधिक विचारणीय प्रश्न यह होता है कि दोनो फर्मो के बीच लागत एवं प्राप्ति, उनके पारस्परिक आकार, माँग लोच, क्रेताओं की गतिशीलता, प्रतिद्वन्द्वियों की प्रतिक्रियाएँ आदि पर किस प्रकार विचार किया जाय और मूल्य सम्बन्धी दी जाने वाली छूट को या बाजार हड़पने के अन्य तरीकों को किस प्रकार गुप्त रखा जाय?

यदि मूल्य विभेद न हो तो उपभोक्ता दोनों उत्पादकों के बीच तटस्थ रहते हैं और दीर्घकाल में दोनों के द्वारा समान मूल्य लिया जाना चाहिए अन्यथा अधिक मूल्य लेने वाला एकाधिकारी कुछ भी नहीं बेच पायेगा। वे दोनों ही मिलकर एक ऐसी कीमत निश्चित करें जिस प्रकार कि एक सफल एकाधिकारी करता है। लाभ सर्वाधिकरण का यही एक उपाय हो सकता है।

उनके बीच मूल्य युद्ध की स्थिति में वे पूर्ण प्रतियोगिता वाला सामान्य लाभ मात्र ही कमा पायेंगे। यदि उनकी लागत में अन्तर है तो कम लागत वाला अधिक लागत वाले विक्रेता को निकाल कर एकाधिकार स्थापित कर लेगा। द्वयाधिकारियों के लिए उत्तम मार्ग यही होता है कि वे एकाधिकारी मूल्य निश्चित कर बाजार एवं लाभ का आपस में सौहार्द्रपूर्ण विभाजन करें।

यह सम्भव है कि अल्पकाल में प्रतियोगी मूल्य से द्वयाधिकार मूल्य कम हो और कोई भी उत्पादक सामान्य लाभ नहीं कमा रहा हो। दीर्घकाल में यह मूल्य कहीं न कहीं एकाधिकारी तथा प्रतियोगी मूल्यों के बीच होता है।

2. वस्तु विभेद सहित द्वयाधिकार – जब वस्तु विभेद हो तो प्रत्येक विक्रेता के अपने ग्राहक समूह तथा ख्याति होती हैं। यदि एक विक्रेता अपनी मूल्य उत्पत्ति नीति में कोई परिवर्तन नहीं लाता है तो फिर उसे शीध्र प्रतिशोध वाली परिस्थितियों का डर नहीं रहता है। मूल्य युद्ध का कम खतरा रहता है। उनके बीच में सहमति नहीं होती है। चूँकि वस्तुएँ एक जैसी नहीं हैं इसलिए अच्छी वस्तुओं वाली फर्म असामान्य लाभ कमा सकती है।

14. अल्पाधिकार (Oligopoly)

उद्योगों में, थोक एवं खुदरा व्यापार में तथा ह्यवसाय के अन्य क्षेत्रों में एक बहुत सामान्य स्थिति अल्पाधिकार की होती है जहाँ विक्रेताओं की संख्या इतनी कम होती है कि प्रत्येक विक्रेता अपने प्रत्येक कार्यकलाप से सम्बन्धित प्रतिद्वन्द्वियों की प्रतिक्रियाओं को ध्यान में रख सकता है। कई प्रमुख वस्तुओं के उत्पादन की मात्रा तथा कीमत का निर्णय कुछ कम्पनियाँ ही करती है और अन्य उसका अनुसरण करती है। इसका उदाहरण अल्यूमिनियम, ओटोमोबाइल, भारी बिजली संयन्त्र, टायर तथा लोहा एवं इस्पात उद्योग हैं। अल्पाधिकार को समझाते हुए श्री जोयल डीन ने कहा, "अल्पाधिकार बाजार की वह स्थिति है जहाँ पर्याप्त माँग प्रतिलोच (cross elasticity) वाली सापेक्षिक एक-रूप वस्तु के कुछ विक्रेताओं के बीच में प्रतिस्पर्द्धा होती है जिससे कि प्रत्येक विक्रेता, अपने मूल्य निर्णयों में प्रतिद्वन्द्वियों की प्रतिक्रियाओं को समाविष्ट करता हैं।"

उक्त परिभाषा से अल्पाधिकार की निम्नलिखित विशेषताएँ सामने आती है:

(1) कुछ विक्रेता होते हैं (Sellers are few)- अल्पाकधिकार पूर्ण प्रतियोगिता तथा एकाधिकार से भिन्न होता है क्योंकि इसमें न तो पूर्ण प्रतियोगिता की तरह असंख्य विक्रेता होते हैं और न ही एकाधिकार की तरह केवल एक विक्रेता होता है बल्कि इन दोनों के बीच की स्थिति होती है अर्थात् कुछ विक्रेता होते हैं। प्रतिद्वन्द्वियों की संख्या कम होने के कारण प्रत्येक विक्रेता कुल बाजार के एक महत्वपूर्ण हिस्से को अपनी वस्तुएँ देता है और वह सदैव चौकन्ना रहता है कि कहीं दूसरी फर्म उसके बाजार पर अधिकार न कर लें। यही एक बात ध्यान देने योग्य है कि कुछ विक्रेता का मतलब बिल्कुल साहित्यिक ही नहीं होता है अपितु कुछ विक्रेता का मतलब कुछ बड़े फर्म होते हैं और कुछ अपेक्षाकृत छोटे फर्मो की एक बड़ी संख्या इनके साथ साथ काम करती हैं। लेकिन ये जो बड़ी कम्पनियाँ होती हैं उनका कुल विक्रय में बहुत बड़ा हिस्सा रहता है। यदि किसी वस्तु का बाजार बढ़ता जा रहा है तो उसमें और भी बड़े फर्म आ सकते हैं और वर्तमान विक्रेताओं को प्रभावित कर सकते हैं।

(2) लगभग एक-सी वस्तु (Relatively homogeneous product) - विक्रेताओ द्वारा उत्पादन की जाने वाली वस्तु या तो एकरूप हो सकती है अथवा उसमें कुछ मामूली अन्तर हो सकते हैं किन्तु अन्तर होते हुए भी वस्तु लगभग एक-सी ही हो। उदाहरण के लिए, भारत में अल्यूमिनियम पैदा करने वाली चार फर्मो (हिन्दुस्तान अल्यूमिनियम, इण्डिया अल्यूमिनियम, मद्रास अल्यूमिनियम तथा अल्यूमिनियम कार्पोरेशन) के उत्पादन में हो सकता है कि ब्राण्ड एवं डिजाइन का अन्तर हो, लेकिन वस्तु एक ही होती है।

(3) प्रतिद्वन्द्वि प्रतिक्रियाएँ (Rival's Reactions)- इसमें प्रत्येक विक्रेता अन्य विक्रेताओं के कार्य कलापों को ध्यान से देखता है और तद्नसार अपनी प्रतिक्रियाओं को व्यक्त करता है। यह प्रतिक्रिया कीमत या उत्पादन समायोजन से सम्बन्धित होती है। इस प्रतिक्रिया के कारण उनमें कभी कभी भीषण मुल्य युद्ध हो जाता है तथा कभी मूल्य नेतृत्व की स्थिति आ जाती है।

(4) माँग वक्र की अनिश्चितता (Indeterminateness of demand curve)- अल्पाधिकार में माँग वक्र विभिन्न कीमतों पर बिकने वाली विभिन्न मात्राओं के बीच सम्बन्ध स्थापित करता है। विक्रेता का निर्णय हमेशा इस मान्यता पर आधारित होता है कि उसके प्रतिद्वन्द्वि की कीमत में परिवर्तन नहीं हुआ है तथा उसकी वस्तु अन्य वस्तुओं से

भिन्न है। ऐसा माँग वक्र एकाधिकार से अलग होता है। यहाँ माँग एकाधिकार से तो अधिक लोचदार, परन्तु पूर्ण प्रतियोगिता से कम लोचदार होती है। लेकिन यह मान्यता अवास्तविक है कि प्रतिद्वन्द्वि कीमत में परिवर्तन नहीं हो रहे है। अल्पाधिकार के विक्रेता को यह मानना ही होगा कि उसकी कीमत में परिवर्तन की प्रतिक्रिया अन्य विक्रेताओं द्वारा हो सकती है। इस तरह माँग वक्र की कोई भी आकृति हो सकती है अर्थात् यह सीधी रेखा हो सकती है, झुकती हुई रेखा हो सकती है या इसके स्तर में यत्र तत्र उतार चढ़ाव आ सकते हैं अथवा इसमें विकुँचन (Kink) हो सकता है। अत: हम कह सकते हैं कि चूँकि अल्पाधिकार के विक्रेता का निर्णय अन्य विक्रेताओं द्वारा प्रभावित होता है इसलिए माँग निश्चित नहीं होती है।

(5) **अधिकतम लाभ** (Maximization of profit) - अल्पाधिकारी उद्योग में प्रत्येक फर्म अपने लाभ को अधिकतम करना चाहती है और वह उनके बीच झगड़ा पैदा कर देता है कि किस प्रकार से बाजार या उद्योग के लाभ के हिस्से को आपस में बाँटा जाय। इस झंझट का परिणाम यह होता है कि उनके दिमाग में सदैव अनिश्चितता बनी रहती है चूँकि प्रत्येक फर्म स्वतन्त्र रूप से कीमत निर्धारित करती है इसलिए इसे अनिश्चितता की स्थिति के वातावरण में ही रहना होगा। ऐसी सम्भावना नये उद्योग में हो सकती है लेकिन पुराने उद्योग में जहाँ कि प्रतिद्वन्द्वियों की आदत को जानना सरल हैं, लागू नहीं होती है।

अल्पाधिकार के प्रकार (Types of Oligopoly) - अल्पाधिकार के निम्नलिखित प्रकार होते हैं:

(i) **शुद्ध अल्पाधिकार तथा विभेदपूर्ण अल्पाधिकार** (Pure Oligopoly and differentiated oligopoly)- शुद्ध अल्पाधिकार उस समय कहा जा सकता है जबकि एक वस्तु के विक्रेता संख्या में कम होते हैं। यह स्थिति उपभोक्ता वस्तु उद्योगों की अपेक्षा औद्योगिक कच्चा माल पैदा करने वाले उत्पादकों में ज्यादा पायी जाती है क्योंकि उपभोक्ता वस्तुएँ ब्राण्ड नाम, व्यापार चिन्ह तथा अन्य गुणों के कारण विभेदपूर्ण होती है । लेकिन कच्चे माल कच्चे माल के रूप में काम करते है तो उनको पैदा करने वाली कम्पनियाँ लगभग एक जैसी होती है, चाहे उत्पादन का वस्तु पर नाम ही क्यों न दे दिया गया हो, यह क्रेता को प्रभावित नहीं करेगा बशर्ते कि वे अन्य कम्पनियों से मिलती जुलती ही हों। दूसरी और निर्मित वस्तुओं के उपभोक्ता ब्राण्ड नाम तथा विज्ञापन के द्वारा प्राय: प्रभावित होते हैं जबकि वस्तु में कोई विशेष अन्तर नहीं होता है। इसका परिणाम यह होता है कि इन क्षेत्रों में शुद्ध अल्पाधिकार होता है और कच्चा अल्यूमिनियम, कच्चा ताँबा इत्यादि इसके उदाहरण हैं।

दूसरी ओर, विभेदपूर्ण अल्पाधिकार में प्रतिद्वन्द्वि क्रेताओं के मस्तिष्क में ऐसी बात भर दी गयी हो कि उनके द्वारा बनायी गयी वस्तुएँ पर्याप्त रूप से भिन्न हैं तथा वस्तु की ब्राण्ड बाजारीकरण की एक महत्वपूर्ण विशेषता हो जाती हैं और मूल्य में विभेद होता है। इतना ही नहीं, प्रत्येक विक्रेता दूसरे की कीमतों को सावधानी से देखता है। इस प्रकार के अल्पाधिकार का उदाहरण मोटर उद्योग, सिगरेट उद्योग, टाइपराइटर तथा सिलाई मशीन उद्योग आते हैं।

(ii) **खुला अल्पाधिकार तथा बन्द अल्पाधिकार** (Open oligopoly and closed oligopoly)- अल्पाधिकार के वर्गीकरण का आधार उद्योग में फर्म का प्रवेश भी हो सकता हैं। खुला अल्पाधिकार वह होता है जहाँ नयी फर्में उद्योग में प्रविष्ट होने के लिए स्वतन्त्र हैं। दूसरी ओर, बन्द अल्पाधिकार में फर्मो को उद्योग में उन्मुक्त में उन्मुक्त आगमन की अनुमति नहीं मिलती।

(iii) **कपटसन्धायी अल्पाधिकार तथा गैर कपटसन्धायी अल्पाधिकार** (Collusive oligopoly and non-collusive oligopoly)- फर्मो के मध्य प्रसंविदा या समझौता भी अल्पाधिकार के विभेद का आधार हो सकता है। कपटसन्धायी अल्पाधिकार बाजार की वह स्थिति है जहाँ फर्म प्रतियोगिता के स्थान पर उद्योग का मूल्य एवं उत्पादन निर्धारित करने के लिए संयोजन करते हैं। इसके विपरीत, गैर कपटसन्धायी अल्पाधिकार में फर्मो के बीच इस तरह के प्रसंविदा या समझौतों का अभाव रहता है।

(iv) **आंशिक अल्पाधिकार तथा पूर्ण अल्पाधिकार** (Partial Oligopoly and full oligopoly)- मूल्य नेतृत्व की उपस्थिति या अभाव के अनुसार अल्पाधिकार आंशिक या पूर्ण हो सकता है। आंशिक अल्पाधिकार बाजार की उस स्थिति को कहते हैं जहाँ एक ही फर्म द्वारा सारा उद्योग प्रशासित होता है। शेष छोटी फर्में अपनी वस्तुओं के मूल्य निर्धारण में मूल्य नेता का अनुसरण करती हैं। पूर्ण अल्पाधिकार में, मूल्य नेतृत्व अनुपस्थित होता है।

(v) **व्यवसायी-संघ अल्पाधिकार और संगठित अल्पाधिकार** (Syndicated Oligopoly and organised oligopoly)- फर्मों के बीच समन्वय की सीमा को देखते हुए अल्पाधिकार व्यवसायी संघ या संगठित हो सकता है। जहाँ फर्म अपनी वस्तुएँ एक व्यवसायी संघ के माध्यम से ही विक्रय करते हैं वहाँ व्यवसायी संघ अल्पाधिकार होता है। दूसरी ओर, जहाँ फर्में मूल्य, उत्पत्ति, नियतांश करने के लिए एक केन्द्रिय संघ के रूप में अपनी आय को संगठित करते हैं।

अल्पाधिकार के अन्तर्गत मूल्य निर्धारण (Price determination under oligopoly)- विश्लेषण की सुविधा की दृष्टि से अल्पाधिकार में मूल्य निर्णय की क्रिया को तीन भागों में बाँट सकते हैं:

(i) स्वतन्त्र मूल्य निर्णय (Independent Price Decision)

(ii) गुटबन्दी के अन्तर्गत अल्पाधिकार मूल्य निर्णय (Oligopoly price determination under collusion)

(iii) मूल्य नेतृत्व के अन्तर्गत अल्पाधिकार मूल्य निर्णय (Oligopoly pricing under price leadership)

(i) **स्वतन्त्र मूल्य निर्णय** - अल्पाधिकार उद्योग में प्रत्येक फर्म अगर स्वतन्त्र कीमत तथा उत्पादन नीति को अपनाती है तो प्रत्येक फर्म की कीमत एकाधिकारी कीमत हो सकती है। यदि वस्तुएँ विभिन्न हों तब प्रत्येक वस्तु का अपना एकाधिकारी बाजार हो जाता है। किन्तु यदि वस्तु एक ही प्रकार की है तो स्वतन्त्र मूल्य निर्णय का परिणाम मूल्य में एकरूपता भी होगा। ऐसा तभी होगा जबकि सभी फर्मो के द्वारा बाजार में समान पूर्ति की जाय तथा उनका लागत वक्र भी समान ही रहे। लेकिन व्यवहार में, विभिन्न फर्में एक ही तरह की वस्तु पैदा कर भी सकती है और नहीं भी। फिर भी, उनकी उत्पादन लागत भिन्न भिन्न हो सकती है। इसके बावजूद भी उनके माँग वक्र में निश्चितता नहीं हो सकती। अत: इसका परिणाम अनिश्चितता होती है तथा उत्पादन एवं कीमत भी अनिश्चित होती है। ऐसी स्थिति में कई सम्भावनाएँ हो सकती है। सबसे पहले प्रतिद्वन्द्वियों के बीच निरन्तर मूल्य युद्ध के कारण कीमत में अस्थिरता का भय बना रहता है। दूसरे, किसी अनिश्चित स्तर पर कीमत स्थिर हो सकती है। तीसरे फर्में एक सन्तोषप्रद कीमत स्तर पर पहुँचने के पश्चात् कीमत में

परिवर्तन लाने के लिए असहमत हो सकती हैं। इस नीति का अनुसरण विशेषकर इसलिए किया जाता है कि यह अनिश्चितता को न्यूनतम करती है। अल्पाधिकारी फर्में प्रचलित मूल्य को तथा उससे सम्बन्धित विक्रय एवं लाभ को लेकर सन्तुष्ट हो सकती हैं। वे मूल्य परिवर्तन के द्वारा प्रतिद्वन्द्वियों की प्रतिक्रिया का प्रयोग करने की अनिच्छा व्यक्त कर सकती हैं और पहले की कीमत को ही अल्प अथवा प्रमुख लागत एवं माँग परिवर्तनों के बावजूद भी अपनाया जा सकता है। ऐसी स्थिति मूल्य स्थिरता (Price rigidity) की होती है।

मूल्य स्थिरता का मतलब उस स्थिति से होता है जिसमें कीमत, माँग एवं पूर्ति की शर्तों में परिवर्तन होते हुए भी स्थिर रहने की प्रवृत्ति रखती है। ऐसी कीमत का तादात्म्य अल्पाधिकार से होता है। मूल्य स्थिरता के कई कारण हो सकते हैं, जिनमें मुख्य निम्नलिखित हैं:

(क) गुटबन्दी का अभाव (Absence of Collusion)- अल्पाधिकार वाले उद्योग में कभी कभी गुटबन्दी के अभाव के कारण अनिश्चितता रहती है। प्रत्येक एकाधिकारी फर्म एक अनिश्चित माँग वक्र तथा अनिश्चित कीमत एवं उत्पादन के स्तर पर रहती है। ऐसी अनिश्चितताओं की उपस्थिति के कारण अल्पाधिकारी फर्म के सामने एक ही विकल्प है कि वह उचित एवं सन्तोषपूर्ण कीमत की खोज करे और ज्यों ही यह कीमत निश्चित हो जाती है तो किसी भी तरह के परिवर्तन को वह अस्वीकार कर दे। दूसरे शब्दों में, एकाधिकारी फर्म को जब तक कुछ लाभ मिलता रहता है वह अपनी वर्तमान कीमत एवं उत्पादन नीति का चालू रखेगी। वह नहीं चाहेगी कि प्रतिद्वन्द्वियों की प्रतिक्रिया के साथ प्रयोग किया जाय। यह प्रवृत्ति मूल्य स्थिरता को जन्म देती है।

(ख) मूल्यों का बना रहना (Maintenance of Prices)- अल्पाधिकारी फर्म जब गिरती हुई माँग का सामना करती हैं तो वे वर्तमान स्तर पर कीमत बनाये रखने की कोशिश करती हैं तथा अपने विक्रय के प्रयासों को और भी तेज कर देती हैं जिससे कि वर्तमान बिक्री को बनाये रखा जा सके।

(ग) मूल्य परिवर्तन के प्रति अनिच्छुक (Reluctant to price change)- एकाधिकारी फर्म कुछ परिस्थितियों में मूल्य परिवर्तन नहीं करना चाह सकती है। ऐसा हो सकता है कि वह अपनी वस्तुओं से ग्राहकों को अवगत कराने के लिए तथा कुछ विशेष कीमतों पर ऐसी वस्तुओं को क्रय करवाने के लिए उसने विज्ञापन पर काफी धन खर्च कर दिया हो। स्वभावतः फर्म कीमत में परिवर्तन नहीं लाना चाहेगी क्योंकि ऐसा करने से उसकी कीमत तथा वस्तु की धारणा के बारे में उपभोक्ताओ प्रतिकूल असर पड़ेगा।

(घ) प्रतिद्वन्द्विता (Rivalry)- विद्यमान कीमत स्वयं ही कई सम्मेलनों, झगड़ों तथा प्रतिद्वन्द्वियों के बीच व्यूहरचना का परिणाम होती है। स्पष्टतः अल्पाधिकारी उद्योग में कोई भी कीमत परिवर्तन नहीं करना चाहेगा और फिर झंझट नहीं लेना चाहेगा।

(ङ.) माँग व पूर्ति की स्थितियाँ (Demand and Supply Conditions) अल्पाधिकारी कीमत जो कि गुटबन्दी के अन्तर्गत होती है, नये प्रतियोगियों के प्रवेश का रोकने के लिए नीचे स्तर पर की जाती है। ऐसी कीमत दीर्घकाल में पर्याप्त लाभ देती है और फर्म, जब तक माँग एवं पूर्ति की स्थितियों में पर्याप्त परिवर्तन नहीं हुआ हैं, तब तक कीमत में परिवर्तन नहीं करना चाहेगी।

विकुँचित माँग वक्र (Kinked Demand Curve)- यहाँ किसी वस्तु के विक्रेता संख्या में कम होते हैं तो वहाँ पर प्रत्येक विक्रेता ध्यानपूर्वक अपने निकट प्रतिद्वन्द्वी की प्रतिक्रियाओं को देखता है और समय समय पर तदनुसार कीमत, वस्तु के गुण, विक्रय प्रयास में उचित समायोजन लाता है। अत: इसका माँग वक्र सामान्य माँग वक्र की अपेक्षा भिन्न होता है। सर्वप्रथम पॉल एम. स्वीजी (Paul M. Sweezy) ने विकुँचित माँग वक्र के द्वारा एक अल्पाधिकार के अन्तर्गत मूल्य स्थिरता को प्रदर्शित करने का प्रयास किया। जैसा कि संलग्न चित्र 33 में दिखलाया गया है कि एक अल्पाधिकार फर्म का माँग वक्र बिन्दु पर विकुँचित है तो यह बतलाता है कि से ऊँची कीमत प्रतिद्वन्द्वियों की कीमत को प्रभावित नहीं करती हैं। दूसरे शब्दों में, विकुँचित माँग वक्र उस व्यावसायिक बर्ताव का वर्णन करता है जहाँ कि फर्म को कीमत उठाने या गिराने के लिए कोई प्रोत्साहन नहीं मिलता है। फर्म यह विश्वास करती है कि 'इसके प्रतिद्वन्द्वि मूल्य में वृद्धि का अनुसरण नहीं करते बल्कि कीमत में कमी का अनुसरण करेंगे।

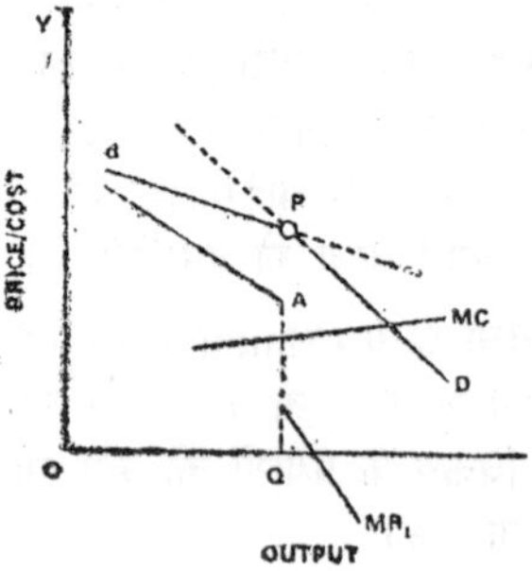

चित्र 33

इस विश्वास पर फर्म अपनी ही कीमत का अनुसरण करती है और जब तक माँग और लागत में प्रमुख परिवर्तन न हो तब तक मूल्य में परिवर्तन का कोई कारण नहीं रहता। P कीमत पर फर्म OQ वस्तु की मात्रा पैदा कर रही है एवं बेच रही है। P कीमत के ऊपर माँग वक्र जो कि फर्म के द्वारा देखा जाता है dp है। वक्र का यह हिस्सा बहुत ही लोचदार है और यह भी देखा जा रहा है कि MR वक्र धनात्मक है। वक्र का dp हिस्सा इसलिए लोचदार है कि फर्म यह विश्वास करती है कि अगर यह अपनी कीमत बढ़ाये तो प्रतिद्वन्द्वि नहीं बढ़ायेगें। अत: फर्म यह विश्वास करती है कि अगर यह अपनी कीमत बढ़ाये तो प्रतिद्वन्द्वि नहीं बढ़ायेंगे। अत: फर्म सोचती है कि इसके मूल्य वृद्धि के कारण होने वाली हानि बहुत अधिक होगी और कुल आगम तथा लाभ भी गिर जायेंगें। विकुँचित माँग वक्र का दूसरा हिस्सा PD है। PD वक्र बहुत कम लोचदार है। कम कीमत पर PD वक्र इसलिए कम लोचदार है कि यहाँ पर फर्म सोचती हैं कि MR का वक्र MR_1 एक बिन्दु के पश्चात

ऋणात्मक होजाता है। फर्म सोचता है कि P के नीचे कीमत रखने से प्रतिद्वन्दिव फर्म भी अपनी कीमत की घटायेगी जिससे यद्यपि फर्म कुछ विक्रय बढ़ा सकेगी लेकिन इसका लाभ कम हो जायेगा।

विकुँचित माँग वह है कि सीमान्त आय में अन्तर जो कि अधिक लोचदार से कम लोचदार माँग वक्र के हिस्से में शीघ्र परिवर्तन के कारण होता है। इस अन्तर को टूटी हुई रेखा AB के द्वारा दिखाया गया है। सीमान्त लागत वक्र इस अन्तर से टकराता है जिसे सीमान्त आगम वक्र का लम्ब भाग कहा जा सकता है।

विकुँचित माँग वक्र को प्रायः विषयीगत (Subjective) कहा जाता है। क्योंकि यह निर्णयकर्त्ता के मस्तिष्क में होती है उसका वास्तविक माँग वक्र जो कि कर्म विषयक (Objective) से भिन्न हो जाता है। लेकिन मानसिक धारणा पूर्ण माँग के कारण स्थिरता फिर स्थगित इसलिए होती हैं कि लागत का भी महत्व होता है। यदि सीमान्त लागत वक्र A बिन्दु से ऊँचा नहीं जाता है और यदि यह गिरता है तो उत्पादन एवं कीमत में परिवर्तन नहीं होंगे। ऐसा इसलिए होता है, चूँकि MC अब भी MR वक्र लम्ब हिस्से के अन्दर ही रहता है। अन्तर की दूरी dPD पर निर्भर करती है। मान लें कि माँग घटती है तो फर्म पहले की अपेक्षा कीमत में वृद्धि की मूर्खता के बारे निश्चित हो जाती है अर्थात् dp और अधिक क्षैतिज हो जाता है तथा dPD अधिक कोण (Obtuse Angle) से कम होता है। सीमान्त आय वक्र भी क्षैतिज के ही निकट होता है इससे AB अन्तर (Gap) और लम्बा हो जाता है। अतः यदि (MC) गिर भी गयी अथवा परिवर्तित होती है तो कीमत पहले की जितनी ही रहती है। फिर भी यदि माँग बढ़ती तो फर्म इस बात के लिए कम आश्वासित रह सकती है कि प्रतिद्वन्द्वि मूल्य वृद्धि का अनुसरण नहीं करेंगे इसलिए dp थोड़ा लम्ब की तरफ झुकने की कोशिश करता है और अधिक कोण पहले से बड़ा हो गया है। MR वक्र गिरता है और इसी प्रकार बिन्दु A भी। यदि यह इतना अधिक गिरता है कि सीमान्त लागत, सीमान्त आय के ऊपर चली जाती है (जो कि A बिन्दु के ऊपर है) तो यह कीमत में वृद्धि का द्योतक होती है। अतः त्वरित माँग वक्र का सिद्धान्त यह बतलाता है कि गिरती हुई माँग की स्थिति में कीमत में कटौती नहीं हो सकती जबकि माँग वृद्धि की स्थिति में कीमत में वृद्धि हो सकती है।

अब यह देखें कि अगर अल्पाधिकारी फर्म की लागत में परिवर्तन आये तो क्या पुरानी ही कीमत रहेगी या उसमें कोई अन्तर आयेगा? माना कि सभी अल्पाधिकारी फर्मों की उत्पादन लागत घट गयी है क्योंकि कच्चे माल की कीमत अथवा मजदूरी दर में कमी आ गयी है। फलतः वक्र नीचे दायीं ओर आयेगा जो कि A तथा B के बीच में होने के कारण मूल्य अथवा वस्तु माँग मे कोई परिवर्तन नहीं सकता है। फिर यह भी मानें कि मूल्य सीमान्त लागत एवं वक्र सीमान्त आगम वक्र को B के निकट किसी बिन्दु पर काटता है तो भी नयी सीमान्त लागत, जो कि पुरानी से कम हैं, MR वक्र से AB अन्तर के बीच में ही मिलेगी। इसके को कारण हैं:

1. क्योंकि कम लागत से इस बात की निश्चितता ज्यादा हो जाती है कि एक फर्म के द्वारा कीमत में वृद्धि दूसरे फर्म के द्वारा समायोजित नहीं की जायगी। अतः गाँग बिन्दु के पहले से ज्यादा लोचदार होगी।

2. उत्पादन लागत में कमी के कारण यह बिलकुल निश्चित हो जाता है कि अगर कीमत में कमी लायी जाती है तो दूसरी फर्में भी वैसा करेंगी जिससे कोई भी बिक्री बढ़ने के कारण फायदा नहीं होगा। माँग वक्र P के नीचे बेलोचदार तथा लम्ब रूप हो जाता है।

यदि उत्पादन लागत बढ़ती है तो नया सीमान्त लागत वक्र पुराने MC वक्र के ऊपर होगा जब तक नया सीमान्त वक्र सीमान्त आय के अन्तर में नहीं काटता हैं तो अल्पाधिकारी कीमत निरन्तर रूप से स्थिर रहेगी। फर्म कम लाभ लेकर भी उसी कीमत को लागु रखेगी लेकिन ऐसा सम्भव हो सकता है कि नया सीमान्त लागत वक्र A बिन्दु के ऊपर ही हो। अब ऊँची कीमत तथा कम उत्पादन हो जाता है। इसे चित्र 34 के द्वारा दिखाया जा सकता है। जहाँ MC_4,MR वक्र को A बिन्दु के ऊपर काटती है तथा परिणामस्वरूप अल्पाधिकारी मात्रा घटकर OQ_1 हो जाती है तथा कीमत Q_1P_1 हो जाती है। चूँकि अल्पाधिकारी उद्योग में सभी फर्मों की उत्पादन लागत बढ़ गयी है इसलिए प्रत्येक फर्म यह आशा कर सकती है कि अगर यह सामान्य कीमत QP से ऊपर अपनी कीमत बढ़ाती है तो अन्य फर्म भी ऐसा कर सकते हैं। इसका असर यह होगा कि विकुँचन (Kink) के ऊपर माँग वक्र कम लोचदार होगा अर्थात् प्रत्येक फर्म कीमत बढ़ाने से अपेन व्यापार को कम ही खोता है क्योंकि इसका बाजार अन्य विक्रेताओं के बीच में नहीं बँट द्वाता है। इसी प्रकार फर्म ऐसा भी सोच सकती है किसी फर्म के द्वारा कीमत कटौती करने पर अन्य फर्मो के द्वारा भी ऐसा भी सोच सकती है किसी फर्म के द्वारा कीमत कटौती करने पर अन्य फर्मो के द्वारा भी ऐसा किया जा सकता है और विकुँचन के बाद माँग वक्र बेलोचदार नहीं रहेगा। अत: AP कम लोचदार है और PD_1 अधिक लोचदार है और AB उच्चतर सीमान्त लागत के कारण छोटा होगा और A बिन्दु के ऊपर सीमान्त लागत वक्र होगा।

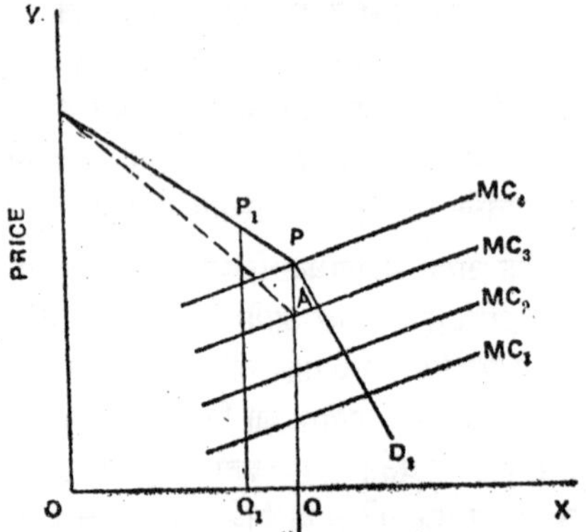

चित्र 34

पुन: अल्पाधिकारी मूल्य स्थिरता में जबकि माँग की परिस्थितियों में भी परिवर्तन हुआ हो तो मूल्य नीति में सुधार करें। उदाहरणार्थ, यदि किसी फर्म की वस्तु की माँग घट गयी है तो इसके द्वारा शुरू की गयी कीमत में कटौती से अधिक मूल्य में कमी तुरन्त ही

अन्य फर्मों के द्वारा अपनायी जायेगी और नया माँग वक्र पूर्व माँग वक्र से अधिक बेलोचदार होगा। अत: नवीन सीमान्त आय वक्र में औँर भी अधिक टूटी हो सकती है। ऐसा हो सकता है कि सीमान्त लागत वक्र सीमान्त आगम वक्र से अन्तर (Gap) में काटे और मूल्य तथा उत्पत्ति में कोईं परिवर्तन नहीं दर्शाये। दूसरी ओर, बढ़ी हुई माँग वक्र से कीमत ऊँची हो सकती है लेकिन ऐसा सर्वथा होना जरूरी नहीं है। यदि सीमान्त लागत वक्र नये सीमान्त वक्र को अन्तर (Gap) में काटता है तो कीमत में कोई परिवर्तन नहीं हो सकता लेकिन यह अन्तर के ऊपर स्तर पर काटता है तो नयी कीमत भी ऊँची होगी।

मूल्य नेतृत्व (Price Leadership) - जब एक उद्योग में एक फर्म की मूल्य नीति का अनुसरण अन्य सभी फर्में करती हैं तो इसे मूल्य नेतृत्व कहा जा सकता है। आल्ट एण्ड ब्रेडफोर्ड के अनुसार, ''मूल्य नेतृत्व वह नीति है जिसमें सारा उद्योग उसके एक ही सदस्य द्वारा निर्धारित की गयी कीमत अपनाता है।'' अमरीका के 'युनाइटेड स्टेट्स स्टील कारपोरेशन' इस्पात उद्योग में मूल्य नेता का एक उदाहरण है।

मूल्य नेता का उद्योग की सभी फर्मे द्वारा ठीक ठीक अनुसरण कम ही पाया जाता है। कभी कभी अन्य फर्में मूल्य में परिवर्तन कर सकती है तथा नेता की कीमतों के अनुसार समायोजन करने में विलम्ब हो सकता है। जब माँग काफी हो तथा विक्रय उच्च स्तर हो तो कम माँग तथा गिरती हुई बिक्री की अपेक्षा मूल्य नेता के अनुसरण से विक्रय बढ़ाया जा सकता है। लेकिन कम विक्रय की स्थिति में कीमत कटौती की प्रवृत्ति अधिक होती है। अत: नेतृत्व मूल्य वृद्धि की अपेक्षा मूल्य कटौती के समय ज्यादा होता है।

प्राय: नेतृत्व का कार्य सबसे बड़ी फर्म करती है क्योंकि इसका बाजार मूल्य पर बहुत प्रभाव होता है। इसके अतिरिक्त, इसकी आर्थिक स्थिति तथा उत्पादन क्षमता नेतृत्व में सहायक होती है। उद्योग के अन्य सदस्य मूल्य नेता के निर्देशन की अपेक्षा करते हैं क्योंकि इससे उत्पादन लागत तथा विपणिकरण का अधिक ज्ञान होता है।

1. मूल्य नेता की योग्यता (Qualifications of a price leader)- मूल्य नेता के उपरोक्त अर्थ से यह स्पष्ट होता है कि मूल्य नेता के लिए कुछ आवश्यक गुण होने चाहिए जो निम्नलिखित है:

(i) **बाजार की महत्वपूर्ण माँग के अंश पर नियन्त्रण** (Control on the substantial share of market)-कोई भी फर्म मूल्य नेता तभी होती है जब उसका बाजार पर महत्वपूर्ण नियन्त्रण हो। प्राय: किसी उद्योग में जिस फर्म की वस्तु का सबसे अधिक विक्रय होता है वही मूल्य नेता बनती है क्योंकि उद्योग के कल्याण में उसी का सबसे अधिक हिस्सा रहता है। इसे माँग एवं पूर्ति की शर्तो का ज्ञान भी दूसरी फर्मों की अपेक्षा अधिक होता है। अत: इसमें उद्योग की मूल्य नीति निर्धारण की योग्यता आ जाती है। अत: यह अन्य छोटी फर्म को अनुसरण करने की स्थिति में ला देता है।

(ii) **प्रारम्भिक मूल्य निर्णय** (Initiative Pricing)- साधारणतया जो कम्पनी सबसे पहले वस्तु या बाजार को खोजती है वह मूल्य नेता होती है और वैसी स्थिति में यह कोई विशेष महत्व नहीं रखता कि कुल बाजार पर उसका सबसे अधिक नियन्त्रण है या नही।

(iii) **आक्रामक मूल्य** (Aggressive Price)- कभी कभी प्रतियोगियों को बाजार से हटाने के लिए भी कोई ऐसे कदम उठाती हैं, जिससे यह अपनी कीमत कम करे और अस्तित्व को बचाने के लिए अन्य फर्में भी कीमत में कटौती के अनुसरण के लिए बाध्य की जायें। अत: जो कम्पनी यह विश्वास करती है कि कम कीमतें बड़े तथा लाभदायक बाजारों में प्रवेश करने में मदद करती हैं तो पुराने प्रतिद्वन्द्वियों से नेतृत्व छीन लेती हैं चाहे इसके निर्णय अनुसरण करने वाले के अनुकूल हों या न हों।

(2) मूल्य नेतृत्व के प्रकार (Types of Price Leadership)- मूल्य नेतृत्व का प्रयोग कई तरह से होता है जिनमें से मुख्य इस प्रकार है:

(i) बैरोमीटर मूल्य नेतृत्व (Barometric Price Leadership),

(ii) प्रभुतापूर्ण मूल्य नेतृत्व (Dominant Price Leadership),

(iii) प्रभावपूर्ण मूल्य नेतृत्व (Effective Price Leadership)

बैरोमीटर मूल्य नेतृत्व में, एक फर्म साधारण रूप से सबसे पहले मूल्य परिवर्तन की घोषणा करती है। यह फर्में अन्य फर्मो पर अपनी प्रभुता नहीं रखती। उदाहरण के लिए, जब उद्योग में वस्तुओं का उत्पादन होकर जमा होता जाता है जबकि उद्योग की वस्तु का उपभोग कम रहता है। अत: कीमत में गिरावट हो ही जाती है और सभी फर्में ऐसा करना उचित समझती हैं। बैरोमीटर फर्म प्रतियोगिता की शक्तियों से स्थापित कीमतों के अतिरिक्त और कुछ भी नहीं करती है। इस नेतृत्व को बैरोमीटर इसलिए भी कहा जाता है क्योंकि इसमें माँग एवं पूर्ति की परिस्थितियों के अनुसार मूल्य में परिवर्तन आता है। जैसे कि बैरोमीटर में वातावरण के परिवर्तन होने पर परिवर्तन आते हैं।

प्रभुतापूर्ण मूल्य नेतृत्व वह स्थिति होती है जहाँ वास्तव में एक ही फर्म सारे उद्योग पर प्रभाव डालते हैं। इसका कारण ऊपर बतायी गयी मूल्य नेता की योग्यता होती है अर्थात इसका आधार नेता की कम लागत अथवा इसका आकार बड़ा अथवा इसका आक्रामक बर्ताव अथवा इन कारणों का सम्मिश्रण हो सकता है। जैसे कि यदि तीन फर्मों में से एक, जिसका कि उत्पादन एक रूप है तथा इसकी लागत सबसे कम है, तो यह एकाधिकारी की तरह व्यवहार कर सकती है। यह फर्म अपने लाभ को अधिकतम करने के लिए अनुकूल कीमत निश्चित कर सकती है। अन्य दो फर्में अपनी कीमतों को इसी के स्तर पर लेने को तैयार होंगी और इससे उनका अधिकतम लाभ कम होगा। इसका मतलब यह होता है कि सारे उद्योग का उत्पादन एकाधिकार की अपेक्षा अधिक होता है।

प्रभावपूर्ण मूल्य नेतत्व यदाकदा फर्मो द्वारा प्रसंविदे की तरह मूल्य अनुशासन प्राप्त करने का,साधन भी हो सकता है। इस स्थिति को प्रिसिटन विश्वविद्यालय (Princeton University) के प्रो. जे. मारखाम (Prof. J. Markham) ने प्रभावपूर्ण मूल्य नेतृत्व की संज्ञा दी। ऐसा इसलिए कहलाता है चूँकि इससे सक्रिय प्रतियोगिता का दमन होता है। ऐसा मूल्य नेतृत्व उन्हीं उद्योगों में हो सकता है जिनकी विशेषताएँ निम्नलिखित हों :

1. फर्मो की संख्या अल्प हो और उनमें एक-दूसरे पर निर्भरता काफी हो। बहुत छोटी फर्में आवश्यक रूप से अनुपस्थिति हों, क्योंकि उनकी कीमत पर होने वाले प्रत्यक्ष प्रभावों को बड़ी नगण्य मान सकती है और समय समय पर काफी मूल्य कटौती कर सकती है।

2. उद्योग में प्रवेश सीमित हो क्योंकि ऐसा नहीं होने से नेता द्वारा निर्धारित की गयी कीमतें सदैव खतरे में रहेंगी।
3. यद्यपि वस्तुएँ एकरूप होना आवश्यक नहीं हैं फिर भी वस्तुएँ एक-दूसरे की पूर्ण विकल्प हों जिससे पारस्परिक निर्भरता बनी रहे।
4. उद्योग की वस्तु की माँग बेलोचदार होती है अथवा बहुत कम लोचदार होती है लेकिन यदि माँग काफी लोचदार हो तो फर्मे को कीमत घटाने की लालसा बहुत होती है।
5. फर्मों का लागत-वक्र एक ही हो और ऐसा होने से उनमें कम लागत या अधिक लागत की झंझट नहीं रह जाती। प्रभावपूर्ण मूल्य नेतृत्व को चित्र 35 द्वारा दर्शाया जा सकता है।

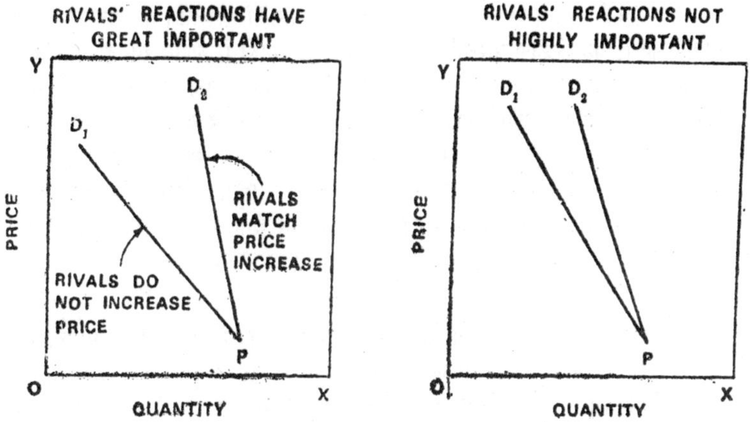

चित्र 35

उपरोक्त चित्र में दोनों ओर उस माँग वक्र को दिखलाया गया है जिसमें कि प्रतिद्वन्द्वि कीमत में वृद्धि के अनुसार समायोजन करते हैं अथवा नहीं करते हैं। बायीं ओर, कीमत में वृद्धि द्वारा विक्रय में गिरावट बहुत आती है बशर्ते कि प्रतिद्वन्द्वी अपनी कीमतों को नहीं बढ़ाते है। दाहिनी ओर कीमत बढ़ाने वाली फर्म के लिए बहुत ज्यादा अन्तर नहीं हो रहा है चाहे प्रतिद्वन्द्वि परिवर्तन का अनुसरण करते हों। यह फर्म बायीं ओर के फर्म की अपेक्षा उद्योग के मूल्य नेता होने में ज्यादा सक्षम हैं और इसके विक्रय में अधिक कमी नहीं होगी। बायीं ओर वाली फर्म ऐसा करने से काफी नुकसान का सामना कर सकती है चूँकि इसकी कीमत वृद्धी का अनुसरण अन्य फर्मे नहीं कर सकती है। लेकिन यदि बड़ी फर्मों के बीच मे ऐसा समझौता हो जाता है कि छोटी फर्मे उनका अनुसरण करें तो जोखिम को घटाया जा सकता है।

मूल्य नेतृत्व को शक्ति का तत्त्व फर्म को विक्रय पर होने वाले सम्भावित प्रभाव की गणना करने में सहायता देता है क्योंकि इसमें इस बात का आश्वासन होता है कि दूसरे लोग भी मूल्य में परिवर्तन करें। अतएव प्रतिद्वन्द्वी समायोजन (Rivals Match) माँग वक्र वह होता है जिस पर कि मूल्य नेता अपनी वस्तु की उत्पत्ति की मात्रा एवं मूल्य निर्धारण के लिए

निर्भर करता है जिससे कि उसका लाभ अधिकतम हो सके। वह मूल्य नेता, जो कि उद्योग को दीर्घकाल तक सहयोग देने का विश्वास दिलाता है, ऐसी कीमत निर्धारण कर सकता है जो कि अन्य कम्पनियों के असन्तोष को देखते हुए इसके लिए भी अनुकूलतम हो।

(3) मूल्य नेता की समस्याएँ (Problems of the Price Leader)- विस्तृत अर्थ में, मूल्य नेता की समस्या औद्योगिक राजनीति की समस्या होती है। नेता अपने अनुसरणकर्त्ताओं की इच्छाओं के अन्तर्गत सारे उद्योग के अन्य सदस्यों के लिए सर्वश्रेष्ठ मूल्य निराकरण (Price Solution) के बीच सामंजस्य स्थापित करती है। मूल्य नेता की औद्योगिक राजनीति की समस्याएँ गम्भीर होती है और ऐसा विशेषकर तब होता है जबकि उद्योग की परिस्थितियाँ तीव्र गति से बदल रही हों। यदि वह अपने तथा उद्योग के हित के बीच समन्वय नही करता है तो उसकी स्थिति ही खतरनाक हो जायगी और उसका नेतृत्व तथा बाजार का हिस्सा कम अथवा समाप्त हो सकता है।

कई उद्योगों में मूल्य नेता, लागत एवं माँग में परिवर्तन के प्रति जागरूक होता है। लेकिन प्राय: यह चक्रीय परिवर्तनों की व्याप्तता को घटाने में सक्षम रहा है। नेतृत्व के अन्तर्गत कीमतें तेजीकाल में उतनी ऊँची नहीं होती है या मन्दीकाल में उतनी नीचे नहीं होती है जितनी होनी चाहिए, चूँकि उद्योग के मूल्य में परिवर्तन से कई फर्म विशेष पर होने वाले प्रभावों का पूर्वाभास नहीं किया जा सकता इसलिए माँग तथा लागत में हुए परिवर्तन के अनुरूप पूर्ण समायोजन वह बार बार नहीं करना चाहता। निरन्तर परिवर्तन बुरी तरह से प्रभावित फर्मो द्वारा अनुसरण के महत्व को कम कर देगा और वे नेता से अलग हो जाते हैं। मूल्य नेतृत्व प्राय: कम किन्तु बड़े एवं नाटकीय मूल्य परिवर्तन व्यापार चक्र के दौरान उद्योग में लाता है।

सामान्य परिस्थितियों में भी साधारणतया नेता मूल्य वृद्धि के मामले में ही नेतृत्व देता है और कीमत गिरावट के समय तो सचमुच में वह अनुसरण करने वाला हो जाता है। कोई भी प्रतियोगी गिरती हुई कीमतों का नेतृत्व कर सकता है और इसकी यह स्थिति अधिकांश उद्योगों में होती है। नेता की प्रतिक्रिया यह होती है कि वह अपनी नीची वास्तविक कीमतों को बाजार के अनुसार समायोजित करेगा और बाद में वह अपनी कीमत को अन्य कीमतों की श्रृंखला में लायगा। लेकिन यह जानना नेता के लिए जरूरी हो जाता है कि कम कीमत कब तक बनी रहेगी। अस्थायी गिरावट को औपचारिक कीमत में निरन्तर परिवर्तन से अनुसरणाकर्त्ताओं के समायोजन में बाधा आती है तथा नेता की प्रतिष्ठा में कमी आती हैं। जब बाजार की कमजोरी एक लम्बे समय तक रहने वाली हो तो औपचारिक कीमतों में भी परिवर्तन लाना चाहिए।

अत: नेता के सामने एक समस्या यह आती हैं कि वह अस्थायी कीमत में छूटों से औपचारिक कीमत के महत्व को कम नहीं करे। नेता की छूटों का जो औपचारिक कीमत स्तर पर प्रभाव डालता है, वह तीन बातों पर निर्भर करता है - (i) दी जाने वाली छूटों का तरीका, (ii) नेता का बाजार में हिस्सा, तथा (iii) उद्योग का कम विक्रय के साथ समायोजन करने का ढंग।

मूल्य नेता सामान्य रूप से केवल व्यापार में निश्चित रूप से क्या होने वाला है उसी को मानता है अथवा पूर्वाभास करता है। पूर्वाभास इस तरह से नेतृत्व का एक गम्भीर

हिस्सा होता है यह इस बात को निर्धारित करता है कि बाजार की बिगड़ती हुई स्थिति के साथ कैसा व्यवहार किया जाय तथा यह आगे बढ़ाने के लिए पथ प्रदर्शक का काम करता है। यदि विकासशील लागत एवं माँग परिस्थितियों का पूर्वाभास ठीक ठीक होता है तथा इस पर उद्योग द्वारा विश्वास किया जाता है तो पर्याप्त लाभ हो सकता है। लेकिन जब नेता का इतिहास गलतियों का रहा हो एवं अनुसरण कमजोर रहा हो तब नेता केवल परिवर्तनों को औपचारिक रूप ही दे सकता है। दीर्घकाल में, मूल्य परिवर्तन का प्रारम्भ करना तथा नेता होना एक ही चीज नहीं दे सकता है। दीर्घकाल में, मूल्य परिवर्तन का प्रारम्भ करना तथा नेता होना एक ही चीज नहीं होती। नेतृत्व फर्म से सम्बद्ध होता है। यह कोई कार्य नहीं होता और व्यक्तिगत हितों के सदस्यों के साथ साथ समुचे उद्योग के आर्थिक एवं राजनीतिक कल्याण के बीच समन्वय को स्थापित करने से होता है।

नेता की दूसरी समस्या यह है कि फर्म के बीच मूल्य विभेद का कौन सा ढंग अपनाया जाय जो कि सबको मान्य हो? वस्तुत: वस्तुएँ कभी भी एक रूप नहीं होती। औपचारिक तथा वास्तविक दोनों ही कीमतों में गुण, बँधायी, टिकाऊपन, इत्यादि का अन्तर पाया जाता है और जब यह अन्तर अधिक हो तो कीमत निर्धारण में बड़ी कठिनाई होती है। विशेषकर, मूल्य नेता स्वयं ही ऊँची किस्म के स्तर पर काम करता है जहाँ सेवाओं का काफी सम्मिश्रण होता है और वह अपनी श्रेष्ठता के लिए ऊँची कीमत लेने का प्रयास करता है। तब समस्या यह है कि गम्भीर मूल्य विभेद, जो कि प्रतिद्वन्द्वि को बाजार में घुसने की अनुमति देता है, को विश्लेषण तथा अनुभव के द्वारा जाना जाय। यह मूल्य विभेद एक फर्म से दूसरे फर्म के बीच अलग अलग हो सकता है। यदि मूल्य नेता के प्रतिद्वन्द्वी बड़े हैं जिनका उत्पादन तथा सेवाएँ बराबर हैं तो यह मुक्त रूप से दूसरी फर्मों द्वारा कम कीमत लेने में बाधा डालेगा और यदि वह ऐसा नहीं करता है तो उसे काफी हानि उठानी पड़ सकती है। जबकि छोटे पतिद्वन्द्वियों को, जो कि उतना अच्छा उत्पादन नहीं करते हैं, 5% से 10% प्रतिशत का अन्तर रखने की अनुमति दी जा सकती है। यह अनुमति भी एक छोटी प्रतिद्वन्द्वि से दूसरे प्रतिद्वन्द्वि के बीच अन्तर रखती है।

विभेद के ढंग में परिवर्तन गुण में परिवर्तन के द्योतक हो सकते हैं। लेकिन फिर वे नयी बाजार की परिस्थितियों में साथ नहीं दे सकते तब नेता को यह आवश्यक रूप से निर्णय लेना चाहिए कि इन परिवर्तनों का क्या मतलब होता है और क्या उन्हें सहन किया जा सकता है? मूल्य विभेद में स्थिरता लाने वाला ढंग व्यावसायिक चक्र की स्थिति पर भी निर्भर करता है। जब माँग में कमी आ गयी हो तो प्रतिलोच ऊँची होने की प्रवृत्ति रखती है और विभेद तदनुसार प्रतिद्वन्द्वियों को हानि हो सकती है जिससे गम्भीर राजनीतिक परिणाम निकल सकते हैं। हालाँकि कीमत नहीं घटाने का यह कारण हमेशा विवेकीकरण मात्र ही समझा जाता है और कई परिस्थितियों में यह उचित भी होता है।

प्रश्न

1. विनाशकारी प्रतियोगिता से आप क्या समझते हैं ? यह क्यों होती हैं ? इसके नियन्त्रण के सम्बन्ध में अपने सुझाव दीजिए ?

What do you mean by destructive competition ? How does it arise ? Suggest the measures to control it.

□□□

9

मूल्य-विभेद
[Price Differentials]

विभेदयुक्त मूल्य निर्धारण आर्थिक तथा राजनीतिक प्रभावों के कारण वर्षो से चर्चा का विषय रहा है। यहाँ पर केवल मूल्य विभेद के आर्थिक पहलू की ही चर्चा की जायेगी। इस प्रकार की मूल्य प्रणाली इसलिए निर्मित की जाती है कि क्रय की सभी परिस्थितियों में समायोजन किया जा सके। इसमें कई प्रकार की छुट एवं विभेदों का प्रयोग इसलिए किया जाता है ताकि किसी वस्तु की शुद्ध कीमत परिस्थिति विशेष के उपयुक्त हो। श्री डीन के अनुसार, ''By modifying the list pirce, discounts and differentials tailor the net price to the peculiarities of particular purchase situations.''

इसके पश्चात् मूल्य विभेद की परिभाषा देना उचित प्रतीत होता है। स्पेन्सर एवं सीजल मैन के शब्दों में, ''मूल्य विभेद विक्रेता द्वारा एक ही वस्तु के लिए भिन्न भिन्न कीमतें लेने अथवा विभिन्न क्रेताओं से एक ही वस्तु के लिए अलग अलग कीमतें बिना अनुरूप लागत में अन्तर के लेने की प्रणाली है।

मूल्य विभेदकों को प्रभावित करने वाले तत्व
(Factors Influencing Price Differentials)

मूल्य विभेदकों के मुख्य छः आधार है:

(1) क्रेता का व्यावसायिक स्तर (The trade status of the buyer)

(2) उसके क्रय की मात्रा (The amount of his purchase)

(3) क्रेत्ता का स्थान (The location of the purchaser)

(4) भुगतान की तत्परता (The promptness of payment)

(5) क्रय का समय (The time of purchase)

(6) व्यक्तिगत स्थिति (Personal situation)

क्रेता का व्यावसायिक स्तर – क्रेता का व्यावसायिक स्तर मूल्य विभेदक की मात्रा को प्रभावित करता है। प्रायः ऐसा देखा जाता है कि अगर छूट की ही बात लें तो यह थोक विक्रेता तथा खुदरा विक्रेता में भिन्न भिन्न होती है। यह देखा जाता है कि थोक विक्रेता को दी गयी छूट खुदरा विक्रेता या अन्तिम क्रेता की तुलना में अधिक होती है । इसलिए या आसानी से कहा जा सकता है कि क्रेता का स्तर विभेदक की मात्रा निश्चित करता है।

उसके क्रय की मात्रा – इतना ही नहीं, क्रय की मात्रा का असर भी वस्तु के मूल्य पर होता है। पुनः क्रय की मात्रा में भिन्नता के साथ साथ मूल्य में भिन्नता पायी जाती है। उदाहरण के लिए, अगर किसी वस्तु की ज्यादा मात्रा में बिक्री की जाती है तो विक्रेता ज्यादा छूट देता है तथा घटती हुई क्रय की मात्रा पर छूट की दर भी घटती चली जाती है। अतः कोई विक्रेता इस बात की घोषणा कर सकता है कि उसकी 5 लाख रूपय की वस्तु खरीदने से 30 प्रतिशत छूट दी जायेगी, एक लाख रूपये की खरीदने से 10 प्रतिशत छूट दी जायेगी और 10 हजार रूपये पर 1 प्रतिशत छूट दी जायगी तो यहाँ पर क्रय की मात्रा के अनुसार छूट घटती जाती है।

क्रेता के स्थान – किसी भी निर्माता की वस्तुओं के क्रेता एक ही स्थान में न होकर दूर-दूर स्थानों पर बिखरे रहते हैं। लेकिन अगर निकट एवं सुदूरवर्ती क्रेताओं से एक ही कीमत ली जाय या उन्हें एक ही दर से छूट दी जाय तो वे समान रूप से लाभान्वित नहीं हो सकते। ऐसी परिस्थिति में विक्रेता को अपना बाजार विस्तृत करने के लिए यह जरूरी हो जाता है कि वह दूर के क्रेताओं को आनुपातिक रूप से ज्यादा छूट दे जिससे कि वे निकटवर्ती क्रेता की अपेक्षा जितना ज्यादा यातायात खर्च वहन कर रहे हैं उसकी क्षति पूर्ति हो सके तथा अन्तिम क्रेताओं से ली जाने वाली कीमत में एकरूपता बनी रहे। ऐसा प्रायः बड़ी बड़ी कम्पनियाँ अपनी मूल्य सम्बन्धी ख्याति बनाने के लिए करती है।

भुगतान की तत्परता – कभी कभी यह देखा जाता है कि भुगतान की शीघ्रता पर मूल्य विभेदक या छूटें आधारित होती है। इसका सामान्य नियम यह है कि जितनी ही जल्दी कीमत का भुगतान होगा उतनी ही ऊँची छूट की दर होगी। दूसरी और, विलम्बित भुगतानों के लिए या तो छूट नहीं हो या कम दर से हो क्योंकि भुगतान विलम्ब से विक्रेता को ब्याज की हानि होने की सम्भावना बनी रहती है।

क्रय का समय – मूल्य निर्धारण में समय का बहुत महत्व होता है। फलतः छूटों पर भी इसी का असर पड़ता है। साधारणतया, तेजी काल में ऊँची भी कीमत ली जा सकती है। लेकिन मन्दी काल में कई प्रकार की छूटों का प्रावधान करना पड़ता है जिससे कि विक्रय का स्तर बना रहे।

व्यक्तिगत स्थिति – क्रेता एवं विक्रेता की व्यक्तिगत स्थिति भी छूट की रकम पर प्रभाव डालती है। ऊँची ख्याति वाली कम्पनियाँ अपनी वस्तुओं पर कम छुट देती है जबकि नवीन तथा विकासशील व्यावसायिक इकाइयाँ अपनी वस्तुओं पर ज्यादा छूट देती हैं। फिर विक्रेता की प्रतिद्वन्द्वी स्थिति भी छूट को निश्चित करती है। एक एकाधिकारी छूट कम देगा

जबकि सामान्य प्रतिद्वन्द्वी अधिक छूट देकर ग्राहकों को आकर्षित करेगा। दूसरी ओर, यदि क्रेता एक ही है और विक्रेता अनेक हैं तो ऐसी हालत में क्रेता विक्रेताओं से ज्यादा छूट की दर की माँग करेगा। लेकिन अगर वह कई क्रेताओं में से एक है तो उस खरीद की शर्तें कुछ नरम पड़ जायेगी।

मूल्य विभेदकों के उद्देश्य
(Objectives of Price Differentials)

विक्रेता की दृष्टि से मूल्य विभेद जो कि भिन्न भिन्न छूट संरचनाओं तथा वस्तु श्रृंखला मूल्य के प्रयोग का परिणाम है, वे कई उद्देश्यों की पूर्ति करते हैं अतः इन उद्देश्यों के परिप्रेक्ष्य में नीचे मूल्य विभेदकों को देखा जायेगा।

(1) बाजार व्यूह रचना का कार्यान्वयन (Implementation of Marketing Strategy)- मूल्य विभेदकों को फर्म के सर्वसामान्यत बाजारीकरण की व्यूह रचना को कार्यान्वित करना चाहिए। ये मूल्य विभेदक बाजारीकरण के आयोजन में इस तरह से समायोजित किये जायें जिससे कि व्यूह रचना द्वारा चुने गये बाजार के क्षेत्रों तक पहुँचा जा सके। बाजारीकरण आयोजन में विज्ञापन जैसे महत्वपूर्ण कार्य आते हैं। ऐसा करने में छूटों की किसी विशेष संरचना का कार्य भी बिलकुल विशिष्ट (Specific) हो जाता है। उदाहरण के लिए, एक ऐसी तेल की कम्पनी जिसकी व्यूह रचना बड़े तथा कुछ ही सेवा केन्द्रों (Service Stations) तक है तो बड़े ट्रकों की सहायता और भी स्थानों तक बड़े क्रय के लिए थोक क्रय करने वाले व्यापारियों को ज्यादा छूट दे सकती है।

(2) बाजार विभाजन (Market Segmentation)- विभेदपूर्ण कीमतों का एक प्रमुख उद्देश्य यह होता है कि जब कानूनी एवं प्रतिद्वन्द्वी तत्वों द्वारा भिन्न भिन्न मूल्य लिये जाने के लिए बाजार का लाभदेय विभाजन किया जाय। लेकिन विक्रेता विभाजन के समय लोच के अनुसार ही कुल बाजारों को क्रेता समूहों या छोटे बाजारों में विभाजित करें तब प्रत्येक छोटे बाजार से अलग अलग कीमत लेकर लाभों को बढ़ाया जा सकेगा।

(3) बाजार विस्तार (Market Expansion)- विभेदपूर्ण मूल्य निर्धारण नये प्रयोगों को प्रोत्साहित करता है तथा वस्तु श्रृंखला के सामान्य उद्देश्य की पूर्ति के लिए नये ग्राहकों को प्रेरित करता है किन्तु, इसका विस्तार छूट संरचना की विभिन्न अवस्थाओं पर भी निर्भर करता है।

(4) प्रतिद्वन्द्वी समायोजन (Competitive Adaptation)- मूल्यों में भिन्नता प्रतिद्वन्द्वी वातावरण में समायोजित करने का महत्वपूर्ण यन्त्र है। छूटे प्रायः इसलिए दी जाती है जिससे क्रय की सामान्य परिस्थितियों में प्रतिद्वन्द्वी प्रत्येक क्रेता वर्ग से एक ही जैसी शुद्ध कीमत ले सकें और जब वस्तुएँ एकरूप हैं तो ऐसी वस्तुओं के मूल्य की साम्यता और भी जरूरी हो जाती है।

(5) उत्पादन लागत में कमी (Reduction in Production Cost)- किसी-किसी समय विभेदपूर्ण मूल्य उत्पादन की समस्या को सुलझाने में भी मदद करता हैं - जैसे कि ऋतु सम्बन्धी अथवा अन्य छूटें आंशिक रूप से विक्रय के समय को बदलकर कुल उत्पत्ति को नियमित करने के प्रयोग में लायी जाती है। बिजली आपूर्ति कम्पनी इसका उदाहरण है जहाँ कि ऋतुहीन (Cff-season) तथा शिखर समय (Peak-time) वाली दरों के बीच में अन्तर रखा जाता है।

(6) बाजार सुरक्षा (Market Sealing) - विक्रेता नीची दर वाले बाजार तथा ऊँची दर वाले अपने बाजार में वस्तुओं को आने से रोकने में सक्षम अवश्य हों। इस दिशा में कोई भी सुस्ती आने से मूल्य विभेद समाप्त हो जायेंगे और अधिकतम लाभ का अवसर हाथ से निकल जायगा। मूल्य विभेद की नीति निर्धारण के समय यह देखना चाहिए कि यह असंवैधानिक या समाज के हित के विरोध में तो नहीं है।

छूटों के प्रकार

(Kinds of Discounts)

छूट संरचना बदली हुई आर्थिक परिस्थितियों तथा प्रतिद्वन्द्वी अवस्था के अनुसार समायोजन करने में मदद करे। माँग में थोड़ी भी गिरावट सबसे पहले छूट संरचना पर असर डालती है जिससे गुप्त रूप से मुल्य छूटें दी जाती है। इसी प्रकार एक प्रतिद्वन्द्वी अपनी वस्तुओं के गुण, ख्याति अथवा वितरण की दृष्टि से अलाभकारी स्थिति में है तो वह अपनी कमजोरी को दबाने के लिए अनौपचारिक तथा औपचारिक (Informal) दोनों ही छूटों का सहारा लेता है और इस सारी प्रक्रिया का असर शुद्ध कीमत पर पड़ता है। इस दृष्टि से छूटों का वर्गीकरण निम्नलिखित हो सकता है :

1. वितरक छूट (Distributor Discount)
2. मात्रा छूट (Quantity Discount)
3. नकद छूट (Cash Discount)
4. भौगोलिक छूट (Geographical Discount)

वितरक छूट

(Distributor Discount)

वे छूटें जो कि वस्तुओं के विक्रय या बाजार में वितरण के सम्बन्ध में दी जाती हैं वितरक छूट या व्यापार मार्ग वितरण छूट (Trade-channel Discounts) कहलाती हैं। स्वयं उत्पादक के लिए यह असम्भव तो नहीं लेकिन कठिन अवश्य है कि वह अपनी वस्तुओं को क्रेता तक स्वयं पहुँचाये, इसलिए उसे मध्यस्थों की सहायता लेनी ही होगी और उन्हें उनके पारिश्रमिक के रूप में छूट देनी ही होगी। वितरक छूट से आशय उन मूल्य कटौतियों से है जिससे कि वितरण श्रृंखला में क्रेताओं की स्थिति के अनुसार शुद्ध कीमत दी जा सके। श्री डीन ने इस प्रकार की छूट की परिभाषा देते हुए कहा है:

"Distributor discounts are price deductions that systematically make the net price vary according to the buyers' position in the chain of distribution."

इसको एक उदाहरण के द्वारा समझा जा सकता है। कोई फर्म अगर मोटर कार बनाती है तो वह टायर तथा स्पार्क प्लग (Spark Plug)बनाने वाली फर्मों की ग्राहक है। अत: ये दोनों फर्म मोटर गाड़ी बनाने वाली फर्म को अपनी वस्तुओं को विशेष कीमत पर बेचें जिससे कि उनकी वस्तुओं की खपत मोटर निर्माता कर सके।

निर्माता अपनी वितरक छूट की तालिका को निम्नलिखित तरीके से बना सकता है:

	प्रति प्लग शुद्ध मूल्य
	रू.
(I) मोटर	15
(II) राष्ट्रीय वितरक	23
(III) विक्रेताओं तथा गराजों के लिए वितरकों की दर	27
(IV) डाक आदेश गृह	18

(V) खुदरा विक्रेता एवं गराज (अधिक इकाइयों के विक्रय के लिए कम मूल्य)

इसी तरह कोई पुस्तक विक्रेता सामान्य विद्यार्थियों के लिए एक दर रख सकता है तथा पुस्तक विक्रेताओं एवं शेक्षणिक संस्थाओं के लिए ज्यादा छूट का प्रयोग कर सकता है। अब हम यह देखें कि वितरक छूट के कौन कौनसे रूप है।

वितरक छूट के रूप (Forms of Distributor Discount)

औद्योगिक रीति रीवाज में अन्तर के अनुसार वितरक छूटों के कई रूप हो सकते हैं। फिर भी, कुछ समय ऐसा आता है जबकि एक निश्चित रूप को अपनाना पड़ता है। वितरक छूट के प्रकार सम्बन्धी निर्णय के दौरान यह देखा जाता है कि :

(i) प्रत्येक वितरक स्तर पर शुद्ध कीमतें

(ii) छूट की संरचना द्वारा सुधारी गयी सूची कीमत पर

(iii) एक छूट, या

(iv) अनेक छूटों का समयोजन करती है।

शुद्ध कीमतें वितरकों से ली जाने वाली विभेदपूर्ण कीमतों को बतलाने की विधि के क्रम में ही प्रयोग में लायी जाती है। विशेषकर वे उत्पादक, जो कि अपने चुने हुए विक्रेताओं को माल दे देते हैं, उनकी वितरण मार्ग मूल्य निर्धारण की समस्या बड़ी सरल हो जाती है। शुद्ध कीमतो को उस समय भी प्रयोग में लाया जाता है जबकि विक्रय थोक-विक्रेताओं तथा अन्य उत्पादकों के हाथ में भी हो। शुद्ध कीमतों की सहायता से लेखन सम्बन्धी श्रम बच जाता है।

छूट सहित सूची कीमतें ज्यादा परिवर्तनशील होती है जिससे विभिन्न व्यापार मार्गो में विक्रय आसान हो जाता है और वे मूल्य को चक्रीय परिवर्तनों के अनुसार समायोजित कर लेती हैं। ऐसा समायोजन छूट की दर एवं मात्रा से सम्भव है। यह माना जाता है कि सूची कीमतों में छूट देने पर विभिन्न प्रकार के वितरकों द्वारा कमाये गये अंश पर नियन्त्रण उत्पादकों का ज्यादा रहता है लेकिन वास्तविक नियन्त्रण तभी होता है जबकि ये छूट पुनविक्रय कीमत को सूची के अनुसार बनाये रखें।

कभी कभी एक ही दर पर एक ही बार छूट दी जाती है अर्थात् उत्पादक अपनी वस्तु पर एक ही छूट देता है। लेकिन एक दूसरी भी छूट होती है जो कि एक से अधिक बार दी जाती है इसे बहु छूट (Multiple Discount) कहा जाता है जैसे कि कोई निर्माता अपनी वस्तु को बेचने के लिए खुदरा विक्रेताओं के लिए 30 प्रतिशत रख सकता है तथा खुदरा एवं थोक विक्रेताओं के लिए 20 प्रतिशत दर से खर्च रख सकता है।

वितरक छूट को निम्नलिखित तालिका द्वारा दिखाया जा सकता है:

कुछ उद्योगों में व्यापार मार्ग छूट

(सूची मूल्य में)

व्यवसाय का प्रकार	उत्पादक का एजेण्ट	छूट	थोक विक्रेता	विक्रेता
1. यन्त्र	5%	–	–	30% संग्रहण 10% संग्रहण
2. रेड़ियो	2 तथा 10% दलाली	–	60%, 60 & 5%, 60 & 10%, 50, तथा 10%	40% कुछ मार्गों पर 33%
3. वातानुकूलन	50 & 10%	–	50%	40%
4. मोटर के उपसाधन	50% तथा 10%	–	50%	40%
5. भण्डार एवं तापक	–	–	33% तथा 25% अथवा 40 और 25% यदि लदी ढेरी में क्रय हो	33.3% सुखद गाड़ियाँ 40%

वितरक छूटों का निर्धारण (Determination of Distributor's Discount)

वितरक छूटों का आर्थिक कार्य स्वतन्त्र वितरकों को बाजार सेवाएँ देने के लिए प्रेरित करना है। सुदृढ़ आर्थिक आधार पर छूट संरचना निर्माण के लिए निम्नलिखित बातों को ध्यान में रखा जाना चाहिए:

1. छूट संरचना के उद्देश्य (The Objectives of the Discount Structure)
2. वितरकों की कार्यगत लागत (Distributor's Operating Cost)
3. प्रतिद्वन्द्वियों की छूट संरचना (Discount Structure of Competitors)
4. वितरकों की संख्या पर छूटों का प्रभाव (Effects of Discounts on Distributor Population)
5. विभिन्न व्यापार मार्गों में विक्रय लागत (Cost of Selling to Different Trade Channels)
6. बाजार विभाजन के अवसर (Opportunities for Market Segmentation)

(1) छूट संरचना के उद्देश्य – उत्पादक प्रत्येक प्रकार के वितरक से इस तरह की सेवाएँ चाहता है जिससे कि वस्तु वितरण योजना में समायोजित हो जाय। वितरक उत्पादक की प्रतिद्वन्द्वी स्थिति के अनुसार ही कदम बढ़ाता है तथा वह उस उद्योग में प्रचलित रीति रिवाजों का अनुसरण करे। वितरण की योजना में पहली बात तो बाजार कार्य विभाजन की होती है अर्थात् निर्माता तथा वितरक के बीच विक्रय का कार्य किस तरह से विभाजित हो

जिससे कि समूची वितरण श्रृंखला में सामंजस्य बना रहे? यहाँ पर समस्या इस बात को जानने की है कि कौन-सा वितरक मितव्ययिता से वितरण कर सकेगा। इस समस्या को एक बड़े बिजली वस्तुओं के निर्माता के द्वारा समझा जा सकता है। उक्त विक्रेता रेफ्रीजरेटर का बाजारीकरण करना चाहता है।

इस सिलसिले में वह विक्रेता बहाल करना चाहता है। वह कार्य के सम्बन्ध में निर्णय लेता है कि खुदरा विक्रेता का कार्य रेफ्रीजरेटर के विभिन्न भागों के प्रदर्शन तक सीमित रहेगा। यदि ग्राहकों को पसन्द आये तो खुदरा विक्रेता और आदेश तथा अन्य शर्तों को निश्चित करेगा। थोक विक्रेताओं के सम्बन्ध में यह निर्माता निर्णय लेता है कि खूदरा विक्रेता के चुनाव के अतिरिक्त उनके विक्रय में भी मदद करेगा और ऐसा भी हो सकता है कि यदि खुदरा विक्रेता अपनी असमर्थता के चलते कुछ सेवा न प्रदान कर सके तो प्रदान करना। जैसे- थोक विक्रेता रेफ्रीजरेटर को प्राप्त कर जाँच करे कि यह सुपुर्दगी योगय है या नहीं तथा ग्राहकों के स्थान तक पहुँचाकर विक्रयोपरान्त सभी सेवाओं का उत्तरदायित्व ले।

(2) वितरकों की कार्यगत लागत - व्यापार मार्ग छूटों का दूसरा महत्वपूर्ण कार्य यह होता है कि वे वितरकों की कार्यगत तथा सामान्य लाभ वितरकों को दिलावें। यदि वितरकों को नियोजन के अनुसार ही कार्य करना है तो छूटों का घनिष्ट सम्बन्ध लागतों से हो लेकिन यहाँ पर उत्पादक को इस बात की सावधानी बरतनी चाहिए कि वितरकों का पारिश्रमिक न तो बहुत कम हो न अधिक हो क्योंकि अत्यधिक पारिश्रमिक देने से आवश्यक विक्रय प्रयास तथा अधिक वितरक होंगे जबकि बहुत कम पारिश्रमिक देने से, जिससे कि वितरक की लागत भी वसूल न हो तो वस्तुएँ उत्पादन से उपभोग की और भ्रमण ही नहीं करेंगी।

कभी-कभी एक ही प्रकार के व्यापारिक स्तर में रहने के कारण भी वितरकों के कार्य अलग अलग हो जाते हैं। फलतः उनके कार्य में भी अन्तर आता है। इस स्थिति में उत्पादक को निर्णय लेना चाहिए कि छूट को रकम में वितरक के कार्यों में अन्तर के कारण भिन्नता होगी या नहीं। उदाहरणार्थ, कोई भवन-निर्माण सामग्रियों का उत्पादक कुछ वस्तुओं पर तो थोक विक्रेताओं को 5 प्रतिशत की छूट देते हैं।

लेकिन ऐसे वितरण में वितरक को विशेष परिश्रम नहीं करना पड़ता है। वह केवल उत्पादक से प्राप्त गाड़ियों में लदे माल को खुदरा विक्रेता के यहाँ भेज देता है। लेकिन यदि थोक विक्रेता की सामग्री को अपने गोदाम में रखना पड़े और वहाँ से थोड़ी मात्रा में देना पड़े तो इसमें थोक विक्रेताओं को ज्यादा परिश्रम करना पड़ता है। यह थोक विक्रेता इस गोदाम के भाड़े और यातायात के भाड़े को वसूल करे।

कुछ उद्योगों में वितरण के कार्य विभाजित नहीं किये जाते हैं बल्कि किसी भी तरह का मध्यस्थ कोई भी कार्य कर सकता है। ऐसी स्थिति में छूट की रकम या दर निश्चित करना मुश्किल हो जाता है क्योंकि कुछ थोक विक्रेता खुदरा विक्रेता व खुदरा और थोक विक्रय का काम कर सकते हैं लेकिन इसमें एक शिकायत की सम्भावना है कि कभी कभी व्यक्तिगत लाभों को लेकर झगड़ा हो सकता है। अतएव कार्य विभाजन उचित प्रतीत होता है। यह भी देखने को मिलता है कि सही तरह कार्य की लागत अलग अलग वितरकों में भिन्न भिन्न हो क्योंकि वितरक की कार्य क्षमता भिन्न भिन्न होती है। आकार सम्बन्धी मितव्ययिता

विक्रय में लागू होती है। जैसी कि किसी तेल के बड़े वितरण केन्द्र में छोटे तेल वितरण की तुलना में ज्यादा मितव्ययिता होती है। अब प्रश्न यह उठता है कि व्यापारिक छूटों का निर्धारण कार्यक्षमताहीन वितरक की लागत से निश्चित हो अथवा कार्य क्षम्य वितरक की लागत से? इसका एक समाधान यह हो सकता है कि सर्वाधिक कार्य क्षम्य वितरकों की लागत को देखते हुए उसका सामान्यीकरण कर दिया जाय और सभी वितरकों की लागत तथा सामान्य लाभ मिलाकर दे दिया जाय।

वितरकों की लागत की जाँच का दूसरा तरीका यह हो सकता है कि यदि उत्पादक खुद ही वितरण का कार्य तो उस रूप में उसकी क्या लागत होगी? कई कम्पनियाँ थोक विक्रेताओं के बावजूद भी थोक विंक्रय का कार्य करती है और वे अगर कम खर्च पर ये कार्य क्षमतापूर्वक कर लेती हैं तो वितरकों को यही लागत स्वीकार करने के लिए बाध्य कर सकती है।

जब वितरक कई प्रकार की वस्तुओं का लेन-देन करता है तो वस्तुओं के बीच उसकी लागत भिन्न भिन्न होती है। परिणामतः उसकी सभी वस्तुओं की औसत लागत किसी एक वस्तु की लागत विशेष का द्योतक नहीं हो सकती। उत्पादक यह निर्णय अवश्य ले कि किस सीमा तक वितरक छूटें विभिन्न वस्तुओं के बीच लागत में अन्तर के फलस्वरूप भिन्न हों। उदाहरण के लिए, किसी लकड़ी के विक्रेता की मकान की छत बनाने के सम्बन्ध में प्रयोग की जाने वाली लकड़ी का गाड़ी भाड़ा अन्य कीमती लकड़ियों के गाड़ी भाड़ा से कम होता है जिससे यह जरूरी हो जाता है कि लकड़ी के जंगल के मालिक उसके वितरकों को कीमती लकड़ी ढोने का व्यय ज्यादा दे और कम कीमती लकड़ी के लिए कम ह्यय दें।

अन्त में, वितरकों की कार्यगत लागत उनकी मूल्य नीति पर भी निर्भर करती है। जैसे कि डाक आदेश श्रृंखला भण्डारो (Mail Order Chain Stores) की विक्रय लागत कम होती हैं क्योंकि उनकी कीमतें भी अन्य विक्रेताओं की तुलना कम होती है।

(3) प्रतिद्वन्द्वियों की छूट संरचना – अब हम लोग यह देखें कि अन्य प्रतियोगी विक्रेता क्या छूट देते हैं? एक अर्थ में विक्रेता छूट का उद्धेश्य क्रेता द्वारा प्रतिद्वन्द्वी बाजार में विक्रेता की विक्रय सहायता को खरीदना होता है। उन व्यापारों में जहाँ रीति-रिवाजों से एकरूप लाभ मान्य होता है वहाँ प्रतिद्वन्द्वियों द्वारा दी जाने वाली छूट बाध्य होकर उस फर्म को भी देनी पड़ती है। कई उद्योगों में प्रतिद्वन्द्वी उत्पादकों द्वारा दी जाने वाली छूट में वास्तव में अन्तर होता है। इस परिस्थिति में उत्पादक यह निर्णय अवश्य ले कि वह प्रतिद्वन्द्वी द्वारा दी जांने वाली ऊँची छूट दर या नीची छूट की दर का अनुसरण करेगा। विशेषतः वह उत्पादक जिसकी वस्तु ग्राहकों द्वारा स्वीकृति के मामले में दयनीय अवस्था से गुजर रही है तो प्रतिद्वन्द्वी की तुलना में ज्यादा छूट देनी होगी। ऐसे प्रयास की सफलता इस बात पर निर्भर करती है कि

(1) क्या ऊँची छूट की दर केवल कम विक्रय को बढ़ाकर अधिक करने की ही क्षतिपूर्ति करती है तथा इस प्रकार वितरक को वास्तविक प्रेरणा नहीं देती?

(2) छूट की प्रेरणा सचमुच में वितरक को प्रेरित करेगी कि वह वस्तु को बाजार में बढ़ाये?

(3) विक्रेता का कितना प्रभाव क्रेता के वस्तु चयन पर होता है?

(4) क्या उत्पादक के सामने ऐसी सम्भावना है कि वह बाजार का लाभदायक विभाजन व्यक्तिगत मूल्य विभेद द्वारा कर सके?

(5) क्या प्रतिद्वन्द्वी अधिक छूट देने की स्थिति में है?

इस प्रकार सामान्यत: किसी योजना की सफलता के लिए जरूरी है कि उपभोक्ता भी खास वस्तु ब्राण्ड के प्रति संवेदनशील न हों तथा वितरक में उनका अगाध विश्वास हों। इसके साथ साथ उत्पादक का बाजार इतना छोटा हो कि बड़े प्रतिद्वन्द्वी अधिक छूट देना प्रारम्भ न कर दें।

इसी से सम्बन्धित एक और प्रश्न हैं - क्या ऐसे वितरक को कम कीमत पर वस्तु नहीं दी जानी चाहिए जो केवल इसी फर्म की वस्तु बेचते हों? खनिज तेल उद्योग में ऐसा देखा जाता है कि यदि कोई गैसोलीन का विक्रेता केवल एक ही कम्पनी का गैसोलीन बेचता है तो उसे अविभाजित विक्रेता छूट दे जो अलग अलग विक्रेताओं की छूट से अधिक होती है। विशिष्ट विक्रेता मात्रा छूट की दृष्टि से भी लाभ का फायदा उठाता है और वह लाभ छोटे विक्रेता की तुलना में ज्यादा होता है। वैकल्पिक मार्गो की लागत पहले से ही चयन के मार्ग का अनुपयुक्त सिद्ध कर सकती है अर्थात् वह लागत कम हो सकती है। यदि तत्व चयन किये हुए वितरण मार्ग के लिए उच्चतम छूट की रकम निश्चित कर सकता है तो सस्ता विकल्प उत्पादक को अन्य प्रभावपूर्ण वितरण मार्ग बताने में भी मदद कर सकता है।

(4) वितरकों की छूटों का प्रभाव - छूटों का प्रभाव वितरकों की संख्या पर पड़ता है। अत: वितरक छूट का निर्धारण पूरी सूझ-बुझ के साथ होना चाहिए। अगर ऐसा नहीं हुआ तौ कभी ज्यादा तो कभी वितरक मिलेंगे ही नहीं। टेलीविजन जैसे नये एवं विकासशील उद्योग में कई प्रशिक्षण प्राप्त वितरकों की जरूरत होती है। अत: इसमें छूट नीति इस तरह से हो कि वितरकों की संख्या तीव्र गति से बढ़े। ऐसी स्थिति में छूट की रकम ज्यादा होनी चाहिए। दूसरी ओर, तेल कम्पनियाँ कम छूट देकर सवा केन्द्रों की संख्या को घटाकर बडे सेवा केन्द्रों के बराबर ला सकती हैं जहाँ महत्वपूर्ण पैमाने की मितव्ययिताएँ मिलती है।

(5) विभिन्न व्यापार मार्गो में विक्रय की लागत - विभिन्न प्रकार के वितरकों के विक्रय की लागत अलग अलग होती है। जैसे कि डाक द्वारा व्यवसाय गृहों (Mail order houses) तथा श्रृंखला भण्डारों को निजी ब्राण्ड हेतु बेचने में उत्पादक की लागत कम होती है। लेकिन वस्तु अगर थोक विक्रेताओं एवं खुदरा विक्रेताओं के माध्यम से बेची जाती है तो लागत अधिक होती है । इस प्रकार की विक्रय लागतों में अन्तर बहुत अधिक नहीं होने चाहिए और उन पर कानूनी रूकावटें होनी चाहिए। इस सम्बन्ध में भारत में अनावश्यक प्रतियोगिता को रोकने के लिए भारत सरकार ने M.R.T.P.Act लागू किया।

(6) बाजार विभाजन के अवसर - व्यापारिक छूटों का एक उद्धेश्य यह भी होता है कि वे उच्चतम लाभ देने वाले बाजार विभाजन में सहायता प्रदान करते हैं। कुछ उद्योगों में बाजार कई छोटे बाजारों में अलग-अलग विभाजित हो जाता है तथा प्रत्येक बाजार की अपनी अपनी विशेषता होती है। उदाहरणार्थ, टायर बनाने वाली फर्म को निम्नलिखित छोटे छोटे बाजारों में बाँटा जा सकता है :

(i) **मूल वस्तु बाजार** (Original product market) – **जिसमें कि क्रेताओं में कुशलता एवं शक्ति हो। माँग में चक्रीय उच्चावचन** (Fluctuations) **हों।**

(ii) **व्यक्तिगत उपभोक्ता विस्थापन बाजार** (Individual consumer replacement)- जिसमें कि अकुशल क्रय ब्राण्ड विशेष के प्रति झुकाव तथा चक्रीय स्थायित्व हो। पुनः इस प्रकार का बाजार उत्पादक के ब्राण्ड अथवा वितरक की ब्राण्ड द्वारा भी विभाजित होता है।

(iii) **व्यापारिक कार्य विस्थापन बाजार** (Commercial operation replacement market)- इस बाजार में क्रेता मूल्य के क्रम में गुण के क्रय जाने जाते हों। ऐसा टायर कम्पनी बस बनाने वाली कम्पनियों की संख्या के आधार पर इस प्रकार के बाजार का अन्दाजा लगाती हो।

(iv) **सरकारी विक्रय बाजार** (Government sales market)- में बड़े आदेश और औपचारिक डाक (BID) तथा सफल डाक बोलने वाले की कीमत का प्रकाशन होता है।

(v) **निर्यात बाजार** (Export market)- जिसमें अन्तर्राष्ट्रीय प्रतियोगिता आती है।

कुल माँग की लोच तथा प्रतिलोच दोनों छोटे बाजारों में भिन्न भिन्न होती हैं। बाजार विभाजन के अवसर का लाभ उठाने के लिए उत्पादक के सामने जो बात मूल्य से सम्बन्धित होती है वह इस बात से सम्बन्धित होती है कि क्या विक्रेता ग्राहकों को छूट दे सकेगा? दी जाने वाली छूटे औपचारिक छूटों से कम होती हैं तो इसका यह मतलब नहीं कि औपचारिक छूटों को भी घटाया जाय।

इस प्रकार का **असामंजस्य** उस समय न्यायोचित कहा जा सकता है जबकि विक्रेता स्तर पर **उद्योगों में व्याप्त** प्रतियोगिता शक्तिशाली हो। कोई विक्रेता (Personal differentiation) **उन ग्राहकों** से पूरी **कीमत** ले सकता है जो कि वस्तुओं को क्रय करना एवं मोल-जोल की पसन्द नहीं करते हों **तथा** व्यक्तिगत मूल्य (Individual price) विक्रेता को एकरूप मूल्य से ज्यादा लाभ मिल सकता है। इसका ज्वलन्त उदाहरण मोटरगाड़ी वाले सामान्य प्रतिद्वन्द्वी में पाया जाता है। यदि वस्तु की इकाई लागत बहुत ज्यादा हो तो उचित होगा कि विक्रेता को काफी छूट दी जाय कि वह ग्राहकों को मोटरगाड़ी लेने के लिए प्रेरणा दे। इस सम्बन्ध में क्रेता को कई गुप्त मूल्य छूटें (Vailed price reductions) दे सकता है।

एक और समस्या यह आती है कि क्या उत्पादक उच्च कोटि, ऊँची मूल्य-श्रृंखला तथा निम्न स्तर की वस्तुओं के लिए अलग अलग वितरक छूट दें? कुछ उद्योगों में समुचित रूप से भिन्न भिन्न कोटि के लिए अलग वितरक छूटें निश्चित की जाती है। उदाहरण के लिए, टायर उद्योग में कुछ कम्पनियों ने निम्न कोटि के लिए 23 प्रतिशत छुट तथा उच्च कोटि के लिए 30 प्रतिशत छूट रखी है।

बाजार विभाजन तथा मूल्य विभेद दीर्घकालीन एवं अल्पकालीन दोनों ही लाभ देते हैं। बाजार विभाजन की मितव्ययिताओं को प्राप्त करने के लिए बड़े आकार के संयन्त्र बनाने की प्रेरणा देता है।

मात्रा छूट
(Quantity Discounts)

अधिकंाश फर्मो के लिए मात्रा छूट महत्वपूर्ण मूल्य निर्धारण अंश का काम करती है और फर्म के उद्धेश्य की प्राप्ति के लिए व्यूह रचना में शामिल की जानी चाहिए।

मात्रा छूट व्यावसायिक निर्णय में बहुत ही महत्वपूर्ण होती है। वितरण तान्त्रिकी के साथ साथ मूल्य तथा मजदूरी स्तरों में क्रान्ति आयी है जिससे युद्धोत्तर काल में कई मात्रा छूट संरचनाएं अनुपयुक्त हो गयी हैं। फिर भी निरन्तर यह प्रयास होता रहा है कि मात्रा छूट समयोचित हो। इस दिशा में भारत में न्यायालय के निर्णयों, फेडरल ट्रेड कमीशन एवं रॉबिन्सन पैटमैन अधिनियम के अन्तर्गत वहाँ पर मात्रा मूल्य (Quantity Pricing) की जाँच की है।

हाल ही में, अमरीका की कई कम्पनियों ने मात्रा छूटों को प्रचलन में नही रखने पर जोर दिया है। उनके ऐसा कहने से कई कारण हैं। सबसे पहला कारण तो यह है कि मात्रा छूट देने का कोई लागत औचित्य (Cost justification) नहीं होता । सामान्य लागतों का वितरण स्वेच्छापूर्ण होता है और इनकी वैधता का उत्तरदायित्व इनके उत्पादक पर होता है। दूसरा कारण यह है कि मात्रा छूट आधारभूत मूल्य को सर्वाधिक क्रेताओं के शुद्ध मूल्य स्तर तक नीचे ले जाती है और वितरक के ग्राहकों को ही यह लाभ वस्तुत मिलता है। स्वभावत: जिन वितरकों को अधिक छूट नहीं मिलती वे अप्रसन्न हो जाते हैं।

छूट का दूसरा रूप विक्रय की मात्रा से सम्बद्ध होता है। किसी भी वस्तु के लिए जो उच्चतम छूट दी जाती है उसकी गणना सर्वोच्चय तथा सबसे कम कीमत के बीच अन्तर तथा सर्वोच्चय मूल्य के अनुपात द्वारा अगणित की जाती है। इससे सम्बन्धित जो वस्तु की मात्रा होती है वह सर्वोच्च मूल्य के रूप में व्यक्त की जाती है।

इस विश्लेषण से हमें मात्रा छूट को परिभाषित कर सकते हैं। मात्रा छूट, छूट का वह प्रकार है जिसमें शुद्ध कीमत में दी जाने वाली छूटे क्रय की मात्रा से सम्बद्ध होती है।

दूसरी ओर, मात्रा छूट प्रणाली अर्थव्यवस्था की कार्यकुशलता को बढ़ाती है। उदाहरण के लिए, किसी खाद्य उत्पादक (Food Manufacturer) के द्वारा दी जाने वाली मात्रा छूट श्रृंखला भण्डार (Chain Stores) को ज्यादा मात्रा खरीदने के कारण मिल सकती है। यदि ज्यादा छूट वाली बचत से श्रृंखला भ.डार प्रतियोगिता लाभ कमा लेती है तो समूचे वितरण मार्ग में केवल वे ही वितरक बच पायेंगे जो कि सबसे अधिक कार्यकुशल हैं अर्थात् जो कम छूट की दर पर भी काम कर सकते हैं। इसलिए मात्रा छूट एक सीमा तक सार्वजनिक हित की रक्षा करती है क्योंकि वह आर्थिक कुशलता एवं जीवन स्तर में अभिवृद्धि करती है। लेकिन कार्यकुशलता सदैव अच्छी ही नहीं होती है। बहुत से लोगों का यह विश्वास है कि छोटे उद्योगपतियों को बढ़ावा देना सामाजिक लाभ के लिए अच्छा है। लेकिन ऐसा कार्यकुशलता की बलि पर ही होता है। इन दो विरोधी लाभों के बीच किस प्रकार सामंजस्य लाया जाय यह एक कठिन समस्या है जिसका उल्लेख शुद्ध अर्थशास्त्र के क्षेत्र से बहार है।

मूल्य छूट के औचित्य का दूसरा कारण यह बतलाया जाता है कि बड़े आदेशों (Larger Orders) की पूर्ति में प्रति इकाई लागत कम पड़ती है। इसलिए जिस सीमा तक उत्पादक को बड़ी मात्रा से सम्बद्ध विक्रय लागत से बचत हो रही है, अधिक छुट उस सीमा तक तो वह दे ही सकता है। पुन: इकाई लागत को कम करने के लिए उत्पादक क्षमता-आधिक्य (Excess Capacity) को प्रयोग में लाना चाहता है। जब प्रति इकाई लागत में कमी हो जाती है तो स्वत: ही ज्यादा छूट की दर भी देना उत्पादक के लिए सम्भव हो जाता है।

मूल्य नीति (Price Policy)

अब सवाल यह उठता है कि यदि कोई विक्रेता क्रेताओं को मात्रा छूट देना चाहता है तो वह किस प्रकार की मूल्य नीति अपनाये? यहॉ पर हम दो प्रकार की मात्रा छूट सम्बन्धि समस्याओं को देखे:

(1) जहँा विक्रेता मात्रा छूट पर एक ही क्रेता को अपनी वस्तु देने को तैयार होता है।

(2) जहँा विक्रेता मूल्य छुट पर भिन्न भिन्न क्रेताओं को अपनी वस्तु बेचने को तैयार होता है। इस प्रकार के विश्लेषण का उद्धेश्य यही होता है कि अनुकूलतम कीमत-नीति (Optimum Price Policy) का निर्माण हो सके।

नीचे दिये गये चित्र द्वारा एक ही क्रेता को दी जाने वाली मात्रा छूट को स्पष्ट किया जा सकता है।

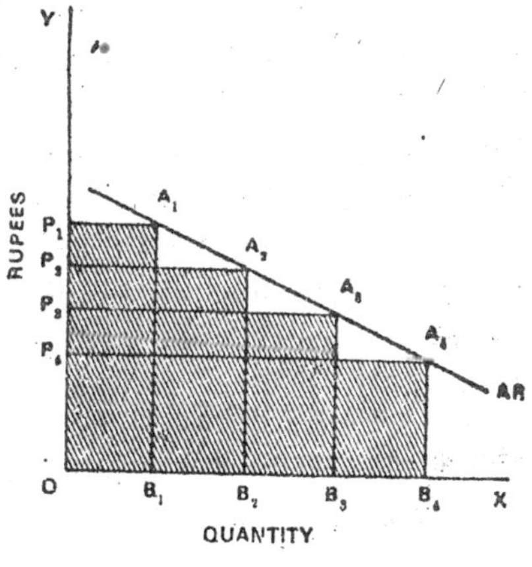

माना कि AR क्रेता का मांग वक्र है। विक्रेता सामान्यत: OP_4 प्रति इकाई मूल्य OB_4 मात्रा के विक्रय के लिए ले सकता है। चूँकि यहाँ पर उसकी कीमत पर कोई भी छूट नहीं हैं इसलिए उसकी कुल आय का क्षेत्र $OP_4A_4B_4$ है। फिर भी वह अपनी कुल प्राप्तियों

को अगर मात्रा छूट देने के लिए तैयार हो तो बदल सकता है। इसलिए सबसे पहले वह OP_1 कीमत ले सकता है जिस पर वह OB_1 इकाइयॉ बेच सकता है और तब इससे कुल आय $OP_1A_1B_1$ होगी तब वह और भी नीची कीमत ले सकता है अर्थात् OP_2 पर बेचना शुरू कर दे। ऐसी स्थिति में B_1B_2 वह अतिरिक्त इकाइयाँ बेचेगा। फिर OP_3 मूल्य पर B_3B_4 अतिरिक्त इकाइयाँ बेचेगा। अन्त में OP_4 मूल्य पर वह B_3B_4 अतिरिक्त इकाइयाँ बेचेगा। यद्यपि वह छूट देने पर उतनी ही इकाइयाँ बेच रहा है जितनी कि वह बिना छूट के बेच रहा था लेकिन छुट देने पर उसकी कुल प्राप्तियाँ $OP_4A_4B_4$ की अतिरिक्त मात्रा के बराबर है।

स्पष्टत: ज्यों ज्यों वह अधिक छूट देता है माँग वक्र की नीची वाली सीढ़ी संकीर्ण होती जाती है तथा इस प्रकार उसकी कुल आय बढ़ती ही जाती है।

सैद्धान्तिक रूप से छुट की सीमा वक्र के नीचे वाले क्षेत्र (Area) की कुल आय के बराबर होनी चाहिए। लेकिन इसके लिए असीमित छूट चाहिए। फिर भी व्यवहार मे मात्रा छूट इकाई समूहों (Blocks of Units) के रूप में दी जाती है। उदाहरण के लिए, बिजली कम्पनियाँ बढ़ते हुए इकाई समेहों पर घटती हुई दर लेती है। यही कारण है कि घरेलू एवं औद्योगिक उपयोग के लिए दरें अलग अलग होती है।

चित्र संख्या 15.2 ऐसे अधिक क्रेता को दी जाने वाली मात्रा छूट को प्रदर्शित करता है। यद्यपि सरलता की दृष्टि से दो ही क्रेताओं को लिया गया है फिर भी अन्य विश्लेषणपूर्ण क्रेता देर से अधिक होते हैं।

चित्र X यह बतलाता है कि एक क्रेता जिसका माँग वक्र AR_1 है जो कि बेलोचदार है जबकि चित्र Y यह दिखलाता है कि एक दूसरा क्रेता है जिसका माँग वक्र AR_2 है जो कि लोचदार है। यहँद्म पर यह मूर्खता होगी कि दोनों क्रेताओं के लिए एक्र ही छूट दर हो। क्योंकि पहला क्रेता अपनी बेलोचदार माँग के कारण चाहे ऊँची कीमत हो या नीची, वस्तु को खरीदेगा नहीं। दूसरा क्रेता. उस्रकी लोचदार माँग के कारण इस वस्तु को कम कीमत पर खरीदेगा। अब य्रह मॉनें कि दोनों क्रेताओं को अलग अलग बाजारों में बाँटा जा सकता है। सही कंदम यह होगा कि प्रत्येक क्रेता को छूट क्या दी जाय।

विक्रेता से लाभ की कुल माँग $AR_1 + AR_2 = AR_{1+2}$ होगी जोकि चित्र Zमें दर्शायी गयी है सामान्य उचित मूल्य नीति यह होगी कि कम लोचदार माँग वाले क्रेता से अधिक कीमत तथा लोचदार वाले से कम ली जाय। लोचदार वाले से कम ही कीमत लेना अच्छा है। इसलिए हम देखते हैं कि प्राय: छूट देने की क्रिया का-उद्धेश्य व्यक्तिगत माँग लोच के अनुसार समायोजन करना है। विक्रेता माँग की तालिका बनाते समय बड़े विक्रेता पर असर को ध्यान में रखे। यह तभी सम्भव होगा जबकि आर्थिक सत्ता को प्रधानता दी जाय।

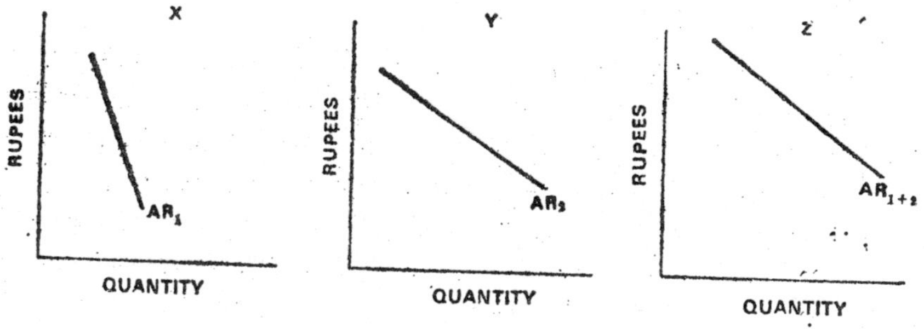

Quantity Discounts : Multiple Buyers

X = Inelastic Demand; Y=Elastic Demand; Z= Total Demand

मात्रा छूट के प्रकार (Kinds of Quantity Discounts)

मात्रा छूट सम्बन्धी मूल्य नीति के पश्चात दूसरी समस्या मूल्य छूट के प्रकारों की आती है। इस प्रकार की छूट को तीन आधारों में वर्गीकृत किया जा सकता है:

1. क्रय का आकार (Size of Purchase)
2. आगणन का रूप (Form of Calculation)
3. लेन-देनों की प्रकृति (Nature of Transactions)

(1) क्रय का आकार - क्रय के आकार की दृष्टि से मात्रा छूट का एक प्रकार तो यह हो सकता है कि मौद्रिक मूल्य के अनुसार छूट दी जाय। जितना ही मौद्रिक (Monetary) मूल्य ज्यादा होगा उतनी ही छूट की दर भी ज्यादा होगी। लेकिन यहाँ पर जिन वस्तुओं का मूल्य मुद्रा के रूप में जाना जाता है वे या तो व्यक्तिगत वस्तु के अनुसार हो सकती हैं या क्रयादेश में कई वस्तुओं का सम्मिश्रण हो सकता है। यदि एक ही वस्तु है और उसका विक्रय मूल्य एक बड़ी रकम है तो चूँकि कई प्रकार की सेविवर्गीय बचतें हो जाती है - इसलिए छूट की दर ज्यादा हो सकती है। लेकिन जहाँ, आदेश में कई वस्तुएँ हों तो एक वस्तु वाली बचत यहाँ नहीं होगी। इसलिए क्रेता के दृष्टिकोण से व्यक्तिगत वस्तु पर दी जाने वाली छूट मिश्रित छूट से अच्छी होती है। लेकिन इन दोनों छूटों के अपने अपने लाभ हैं। क्यों न इन दोनों छूटों को संयोजित कर सामान्य आदेश सेवा शुल्क (Order Service Charge) क्रेताओं से लें।

आकार पर आधारित मात्रा छूट का दूसरा रूप भौतिक इकाइयों से सम्बन्धित होता है। चूँकि भौतिक मात्रा के रूप में लागत बचतों को व्यक्त किया जा सकता है, इसलिए वैधानिक रूप से इसे ज्यादा मान्यता दी जा सकती है। लेकिन दबाई बनाने वाली कम्पनियों

के पास क्रेताओं के आने वाले आदेश लम्बे तथा जटिल होते हैं और ऐसी परिस्थिति में इन भौतिक इकाइयों का योग निकालना कठिन है। फिर भी आदेश के आकार की भौतिक माप को मौद्रिक माप की तुलना में कई भौतिक कारणों से अच्छा माना जाता है। सर्वप्रथम तो यह दूट संरचना सम्पूर्ण पैकेट क्रय (Integral Case Purchasing) को प्रोत्साहन देती है और अगर सम्पूर्ण पैकेट ही खरींदी जाती है तो बँधाई सम्बन्धित बचतें हो जाती है। इन बचतों का कुछ अंश क्रेताओं को देकर उन्हें बड़ी मात्रा में वस्तुएँ खरीदने के लिए प्रेरित किया जाय तो बहुत अच्छा होता है। विक्रेता को चाहिए कि वह वस्तु समूह के पैकेट का आकार क्रेताओं की आवश्यकतानुसार बनाये । अन्त में भौतिक छूट (Physical Discount) में मूल्य स्तर में परिवर्तन के फलस्वरूप कोई कठिनाई नहीं होती।

(2) आगणन का रूप - आगणन के रूप के अनुसार मात्रा छूट का रूप क्या हो इस बात पर भी निर्भर करता है कि आगणन का रूप क्या हो? अर्थात् वृद्धिगत या सम्पूर्ण। इस दृष्टि से छूट दो तरह की हो सकती है - वृद्धिगत छूट (Incremental Discounts) तथा सम्पूर्ण विक्रय पर छूट (Absolute Discounts) । दोनों ही छूटें सुविधानुसार आमतौर पर अपनायी जाती है। वृद्धिगत रूप साधारणतया किसी आदेश को बढाने से होता है। इसीलिए देखा जाता है कि उत्पादक विक्रेताओं को क्रयाधिक्य (Overbuying) के लिए सुझाव देते है। दूसरी ओर, सम्पूर्ण क्रय पर दी गयी छूट कुल विक्रय पर दी जाती है और इसमें लाभ की दर स्थिर रहती है।

(3) लेन-देनों की प्रकृति - लेन-देन की संख्या के अनुसार छूट का रूप या तो संचयी (Cumulative) या असंचयी (Non-cumulative) हो सकता है। संचयी छूट में यह निश्चित किया जाता है कि किसी विशेष समय में (जैसे एक वर्ष में) जो कुल विक्रय होगा उस पर क्या छूट दी जायेगी? प्राय: इस प्रकार के संचयी विक्रय पर छूट के साथ साथ पारितोषिक भी दिये जाते है। संचयी विक्रय से विक्रेता को एक तो यह फायदा होता है कि क्रेता उसमें प्रतिद्वन्द्वी से माल नही खरीदते । दूसरी बात यह है कि बड़े क्रेता को एक बड़ी छूटें मिल जाती है।

यद्यपि इस प्रकार की छूट में लागत की बचत तो नहीं होती बल्कि वस्तु का बाजार बनाने में सुविधा अवश्य होती है। असंचयी छूट में अलग अलग आदेशों में छूट दी जाती है। इस प्रकार की छूट प्रतिद्वन्द्वियों की संचयी छूट का मुकाबला करने के लिए दी जाती है। इस छूट में, कोई विक्रेता दूसरे विक्रेताओं से ग्राहक छीनना चाहता है तो यह आवश्यक है कि आने वाले क्रेताओ को केवल विद्यमान छूट हो न मिले बल्कि पहले के क्रय पर जो उन्हें पूर्व विक्रेता से छूट मिलती है उसकी भी क्षतिपूर्ति हो।

मात्रा छूट के उपरोक्त प्रकारों के परीक्षण के बाद हम निम्नलिखित नियम निकाल सकते हैं:

(i) वार्षिक क्रय की अपेक्षा आदेश आकार छूट का श्रेष्ठतर आधार होता है।

(ii) व्यक्तिगत वस्तुओं की मात्रा पर आधारित छूट आदेश के कुल आकार के आधार से अच्छी होती है।

(iii) आदेश आकार की माप के रूप में भौतिक मात्रा मौद्रिक मूल्य की तुलना में बेहतर होती है।

(iv) छूट के आगणन के रूप के प्रति कोई विशेष आकर्षण नहीं होना चाहिए तथा परिस्थिति के अनुसार आगणन का रूप बदलते रहना चाहिए।

मात्रा छूट का आकार (Size of Quantity Discounts)

छूट के प्रकार के अध्ययन के बाद यह जानना जरूरी है कि छूट कितनी दी जाय? छूट का आकार क्या हो? इस समस्या के समाधान में पहला कदम तो यह होता है कि मात्रा छूट के विशिष्ट उद्देश्य (Objectives) क्या है? दूसरी विचारणीय बात यह है कि क्या जिन आवश्यक छूटों को हम दे रहे हैं वे वैध (Legal) हैं ।

उद्देश्य - कौन-सा उद्धेश्य हम मात्रा छूट से प्राप्त करना चाहते हैं? मात्रा छूट का एक महत्वपूर्ण कार्य छोटे आदेशों से होने वाली हानियों से बचना होता है तथा सूक्ष्म आदेशों की संख्या को कम करना भी होता है। उदाहरणार्थ, किसी फर्म के लिए यह एक आम बात है कि उसके 80 प्रतिशत आदेश कुल विक्रय के 20 प्रतिशत के हैं। मात्रा छूट आदेशों के आकार वितरण (Size distribution) को तीन तरह से ठीक करते हैं :

(i) यह छुट ग्राहकों को ज्यादा बड़े आकार में वस्तुओं के आदेश देने के लिए प्रेरित करती है ।

(ii) मात्रा-क्रय की बचत के फायदे को दर्शाते हुए मात्रा छूट पहले के ही ग्राहकों को ज्यादा व्यवसाय देने के लिए प्रेरणा देती है।

(iii) वह छोटे लेन-देनों की संख्या को घटाकर बड़े लेन-देनों को आकर्षित करती है।

आदेशों के आकार वितरण से पूरा लाभ उठाने के लिए छूट प्रणाली का निर्माण प्रतियोगिता के सन्दर्भ में कर सकते हैं। विक्रेता इस बात पर अवश्य सोचें कि उनकी बाजार सम्बन्धी व्यूह रचना से उसके किस प्रतियोगी पर क्या प्रभाव पड़ रहा है तथा बाजार के कौन-से भाग उसे मिलने वाले हैं। शुद्ध मूल्य बहुत महत्वपूर्ण होता है जो ग्राहकों से लिया जाता है। कुछ स्थितियों में बाजार लक्ष्य बतलाने की सम्भावना नहीं होती क्योंकि उद्योग की छूट संरचना एकरूप होती है और इससे किसी भी प्रकार का विचलन प्रतिरोध का सामना करता है। लेकिन प्राय: किसी दी हुई व्यापार की श्रेणी में प्रतिद्वन्द्वियों द्वारा ली जाने वाली शुद्ध मात्रा कीमतों में अन्तर होता है। तब इसका उपाय यही है कि मात्रा छूट को फर्म की विक्रय व्यूह रचना से जोड़ा जाय और इसको कुल बाजार का एक हिस्सा भी सौंप दिया जाय।

वैधानिकता - मात्रा छूट की वैधानिकता लागत बचतों पर निर्भर करती है। इस दिशा में सरकारी अधिकारियों को देखना चाहिए कि छूट का समाज के किसी वर्ग पर बुरा प्रभाव न पड़े ओर न ही उचित स्वच्छन्द प्रतियोगिता पर किसी तरह की रूकावट आये। आमतौर पर सभी मात्रा छूट विभेदपूर्ण तथा अवैधानिक मानी जाती हैं जब तक कि वे कुछ तत्वों द्वारा उचित सिद्ध नहीं कर दी जाती हैं। ये तत्व है:

(1) प्रतिद्वन्द्वी के कम मूल्य का सामना पूर्ण विश्वास के साथ विक्रेता करे ; अथवा

(2) उत्पादन सुपुर्दगी तथा विक्रय में लागत कम लगी हो।

इससे यह निष्कर्ष निकलता है कि मात्रा छूट के औचित्य को बताने के लिए लागत सम्बन्धी बचत को जाना जाये। आदेशाकार सम्बन्धी लागत बचतों को हम वितरण लागत लेखा (Distribution Cost Accounting) के द्वारा जान सकते हैं। लेकिन यह प्रक्रिया लागत बचतों की मात्रा को ठीक ठीक नहीं बताती। चूँकि लागत अनुमान (Cost Elements) सामान्य लागतों के वितरण के आधार का फलन (Function) होता है इसलिए परिणाम अपूर्ण भी हो सकता है।

अच्छे स्तर की वस्तओं के विक्रय में उत्पादन लागत विरले ही मात्रा छूट का अवसर देती है। बल्कि उत्पादन नियोजन और तालिकाकरण आदेशों के आकार से अलग कर दिया जाता है तो यह बतलाना सम्भव नहीं कि किसी दी हुई उत्पत्ति दर की प्रति इकाई उत्पादन लागत में कमी किस खास बड़े या छोटे आदेश से हुई है।

विशिष्ट आदेश (Special Order) वाली वस्तुओं के विक्रय में उत्पादन की मितव्ययिता में मात्रा की छूट के औचित्य की सम्भवनाएँ होती है। फिर भी ये मितव्ययिताएँ कई कारणों से सीमित होती हैं। वे लागत बचतें हैं जिनकी निष्पक्ष माप नहीं हो सकती है। उन्हें मात्रा छूट के समर्थन से लागू नहीं किया जा सकता है।

यह कहना कि बड़े आदेश स्टाइल की जोखिम को कम करते हैं तथा नियोजन की सुविधा देते हैं कभी कभी ही युक्तिसंगत होता है। जोखिम को कम करना या हस्तान्तरित करना आदेश के आकार पर नहीं अपितु समय पर निर्भर करता है। अग्रिम ऋतुगत आदेश (Advance Season Orders) चूँकि विक्रेता से क्रेता की ओर स्टाइल की जोखिम हस्तान्तरित करते हैं अत: उनसे सामान्य से कम कीमत लेनी चाहिए। बड़े आदेश से यद्यपि उत्पादक अपनी उत्पत्ति बढ़ा पाता है लेकिन उससे उसकी सीमान्त लागत तो कम नहीं होती हैं। पुन: सीमान्त लागत को लागत बचत के आगणन का आधार नहीं बनाया जा सकता और फिर सीमान्त लागत सिद्धान्त में प्रत्यक्ष तथा अप्रत्यक्ष लागत की चर्चा भी नहीं होती है जिसके द्वारा इसका वितरण सही ढंग से हो सके।

लागत बचत, व्यावहारिक दृष्टि से विक्रय तथा वितरण के खर्चों तक सीमित होती है। विक्रय व्ययों में बचत साधारणतया महत्वपूर्ण होती है। व्यवसाय दिलाने वाली प्रति इकाई लागत (Business-getting per Unit Cost) आदेश आकार में वृद्धि के साथ साथ घटती जाती है चूँकि ये लागतें प्रति आदेश एक ही रहती है चाहे आदेश का आकार कुछ भी हो। अत: छोटे आदेशों की अपेक्षा विक्रय के बड़े आदेशों में प्रति इकाई लागत कम होती चली जाती है। इसके साथ साथ क्लर्की तथा लेखा सम्बन्धी व्यय भी कम होते चले जाते हैं।

भौतिक वितरण मे मितव्ययिताएँ भी लागत बचत का हिस्सा होती हैं जैसे कि कार्यालय पैंकिंग तथा सुपुर्दगी लागत। इसके पश्चात उधार वसूलना, लेन-देनों का लेखा-जोखा, बिल बनाना तथा लेखीय लागत भी होती हैं जो कि छोटे तथा बड़े आदेश के लिए समान होती हैं। इसलिए ये लागतें भी बड़े आदेशों पर कम आती हैं। इसके अतिरिक्त,

यातायात की दरों, बँधाई करने वाले श्रम इत्यादि पर बड़े आदेशों का महत्वपूर्ण प्रभाव पड़ता हैं।

अब निष्कर्ष यह निकलता है कि लागत बचतों के बावजूद भी उचित प्रतियोगिता बनाये रखने तथा एकाधिकार को रोकने के लिए मात्रा छूटों पर वैधानिक सीमाएँ होनी चाहिए।

नकद छूट
(Cash Discount)

छूट का एक और प्रकार होता है जो कि शीघ्र भुगतान के लिए दिया जाता है। प्रो. डीन के शब्दों में, " Cash discounts are reductions in the price which depend upon promptness of payment.". इसमें विक्रय मूल्य भुगतान की अवधि ज्यों ज्यों बढती है त्यों त्यों छूट की दर घटती जाती है। नकद छूट का उद्धेश्य खतरनाक साख जोखिमों को पहचानकर समाप्त करना है। विशेषकर रेडीमेड वस्तु व्यापार में जहाँ कि जोखिम ज्यादा होती है, नकद छूट की रकम 8 प्रतिशत तक होती है। इसी प्रकार खाद उद्योग में कृषकों को नकद छूट दी जाती है। एक तो विशेष तिथि तक भुगतान करने की स्वीकृति पर छूट और दूसरी शीघ्रतर भुगतान पर दी जाने वाली छूट।

चूँकि नकद छूट का लक्ष्य बिलों के शीघ्र भुगतान को सुविधाजनक बनाना है, इसलिए उसे अप्रत्यक्ष वसूली लागत (Indirect Collection Cost) कहा जा सकता है। उत्पादक शीघ्र नकद भुगतान के लिए अधिक छूट दे। वह इस प्रकार से छूट दे कि ग्राहक उधार खरीदना पसन्द न करें। इससे कम कार्यशील पूँजी से काम चल जायगा। व्यापारिक बैंकों से लिये गये ऋण का भुगतान होगा। इसका प्रभाव यह होगा कि बैंक साख पर दिये जाने वाले ब्याज की बचत उसे होगी। 18 प्रतिशत ब्याज की दर में बचत के लिए वह 36 प्रतिशत वसूली व्यय कर रहा है तो उसे निश्चित ही नकद छूट बन्द कर देनी चाहिए।

व्यवहार में यह देखा गया है कि नकद छूट का अपर्याप्त ऋणों के कारण होने वाली हानि पर क्या असर पड़ता है इसकी सूचना नहीं मिलती । इसलिए द्वितीय विश्वयुद्ध के पश्चात नकद छूट का उपयोग कम या समाप्त प्राय हो चला है।

भौगोलिक छूट
(Geographical Discounts)

अब हम किसी फर्म द्वारा दी जाने वाली चौथी प्रकार की छुट अर्थात् भौगोलिक छूट को देखे। किसी कम्पनी का सुपुर्दगी मूल्य क्रेताओं की भौगोलिक स्थिति से किस प्रकार सम्बद्ध किया जाय? इस समस्या के समाधान में दो बातें आती है:

(1) भौगालिक कीमत निर्धारण के विभिन्न तरीकों का परीक्षण (An Examination of the Various Methods of Geographical Pricing), तथा

(2) इन तत्वों का सर्वेक्षण जो कि भौगोलिक मूल्य -नीति निर्धारण में महत्व रखते हैं (A Survey of the factors that are important in working out a policy of the Geographical Pricing)।

भौगोलिक मूल्य निर्धारण के तरीकों को निम्नलिखित चार्ट द्वारा दर्शाया जा सकता है:

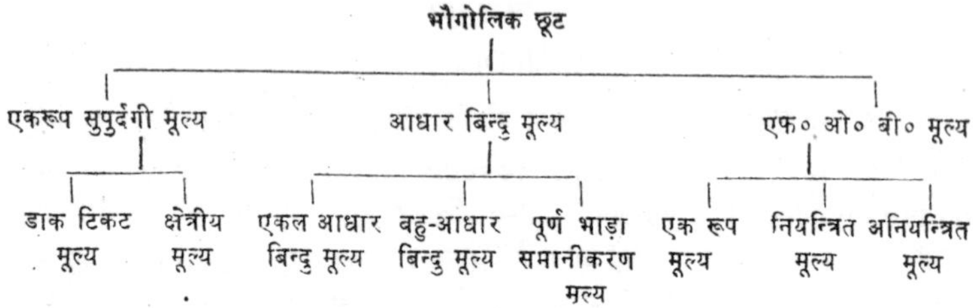

चार्ट

डाक टिकट मूल्य निर्धारण (Postage Stamp Pricing)

इस मूल्य निर्धारण का मतलब उन सुपुर्दगी कीमतों से होता है जो कि सभी क्रेताओं के लिए एक समान होती है चाहें क्रेताओं की भौगोलिक स्थिति कुछ भी हों। जब यातायात की लागत कम होती है तो इस मूल्य निर्धारण के तरीके को अपनाया जाता है। इसका दूसरा कारण यह भी हो सकता है कि उत्पादक यह चाहता हो कि उसकी वस्तु की खुदरा कीमत एक ही हो। उदाहरण के लिए, घड़ियाँ तथा पत्रिकाऐ सर्वत्र एक ही दर पर बेची जाती है। लेकिन कभी कभी यातायात की लागत अधिक होने पर भी खुदरा कीमतें समान होती है। जैसे, कार का निर्माता कार की कीमत सब जगह एक ही लेता है चाहे विक्रय के स्थान अलग दूरियों पर क्यों न हो। ऐसी स्थिति में विक्रेता भाड़े का भुगतान करता है और इसे वसूलने के लिए प्रत्येक क्रेता से सभी सुपुर्दगी के भाड़े की औसत दर लेता है जिससे कि निकट एवं दूर सभी क्रेता के ऊपर यातायात की समान लागत पड़े। मूल्य निर्धारण की यह प्रथा उद्योग में सभी निर्माताओं को बाजार तक पहुँचने में मदद करती है, चाहे उनकी क्रेता से दूरी कितनी भी क्यों न हों। बाजार तक पहुँच उस समय महत्वपूर्ण होती है जबकि प्रतिद्वन्द्वि फर्म की वस्तुएँ एक जैसी ही होती है।

क्षेत्रीय कीमत (Zone Price)

इस प्रणाली के अन्तर्गत किसी क्षेत्र विशेष में एक ही सुपुर्दगी कीमत ली जाती है तथा क्षेत्रों की भिन्नता के साथ साथ इस कीमत में भी भिन्नता आती है। यदि इन क्षेत्रों की यातायात दर विक्रेता के संयन्त्र से एक ही ली जाती है तो एकरूप एफ. ओ. बी. (F.O.B.) मूल्य से ही मिलती जुलती होती है।

यदि मूल्य क्षेत्र यातायात के विरोध में नहीं होता है तो प्रत्येक क्षेत्र की कीमत डाक टिकट मूल्य की तरह होगी। इस स्थिति में विक्रेता का शुद्ध मूल्य निकटवर्ती ग्राहकों से ज्यादा तथा दूर के ग्राहकों से कम मूल्य प्राप्त होगा। अत: समुचित भौगोलिक मूल्य विभेद हो जाता

है। यह मूल्य प्रणाली उस समय खतरनाक हो जाती है जब उद्योग के सभी सदस्य अपनी दूरी को ध्यान में रखे बिना ही एकरूप क्षेत्रीय कीमत लेते हैं।

एक आधार बिन्दु मूल्य निर्धारण (Single Basing Point Pricing)

यहाँ पर सभी संयन्त्र चाहे उनकी जीवन अवधि कुछ भी हो अपनी वस्तु की सुपुर्दगी कीमत का आगणन आधारभूत कीमत में एक मूल्य निर्धारण के बिन्दु से लगने वाली रेल यातायात की लागत को जोड़कर किया जाता है। इसे लौह-इस्पात उद्योग में अपनाया जाता है। जैसे कि भिलाई का लोहे का कारखाना भिलाई धन (Bhilai Plus) मूल्य प्रणाली को अपना सकता है। लेकिन जब उत्पादन केबिन्दु एक आधार बिन्दु से काफी दूरी पर हों तो मूल्य विभेद होना स्वाभाविक है।

ऐसी स्थिति में कारखाने को मिलने वाला मूल्य तथा आधार बिन्दु की दूरी में विपरीत सम्बन्ध होता है अर्थात् दूरी बढ़ने पर शुद्ध मूल्य घटता है तथा दूरी घटने पर शुद्ध मूल्य बढ़ता है। यदि मूल्य के साथ लिया गया भाड़ा वास्तविक भाड़े से अधिक हो तो उसे आभास भाड़ा (Phantom Freight) कहा जाता है। यदि यातायात की लागत अधिक हो तथा उत्पादन केन्द्र छितराये हुए है तो एक आधार बिन्दु मूल्य प्रणाली अनुपयूक्त होती है।

बहु आधार बिन्दु मूल्य (Multiple Basing Point Pricing)

इसमें उत्पादन केन्द्रों की संख्या के अनुसार आधार बिन्दुओं को निश्चित किया जाता है। सुपुर्दगी मूल्य में सबसे निकटवर्ती आधार बिन्दु निर्धारित होता है। इस आधार बिन्दु से सामान्य व्यापार के खर्चे को जोड़ा जाता है। चाहे किसी दूसरे कारखाने से माल की दूरी कुछ भी हो। मूल्य निर्धारण के इस तरीके में भाड़ा सामान्य होता है तथा इसमें आभास भाड़ा (Quasi Rent) भी हो सकता है। लेकिन कभी कभी इसे न्यायालयों द्वारा अवैध घोषित कर दिया जाता है।

भाड़ा साम्य मूल्य (Freight Equalisation Prices)

पूर्ण भाड़ा साम्य तक बहुआधार बिन्दु मूल्य से भिन्न होता है क्योंकि सभी सयन्त्र मूल्य निर्धारण बिन्दु होता हैं। सुपुर्दगी कीमत सबसे निकटवर्ती संयत्र की कारखाना कीमत होती है - उसमें सामान्य यातायात लागत जोड़ दी जाती है। ऐसा प्रतिद्वन्द्वी, जो किसी खास ग्राहक के सम्बन्ध में यातायात की सुविधा महसूस करता है, इतना भाड़ा लेता है कि उसे अधिक दूरी का बोध नहीं होता है।

एफ. ओ. बी. मूल्य (F.O.B. Pricing)

इसके अन्तर्गत वस्तुएँ विक्रेता के कारखाने पर ही होती है तथा क्रेता वास्तविक भाड़े का भुगतान करता है वही यातायात के तरीके का चयन करता है। इसमें विक्रेता को शुद्ध कारखाना मूल्य (Mill-Net) सभी विक्रयों पर एक ही होता है, चाहे क्रेता की दूरी कुछ भी हो। लेकिन सुपुर्दगी कीमत कुछ भी हो सकती है और यह अन्तर विक्रेता की दूरी पर निर्भर करता है।

कारखाना मूल्य का एक रूप यह होता है जिसमें सभी क्रेताओं से एक ही मूल्य लिया जाता है क्योंकि मूल्य में भाड़ा का समावेश नहीं होता है। यदि विभिन्न कारखानों की

वस्तुएँ एक ही जैसी है और भाड़े की लागत महत्वपूर्ण हो तो प्रत्येक उत्पादन बिन्दु का अपना क्षेत्र होता है जिसमें सुपुर्दगी कीमत दूसरे बिन्दु से कम होती है। कुछ ऐसे भी सीमावर्ती स्थान हो सकते हैं जहाँ सुपुर्दगी कीमत प्रतिद्वन्द्वीयों के समान हो। भाड़ा समावेश के बिना बाजार विस्तार मूल्य कम करके ही किया जा सकता है। इसमें अनावश्यक प्रतियोगिता से तभी बचा जा सकता है। किसी एक क्षेत्र में प्रतिद्वन्द्वीयों की अपेक्षा समूचे बाजार की कीमत को बढ़ाकर ही बाजार विस्तार किया जा सकता है और फर्म के आकार को बढ़ाया जा सकता है।

कारखाना मूल्य का दूसरा रूप यह हो सकता है कि कुछ भाड़े का समावेश हो। पर यह नियमित (Regular) हो। नियमन के कई रूप हो सकते हैं जैसे कि भाड़ा समविष्ट विक्रय की (Freight absorption sales) दूरी पर रोक, भाड़ा समावेश वाले विक्रय के अनुपात पर रोक, भाड़ा सहायता (Freight Subsidy) की कुल रकम होगी। इस योजना का असर कई उत्पादन बिन्दुओं के क्षेत्रों को विस्तृत करना है।

कारखाना मूल्य का तीसरा रूप मूल्य निर्धारण में बिना रूकावट के (Without any restriction) भाड़ा समावेश (Absorption) है। अगर ऐसा भाड़ा समावेश प्रचलित हो तथा क्षेत्र पर आधारित हो तो भौगोलिक मूल्य का परिणाम शायद पूर्ण भाड़ा साम्यता से बहुत भिन्न नही होगा।

भौगोलिक मूल्य प्रभावित करने वाले तत्व
(Factors Influencing Geographical Price)

भौगोलिक कीमत नीति निर्माण में किसी कम्पनी को निम्नलिखित बातों पर ध्यान देना चाहिए:

1. वैधानिकता (Legality),
2. प्रतियोगिता (Competition),
3. वस्तु एकरूपता (Product Uniformity),
4. स्थानीयकरण (Location),
5. मूल्य स्थायित्व (Price Maintenance)।

न्यायालय के निर्णय तथा अन्य वैधानिक बातें भौगोलिक तत्वों को प्रभावित करती हैं। प्राय: ऐसा देखा जाता है कि सिलसिलेवार बाजारगत (Market-wise)भाड़ा समावेश यदि अधिक मात्रा में हो तो अवैध होता है। यदि भाड़ा समावेशों को उदार कानून या व्यक्तिगत कानून, न्यायालय आदेश द्वारा स्वीकृति मिल जाय तो भी मान्य होंगे और भौगोलिक कीमत के चयन में सुविधा होगी।

ऐसा देखा गया है कि प्रतिद्वन्द्वीयों की भौगोलिक मूल्य संरचना भी महत्वपूर्ण रही है। ऐसा विशेषकर उस समय होता है जबकि वस्तु स्तर वाली (Standardised) हो तथा यातायात की लागते महत्वपूर्ण हों। एक प्रमुख रासायनिक फर्म ने कई कम्पनियों के सर्वेक्षण से यह जाना है कि इस फर्म ने या तो ऐसे प्रतिद्वन्द्वीयों की भौगालिक योजना, जो एक ही

वस्तु पैदा करते हैं अथवा प्रतिद्वन्द्वी ऐसी वैकल्पिक वस्तुएँ पैदा करते हैं जिनको इस फर्म की कई नयी वस्तु विस्थापित कर सकती है, ये फर्म प्रायः वे ही भौगोलिक कीमत अपनाती हैं जो उस उद्योग में प्रवेश के समय प्रचलित होती हैं। रीति-रिवाज भी नयी तथा पुरानी फर्म की भौगालिक मूल्य नीतियों पर प्रभाव डालते हैं।

वस्तुओं की एकरूपता की सीमा भी भौगोलिक मूल्य कितना स्वविवेकपूर्ण (Discretionary) हो इस बात को बतलाती है।

जब वस्तुएँ एक दूसरे से बहुत भिन्न हों तो कारखाना कीमत सम्भव हैं चाहे प्रतिद्वन्द्वि अलग अलग स्थानों पर ही क्यों न छितराये हों। विक्रय मूल्य की सापेक्षिक यातायात लागत का महत्व भी भाड़े में अन्तर होने से बाजार के महत्व पर प्रभाव डालते हैं। जब यातायात लागतें कम (Trivial) हों तो सुपुर्दगी मूल्य पर शीघ्र सुपुर्दगी गुण, विश्वास तथा मित्रता जैसे दूसरे माँग तत्वों का प्रभाव पड़ता है।

प्रतिद्वन्द्वि कारखानों का क्रेताओ की दृष्टि से जो स्थानीयकरण होता है उसका असर भी भौगोलिक कीमत पर पड़ता है। यातायात अवरोधों के कारण बाजार में पहूँच नहीं तो नयी फर्में भाड़ा भत्ता (Freight Allowances), भाड़ा समावेश तथा भाड़ा साम्यता जैसे तरकों को कारखाना कीमत से सुपुर्दगी कीमत में परिणत कर सकती है। हम लोग यह देखते हैं कि जब विक्रेता कम है तथा यातायात की लागत महत्वपूर्ण हो तो विक्रेताओं का छितराया हुआ स्थानीयकरण कारखाना कीमत को अनुपयुक्त बना देता है। क्योंकि बाजार क्षेत्र फर्मो के बीच मूल्य विभेदों द्वारा प्रशासित होते हैं। ऐसे उद्योग जिनमें माँग काफी बदलती है और एक स्थान से दूसरे स्थान की ओर चली जाती है तो प्रतिद्वन्द्वियों को बाध्य होकर अपना उत्पादन पहले के स्तर तक बनाये रखने के लिए कई प्रकार की मूल्य छूटें देनी पड़ती हैं और मूल्य युद्ध शुरू हो जाता है।

पुनविक्रय मूल्य सुरक्षा कारखाना मूल्य की सम्भावना को विशेषकर उस समय सीमित कर देती है जबकि समूचे क्षेत्र में एक ही खूदरा कीमत का विज्ञापन हो जाता है।

प्रश्न

(1) विभेदात्मक एकाधिकार का क्या अर्थ है? एकाधिकार में मूल्य विभेद कब सम्भव होता है? क्या कीमत विभेद की नीति अच्छ्री होती है?
What is discriminating monopoly? When is price discrimination possible? Is price discrimination a good policy? Explain.

(2) मूल्य विभेद से आप क्या समझते हैं? मूल्य विभेद के लिए कौनसी शर्तें हैं?
What do you understand by Price Discrimination? Under what conditions is price discerimination possible?

(3) एकाधिकारी किन दशाओं में मूल्य विभेद कर सकता है? विवेचनात्मक एकाधिकार के अर्न्तगत मूल्य किस प्रकार निर्धारित होता है?
What conditions are necessary for a monopolist to carry on price discrimination? How is price determined under a discriminating monopoly?

□□□

10

मूल्य अर्थशास्त्र
[Pricing Economy]

कीमत प्रणाली की कार्य पद्धति

मुक्त साहस अर्थव्यवस्था में कीमत प्रणाली की कार्यपद्धति

अर्थव्यवस्थाओं के वर्गीकरण में हमने देखा कि अर्थव्यवस्था या तो पूँजीवादी हो सकती है या समाजवादी और या मिश्रित अर्थव्यवस्था। अब हम उनके उदाहरण लेकर यह देख सकते हैं कि वे अपनी मूलभत समस्याओं का किस प्रकार समाधान करती हैं? मुक्त साहस अर्थव्यवस्था में जो पूँजीवादी अर्थव्यवस्था कहलाती है उत्पत्ति के साधनों, जैसे भूमि और पूँजी, पर निजी स्वामित्व होता है तथा इन साधनों का प्रयोग उन वस्तुओं और सेवाओं के उत्पादन के लिये किया जाता है। जिनकी बाजार में अधिक माँग होती है क्योंकि इनमें अधिक लाभ होता है। मैकराइट के शब्दों में, ''पूँजीवाद एक व्यवस्था है जिसमें आर्थिक जीवन का अधिकांश भाग तथा विशेषत: नया निवेश निजी इकाइयों द्वारा परिचालित होता है यहाँ निर्बाध प्रतियोगिता का होना अनिवार्य है तथा सब कार्य लाभ की आशा से किया जाता है।'' लाक्स तथा हूट्स ने पूँजीवाद अर्थव्यवस्था की व्याख्या इन शब्दों में की है कि ''पूँजीवाद ऐसी आर्थिक व्यवस्थापना है जिसमें निजी स्वामित्व के लिये स्थान होता है तथा मानव निर्मित व प्रकृति प्रदत्त पूँजी पर निजी लाभ प्राप्त किया जाता है।''

ऐसी अर्थव्यवस्था के निम्नलिखित लक्षण होते हैं –

1. उत्पत्ति के साधनों पर निजी स्वामित्व।

2. उपभोग व उत्पादन की स्वतन्त्रता।

र्न प्रतियोगिता।

4. लाभ कमाना उद्देश्य।

5. कीमत या बाजार प्रणाली।

6. आय की विषमतायें।

अब हम इन विशेषताओं को एक एक लेकर विस्तार से देखेंगे।

1. उत्पादन के साधनों पर निजी स्वामित्व – पूँजीवाद अर्थव्यवस्था का सबसे प्रमुख लक्षण यह है कि उत्पत्ति के साधनों जैसे भूमि, कृषि और अकृषि, भूमि, घर, मकान कारखाने की इमारत, मशीन आदि सम्पत्ति पर निजी स्वामित्व होता है। अपने निजी लाभ के लिये इन साधनों के स्वामी इनका किसी भी प्रकार प्रयोग कर सकते हैं। उदाहरण के लिये एक कृषक अपनी भूमि का प्रयोग गेहूँ उगाने के लिये या चावल के लिये या जौं लगाने के लिये कर सकता है या इसे पड़ती भूमि के रूप में छोड़ सकता है या इसका चरागाह के रूप में ही प्रयोग कर सकता है। इसी प्रकार एक उत्पादक अपनी फैक्ट्री की जगह को किसी भी वस्तु के उत्पादन के लिये प्रयोग कर सकता है। इसी प्रकार मकान मालिक अपने मकानों का स्वयं प्रयोग कर सकते हैं या जरूरतमन्द लोगों को किराये पर दे सकते हैं।

उत्पादन के साधनों के इस निजी स्वामित्व का एक सबसे बड़ा परिणाम यह होता है कि वस्तुओं और आय के वितरण में बहुत अधिक असमानता पैदा हो जाती है। साधनों के स्वामियों के विभिन्न प्रकार के आय के श्रोत होते हैं जिससे वे अधिकाधिक अमीर होते चले जाते हैं। समाज मुख्यत: दो वर्गों में विभाजित हो जाता है–धनी पूँजीपति वर्ग और श्रमिक वर्ग। पूँजीपति विलासिता का जीवन भोगते हैं और एक विशाल सम्पत्ति के मालिक होते हैं जबकि निर्धन व्यक्ति दो समय का भोजन प्राप्त करने के लिये भी मुहताज होता है।

2. उत्पत्ति व उपभोग की स्वतन्त्रता – मुक्त साहस अर्थव्यवस्था की दूसरी मुख्य विशेषता यह होता है कि उत्पादक व उपभोक्ता दोनों ही उपभोग व उत्पत्ति करने में स्वतन्त्र होते हैं। उपभोक्ता जिस चीज का चाहें उपभोग कर सकते हैं और उत्पादक जिस चीज का चाहें उत्पादन कर सकते हैं, लेकिन यह स्वतन्त्रता बुरे कामों के लिये नहीं होती जैसे उत्पादकों को हानिकर पेय या अश्लील साहित्य की स्वतन्त्रता नहीं होती। इसी प्रकार उपभोक्ताओं को अपनी उपभोग की स्वतन्त्रता का आनन्द भोगने की भी एक सीमा होती है और उस देश के कानून का बन्धन उन पर लागू होता है। उदाहरण के लिये लोगों को खुले आम कुछ कामों को करने की इजाजत नहीं होती, जैसे शराब आदि का पीना।

देश के कानून और व्यवस्था के अन्तर्गत उत्पादक व उपभोक्ता किसी भी वस्तु का उत्पादन व उपभोग करने के लिये स्वतन्त्र होते हैं। इस प्रकार की स्वतन्त्रता का एक यह परिणाम होता है कि जब उपभोक्ता किसी वस्तु की अधिक कीमत देने को भी तैयार हैं तो उत्पादक ऐसी वस्तुओं की अधिक उत्पत्ति करते हैं। पूँजीवादी अर्थव्यवस्था में जैसा कि इसके प्रथम लक्षण से स्पष्ट है, धनी लोग, जिनकी आय अधिक है और जिनके पास अधिक क्रय शक्ति है, अधिकांशत: विलासिताओं पर अधिक खर्च करते हैं और अनिवार्यताओं पर

कम व्यय करते हैं। यदि उत्पादक विलासताओं के उत्पादन को अधिक लाभकारी समझते हैं तो वे विलासिताओं का अधिक उत्पादन करेंगे और अनिवार्यताओं का काम करेंगे। यही कारण है कि अनवार्य वस्तुओं का उत्पादन पिछड़ा हुआ रहता है और विलासिताओं का उत्पादन बड़े पैमाने पर किया जाता हैं।

(3) मुक्त प्रतियोगिता – पूँजीवादी अर्थव्यवस्था की एक विशेषता उपभोक्ताओ में और उत्पादकों में मुक्त प्रतिस्पर्द्धा का होना है। उपभोक्ता किसी भी वस्तु को खरीद सकता है और उसका उपभोग कर सकता है। जब कोई वस्तु उपभोक्ताओं की कुल माँग की तुलना में दुर्लभ होती है और उपभोक्ता उसे खरीदना चाहते हैं तो यह स्वतन्त्रता एक प्रकार की प्रतियोगिता को जन्म देती है। उदाहरण के लिये, यदि बाजार में दूध की माँग इसकी पूर्ति की तुलना में अधिक है तो दूध खरीदने वाले आपस में प्रतियोगिता करेंगे और दूध प्राप्त करने के लिए अधिक कीमत देने को तैयार हो जायेंगे।

इसी प्रकार उत्पादक भी अपनी वस्तुओं को बेचने और अधिक लाभ कमाने के लिये आपस में प्रतियोगिता करेंगे। यह प्रतियोगिता सामान्य रूप से अर्थव्यवस्था के लिए लाभकरी होती है और व्यक्तिगत रूप से उपभोक्ता के लिये भी लाभप्रद होती है। उत्पादक अपनी वस्तुओं और सेवाओं को बेचने के लिए उनकी कीमत को कम करने की कोशिश करते हैं और उत्पादन लागत को घटाने का प्रयास करते हैं। इसके लिए अच्छी तकनीक और उत्तम उत्पादन के ढंग अपनाये जाते हैं। अच्छी तकनीक के लिए वैज्ञानिक विकास और उन्नति होती है। इस प्रकार इस प्रतियोगिता के सारी अर्थव्यवस्था पर अच्छे ही प्रभाव होते हैं।

(4) लाभ कमाना उद्देश्य --पूँजीवादी अर्थव्यवस्था का एक लक्षण यह भी है कि उसका उद्देश्य लाभ कमाना होता है। पूँजीवादी अर्थव्यवस्था में उत्पादक उस वस्तुओं का उत्पादन करना चाहते हैं जिनसे अधिक लाभ प्राप्त होता है। इसी लाभ के कारण लोगों को अधिक उत्पादन करने का प्रोत्साहन मिलता है। उत्पादक सदैव उन क्षेत्रों की और बढ़ते हैं जिन क्षेत्रों का लाभ की दृष्टि से भविष्य उज्जवल होता है और कम लाभ वाले क्षेत्रों से उत्पादक उत्पादन के साधनों को अधिक लाभ वाले क्षेत्रों में परिवर्तित करते हैं, लेकिन वे ऐसा किस तरह करते हैं? वास्तव में उत्पादक वस्तु की लागत और अपनी वस्तुओं की सम्भावित कीमत का अनुमान लगाते हैं।

यदि ये अनुमान सही उतरते हैं तो उन्हें अधिक लाभ मिल जाता है और यदि अनुमान गलत हैं तो हानि भी उठानी पड़ती है। लाभ कमाने का उद्देश्य लोगों को जोखिम उठाने के लिए प्रोत्साहित करता है और लोग उत्पादन की नई-नई इकाइयाँ शुरू करते हैं। यही लाभ प्राप्ति का उद्देश्य उत्पादन की व्यवस्था और उत्पादन के ढंग आदि में सुधार लाने के लिए प्रोत्साहित करता है। इस प्रकार पूँजीवादी अर्थव्यवस्था में लाभ कमाने के उद्देश्य के कारण लोगों को वस्तुओं के उत्पादन के लिए आवश्यक प्रोत्साहन मिलता है। ऐसा करने के लिए उत्पादक उत्पत्ति के साधनों का उचित उपयोग करते हैं, उत्पत्ति के अच्छे ढंग निकालते हैं जिसका वस्तुओं व सेवाओं की कीमतों पर प्रभाव पड़ता है।

(5) कीमत या बाजार प्रणाली – पूँजीवादी अर्थव्यवस्था का सबसे महत्वपूर्ण लक्षण इसकी कीमत या बाजार प्रणाली है। कीमत प्रणाली से तात्पर्य खुले बाजार में वस्तुओं की माँग व पूर्ति की शक्तियों के आधार पर वस्तुओं व सेवाओं का खरीदा व बेचा जाना है। मुक्त उद्यम अर्थव्यवस्था में यह कीमत प्रणाली वास्तव में क अद्‌भूत उपाय है जो अपने आप अर्थव्यवस्था की आर्थिक क्रियाओं को नियंत्रित और नियमित करती है। ऐसी अर्थव्यवस्थाओं में किसी केन्द्रीय सत्ता द्वारा आयोजन या नियमन नहीं होता। मुक्त उद्यम अर्थव्यवस्था के बजाय यह एक योजना रहित अर्थव्यवस्था है जिसमें उपभोग और उत्पत्ति के विषय में लाखों लोगों द्वारा विभिन्न निर्णय लिए जाते हैं। प्रश्न उठता है कि यह सब किस प्रकार होता है।

आदम स्मिथ जिसे राज्य अर्थव्यवस्था का जनक माना जाता है और अब अर्थशास्त्र का जनक माना जाता है। इसका उत्तर देता है जब वक यह कहता है।

स्पष्ट शब्दों में इसका अर्थ यह है कि अपनी रोजी प्राप्त करने में प्रत्येक व्यक्ति का अपना स्वार्थ होता है। ऐसा करने के लिए वह कुछ आर्थिक क्रियायें करता है और इस प्रकार उत्पादन प्रक्रिया में भाग लेता है। अपनी वस्तुओं को उत्पन्न करने में या अपनी सेवाओं को बेचने में मनुष्य जहाँ एक ओर अपनी स्वार्थ सिद्धि करता है वहाँ दूसरी ओर दूसरों के लिए भी वह अच्छा करता है। ऐसा इसलिए क्योंकि दूसरों को भी उसकी वस्तुओं व सेवाओं की आवश्यकता है। इस तरह प्रत्येक व्यक्ति जो अपने स्वार्थ के लिए कार्य कर रहा है वह सारे समाज के लिए काम कर रहा है क्योंकि वह उत्पादन क्रिया में सहयोग दे रहा है। कीमत प्रणाली पूँजीवादी अर्थव्यवस्था की मूल समस्याओं के समाधान में एक अच्छा उपाय है।

संक्षेप में ये ही सब पूँजीवादी या मुक्त उद्यम अर्थव्यवस्था की मुख्य विशेषतायें

सामान्यतया लाभ अधिकतमकरण को फर्म का प्राथमिक उद्देश्य माना जाता है। फर्म के सिद्धान्त की प्रमुख मान्यता ही यह है कि प्रत्येक फर्म अपने कुल लाभ को अधिकतम करना चाहती है। फर्म की सारी क्रियाएँ व नीति–निर्णय किसी प्राथमिक उद्देश्य द्वारा निर्देशित होते हैं।

लाभ अधिकतमकरण एवं फर्म सन्तुलन

फर्म की साम्य अवस्था उस अवस्था को कहते हैं जिसमें फर्म का लाभ अधिकतम होता है और जिस मात्रा का उत्पादन करने से लाभ अधिकतम होता है, उत्पादन की उस मात्रा को साम्य उत्पादन कहते हैं।

साम्य का अर्थ परिवर्तन का अनुपस्थित होना भी होता है अर्थात् फर्म साम्य की स्थिति में उ समय में होती है जबकि कुल उत्पादन में कोई परिवर्तन नहीं होता। यदि परिवर्तन किया जाता है तो कुल लाभ में कमी आती है। फर्म परिवर्तनहीनता की स्थिति में उस समय पहुँचती है जबकि न्यूनतम लागत पर उसका उत्पादन ऐसी मात्रा पर पहुंच जाता है, जबकि उसको अधिकतम लाभ होता है। यह अवस्था है जिसमें फर्म न तो विस्तार की प्रवृत्ति में होती है और न संकुचन की। अतः एक फर्म साम्य की स्थिति में उस समय होती है

जबकि उसके उत्पादन की मात्रा में परिवर्तन की कोई प्रवृत्ति नहीं होती है अर्थात् साम्यवस्था में फर्म की उत्पादन की मात्रा ऐसी मात्रा होती है, जिस पर उसका लाभ अधिकतम होता है।

अधिकतम लाभ किस स्थिति में होगा, इसका उत्तर दो प्रकार से दिया जा सकता है। सामान्यतया अधिकतम लाभ प्राप्ति की स्थिति को निम्नलिखित दो प्रकार से व्यक्त किया जा सकता है–

(अ) कुल लागत तथा कुल आगम रेखाओं द्वारा।

(ब) सीमान्त तथा औसत रेखाओं द्वारा।

(अ) अधिकतम लाभ अर्थात फर्म का साम्य – कुल लागत तथा कुल आगम रेखाओं द्वारा (Maximisation of Profit i.e. Equilibrium of a Firm from Total Revenue and Total Cost Curve)

उत्पादन की जिस मात्रा पर कुल आगम तथा कुल लागत का अन्तर सबसे अधिक होता है उस बिन्दु पर फर्म का लाभ अधिकतम होता है। इसके लिए कुल लागत वक्र Total Cost Curve) तथा कुल आगम वक्र (Roral Revenue Curve) का प्रयोग किया जाता है। उत्पादन की जिस मात्रा पर इन दोनों रेखाओं में सबसे अधिक अन्तर रहता है वहीं लाभ की मात्रा अधिकतम रहती है जैसा कि आगे दिये गये चित्र स्पष्ट है।

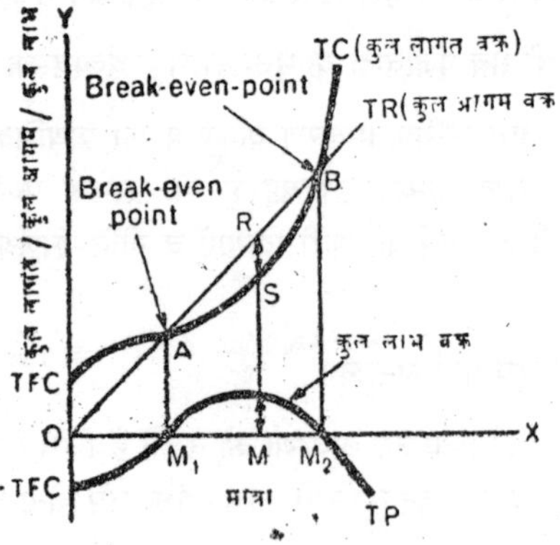

चित्र – 1

चित्र में TR कुल आगम रेखा और TC कुल लागत रेखा है। चित्र में उत्पादन की प्रत्येक मात्रा TR तथा TC की तुलना करने से यह पता लगता है कि उत्पादन के साथ लाभ किस प्रकार से परिवर्तित होता है। उदाहरण के लिए यदि OM_1 फर्म से कम उत्पादन करती है तो उसकी हानि होगी क्योंकि O से M_1 तक के क्षेत्र में के TC TR के ऊपर रहती है। यदि फर्म OM_1 इकाइयों का उत्पादन करती है तो कुल लाभ शून्य होगा, क्योंकि उत्पादन के इस **स्तर पर TR = TC है**। उस बिन्दु A को जहाँ पर TR तथा TC बराबर है, 'Break-even Point' कहते है। M_1 से M_2 के बीच उत्पादन के किसी भी स्तर पर फर्म को धनात्मक लाभ प्राप्त होता है। परन्तु OM_2 उत्पादन पर फर्म का कुल लाभ शून्य हो जाता है, चूंकि यहाँ पर पुनः कुल आगम कुल लागत के बराबर है। B बिन्दु A बिन्दु की भांति 'Break-even Point' है। B बिन्दु के बाद कुल लागत रेखा कुल आय रेखा के ऊपर रहती है, इसलिए M_1 उत्पादन के बाद उत्पादन के सभी स्तरों पर फर्म को हानि होगी। इससे स्पष्ट है कि जिस समय वस्तु की उत्पत्ति की मात्रा OM रहती है उस समय TR तथा TC के बीच खड़ी दूरी RS सबसे अधिक है जो कि अधिकतम लाभ को दर्शाती है। अतः जब फर्म OM वस्तु की उत्पादन करती है तो वह साम्य की स्थिति में रहती है, क्योंकि उत्पादन के उस स्तर पर उसको अधिकतम लाभ प्राप्त होता है।

यद्यपि इस प्रकार के चित्र द्वारा फर्म के साम्य को दिखाया जा सकता है परन्तु इस विधि में मुख्यतया दो कठिनाइयां आती है:

(1) एक ही दृष्टि में कुल आय के बीच अधिकतम अन्तर मालूम करना सरल नहीं है।

(2) इसी प्रकार एक ही दृष्टि से प्रति इकाई वस्तु का मूल्य मालूम करना असम्भव है।

(ब) अधिकतम लाभ अर्थात् फर्म का साम्य - सीमान्त तथा औसत रेखाओं द्वारा

चूंकि उपरोक्त विधि द्वारा लाभ की मात्रा ज्ञान करना एक जटिल तथा भद्दा तरीका है, इसलिए आधुनिक अर्थशास्त्री अधिकतम लाभ या फर्म की साम्य अवस्था ज्ञान करने के लिए सीमान्त तथा औसत वक्रों का प्रयोग करते हैं। उत्पादन की जिस मात्रा पर सीमान्त लागत तथा सीमान्त आगम बराबर होते हैं, उत्पादन की वह मात्रा अधिकतम लाभ प्रदान करती है।

तकनीकी भाषा में एक फर्म साम्य की स्थिति में तब होगी जबकि सीमान्त आगम (MR) सीमान्त लागत (MC) के बराबर है। जब MR = MC है तो फर्म को अधिकतम लाभ क्यों होता है?

एक अतिरिक्त इकाई के उत्पादन व विक्रय का परिणाम एक ओर तो लागत में वृद्धि होती है और दूसरी और आगम में वृद्धि होती है। स्पष्टतया विक्रेता लागत (अर्थात सीमान्त लागत) को अतिरिक्त आगम (सीमान्त आगम) से तुलना करेगा। यदि सीमान्त लागत सीमान्त आगम से कम है तो वह अतिरिक्त इकाई का उत्पादन करेगा क्योंकि इसका लाभ बढ़ेगा। इसके पश्चात इसी यथार्थ पर विक्रेता एक और इकाई उत्पादन के सम्बन्ध में निर्णय करेगा और जब तक सीमान्त लागत सीमान्त आगम से कम रहेगी वह अतिरिक्त इकाइयों का उत्पादन करता जायेगा। एक स्थिति ऐसी आ जायेगी, जबकि सीमान्त लागत सीमान्त आगम के ठीक बराबर हो जाती है।

इसके आगे सीमान्त लागत सीमान्त लागत से कम होगी और अतिरिक्त इकाइयों के उत्पादन के विक्रय हानि होगी और कुल लाभ कम होगा। अतः एक फर्म साम्य में तब होगी, जबकि सीमान्त लागत सीमान्त आय बराबर होगी।

यद्यपि सीमान्त लागत और सीमान्त आगम की समानता फर्म के सन्तुलन की अनिवार्य शर्त है परन्तु पर्याप्त नहीं। एक और शर्त का पूरा होना जरूरी है और वह यह है कि सीमान्त लागत रेखा सीमान्त आगम को नीचे से काटे। इस तथ्य को तालिका के अंकों की सहायता से स्पष्ट किया जा सकता है।

तालिका

इकाइयो की संख्या	सीमान्त लागत	सीमान्त आगम	सीमान्त इकाई से लाभ या हानि
1	30	25	- 5
2	28	$24\frac{1}{2}$	$-4\frac{1}{2}$
3	26	24	-2
4	24	23	-1
5	22	22	0

उपरोक्त अंकों को देखने से यह विदित होता है कि जब फर्म पांच इकाइयों का उत्पादन करती है तो सीमान्त लागत सीमान्त आगम के बराबर है, परन्तु यह अधिकतम लाभ देने वाली मात्रा नहीं है। चूंकि इस बिन्दु तक प्रत्येक इकाई से हानि होती है, अतः पांच इकाइयां अधिकतम हानि की मात्रा है न कि अधिकतम लाभ की।

इस प्रकार यहाँ पर जब फर्म पांच इकाइयों का उत्पादन करती है तो यद्यपि सीमान्त लागत सीमान्त आगम के बराबर रहती है परन्तु फिर भी फर्म सन्तुलन की स्थति में नहीं है। कारण यह है कि इस बिन्दु तक सीमान्त लागत सीमान्त आगम से अधिक रहती है अर्थात् वह सीमान्त आगम रेखा को नीचे से नहीं काटती। अतः फर्म की सन्तुलन की दो शर्त हैं न कि एक–

(1) उस उत्पादन पर सीमान्त आगम सीमान्त लागत के बराबर होना चाहिए तथा

(2) उस मात्रा के पहले सीमान्त लागत सीमान्त आगम से कम रहे अर्थात् MC रेखा को MR रेखा के नीचे से काटना चाहिए।

इस तथ्य को नीचे रेखाचित्र की सहायता से समझाया गया है:

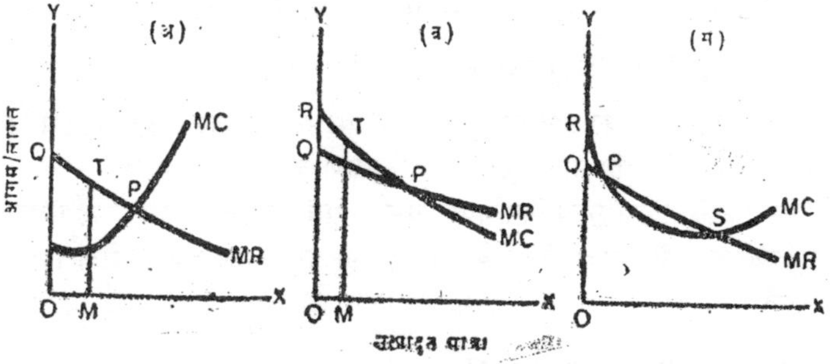

चित्र - 2

चित्र (अ) में MC और MR क्रमशः सीमान्त लागत और सीमान्त आगम वक्र है। इस बिन्दु पर सीमान्त लागत वक्र सीमान्त आय वक्र को नीचे से आकर काटता है। अत: बिन्दु तक प्रत्येक इकाई की लागत इससे फलित आगम से कम है। अत: P सन्तुलन की स्थिति को व्यक्त करता है।

चित्र (ब) में यद्यपि MC और MR वक्र P बिन्दु पर एक दूसरे को काटते हैं परन्तु इस बिन्दु पर सीमान्त लागत वक्र सीमान्त आय वक्र को ऊपर से आकर काटता है। अत: इस बिन्दु तक प्रत्येक इकाई की लागत इससे फलित आगम से अधिक है। अत: P सन्तुलन का बिन्दु नहीं है।

चित्र (स) में MC और MR वक्र दो बिन्दुओं अर्थात् P और S पर मिलते हैं। P पर सीमान्त आगम वक्र (MR) को सीमान्त लागत वक्र (MC) ऊपर से आकर काटता है। अत: PQR इस बिन्दु तक की हानि है, अत: P सन्तुलन बिन्दु नहीं है। S बिन्दु पर चूकि सीमान्त लागत वक्र (MC) सीमान्त आगम वक्र को नीचे से आकर काटता है इसलिए यह सन्तुलन की स्थिति को व्यक्त करता है।

फर्म अपनी सन्तुलन स्थिति (अर्थात अधिकतम सम्भव वाली स्थिति) में वस्तु का कितना मूल्य, उत्पादन मात्रा का कितना निर्धारण करेगी, यह बाज़ार की दशाओं पर निर्भर करता है। पूर्ण प्रतियोगिता एवं एकाधिकार बाजार दशाओं की दो छोर अवस्थायें हैं। उनके मध्य प्रतिस्पर्धा की अनेक दशायें जैसे एकाधिकृत प्रतियोगिता, अल्पाधिकार, द्वयाधिकार आदि सम्भव है।

किसी फर्म की दृष्टि से आधुनिक प्रतिद्वन्द्वी कार्यकलाप तीन तरह के होते है:

(1) वस्तु सुधार एवं आविष्कार (Product Improvement and Innovation),

(2) विक्रय प्रवर्तन (Sales Promotion), तथा

(3) मूल्य निर्धारण (Price Determination)।

इन तीनों तत्वों का ज्ञान मूल्य समस्याओं के हल के लिए जरूरी है। इस अध्ययाय में केवल विक्रेता की दृष्टि से प्रमुख मूल्य निर्धारण की समस्याओं का अध्ययन किया जायगा। ऐसा करने से हम मूल्य निर्माण की समस्या एवं सिद्धान्त को विकसित करते हैं तथा आर्थिक विश्लेषण और बाजार शोध के द्वारा इसको प्रयुक्त कर व्यावाहारिक निर्धारण को सुधार सकते है।

उद्देश्य एवं क्षेत्र (Aims and Scope)

इस विश्लेषण का क्षेत्र कई अर्थ में सीमित है। सबसे पहले, यह उत्पादकों की मूल्य नीति तक ही सीमित रहता है। थोक तथा खुदरा विक्रेताओं की मूल्य समस्या पर विचार केवल वहीं तक होता है। जहाँ तक उत्पादकों की नीति तथा निर्णय पर उनका प्रभाव होता है। दूसरा, यह सिर्फ उन उत्पादकों का ही अध्ययन करता है जो कि प्रतिसपर्द्धा के मामले में पर्याप्त रूप से स्वतन्त्र है जिससे कि वे अपनी वस्तु के मूल्य-निर्धारण में पर्याप्त स्वविवेक को महत्ता दे। अन्त में, यह अपवर्त्य उत्पाद (Multiple Product) फर्म की समस्याओं पर अधिक बल देता है। अधिकांश आधुनिक फर्मे कई वस्तुएँ बनाती है - फिर भी औपचारिक आर्थिक सिद्धान्त अभी तक एक वस्तु उत्पादन का ही अध्ययन करता आया है। अत: यहाँ पर मूल्य समस्याओं का विश्लेषण कर उचित सुझाव भी दिये जायेंगे जो कि प्रतिस्पर्द्धा की विभिन्न परिस्थितियों में व्यावहारिक मूल्य निर्धारण में महत्वपूर्ण होंगे।

मूल्य समस्याओं के प्रकार (Kinds of Pricing Problems)

अध्ययन की सुविधा के लिए उत्पादकों की प्रमुख मूल्य समस्याओं को इस प्रकार श्रेणीबद्ध किया जा सकता है:

(1) आधारभुत मूल्य (Basic Price),

(2) वस्तु श्रृखंला मूल्य (Product-line Pricing),

(3) मूल्य छुट संरचना (Price-Discount Structure)

इस अध्याय में केवल पहली समस्या की ही चर्चा की जायेगी तथा दूसरी एवं तीसरी समस्याओं का उल्लेख क्रमश: आगे अध्यायों में किया जायगा।

आधारभूत मूल्य (Basic Price)

आधारभूत मूल्य किसी कम्पनी के मूल्य स्तर अथवा आधारभूत मूल्य का निर्धारण होता है जिसमें चक्रीय परिवर्तनों को भी सम्मिलित किया जाता है। श्री जोयल डीन ने आधारभूत मूल्य को परिभाषित करते हुए कहा - "Basic Price is the determination of the Company's price level or Basic price, including its adoption to cyclical fluctuations."

अब प्रश्न यह उठता है कि उस कम्पनी के मूल्य स्तर से क्या अर्थ है जो कि कई वस्तुएँ बनाती है? यह कम्पनी की अलग अलग वस्तुओं के शुद्ध मूल्य का औसत हो सकता है। अतः यह मूल्य सूचनांक से मिलता जुलता है। यह विभिन्न मूल्य उच्चावचनों के भारयुक्त औसत (Weighted Average) को प्रतिबन्धित करता है।

जब एक वस्तु किसी वस्तु श्रृखंला मे प्रभुता रखती है अथवा जब सभी वस्तुएँ निरन्तर मूल्य विभेद (Constant Price Differentials) के द्वारा एक आधारभुत वस्तु के मूल्य से सम्बद्ध कर दी जाती है तो यहाँ आधारभूत मूल्य की धारणा का प्रयोग हो सकता है। इस प्रकार का आधारभूत मूल्य विशेषताओं में किसी उपज विपणि (Produce Exchange) में किसी अनाज के मूल्य के समान होती है जहाँ कि एक निर्धारित सूत्र के द्वारा उस अनाज की विशिष्ट श्रेणियों की वास्तविक कीमत के रूप में एक ही प्रचलित मूल्य को रूपान्तरित किया जा सकता है।

पुनः फर्म का मूल्य स्तर कीमतों द्वारा प्राप्त कुल लाभ के स्तर के रूप में भी मापा जा सकता है। इस अर्थ में यह लाभ के महत्व के साथ समूहों में दो प्रकार से रखा जाता है:

(1) दर स्तर (Rate Level)- जहाँ इस बात पर ध्यान दिया जाता है कि कुल उपार्जित लाभ अनुचित नहीं हो सकता, तथा

(2) दर संरचना (Rate Structure)- जहाँ नियमन का ध्यान अवांछनीय विभेद को रोकने पर होता है।

चूँकि व्यावहारिक कीमत निर्धारण समस्याएँ चक्रीय व्यवस्था (Cyclical Setting) में उठती है इसलिए इनके समाधान में व्यवसाय चक्र के अनुरूप समायोजन पर सदैव ध्यान दिया जाना चाहिए। हालाँकि चक्रीय परिवर्तन बिना पहले से सोचे हुए परिवर्तनों तथा व्यक्तिगत विक्रय पर अनौपचारिक छूटों के द्वारा हो सकता है। लेकिन वैकल्पिक स्पष्ट नीतियों का ऐसा भी समूह होता है जो कि चक्रीय समस्या का सामना करने के लिए निर्मित किया जा सकता है।

लेकिन विक्रय आय केवल सूची मूल्यों पर ही निर्भर नहीं करती है अपितु व्यक्तिगत विक्रय के रूप में तथा विभिन्न प्रकार की वस्तुओं के विक्रय के अनुपात पर दी जाने वाली संरचना पर भी निर्भर करती है। किसी कम्पनी का मूल्य स्तर मूल्य संरचना के इन आकारों का शुद्ध परिणाम होता है। छूट संरचना की वस्तु श्रृखंलाएँ प्रायः प्रवर्तनीय अथवा लागत बचाने वाले परिणामों के लिए होती है, जो कि स्वयं मूल्य स्तर के आधारभूत आय उत्पादन (Basic Revenue Generating) से भिन्न होती है।

मूल्य निर्धारण की एक क्रमानुगत प्रणाली
(A Systematic Approach to Pricing)

मूल्य निर्धारण समस्या का समाधान समस्याओं के वर्गीकरण के अतिरिक्त मूल्य-उद्देश्य, मूल्य सिद्धान्त, मूल्य शोध तथा मूल्य नीति निर्माण की स्पष्ट धारणाओं से भी सहायता मिलती है। अत: इन सबको संक्षेप में जानना आवश्यक है।

मूल्य-उद्देश्य (Pricing Objectives)- यद्यपि कीमत अपने आप में एक लक्ष्य नहीं है फिर भी किसी उद्देश्य का साधन होता है। अतएव कम्पनी के मूल्य लक्ष्यों का विस्तृत निर्माण आवश्यक होता है क्योंकि मूल्य निर्धारण के आधारभूत निर्देशक तत्व कम्पनी के प्रमुख लक्ष्य ही होते है। सामान्यत: सबसे बड़ा लक्ष्य बचने (Survival) का होता है। अधिकांश फर्में वस्तु श्रृंखला संगठन और श्रमिक वर्ग में भी यदि आवश्यक हुआ तो अपने अस्तित्व को बचाने के सभी प्रकार के भूचाल सह लेंगी। लेकिन किसी अत्यधिक विशिष्ट स्तर पर कम्पनी के लक्ष्य विकास दर, बाजार अंश, नियन्त्रण अथवा स्वामित्व के बनाये रखने तथा मुद्रा बनाने के साथ ही साथ अन्य स्वतन्त्र क्रियाओं से सम्बद्ध होते हैं। फिर चूँकि ये लक्ष्य अनुरूप नहीं भी हो सकते है अत: ऐसी स्थिति में दीर्घकालीन योजनाएँ बनानी पड़ती हैं जिनसे कि इन लक्ष्यों में समन्वय लाया जा सके। ऐसी योजनाएँ वस्तु के प्रकार, बाजार क्षेत्र, आय कोष्ठ (Income Brackets), भुगोल, वितरण -मार्ग तथा चक्रीय महत्व के रूप जैसे तत्वों को समाविष्ट कर बनायी जाती है। मूल्य नीति इस बिन्दु पर कीमतों को कम्पनी के शस्त्र के रूप में कैसे व्यवहार किया जाना चाहिए इसको बतलाती है। उदाहरण के लिए, प्रतिद्वन्द्वीयों से सम्बन्ध, मूल्य के समान्य स्तर की नीति चयन को कम्पनी के वस्तु के गुण एवं सेवाओं के लक्ष्य इसकी दीर्घकालीन माँग की प्रतिलोच तथा सम्भावित प्रतियोगिता की प्रकृति से समन्वित किया जाना चाहिए।

मूल्य सिद्धान्त (Price Theory)- आर्थिक सिद्धान्त का मुख्य प्रयोग व्यावहारिक मूल्य निर्धारण में सबसे पहले माँग, प्रतिस्पर्द्धा तथा लागत के विश्लेषण में होता है जो कि प्रत्येक आकार के मूल्य निर्धारण की समस्या के लिए जरूरी होता है। दूसरे, इन धारणाओं के मात्रात्मक अनुमान को जानने के लिए शोध योजनाएँ तैयार करना होता है। आर्थिक सिद्धान्त विभिन्न प्रकार की मूल्य नीतियों की सामाजिक एवं आर्थिक वांछनीयता पर भी कुछ प्रकाश डालता है। इस प्रकार का ध्यान निजी मूल्य निर्णयों में अवश्य रखा जाता है जिससे कि एक शक्तिशाली सार्वजनिक नीति हो।

मूल्य शोध (Pricing Research)- प्रतिस्पर्द्धा की संरचना, फर्म के लागत-बर्ताव तथा माँग की विशेषताओं से सम्बन्धित सूचनाएँ देती है। आर्थिक तथा सांख्यिकीय विश्लेषण की आधुनिक तकनीकी, गम्भीर मूल्य निर्धारक तत्वों का ठीक ठीक अनुमान लगा सकती है। इसके कई कारण हैं:

1. पेशेवर अर्थशास्त्रियों ने बहुत बाद में ही निजी मूल्य निर्धारण सम्बन्धि कार्यकलापों की समस्याओं पर जोर दिया है। वे पहले सारी आर्थिक प्रणाली की कीमतों के

बर्ताव की माप तथा व्याख्या में व्यस्त रहते थे और सदैव अपना विचार सार्वजनिक दृष्टि बिन्दु से ही देते थे।

2. फिर चूँकि मूल्य निर्णय को प्रभावित करने वाले तत्व बहुत जटिल एवं परिवर्तनशील हैं इसलिए एक शुद्ध वैज्ञानिक विश्लेषण बहुत जटिल हो जाता है। पुनः उनमें से कई ऐसे हैं जिनकी ठीक-ठाक माप एवं गणना नहीं हो सकती ।

मूल्य नीति (Pricing Policies)- मूल्य निर्धारण के प्रति एक सुनियोजित पहुँच के लिए यह जरूरी है कि व्यक्तिगत मूल्य निर्णय की परिस्थितियों पर लिये गये निर्णय का सामान्यीकरण किया जायं तथा इसे नीति में सन्निहित किया जाय जिससे कि सभी प्रमुख मूल्य निर्धारण की समस्याओं को समाविष्ट किया जा सके। उदाहरणार्थ, ड्यूपौण्ट अपने विभिन्न बाजारों की भिन्न भिन्न संरचनाओं से मुकाबला करने के लिए अलग अलग मूल्य नीतियों को रखते है। नाइलोन तथा अन्य आविष्कार जिनका कि एक बड़ा मूल्य क्षेत्र ड्यूपौण्ट का रहा है, उनका मूल्य निर्धारण विशिष्ट एवं नवीन वस्तुओं के रूप में ही हुआ जबकि वे कई प्रतिद्वन्द्वी वस्तुओं में से ही एक रही।

नीति निर्माण, जो कि अन्य विक्रय कार्यो के लिए सामान्य बात होती है वह विरले ही मूल्य निर्धारण में पाया जाता है। अधिकांश सुव्यवस्थित उत्पादक प्रतिष्ठान अपनी स्पष्ट विज्ञापन नीति, वस्तु नीति, ग्राहक नीति तथा वितरण मार्ग नीति रखते है लेकिन मूल्य निर्णय तात्कालिक निर्णयों का ही सम्मिश्रण होता है। दूसरे अनेकों सुव्यवस्थित फर्मो में मूल्य नीति संकटकालीन आधार पर निश्चित की जाती है। इस प्रकार की मूल्य व्यवस्था समुचित विश्लेषण को, जो कि स्पष्ट मूल्य नीतियों के लिए जरूरी है, हतोत्साहित करती है। यों तो मूल्य नीति फर्म की परिस्थिति तथा राज्य के दृष्टिकोण में परिवर्तन के साथ साथ बदलती रहती है फिर भी निम्नलिखित तत्वों को हमेशा नीति निर्धारण के समय ध्यान में रखना चाहिए:

1. मूल्य समूची वस्तु श्रृखंला के लिए अधिकतम लाभ का लक्ष्य रखे।

2. मूल्य फर्म के दीर्घकालीन कल्याण - जैसे कि प्रतिस्पर्द्धा को हतोत्साहित करना-को प्रोत्साहन दे ।

3. मूल्य विभिन्न वस्तुओं के द्वारा पैदा की हुई प्रतिद्वन्द्वी परिस्थितियों में अपने आप को समायोजित करना चाहिए।

4. मूल्य नीतियाँ विभिन्न उपभोक्ता उद्योगों की आर्थिक परिस्थितियों में परिवर्तन के अनुरूप लचीली हों।

5. नयी वस्तु के मूल्य निर्धारण का तरीका पूर्व निर्धारित तथा असुनियोजित हो।

6. पुनर्स्थापित होनें वाली वस्तु के प्रकार उत्पादन के संगठित श्रेणीकरण के द्वारा निर्धारित होने चाहिए।

प्रतिस्पर्द्धात्मक परिस्थितियों के प्रकार (Kinds of Competitive Situations)

प्रतिस्पर्द्धा की भिन्न भिन्न परिस्थितियाँ बिलकुल अलग अलग मूल्य निंर्धारण नीतियाँ चाहती है। अतएव प्रतिस्पर्द्धी वातावरण का ज्ञान होना आवश्यक होता है।

शुद्ध प्रतियोगिता में विक्रेताओं को मूल्य निर्धांरण की समस्या का सामना नहीं करना पड़ता है और न ही उनको मूल्य विवेक लगाना पड़ता है। वे या तो बाजार मूल्य पर बेचते हैं या बेचते ही नहीं। मूल्य नीति की आवश्यकता तभी पड़ती है जबकि पर्याप्त अंश में प्रतियोगिता में अपूर्णता हो जिससे कि प्रतिद्वन्द्वियों की कीमत मे भिन्नता के बावजुद भी विक्रेता अपना कुछ विक्रय कर सकें। यहाँ पर मूल्य निर्धारण का विश्लेषण प्रतिद्वन्द्वी संरचनाओं के प्रकारों से ही सम्बद्ध है जहाँ कि मूल्य विवेक (Price Discretion) लगाना पड़ता है। लेकिन कोई विक्रेता कितना मूल्य विवेक लगायेगा यह कई बातों पर निर्भर करता है:

1. प्रतिद्वन्द्वी जो कि एक ही उपयोगिता वाली वस्तुओं को बेचते है उनकी संख्या, सापेक्षिक आकार तथा वस्तु श्रृखंला।

2. सम्भावित प्रतियोगिता।

3. वस्तु की ग्राहक स्वीकृति की स्थिति।

4. सम्भावित बाजार-विभाजन तथा मूल्य विभेद की सीमा।

5. विक्रेता की वस्तु तथा अन्य कम्पनियों की वस्तु के बीच भौतिक अन्तर की सीमा।

6. वस्तु सेवा में परिवर्तन के लिए अवसर।

7. वस्तु समूह की सेवा एवं ख्याति के सम्मिश्रण की सम्पन्नता।

प्रतिद्वन्द्वी परिस्थितियों, जो कि मूल्य निर्धारण की नीति की समस्याओं को जन्म देती है, को तीन भागों में बाँटा जा सकता है :

(i) स्थायी विशिष्टता वाली वस्तुओं का मूल्य निर्धारण (Pricing Products of Lasting Distinctiveness)

(ii) नाशवान विशिष्टता वाली वस्तूओ का मूल्य निर्धारण (Pricing Products of Perishable Distinctiveness)।

(iii) प्रतिद्वन्द्वियों के बीच प्रमापी वस्तुओं का मूल्य निर्धारण (Pricing Standards Products when competitors are Few)।

(i) स्थायी विशिष्टता वाली वस्तुओं का मूल्य निर्धारण (Pricing Products of Lasting Distinctiveness)

स्थायी विशिष्टता वाली वस्तुएँ किसी अर्थव्यवस्था में विरले ही होती हैं। स्थायी का मतलब 10 वर्ष से अधिक हो तथा विशिष्टता (Distinctiveness) का आशय स्वीकार करने योग्य विस्थापकों के अभाव में है। यद्यपि ऐसा प्राय: सम्भव होता है कि किसी एक वस्तु में दीर्घकालीन एकाधिकार का निर्माण किया जाय जिससे कि लाभ अनियन्त्रित रूप से होता रहे और विस्थापकों तथा मिलती जुलती वस्तुओं की खोज के अन्तर्गत बाहरी उत्पादकों को प्रोत्साहन मिले। इस प्रकार का सबसे शक्तिशाली एकाधिकार विरल खनिज निधि (Scarce Mineral Deposits) के नियन्त्रण से होता है लेकिन वैसे खनिज पदार्थ जो कि मिलने में सुविधाजनक हैं उनके लिए एकाधिकार की स्थिति लाने में काफी राजनीतिक प्रयास करने पड़ते हैं। उदाहरणार्थ, ताँबे, टिन तथा रसायन उद्योग मे वैकल्पिक कच्चा माल ढूँढ लिया गया है जिससे एकाधिकार में कमी आ गयी है और, अब तो पेटेण्ट अधिकार भी प्रतिस्पर्द्धा प्रविष्टि में बाधक हो गये हैं। कई उद्योगों ने ऐसा पाया है कि पेटेण्ट सुरक्षा की अपर्याप्तता ने फर्मो के बीच तान्त्रिकी विकास के एकीकरण को जन्म दिया है जिससे कि व्यक्तिगत अनुसन्धानों का भी उपयोग अच्छी तरह से किया जा सके। ऐसा मान लेना सर्वोत्तम होगा कि कई वस्तुएँ जो कि प्रारम्भ मे पृथक (Distinctiveness) होती है प्रतिस्पर्द्धा के प्रवेश के कारण सामान्य वस्तुओं मे बदल जाती है।

व्यावहारिक स्तर पर अन्य समस्याओं का निराकरण करने से पहले यह जान लेना है कि शुद्ध दीर्घकालीन एकाधिकार के लिए मूल्य सिद्धान्त क्या हो? चूँकि इस सिद्धान्त मे कुछ तत्व ऐसे हैं जो कि अल्पकाल में भी लागु होते हैं। यह मानकर चलना होगा कि वास्तविकता के निकट पहुँचने का प्रयास किया जा रहा है और दीर्घकालीन परिणामों को कभी छोड़ दिया गया है।

शुद्ध एकाधिकार से हमारा आशय यहाँ उस कोरे आदर्श से नहीं है जहाँ सभी विस्थपकों की अनुपस्थिति हो बल्कि इसके बदले एकाधिकार का अभिप्राय उस कम्पनी से होता है जिसकी वस्तुओं के विस्थापक इतने दूर तथा बिखरे हुए रहते हैं कि इसका विक्रय अपने ही मूल्य स्तर तथा आर्थिक स्थितियों पर निर्भर करता है लेकिन अन्य विशिष्ट विक्रेता समूह की कीमतों से इसका मूल्य प्रभावित नहीं होता है। हालांकि कम्पनी का मूल्य स्तर विस्थापक प्रतियोगिता के कार्यकलापों को प्रभावित कर सकता है फिर भी ये प्रभाव नगण्य होते है। अत: शुद्ध एकाधिकार सिर्फ शुद्ध प्रतियोगिता से ही भिन्न नहीं होता बल्कि यह अल्पाधिकार से भी भिन्न होता है। जहाँ कि प्रत्येक विक्रेता दूसरे विक्रेता की नीतियों में हित रखता है।

चित्र 1 में एकाधिकारी मूल्य निर्धारण की पारस्परिक आर्थिक पहुँच को सरल रूप में दर्शाया गया है एकाधिकार की विशिष्ट वस्तु की माँग तालिका उसकी आय वक्र के रूप में तीन प्रकार से दिखायी जाती है:

(1) कुल आगम, (2) औसत इकाई आगम, तथा (3) सीमान्त आगम। उत्पत्ति के सम्बन्ध में लागत के बर्ताव को भी उसी प्रकार के रूप में चित्रित किया गया है।

सिद्धान्तवादी विचारधारा के अनुसार समस्या का निदान लाभ को अधिकतम करने वाली कीमत तथा उत्पत्ति दर के द्वारा निकाला गया है।

चित्र के पहले भाग TR में विक्रेता की कुल आय को बतलाता है जो कि विभिन्न उत्पत्ति दरों पर होगा। तथा TC प्रदर्शित उत्पत्ति को पैदा करने की कुल लागत को बतलाता है। अधिकतम कुल लाभ का बिन्दु 6,00,000 इकाइयों की उत्पत्ति है जहाँ कुल आय तथा कुल लागत का अन्तर सर्वाधिक (30,000 रूपये) है।

चित्र के दूसरे भाग में AR प्रति इकाई औसत आगम अर्थात कीमत को बतलाता है जो कि विभिन्न उत्पत्ति दरों की श्रृखंला से जुड़ा हुआ है। AC तदनुसार औसत इकाई लागत वक्र हैं। सर्वाधिक लाभ देने वाली कीमत 30 रूपये प्रति इकाई है और इसे उक्त चित्र में इकाई लाभ को जानकर इसे कुल उत्पत्ति से गुणा किया जाय तो लाभ कुल रकम मालूम हो जायगी।

चित्र के तीसरे भाग में वैसा हद्दी माँग तथा लागत बर्ताव सीमान्त रूप में दिखाया गया है। MR प्रत्येक उत्पत्ति दर पर एक अतिरिक्त इकाई के विक्रय से प्राप्त अतिरिक्त आगम को द्योतक है। इसी प्रकार MC इस उत्पत्ति के लिए एक अतिरिक्त इकाई को पैदा करने का अतिरिक्त आगम है। सर्वाधिक लाभ का बिन्दु वह उत्पत्ति दर है जहाँ सीमान्त लागत सीमान्त आय के बराबर है (अर्थात 20 रूपये) दो सीमान्त वक्रो के बीच का तिकोन क्षेत्र लाभ के बराबर है जो कुल आय की वृद्धि लागत (Incremental Cost) का आधिक्य है। यहाँ पर यह रकम 1,20,000 रूपये है। इसमें से अगर 90,000 रूपये स्थायी लागत को घटा दिया जाय तो 30,000 रूपये शुद्ध लाभ मिलेगा।

इस प्रकार के सैद्धान्तिक विश्लेषण की प्रमुख क्रिया यह हे कि अनुमान किये जाने वाले माँग तथा लागत सम्बन्धों के प्रकार को जानद्म जाय और यह दिखाने की चेष्टा की जाय कि किस तरह ये कार्यात्मक सम्बन्ध सर्वाधिक लाभदायक कीमत को प्रदर्शित करने के काम में लाये जायँ।

उक्त निदान जहाँ तक युक्तिसंगत होता है वहाँ तक तो ठीक है लेकिन यह बहुत गहराई तक नहीं जाता। इसे व्यवहार में न तो वर्णन के रूप में और न सलाह के रूप में माना जाना चाहिए । इसमें कुछ कारणों से सर्वाधिक लाभकरण के ऊपर रोक लगानी पड़ती है। ये कारण आंशिक रूप से राजनीतिक होते है। लेकिन पूर्णत: सैद्धान्तिक आधारों पर भी यह निदान अति सरल है तथा व्यवहार में लाना कठिन है। शुद्ध एकाधिकारी स्थिति की मान्यता में माँग तथा लागत वक्र के अन्दाज की समस्याएँ आती है जिनका स्वभाव अर्थ-गणितीय (Econometric) है। अस्थायी एकाधिकारी के लिए यह विश्लेषण सम्भावित प्रतियोगिता तथा विस्थापक प्रतिद्वन्द्वियों की प्रतिक्रिया का ध्यान में नहीं रखता तथा इसमें भविष्य की कीमतों पर क्या प्रभाव पड़ेगा इसे भी नहीं देखा जाता।

अर्थ-गणितीय समस्या (Econometric Problem) - मूल्य निर्धारण के इस **तरीके में माँग** एवं लागत का अनुमान होना जरूरी है। एकाधिकारी मूल्य निर्धारण इस दिशा

कीमतों की श्रृखंला प्रायः बहुत संकीर्ण होती है क्योंकि मूल्य का सामान्य स्तर उद्योगो में लागत परिस्थितियों के द्वारा निश्चित किया जाता है। एकाधिकारी को मूल्य निर्धारण करने में बहुत अंश तक विवेक लगाना होता है और वह अपनी कीमत के प्रभाव के अन्दाज को, जो कि एक विस्तृत मूल्य श्रृंखला के ऊपर पड़ता है, जानने का प्रयास करता है। ऐसे अनुमान सह-सम्बन्ध विश्लेषण, सर्वेक्षण प्रश्नमाला तथा नियन्त्रित प्रयोग जैसे साधनों के द्वारा किये जाते है।

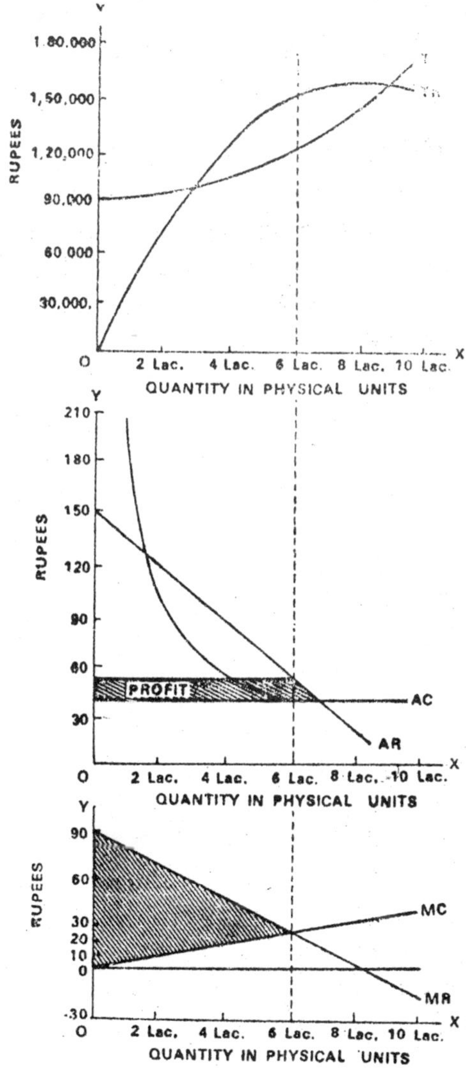

सामान्यतया माँग की लोच किसी दीर्घकालीन अनुमान से अल्पकालीन अनुमान में काफी कम होती है। लेकिन यहाँ पर परिकल्पानात्मक प्रतिक्रियाओं को ध्यान में नहीं रखा

जाता है । मूल्य में वृद्धि के कारण माँग में जो अल्पकालीन गिरावट आती है वह मुख्यतया उपभोक्ता के निर्णय को बदलती है कि मूल्य वृद्धि द्येा वह वस्तु के बिना रह सकता है। लेकिन यदि समायोजन के लिए कुछ समय दिया जाय तो यह इस बात को भी बतलाता है कि मूल्य वृद्धि से उपभोक्ता विकल्पो की ओर जायेगा। इसी प्रकार मूल्य में कमी करने से समयानुसार माँग में वृद्धि होती है। ये गिरावटें सांस्कृतिक पिछड़ेपन, नये मूल्य का पूरा लाभ उठाने के लिए पूँजी विनियोग की रकम की आवश्यकता तथा वैकल्पिक प्रतिस्पर्धा की दर पर निर्भर करती हैं।

लेकिन कोई भी माँग वक्र परिकल्पनात्मक क्रय, भवनात्मक तथा राजनीतिक आक्रोश एवं विकल्प सुधार के रूप में मूल्य परिवर्तन की प्रतिक्रियाओं को व्याख्या नहीं करता। किसी तरह का भी मूल्य परिवर्तन नयी पूछताछ को जन्म देता है तथा एकाधिकार के बारे में नयी विचारधाराएँ लाता है और इसी कारण कई एकाधिकारी अल्पकालीन अधिकतम लाभ के बदले वर्षो तक स्थिर कीमतों को रखने को प्रश्रय देते हैं अर्थात वे सतर्क होकर अल्पकाल में बदलती हुई परिस्थितियों को ध्यान में नही लाते। इसी कारण माँग वक्र विकुँचित होता है।

मूल्य के लागत भाग को प्राप्त करने के लिए भविष्य के लागत बर्ताव का भी अन्दाज करना पड़ता है। ऐसे पूर्वाभास चालू परिस्थितियों एवं लागत के बीच में एक कार्यात्मक सम्बन्ध की जानकारी चाहते हैं यथा उत्पत्ति दर, संयन्त्र का पैमाना, श्रम तथा कच्चे माल की कीमत एवं तान्त्रिकी। ये कार्य लागत बर्ताव के सांख्यकीय अध्ययनों द्वारा किये जा सकते हैं। फिर भी यह स्वीकार करना चाहिए कि ऐसे लागत वक्र खर्चीले होते हैं तथा सापेक्षिक रूप से क्षणिक होते हैं और इनसे समस्याओं के भविष्य के बारे में कुछ भी पता नहीं लगता। एकाधिकारी की व्यावहारिक मूल्य निर्धारण समस्या ऐसी कीमत को पाना होता है जो कि माँग की बदलती हुई परिस्थितियों में भी दीर्घकाल तक रहे। इसके लिए यह जरूरी है कि ऐसे लागत पूर्वाभास हों जो कि साधन कीमतों की श्रृखंला को समाविष्ट करें तथा तान्त्रिकी विकास एवं वस्तु सुधार को भी सम्मिलित करे। अत: सैद्धान्तिक समाधान स्पष्ट रुप से किसी भी दीर्घकालीन एकाधिकार के लिए बिलकुल अपर्याप्त हैं, इसके दो कारण है।

(1) चूँकि वक्र, जिनका उल्लेख यहाँ किया गया है, व्यवहार में उन्हें लाना कठिन है।

(2) शुद्ध एकाधिकार की स्थिति में भी समस्या के कई रूप हैं जिनकी चर्चा यहाँ भी नहीं की गयी है।

(ii) नाशवान विशिष्टता वाली वस्तुओं का मूल्य निर्धारण (Pricing Products of Perishable Distinctiveness)

प्राय: ऐसा देखा जाता है कि किसी भी वस्तु का पृथकत्व अधिक दिन तक नहीं रहता बल्कि धीरे-धीरे उसमें क्षीणता आती है और वह प्रतिस्पर्धा के आक्रमण तथा पेटेण्ट की समाप्ति के कारण एक सामान्य वस्तु बन जाती है और एकाधिकार टूट जाता है। उदाहरण के लिए, नयी वस्तुएँ जब संरक्षित पृथकत्व प्राप्त करती है तो कालान्तर में सरंक्षण समाप्त होने

पर यह पृथकत्व भी समाप्त हो जाता है। नाशवान पृथकत्व की वस्तुओं का मूल्य निर्धारण कैसे हो यह जानने के लिए पहले पृथकत्व के पतन को समझे।

पृथकत्व का पतन (Degeneration of Distinctiveness) - प्रतिस्पर्धात्मक पतन के चक्र की ओर प्रवृत्ति होना किसी वस्तु में एक सामान्य घटना है । नयी विक्रय योग्य वस्तु के अनुसन्धान (Discovery) के पश्चात् सामान्यतया पेटेण्ट संरक्षण आता है। जहाँ अन्य प्रतियोगी नहीं होते है और वस्तु की डिजाइन बनाने की प्रक्रिया भी नहीं होती है। इसके बाद ज्यों ही बाजार मिल जाता है विक्रय के तीव्र विस्तार (Rapid Expansion) का काल आता है।

तदोपरान्त वस्तु पर प्रतिस्पर्धात्मक आक्रमण (Competitive Enroachments) होते है। नये प्रतिद्वन्द्वी क्षेत्र में प्रवेश कर जाते है और अनुसन्धान वस्तु तथा इसके बीच के पृथकत्व की खाई को संकीर्ण बना देते हैं। विक्रेता के विवेक का क्षेत्र भी कम हो जाता है क्योंकि उसकी वस्तु पृथक नहीं होकर सामान्य हो जाती है और अन्य वस्तुओं से बहुत कम भिन्न होती है जिसके फलस्वरूप उसकी मूल्य निर्धारण की स्वतन्त्रता सीमित हो जाती है चाहे प्रतिद्वन्द्वी कम भी क्यों न हों । सारे चक्र में प्रवर्तन, मूल्य लोच, उत्पादन एवं वितरण की लागत में निरन्तर परिवर्तन होते हैं जिनके अनुसार मूल्य नीति में समायोजन करना जरूरी हो जाता है।

चक्र के तत्व (Elements of Cycle) - व्यावसायिक चक्र काल के अन्तर्गत उचित मूल्य निर्धारण तीन विभिन्न पहलूओं पर निर्भर करता है जो कि लगभग समानान्तर **समय**-पथ (Time Path) पर ही होते है। ये इस प्रकार है:

1. **तान्त्रिकी परिपक्तवता** (Technical Maturity) - यह वह स्थिति होती है जहाँ वस्तु विकास की गिरती हुई दर में वस्तुओं के व्यापारिक चिन्ह तथा उत्पादन क्रियाओं एवं उनके ज्ञान के बारे में बढ़ता हुआ स्थायित्व हो।

2. **बाजार परिपक्वता** (Market Maturity)- बाजार परिपक्वता इस बात के द्वारा जानी जाती है कि मौलिक सेवा विचार की उपभोक्ता स्वीकृति (Consumer's Acceptance) क्या है और इसके अलावा यह सर्वह्यापी विश्वास के सर्वाधिक उत्पादको की वस्तुएँ अपनी उपयोगिता सन्तोषपूर्ण ढंग से दे रही है। फिर, यह काफी जानकारी तथा सुधार के कारण उपभोक्ताओं को व्यापारिक चिन्हों के बीच तुलना करने की क्षमता प्रदान करती है।

3. **प्रतिद्वन्द्वी परिपक्वता** (Competitive Maturity) - यह बाजार अंश तथा मूल्य संरचना के बढ़ते हुए स्थायित्व के द्वारा जानी जाती है।

पतन की गति (Speed of Degeneration) - पतन की प्रगति का चक्र किस दर से आगे बढ़ता है यह वस्तु की प्रकृति के ऊपर निर्भर करता है। लेकिन अब यह जानना चाहिए कि वे कौन से तत्व हैं जो कि इसकी गति को निर्धारित करते है? यों तो ये तत्व अनेक हो सकते हैं फिर भी इन्हें दो मूख्य भागों में बाँटा जा सकता है:

(क) तान्त्रिक घटक (Technical Factor), तथा

(ख) आर्थिक घटक (Economic Forces) - इसे भी दो भागों में बाँटा जा सकता है: (i) बाजार स्वीकृति (Market Acceptance), तथा (ii) प्रविष्टि की सरलता (East of Entry)।

विशिष्टता पतन की गति का सबसे प्रभावशाली निर्धारक तान्त्रिकी होती है। इसके अन्तर्गत किस सीमा तक आर्थिक वातावरण का आविष्कारों में प्रभावपूर्ण प्रयोग करें कि वस्तु को पुनर्गठित किया जाय इस बात को जाना जाता है। टेलीफोन, बिजली शक्ति, स्वचालन अथवा जमे हुए खाद्य पदार्थों (Frozen Foods) में अपेक्षाकृत अधिक समय लगता है। विकास सबसे तीव्र गति से उस समय होता है जबकि नयी वस्तु आवश्यकताओं के नये शुन्य स्थान को भरती है। उदाहरण के लिए, अमरीकन उत्पादको के बिजली के स्टाक, प्रशान्त दक्षिणी देशों में बाजार परिपक्वता को प्राप्त करते जा रहे हैं। जो वस्तुएँ विकास की प्रारम्भिक स्थिति में हों वे वस्तु विभेद के पर्याप्त अवसर देते है जों कि काफी शोध लागत द्वारा प्रतिस्पर्द्धापूर्ण पतन से बच पाते है।

तान्त्रिकी तत्व में वे अतिरिक्त आर्थिक शक्तियाँ भी हैं जो कि वस्तु पतन की दर को नियन्त्रित करती है - इनमें से पहली शक्ति बाजार स्वीकृति की दर है। बाजार स्वीकृति का आशय उस सीमा से है जहाँ क्रेता किसी वस्तु को अन्य तरीकों से उसी प्रकार की सेवा करने का गम्भीर विकल्प मानने लगते हैं। बाजार स्वीकृति एक आंशक घटक है जो कि सांस्कृतिक पिछड़ेपन के कारण होती है तथा यह वस्तुओं के गुण एवं लागत के कारण तान्त्रिकी तौर से उपयोगी होने के पश्चात् होती है। दूसरी ओर, कार्य-योग्य नमूने (Workable Models) का विकास किया जा सके इसके काफी पहले ही स्वीकृति की प्रवृत्ति का अस्तित्व हो सकता है। इसके बाद वस्तु के अन्तिम रूप में आने पर विक्रय में काफी विस्तार होता है। एण्टीहिस्टामिन सर्दी की गोलियाँ जब निकाली जा रही थी तो उनके बाजार में आने के पहले ही उपभोक्ता खरीदने की इच्छा व्यक्त कर चुके थे और बाद में उसका अप्रत्याशित विक्रय हुआ। सचमुच में, कम इकाई लागत किसी आविष्कार की बाजार-स्वीकृति को गतिशील कर सकती है। यही स्थिति बॉल पेन (Ball Pen) तथा इस्पात घरों के बारे में भी है।

किसी भी नयी वस्तु के बाजार में पतन का एक प्रमुख निर्धारक प्रतिद्वन्द्वी प्रवेश (Competitive Entry) भी होता है। उदाहरण के लिए, द्वितीय विश्व युद्ध के पहले अमरीका में प्रक्षालन संयन्त्र व्यवसाय (Washing Maching Business) का जब प्रादुर्भाव हुआ तो मेटैग (Maytag) मशीन को कम पेटेण्ट संरक्षण देने के कारण जल्दी ही छोटे उत्पादकों के द्वारा भी उसके बाजार में प्रवेश मिला और उसकी स्थिति एकाधिकारी की नहीं रही। इसी तरह बॉल पेन का जब जन्म हुआ तो वह काफी कीमती था लेकिन पेटेण्ट तथा तकनीकी अवरोधों की प्रभावहीनता के कारण अब वह बहुत सस्ता हो गया है।

प्रारम्भ में आविष्कारक प्रतिद्वन्द्वी पतन की दर को एक महत्वपूर्ण सीमा तक मूल्यहीन (Non-Price) तथा मूल्य युक्त व्यूहों के द्वारा नियन्त्रित कर सकता है। वस्तु सुधार

में सफलतापूर्ण शोधं से भी वस्तु की नवीनता को संरक्षित रखा जा सकता है अथवा, पेटेण्ट की अवधि को बढ़ाकर भी उसकी स्थिति मजबूत की जा सकती है।

अग्रणी मूल्य निर्धारण (Pioneer Pricing)

प्रारम्भिक मूल्य निर्धारण उस वस्तु का होता है जो कि उत्पादक द्वारा सबसे पहले पैदा की जाती है। मूल्य निर्धारण की समस्याएँ उस समय ही से प्रारम्भ हो जाती हैं जबकि कोई कम्पनी किसी वस्तु की वर्तमान उपयोगिता में भिन्नता पैदा करती है और इस भिन्नता को अस्थायी रूप से पेटेण्ट उत्पादन की गोपनीयता, सीमित शर्तो के नियन्त्रण अथवा अन्य अवरोधों से प्रतिद्वन्द्विता से संरक्षण प्राप्त करती है। यहाँ पर विक्रेता को अत्यधिक वस्तु विभेद में मूल्य निर्धारण विवेक का काफी लम्बा क्षेत्र मिल जाता है। उदाहरण के लिए, मैकग्रोव इलैक्ट्रिक कम्पनी (McGrow Electric Company) का टोस्ट मास्टर काफी अर्से तक संरक्षित गुण विशेषता के कारण अन्य टोस्टरों की अपेक्षा ज्यादा कीमत पर बेचा जाता था। उत्पादक प्रारम्भिक मूल्य निर्धारण कैसे करे इसके लिए जो मुख्य कदम होते हैं, वे चार है :

(1) माँग का अनुमान (Estimate of Demand),

(2) बाजार लक्ष्य निर्णय (Decision of Market Targets)

(3) प्रवर्तन-ह्यूह-रचना (Promotional Strategy),

(4) वितरण मार्ग का चयन (Choice of Channels of Distribution)।

माँग का अनुमान : प्रारम्भिक वस्तुएँ पुराने एकाधिकार की अपेक्षा अनुमान करने में ज्यादा कठिन होती हैं क्योंकि वस्तु क्रेताओं के अनुभव के बाहर हैं एवं इनकी विशिष्टता नाशवान है। तब जहाँ तक सम्भव होता है यह जानना ही पड़ता है कि नयी वस्तु की माँग की खोज कैसे है? यह कैसे जाना जाय कि कितने व्यक्ति इस वस्तु को खरीदने के लिए तैयार हैं जो कि पहले न तो उनके द्वारा देखी गयी है, जौर न प्रयोग में लायी 3यी है? नयी वस्तु के माँग अनुमान की समस्या को पुनः उपसमस्याओं में विभाजित किया जा सकता है:

(i) क्या यदि मूल्य प्रतिद्वन्द्वी श्रृखंला में हो तो वस्तु बिकेगी?

(ii) क्या वस्तु की श्रृखंला मितह्ययिता की दृष्टि के क्रेताओं को आकर्षित करेगी?

(iii) इस गूल्य श्रृखंला में भिन्न भिन्न बिन्दुओं पर कितने विक्रय की आशा की जा सकती है?

(iv) विस्थापित विकल्पों के उत्पादको की प्रतिक्रिया मूल्य के प्रति क्या है?

पहला कदम, जो कि वस्तु के विक्रय से सम्बन्ध रखता है, वह उपभोक्ताओं की अधिमान तथा शेक्षणिक योग्यता एवं नयी वस्तु की तान्त्रिकी सम्भावना की खोज है। जैसे कि अगर पुराने प्रकार के लोहे की रिंच की अपेक्षा उत्पादक के दिमाग में एल्यूमिनियम की रिंच बनाने का विचार आये तो ऐसा हो सकता है कि रिंच प्रयोग करने वाले लोग ऐसा सोचे कि एल्युमिनियम की रिंच हल्की एवं सस्ती भी होती है।

कभी-कभी इस मान्यता के साथ प्रारम्भ करना सम्भव होता है कि निकटतम विकल्पों को पूर्णत: विस्थापित कर दिया जायगा। उदाहरणार्थ नये प्रकार के चमकीले नाम पट्ट (Sign Board) को बनाने वाले पदार्थ के विचार को जानने के लिए कोई कम्पनी स्वचालित गाड़ियों के लाइसेन्स की संख्या को, उच्च मार्गो के चिन्हों को, रेल, सड़क, क्रियात्मक चिन्ह तथा अन्य प्रयोगों के सम्बन्ध में कुल संख्या तथा क्षेत्र का अनुमान करना शुरू करती है। इसके बाद प्रत्येक श्रेणी में रात्रि प्रकार प्रतिबिम्ब का भी अनुमान किया जाता है, लेकिन इससे केवल ग्रामीण तथा उप-नगरीय घर ही लाभ उठा सकते है।

यह असामान्य नहीं है तथा सम्भवत: किसी उत्पादक के लिए यह सीधी मान्यता की वस्तु कीमत बिना श्रृखंला की कल्पना किये ही किसी प्रतिद्वन्द्वी श्रृंखला में होगी तो यह भी सम्भवत: अवास्तविक नहीं है।

मूल्य की प्रतिद्वन्द्वी श्रृखंला को पहचानना दूसरा कदम है। दूसरे के द्वारा मूल्य निर्धारण अनुभव को कुछ गिने चुने वितरकों, जो कि ग्राहकों के विकल्पो तथा अधिमानों का पर्याप्त ज्ञान रखते हैं और उसके आधार पर ये सोचते हैं कि नयी वस्तु के लिए कौन-सा मूल्य अच्छा होगा, से साक्षात्कार द्वारा हो सकता है। अनुभवी औद्योगिक उपभोक्ताओं से भी नमुने के तौर पर प्रत्यक्ष वार्ता से भी वस्तुओं की व्यावहारिक श्रृखंला का विश्वसनीय अनुमान लगाया जा सकता है। जैसे कि बिजली यन्त्र के उत्पादक प्राय: अपने अभियन्ताओं को ग्राहकों के पास भेजकर वस्तु की योजना एवं नमुने को दिखाते हैं जिससे कि इसकी तान्त्रिकी सम्भावना को जाना जा सके।

कम मूल्य वाली बिलकुल नयी उपभोक्ता वस्तुओं की मूल्य श्रृखंला का अन्दाज लगाने में वस्तु विनिमय साम्य की धारणा का तथ्य युक्त शोध संकेत हो सकती है। उदाहरण के लिए, यदि कागज की वस्तुओं का उत्पादक वर्तमान वस्तुओं से भिन्न ऐसा भी कागज पैदा करता है जिससे कि वह प्लेट का, तौलिये का और हेयर पिन का भी काम करे तो व्यावसायिक कार्यपालक इसका अन्दाज लगाते हैं कि ऐसी वस्तुओं के उपभोक्ता कितने होंगे और वे कितनी कीमत देंगे? लेकिन सम्भावित उपभोक्ताओं से यह पूछना कि नयी वस्तु की कितनी कीमत देने के लिए वे इच्छुक हैं, इसके आधार पर जो माँग तालिका बनेगी वह विश्वनीय अनुमान नहीं देगी। लोग यह नहीं जानते हैं कि वे आने वाले समय में किसी वस्तु का कितना मूल्य देंगे। मूल्य आंशिक रूप से उनकी आय तथा भविष्य के विकल्पों पर निर्भर करता है। युद्धोत्तरकाल में टेलीविजन सेट निर्माताओं ने जिन तरीको को अपनाया था और उससे जो परिणाम आये वे बहुत ही गलत तथा अविश्वसनी थे क्योंकि युद्धकालीन वस्तुओं, के अभाव ने सम्भावित क्रेताओं को उनकी आय को खर्च करने के विभिन्न विकल्पो को तहस नहस कर दिया था । इसमें दूसरे कमजोरी जो कि इसके रूप से कम गम्भीर हो सकती है, यह है कि जिन प्रश्नों के उत्तर आते हैं वे उपभोक्ताओं की इस भ्रान्तिपूर्ण धारणा से प्रभावित होते हैं कि वे अच्छी कीमत के लिए मोल-भाव करते हैं। अतएव साक्षात्कार की प्रणाली जब तक और अधिक नहीं सुधारी जायगी तब तक सही अन्दाज मिलना कठिन है।

जहाँ इस प्रकार की पुछताछ अल्पकालीन होने के कारण कोई भी उपभोक्ता अभिरूचि लेने में असमर्थ हैं तो वहाँ यह बात ध्यान देने योग्य है कि ऐसी प्रारम्भिक गवेषणा

से भी मूल्य लोच, विशेषत: वस्तु विभेद जैसे कि स्टाइल नियन्त्रण और स्वचालित विशेषताओं के प्रयोग से भी विस्तुत बाते जानी जा सकती है।

तीसरी बात यह है कि कई सम्भव कीमतों से प्रत्याशित विक्रय के आकार के सम्बन्ध में निश्चित जानकारी कैसे हो इसका उत्तर वस्तुओं के विकल्पों की छानबीन से होता है। सामान्यतया क्रेता वस्तु की वैसी ही सेवा के विद्यमान साधनों का चयन करता है और इन विकल्पों की लागत का विश्लेषण नये तरीके की कीमत को निश्चित करने में मदद देता है। लागत प्रणाली रखने वाले औद्योगिक ग्राहकों के लिए तो यह तुलना और भी आसान तथा महत्वपूर्ण हो जाती है। इसका उदाहरण ऐसे ट्रक से दिया जा सकता है जिस पर से सामान उतारने के लिए कुलियों की जरूरत न हो लेकिन इस प्रकार की तुलना प्राय: गुण-अन्तर के द्वारा मूल्य में अन्तर लाती है। वस्तुओं की सेवा के विकल्प कभी कभी इतने भिन्न होते है कि वे मूल्य निर्धारण के समय कठिनाई पैदा कर देते है। यह जानना कठिन है कि नयी वस्तु को सस्ती बनाने से कितना अच्छा होगा अथवा नयी वस्तु को महँगी बनाने से कितना बाजार घट जायेगा? इसके उत्तर सामान्यतया अनुभव एवं शोध से प्राप्त होते है।

आजकल ऐसा भी देखा जाता है कि उत्पादक नयी वस्तुओं का प्रयोग कुछ कर्मचारियों के ऊपर करते हैं। वे कर्मचारियों को ऐसी वस्तुओं को काफी छूट पर इस शर्त के साथ बेचते हैं कि प्रयोग काल के अन्त में वे लौटा भी सकते है और क्रय मूल्य को वापस ले सकते हैं।

अन्त में, माँग का अन्दाज लगाने में मूल्य कम करके विस्थापित विकल्पों के उत्पादकों द्वारा प्रतिशोघ की सम्भावना को जानकर भी लगाया जा सकता है। लेकिन अगर नयी वस्तु बाजार के केवल एक छोटे भाग को ही विस्थापित करती है तो ऐसा प्रतिशोध नहीं भी हो सकता है। इसके साथ साथ पुराने उद्योग भी नयी वस्तु के निर्माता से लोहा लेना चाहेंगे और मूल्य कटौती जैसे साधन अपनायेंगे। जैसे कि श्याम-श्वेत (Black & White) संवेदनापूर्ण कागज (Sensitive Paper) का निर्माता इस बात का अध्ययन करने के लिए कि उसकी कीमत में कमी आने से ब्लूप्रिण्ट कागज की ही अध्ययन नहीं करना पड़ता अपितु उसे इसकी लागत को भी जानना पड़ता है क्योंकि ऐसा हो सकता है कि ब्लूपिण्ट कागज पैदा करने वाले अपनी वृद्धिगत लागतों के स्तर को घटाने के लिए कीमत गिरा दें।

बाजार लक्ष्य निर्णय - जब कम्पनी नयी वस्तु के लिए सम्भावित माँग एवं कीमत की श्रृंखला के विचार को विकसित करती है तो वह बाजार लक्ष्य तथा प्रवर्तन योजना के सम्बन्ध में भी निर्णय लेने की स्थिति में होती है। बाजार उद्धेश्यों के निश्चय में बाजार अंश उत्पादन श्रृखंला में नयी वस्तु की उपादेयता, उत्पादन तरीकों, वितरण के मार्ग, इत्यादि पर विचार किया जाता है। ये सारे पहलू उत्पादन एवं वितरण में संयुक्त विस्तार व्यय तथा सम्भावित प्रतियोगिता के परिणाम है। यदि प्रविष्टि आसान है तो कम्पनी अपनी वर्तमान उत्पादन एवं विक्रय क्रियाओं को नये बाजार के बड़े हिस्से पर अधिकार करने के लिए परिवर्तन नहीं करना चाहिए। लेकिन यदि सम्भावित लाभ पर्याप्त नये आय-शोध के अनुसार होते है तो यह उचित होगा कि संयन्त्र पर पूँजीगत व्यय किया जाय और अधिक लाभ का पूरा पूरा फायदा उठाया जाय। इन सारे पहलूओं का एक मूलभुत जवाब उत्पादन एवं वितरण के लागत - बर्ताव की आशा है। यहाँ पर सम्बद्ध आँकड़े उत्पादन व्यय ही हैं जो कि निर्णय

के दिन के पश्चात किये जायेंगे। इस व्यय में पूँजी व्यय तथा परिवर्तनशील लागत दोनों ही आती है। आगे बढ़ा निर्णय (Go-ahead decision) वस्तु के बाजार में चलने से प्राप्त आय द्वारा जब तक लागत की वसूली होने की निश्चितता नहीं हो जाती तब तक नहीं लिया जाता। लागत के कई भिन्न भिन्न नमूने रूक जाते है जो कि उत्पत्ति के वैकल्पिक पैमाने, बाजार विस्तार की दर, सम्भावित प्रतियोगिता की धमकी तथा विचाराधीन प्रतिद्वन्द्विता का सामना करने के उपाय पर निर्भर करती है। लेकिन ये तत्व और निर्णय, जो कि प्रवर्तन व्यूह के सम्बन्ध में लिये जाते हैं, एक दूसरे पर निर्भर करते हैं। वस्तुस्थिति यह है कि वह चक्रीय समस्या है जो कि सिद्धान्त में समकालीन समीकरणों के द्वारा ही हल की जा सकती है।

लेकिन यह सम्भव है कि कुल अनुमान इस वक्र को तोड़ दें। पैमाना सम्बन्धी मितव्ययिताएँ, संयन्त्र के आकार में विशद परिवर्तन तथा उत्पादन के तरीकों के प्रकार में परिवर्तन के द्वारा होती है। यह लागत अनुमान की श्रृखंला तथा कार्य योग्य अनुपात को और अधिक संकीर्ण बना देता है। भिन्न भिन्न वितरण मार्ग के प्रयोग के प्रभाव के अनुमान बिना किसी गड़बड़ी की उत्पत्ति एवं वितरण सम्भावनाओं के साथ लगाया जा सकता है। चक्र का सबसे कमजोर बिन्दु प्रवर्तन व्यूह सम्बन्धी निर्णय होता है। यहाँ पर विकल्प विस्तृत होते है तथा कई तरह के परिणाम देते हैं। इसलिए मूल्य निर्धारण का अगला कदम प्रवर्तन क्रिया की याजना होती है।

प्रवर्तन व्यूह रचना - प्रारम्भिक प्रवर्तन व्यय ऐसी वस्तु में विनियोजित होते हैं जिसको कि बाजार की स्थापना के बिना वसूला नहीं जा सकता। आविष्कारक वस्तु के अस्तित्व एवं प्रयोगों के सम्बन्ध में उपभोक्ताओं की जानकारी करवाता है। इस तरह बाजार बनाने का भार अपने ऊपर लेता है एवं बाद में जो नकलबाज हैं उन्हें यह काम नहीं करना पड़ता है। अत: यदि आविष्कारक अपने भविष्य के प्रतिद्वन्द्वियों के लिए लाभकारी नहीं होना चाहता है तो मूल्य निर्धारण सम्बन्धी विवेक की समाप्ति होने के पहले ऐसी निर्धारण योजना बनाये कि उसका प्रारम्भिक व्यय उसे वापस मिल जाय। उसकी आधारभुत सामाजिक समस्या यह है कि उसके दीर्घकालीन लाभ को अधिकतम बनाने के लिए उचित सम्मिश्रण हो। वह सापेक्षिक रूप प्रारम्भिक स्थिति में ऊँची कीमत ले सकता है। जिससे कि विज्ञापन पर हुआ व्यय एवं विक्रेता को दे दी गयी छूट तथा प्रवर्तन लागत की वापसी हो सके। इसके अतिरिक्त वह प्रारम्भ में ही कम कीमतों को ले सकता है तथा लाभ की सीमा को कम रख सकता है जिससे कि सम्भावित प्रतिद्वन्द्वी पेटेण्ट, वितरण मार्ग अथवा उत्पादन तकनीकी की अपर्याप्तता के बावजूद भी हतोत्साहित हो जाय।

वितरण मार्ग का चयन : अन्तिम उपभोक्ता तक पहुँचने वाली नयी वस्तु के वितरण के मार्ग की लागत का अन्दाज भी मूल्य निर्धारण क्रिया में सम्मिलित होता है क्योंकि ये लागतें कारखाना कीमत को प्रशासित करती हैं जिसके परिणामस्वरूप एक विशिष्ट उपभोक्ता कीमत बनती है तथा उपभोक्ता कीमत ही विक्रय का निर्धारक है। वितरण सम्बन्धी लाभ की सीमाएँ आंशिक रूप से शुद्ध प्रवर्तन लागत होती है। मूल्य एवं लागत के बीच का अन्तर इतना होना चाहिए जिससे कम से कम वितरक की संचय करने, निकलने एवं रखने, आदेश पूर्ति करने की लागतें वसूल हो जायें। ये लागते वास्तविक क्षमता तथा इसके प्रयोग से सम्बद्ध कारखाना उत्पादन लागतों से मिलती- जुलती हैं, इसलिए ये व्यापार मार्ग-छुट

(Trade-Channel Discount) के लिए न्यूनतम स्तर निश्चित करते हैं। लेकिन प्राय: वितरक विक्रय को बढ़ाने के लिए स्थानीय विज्ञापन करते हैं तथा प्रदर्शन करने में भी प्रवर्तनीय प्रयास करते हैं अत: उनकी ऐसी लागतें भी प्राप्त होनी चाहिए।

ये शुद्ध प्रवर्तनीय लागतें अधिकांशत ऐच्छित होती है। वास्तविक लागतों से भिन्न ये लागते विक्रय आकार से कम ही सम्बन्ध रखती है। व्यापारिक छूटों में अतिरिक्त लाभ प्रोत्साहन देने से यद्यपि किसी स्थान विशेष के विक्रय प्रयास पर प्रभाव पड़ता है किन्तु यह ऐच्छिक रूप से ही कोई निर्माता नयी वस्तु बाजार में रखने में अपनी सम्भवित आय को खर्च करता है।

प्रवर्तनीय लागतों को जानने के लिए निर्माता इस बात पर विचार करे कि किस हद तक विक्रय प्रयास मध्यस्थों के द्वारा होगा। सचमुच में कुछ विक्रय मार्ग जैसे कि घर घर जाकर विक्रय करना (Mobile Sales) तथा घरेलू प्रदर्शकों द्वारा खुदरा दुकान में बिक्री होना निर्माता के प्रवर्तन कार्य के पर्याप्तत स्थानान्तरण का प्रतिनिधित्व करते हैं तथा प्राय: पारस्परिक तरीकों से ज्यादा वितरण मार्ग लागतें होती हैं। अधिक वितरक लाभ को प्रवर्तन कोषों का उचित प्रयोग केवल तभी होता है जबकि उत्पादक सोचता है कि ऊँची कीमत और कम प्रवर्तन मूल्य की अपेक्षा ज्यादा विस्तारवादी नीति है। इसलिए नयी वस्तु के मूल्य निर्धारण तथा लागत और इसे बाजार तक लाने की समस्याओं के बीच काफी निकट सम्बन्ध है।

नयी वस्तु के मूल्य निर्धारण सम्बन्धी सामरिक निर्णय में सरलता हेतु मूल्य नीति को दो भागों में बाँटा जा सकता है:

1. मन्थन कीमत (Skimming Price),

2. भेद्य मूल्य (Penetration Price)

मन्थन कीमत (Skimming Price)

मन्थन मूल्य वह प्रारम्भिक कीमत होती है जो कि मांग का मन्थन करती है अर्थात् नयी वस्तु की मांग ऊची होती है जो कि वस्तु के पसन्द आने पर की जाती है (Skimming price is that high initial price which skims the cream of Demand) वे वस्तुएँ जो कि किसी पुरानी वस्तु से उपयोगिता के मामले में भिन्न होती है और वह भिन्नता वस्तु में अधिक उपयोगिता लाती है जो उत्पादक बाजार विकास की प्रारम्भिक स्थितियों में भारी प्रवर्तनीय व्ययों के साथ ही साथ ऊँची कीमतें लेने की नीति अपनाता है। इस नीति के अपनाने के कई कारण है:

(क) बेलोचदार माँग (Inelastic Demand) - मूल्य की दृष्टि से किसी वस्तु के पूरे विकास की अपेक्षा प्रारम्भिक अवस्था में माँग अधिक बेलोचदार होती है। ऐसा उपभोक्ता वस्तुओं में विशेषत: पाया जाता है। एक नवीन वस्तु - जैसे कि बिजली का कम्बल, यद्यपि वर्तमान व्यय ढाँचे में कोई विशेष महत्व नहीं रखता लेकिन फिर भी जो धनी है वे इसका क्रय कर सकते हैं। परन्तु सामान्य उपभोक्ता पारस्परिक विकल्पों के मूल्य की अपेक्षा ऐसी वस्तुओं के मूल्य के बारे में अनभिज्ञ हैं तो भी प्रारम्भिक अवस्था में चूँकि नयी

वस्तु को पैदा करने वाले कम होते हैं, अत: प्रतिद्वन्द्विता नहीं होती है और माँग की प्रतिलोच में कमी होती है। प्रवर्तनीय लोच, दूसरी और ऊँची इकाई वाली वस्तुओं के लिए विशेष रूप से अधिक होती है जैसे कि टेलीफोन सेट। जब उपभोक्ता इस बात से अवगत नहीं हैं कि वस्तु उनके लिए क्या कर सकती है तो उनको इसका ज्ञान कराने से माँग में प्रभावपूर्ण वृद्धि की जा सकती है।

(ख) बाजार मोड़ (Diversion of Market)- नये उत्पादन को ऊँची कीमत के साथ चलाने का कार्य क्षमतापूर्ण करने का साधन यह है कि माँग की मूल्य लोच में भिन्नता वाले बाजारों को विभाजित कर दिया जाय। प्रारम्भिक ऊँची कीमत उस बाजार का मन्थन करती है जो कि सापेक्षिक रूप से मूल्य के प्रति उदासीन है। तत्पश्चात मूल्य में कमी के कारण बाजार के और अधिक लोचदार क्षेत्रों पर अधिकार किया जा सकता है। यह मूल्य निर्धारण व्यूह रचना किसी पुस्तक के संस्करणों से समझा जा सकता है जहाँ कि पुस्तक शुरू में तो काफी ऊँची कीमत के साथ प्रकाशित होती है लेकिन बाद में चलकर वह पाकेट बुक्स के रूप में आकर बहुत सस्ती हो जाती है।

(ग) सुरक्षापूर्ण मूल्य नीति (Safer Price Policy)- मन्थन मूल्य नीति देखने में कुछ सुरक्षापूर्ण मालूम होती है। जब माँग की लोच का ज्ञान नहीं हो तो ऊँची प्रारम्भिक कीमत खोज की स्थिति के दौरान अस्वीकृत कीमत जैसी सेवा देती है। अर्थात् कोई कम्पनी तब तक अपनी वस्तु को बिलकुल नहीं बेचेगी जब तक कि प्रारम्भिक ऊँची उत्पादन तथा विक्रय की लागतों की क्षतिपूर्ति नहीं करती है और यदि वस्तु की सफलता निश्चत हो तो इन लागतों को नयी वस्तु की विनियोग व्यय समझा जायेगा।

(घ) वस्तु आविष्कार का वित्तीयकरण (Financing the product at floatation)- कई कम्पनियाँ इस स्थिति मे नहीं होती कि वे नयी वस्तु के उत्पादन को सुदूर भविष्य की आय से वित्त प्रदान करें। प्रारम्भ में ऊँचे नकद व्यय नूतन वस्तु के प्रवर्तनीय विनियोग के अतिरिक्त उत्पादन एवं वितरण की भारी लागतों के कारण ही होते हैं, जबकि बाजार विस्तार पर होने वाले प्रभाव से नीची प्रारम्भिक कीमत ऊँची कीमत की अपेक्षा ज्यादा लाभदायक होती है तो भी कम्पनी अपने इन प्रारम्भिक विनियोग के लिए भविष्य की कमाई को बन्धक नहीं रखना चाहेगी। अत: ऊँची प्रारम्भिक कीमत किसी वस्तु परिवार के उद्गम की लागतों का वित्तीयकरण करती है जबकि अनिश्चितता पूँजी के सामान्य स्रोतों को बन्द कर देती है।

भेद्य मूल्य (Penetration Price)

भेद्य मूल्य वह नीची कीमत है जो कि प्रारम्भ से ही बाजार भेदने के लिए एक कार्यशील एजेण्ट का काम करती है। और इससे सम्बन्धित नीति भेद्य मूल्य नीति कहलाती है। यह मूल्य नीति मन्थन मूल्य से ठीक उल्टी होती है। इसमें सामान्य बाजारों में पहले प्रवेश करने के लिए नीची कीमतों को प्रधान साधन बनाया जाता है। अन्धविश्वासी मन्थन मूल्य नीति में यह गुण तो है कि बाजार भेद्य की प्रत्येक अवस्था में कुछ लाभ देती है लेकिन इससे वस्तु का विक्रय आय के नीचे स्तर तक नहीं जाने के कारण बहुत क्रेताओं को शोध लाभ नहीं हो पाता है। इसका कारण यह है कि निम्न आय वाले लोग इस वस्तु की नवीनता के

लिए अधिक कीमत नहीं देना चाहते और विक्रय केवल कुल धनियों अथवा दिखावट करने वाले लोगों तक ही सीमित हो जाता है। शोध पूर्वाभास तथा धैर्यपूर्ण प्रारम्भिक भेद्य मूल्य निर्धारण बाजार विस्तार की सम्भावना की खोज के शाश्वत तरीके हैं। निम्न मूल्य संरचना अल्पकालीन लाभ की अपेक्षा दीर्घकालीन लाभ में अपनायी जानी चाहिए क्योंकि बाजार की सम्भावनाओं का पूरा पूरा लाभ उठाने में एक लम्बे समय की आवश्यकता होती है।

बाजार विस्तार के लिए मूल्य निर्णय (Price decision for market expansion) - बाजार विस्तार के लिए मूल्य निर्णय वस्तु के जीवन चक्र की कई अवस्थाओं में लिया जा सकता है। ये अवस्थाएँ क्रमशः वस्तु जन्म के पहले, शैशवावस्था, व्यस्कता तथा वृद्धावस्था की होती है। अतः प्रारम्भिक स्थिति के पहले ही वस्तु विकास शोध की स्थितियों का पता अधिक विक्रय के अवसरों के लिए लगाना चाहिए। इस दिशा में खोज और भी निश्चित तब होती है जबकि वस्तु का उत्पादन प्रारम्भ हो जाता है और मूल्य तथा वितरण की योजनाएँ निश्चित की जाती है। बाजार विस्तार के लिए मूल्य निर्धारण का प्रश्न सम्भवतः फिर वस्तु के बाजार बन जाने पर ही उठता है। कुछ वस्तुएँ नये बाजार पर अधिकार करने के लिए कम कीमत ही अपनाकर अपरिपक्व वृद्धावस्था से बचा लिया जा सकता है। इसका सामान्य उदाहरण पुस्तक उद्योग में पांकिट आकार के संस्करण होते है जिनसे केवल व्यावसायिक लाभ ही नहीं होता बल्कि कई लेखकों का पुनर्जन्म भी होता है। ऐसी वस्तु के विक्रय विकास का ढाँचा जो कि उच्च मूल्य बाजार में स्थायित्व लाये हुए है उसको भी परिवर्तन का सामना करना पड़ता है बशर्ते कि नये बाजार को प्राप्त करने के लिए एकाएक मूल्य को गिरा दिया जाय। इसका उदाहरण वायुमार्ग के व्यवसाय में मिलता है जहाँ यद्यपि हवाई जहाज में सुरक्षा तथा यन्त्र ध्यान में रखा जाता है तो भी अनुसूचित वायु सेवा कम्पनियों के मोल जोल की दर को अनुसूचीहीन (Non-Scheduled) दर में कटौती के अनुरूप समायोजन करने की प्रवृत्ति होती है।

बाजार वेध की परिस्थितियाँ (Conditions for market penetration) - अब यह देखा जाय कि कौन कौनसी परिस्थितियाँ बाजार वेध के लिए आक्रामक मूल्य (Aggressive Price) को अपनाने के लिए बाध्य करती है। यद्यपि इसका ब्यौरद्य सिलसिलेवार ढंग से नहीं दिया जाता फिर भी अध्ययन की सुविधा से कुछ सामान्य बातों को बतलाना है जो इस प्रकार है:

(क) अल्पकाल में माँग की ऊँची मूल्य-लोच (High price elasticity of demand in the short-run) - सबसे पहले भेद्य मूल्य के लिए यह आवश्यक है कि अल्पकाल में माँग की ऊँची मूल्य लोच होनी चाहिए। इसका मतलब यह है कि मूल्य कटौती का असर विक्रय पर काफी पड़ना चाहिए।

(ख) उत्पादन लागत में बचत (Savings in Production Costs) - बड़े आकार के कारण उत्पादन लागतों में होने वाली बचतें काफी होनी चाहिए लेकिन भेद्य मूल्य के लिए यह शर्त आवश्यक नहीं है क्योंकि यदि माँग की लोच बहुत अधिक है तो बाजार विस्तार के लिए मूल्य निर्धारण करना मितव्ययिताओं के पैमाने को ध्यान में रखे बिना भी लाभदायक होता है।

(ग) उपभोक्ताओं की व्यय संरचना में समायोजित होने की सुगमता (Ease of adjustment in consumers expenditure pattern) - वस्तु ऐसी अवश्य होनी चाहिए कि सबसे पहले इसको उपभोक्ताओं के व्यय ढाँचे में शामिल किया जाय तो बुरा नहीं लगे। इन तीनो शर्तो को सरल रूप में फ्ल्यूरोसेंट बल्ब (Fluroscent Bulb) के उदाहरण से समझा जा सकता है जिसकी 1939 में भी कीमत काफी ऊँची थी लेकिन 1942 तक में इसकी कीमत घटकर एक तिहाई हो गयी तथा विक्रय में 18 गुना वृद्धि हुई।

(घ) सम्भाव्य प्रतियोगिता की धमकी (Threat of Potential Competition) - भेद्य मूल्य के लिए यह भी बहुत जरूरी है कि सम्भावित प्रतिस्पर्द्धा की धमकी बनी रहे। बाजार विकास की प्रारम्भिक स्थितियों में अधिकांश निम्न मूल्य नीतियों का एक प्रमुख उद्धेश्य यह होता है कि सम्भावित प्रतिद्वन्द्वियों के प्रवेश में बाधा डाली जाय। इसकी सफलता प्रतिद्वन्द्वियों के प्रवेश की लागत एवं बाजार के सम्भावित आकार पर निर्भर करती है। जब कुल माँग कम हो तो संयन्त्र का सर्वाधिक कार्यक्षमतापूर्ण आकार बाजार की पूर्ति का बाधा ही काफी बड़ा होता है। इस स्थिति में निम्नतर मूल्य नीति (Lower Price) बाजार के अधिकांश हिस्से को प्राप्त कर सकती है तथा सफलतापूर्वक निम्नतर लागत (Lower Costs) प्रतियोगिता कर सकती है जबकि ऊँची कीमतों को बाद में आने वालों के लिए छुट पर विक्रय करने के लिए स्थापित बाजारों पर आक्रमण कर सकती है। फिर भी, कई उद्धेश्यों में प्रमुख सम्भावित प्रतिद्वन्द्वी बड़े होते हैं। बड़ा का आशय यहाँ अपवर्त्य उत्पाद (Multiple Products) फर्म से है जिसके लिए विचारार्थ वस्तु सम्भवतः सीमान्त होती है। ऐसी फर्म के लिए प्रवेश का सबसे महत्वपूर्ण विचार वर्तमान लाभांश नहीं होता बल्कि विक्रय के बड़े एवं विकासशील आकार की सम्भावना होती है। लागत के आधिक्य में वर्तमान सुरक्षित अंश (Margin) ही महत्वपूर्ण विचार नही होता क्योंकि ऐसी फर्में सामान्यतया इस बात के विश्वस्त रहती हैं कि यदि उत्पादन की मात्रा अधिक हो तो प्रतिद्वन्द्वियों की उतनी ही लागत में कमी वे भी ला सकते हैं। इसलिए जब कुल बाजार छोटा होने की सम्भावना रखता हो तो प्रत्याशित प्रतिद्वन्द्वी इस प्रकार की वस्तु का प्रयोग अनुपयुक्त समझेंगे और तब बिना हानि के ही उच्च सुरक्षित अंश नीति (High Margin Policy) अपनायी जा सकती है।

दूसरी ओर, जब सम्भावित विक्रय बहुत अधिक जान पड़े तो वस्तुओं की कीमतों को प्रत्याशित दीर्घकालीन स्तर पर निर्धारित करने की नीति अपनायी जानी चाहिए। पहले प्रवेश करने वाले व्यक्ति का प्रमुख उद्धेश्य बाजार के एक हिस्से को अपने हाथो में लेना होता है। ब्राण्ड अधिमान लागतें और प्रतिद्वन्द्वी प्रवर्तन आकर्षण की पूर्णता की अपेक्षा प्रारम्भ में कम होती हैं - जैसे कि किसी साबून के निर्माता ने एक इस प्रकार के साबून का निर्माण किया हो जा कि कपड़ो को अधिक सफेद तथा चमकीले बनाये तो इसमें साबून बनाने वाली कम्पनी ने इस बात पर जोर दिया कि तत्काल अधिक कीमत लेने की अपेक्षा सामान्य कीमत लेकर बाजार को बढ़ाया जाय। ऐसा निर्णय दीर्घकालीन दृष्टि से उचित प्रतीत होता है क्योंकि ऐसा न होने पर इसके प्रतिद्वन्द्वी शीघ्र ही इसकी नयी वस्तु का मुकाबला करने लगेंगे। एक दूसरा क्षतिपूरक विचार यह हो सकता है कि यदि नयी वस्तु से दीर्घकाल में पूँजी वसूली की आशा की जाय तो इसमें इस बात की जोखिम रहती है कि बाद में प्रवेश करने वाले लोग

नयी उत्पादन तकनीकी का प्रयोग करेंगे और प्रवर्तक उत्पादक की प्रारम्भिक लागत संरचना से भी ज्यादा कमी अपनी लागत में करेगें।

लाभ गणना में बाजार विकास मूल्य निर्धारण अन्य वस्तुओं के विक्रय एवं कम्पनी के दीर्घकालीन भविष्य आदि को ध्यान में रखना चाहिए। प्रायः विकास मूल्य निर्धारण के निर्णय के प्रयोग से फर्म की कुल क्रियात्मक व्यूह-रचना पर होने वाले दीर्घकालीन प्रभावों को जानने में होता है। बाजार विस्तार मूल्य निर्धारण उदाहरण एसबेस्टस के चद्दरों के उत्पादक से किया जा सकता है। एस्बेस्टस के चद्दरों का उचित विक्रय मूल्य भवन बाजार में सीमित होता है। एसबेस्टस के चद्दरों के उत्पादक यह चाहते हैं कि इसके उत्पादन का बाजार बढ़े हो अन्य छत बनाने वाले उत्पादकों के साथ प्रभावपूर्ण ढंग से प्रतिस्पर्द्धा करें जिससे कि गृह निर्माण योजनाओं में खर्च को काफी घटाया जा सके। इस दिशा में अगर उत्पादक यह कोशिश करता है कि अलकतरा एवं बालू को मिलाकर चद्दरो बनाने की कीमत क्या हो तो घर बनाने वालों को आकर्षित किया जा सकता है। इसके पश्चात कम्पनी इस बात की भी खोज करती है कि उत्पादन की लागत एवं आकार के बीच क्या सम्बन्ध हो। परिवर्तनशील लागत तथा स्थिर लागत के अलग अलग तरीकों से अनुमानित सम्भावनाओं को जाना जाता है। लाभ की प्रतिशत सुरक्षित कोष की अपेक्षा मुद्रा के रूप में जानने के लिए कम्पनी में एसबेस्टस चद्दरों की कीमत कम करती है तथा अपनी लागत को भी अलकतरा बालू मिश्रित छतों की लागत के बराबर लाती है जिससे काफी बाजार विस्तृत हो सकता है उसका महत्वपूर्ण हिस्सा इस उत्पादक के हाथ में आ सकता है।

परिपक्वता में मूल्य निर्धारण (Pricing in Maturity)

अभी तक हमने वस्तु की प्रारम्भिक स्थिति का वर्णन किया और सम्बद्ध मूल्यों का विश्लेषण किया लेकिन कालान्तर में वस्तु का पृथकत्व पतन की ओर जाता है और उक्त वस्तु विशिष्ट न होकर सामान्य हो जाती है। यह सामान्य की स्थिति वस्तु-विकास की परिपक्वता कहलाती है। ऐसी परिपक्वता के लक्ष्य निम्नलिखित हैं :

1. ब्राण्ड अधिमान की कमजोरी आना। यह प्रभाव वस्तुओं में माँग की ऊची प्रतिलोच के द्वारा प्रतिबिम्बित होता है। इसमें प्रमुख ब्राण्ड बाजार खोये बिना प्रारम्भिक स्थिति की तरह ऊँची कीमत नहीं ले सकती।

2. सर्वोत्तम डिजाइनों का विकास एवं प्रभावीकरण होने के कारण वस्तुओं में वास्तविक विभेद कम हो जाता है। यह विकास स्वचालन उद्योग एवं टेलीफोन रिसीवरों में पाया जाता है।

3. निजी लेबल प्रतिद्वन्द्वियों - जैसे कि डाक-आदेश गृह के अपने लेबूल द्वारा प्रवेश होने से भी वस्तु विशिष्टता समाप्त होती है।

4. बाजार परिपूर्णता (Market Saturation) के द्वारा भी परिपक्वता आती है। टिकाऊ वस्तुओं के प्रतिद्वन्द्वी पतन का एक लक्ष्य पुनर्स्थापित विक्रय तथा नये संयन्त्र विक्रय का अनुपात है। रेड़ियो बाजार में परिपूर्णता की सीमा तक अन्दाज कभी प्रति घर एक रेडियो लगाया गया था। लेकिन अब वह विस्तृत होकर एक प्रति भवन कक्ष हो गया है।

5. उत्पादन के तरीकों में स्थायित्व ने भी परिपक्वता में प्रोत्साहन दिया। आविष्कार के परिणामस्वरूप लागतों में भारी कमी (जैसे कि पूर्व निर्मित भवन) के कारण भी स्थायी अल्पाधिकारी बाजार को तोड़ा जा सकता है।

परिपक्वता मूल्य निर्धारण विधि (Steps in Maturity Pricing)

यदि किसी निर्माता की वस्तु श्रणीकरण में जाने वाली है तो वहाँ पहला कदम यह होना चाहिए कि ज्यों ही वस्तु में विशिष्टता पतन के लक्षण दृष्टिगत हों वास्तविक कीमतों को कम करना चाहिए। यह उपाय अगर उसे निजी लेबल-प्रतिद्वन्द्वियों को रोकना है तो आवश्यक हो जाता है। रेफ्रीजरेटर तथा टायर इसके उदाहरण हैं।

लेकिन इसका यह मतलब नहीं होता कि निर्माता उद्योग में खुला मूल्य-युद्ध घोषित करे। जब वह परिपक्व प्रतिद्वन्द्वी परिस्थितियों में आता है तो वह अल्पाधिकारी सम्बन्धों में प्रवेश करता है जहाँ कीमत कटौती करना खतरनाक तथा अप्रचलित माना जाता है। अगर कीमत कटौती नहीं की जाती है तो प्रतिद्वन्द्वी प्रयास वस्तु-सुधार अथवा बाजार-विभाजन की और जाते हैं। ज्यों ही वस्तु परिपक्व होती है और इसकी विशिष्टता संकीर्ण होती है तो प्रतिद्वन्द्वी सीढ़ी में इसका कौन सा स्थान होगा यह जानना चाहिए अर्थात सापेक्षिक कम कीमत तथा ऊँची कीमत के बीच चयन होना चाहिए। लेकिन यहाँ पर परिपक्व वस्तु के सम्बन्ध में कम मूल्य नीति के अन्तर्गत तीन बातें आती है। सबसे पहले वह वस्तु, जो कि वास्तव में प्रतिद्वन्द्वी वस्तुओं के समान ही है, उद्योग की वास्तविक कीमतों के निम्नतर स्तर पर बेची जायगी।

दूसरी बात यह है कि कम्पनी का वस्तु समूह प्राय: सेवाओं एवं ख्याति का एक हल्का सम्मिश्रण दिखलाता है। अन्त में, कम्पनी प्राय: उद्योग के अन्य सदस्यों की अपेक्षा निम्नतर कुल सुरक्षित अंश (Gross Margin) रखती है यद्यपि यह सुरक्षित अंश निम्नतम शुद्ध सुरक्षित अंश नहीं होता। वस्तु की बाजार सम्बन्धी अथवा तान्त्रिकी कमियों के कारण भी निम्न मूल्य नीतियों का चयन किया जाता है। इसके अलावा, कम्पनी को यह विश्वास हो सकता है कि दीर्घकाल में माँग की मूल्य लोच तथा बाजार के महत्वपूर्ण हिस्से में बेधने के लिए नीची कीमतों की क्षमता में कम्पनी का विश्वास होता है।

लागत धन मूल्य (Cost-plus Pricing)

मूल्य निर्धारण में वास्तविक व्यावसायिक व्यवहार के सर्वेक्षण से ऐसा प्रतीत होता है कि मूल्य निश्चित करने का सर्वाधिक प्रचलित साधन लागत धन मूल्य (Cost-plus Pricing) है। इस तरीके में पहले एक लागत का अनुमान किया जाता है तथा इसमें लाभ हेतु कुछ सुरक्षित अंश (Margin) जोड़ दिया जाता है। अत: पारिभाषिक शब्दों में, लागत धन मूल्य किसी वस्तु अथवा सेवा के मूल्य निर्णय का वह साधन है जिसके अन्तर्गत लागत अनुमान के पश्चात् उसमें लाभ के लिए कुछ अतिरिक्त रकम जोड़कर मूल्य निश्चित किया जाता है। लागत पर लाभ की कितनी रकम होगी यह एक उद्योग से दूसरे उद्योग, एक फर्म से दूसरे फर्म तथा एक ही फर्म की भिन्न भिन्न वस्तुओं में अलग अलग होती है। वस्तुत: यह उचित लाभ (Just Profit) की धारणा को बतलाता है। इसे निम्नलिखित तालिका से समझा जा सकता है:

लागत धन मूल्य निर्धारण

विवरण	साधनों का प्रतिशत
सामग्री	33%
श्रम	15%
उपरिव्यय	10%
विक्रय व्यय	4%
छूट	13%
लाभ (अंश)	25%

यहाँ पर कुल लागत मूल्य का 75 प्रतिशत और 25 प्रतिशत है जो कि लागत का 33.3 प्रतिशत है। अगर उत्पादक इस नीति को अपनाता है तो वह इसी प्रकार से लागत अनुमान करके उस पर उसका एक तिहाई लाभ जोड़कर वस्तु की कीमत निश्चित कर सकता है।

लाभांश का निर्धारण (Determination of Profit Mark-up)

अब प्रश्न यह उठता है कि सामान्य लाभ के बारे में कैसे निर्णय लिया जाय। सामान्यतया लाभ बाजार स्थिति के द्वारा निर्धारित होता है। हालाँकि दो परिस्थितियों में लाभ में स्थायी होने की प्रवृत्ति भी दिखलायी देती है। एक तो, उस समय जबकि लाभ सामान्य प्रणाली की बात है और दूसरा, उस समय जबकि लाभांश (Mark-up) का निर्धारण व्यापार संघो की सलाहकार, मूल्य सूची अथवा सदस्यों के बीच वितरित सूची के द्वारा और अन्त में मूल्य . यन्त्रण के अन्तर्गत स्वीकृत लाभ नियन्त्रित करने के बाद भी अधिकतम लाभ बना रहे। ये सुरक्षित अंश नीतिपूर्ण तथा उचित होते है। प्राय: मूल्य नियन्त्रण के अन्तर्गत लाभ सुरक्षित अंश इस तरह से निश्चित किये जाते है कि सबसे कम कार्यक्षम्य फर्म के लिए जीने की भी सम्भावना बनी रहे। अत: प्रतिद्वन्द्वी परिस्थिति की अपेक्षा लाभ का अंश अधिक होता है।

लाभ की मात्रा में अन्तर प्रतिद्वन्द्वी परिस्थिति के अतिरिक्त लागत, विक्रय दर तथा जोखिम में अन्तर के कारण भी होता है। इतना ही नही, कुछ बड़ी फर्मे लागत पर औसत लाभांश को इस तरह से निश्चित करने का प्रयास करती है कि कम्पनी को विनियोग पर इच्छित प्रतिफल मिलता रहे। उदाहरणार्थ, अगर कोई फर्म अपने विनियोग पर 10 प्रतिशत प्रतिफल चाहता है तो वह वस्तु की कुल लागत में इस रकम को जोड़कर ही मूल्य निर्धारण करेगा। इस मूल्य नीती का ऐसा प्रयोग जनरल मोटर्स (General Motors) में किया गया है। प्रतिफल दर के आधार पर लाभ अंश जानने के लिए यह आवश्यक है कि सामान्य उत्पत्ति दर (Normal rate of Production) का औसत पूरे चक्रीय काल में देखा जाय। किसी वर्ष के सामान्य उत्पादन की कुल लागत को भी तब अनुमानित किया जा सकता है और प्रमाणिक लागत तथा विनियोजित पूँजी के अनुपात की गणना की जाती है जिसे पूँजी विक्रय (Capital turnover) कहते हैं। पूँजी विक्रय को प्रतिफल लक्ष्य दर से गुणा किया

जाता है जिससे प्रामाणिक लागत के साथ प्रयोग करने के लिए लाभांश प्रतिशत प्राप्त किया जाता है जो कि वस्तु एवं समय की दृष्टि से एक औसत ही है। इसका सूत्र इस प्रकार है:

$$\frac{\text{Invested capital}}{\text{Standard cost}} \times \frac{\text{Earnings}}{\text{Invested Capital}} = \frac{\text{Earnings}}{\text{Standard Cost}}$$

अब यदि किसी फर्म में पूँजी विक्रय 0.07 है और प्रतिशत की लक्ष्य दर 15 प्रतिशत है तो प्रामाणिक लागत पर लाभांश 10.5 प्रतिशत होगा। इस लाभांश के प्रयोग से जो दीर्घकालीन आधार कीमत जानी जाती है उसमें मजदूरी दर तथा कच्चे माल के मूल्य में परिवर्तन के परिणामस्वरूप समायोजन होना चाहिए। लेकिन उत्पत्ति में परिवर्तन के कारण उत्पादन की सामान्य दर नीति में परिवर्तन नहीं होना चाहिए। अधिक उत्पादन के काल में विनियोग पर प्रतिफल की दर सामान्य दर से ऊँची होती है क्योंकि प्रामाणिक इकाई लागत जो कि लाभांश का आधार है, कम जो जाती है। इसके विपरीत, कम उत्पादन वाले साम्य में वास्तविक लाभ क्रमशः घट जाता है। कुछ विशिष्ट वस्तुओं की वास्तविक कीमत आधार मूल्य से भिन्न हो सकती है क्योंकि इन वस्तुओं में से प्रत्येक की माँग एवं प्रतिस्पर्द्धा की स्थितियों में अन्तर होता है लेकिन यदि प्रतिफल की लक्ष्य दर 10 वर्ष के लिए हो तो इसमें जो परिवर्तन आते हैं उनमें लाभांश के भारयुक्त औसत (Weighted Average) के द्वारा समायोजित किया जाना चाहिए इसलिए नियोजित सुरक्षित अंश अल्पकालीन मूल्य क्रियाओं का मार्गदृष्टा होता है तथा उन सीमाओं को भी बतलाता है जहाँ तक कि प्रतिफल की लक्ष्य दर से भिन्न हो सकते है।

लागत धन मूल्य के इस तरीके में अन्य तरीकों की अपेक्षा दो अच्छाइयाँ है:

(क) यह उस लागत पर कीमत को निर्मित करता है जो कि उत्पत्ति दर में उच्चावचनों को हटाने के पश्चात् सामान्य बना दी जाती है।

(ख) यह उस लाभांश को विकसित करता है जो कि प्रतिफल दर से सम्बद्ध है। लेकिन यह सम्बन्ध स्वेच्छा तत्व को नहीं हटा पाता। स्वेच्छा का यहाँ मतलब है कि उत्पादन द्वारा अपनी इच्छानुसार मूल्य प्रतिशत निश्चित करना।

लक्ष्य-प्रतिफल दर (Goal rate of Return)

अभी प्रतिफल की लक्ष्य दर का उल्लेख किया गया, अब इसके निर्धारण के बारे में सोचा जाय। साधारण रूप से इसका मतलब यह होता है कि एक ऐसा औसत प्रतिफल प्राप्त किया जाय जो कि व्यावसायिक चक्रों का हो तथा महत्वपूर्ण बाहरी ह्यक्तियों के द्वारा भी इसमें अर्जित लाभ को उचित ही समझा जाय। उत्पत्ति श्रृंखला नीति के लिए तथा पूँजी बजटिंग के लिए प्रतिफल की लक्ष्य धारणा के अन्तर्गत नयी वस्तु अथवा विनियोग पर सीमान्त प्रतिफल आता है जिसकी तुलना वित्त के प्रयोग एवं बाहरी पूँजी लागत से की जाती है। यद्यपि मूल्य निर्धारण के मामले में इस तरह की कोई भी लाभ प्रमाणिकता उपयुक्त नहीं है। फिर भी मिले जूले लाभ लक्ष्य को जाना जा सकता है। लाभ का स्तर क्या हो इसके बारे में आर्थिक तथा व्यावसायिक दोनों ही विश्लेषण यह बताते हैकि जितना हो सके कमाओं (All you can get) यद्यपि यह देखने में ठीक लगता है किन्तु लागत धन मूल्य में बहुत मददगार नहीं है। वास्तव में यह लागत धन मूल्य का विरोधी है लेकिन शायद लागत धन

(Cost-plus) ढाँचे में सबसे विवेकपूर्ण प्रमाण कम्पनियों की एक जैसी वस्तुअें की उत्पादन क्रियाएँ तथा जोखिमों के हाल के औसत प्रतिफल हो सकते हैं। ऐसा प्रभाव कुछ प्रतिद्वन्द्वी प्रतिफल देता है जो कि उद्योग में बाजार खोजे बिना अथवा बाजार के आक्रमण के बिना भी स्वीकृत होता है। किन्तु उद्योग औसतों की गणना कठिन होती है क्योंकि किन कम्पनियों को शामिल किया जाय, कौन सा समय ध्यान मे रखा जाय तथा कौन सा प्रतिद्वन्द्वी इन औसतों पर ध्यान नहीं देता ये सारे प्रश्न खड़े होते है। मूल्य निर्धारण में कर्मगत लाभ स्तर (Objective profit standard) का प्रयोग सावधानी से हो। सचमुच में इन स्तरों के परिपेक्ष्य में उचित सामान्य प्रतिफल प्राप्त करने के लिए ऐसाी कीमतों का होना जरूरी है जो कि तेजी काल में औसत से अधिक लाभ दें जिससे कि मन्दी काल की हानियों अथवा कम लाभों का समायोजन हो सके।

जैसा कि पहले कहा गया है कि किसी कम्पनी को वस्तु श्रृंखला की वस्तुओं में भिन्न भिन्न मूल्य निर्धारण सूत्र अपनाये जाते हैं। उदाहरण के लिए, नियन्त्रण के अन्तर्गत उत्पादक का लाभांश, खरीदने वाले उद्योग तथा विस्थापक प्रतियोगिता की विशेषताओं पर निर्भर करता है। प्राय: ऐसा देखा जाता है कि विशिष्ट नवीन वस्तुओं में अधिक लाभांश होता है। इतना ही नहीं, विक्रेता को दी जाने वाली छूट भी वस्तु के अनुसार भिन्न भिन्न होती है। अतएव लागत-धन मूल्य सूत्र वास्तविक मूल्य व्यवहार की स्थिरता को बतालाता है। परन्तु कभी कभी कीमतें प्रतिस्पर्धा के बर्ताव के द्वारा भी प्रभावित होती है और फलत: कीमत लागत धन से अधिक या कम हो सकती है।

लागत धन मूल्य का औचित्य (Justification of Cost-plus Pricing)

व्यावसायिक संसार में लागत धन मूल्य का प्रयोग काफी प्रचलित हुआ है। यहाँ पर उन कारणों को बतलाया जायगा जो कि इस मूल्य सूत्र को प्रोत्साहन देते हैं। यद्यपि इन कारणों के सम्बन्ध में अर्थशास्त्रियों तथा व्यवसायियों में मतभेद है, फिर भी वे उचित प्रतीत होते है, भले ही परिस्थिति के अनुसार उनमें भिन्नता पायी जाय।

(क) तर्कसंगत (Logical) - यह सूत्र तर्कसंगत होता है। यह सच हो सकता है कि व्यावसायी इसका कभी कभी अन्धानुसरण करें। फिर भी यदि प्रतिद्वन्द्वी परिस्थितियों में परिवर्तन के अनुसार समायोजन किया जाय तो यह मूल्य नीति में सहायक होता ही है। पुन: इस सूत्र को मूल्य निर्णय तथा विभिन्न वस्तुओं की कीमतों की तुलना करने का साधन समझा जाता है न कि मूल्य निर्णय। लेकिन फिर भी इसका प्रयोग अमरीका जैसी विकसित अर्थव्यवस्था में होता है।

(ख) उचित मूल्य (Just-price)- चूँकि कम से कम अल्पकाल में लाभ को अधिकतम करना कम्पनी का वास्तविक उद्धेश्य नहीं होता अत: मिला जुलाकर लागत धन मूल्य सूत्र तर्कहीन नहीं है। इस बात का पर्याप्त सबूत है कि अल्पकाल एवं दीर्घकाल में भी लाभ अधिकतम करना भी अधिकांश व्यावसायिक प्रतिष्ठानों का प्रमुख उद्धेश्य नहीं होता बल्कि उचित मूल्य पर जोर दिया जाता है। इसका कारण यह है कि उचित लाभ अंश से अधिक लाभ लेने पर व्यवसायियों की आलोचना होती है। कुछ व्यवसायी लाभ की अपेक्षा विक्रय को अधिकतम करने का लक्ष्य रखते हैं।

(ग) दीर्घकालीन लाभ सर्वाधिकरण (Profit Maximization in the Long-run) - यह मूल्य सूत्र दीर्घकाल में लाभ को अधिकतम करने का तर्कयुक्त तरीका है। आंशिक रूप से यह धारणा प्राचीन अर्थशास्त्रियों की इस विचारधारा पर आधारित है कि दीर्घकाल में कीमतें पूँजी प्रतिफल के साथ साथ उत्पत्ति की लागत के बराबर होती हैं। लेकिन यह सिद्धान्त जीवनी प्रवृत्ति (Survival Tendency) को बतलाता है जो कि पूर्ण प्रतियोगिता की स्थिति में आदर्शमात्र है और व्यासायिक जगत में नहीं पाया जाता। आंशिक रूप से यह औचित्य इस अप्रयुक्त सिद्धान्त पर आधारित है कि माँग द्वारा उचित ठहराये गये स्तर तक ऊँचा मूल्य सम्भावित प्रतियोगिता को अपनी ओर खींचता है। ऊँची कीमतों तथा ऊचे इकाई लाभों का अनुपात प्रवेश निषेध, माँग विकास, उत्पादन तथा तान्त्रिकी मितह्ययिताओं की सम्भावना इत्यादि से प्रभावित होता है।

(घ) सुरक्षा (Safety) - यह मूल्य निर्धारण का सबसे सर्वाधिक लाभदायक साधन तो नहीं है परन्तु सबसे अधिक सुरक्षित है। कोई ऐसी वस्तु जो कि ग्राहकों के आदेशानुसार नवनिर्मित होती है तो लाभ धन सूत्र के द्वारा अस्वीकृत कीमत को निश्चित किया जा सकता है। विक्रेता स्वत: सामान्य से कम लाभ वाले कार्य की सुविधायें को अपनाकर अपने आप को सुरक्षित करता है। लेकिन यहाँ पर संरक्षंण ऋणात्मक (Negative) तथा अपूर्ण होता है। इस सूत्र के द्वारा फर्म को होने वाले नुकसान से तो बचाया जा सकता है परन्तु आदेश नहीं मिलने के कारण जो हानि हो सकती है उसकी व्यवस्था यह सूत्र नहीं करता। यह लाभ की उच्चतम सीमा तो निर्धारित करता है किन्तु न्यूनतम सीमा नहीं (It sets ceilings on profits, but not floors)। जब क्रेता स्वयं ही वस्तु का उत्पादन करे (जैसे कि मौटर निर्माण उद्योग) तो लागत पर आधारित कीमतें ज्यादा सुरक्षित होती हैं। फिर भी क्रेता की सम्भावित लागतें न कि विक्रेता की लागतें कीमत को प्रशासित करती है।

(ड.) चक्रीय उच्चावचनों में संरक्षण (Protection during cyclical changes) - कुछ परिस्थितियों में मूल्य निर्धारण का यह तरीका व्यावसायिक चक्र के अदृश्य परिवर्तनों के अनुसार मूल्य बनाये रखने की कोशिश करता है। यदि वस्तु की माँग में मूल्य लोच नगण्य है तथा तीव्र चक्रीय परिवर्तन होते हैं तो उत्पादन के चक्र का औसत सामान्यपर्ण लागतों के आधार पर मूल्य निश्चित किया जाता है। उदाहरण के लिए, कोई कम्पनी अपना लाभ कमाने के हेतु पूरे चक्रकाल में ऐसा निश्चित कर सकती है कि इसके विनियोग में 10 प्रतिशत औसत लाभ मिले। ऐसा निर्णय उस सामान्य ह्यवसाय चक्र (Normal Business Cycle) की कल्पना करता है जो कि भवष्यि के लिए होगा।

(च) राजनीतिक सुरक्षा (Political Safety)- मूल्य निर्धारण से राजनीतिक सुरक्षा भी बनी रहती है क्योंकि इसके परिणामस्वरूप विशेषकर बड़े महत्वपूर्ण तथा लाभ कमाने वाली फर्मो की कीमते स्फीति को जन्म नहीं देती। स्फीति का प्रत्यक्ष सम्बन्ध न सिर्फ अर्थव्यवस्था से ही होता है बल्कि राजनीतिक स्थायित्व पर भी गम्भीर असर पड़ता है। फलत: किसी भी सरकार को अस्थायित्व का शिकार नहीं होना चाहिए। लेकिन फर्म की व्यावहारिक समस्या यहाँ यह है कि लाभ उचित एवं सीमित किया जाय न कि अधिकतम किया जाय।

(छ) निराशा का आश्रय (Resort of Desperation) - यह अन्य उचित साधनों के ज्ञान के अभाव में निराशा का आश्रय होता है। इसका कारण यह है कि मूल्य का विक्रय की मात्रा पर क्या असर पड़ेगा इसका अन्दाजा लगाना कठिन है। फर्म के माँग वक्र की अज्ञानता के कारण भी यह जानना कठिन होता है कि मूल्य का असर क्या हो रहा है। किसी फर्म की मूल्य नीति के कारण विक्रय के प्रति प्रतिद्वन्द्वियों की क्या प्रतिक्रिया है यह भी आसानी से पूर्वाभासित नहीं किया जा सकता है। इतना ही नहीं आज के मूल्य का आने वाले कल की माँग तथा सम्भावित प्रतियोगिता पर क्या प्रभाव पड़ेगा इसकी गणना में भी कठिनाई होती है। इन सारे अनुमानों की समस्या का सामना व्यावसायिक कार्यपालकों को करना पड़ता है तथा वे प्राय: छद्म निश्चितता (Pseudocertainty) का सहारा ढूँढते हैं। ऐसी स्थिति में लागत धन मूल्य चूँकि एक निश्चित गणना पर आधारित होता है इसलिए व्यवसाय में निश्चितता को ला सकता है और विक्रेताओं में व्याप्त निराशा को दूर कर सकता है।

लागत धन मूल्य की कमियाँ (Weaknesses of Cost-plus Pricing)

अब तक लागत धन सूत्र की व्याख्या एवं प्रशंसा की गयी। लेकिन इसके प्रचलित होने का यह मतलब नहीं होता है कि यह उपलब्ध तरीकों में सर्वोत्तम है। जहाँ इसमें लाभ है तो वहीं हानियाँ भी कम नहीं है। इस प्रणाली के दुर्गुणों का वर्णन यहाँ किया जा सकता है:

(i) **यह माँग की अवहेलना करता है** (It ignores demand)- यह चूँकि लागत पर ही आधारित होता है इसलिए मूल्य निर्धारण का सही तरीका नहीं होता क्योंकि मूल्य में माँग एवं पूर्ति की सक्रिय शक्तियाँ होती है। किसी भी वस्तु का मूल्य न तो सिर्फ माँग से और न केवल पूर्ति से ही निश्चित किया जा सकता है। मूल्य निर्धारण का यह तरीका माँग पक्ष में सम्मिलित क्रेताओं की आवश्यकताओं तथा मूल्य देने की इच्छा का जिक्र नहीं करता जबकि आवश्यकता और मूल्य देने की इच्छा पर ही विक्रय, चाहे कीमत कुछ भी हो, निर्भर करता है। ग्राहक वस्तु का कितना मूल्य देंगे उसका सम्बन्ध कभी भी लागत से नहीं हो सकता। ऐसी स्थिति में केवल लागत पर निर्भर करना अनुचित जान पड़ता हैं।

(ii) **यह पर्याप्ततः प्रतियोगिता को प्रतिबिम्बित करने में असफल है** (It fails to reflect competition adequately)- यह प्रतिस्पर्द्धा के तत्व को पर्याप्त रूप से घ्यान में नहीं रखता जबकि बाजार में व्याप्त प्रतियोगिता का प्रकार मूल्य का एक महत्वपूर्ण निर्धारक तत्व होता है। इस सरल सूत्र से प्रतिद्वन्द्वियों के ऊपर सम्भावित प्रतियोगिता पैदा करने के लिए किसी विक्रेता के मूल्य का क्या असर होगा, इसे बिल्कुल छोड़ दिया जाता है।

(iii) **यह वितरित लागतों की संक्षिप्तता को अतिरंजित करता है** (It overplays the precision of allocated costs)- ऐसी फर्म जहाँ कि एक ही वस्तु पैदा की जाती है तथा कुछ फर्मे ऐसी हैं जहाँ विभिन्न वस्तुएँ पैदा की जाती हैं तो ऐसी परिस्थिति में लागत धन सूत्र बहु वस्तु पैदा करने वाली फर्म सामान्य लागतों को विभिन्न वस्तुओं पर वितरित कर देती है और उनके वितरण का आधार स्वेच्छापूर्ण होता है जिसके कारण मूल्य उचित रूप से निर्धारित नहीं हो सकता। दूसरी ओर, एक ही वस्तु पैदा करने वाली फर्म सारी लागतो को उसी वस्तु पर रखेगी। अत: इन दो तरह की फर्मो में लागत धन सूत्र को अपनाया तो जा सकता है लेकिन उसमें औचित्य कहाँ तक है यह विचारणीय है।

फिर, सूत्र में व्यवहार किये जाने वाले पूर्ण लागत के आँकड़े मात्र अनुमान ही होते है। अतः वे वास्तविकता से दूर होते है।

(iv) **अनुपयुक्त लागत धारणा** (Irrelevant Cost Concept)- लागत धन सूत्र असंगत लागत धारणा पर आधारित है जो कि मूल्य निर्णय के लिए उपयुक्त नहीं है। कई निणैयों के लिए पूर्ण लागत (Full Cost) की अपेक्षा वृद्धिगत लागत (Incremental Cost) का प्रयोग किया जाता है। फिर, न तो चालू लागतें (Current Costs) और न ही भूतकालीन लागते (Past Costs) भविष्य की उत्पत्ति का कीमत निर्धारण करती हैं अपितु भविष्य की लागतों का पूर्वाभास इन कार्यो को करता है जो कि अवसर लागत द्वारा सम्भव है। लेकिन अवसर लागत (Opportunity Costs) का लेखा जोखा खाता बही में नही होता।

मूल्य में लागत की भूमिका (Role of Cost in Pricing)

उपरोक्त विवेचना से यह स्पष्ट होता है कि लागत धन सूत्र न तो सर्वमान्य है और न ही दोषयुक्त। लेकिन इसका मतलब यह नहीं कि मूल्य में लागत का कोई महत्व होता ही नहीं है। सामान्यतः ऐसा देखा जाता है कि अधिक आर्थिक लागत वाली वस्तु अधिक मूल्य पर बिकती है एवं कम लागत वाली वस्तु कम मूल्य पर। अतः कुछ परिस्थितियाँ ऐसी होती हैं जहाँ लागत ही का महत्व अधिक होता है। ये परिस्थितियाँ निम्नलिखित हैं :

1. वस्तु समायोजन (Product Tailoring) ।
2. अस्वीकृत मूल्य (Refusal Pricing)।
3. क्रेताधिकार मूल्य (Monopsony Pricing)।
4. जनोपयोगी मूल्य (Public Utility Pricing)।

वस्तु समायोजन - अधिकांश नयी वस्तुएँ इस तरह से बनायी जाती हैं कि प्रतिद्वन्द्वी कीमत के क्षेत्र में बाजार बना सकें तथा इसी मूल्य श्रृंखला में वस्तु को अधिकतम गुण प्रदान करके विक्रय प्रयास किया जा सके। इसके प्रारम्भिक रूप में विक्रय मूल्य ठीक-ठीक निर्धारित किया जाता है और इसी के आधार पर वस्तु की डिजायन भी जाती जाती है। इसका उदाहरण वैसी रासायनीक कम्पनी से दिया जा सकता है जो कि वर्तमान रासायनिक पदार्थो के बदले में नये तत्वों के विकास के बारे में सोचती है। इसमें पूर्व-निर्धारित विज्ञापन कीमत (Displacement Price) शोध उत्पादन तथा वितरण की सारी कार्यप्रणली को नियन्त्रित करती है।

इस प्रकार की कीमत जबकि यह लागत को भी निर्धारित करती हो तो वस्तु की डिजायन की कल्पना के दौरान भी प्रयुक्त होती है और जबकि लक्ष्य मूल्य माँग एवं इसके विकल्पो के सम्बन्ध में आर्थिक परिस्थितियों के द्वारा अच्छी तरह से परिभाषित किया गया हो। इसमें बाजार-मूल्य वास्तविकताओं के साथ मूल्य निर्धारण की क्रिया प्रारम्भ होती है। यह मूल्य समस्या को क्रेता की दृष्टि से भी देखती है अर्थात् क्रेता क्या चाहता है और उसके लिए कितना मूल्य देना चाहता है और तदनुसार उपभोक्ता की सार्वभौमिकता के कारण अपनी वस्तुओं में परिवर्तन लाता है।

अस्वीकृत मूल्य - किसी एक विशिष्ट विक्रेता के ही अगर वस्तुएँ बनें तो वहाँ भी लागत का महत्व प्रत्यक्ष होता है क्योंकि वस्तुएँ क्रेता की जरूरत के अनुसार ही निर्मित की जाती है। ऐसी वस्तुएँ क्रेता की अनुमानित वृद्धिगत लागत तथा इसके अतिरिक्त लाभ के रूप में कुछ अंश जोड़कर कीमत निश्चित की जा सकती है। लाभ की मात्रा क्या होगी यह इस बात के द्वारजानी जाती है कि अगर विक्रेता अपने साधनों को अन्य वस्तुओ के साथ लगाये तो उसे क्या लाभ हो सकता है? यह प्रणाली कम से कम मूल्य की एक न्यूनतम सीमा (Price Floor) निश्चित करती है। यहाँ, वस्तुतः विक्रेता अस्वीकृत कीमत (Refusal Price) से सम्बद्ध है क्योंकि वह निर्णय लेता है कि वस्तु बनायी जाय अथवा नहीं? वह यह नहीं सोचता इसके लिए क्या कीमत ली जाय? लेकिन यहाँ भी लागते कीमत के लिए एक एक आधार बनाती हैं अगर ऐसा नहीं हो तो विक्रेता तात्कालिक सम्भावित लागतों को खो सकता है और उसके भविष्य के व्यवसाय पर कीमत का क्या असर होगा इसका भी ज्ञान नहीं हो सकता।

क्रेताधिकार मूल्य - दूसरी परिस्थिति जहाँ कि लागत असाधारण रूप से मूल्य की सीमा निर्धारक होती है वह शक्तिशाली एवं भिन्न भिन्न क्रेताओं द्वारा किया जाने वाला विक्रय है। इसका उदाहरण क्रेताधिकार है जहाँ एक ही क्रेता होता है जैसे कि मोटर पार्ट्स उद्योग है। यहाँ क्रेता कम तथा शक्तिशाली होते हैं और पूर्ति कर्त्ताओ की लागतों के बारे मे काफी जानते है। यदि उन्हे विक्रेताओं की कीमते पसन्द नही है तो वे स्वयं ही उत्पादन करने की स्थिति में होते हैं। लेकिन यहाँ भी विक्रेता की अपनी लागत नहीं बल्कि मोटर कम्पनी की क्रय लागत होती है। अतएव विक्रेता की लागत इस प्रकार के मूल्य निर्धारण में मात्र एक संकेत ही होती है जो कि प्रतियोगिता को दूर करती है।

जनोपयोगी मूल्य - अन्त में, जहाँ लागत का प्रयोग मूल्य निर्धारण मे प्रत्यक्ष रूप से होता है वह जनोपयोगी मूल्य है जो कि प्रबन्धकीय अर्थशास्त्र के अध्ययन के क्षेत्र से बाहर है। उपयोगिता का उचित मूल्य स्तर इसके लाभ के औचित्य की कसौटी होती है।

चक्रीय मूल्य निर्धारण (Cyclical Pricing)

व्यावसायिक फर्म के सामान्य मूल्य स्तर के कई निर्णय नयी वस्तुओं अथवा बदलती हुई प्रतिद्वन्द्वी परिस्थितियों से सम्बन्धित न होकर सारे आर्थिक वातावरण में परिवर्तन से सम्बद्ध होते हैं। समूचे वातावरण में परिवर्तन को व्यावसायिक चक्र (Business Cycles) कहा जाता है।

ये चक्र काल के अर्थ में भविष्य के उच्चावचन होंगे अथवा केवल स्वतन्त्र उच्चावचनों की एक श्रृंखला होगी। यह विवादास्पद है और यहाँ पर इस पर विशेष समय नहीं दिया जायगा। फिर भी ऐसा हो सकता है कि द्वितीय विश्व युद्ध के पहले के चक्र युद्धोत्तर काल की सामरिक दोड़, पूर्ण रोजगार तथा आय के कारण परिवर्तित हो गये हों। लेकिन वस्तुओं के स्टॉक, पूँजी, व्यय तथा राष्ट्रीय आय में उतार-चढ़ाव किसी न किसी रूप में होते ही रहेंगे और वे मूल्य निर्धारण की समस्या उपस्थित करते हैं जिसका जिक्र यहाँ किया जाता है।

1932 से ही व्यवसाय में विद्यमान मूल्य निर्धारण की प्रक्रिया पर सार्वजनिक नीति स्तर पर काफी विवाद होता रहा है। इसमें महत्वपूर्ण प्रश्न यह है कि क्या कीमतें स्थायी रोजगार के लिए बेलोचदार रही हैं? लेकिन मूल्य लोचहीनता (Price Rigidity) स्वत: ही निजी मूल्य नीति में महत्वपूर्ण प्रश्न है और इसके अस्तित्व को जानना जरूरी होता है। अब यह साधारणतया माना जाता है कि कृषि वस्तुओ तथा कुछ अन्य कच्चे माल एवं उत्पादित वस्तुओं के मूल्य में चक्रीय काल के अन्तर्गत लोच पायी जाती है। कुछ अन्य प्रकार के कच्चे माल तथा अधिकांश उत्पादित वस्तुएँ प्राय: मूल्य के मामले में स्थिर (Inflexible) होती है। कई फर्मे मूल्य नेता तथा मूल्य परिवर्तन बहुत कम होते हैं और ऐसा प्रयास किया जाता है कि माँग ह्ास के समय में मूल्य कटौती को रोका जा सके तथा इसी प्रकार माँग वृद्धि के समय मे वृद्धि को रोका जा सके। महान मन्दी में कृषि कीमतें बहुत गिर गयी और यह गिरावट अधिकांश उत्पादित वस्तुओ से ज्यादा थी जबकि द्वितीय विश्व युद्धोत्तर काल की स्फीति में कृषि कीमतें निर्मित वस्तुओं की कीमतों की अपेक्षा अधिक बढ़ी।

कई औद्योगिक कीमतें वास्तविक की अपेक्षा दिखावटी रूप से स्थिर नजर आती है। व्यावसायिक कार्यकलाप की सुस्ती के समय गुप्त मूल्य-छुट तथा कई अन्य सुविधाओं में गारण्टी छूट दी जाती है जो कि बहुत स्थिर कीमतों में भी अस्थिरता ला देती है। फिर भी यह निष्कर्ष कि अर्थव्यवस्था के अधिकांश हिस्से महत्वपूर्ण मूल्य अस्थिरता से प्रभावित होते हैं, यह सत्य प्रतीत होता है।

मूल्य स्थिरता के कारण (Reasons for Price Inflexibility)

मूल्य स्थिरता के कारणों को मुख्य रूप से चक्रीय परिवर्तन की शर्तो के आधार द्वर चार समूहों में बॉटा जा सकता है :

(1) माँग (Demand)- उद्योगपतियों में यह एक सामान्य विश्वास है कि उनकी वस्तुओं की माँग बहुत अधिक बेलोचदार है अर्थात् मूल्य परिवर्तन की अपेक्षा क्रेताओ में प्रतिक्रिया कम है। कई परिस्थितियों में यह विश्वास ठीक भी निकलता है। राष्ट्र की उत्पत्ति का रूप स्थायी वस्तुएँ होती है और ऐसी वस्तुओं का क्रय दीर्घकाल तक के लिए किया जा सकता है क्योंकि समुदाय में इनकी बाहुल्यता है। फलत: विक्रय, उपभोक्ता आय में परिवर्तन तथा उत्पादको के लाभ में भविष्य में परिवर्तन की तुलना में वस्तुओं की कीमत में परिवर्तन का महत्व कम हो जाता है। ऐसी टिकाऊ उपभोक्ता मूल्य कटौतियाँ प्राय: उपभोक्ताओं के बीच अतिरिक्त कटौती की आशा ला देती है एवं इसके परिणामस्वरूप उस स्थिति की अपेक्षा विक्रय में कम वृद्धि होती है क्योंकि उपभोक्ता ऐसा महसूस करता है कि अब और मूल्य कटौती नहीं होगी। चक्रीय मूल्य कटौतियों से विक्रय बढ़ता है या नहीं बढ़ता है अथवा कम बढ़ता है इसकी परवाह किये बिना कई उत्पादक इस मान्यता पर एक अमरीकन मशीन यन्त्र उत्पादक का कहना है कि कीमत घटाने से विक्रय में वृद्धि नहीं होती अत: कटौती एक निराशापूर्ण प्रक्रिया है।

प्रख्यात अर्थशास्त्री अल्फ्रेड नील (Alfred Neal) ने सुझाव दिया है कि उपभोक्ता स्थायी वस्तु उद्योगों के लिए मन्दीकाल में यह उपयुक्त होगा कि वे विभेद तथा

आविष्कार पर जोर दे। उदारहण के लिए 1929-32 में बिजली के रेफ्रीजरेटर्स नयी वस्तु होने के कारण मन्दी की चपेट में नही आये।

(2) प्रतियोगिता (Competition)- अधिकतम औद्योगिक मूल्य-निर्धारण अल्पाधिकारी परिस्थितियों में ही होता है जहाँ प्रतियोगिता में मूल्य युद्ध के अंकुर होते हैं। मूल्य साम्य की अस्थिरता इतनी खतरनाक होती है कि नेतृत्व संयन्त्र (Leadership Mechanism) को भी सावधानी से प्रयुक्त किया जाना चाहिए। ज्यादातर कीमत परिवर्तन अनुसरणीय समायोजन (Follower Adjustment) पैदा करते हैं जो कि कुछ हद तक पूर्वानुमानित नहीं हो सकती और इन अनिश्चितताओं को न्यूनतम करने के लिए जब तक उनको बनाये रखने की आशा रख़ती है तब तक स्थिर ही रखा जाता है। इसका परिणाम यह होता हैकि मूल्य स्थिर हो जाते हैं और परिवर्तनों में तब तक विकल्प लाते हैं जब तक कि अन्य कीमतों में भी गति नहीं आ जाती।

(3) लागत (Cost)- अर्थव्यवस्था का एक प्रमुख हिस्सा कुल उत्पादन की वृहत् श्रृंखला के अन्तर्गत प्रति इकाई वृद्धिगत तथा परिवर्तनशील लागतों में स्थिरता व्यक्त करता है। अत: माँग एवं उत्पादन में बड़े परिवर्तन भी सीमान्त एवं औसत परिवर्तनशील लागतों पर अपना कम ही असर डालते हैं। कुछ कच्चे माल की कीमतें खासकर किसी विशिष्ट स्थान में सीमित पूर्ति जैसे निकेल तथा अर्द्धनिर्मित वस्तुएँ, स्थिर रहने की प्रवृत्ति रखती हैं। मजदूरी की दर जो कि यद्यपि ऊर्ध्वमुखी समायोजन (Upward Adjustment) करती है, गिरावट की दशा में बिलकुल स्थिर होने की प्रवृत्ति रखती है।

अतएव प्रति इकाई परिवर्तनशील लागत सापेक्षिक रूप से दीर्घकाल एवं वस्तु विभेद के बावजूद भी स्थिर रहती है। प्रति इकाई स्थिर-लागत का कच्चे पदार्थ की कीमतों तथा उनकी मात्रा के साथ उल्टा सम्बन्ध होता है। इसके परिणामस्वरूप चालू पूर्ण लागतें चक्रीय काल की अपेक्षा स्थिर मालूम होती हैं और लागत धन मूल्य के प्रचलन के कारण कीमतों में स्थिरता आती है।

(4) लाभ (Profit)- अर्थव्यवस्था तथा व्यवसायी वर्ग में प्रचलित रीति-रिवाज एवं परम्परा भी मूल्य निर्धारण पर प्रभाव डालते हैं। इसका एक उदाहरण उचित कीमत है जो कि कई उद्योगों में मूल्य वृद्धि तथा मूल्य कटौतियों को रोकती है। यह तत्व उत्पादक उद्योगों में स्फीति काल के दौरान रोकने में कुछ महत्व रखता है। उन मूल्य नेताओं तथा उत्पादकों के लिए जो कि मूल्य निर्धारण में काफी स्वच्छन्दता रखते हैं। वहाँ भी अधिकतम लाभ की अपेक्षा उचित लाभ पर जोर दिया जाता है।

कुछ खास इलाकों में मूल्य क्यों स्थिर हैं? इसका उत्तर उचित कीमत की धारणा से मिलता है। हालाँकि यह प्रत्येक उद्योग में हर समय लागू नहीं होता। जो कीमतें एक समय में स्थिर हैं उनका दूसरे समय में स्थिर होना जरूरी नहीं है। सर्वाधिक स्थिर कीमत अस्थिर होती है तथा स्थिरता को बनाने वाली परिस्थितियाँ भी आर्थिक परिस्थितियाँ में परिवर्तन के कारण टूट जाती है। बहुत अच्छी तरह से स्थापित औद्योगिक प्रतिष्ठान भी अर्थव्यवस्था में हुए महान परिवर्तनों के कारण अपनी समस्याओं के ऊपर नये तरीके से प्रकाश डालने की सोचते हैं। फिर भी मूल्य स्थिरता इतनी व्याप्त घटना है कि यह कई उद्योगों की कीमतों के बर्ताव को निश्चित करने में महत्व रखती है।

चक्रीय मूल्य लोच सम्बन्धी नीति (Policies on Cyclical Price Flexibility)

उद्योग तथा फर्म चक्रीय मूल्य निर्धारण समस्या का अलग अलग तरीके से सामना करते हैं। चूँकि उनमें से कुछ ही की कीमतें बिलकुल स्थिर होती हैं इसलिए वे बदलती हुई आर्थिक परिस्थितियों के अनुसार अपने निर्णयों में समायोजन अवश्य करें।

चक्रीय मूल्य निर्धारण की व्यवहारगत समस्याओं में स्थिर तथा परिवर्तनशील कीमतों के बीच चयन करने की जटिलता है। चक्रीय मूल्य परिवर्तन की सीमा समय एवं संरचना की समस्याएँ भी उत्पन्न करती है। फिर भी चूँकि वास्तविक इकाई कीमतें कई रूपों में परिवर्तित हो सकती है अत: चक्रीय समायोजन के रूपों का चयन होता है। अन्त में, बाजार स्तर की सामरिक गम्भीरता को भी नकारा नहीं जा सकता है।

मूल्यों के प्रमुख क्षेत्र के अन्तर्गत शुद्ध मूल्य में कई प्रकार के चक्रीय परिवर्तन हो सकते हैं:

1. मूल्य सूची में परिवर्तन (Changes in list price),

2. उत्पाद-मिश्रण एवं उत्पाद श्रृंखला- विभेद में परिवर्तन (Changes in product mix and produt-line differentials),

3. छूट एवं विक्रय भत्तों की संरचना में परिवर्तन (Changes in the structure of discount and merchandising allowances) ।

मूल्य सूची में परिवर्तन - मूल्य स्तर में परिवर्तन के रूप सम्बन्धी निर्णय का प्रभाव बहुत महत्वपूर्ण होता है। मौलिक निर्णय, चक्रीय उच्चावचनों के अनुकूल समायोजन करने वाली फर्म के शुद्ध मूल्य स्तर में क्या परिवर्तन हो और कितना हो, से सम्बन्ध रखता है। चक्रीय मूल्य निर्धारण नीति में कई वैकल्पिक नीतियों पर विचार किया जा सकता है:

(i) मूल्य स्थिरता (Price Rigidity),

(ii) लागत परिवर्तन के अनुकूल मूल्य में कमी वेशी करना (Price fluctuations that conform to cost changes)

(क) चालू पूर्ण लागत (Current Full Cost)

(ख) प्रमापी लागत (Standard Cost)

(ग) वृद्धिगत लागत (Incremental Cost)

(iii) विकल्पों के मूल्यों के अनुसार मूल्य उच्चावचन (Price fluctuations that conform to prices of substitutes)

(iv) सामान्य मूल्य स्तर में परिवर्तन के अनुकूल उच्चावचन (Price fluctuations that conform to changes in the general price level)

(v) बाजार अंश को स्थायी करने वाले मूल्य उच्चावचन (Price fluctuations that stabilize market share)

(vi) उद्योग माँग निर्धारकों में परिवर्तन के अनुसार मूल्य उच्चावचन (Price fluctuations that conform to changes in industry demand determinants)

(i) **मूल्य स्थिरता** (Price Rigidity)- व्यावसायिक चक्र के अन्तर्गत फर्म के मूल्य स्तर की पूर्ण अथवा निकटतम स्थिरता होना एक ऐसी नीति है जो कि औद्योगिक कच्चा माल अथवा संयन्त्र के निर्माताओं द्वारा अनुसरण की जाती है। यह मुख्यत: दो विश्वासों पर आधारित होती है:

(क) माँग में विस्तृत चक्रीय उच्चावचन आधारभूत आर्थिक परिवर्तनों के कारण होते हैं जैसे कि आय, लाभ, आशाओं में परिवर्तन होना आदि।

(ख) इन परिस्थितियों अथवा माँग में चक्रीय उच्चावचनों पर फर्म की कीमतों में परिवर्तन प्रभावहीन होता है। वस्तुत: मन्दीकाल में ऐसा पाया गया है कि कुछ कीमतों में कटौती के बावजुद भी माँग में वृद्धि के स्थान पर कमी ही हुई।

(ii) **लागत परिवर्तन के अनुकूल मूल्यों में कमीवेशी करना** - चक्रीय मूल्य नीति का दूसरा विख्यात रूप यह होता है कि फर्म अपनी लागतों के अनुकूल ही चक्रीय परिवर्तनों को देखते हुए अपने मूल्य में समायोजन करे। इस नीति के कई प्रकार हो सकते हैं, जो कि लागत की धारणा पर निर्भर करते हैं जैसे चालू पूर्ण लागत (Current Full Cost), प्रमापी लागत (Standard Cost) एवं वृद्धिगत लागत । संक्षेप में, इकाई लाभ का सुरक्षा अंश (Margin) स्थिर होना चाहिए। इस नीति का समर्थन उचित मूल्य के रूप में किया जाता है। उचित मूल्य (Just Price) के अन्तर्गत मन्दीकाल के दौरान में मूल्य कमी, फर्म की इकाई लागत में बचत तक सीमित होती है एवं तेजी काल में मूल्य वृद्धि स्वेच्छा से विक्रेताओं की लागत वृद्धि तक सीमित होती है।

किन्तु इस नीति में कुछ कमियाँ है और इसकी सीमाएँ लगभग लागत-धन सूत्र वाली ही है। सर्वप्रथम, यह सभी माँग एवं प्रतिद्वन्द्वी तत्वों को ध्यान में नहीं रखती। यदि कीमतें चालू पूर्ण लागत से सम्बद्ध हैं तथा यदि अप्रत्यक्ष खर्च महत्वपूर्ण हैं तो यह नीति माँग में गिरावट तथा विकल्पों की कीमत में गिरावट के बावजूद भी मूल्य वृद्धि का ही मार्ग दिखलायेगी। तेजी काल में, गिरती हुई अथवा कम मूल्य वृद्धि व्याप्त होगी। यद्यपि ये मूल्य स्फीति के समय प्रशंसनीय हो सकते हैं लेकिन एक सफल विस्फीति विरोधी नीति के लिए यह जरूरी है कि आर्थिक आधारशिला वृहत हो।

अल्पाधिकारी उद्योगो में जहाँ नेता का मूल्य स्तर पर काफी प्रभाव होता है तो आधारभूत कीमतों में अधिकांश परिवर्तन का समय निश्चित कर दिया जाता है जिससे कि लागत के परिवर्तनों द्वारा उनकी व्याख्या की जा सके तथा औचित्य बतलाया जा सके। ऐसे अवसर का प्रयोग मूल्य परिवर्तनों की सारी उच्चावचन श्रृंखला (Upward and Downward) स्थिर कीमतों द्वारा लायी 3यी कुव्यवस्था को ठीक करने में प्रयुक्त की जाती है अत: मजदूरी वृद्धि के कारण अगर किसी वस्तु की कीमत में वृद्धि होती है तो वह उचित है। पूर्णत: प्रतिद्वन्द्वी उद्योग शीघ्रतापूर्वक माँग एवं मूल्य परिवर्तन के अनुकूल मूल्यों में समायोजन करते है।

सामान्यत: उत्पादन के साधनो की कीमतों में बढ़ने से उस मूल्य तक कीमतों में भी परिवर्तन लाया जाता है जहाँ अधिकतम लाभ होता है और अन्य बातें यथावत् होने पर कीमत अधिक होती है। यह तो मान्य है कि मूल्य वृद्धि के परिणामस्वरूप वस्तुओं की माँग में कमी आयेगी। कटौती की रकम माँग की लोच पर निर्भर करती है। आय फलन (Revenue Functions) में परिवर्तन से जो कि उच्चतर साधन लागत से सम्बद्ध बदली हुई परिस्थिति से आते हैं अथवा मूल्य वृद्धि की आशा से ऐसा होता है, उच्चतर कीमतों से होने वाले विक्रय में कमी का सामना किया जा सकता है।

जब क्रय किये गये पदार्थ उत्पादन लागतों का महत्वपूर्ण हिस्सा हो तो उनकी कीमतों में परिवर्तन विक्रय मूल्य निर्धारण पर बहुत प्रभाव डालते है। सामान्यत: किस उद्योग की कीमतों पर लागत का दबाव कितना पड़ेगा यह अलग अलग होता है। जैसे कि रबड़ उद्योग में तीन बड़े उत्पादन डनलप, फायरस्टोन तथा मैसफिल्ड (Dunlop, Firestone and Mansfield), रबड का काफी स्टॉक कर रखने के कारण लागत में कमी को महसूस नहीं करते लेकिन इसके बाद छोटे–छोटे उत्पादक भी लागत में कमी से लाभान्वित होते हैं। यहाँ यह कहा जा सकता है कि तार्किक रूप से मूल्य विस्थापक लागतों पर आधारित होना चाहिए। अत: स्टॉक की स्थिति आधार नहीं हो सकती। फिर भी यह जरूरी है कि प्रतिद्वन्द्वी इन लागतों के बारे में किस तरह सोचना चाहिए कि अपेक्षा किस तरह सोचते हैं – का वास्तविक लेखा जोखा किया जाय।

यह विवादास्पद है कि जब पदार्थो की कीमत काफी बढ़ रही है, तो लागत परिवर्तनों को कैसे अपनाया जाय? इस सम्बन्ध में सुधार के तीन स्तर हो सकते हैं – एक स्तर पर, धारणा यह हो कि मूल्य पदार्थो की मौलिक लागत पर आधारित हो क्योंकि वास्तव में साधनों को क्या मूल्य दिया गया है वही असल लागत है (Price should be based on original cost of materials) । दूसरी विचारधारा यह है कि सम्भवत: मूल्य विस्थापन लागत पर आधारित हो क्योंकि ऐतिहासिक लागतें भ्रमात्मक एवं एकत्रित लाभ ह्यक्त करती हैं तथा विस्थापन लागतें वास्तविक आर्थिक आय के निकट होती है। तीसरा स्तर यह है कि इस बात को अनुभव करना कि प्रतिद्वन्द्वी मूल लागत पर ही मूल्य निश्चित करेगा तथा फर्म को भी ऐसा करने के लिए बाध्य करेगा।

(iii) **विकल्पों के मूल्यों के अनुसार मूल्य उच्चावचन** – कई परिस्थितियों में वैकल्पिक वस्तुओं का प्रयोग चक्रीय मूल्य निर्देशक के रूप में एक उचित मूल्य रीति रही है। फर्म की वस्तु एवं वैकल्पिक वस्तु के बीच का अन्तर स्थायी रखकर अथवा विशिष्ट उद्धेश्यों को प्राप्त करने हेतु इसमें परिवर्तन लाकर फर्म चक्रीय मूल्य निर्धारण नीति फर्म के बाजार की स्थिति का संरक्षण एवं सुधार कर सकता है। यह विस्तृत वैकल्पिक बाजार के उद्योग के हिस्से को स्थायित्व दे सकता है। उन उद्योगों में जहाँ कि मजबूत मूल्य नेतृत्व है वहाँ चक्रीय मूल्य नीति, जो कि मूल्य अनुसरण के द्वारा अपनायी जाती है, इसी प्रकार की होती है। ऐसे फर्म नेता का अनुसरण या तो अल्प रूप से करते हैं अथवा मूल्य में कुछ विभेद करके करते हैं बशर्ते कि गुण एवं ख्याति अन्तर इसकी अनुमति दें।

(iv) **सामान्य मूल्य स्तर में परिवर्तन के अनुकूल मूल्य उच्चावचन** – मुद्रा की गिरती हुई क्रयशक्ति के अनुकूल कीमत को रखना मन्दीकालीन मूल्य स्तर होता है लेकिन

क्रय शक्ति का ऐसा सीधा सूचनांक अच्छा मूल्य निर्देशक नहीं हो सकता। क्रय शक्ति एक औसत होती है जो कि इसमें सम्मिलित संक्षिप्त मूल्य बर्ताव के महान अन्तरों को शामिल करती है। ये पूरक मूल्य अपने औसत की तुलना में फर्म के लिए किसी भी वस्तु ज्यादा अनुकूल के प्रत्यक्ष एंवं परोक्ष विकल्पों के अनुसार निश्चित किये जाने चाहिए।

(v) **बाजार अंश को स्थायी करने वाले मूल्य उच्चावचन** - हालाँकि बाजार अंश वस्तु की विशेषता तथा बाजारीकरण की योग्यता जैसे तत्वों द्वारा प्रभावित होता है फिर भी विशेषकर जब वस्तुएँ एवं सेवाएँ भिन्न भिन्न हों तो मूल्य एक महत्वपूर्ण आधारभूत निर्णायक होता है। फिर, मूल्य नीति विकल्प बाजार के एक बड़े हिस्से पर प्रभाव डालती है। चक्रीय मूल्य निर्धारण के लिए बाजार अंश एक लाभदायक निर्देशक का काम कर सकता है। यह नीति मूल्य के मामले में सभी प्रतिद्वन्द्वियों के बीच विद्यमान मूल्य विभेद को बनाये रखती है। मूल्य विभेद, जो कि तेजी काल में होता है, उससे भिन्न भिन्न मूल्य विभेद का असर मन्दी काल के शुरू होने से हो सकता है। स्पष्टत: ऐसी नीति का अनुसरण बाजार परिस्थितियों में क्या हो रहा है इसकी उचित, नवीनतम तथा ठीक ठाक सूचना देता है। इस नीति के लिए यह जरूरी है कि मूल्य में यथासम्भव सावधानी तथा लचीलापन बरता जाय।

(vi) **उद्योग-माँग निर्धारकों में परिवर्तन के अनुसार मूल्य उच्चावचन** - उद्योग एवं फर्म दोनों की ही माँग तालिकाएँ सामान्य व्यावसायिक स्थितियों तथा विशिष्ट रूप से वस्तु को प्रभावित करने वाली बाहरी परिस्थितियों में परिवर्तन के फलस्वरूप निरन्तर बदलती रहती है। यदि माँग में यह परिवर्तन स्पष्ट हों तो मूल्य निर्धारण के वक्त इनको ध्यान में रखा जाना चाहिए। वास्तव में, प्राय: वे माँग की लोच से भी ज्यादा महत्वपूर्ण होते हैं।

मन्दीकाल मूल्य निर्धारण नीति यह होती है कि वस्तु की माँग में परिवर्तन के किसी उचित सूचनांक से सम्बन्धित मूल्य परिवर्तन हों। कभी कभी यह सम्भव होता है कि खर्च करने योग्य राष्ट्रीय आय (Disposable National Income) तथा वस्तु कीमत के भूतकालीन उच्चावचन के बीच प्रत्यक्ष सम्बन्ध रहा हो। यह सम्बन्ध किसी दिये हुए अथवा पूर्वानुमानित माँग स्तर पर उचित कीमत की कसौटी हो सकती है।

ऐसे किसी भी ऐतिहासिक सम्बन्ध के प्रयोग में कई गम्भीर सीमाएँ होती है जिससे कि प्रमुख उद्योगों में उपयोगिता नष्ट हो जाती है। गर्भित रूप से, यह मूल्य निर्धारण का तरीका निम्नलिखित मान्यताओं पर आधारित है:

(क) स्थिर कीमतों की अपेक्षा लचीली कीमतें उचित है।

(ख) भूतकाल में हुए मूल्य परिवर्तन माँग परिवर्तन को समायोजित करते है।

(ग) ये भूतकालीन मूल्य निर्धारण के उद्धेश्य आज के उद्धेश्य हैं।

(घ) लागत-बर्ताव तथा प्रतिद्वन्द्वी प्रतिक्रियाएँ भूतकाल की तरह ही हैं।

प्रश्न

1. लाभ अधिकतमकरण से क्या अभिप्राय है? पूर्ण प्रतियोगिता के अन्तर्गत, पूर्ण व अपूर्ण प्रतियोगिता के अन्तर्गत फर्म के साम्य की विवेचना कीजिए।
2. ''फर्म उस बिन्दु पर अधिकतम लाभ प्राप्त करेगी, जहाँ कि उसकी सीमान्त लागत सीमान्त आय के बराबर होती है।'' इस कथन की व्याख्या कीजिए।
3. ''लाभ अधिकतमकरण की आकांक्षी फर्मों को अल्पकाल में हानि हो सकती है।'' विभिन्न बाजार दशाओं के सम्बन्ध में उक्त कथन को स्पष्ट कीजिए।

❑❑❑

11

वस्तु-श्रृंखला मूल्य-निर्धारण
[Product-Line Pricing]

वस्तु-श्रृंखला मूल्य - निर्धारण अधिकांश आधुनिक औद्योगिक प्रतिष्ठानों की एक महत्वपूर्ण व्यावहारिक समस्या है। चूँकि प्रत्येक फर्म कई अन्य सम्बन्धित वस्तुओं का निर्माण करती है अत: मूल्य नीति की यह एक महत्वपूर्ण स्थिति है। इस मूल्य समस्या में प्रयोग होने वाला सिद्धान्त विस्तृत सामान्यताओं (Broad generalities) के बाहर नहीं जा पाया है। फलत: साधारण मूल्य विभेद की परिस्थितियों के अतिरिक्त इसका प्रयोग नहीं हो सका है।

वस्तु श्रृंखला मूल्य निर्धारण की समस्या के बारे में डीन का यह विचार है कि यह समस्या किसी एक वस्तु-समूह के सदस्यों की कीमतों के बीच उचित सम्बन्ध को जानने की है। यह केवल आकृति की दृष्टि से भिन्न भिन्न वस्तुओं के कीमत निर्धारण का ही अध्ययन नहीं करती बल्कि उन वस्तुओं की कीमत, जो कि आकृति की दृष्टि से एकरूप हैं लेकिन विभिन्न माँग की परिस्थितियों के कारण विक्रेता को भिन्न भिन्न कीमतें लेने का अवसर प्रदान करती है, उन्हें भी शामिल किया जाता है। अत: प्रयोग भिन्नता (Use differentials), ऋतु भिन्नता (Seasonal differentials) तथा स्टाइल चक्र भिन्नता (Style cycle differentials) में ये सब वस्तु श्रृंखला मूल्य निर्धारण की ही अवस्थाएँ हैं।

इस मूल्य निर्धारण विधि की विशेषता यह है कि इसमें माँग की प्रतिलोच (Cross elasticity) होती है जो कि विक्रेता की उत्पत्ति में होती है। इसलिए वस्तु-श्रृंखला मूल्य निर्धारण माँग सम्बन्धों के द्वारा परिभाषित किया जाता है।

वस्तु-श्रृंखला मूल्यनिर्धारण में सामान्य विचार
(General Considerations in Product-Line Pricing)

यहाँ पर सर्वप्रथम हम उत्पादन लागत की चर्चा करना चाहेंगे। यद्यपि लागत मूल्य का प्रत्यक्ष निर्धारक नहीं होना चाहिए बल्कि मूल्य निर्धारण के लिए न्यूनतम सीमा यह

निश्चित करे तथा सर्वाधिक लाभदेय मूल्य उत्पत्ति संयोजन का चुनाव करे। अन्य मूल्य निर्धारक तत्वों में प्रतिद्वन्द्वी परिस्थितियों तथा माँग की लोच में भिन्नताओं का नाम लिया जाता है। लेकिन आश्चर्य की बात यह होती है कि लागत एक महत्वपूर्ण तत्व होते हुए भी वस्तु श्रृंखला मूल्य निर्धारण में इसका विस्तृत प्रयोग नहीं किया जाता है। फलत: यह जानना जरूरी हो जाता है कि किसी फर्म की वस्तुओं के मूल्य की संरचना क्या हो? इस उद्धेश्य के लिए लागत सम्बन्ध की वैकल्पिक नीतियों पर हम विचार करे। लेकिन व्यवहार में किसी विशेष नीति निश्चित करने के बाद भी उसके प्रयोग में कठिनाई आ सकती है।

मूल्य सम्बन्ध की वैकल्पिक नीतियाँ
(Alternative Policies of Price Relationship)

किसी फर्म में इसकी विभिन्न वस्तुओं के बीच मूल्य सम्बन्ध की विभिन्न प्रकार की नीतियों का अनुसरण किया जाता है। अब इनमें कौन-सी नीति कब उपयुक्त होगी यह परिस्थिति विशेष पर निर्भर करता है। वस्तु श्रृंखला मूल्य निर्धारण की यह पहुँच इस बात को मानती है कि वस्तुओं के मूल्य की प्रणाली का जो प्रकार है वह विवादग्रस्त है। फिर भी हमारे सामने निम्नलिखित सिद्धान्त उभरते हैं:

(1) पूर्ण लागत का अनुपाति मूल्य (Price proportional to full cost)

(2) रूपान्तर लागत का अनुपाति मूल्य (Price proportional to conversion cost)

(3) वृद्धिशील लागत का अनुपाति मूल्य (Price proportional to incremental cost)

(4) अर्थदान आरक्षण का अनुपाति मूल्य (Price that produces contribution margin)

(5) बाजार की अवस्था तथा प्रतिद्वन्द्वी विकास से सम्बद्ध मूल्य (Price related to the stage of market and competitive development)

किसी भी फर्म में वस्तु-श्रृंखला मूल्य निर्धारण का सर्वसाधारण सिद्धान्त वह होता है जिसमें कीमतें पूर्ण लागत अनुपाति होती हैं (Prices that are proportional to full cost) अर्थात् वे सभी वस्तुओं के लिए शुद्ध लाभ का एक ही प्रतिशत देती है। मूल्य निर्धारण की इस प्रणाली के अन्तर्गत प्रत्येक वस्तु की पूर्ण लागत को निकाला जाता है और इस लागत आगणन के दौरान सभी सामान्य अधिव्ययों (All overhead expenses) को उचित रूप से बाँटा जाता है जिससे कि पूर्ण लागत पर लाभ का एक ही प्रतिशत जोड़ा जा सके। इसे तालिका संख्या 1 के द्वारा समझा जा सकता है जिसमें कि चूँकि तीनों वस्तुओं की समान पूर्ण लागत मान ली गयी है इसीलिए तीनों वस्तुओं की कीमत भी समान ही है। लेकिन इस मूल्य प्रणाली में सामान्य खर्च का वितरण स्वेच्छाचार से होता है। अंत: इस मूल्य की वांछनीयता कम होती है। मूल्य निर्धारण का यहाँ पर दूसरा महत्वपूर्ण सिद्धान्त यह बताता है कि वस्तु श्रृखंला के सदस्यो की कीमतों का निर्धारण उनकी वृद्धिशील लागतों के अनुपात में होना चाहिए। यहाँ पर वृद्धिशील लागत वस्तुओं की इकाइयों की संख्या में वृद्धि करने के लिए अतिरिक्त लागत होती है। इस नीति से जो मूल्य का ढाँचा निकलता है वह पूर्ण लागत नीति से भिन्न हो सकता है। इस भिन्नता को तालिका संख्या 1 से जाना जा सकता है। जब A वस्तु

का मूल्यांकन 1,300 रूपया होता है तो B वस्तु का मूल्यांकन 325 रूपया होता है और C वस्तु का 1,950 रूपया होता है। मूल्य निर्धारण का यह सिद्धान्त पहले की तुलना में कम दोषपूर्ण है क्योंकि वृद्धिशील लागत प्राय: परिवर्तनशील अप्रत्यक्ष लागतों के वितरण में कम ही स्वेच्छाचार करती है। लेकिन यह प्रणाली भी माँग तथा प्रतिद्वन्द्वी परिस्थितियों में परिवर्तन को ध्यान में नहीं रखती। यदि वस्तु श्रृंखला में कोई वस्तु अन्य वस्तुओं की अपेक्षा ज्यादा अच्छी होती है तो यह उचित होता है कि उसकी कीमत ऊँची हो और वस्तु अधिक बाजार बना पाये। परन्तु तब वृद्धिशील लागत का अनुपाती मूल्य महत्वपूर्ण लाभ के अवसरों का फायदा नहीं उठा सकेगा। अत: यह सिद्धान्त लागत-धन सूत्र के निकटवर्ती होने के कारण अपनी उपयोगिता खो देता है।

वस्तु के निर्मांण में भी कुछ लागत लगती है। यहाँ पर निर्माण की क्रिया से हमारा आशय कच्ची सामग्री को निर्मित वस्तु में परिवर्तित कर देने से है। इसमें श्रम, मशीनों की घिसाई, किराया, विद्युत आदि व्यय आते हैं। इसमें कच्चे माल की लागत शामिल नहीं की जाती। यह मूल्य नीति पहले दो सिद्धान्तो से भिन्न है। तालिका संख्या 1 यह प्रदर्शित करती है कि पहले दो सिद्धान्तों से यह कहाँ कहाँ भिन्न हो सकती है। R परिवर्तन लागत सिद्धान्त के अनुसार- A वस्तु का मूल्य 1,3000 रूपया, B वस्तु का मूल्य 1,575 रूपया तथा C वस्तु का मूल्य 406 रूपया होगा। इस मूल्य प्रणाली का समर्थन डब्ल्यू.,ल. चर्चिल (W.L.Churchill) ने अपनी पुस्तक 'लाभ हेतु मूल्य निर्धारण' (Pricing for Profit) में किया है। उनके अनुसार परिवर्तन लागतें फर्म की सामाजिक देन (Firm's social contribution) को बतलाती है जबकि क्रय लागतें इस महत्वपूर्ण बात पर ध्यान नहीं देती। अतएव उनका कहना है कि व्यक्तिगत वस्तुओं पर कमाये हुए लाभ की रकम उन व्ययों की अनुपाति होनी चाहिए जिनसे कि फर्म मात्र उत्पादन का वितरक ही न रहे बल्कि सामाजिक कल्याण में भी वृद्धि करे। पहले दो सिद्धान्तों से श्रेष्ठतर होने के बावजूद भी यह सिद्धान्त वस्तुओं के बीच मूल्य लोच में अन्तर एवं वर्तमान तथा संभावी प्रतिस्पर्द्धा को छोड़ देता है।

बाजार के विभिन्न भागों की माँग लोच पर भी फर्म का मूल्य एवं लाभ निर्भर करता है। उच्च आय वाले क्रेता प्राय: मूल्य के प्रति कम ही जागरूक होते हैं जबकि निम्न आय वाले व्यक्ति मूल्य के प्रति बहुत संवेदनशील होते है। अत: यह लाभदेय होता है कि उच्चवर्गीय वस्तुओं के लिए ज्यादा लाभ रखा जाय तथा सामान्य बाजार के लिए सामान्य लाभ लिया जाय। तालिका संख्या 1 में उदाहरण के लिए हम यह मान सकते है कि किराये पर मशीन की माँग की लोच मशीन के विक्रय की अपेक्षा कम है। चूँकि क्रेता मशीन के पुरानी हो जाने पर उसकी क्षति की जोखिम नहीं लेना चाहते जबकि सारणीयन सेवा (Tabulating service) का प्रवर्तन मूल्य बहुत अधिक होता है। इसलिए इस सेवा का मूल्य आकर्षण कम ही होना चाहिए। फैशन तथा स्टाइल में परिवर्तन के परिणामस्वरूप भी माँग बदल सकती है। और बाजार में अन्तर लाया जा सकता है। बाजार भिन्नता, मूल्य-विभेद को जन्म देती है। सिनेमा फिल्म का किराया इस मूल्य भिन्नता का एक ज्वलन्त उदाहरण है। फिल्म के दर्शक कई श्रेणी के लोग होते हैं और उनसे अलग अलग मूल्य लिये जाते है।

कई वस्तुएँ जीवन चक्र में से होकर गुजरती है। प्रारम्भ में वे विशिष्टताओं (Specialities) के रूप में विकसित होती है और उनकी सुरक्षा की जाती है - लेकिन बाद में चलकर वे सामान्य वस्तुओं में बदल जाती हैं। इसलिए किसी भी वस्तु श्रृंखला मूल्य नीति

के लिए यह विचार करना चाहिए कि कौन-सी वस्तु अपने जीवन चक्र की इस स्थिति से गुजर रही है तथा उसकी बाजार में कितनी माँग है और उसमें प्रतियोगिता कितनी है? जब वस्तुओं में इस प्रकार के अन्तर बहुत होते हैं तो उनके मूल्यों में भी अन्तर आयेगा। यह मूल्य सिद्धान्त लागत विचारधारा तथा लाभ की एकरूपता से मुक्त है। फिर भी यह माँग तत्व पर पूरा पूरा विचार करता है और वस्तु श्रृंखला मूल्य प्रणाली में यह बात पहले ही मालूम हो जाती है कि विभिन्न वस्तुओं की एकाधिकारी शक्ति उनके प्रारम्भ में होती है।

तालिका

वस्तु श्रृंखला लागत संरचना

	A सारणीयन यन्त्र	B किराया सेवा	C सारणीयन सेवा
वृद्धिशील लागत	रू.	रू.	रू.
1. सामग्री	200	30	750
2. श्रम	400	120	150
3. कुल	600	150	900
उपरिह्व्यय लागत			
4. घिसाई	100	400	50
5. श्रम	200	440	20
6. लगान, ऊर्जा, आदि	100	10	30
7. कुल	400	850	100
पूर्ण लागत (3)+(7)	1,000	1,000	1,000

वैकल्पिक वस्तु श्रृंखला मूल्य संरचना

मुल्य सिद्धान्त	**मुल्य वृद्धि**	**मूल्य**		
		A	B	C
1. पूर्ण लागत का अनुपाती मूल्य	30%	1,300%	1,300	1,300
2. वृद्धिशील लागत का अनुपाती मूल्य	117%	1,300	325	1,950
3. परिवर्तन लागत का अनुपाती मूल्य	62.5%	1,300	1,575	406
4. माँग लोच से सम्बन्ध मूल्य	—	1,300	1,500	500

वस्तु श्रृंखला मूल्य संरचना के तत्व

(Factors of Designing Product-Line Price Structure)

किसी भी वस्तु श्रृंखला मूल्य संरचना के निर्माण में कुछ महत्वपूर्ण तत्व होते हैं जिन्हें तीन भागों में बाँटा जा सकता है:

1. वस्तुओं के मध्य माँग सम्बन्ध (Demand relationship among products)

2. वस्तुओं की प्रतिस्पर्धा की स्थिति में अन्तर (Differences in the competitive setting of the products)

3. वस्तुओं की लागत में अन्तर (Differences in the cost of products)

वस्तुओं के बीच माँग सम्बन्ध

विभिन्न वस्तु श्रृंखलाओं में मूल्य निर्धारण की दृष्टि से माँग की दो विशेषताएँ (Characteristics) होती है। एक तो, वस्तु श्रृंखला के सदस्यों की माँग की अन्तर्निर्भरता (Interdependence) । इसका मतलब यह होता है कि एक वस्तु की माँग दूसरी वस्तु की माँग पर निर्भर करती है। इस प्रकार की निर्भरता भी दो तरह की होती है। पहली, जहाँ कि वस्तुएँ एक दूसरे का विकल्प होती है। उदाहरण के लिए, किसी रेड़ियो बनाने वाली फर्म में कई प्रकार के रेडियो और टायर बनाने वाली फर्म में विभिन्न तरह के टायर । वैकल्पिक वस्तुओं के बीच माँग का विपरीत सम्बन्ध (Inverse relationship) होता है। पुनः, दूसरी और कुछ ऐसी वस्तुएँ हो सकती हैं जो कि एक दूसरे का पूरक (Complementary) होती हैं। यहाँ पर वस्तु सदस्यों के बीच माँग का सम्बन्ध एक ही दिशा (Same direction) में होता है जैसे कि ऊपर बतलायी गयी सारणीयन मशीन के उत्पादन के साथ साथ पंचकार्ड (Punched Card) का उत्पादन भी जरूरी होता है। आत्मनिर्भरता का सामयिक पहलू भी होता है क्योंकि आज किसी वस्तु का विक्रय कल की किसी वस्तु के विक्रय को प्रभावित कर सकता है। इसके सामान्य उदाहरण बच्चों की पत्रिकाओ के संस्करण हैं।

माँग की दूसरी विशेषता यह होती है कि इसमें बाजार वितरण (Market Segmentation) तथा मूल्य विभेद (Price discrimination) होते हैं। विभिन्न वस्तुएँ, जो कि एक ही फर्म में पैदा होती हैं, वे उस फर्म के कुल बाजार को छोटे छोटे टूकड़ो में बाँट देती है और उनकी मूल्य लोच में भिन्नता के कारण अलग अलग कीमतें ली जाती है। वस्तुत: उत्पाद की आकृति तथा मूल्य निर्धारण बाजार को टुकड़ो में विभाजित करते हैं। इस तरह के विभाजन से केवल प्रत्येक क्षेत्र में माँग की लोच में भिन्नता के कारण लिये जाने वाले मूल्य से लाभ को ही नहीं बढ़ाया जाता अपितु कुछ स्थितियों में सामाय बाजारों में घुसकर कुल विक्रय को बढ़ाया जा सकता है। लेकिन ऐसा तभी सम्भव है जबकि मूल्य पूरी वृद्धिशील लागत तथा थोड़ी अप्रत्यक्ष लागत को वसूल कर लेता है (Price that covers incremental cost and contributed a little to overheads)।

माँग की लोच में अन्तर प्रतीयोगिता एवं वातावरण में भिन्नता के कारण होता है। किसी वस्तु की माँग की प्रतिलोच (Cross Elasticity) प्रतिद्वन्द्वी वस्तुओं की समानता द्वारा निर्धारित की जाती है। तीव्र प्रतियोगिता माँग की लोच का एक बड़ा भाग पैदा करती है और प्रतिद्वन्द्वियों की कीमतों को नियन्त्रित करती है। परन्तु विकल्पों में अगर दूरी काफी हो तो लोच अंश कम हो जाता है और पहले से अधिक लाभ का अंश मिलने की सम्भावना रहती है।

अतः यहाँ मूल्य निर्धारण की व्यावहारिक समस्या यह है कि किस प्रकार विभाजन की दीवारों को तोड़कर सर्वाधिक लाभार्जन वाली कीमत संरचना निश्चित की जाय ? इस सम्बन्ध में वृद्धिशील लागत तथा आय के प्रयोग द्वारा हम इस निष्कर्ष पर पहुँच सकते हैं कि अब और अधिक बाजार-विभाजन उचित हो गया या नहीं। वृद्धिशील लागत बाजार के सर्वाधिक लोचदार भाग में जो कीमत हो उसके लिए न्युनतम सीमा निश्चित करती है। उदाहरणार्थ, यदि कोई टाइपराइटर विक्रेता है तो उसके सामने यह समस्या होती है कि वह डाक द्वारा व्यवसाय करने वाली फर्म को उसकी प्रायवेट ब्राण्ड के अन्तर्गत स्वीकृति देते हुए आपूर्ति करे या नहीं? यह इस बात के द्वारा जाना जायेगा कि उसकी इस क्रिया से अतिरिक्त आय क्या होगी और अतिरिक्त मशीन पैदा करने की अतिरिक्त लागत क्या होगी? आय से लागत जब तक अधिक रहेगी तब तक बाजार का पुनर्विभाजन करना उचित नहीं होगा।

वस्तुओं की प्रतिस्पर्द्धा की स्थिति में अन्तर

प्रतियोगिता का विश्लेषण वस्तु श्रृंखला मूल्य की एक महत्वपूर्ण अवस्था है क्योंकि प्रतियोगिता में अन्तर आने से लाभांश और वितरण के लाभ में अन्तर आ जाता है। प्रतियोगिता की संरचना का किसी वस्तु विशेष की कीमतों की श्रृंखला (Range of Prices) तथा वस्तुओं की प्रतियोगिता की दृष्टि से श्रेणीकरण में लाभदायक होता है। प्रतियोगिता में अन्तर की माप वस्तु तथा उद्योग के विभिन्न उत्पादन यन्त्र बनाता है तो उसे अपनी वस्तु श्रृंखला में प्रतियोगिता में अन्तर को मापना होगा। माप की इस समस्या के दो पहलू हैं (1) प्रतियोगिता की वर्तमान तीव्रता को मापना; तथा (2) सम्भावित प्रतियोगिता के प्रवेश की संम्भाव्यता की भविष्यवाणी करना। पुनः वर्तमान प्रतियोगिता की माप प्रतिद्वन्द्वियों की संख्या, फर्म के बाजार का हिस्सा तथा प्रतिद्वन्द्वी वस्तु की समानता की सीमा द्वारा की जा सकती है। विद्यमान प्रतिद्वन्द्वीयों की संख्या तथा उनके तुलनात्मक आकार की माप केन्द्रियकरण अनुपात (Concentration ratio) जैसे सूचनांक द्वारा की जा सकती है, किन्तु प्रतिद्वन्द्वियों की यह संख्या वस्तु विशेष के बीच में भिन्न भिन्न होती है। उदाहरणार्थ, किसी फर्म में A वस्तु समूह में एक ही प्रतिद्वन्द्वी हो सकता है, B समूह में तीन तथा C में अनेक हो सकते हैं। सामान्यतः यह देखा जाता है कि प्रतियोगिता के अन्य पहलू यदि समान रहें तो विक्रेताओं की संख्या कम होने से लाभ अधिक होगा। इसी प्रकार बाजार अंश प्रतियोगी तीव्रता का निकटवर्ती सूचक होता है। चूँकि अगर किसी फर्म का बाजार का हिस्सा 90 प्रतिशत से घटकर 20 प्रतिशत हो जाय तो इस फर्म को पहले से अपनी कीमत गिरानी होगी।

उपरोक्त उदाहरण वाले यन्त्र उत्पादक मूल्य निधारण करते समय सम्भावित प्रतियोगिता पर भी ध्यान रखें। कुछ सूचकों को प्राप्त कर अलग अलग वस्तुओं की लाभदेयता के आधार पर प्रतियोगियों की प्रविष्टि को जाना जा सकता है, ये सूचक प्रतिद्वन्द्वी प्रविष्टि के लिए प्रोत्साहन, पेटेण्ट सम्बन्धी तथा तान्त्रिकी रूकावटें हैं। सम्भावित प्रतियोगिता की जितनी ही ज्यादा सम्भावना होगी मूल्य उतना ही हम होने की प्रवृत्ति रखेगा।

वस्तुओं की लागत में अन्तर

इस अध्याय के प्रारम्भ में यह देखा गया है कि किसी वस्तु श्रृंखला में मूल्य सम्बन्ध निर्धारण में लागत अगर एकमात्र नहीं तो प्रमुख प्रभावकारी तत्व अवश्य है। सचमुच

में किसी भी मूल्य निर्धारण के ठीक ठीक विश्लेषण के लिए लागत अनुमान (Cost Estimates) आवश्यक अंग है। परन्तु प्रश्न यह उठता है कि लागत की परिभाषा क्या हो? यद्यपि समान कुल आय देने वाली कई कीमत संरचनाओं का निर्माण किया जा सकता है। परन्तु फिर भी कुल लागतें भिन्न भिन्न होगी क्योंकि लागत-उत्पादन मिश्रण (Product-mix) का मतलब किसी वस्तु श्रृंखला की विभिन्न वस्तुओं के विक्रय के अनुपात से है। यहाँ फर्म को इस बात का प्रयास करना चाहिए कि मूल्य संरचना ऐसी हो जिसमें कुल आय तथा कुल लागत के बीच प्रत्याशित अन्तर सबसे अधिक हो।

कभी कभी लागत, आय तथा लाभ जैसे आर्थिक तत्वों को भी अन्त तत्व प्रभावित करते हैं जिससे वस्तु विशेष से मिलने वाला लाभ अल्पकाल के लिए सीमित हो जाता है। यह स्थिति उस समय आती है जबकि औसत से कम (Below average) आय आने पर भी कुछ वस्तुओं का उत्पादन करना जरूरी हो जाता है। यद्यपि इस प्रकार का उत्पादन यथासम्भव बन्द किया जाना चाहिए लेकिन अधिकांश वस्तु श्रृंखलाएँ इस प्रकार की वस्तु रखती ही हैं, ये वस्तुएँ निम्नलिखित है:

(1) हानि अवरोधक (Loss limiters) - अर्थत् ऐसी वस्तुएँ जिनका उद्धेश्य अन्यथा व्यर्थ पड़ी हुई सुविधाओं से होने वाली हानि को सीमित करना है। ऐसी वस्तुओं का अस्तित्व उस समय न्यायोचित कहा जाता है जब कि फर्म के पास अप्रयुक्त बाजारीकरण और उत्पादन की क्षमता (Unused marketing or manufacturing capacity) हो। लेकिन ज्यों ही माँग क्षमता के समानान्तर या उससे अधिक हो जाय तो शीघ्र ही हानि अवरोधकों का समाप्त कर दिया जाना चाहिए।

(2) श्रृखंला पूरक (Line-fillers) - अर्थात् ऐसी सामयिक वस्तुएँ जो किसी वस्तु के आकार, प्रकार और रंग की पूरी श्रृंखला बनाती हो। यहाँ पर इन वस्तुओं से प्राप्त होने वाली आय सीमान्त आगम से कम हो सकती है क्योंकि इनकी माँग पर दूसरी माँग वस्तुएँ भी निर्भर करती हैं। फिर भी, अगर इस व्यूह रचना को समझना आसान हो तो यह उचित होगा कि इस प्रकार की वस्तु तथा उससे प्राप्त आय पर विचार हो।

(3) मूल्य- दाता (Price-meeters) अर्थात् वे वस्तुएँ जिनका काम प्रत्येक प्रतिद्वन्द्वी कीमत के अनुरूप होकर बिक जाना है पुन: इन वस्तुओं का सामरिक महत्व इनके प्रत्येक सीमान्त आगम से भी अधिक हो सकता है।

दूसरी ओर वे वस्तुएँ हैं जो कि औसत से अधिक (above average) आय देती हैं। उन्हें प्रतिद्वन्द्वियों से अलग रखने की कोशिश की जाती है और इनकी अधिकतम कीमत ली जाती हैं जिससे लाभ भी अधिक होता है।

वस्तु श्रृंखला मूल्य निर्धारण की विशिष्ट समस्याएँ
(Specific Problems of Product-Line Pricing)

वस्तु श्रृखंला मूल्य निर्धारण की विचारधारा के अन्तर्गत कुछ विशेष समस्याओं का सामना करना पड़ता है। इन समस्याओं को मुख्यत: दो दृष्टियों से देखा जाता है: यदि वस्तुओं का आकार अलग अलग (Difference in size) हो तो मूल्य निर्धारण कैसे होगा तथा यदि वस्तु के गुण में अन्तर (Difference in quality) हो तो वस्तु का मूल्य निर्धारण कैसे हो?

आकार में भिन्न वस्तुओं का मूल्य निर्धारण
(Pricing Products that differ in size)

इसमें पहला प्रश्न यह उठता है कि क्या आकार में परिवर्तन करने से मूल्य में अन्तर आना चाहिए? यदि क्रेता के लाभ में आकार के अन्तर से कोई परिवर्तन न आये तथा उत्पादक की लागत में बहुत कम अन्तर आये तो एकरूप कीमत (Uniform Price) ही अर्थपूर्ण प्रतीत होती है। इस नियम का अनुसरण जूते बनाने वाली कम्पनियाँ करती है जहाँ लागत में अधिक अन्तर होते हुए भी एक ही मूल्य लेने की प्रथा चल पड़ी है। लेकिन अगर उत्पादक यह निश्चित करता है कि आकार में परिवर्तन के साथ साथ मूल्य में भी परिवर्तन हो तो क्या किसी भी प्रकार का आकार सम्बन्धि समुचित ढाँचा वांछनीय होगा? आकार का ढाँचा रखने से कुछ लाभ होते है: (क) जब नयी आकृतियाँ बाद में श्रृखंला में समायोजित की जाती है तो उनका मुल्य निर्धारण आसान हो जाता है; (ख) क्रेता को मूल्य एवं आकार की दृष्टि से न्याय मिल पाता है; (ग) बार-बार अलग अलग वस्तुओं के मूल्य निर्धारण में व्यवस्था का बरबाद होने वाला समय बच जाता है अत: यह उचित प्रतीत होता है कि एक मूल्य एवं आकार से सम्बन्धित नियम होना चाहिए।

लेकिन मूल्य एवं आकार के सामान्य नियम के पश्चात एक दूसरा महत्वपूर्ण प्रश्न यह उठता है कि इस अध्याय में वर्णित पाँच नीतियों में से कौन सी नीति अपनायी जाय? इन नीतियों में से सर्वाधिक सामान्य वे हैं जिनमें मूल्य पूर्ण लागत तथा वस्तु आकार का अनुपाति होता है (Prices proportional to full costs and product size)।

आकार का मूल्य निर्धारण में इसलिए भी महत्व होता है कि इससे क्रेता को मिलने वाले लाभ को मापा जा सकता है। लेकिन आकार की कई दृष्टियों से मापा जाता है और इसमें कौन-सी दृष्टि सबसे उपयुक्त है यह जानना चाहिए। कुछ वस्तुओं में चयन (Choice) की समस्या नहीं होती है - जैसे कि चीनी तथा आटा के भिन्न भिन्न आकार के बोरे। लेकिन कुछ ऐसी वस्तुएँ होती हैं जिनमें कि आकृति की माप नहीं हो सकती। फलत: क्रेता को मिलने वाले लाभ को भी ठीक-ठीक नहीं जाना जा सकता है। उदाहरण के लिए, यह कहना कठिन है कि 10 कॉलम वाले गणक (Calculator) का 8 कॉलम वाले नमूने की तुलना में क्या मूल्य होना चाहिए? ऐसी स्थिति में अलग अलग मूल्य होना चाहिए परन्तु अलग अलग आकार के लिए अलग अलग कीमतें निकालना कठिन है और इस प्रकार एक ही कीमत लेना उचित होता है।

इससे यह निष्कर्ष निकलता है कि वस्तु का आकार बढ़ाने से लागत में मितव्ययिता के कारण वस्तु की कम कीमत ली जानी चाहिए तथा आकार छोटा होने पर प्रति इकाई लागत में वृद्धि होने के कारण अधिक कीमत ली जानी चाहिए। लेकिन कभी-कभी ऐसा भी पाया जाता है कि वस्तु की जानकारी हेतु क्रेताओं को कम कीमत पर भी छोटे आकार की वस्तुएँ बेची जाती है।

मूल्य आकार सम्बन्ध के चुनाव में इस बात को देखा जाना चाहिए कि क्या क्रेता को वस्तु के एक आकार से दूसरे आकार को खरीदने की स्वच्छन्दता है। अर्थात क्या दोनों आकार एक दूसरे के विकल्प हैं। यदि हॉ, तो बड़ी आकार वाली इकाइयों के लिए कम कीमत लेनी चाहिए जिससे क्रेता अपने क्रेय को बड़े आकार में बदल सके। यह स्थिति

विशेषत: उस समय वांछनीय होती है जबकि उत्पादक बड़ी आकृति की वस्तु के उत्पादन की लागत में महत्वपूर्ण बचत करता है तथा यह आशा की जाती है कि बहुत शीघ्र ही छोटी वस्तुओं के क्रेता बड़े आकार की वस्तुओं के क्रय की आदत लगा लेगा। आकार -विभेद मूल्य निर्धारण की समस्या किसी पत्रिका के विज्ञापन हेतु पृष्ठ से हल की जा सकती है। पत्रिका के पेज के विज्ञापन की आकृति तथा दरें भिन्न भिन्न होती है। जैसे पृष्ठ के आठवें, चौथें, आधे भाग तथा पूरे पृष्ठ मे विज्ञापन करवाना। इन विभिन्न आकार के विज्ञापनों की दर निश्चित करते समय पत्रिका की व्यवस्था क्रमश: बढ़ते हुए आकार के लिए कम दर लेती है क्योंकिं इस पर स्थिर लागत कम होती चली जाती है। इससे दूसरा लाभ यह होता है कि जो व्यक्ति आज पृष्ठ के एक अंश में विज्ञापन कर रहे हैं। वे कल पूरे पृष्ठ के ग्राहक हो सकते हैं क्योंकि इससे विज्ञापन कराने वाले की आंशिक विज्ञापन की तुलना में मूल्य कम देना होता है तथा विज्ञापन का अधिक लाभ मिलता है।

गुण में भिन्न वस्तुओं का मूल्य निर्धारण
(Pricing Products that differs in quality)

यदि वस्तु के गुणों में अन्तर आता चला जाय तो उसके मूल्य में अन्तर हो या नहीं यह एक विवादग्रस्त समस्या है। यहाँ पर मूल्य निर्णय इस बात पर निर्भर करता है कि गुणों में भिन्नता के उद्धेश्य क्या हैं? कभी कभी उच्चकोटी रखने का उद्धेश्य समूची वस्तु श्रृंखला की शोभा को बढ़ाना है। उदाहरण के लिए, अगर कोई पुरूषों के अलंकारों का विक्रेता है तो वह अलंकारों की श्रृंखला में 300 रूपये वाला कफ के बटन (Cuff Links) रखता है। इससे सारे कलाकरों की शोभा बढ़ती है। ऐसी स्थिति में शोभा की वस्तु की कीमत का निर्धारण करते समय यह नहीं देखना चाहिए कि वस्तु के विक्रय पर क्या असर पड़ेगा बल्कि यह देखना चाहिए कि इस शोभा की वस्तु होने से कम मूल्य वाली लेकिन अधिक बिकने वाली वस्तुओं के प्रति ग्राहकों की अभिरूचि पर क्या प्रभाव पड़ेगा।

इस विश्वास को काफी समर्थन मिला है कि माँग वस्तु के गुण में वृद्धि होने पर मूल्य के प्रति कम संवेदनशील होती है।

जब फर्म के गुण के स्तर में निम्न कोटि वाली वस्तुओं के मूख्य उद्धेश्य मूल्य स्पर्द्धा का सामना करना हो तो एक दूसरी ही गुण मूल्य भिन्नता की आवश्यकता होती है। प्राय: निम्न कोटि की वस्तुओं लड़ाकु ब्राण्ड (Fighting Brand) होती है और इनका उद्धेश्य यही होता है कि समूची वस्तु श्रृखंला कभी भी विक्रय में कमी (Never under-sold) नहीं दिखलावे। दूसरा उद्धेश्य यह हो सकता है कि व्यापार चक्र की मन्दीवाली स्थिति में लाने वाले धक्के को सहन किया जा सके। इसीलिए ऐसा पाया जाता है कि मन्दी काल में अगर कोई फर्म गैसोलीन पैदा करती है तो वह यह चेष्टा करेगी कि तृतीय श्रेणी (Third grade) की गैसोलीन बनाये। इन परिस्थितियों में लडाकू ब्राण्ड का मूल्य लागत द्वारा बिलकुल नहीं बल्कि केवल प्रतिद्वन्द्विता द्वारा निश्चित किया जाता है।

कई उद्योगों में फर्म दो भिन्न बाजारों में लाभ प्राप्त करती है: एक ब्राण्ड वाला बाजार (Brand Market) तथा राशि पातन बाजार (Dumped Market) । इन दोनों तरह के बाजारों में उत्पत्ति की दर निर्धारित करने के तरीके भिन्न भिन्न होते हैं। ब्राण्ड बाजार में तरीका यह होता है कि 'जितना आप बचे सकें' (All you can sell) जिसका मतलब होता है कि अल्पकाल में विक्रय बढ़ाने के लिए मूल्यों में छूट नहीं दी जाती है। यह नियम

किसी विशेष समय में विज्ञापन तथा विक्रय प्रयासों द्वारा वस्तु स्वीकृति एवं व्यावसायिक स्थिति में परिवर्तन के अनुसार निश्चित किया जाता है।

ब्रण्डहीन उत्पत्ति दूसरे बाजारों में ले जाकर इसीलिए उड़ेल दी जाती (Dumped) है कि संयन्त्र की व्यर्थ क्षमता को प्रयोग में लाया जा सके। इस प्रकार के बाजार में उत्पादन अपने आकार के अनुसार नहीं बल्कि लगभग ऐसी परिस्थितियों में काम करता है जो कि शुद्ध प्रतियोगिता से मिलती हैं। ब्रण्डहीन बाजार में वह बाजार का अनुसरण करता है (He follows the market) अर्थात् वह प्राप्त होने वाली सर्वाधिक कीमत पर वस्तु को बेचता है।

आकर्षण मूल्य
(Charm Price)

काफी समय से व्यावसायिक जगत् में यह देखा जाता है कि असमान अंको (Odd figures) में दी जाने वाली कीमतें समान अंकों की अपेक्षा कुछ ज्यादा प्रभावपूर्ण होती हैं। भारतवर्ष में बाटा शू कम्पनी तथा कुछ अन्य फर्मे भी असमान अंको वाली कीमत को ही अपनाने की प्रथा बनाये हुए हैं। इसीलिए उनकी अधिकांश कीमतें 15 रूपये या 20 रूपये के बजाय 14 रूपये 95 पैसे या 19 रूपये 95 पैसे इस प्रकार से होती हैं। इस प्रथा के बारे में पहले तो यह विचारधारा रही कि इस प्रकार की कीमतें ज्यादा आकर्षक होती हैं क्योंकि इनसे केवल रूपये तक ही क्रेता सोचते हैं और पैसों के भार पर ध्यान नहीं देते तथा वे किसी वस्तु को खरीदने के लिए अपना आयोजन बनाते हैं और खरीद भी लेते हैं। लेकिन हाल के शोध कार्यो से यह पता लगा है कि क्रेताओं पर इस प्रकार की विचारधारा का कोई असर नहीं होता।

विशेष डिजायनों का मूल्यांकन
(Pricing of Special Designs)

अगर किसी फर्म को कुछ विशेष डिजायन की वस्तु बनाकर बेचना हो तो इसमें प्रचलित प्रथा यह है कि सामान्य कुल लागत का अनुमान कर सामान्य कुल लागत में वांछनीय उचित लाभ का एक निश्चित प्रतिशत जोड़ दिया जाना चाहिए।

कुछ अंश तक विशिष्ट आदेशों के लिए जो मूल्य निर्णय होता है वह वस्तुतः इस बात का निर्णायक होता है कि उस वस्तु को पैदा किया जाय अथवा नहीं। अतः विशिष्ट आदेश मूल्य निधारण में लागत का महत्व बहुत है। इस प्रणाली का एक आवश्यक आधार अप्रचलित वस्तुओं की भविष्य लागत का ठीक ठाक अनुमान करना हैं। विशेष डिजाइन के मूल्यांकन की समस्या का समाधान इन तीन प्रश्नों के उत्तर से निकाला जा सकता है:

1. वस्तु विशेष के आदेश प्राप्त करने हेतु कौन-सी वस्तु चाहिए?
2. कौन-सी सबसे कम कीमत ली जानी चाहिए जिससे प्राप्त विकल्पों के बीच अल्पकाल में उत्पादक के लिए व्यवसाय मान्य हों?
3. दीर्घकालीन भविष्य के लाभों द्वारा अल्पकालीन लाभों में क्या परिवर्तन किया जा सकता है?

व्यवसाय प्राप्त करने वाला मूल्य (Business-getting price)

इसमें विक्रेता इस बात का अन्दाजा लगाता है कि बिना व्यवसाय खोये कौन-सी सर्वाधिक कीमत ली जा सकती हैं। लेकिन इसमें सामान्य लागत के अतिरिक्त प्रति इकाई लाभ नहीं हो रहा है तो फिर वस्तु के उत्पादन का प्रश्न ही नही उठता तथा यह मूल्य नीति हतोत्साहन मूल्य निर्धारण (Discouragement pricing) होगी जहाँ क्रेता कम तथा शक्तिशाली होते हैं एवं वे सम्भावित उत्पादक भी हो सकते हों तो पूर्ण चालू लागत मूल्य निर्धारण का आधार होगी (Pricing on the basis of full current cost) । इसका उदाहरण मोटर बनाने वाली कम्पनियाँ हैं।

स्वीकृति-योग्य मूल्य (Acceptable Price)

विशिष्ट डिजाइन की कीमतों की समस्या में इस बात का निर्णय लेना है कि कौन-सा न्यूनतम मूल्य लिया जाय जहाँ विक्रेता स्वीकार करने की स्थिति में होगा? फर्म के मूल्य निर्धारण के कार्य के विकल्प क्या-क्या हैं? विशेष आदेश से प्राप्त होने वाली आय वृद्धिशील लागत से अधिक अवश्य हो तभी व्यवसाय स्वीकारा जा सकता हैं। लेकिन वृद्धिशील लागत सभी मूल्य प्रश्नों का स्वत: उत्तर नहीं देती है अत: इसका सावधानी के साथ प्रयोग किया जाना चाहिए।

यदि विकल्प नियमित रूप से पैदा किया जाता है तो समान कीमत (Parity Price) बिलकुल भिन्न होगी। समान कीमत उसे कहते हैं जो कि संयन्त्र सुविधा के वैकल्पिक प्रयोग से प्राप्त कुल लाभ के बराबर लाभ प्रदान करती हैं। ऐसी स्थिति में वृद्धिशील लागत में अप्रत्यक्ष व्यय तथा लाभ को जोड़कर कीमत निर्णय पर पहुँचा जाता है।

मरम्मत के पूर्जो का मूल्य निर्धारण
(Pricing of Repair Parts)

टिकाऊ वस्तु के सभी विक्रेता इन वस्तुओं के कल पूर्जों के मूल्य निर्धारण की समस्या का सामना करते हैं। यह एक महत्वपूर्ण समस्या है। क्योंकि कुछ फर्मो का तो मरम्मती पूर्जो से प्राप्त विक्रय नये संयन्त्र से भी अधिक होता है। इससे भी आश्चर्य की बात यह है कि कई फर्मे नये संयन्त्र के विक्रय से होने वाले लाभ से अधिक लाभ मरम्मत पुर्जो को बेचकर कमाती हैं।

सामान्यत: बड़ी मशीन के उत्पादक के लिए कल पुर्जो की संख्या ज्यादा होती है और प्रत्येक पुर्जे की बिक्री की आवृत्ति (Sales frequency) कम तथा अनियमित होती है। फलत: काफी लम्बे समय तक इन पुर्जो का भण्डार रखना पड़ता है। मरम्मती पूर्जो की समस्या का एक समाधान तो यह हो सकता है कि एक ऐसी नीति निश्चित की जाय कि किसी भी मशीन के लिए अगर वह 15 वर्ष से ज्यादा हो गयी हो तो मरम्मती पुर्जे दिये ही न जाये।

मरम्मती पूर्जो के मूल्य निर्धारण की समस्या में बहुत कुछ एकाधिकारी के पहलू भी होते हैं क्योंकि बने-बनाये समूचे नये संयन्त्र की अपेक्षा मरम्मती पुर्जो में एकाधिकारी शक्ति ज्यादा होती है। ऐसा इसलिए भी होता है कि एक बार अगर किसी क्रेता ने किसी संयन्त्र को खरीदा है तो उस मरम्मती पुर्जे के लिए एक ही स्थान पर जाना होगा। दूसरे शब्दों

में, संयन्त्र बनाने वाले की संख्या की तुलना में पुर्जे बेचने वाले की संख्या कम होती है और वह एकाधिकारी स्थिति मूल्य निर्धारण में बहुत सहायक हो सकती है अर्थात् कीमतें अनुमानतः ज्यादा होंगी।

यहाँ पर मूल्य निर्धारण पर कई तत्वों का प्रभाव पड़ता है। सर्वप्रथम तो यह देखा जाता है कि प्रारम्भिक संयन्त्र के लिए उत्पादक ने मरम्मती पूर्जो की कोई मूल्य सूची निकाली है या नहीं और यह सूची क्रेताओं को मान्य है या नहीं? दूसरी बात यह देखी जाती है कि क्या क्रेता स्वयं उन मरम्मती पूर्जो को बना सकता है? यदि हॉ, तो मरम्मती पूर्जे बनाने वाली फर्म को चाहिए कि क्रेता की कारखाना लागत में अवसर लाभ जोड़कर मूल्य जाने। कुछ उद्योगों में ऐसा भी देखा जाता है कि कुछ विक्रेता केवल कल पुर्जे बनाने में ही विशिष्टता प्राप्त कर लेते हैं लेकिन मूल संयन्त्र नहीं बनाते।

इसका उदाहरण खान खोदने की मशीन बनाने वाला उद्योग है जिसमें विशिष्ट प्रतिद्वन्द्वी उच्चकोटि के कुल पुर्जे बनाते हैं और उन्हें अच्छी कीमतों पर बेचते हैं। लेकिन कुछ छिपकर बेचने वाले (Boot leggers) भी होते हैं जो कि अपेक्षाकृत कम कीमत पर भी पुर्जे बेचते हैं। इसके अतिरिक्त क्रेताओं के स्तर के अनुभव का प्रभाव भी मूल्य निर्धारण पर पड़ता है और ऐसा देखा जाता है कि क्रेताओं की दृष्टि के अनुसार ही मूल्य निश्चित (Eye appeal should be right) होता है। इसमें प्राय: मूल्य स्तर के लिए लागत का प्रयोग किया जाता है तथा कीमतें सामान्य पूर्ण लागत की अनुपाती होती है। पुनः मूल्य निर्धारण क्रेताओं के विकल्प का आधार सापेक्षिक लागत अथवा भार न होकर क्रेताओं के विकल्प होने चाहिए अर्थात् यदि विकल्प नहीं है तो कीमत ज्यादा और विकल्प हैं तो कीमत कम लेनी चाहिए।

लीज तथा लाइसेन्स का मूल्य निर्धारण
(Pricing of Leases and Licenses)

यह बाजार विभाजन मूल्य निर्धारण का ही एक प्रयोग हैं क्योंकि इसमें पूर्णतः विभेदपूर्ण कीमत की स्थिति होती है। दूसरे शब्दों में, मूल्य क्रेता के लाभों से सम्बन्धित होता हैं। अत: लाभ में अन्तर आने से मूल्य में भी अन्तर आयेगा। लेकिन एक बात ध्यान देने योग्य है कि अधिकार शुल्क (Royalty) को निश्चित करने में विकास लागतों को आधार नहीं बनाना चाहिए क्योंकि वे स्थिर हैं। अत: चलचित्र (Film) की कीमत निर्धारित करते समय इसकी समूची उत्पादन लागत को ध्यान में नहीं लाना चाहिए क्योंकि इस फिल्म की वृद्धिशील लागत तथा जनता से प्राप्त आय ही इसमें मूख्य तत्व है अर्थात् फिल्म की माँग को देखते हुए इसका किराया निश्चित किया जाना चाहिए। परन्तु किसी मशीन में लगी हुई लागत डूबती नहीं अत: उसे ध्यान में रखा जाना चाहिए और विक्रय के समय उसकी सेवा सम्बन्धी लागत तथा किराये की सेवा पर विचार किया जाना चाहिए जिससे कि यह ज्ञात हो सके कि मशीन क्रेताओं द्वारा चुनी जायेगी अथवा छाँट दी जायेगी।

विशेषाधिकार-के-शुल्क को निश्चित करते समय पेटेण्ट के प्रयोग, प्रतिद्वन्द्वियों को हतोत्साह, सरकारी कोष तथा सर्वाधिक लाभ जैसे उद्धेश्यों को ध्यान में रखना चाहिए।

इन उद्धेश्यों की पूर्ति के लिए निम्नलिखित सिद्धान्तों को प्रयोग में लाना चाहिए।

(i) पेटेण्ट की प्रक्रिया में लगी हुई डूबी लागत (Sunk Cost) मूल्य निर्धारण के लिए अनुपयुक्त समझी जानी चाहिए।

(ii) सम्भावित प्रतिद्वन्द्वियों ने अगर उसी तरह की प्रक्रिया को विकसित किया है तो उनकी सम्भाव्य लोच लागत को ध्यान में रखा जाय।

(iii) मूल्य निर्धारण का प्रधान सिद्धान्त यह हो कि क्रेता के लाभों के अनुसार मूल्य हो।

प्रश्न

1. 'साम्य' शब्द का अर्थ स्पष्ट कीजिये। विभिन्न प्रकार की साम्य परिस्थितियों के बीच अन्तर बताइए।

2. साम्य से आप क्या समझते हैं? आंशिक तथा सामान्य साम्यों के विचारों की व्याख्या कीजिए। कारणों सहित बताइये कि सामान्य साम्य की लगातार स्थिति वांछनिय है या नहीं।

3. साम्य का क्या अर्थ होता है? व्यावाहारिक जीवन में इसका अध्ययन कहाँ तक उपयोगी है?

□□□

12

व्यापार चक्र
[Trade Cycles]

प्रारम्भिक : किसी भी देश का आर्थिक विकास व्यवस्थित एवं नियमित रूप से नहीं हो पाता। देश का विकास आर्थिक क्रियाओं—विनियोग, नियोजन, रोजगार एवं उत्पादन – के उच्चावचन से प्रभावित होता रहता है। आर्थिक जगत में सम्पन्नता तथा सम्पन्नता के बाद मन्दी व मन्दी के बाद पुनः सम्पन्नता की स्थिति आती रहती है। भूतकाल में भी यह उच्चावचन पाये जाते थे, परन्तु उस समय इन घटनाओं पर अधिक ध्यान नहीं दिया जाता था, क्योंकि समाज पर इनके प्रभाव अधिक भीषण नहीं थे। विस्तार के समय देश की कुल अर्थव्यवस्था में वृद्धि हो जाती थी, फलस्वरूप व्यापार, रोजगार तथा मूल्यों में वृद्धि होकर अर्थव्यवस्था पर अच्छा प्रभाव पड़ता था। इसके विपरीत मन्दी के समय सम्पूर्ण अर्थव्यवस्था पर विपरीत प्रभाव पड़कर उत्पादन, रोजगार एवं मूल्यों आदि पर बुरा प्रभाव पड़ा। वर्तमान गतिशील अर्थव्यवस्था में चक्रीय उच्चावचन आते रहते हैं। परन्तु अनुभव के आधार पर यह कहा जा सकता है कि विस्तार का प्रभाव संकुचन के प्रभावों की अपेक्षा अधिक तीव्र होता है। मन्दी के समय स्थिति अधिक बिगड़ जाती है और प्राकृतिक ढंग से उसमें कोई सुधार सम्भव नहीं होता और इस अर्थव्यवस्था को सुधारने के लिए देश में कृत्रिम उपाय करने पड़ते हैं। वर्तमान समय में अर्थशास्त्री चक्रीय परिवर्तनों के प्रभाव, स्वभाव एवं विशेषताओं आदि के सम्बन्ध में गहन जांच पड़ताल करने लगे हैं। आर्थिक उच्चावचन विभिन्न रूपों में हो सकता है। जिसमें से कुछ बड़े तथा अन्य छोटी अवधि के लिए होते हैं। प्रथम विश्व युद्ध के पश्चात व्यावसायिक चक्रों की गहनता में अत्यधिक वृद्धि हो गई तथा विश्व के अनेक राष्ट्रों में भीषण बेरोजगारी फैल गई। 1929-30 की महान् मन्दी काल में परिस्थितियाँ अधिक गम्भीर हो गई और यह अनुभव किया गया कि अवसाद के पश्चात् पुनरूत्थान स्वाभाविक रूप से नहीं हो पाता और उसके लिए विशेष कृत्रिम उपायों का सहारा लेना पड़ता है। अतः

अर्थशास्त्रियों ने व्यावसायिक क्रियाओं की इस चक्रीय प्रवृत्ति के सम्बन्ध में विस्तृत रूप से जांच करना आरम्भ कर दिया. इस जांच का आधार ही व्यापार चक्र माना गया।

उच्चावचनों के रूप

आर्थिक एवं व्यावसायिक जगत में होने वाले समस्त उच्चावचन चक्रीय नहीं होते। आर्थिक जगत में ऐसे निरन्तर परिवर्तन होते रहते हैँ जिसमें साम्य की स्थिति को प्राप्त करना सम्भव नहीं हो पाता। विभिन्न प्रकार के उच्चावचनों के प्रमुख रूप निम्नलिखित हैं :

(1) अनियमित उतार चढ़ाव : इस प्रकार के उच्चावचन प्रायः आकस्मिक परिवर्तन जैसे बाढ़, भूचाल, अकाल, भुखमरी आदि के कारण उत्पन्न हो जाते हैं। वर्ष में कुछ अवधि ऐसी होती है जिनमें अधिकांश उत्पादन क्षेत्र में व्यावसायिक क्रियाओं में तेजी से वृद्धि होने लगती है। इसी प्रकार जलवायु के परिवर्तनों के कारण भी व्यावसायिक एवं औद्योगिक क्रियाओं में अनेक प्रकार के उच्चावचन आते रहते हैं। यह उच्चावचन नियमित समय पर नही आते बल्कि अनियमित ढंग से आते रहते हैं। इसके कारण वस्तुओं की मांग, पूर्ति एवं मूल्य सम्बन्धी व्यवस्था में सन्तुलन नहीं रह पाता और व्यावसायिक क्रियायें बदल जाती है। इस उच्चावचन से देश के उद्योगों एवं व्यवसायों पर विभिन्न प्रकार के प्रभाव पड़ने लगते हैँ।

(2) दीर्घकालीन उच्चावचन : विश्व में कुछ परिवर्तन स्थायी एवं दीर्घकालीन प्रकृति के होते हैं जो अर्थव्यवस्था पर एक दीर्घकाल की अवधि तक प्रभाव डालते हैं। यह परिवर्तन प्रायः जनसंख्या में वृद्धि प्राविधिक उन्नति, भूमि सुधार, नवीन आविष्कार एवं अन्य मौलिक परिवर्तनों के कारण होते हैँ। यह परिवर्तन निश्चित योजनाओं के फलस्वरूप ही प्राप्त होते हैं।

(3) कमहीन उच्चावचन : इन परिवर्तनों का पूर्वानुमान लगाना कठिन होता है। प्रारम्भ में यह प्राकृतिक होते हैं, परन्तु इनमें अनिश्चितता का अंश अधिक होता है। यह परिवर्तन अप्राकृतिक कारणों से भी उत्पन्न होते हैं। जैसे राजनैतिक घटनाओं में परिवर्तन, नवीन आविष्कार एवं नवीन प्रकार की खानों का मिल जाना आदि। यह परिवर्तन प्रायः व्यावसायिक क्रियाओं में उच्चावचनों के कारण आते हैँ। यह परिवर्तन विशेष प्रकार की समस्याओं को उत्पन्न करते हैं जिनके लिए विभिन्न प्रकार के उपायों का पालन करना पड़ता है।

(4) चक्रीय उच्चावचन : चक्री उच्चावचन देश में अन्य प्रकार के परिवर्तनों से जुड़े रहते हैं। परन्तु यह परिवर्तन नियमित ढंग से होते रहते हैं। यह अल्पकालीन उच्चावचन होते हैं और अकस्मात ही व्यावसायिक कार्यवाहियां विस्तार की ओर जाने लगती है। धीरे धीरे विस्तर क्रम फिर एक बार रूक जाता है। जिससे संकुचन की क्रिया प्रारम्भ हो जाती है। यह क्रिया कुछ समय तक चलकर फिर रूक जाती है और विस्तार की प्रवृत्तियां पुनः उत्पन्न हो जाती है। यहां से व्यावसायिक विस्तार का क्रम फिर से पहले की भांति प्रारम्भ हो जाता है, परन्तु यह क्रम फिर से टूट जाता है। इस क्रम में पर्याप्त नियमितता बनी रहती है तथा

विस्तार व सकुंचन की दो अवस्थाओं के मध्य एक निश्चित अवधि का अन्तर बना रहता है। वास्तविक व्यावसायिक क्रिया नियमितता के रूप में दिखाई देती है और इसके फलस्वरूप व्यावसायिक क्रिया की वृद्धि एवं उसका पतन धीरे धीरे होता रहता है। उपर्युक्त चित्र में दिया गया मुद्रा प्रसार धीरे-धीरे बढ़ता रहता है।

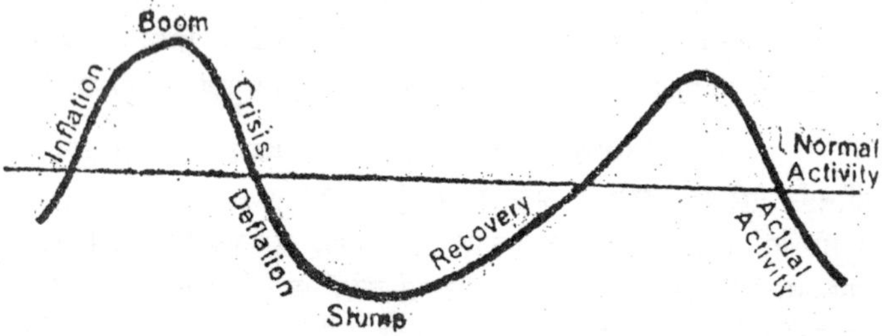

चित्र-1

व्यापार चक्र की परिभाषाएँ

व्यापार चक्र की अनेक परिभाषायें दी जा सकती हैं, जिसमें से प्रमुख परिभाषायें निम्न हैं :

(1) कीन्स के अनुसार, ''व्यापार चक्र से आशय अच्छे व्यापार समय, जो बढ़ते मूल्य एवं निम्न बेरोजगार प्रतिशत को बताता है, एवं इसके विपरीत बुरे व्यापार समय, जो गिरते मूल्य एवं ऊचे बेरोजगार प्रतिशत द्वारा प्रदर्शित होता है, से लगाया जाता है।''

(2) मिचेल के अनुसार, ''व्यापार चक्र संगठित समुदाय में होने वाले आर्थिक क्रियाओं के उच्चावचन हैं। व्यवसाय शब्द इस धारणा को उन क्रियाओं तक सीमित कर देता है, जो व्यवस्थित ढंग से व्यावसायिक आधार पर संचालित की जाती हैं। चक्र शब्द उन उच्चावचनों को पृथक कर देता है जो नियमितता के साथ घटित नहीं होते।''

(3) हाट्रे के अनुसार, ''विशेष प्रकार के उच्चावचन व्यापार चक्र कहलाते हैं, क्योंकि एक दिशा में अधिक गतिशीलता न केवल अपने उपचार ही प्रस्तुत करती है, बल्कि दूसरी दिशा में गतिशीलता के आधिक्य को प्रोत्साहित करती है।''

(4) हेबरलर के अनुसार, ''सामान्य अर्थों में व्यापार चक्र को प्रगतिकाल एवं मन्दीकाल में अच्छे व बुरे व्यापार के उपाय के रूप में परिभाषित किया जा सकता है।''

(5) हेन्सन के अनुसार, ''व्यापार चक्र अर्थव्यवस्था के औद्योगिक ढांचे का विशेष दर्पण है, जिससे उच्चस्तरीय सम्बन्धित आधुनिक समाज में तेजी व मन्दी अन्य समुदाय में पुनर्वितरित होती रहती है।

(6) जे. टिन्वर्गन के अनुसार, "व्यापार चक्र उच्चावचनों के मध्य का एक खेल है, और एक आर्थिक पद्धति इन उच्चावचनों के चक्रीय समायोजित विस्तार को प्रदर्शित करने में सफल हो जाती है।"

(7) प्रो. बेनहम के अनुसार, "व्यापार चक्र वैभव एवं सम्पन्नता का एक ऐसा काल है, जिसके पश्चात मन्दी या अवकाश का आना स्वाभाविक हो जाता है।"

किसी भी देश की आर्थिक अर्थव्यवस्था में तेजी व मन्दी, समृद्धि एवं गरीबी बारी बारी से आती रहती है तथा इसके विकास में स्थायित्व नहीं रहता। अर्थव्यवस्था में तेजी के बाद मन्दी तथा मन्दी के बाद फिर से तेजी ज्वार भाटे की भांति आती रहती है। इससे मूल्यों व रोजगार आदि में परिवर्तन नियमित व व्यवस्थित रूप से एक चक्र के समान आते रहते हैं। जब व्यवस्था प्रसार की ओर बढ़ती है तो आय, उत्पादन, मूल्यों एवं रोजगार आदि में वृद्धि हो जाती है। यह स्थिति एक निश्चित बिन्दु तक ही बनी रहती है और उस बिन्दु पर पहुंच जाने के पश्चात आर्थिक व्यवस्था पतन की ओर जाने लगती है जिसे मन्दी के नाम से जानते हैं जिसमें आय, मूल्यों एवं रोजगार में निरन्तर कमी होती जाती है। यह प्रवृत्ति भी एक निश्चित बिन्दु तक बनी रहती है और उसके बाद फिर से तेजी की अवस्थायें आनी प्रारम्भ हो जाती हैं।

आर्थिक उच्चावचनों के प्रकार

आर्थिक उच्चाचचनों के प्रमुख भेद निम्नलिखित हैं :

(1) अति अल्प लहरें : जब चक्रों को तीन पृथक पृथक छोटे छोटे चक्रों में विभाजित कर दिया जाये और प्रत्येक की समयावधि प्राय: 40 माह के बराबर हो तो उसे अति अल्प लहरे कहते हैं।

(2) अल्प लहरें : इस प्रकार के व्यावसायिक उच्चावचनों की अवधि प्राय: 7 से 11 वर्ष होती है। इन चक्रों में विशाल नियमितता बनी रहती है। यह चक्र अपने पूर्व निर्धारित समय पर स्वत: ही घटित होते रहते हैं। कभी कभी इन चक्रों की अवधि को ज्ञात किया जा सकता है।

(3) दीर्घ लहरें : इन व्यावसायिक क्रियाओं में 50 से 60 वर्ष तक की अवधि का अन्तर पाया जाता है। इन परिवर्तन का क्रम बहुत अधिक नियमित बना रहता है और इनमें अनियमित एवं अनिश्चित घटनाओं का अभाव पाया जाता है।

व्यापार चक्रों के कारण

व्यापार चक्र व्यापारिक क्रियाओं को अस्तव्यस्त कर देते हैं जो नियमित रूप से आते रहते हैं। व्यापार चक्र रोजगार की स्थिति को बेकारी की स्थिति में परिवर्तित कर देते हैं। व्यापार चक्र समाज में सम्पन्नता एवं विपन्नता का वातावरण उत्पन्न कर देते हैं जिन्हें पहले से रोका नहीं जा सकता। व्यापार चक्र द्वारा अभिवृद्धि उत्पन्न होकर सम्पन्नता के शिखर पर पहुंच जाती है और फिर टूटकर संकट उत्पन्न करके अवसाद उत्पन्न कर देती है, जो स्वयं तेजी के

साथ आकर, कुछ समय रूककर शीघ्र ही समाप्त हो जाता है, फिर अभिवृद्धि व पुनरूद्धार का क्रम प्रारम्भ हो जाता है। यह क्रम निरन्तर चलता रहता है जिसका कोई अन्त नहीं है।

व्यापार चक्रों के कारणों को निम्न प्रकार रखा जा सकता है:

1. पूंजीवादी उत्पादन प्रणाली,

2. अन्य कारण।

1. पूंजीवादी उत्पादन प्रणाली : प्राय: अभिवृद्धि या संकुचन का सम्बन्ध पूंजीवादी राष्ट्रों से लगाया जाता है। पूंजीवादी की वृद्धि के साथ साथ मुद्रा प्रसार या अवसाद की गहनतां बढ़ती जाती है। इस सम्बन्ध में यह भी नहीं कहा जा सकता कि पूंजीवाद में मूल्यों की स्थिरता का अभाव पाया जाता है। वर्तमान समय में अत्यधिक सरकारी हस्तक्षेप एवं समाजवादी आधार पर नियोजन की व्यवस्था करके आर्थिक संकटों को कम किया जा सकता है। पूंजीवादी में व्यापार चक्रों को समाप्त करना असम्भव नहीं है। केवल उनकी अभिवृद्धि एवं अवसाद की गहनता को कम किया जा सकता है।

व्यापार चक्रों के आधारभूत कारणों में पूंजीवादी उत्पादन प्रणाली को महत्व दिया जाता है। पूंजीवादी व्यवस्था स्वतन्त्र उपक्रम व्यवस्था पर आधारित होने से इसका संचालन लाभ प्रेरणा एवं मूल्य यंत्र द्वारा संचालित किया जाता है। यद्यपि दीर्घकाल के उत्पादन व उपभोग में साम्य स्थापित हो जाता है, फिर भी अल्पकाल में उत्पादन का आवश्यकताओं से कोई सम्बन्ध न होने से व्यापार चक्र घटित होते रहते हैं। इसी कारण व्यापार चक्रों का सम्बन्ध अल्पकालीन घटनाओं से ही माना जाता है। उत्पादक अपनी वस्तु का उत्पादन केवल लाभ की प्रेरणा से करता है जिसमें वस्तु की किस्म को महत्व नहीं दिया जाता। यदि उत्पादक को निम्न किस्म की वस्तुओं के बेचेने से अधिक लाभ मिले तो वह अपनी शक्ति का केन्द्रीयकरण उसी ओर करेगा और विज्ञापन व प्रचार द्वारा उसी वस्तु को अधिकाधिक बेचने के प्रयास करेगा। यदि बिक्री को बढ़ाने से लाभ बढ़ जाते हो तो वह अधिक वस्तु का उत्पादन करके प्रचार द्वारा मांग में वृद्धि करने के प्रयास करेगा। उत्पादक का मुख्य लक्ष्य अपने लाभ की मात्रा को अधिकतम बढ़ाना है और इस लाभ को बढ़ाने की इच्छा में वह किसी भी अच्छी या बुरी वस्तु का उत्पादन करने से नहीं चुकता। वास्तव में पूंजीवाद में उत्पादन की मात्रा का निर्धारण वास्तविक मांग से न होकर भावी मांग से किया जाता है और अनुमान सही न होने से व्यापार चक्र उत्पन्न हो जाते हैं। पूंजीवाद में जनता की आवश्यकताओं को विशेष महत्व नहीं दिया जाता, जिससे उत्पादन की मात्रा आवश्यकता से कम या अधिक हो जाती है और अति उत्पादन या न्यून उत्पादन की स्थितियां उत्पन्न हो जाती हैं। प्रतियोगिता के कारण प्राय: छोटे छोटे उत्पादक समाप्त हो जाते हैं, श्रमिकों की स्थिति बिगडती जाती है तथा उनकी मजदूरी में मूल्यों के अनुपात से वृद्धि नहीं हो पाती है जिससे जनता की क्रय शक्ति में ह्रास हो जाता है। फलस्वरूप उत्पादन में वृद्धि होने पर क्रय शक्ति में आनुपातिक वृद्धि न होने से मांग में उसी अनुपात में वृद्धि सम्भव नहीं हो पाती। इस प्रकार आर्थिक संकट का मूलभूत कारण सामाजिक आवश्यकताओं एवं सामाजिक उत्पादन के मध्य प्रत्यक्ष सम्बन्ध न होना है। प्राय: पूंजीवादी अर्थव्यवस्था में आवश्यकताओं एवं उत्पादन के मध्य समन्वय स्थापित नहीं हो पाता है। इस दोष को माल्थस एवं सिस्मॉण्डी

आदि ने पहले से ही पता लगाकर चेतावनी भी दे दी थी। कार्ल मार्क्स ने भी स्प८ कहा था कि पूंजीवाद स्वयं समस्यायें उत्पन्न कर रहा है जिनको हल करना सम्भव नहीं होगा।

इसके विपरीत समाजवादी समाज में आर्थिक नियोजन पर ही अधिक जोर दिया जाता है, आर्थिक क्रियाओं के लिए मूल्य यंत्रों पर निर्भर नहीं रहा जाता तथा समाज की आवश्यकताओं का अनुमान लगाकर नियोजन द्वारा उत्पादन का आवश्यकताओं के अनुरूप समायोजन करा लिया जाता है, फलस्वरूप उपभोग व उत्पादन में अन्तर न होने से अवसाद या अभिवृद्धि पर रोक लग जाती है। समाजवादी व्यवस्था में उत्पादन लाभ पर निर्भर न होकर सामाजिक आवश्यकताओं पर निर्भर करता है। प्राय: लाभ भावना ही व्यापार चक्रों को जन्म देती है, जिसे समाजवादी व्यवस्था में स्थान नहीं दिये जाने से आर्थिक संकट समाप्त हो जाते हैं।

2. अन्य कारण : व्यापार चक्र के अन्य कारणों में निम्न को सम्मिलित किया जा सकता है:

(1) मौसम के चक्रिय परिवर्तन : प्राय: मौसम में परिवर्तन आने से आर्थिक जीवन भी प्रभावित हो जाता है। यदि देश में अनुकूल मौसम है तो फसलों के उत्पादन पर अच्छा प्रभाव पड़ेगा जो जनता के स्वास्थ्य एवं मानसिक दृष्टिकोण को प्रभावित करके अभिवृद्धि की स्थिति उत्पन्न कर सकता है। इसके विपरीत प्राकृतिक आपत्तियां आने से आर्थिक जीवन पर बुरा प्रभाव पड़ सकता है।

(2) प्रगतिशील प्रवृत्तियां : वर्तमान समय में प्रगतिशील प्रवृत्तियों के कारण नवीन आविष्कार होने से एक साधन की उत्पादन मात्रा का दूसरे साधनों की उत्पादन मात्रा से समायोजन करना सम्भव न होने से व्यापार चक्र उपस्थित हो जाते हैं।

(3) लाभ का आकर्षण : उत्पादकों द्वारा लाभ के आकर्षण से व्यापार चक्र उत्पन्न हो जाते हैं क्योंकि उत्पादक आवश्यकता से अधिक आशावादी हो जाने पर मांग का गलत अनुमान लगा लेते हैं और अधिक उत्पादन करके कच्चे माल एवं श्रमिकों की कमी को उत्पन्न कर देते हैं, फलस्वरूप बाजार में तेजी का रूख दिखाई देने लगता है। इसके विपरीत यदि बाजार में थोड़ी सी भी मन्दी आ जाती है तो उत्पादक अधिक सतर्क हो जाते हैं और उत्पादन को कम करने के लिए कच्चे माल व श्रमिकों की मांग रद्द कर देते हैं जिससे मूल्यों के गिरावट को और अधिक बल प्राप्त होता है।

(4) मांग एवं पूर्ति के समायोजन का अभाव : देश में मांग एवं पूर्ति के मध्य समायोजन के अभाव के कारण भी व्यापार चक्र उत्पन्न हो जाते हैं। इसमें क्रय शक्ति का वितरण उत्पादन की तुलना में कम या अधिक हो जाता है। प्राय: उत्पादन मांग पर निर्भर करता है और मांग का ठीक ढंग से हिसाब लगाना कठिन होता है।

(5) बैंक क्रियाओं में उच्चावचन : देश में बैंकों की क्रियाओं का आर्थिक उच्चावचनों पर प्रभाव पड़ता है। ऋणों की मात्रा में संकुचन या विस्तार कर देने से साख मुद्रा की मात्रा में परिवर्तन हो जाते हैं जिससे सट्टे की दरों में भी परिवर्तन होकर अर्थव्यवस्था प्रभावित होती है। बैंकों के नकद कोष की मात्रा में परिवर्तन होने से ऋणों की नीति में भी

उसी के अनुरूप परिवर्तन कर दिये जाते हैं। इन परिवर्तनों का आर्थिक क्रियाओं पर प्रभाव पड़कर व्यापार चक्र उत्पन्न हो जाते हैं।

(6) बचत एवं विनियोग में समायोजन का अभाव : पूंजीगत माल एवं उपभोग पदार्थों में अनुपात में परिवर्तन होने से व्यापार चक्र उत्पन्न हो जाते हैं क्योंकि पूंजीगत माल उद्योगों का विकास उपभोग उद्योगों की तुलना में अधिक तेजी से होने लगता है।

(7) आय एवं व्यय में अन्तर : यदि उपभोक्ताओं की आय एवं व्यय में अन्तर बना रहे तो इस अन्तर को विनियोग द्वारा सुधारने में सफलता न मिलने पर भी देश में व्यापार चक्र उत्पन्न हो जाया करते हैं।

(8) उत्पादन के आविष्कार : नवीन व्यवसायें की उत्पत्ति एवं उत्पादन में नवीन आविष्कार भी व्यापार चक्र की दशाएं उत्पन्न करने में सहायक सिद्ध हो जाते हैं। इस प्रकार के नवीन आविष्कारों के कारण व्यापार चक्रीय परिस्थितियां उत्पन्न हो जाती है।

(9) मनोवृत्ति में अन्तर : मानव की मनोवृत्तियां भी व्यापार चक्र के लिए जिम्मेदार ठहरायी जा सकती हैं। मानव में आशावाद एवं निराशावाद का वातावरण उत्पन्न होता रहता है। आशावाद एवं प्रगति की दशा में मनोवृत्ति विपरीत दिशा में कार्य करने लगती है। इसी प्रकार अवसाद काल में भी मानव की मनोवृत्ति मन्दी की ओर हो जाती है। जिससे व्यापार चक्र उत्पन्न हो जाते हैं।

व्यापार चक्रों की विशेषताएँ

व्यापार चक्रों की प्रमुख विशेषताएँ निम्नलिखित हैं:

(1) निरन्तर गतिशील : व्यापार चक्र निरन्तर गतिशील बने रहते हैं और इनमें एक साथ अनेक चक्र क्रियाशील हो जाते हैं, जिनका विभिन्न क्षेत्रों पर एकसा प्रभाव पडने लगता है और यह व्यापार चक्र स्वतन्त्र रूप से कार्य करने में सफल हो जाते हैं।

(2) अन्तर्राष्ट्रीय प्रकृति : व्यापार चक्रों की प्रकृति अन्तर्राष्ट्रीय स्तर की होती है, अर्थात किसी भी एक राष्ट्र में प्रारम्भ हो जाने पर इसका प्रभाव अन्य राष्ट्रों पर अवश्यम्भावी रूप से पड़ने लगता है क्योंकि विदेशी व्यापार के माध्यम से समस्त राष्ट्रों की अर्थव्यवस्थाएँ एक दूसरे से जुड़ी रहती हैं जिससे मन्दी या तेजी का प्रभाव एक राष्ट्र से दूसरे राष्ट्र को पकड़ने लगता है।

(3) निश्चितता एवं नियमितता : व्यापार चक्र प्राय: एक निश्चित तिथि के पश्चात नियमित रूप से आते रहते है तथा एक के पश्चात तुरन्त दूसरा काल प्रारम्भ हो जाता है। विश्व के आर्थिक इतिहास का अध्ययन करने पर स्पष्ट हो जाता है कि तेजी के बाद मन्दी के बाद तेजी आती है और यह क्रम प्रत्येक 10 वर्ष बाद आता रहता है। व्यापार चक्र की इस नियमितता के कारण अनेक अर्थशास्त्री गण इसका लाभ उठा पाते हैं।

(4) समकालीन प्रभाव : व्यापार चक्र प्राय: समस्त उद्योगों एवं व्यवसायों को एक साथ प्रभावित करते हैं। उदाहरणार्थ, यदि तेजी का क्रम प्रारम्भ हो जाता है तो प्राय: सभी

क्षेत्रों में तेजी आ जाती है और इसी प्रकार मन्दी का वातावरण उत्पन्न हो जाने पर समस्त व्यवसायों में मन्दी का रूख उत्पन्न हो जाता है। इस प्रकार के प्रभाव के दो कारण बताये जाते हैं। प्रथम, अनेक व्यवसाय एक दूसरे से सम्बन्धित रहते हैं और एक व्यवसाय में उन्नति या अवनति होने से अन्य सम्बन्धित उद्योगों की मांग में भी वृद्धि हो जाती है, जिससे एक उद्योग का प्रभाव दूसरे उद्योगों पर स्वाभाविक रूप से पड़ने लगता है। द्वितीय, मनोवैज्ञानिक कारण से भी व्यापार चक्र उत्पन्न हो जाते हैं, क्योंकि एक व्यवसाय में मन्दी आते ही अन्य व्यवसायों में लगे व्यक्तियों को शंका उत्पन्न हो जाती है, जिससे वे सतर्क हो जाते हैं। यह शंका की लहर फैलती जाती है और समूचे वयापारिक जगत् पर इसका प्रभाव दृष्टिगोचर होने लगता है।

(5) असमान प्रभाव : व्यापार चक्रों का देश के विभिन्न उद्योगों पर समान प्रभाव नहीं पड़ता वरन् विभिन्न क्षेत्रों पर इसके प्रभाव असमान रूप से पड़ते हैं। उदाहरण के लिए पूंजीगत सामान उत्पन्न करने वाले उद्योगों पर व्यापार चक्रों का प्रभाव अधिक होता है और उपभोक्ता वस्तुओं से सम्बन्धित उद्योगों पर इसका प्रभाव कम हो जाता है।

(6) मुद्रा की मात्रा में आनुपातिक परिवर्तन : देश में कुल उत्पादन एवं कुल रोजगार में हुए परिवर्तन के अनुपात में ही प्रायः मुद्रा की मात्रा एवं उसकी गति में परिवर्तन होते रहते हैं।

(7) व्यापारिक आय में अधिक घट-बढ़ : व्यापार चक्र से अन्य स्रोतों से प्राप्त आय की तुलना में व्यापारिक आय में अधिक मात्रा में परिवर्तन हो जाते हैं। जिससे अन्य उद्योगों एवं व्यवसायों पर विपरीत प्रभाव पड़ सकते हैं

(8) कीमतों की स्थिति : व्यापार चक्र से कृषि पदार्थों के मूल्यों में अधिक परिवर्तन हो जाते हैं क्योंकि कृषि पदार्थों की कीमते अधिक लोचपूर्ण होती हैं। इसके विपरीत निर्मित माल की कीमतें अधिक स्थिर पाई जाती हैं और व्यापार चक्रों का इनकी कीमतों पर न्यूनतम प्रभाव पड़ता है।

(9) निर्मित माल पर व्यय में घटोतरी : व्यापार चक्र से कुल विक्रय की अपेक्षा निर्मित माल पर किया गया व्यय अधिक मात्रा में कम य अधिक हो जाता है। प्रायः निर्मित माल की कीमतें स्थिर कर देते हैं जिसरो व्यापार चक्र का प्रभाव इनके मूल्यों पर न्यूनतम पड़े। अन्य वस्तुओं के मूल्यों पर व्ययों का प्रभाव अवश्य पड़ता है और उससे मूल्य कम या अधिक हो जाते हैं।

(10) उत्पादन की मात्रा में मुद्रा मात्रा में परिवर्तन : व्यापार चक्र में उत्पादन की मात्रा के आधार पर ही मुद्रा की मात्रा में परिवर्तन होते रहते हैं। तेजी के समय उत्पादन में वृद्धि हो जाती है तथा बैकों से अधिक ऋण प्राप्त किये जाते हैं। इसके विपरीत मन्दी काल में उत्पादन गिर जाता है जिससे व्यापार की साख सर्वथा समाप्त हो जाती है। इसके फलस्वरूप साख का विस्तार न होने से मुद्रा की मात्रा कम हो जाती है।

(11) मूल्य व उत्पादन एक ही दिशा में परिवर्तित : व्यापार चक्र के प्रभाव के फलस्वरूप मूल्य एवं उत्पादन एक ही दिशा में परिवर्तित होने लगते हैं। उदाहरण के लिए

मूल्यों में वृद्धि होने से उत्पादन में वृद्धि एवं मूल्यों में कमी होने से उत्पादन में भी कमी हो जाती है।

व्यापार चक्र की अवस्थायें

व्यापार चक्र की अवस्थाओं में एक नियमित क्रम में उच्चावचन होते रहते हैं जिसमें तेजी एवं मन्दी का क्रम निरन्तर चलता रहता है तथा मूल्य व रोजगार भी घटते एवं बढ़ते रहते हैं। इस सम्बन्ध में कोई भी ऐसा स्थान या बिन्दु निर्धारित करना कठिन होगा, जहां से व्यापार चक्र का मार्ग प्रारम्भ होता है। अतः अध्ययन करने की सुविधा से कोई एक बिन्दु निश्चित करना आवश्यक होता है। इस सम्बन्ध में सबसे अच्छा बिन्दु वह माना जाता है जहां मूल्यों का उतार अधिकतम हो और जिसे मन्दी की अवस्था कहते हैं। इस प्रकार व्यापार चक्र की प्रमुख अवस्थायें निम्नलिखित हैं :

(1) अवसाद की अवस्था,

(2) पुनरूद्धार अवस्था,

(3) पूर्ण रोजगार की अवस्था,

(4) अभिवृद्धि की अवस्था,

(5) अवरोध की अवस्था।

(1) अवसाद या मन्दी की अवस्था

व्यापार चक्र की यह प्रथम अवस्था होती है जिसमें उत्पादन एवं रोजगार में गम्भीरता से कमी होने लगती है। इस अवस्था में विनिमय की मात्रा कम होकर श्रमिक एवं उत्पत्ति के अन्य साधन बेकार हो जाते हैं व मजदूरी की दरों में भारी कमी हो जाती है। मजदूरी कम होने से मांग गिर जाती है व उपभोग पदार्थों की कीमतें भी कम हो जाती हैं। जिन मजदूरों को रोजगार प्राप्त होता है उनकी वास्तविक मजदूरी में वृद्धि हो जाती है, क्योंकि पहले की अपेक्षा उन्हें अब अधिक वस्तुयें प्राप्त होने लगती हैं, परन्तु समाज में बेरोजगार व्यक्तियों की अधिक संख्या होने के कारण इस ऊंची वास्तविक मजदूरी का प्रभाव प्रायः समाप्त हो जाता है तथा समाज में बेरोजगारी का भय सदैव बना रहता है। मूल्य कम होने से व्यापारी वर्ग को हानि होती है और वह भावी कार्यों के प्रति निरूत्साहित हो जाता है। इस अवस्था में निर्मित माल की अपेक्षा कच्चे माल की कीमतों में तेजी से कमी होती है, फलस्वरूप कृषकों एवं कच्चे माल के उत्पादकों की आर्थिक स्थिति बिगड़ जाती है। इस प्रकार उत्पादन एवं वितरण की समस्त आर्थिक प्रणालियां अस्त व्यस्त हो जाती है व देश के आर्थिक विकास को प्रभावित करती हैं। इस समय निराशा का वातावरण फैल जाता है और मन्दी के फैलने के साथ साथ जनता में विवशता एवं विद्रोह की भावना विकसित होने लगती है एवं पूंजीगत सामानों में विनियोग करना लाभप्रद नहीं रह पाता। निर्माता एवं कृषकों के मध्य व्यापार की शर्तें उत्पादकों के प्रति अधिक अनुकूल हो जाती हैं। औद्योगिक क्षेत्र में काम करने वाले व्यक्तियों की आय उत्पादन एवं रोजगार में कमी होने के कारण कम हो जाती है। कच्चे माल की तुलना में निर्मित माल की कीमतें कम गिरती है।

विशेषताएँ : मन्दी काल की प्रमुख विशेषताओं को निम्न प्रकार रखा जा सकता है:

(अ) विदेशी व्यापार में कमी : व्यापार में कमी हो जाने से विदेशी व्यापार की मात्रा में भी अधिक गिरावट आ जाती है।

(ब) व्यवसाय बन्द होना : व्यापारी वर्ग को हानि होने से अनेक व्यवसाय बन्द हो जाते हैं।

(स) लाभ व मजदूरी में कमी : समाज व निम्न आय होने से मूल्य, मजदूरी एवं लाभ गिरने लगते हैं।

(द) ब्याज दरों में कमी : पूंजी पर ब्याज की दर पहले से बहुत नीची गिर जाती है।

(य) शिथिल व्यापारिक क्रियाएँ : देश में विनियोग कम, उत्पादन का निम्न स्तर एवं व्यवसाय की क्रियाएं शिथिल पड़ जाती है।

(र) निराशा का वातावरण : समस्त देश में गहन निराशा का वातावरण छा जाता है एवं जनता में विवशता विद्रोह करने की भावना फैलना प्रारम्भ हो जाती है।

(ल) रोजगार व आय का निम्न स्तर : देश में रोजगार एवं आय का स्तर निम्नतम हो जाता है।

(2) पुनरूद्धार अवस्था

समाज में मन्दी की अवस्था कुछ समय तक बने रहने के उपरान्त प्रायः पुनरूद्धार की अवस्था प्रारम्भ हो जाती है। इस अवधि में समाज की स्थिति मन्दी की स्थिति से अच्छी मानी जाती है। देश के अन्य आर्थिक क्षेत्रों में कुद ऐसी परिस्थितियों उत्पन्न हो जाती हैं जिनसे व्यापारिक क्रियाओं में वृद्धि हो जाती है एवं अर्थव्यवस्था में पुनरूद्धार की अवस्था प्रारम्भ हो जाती है। विनियोग का नवीन क्षेत्र बढ़ जाने एवं सरकार द्वारा जनहित कार्यों पर अधिक धन व्यय करने से रोजगार एवं उत्पादन की स्थिति में सुधार होने लगता है, बेकारी का आकार घटकर जनता की आय में वृद्धि होने लगती है तथा शक्ति एवं वस्तुओं की बिक्री में वृद्धि होने लगती है व जनता में आवश्यकता की वस्तुएं खरीदने की होड़-सी लग जाती है। इससे देश के व्यापार में पर्याप्त वृद्धि होती है व समाज में नवीन आशा का संचार होने लगता है व समस्त क्रियाएँ गतिशील हो जाती हैं। व्यापारी वर्ग को भी लाभ होने लगता है और वे भी बिक्री को बढ़ाने में रूचि लेना प्रारम्भ कर देते हैं। घोर मन्दी की अवस्था के पश्चात् पुनरूद्धार व्यापार चक्र की द्वितीय अवस्था कहलाता है।

विशेषताएं : इस काल की प्रमुख विशेषताएँ निम्न हैं :

(1) रोजगार में वृद्धि : इस समय में आय एवं रोजगार के स्तर में वृद्धि हो जाती है।

(2) सट्टे में वृद्धि : देश में सट्टे बाजार की क्रियाशीलता में वृद्धि हो जाती है।

(3) आर्थिक क्रियाओं में वृद्धि : आर्थिक क्षेत्र में आशा, उत्साह एवं विश्वास में वृद्धि होकर आर्थिक क्रिया में वृद्धि हो जाती है।

(4) बैंक ऋणों में वृद्धि : बैंक ऋणों की मात्रा में भी काफी वृद्धि होती है।

(5) उत्पादन स्तर में वृद्धि : देश के उद्योगों के उत्पादन स्तर में निरन्तर वृद्धि होती रहती है।

(6) मजदूरी व लाभ में वृद्धि : देश में मजदूरी, कीमतों एवं लाभ में वृद्धि हो जाती है।

(7) देश में विनियोग की मात्रा में पर्याप्त वृद्धि हो जाती है।

(8) आत्मविश्वास : व्यवसायियों में आत्मविश्वास जागृत होता है तथा विनियोक्ता पुरानी एवं अप्रचलित मशीनों के स्थान पर नवीन मशीनों के विनियोग को प्रोत्साहित करते हैं।

(9) संग्रह का अभाव : इस अवस्था में वस्तुओं को संग्रह करने की प्रवृत्ति कम महत्वपूर्ण हो जाती है।

(10) उद्योगों को प्रोत्साहन : देश में पूँजीगत समान वाले उद्योग पुनर्जीवन प्राप्त करने लगते हैं तथा देश की अर्थव्यवस्था में थोड़ी-सी वृद्धि उद्योगों को और अधिक प्रोत्साहन देती है।

(11) उपभोग में कमी : विनियोग में वृद्धि हो जाने से राष्ट्रीय आय में उपभोग की मात्रा कम हो जाती है।

(12) चलन वेग में वृद्धि : देश में व्यवसाय में वृद्धि होने के कारण बैंक साख के साथ-साथ मुद्रा चलन वेग में भी वृद्धि हो जाती है।

(13) बैंक कोष में कमी : बैंकों के कोष भी शनैः-शनैः कम होने लगते हैं तथा वसूली करने की आदत में सुधार होने लगता है।

पुनरूद्धार की अवस्था उन शक्तियों पर निर्भर करती है जो उसे पुनर्जीवन प्रदान करती हैं। प्रायः इन शक्तियों में सम्मिलित करते हैं: (अ) नवीन विपणियों की खोज करना, (ब) नवीन उत्पादकों का बाजार में आ जाना, (स) नवीन उत्पादन विधियों की खोज होना, (द) विनियोग के नवीन रूपों का पता लगाना।

(3) पूर्ण रोजगार की अवस्था

व्यापार चक्र की यह आदर्श अवस्था होती है जिसे प्रत्येक राष्ट्र प्राप्त करने के प्रयास करता है और यह समस्त राष्ट्रों की आर्थिक नीति का एक प्रमुख लक्ष्य होता है। पूर्ण रोजगार में देश में उत्पत्ति के समस्त साधन काम में लग जाते है तथा उनसे अधिकतम उत्पादन कार्य लेने के प्रयास किये जाते हैं। पूर्ण रोजगार में भी बेरोजगारी की अवस्था विद्यमान होती है, परन्तु यह श्रमिक द्वारा एक कार्य को छोड़कर दूसरे कार्य में लगने के समय के अन्तर की ही होती है। इस प्रकार बेरोजगारी प्रायः सभी विकसित एवं अविकसित राष्ट्रों में पाई जाती है। इसमें बेरोजगारी स्वेच्छा से ही पायी जाती है और देश में रोजगार की मात्रा में

वृद्धि हो जाती है। इस प्रकार पूर्ण रोजगार आर्थिक प्रगति की एक ऐसी अधिकतम अवस्था होती है जिसके बाद विनियोग में वृद्धि करने पर प्रभावशाली मांग, रोजगार एवं उत्पादन में वृद्धि सम्भव होती है, बल्कि वह स्फीति का कारण बन जाती है। इस अवस्था को प्राप्त करना प्राय: सभी राष्ट्रों की आर्थिक नीति का लक्ष्य होता है।

विशेषताएं : पूर्ण रोजगार की प्रमुख विशेषताएं निम्नलिखित हैं:

(1) मूल्यों में स्थिरता : इस अवस्था में मूल्यों में स्थिरता बनी रहती है।

(2) उत्पत्ति के साधनों का उपयोग : उत्पत्ति के समस्त साधनों का पूर्ण उपयोग होने लगता है।

(3) रोजगार में वृद्धि : व्यवसाय में आय, लाभ व लागत इतनी रहती है कि काम चाहने वाले प्राय: समस्त व्यक्तियों को रोजगार दे दिया जाता है।

(4) स्थिर मौद्रिक आय : विभिन्न वर्गों की नकद या मौद्रिक आय प्राय: बनी रहती है।

(5) अनैच्छिक बेरोजगारी का अभाव : इस काल में अनैच्छिक बेरोजगारी का अभाव बना रहता है, परन्तु ऐच्छिक, संक्रामक एवं संस्थानात्मक बेरोजगारी बनी रहती है।

(6) अधिकतम उत्पादन : व्यवसाय व कारखानों में अधिकतम मात्रा तक उत्पादन सम्भव किया जा सकता है।

(7) अनुकूलतम स्तर : इस अवस्था में आर्थिक क्रियाएं एक अनुकूलतम स्तर तक पहुँच जाती है।

(8) मजदूरी की ऊंची दरें : मजदूरी की ऊंी दरें हो जाती हैं तथा सबको जीवन स्तर बनाये रखने के लिए पर्याप्त आय प्राप्त होने लगती है।

(9) बैंकों द्वारा व्यापक वसूली : बैंकों द्वारा वसूली विशाल पैमाने पर होने लगती है।

(10) व्यापारियों में निश्चितता : व्यवसाय में असफल होने के अवसरों में कमी हो जाती है जिससे व्यापारियों में निश्चितता एवं जागृति की भावना उत्पन्न होती है।

(11) विनियोग में वृद्धि : स्थायी पूँजी के रूप में विनियोग की मात्रा में वृद्धि हो जाती है।

(12) तैयार माल में वृद्धि : देश में तैयार माल की मात्रा में पर्याप्त वृद्धि हो जाती है।

(4) अभिवृद्धि की अवस्था

पुनरूद्धार प्रारम्भ हो जाने पर यह सदैव पूर्ण रोजगार की स्थिति उत्पन्न नहीं करता, बल्कि इस प्रयास में तेजी की स्थिति उत्पन्न हो जाती है। समाज में पूर्ण रोजगार की अवस्था को प्राप्त कर लेने के उपरान्त भी विनियोग में वृद्धि होती रहे तो साधनों के पूर्ण उपयोग को चुकने के कारण वास्तविक उत्पादन में तो वृद्धि नहीं हो पाती, बल्कि मूल्यों में वृद्धि अवश्य

हो जाती है। ऐसी परिस्थिति में साहसी प्रत्येक वस्तु के सम्बन्ध में आशावादी दृष्टिकोण अपना लेते हैं, परिणामस्वरूप प्रत्येक व्यापार व उद्योग में अधिक मात्रा में विनियोग किया जाता है, पहले से रोजगार में लगे व्यक्तियों पर काम का दबाव बढ़ जाता है और पूर्ण रोजगार की अवस्था अत्यधिक रोजगार की स्थिति में परिवर्तित हो जाती है। अत्यधिक रोजगार में नौकरियों के स्थान अधिक, परन्तु श्रमिकों की संख्या कम रहती है, फलस्वरूप मजदूरी व उत्पादन लागत में वृद्धि हो जाती है, परन्तु मजदूरी की तुलना में मूल्य इतने तेजी से बढ़ते हैं कि वास्तविक मजदूरी घट जाती है। मूल्य बढ़ने से लाभ बढ़ जाते हैं जो और अधिक विनियोग को प्रोत्साहित करते हैं। अधिक लाभ की लालसा से व्यापारी माल को रोककर बेचते हैं तथा नवीन कारखानों को भी खोलने के प्रयास करतें हुए उत्पादन बढ़ाने के प्रयत्न करते हैं। इस प्रकार यही क्रम चलता रहता है और तेजी की यह स्थिति असाधारण ऊंचाई को प्राप्त कर लेती है।

विशेषताएं : अभिवृद्धि की अवस्था की प्रमुख विशेषताएं निम्नलिखित हैं :

(1) ऊंचे लाभ व ऊंचे व्यय : सभी वस्तुओं की कीमतों में वृद्धि होकर, ऊंचे लाभ एवं ऊंचे व्यय प्राप्त होने लगते हैं।

(2) अत्यधिक ऋण : इस काल में बैंकों द्वारा अत्यधिक मात्रा में ऋण प्रदान किये जाते हैं।

(3) विनियोग में वृद्धि : विनियोग की मात्रा में तेजी से वृद्धि हो जाती है।

(4) सट्टेबाजी में वृद्धि : इस काल में सट्टेबाजी की क्रियायें एवं प्रवृत्तियां बढ़ जाती है।

(5) वास्तविक मजदूरी में कमी : मूल्यों की तुलना में मजदूरी इतनी तेजी से नहीं बढ़ पाती और इस प्रकार वास्तविक मजदूरी में कमी हो जाती है।

(6) हड़तालों में वृद्धि : इस काल में श्रमसंघों की कार्यवाही बढ़ जाती है तथा हड़तालों की मात्रा में वृद्धि हो जाती है।

(7) आशा की लहर : इस अवस्था में व्यापारियों में अत्यधिक आशा की लहर फैल जाती है तथा वे भविष्य के प्रति लापरवाही बरतने लगते हैं।

(8) नवीन कारखानों की स्थापना : इस अवधि में प्रत्येक क्षेत्र में उत्पादन में वृद्धि हो जाती है तथा नवीन कारखानों की स्थापना की जाती है व नवीन व्यापार चलाये जाते हैं।

(9) मूल्यों में वृद्धि : लाभों में प्रतिदिन वृद्धि होती रहती है और लाभ प्रसार से मूल्यों में और अधिक वृद्धि हो जाती है।

(5) अवरोध की अवस्था

तेजी की दशा में उसके विनाश के बीज निहित होते हैं। तेजी की दशा प्रारम्भ हो जाने पर कुछ समय पश्चात् देश में अनेक कठिनाईयां आ जाती हैं जो कि निम्न प्रकार है:

(अ) ब्याज की दरें ऊंची हो जाने के कारण बैंकों की ऋण देने की नीति में कठोरता आ जाती हे जिससे पूंजी लागत में वृद्धि हो जाती है।

(ब) इस काल में मजदूरी बढ़ जाती है और उत्पादन वृद्धि करने के उद्देश्य से अकुशल श्रमिकों को भी काम पर रखना पड़ता है, जिससे मजदूरी की रूप में लागत व्यय बढ़ जाता है।

(स) पुरानी मशीनों के प्रतिस्थापन एवं कच्ची सामग्री के मूल्यों में वृद्धि हो जाने से उत्पादन लागत में वृद्धि हो जाती है।

(द) भविष्य के प्रति जनता सन्देह की निगाह से देखने लगती है जिससे अवरोध की अवस्था का आगमन प्रारम्भ हो जाता है।

विशेषताएं : इस काल की प्रमुख विशेषताएं निम्न हैं:

(1) मजदूरी में गिरावट : इस अवस्था में मजदूरी, लागत एवं कीमतें गिरने लगते हैं।

(2) व्यावसायिक क्रियाओं पर रोक : राष्ट्र में व्यावसायिक क्रियाओं पर रोक सी लग जाती है, तथा कुल व्यवसाय की मात्रा में कमी होने लगती है।

(3) निराशा का वातावरण : व्यावसायिक क्षेत्र में भविष्य के प्रति जनता में निराशा का वातावरण उत्पन्न हो जाता है।

(4) ऋण की मात्रा में कमी : ऋणों के सम्बन्ध में कठोर शर्तें एवं अधिक ब्याज की दर के कारण बैंकों द्वारा दी जाने वाली ऋण की मात्रा में कमी हो जाती है।

(5) रोजगार व विनियोग में कमी : देश में उत्पादन, आय, रोजगार एवं विनियोग की मात्रा में कमी होने लगती है।

(6) उत्पादन में बाधायें : कच्चे माल एवं श्रम की दुर्लभता के कारण उत्पादन में अनेक बाधायें पड़ने लगती हैं तथा साहसियों के लागत-व्यय सम्बन्धी अनुमान गलत हो जाते हैं व उनमें निराशा फैलने लगती है।

(7) संकोच एवं भय की भावनायें : इसमें अत्यधिक निराशावाद अत्यधिक तेजी सम्बन्धी आशावाद स्थान ले लेती है। अत्यधिक निराशावाद के कारण साहसियों में संकोच, भय एवं शंका की भावनायें उत्पन्न हो जाती है।

(8) व्यावसायिक विस्तार में कमी : इस काल में नवीन योजनाओं को समाप्त कर दिया जाता है तथा अधुरी योजनाओं को भी छोड़ दिया जाता है। इसमें व्यावसायिक विस्तार रूक जाता है तथा कर्मचारियों में बेरोजगारी बढ़ जाती है।

(9) द्रव्यता पसन्दगी में वृद्धि : द्रव्यता पसन्दगी में यकायक वृद्धि हो जाती है और लोग विनियोग करने के स्थान पर जमा करना अधिक पसन्द करते हैं।

(10) **निर्माण कार्य मन्द :** इस काल में निर्माण क्रिया मन्द पड़ जाती है तथा बेकारी का प्रभाव अन्य क्षेत्रों में भी पड़ने लगता है।

(11) **अंशों के मूल्यों में कमी :** उद्योगों व व्यवसायों में शिथिलता आने से अंश बाजार में दाम गिरने लगता है।

(12) **विनियोजन में कमी :** साख देने की क्रिया अचानक रूक जाती है तथा विनियोजन की मात्रा में कमी हो जाती है।

इस प्रकार व्यापार चक्र की पांचों अवस्थायें क्रम से एक के बाद दूसरी घटित होती रहती हैं तथा यह क्रम निरन्तर चलता रहता है। व्यापार चक्र की विभिन्न अवस्थाओं को निम्न चित्र में दर्शाया गया है।

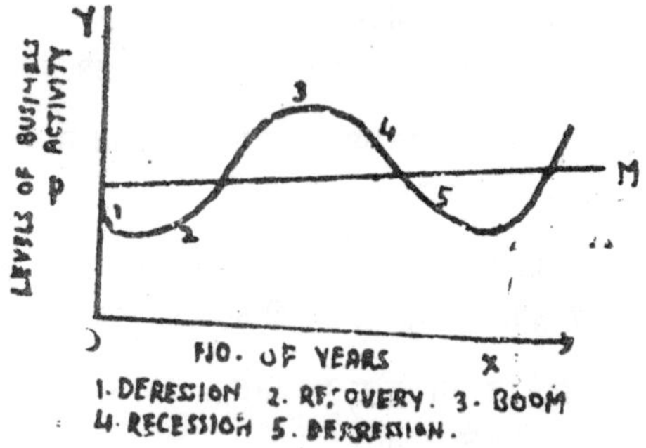

चित्र—2

व्यापार चक्र पर नियन्त्रण

पूंजीवादी अर्थव्यवस्था में मन्दी के बाद तेजी तथा तेजी के बाद मन्दी के बार-बार आने से भारी संकट उत्पन्न हो जाने का भय बना रहता है जो सामाजिक हितों के लिए हानिकारक सिद्ध होता है। उत्पादन की दृष्टि से उस सीमा तक विस्तार करना अच्छा माना जाता है जबतक कि वह पूर्ण रोजगार की स्थिति तक न पहुंच जाये। पूर्ण रोजगार की स्थिति के बाद भी विनियोग करने से स्फीतिक परिस्थितियां उत्पन्न हो जाती है और व्यापार चक्र का प्रभाव दृष्टिगोचर होने लगता है। यदि पूर्ण रोजगार की स्थिति से आगे बढ़ने पर नियन्त्रण लगा दिया जाये तो इससे बचा जा सकता है तथा व्यापार चक्र पर नियन्त्रण लगाया जा सकता है। इसी प्रकार अर्थव्यवस्था के सुझाव की ओर बढ़ने पर निर्धनता, बेरोजगारी आदि अनेक प्रकार

के कष्ट उठाने पड़ते हैं। इससे बचने के लिए यह आवश्यक होगा कि अर्थव्यवस्था को नियन्त्रण की सहायता से पूर्ण रोजगार के स्तर से नीचे जाने पर प्रतिबन्ध लगा दिये जायें।

अर्थव्यवस्था में आर्थिक स्थिरता लाने के उद्देश्य से व्यापार चक्रों पर नियन्त्रण लगाना आवश्यक है, जिससे मन्दी को समाप्त करके पूर्ण रोजगार की स्थिति को प्राप्त किया जा सके। व्यापार चक्र से अर्थव्यवस्था में स्थिरता उत्पन्न हो जाती है, परन्तु निम्न कारणों से इनका कोई उचित समाधान सम्भव नहीं हो पाता।

(अ) प्रयास न करना : देश के साहसी इस समस्या को हल करने का प्रयास नहीं करते।

(ब) लागू करना सम्भव न होना : प्रत्येक समय के व्यापार चक्र में कुछ न कुछ नवीनता होने से किन्ही सामान्य नियमों को बनाकर उन्हें हर सम्भव परिस्थितियों में लागू करना सम्भव नहीं हो पाता है।

(स) समझने में असमर्थता : श्रमिक एवं उनके प्रतिनिधि व्यापार चक्र के दोषपूर्ण परिणामों को समझने का प्रयत्न नहीं करते।

(द) जनता का ध्यान हटना : समाज में अभिवृद्धि की स्थिति आ जाने पर जनता का ध्यान मन्दी के समाधान की ओर से हट जाता है।

बाधायें : व्यापार चक्र को नियन्त्रित करने से पूर्व अनेक प्रकार की बाधायें उपस्थित हो जाती हैं, जो कि निम्नलिखित हैं:

(1) कारणों का ज्ञान न होना : देश में व्यापार चक्रों के आने के क्या कारण रहते हैं, इसका पूर्ण रूप से ज्ञान नहीं हो पाता।

(2) युद्ध की आशंका : विश्व के कुछ राष्ट्रों में युद्ध की आशंका से स्फीतिक स्थितियां उत्पन्न हो जाती है जिन्हें नियन्त्रण करने में अनेक बाधायें उपस्थित हो जाती है।

(3) सहयोग व समन्वय का अभाव : व्यापार में अनेक व्यापारियों की उपस्थिति से उनकी नीतियों में समन्वय एवं सहयोग का प्रभाव बना रहता है, जिससे आवश्यकता के अनुरूप उत्पादन सम्भव नहीं हो पाता।

व्यापार चक्रों को नियन्त्रित करने के लिए, जैसा कि ऊपर दर्शाया गया है, दो उपचार उपयोग में लाये जा सकते हैं :

(अ) प्रतिबन्धात्मक उपाय

(ब) निवारणात्मक उपाय

(अ) प्रतिबन्धात्मक उपाय : इनमें उन उपायों को सम्मिलित किया जाता है जो व्यापार चक्रों के आगमन पर ही रोक लगाते हैं। इस सम्बन्ध में निम्न उपायों को सम्मिलित किया जाता है:

(1) मांग एवं पूर्ति में सन्तुलन : देश में मांग एवं पूर्ति में सन्तुलन स्थापित करके देश के उत्पादन एवं आयात-निर्यात की आवश्यकता के अनुरूप समायोजित करके व्यापार चक्र को रोका जा सकता है।

(2) साख व मौद्रिक नीति में समायोजन : देश की सरकार को साख व मौद्रिक नीति में पहले से ही इस प्रकार समायोजन कर लेना चाहिए कि व्यापार चक्रों के प्रभाव से बचा जा सके।

(3) प्रकृति पर निर्भरता की समाप्ति : देश की अर्थव्यवस्था को प्रकृति पर निर्भर रहना समाप्त कर देना चाहिए जिससे उत्पादन का नियमित ढंग से विकास हो सके। कृषि उत्पादन के लिए देश में पर्याप्त मात्रा में जल एवं सिचांई की सुविधाओं का विकास करना आवश्यक है। प्रकृति पर कम निर्भर रहने पर देश आत्मनिर्भरता एवं आर्थिक विकास की ओर अग्रसर हो सकता है।

(4) आधारभूत उद्योगों का राष्ट्रीयकरण : उत्पादन एवं उपभोग के अन्तर को समाप्त करने के उद्देश्य से सरकार को आधारभूत उद्योगों का राष्ट्रीयकरण कर देना चाहिए, जिससे उत्पादन एवं उपभोग को समायोजित करके व्यापार चक्र के आगमन पर प्रतिबन्ध लगाया जा सके।

(ब) निवारणात्क उपाय : इसमें उन समस्त उपायों को सम्मिलित किया जाता है जो तेजी या मन्दी के आने के पश्चात् कार्य में लाये जायें। समाज की कुल आय को पूर्णरूप से व्यय कर देने पर पूर्ण रोजगार की स्थिति बनी रहती है। राष्ट्र की नीति का उद्देश्य तेजी की स्थिति में कुल व्यय में कमी करना एवं मन्दी की स्थिति में वृद्धि करना होता है। इस प्रकार तेजी अथवा मन्दी की स्थिति को सुधारने के लिए कुछ व्यय को ही प्रभावित करके व्यापार चक्र को रोका जा सकता है। मन्दी को रोकने के लिए सरकारी व्ययों को बढ़ा दिया जाता है तथा तेजी को रोकने के लिए सरकारी व्ययों में कमी कर दी जाती है। निवारणात्मक उपायों में निम्न को सम्मिलित किया जा सकता है:

(1) भौतिक नियन्त्रण

(2) प्रशुल्क नीति,

(3) मौद्रिक नीति,

(4) अन्य उपचार

(1) भौतिक नियन्त्रण : इसमें मूल्य नियन्त्रण, मूल्य स्थिरता एवं राशनिंग आदि साधनों को सम्मिलित किया जाता है। युद्धकाल में स्फीतिक प्रभावों को रोकने हेतु नियन्त्रण तथा युद्धोपरान्त मूल्यों को गिरने से बचाने के लिए मूल्य स्थिरता के उपायों को पालन करना चाहिए। जैसे ही मूल्य इन सीमाओं के ऊपर या नीचे जाते हैं, सरकार राशनिंग द्वारा उनमें स्थिरता लाने के प्रयास करती है। मन्दीकाल में सरकार स्वयं भारी मात्रा में माल खरीदकर गिरते मूल्यों को रोककर उत्पादकों की रक्षा करती है।

(2) प्रशुल्क नीति : सरकार रोजगार, उत्पादन एवं राष्ट्रीय आय पर प्रभाव डालने वाले अवांछित प्रभावों को रोकने के लिए प्रशुल्क नीति को काम में लाती हैं। प्रशुल्क नीति में निम्न को सम्मिलित किया जाता है:

(अ) कुल व्यय : देश की कुल आय उपभोग एवं विनियोग के योग के बराबर होती है। मन्दीकाल में सार्वजनिक व्ययों में वृद्धि करके तथा तेजीकाल में व्ययों में कमी करके व्यापार चक्र के प्रभावों को ठीक करने के प्रयास किये जाते हैं। सार्वजनिक व्यय कुल व्यय का एक अंग होने से सार्वजनिक व्यय बढ़ने पर कुल व्यय भी बढ़ जाता है और सार्वजनिक व्यय घटने पर कुल व्यय भी घट जाता है। कुल आय होती है। यदि अतिरिक्त सार्वजनिक व्यय के द्वारा व्यक्त करें तो कुल बढ़ा हुआ व्यय होगा व घटा हुआ व्यय होगा। इसे चित्र में दिखाया गया है। इसमें कुल व्यय है और सन्तुलन बिन्दु है। यदि सार्वजनिक व्यय बढ़ जाये तो कुल व्यय बढ़कर होगा और सन्तुलन बिन्दु होगा और आय बढ़कर हो जाती है। यदि सार्वजनिक व्यय घटता है तो कुल व्यय होगा, सन्तुलन बिन्दु होगा व आय घटकर होगी।

अत: आय कम होने पर सार्वजनिक व्यय में वृद्धि करके कुल व्यय में वृद्धि की जानी चाहिए और आय अधिक है तो सार्वजनिक व्यय में कमी करके कुल व्यय में कमी की जानी चाहिए।

(ब) जन ऋण : सार्वजनिक ऋणों का प्रभाव करारोपण के समान पड़ता है। ऋणों का भुगतान कर देने पर क्रय शक्ति जनता के हाथों में आ जाती है, व प्रभावपूर्ण मांग में वृद्धि हो जाती है। अत: तेजीकाल में जनता से ऋण लेकर मन्दी के समय उसे चुका देना चाहिए। परन्तु इस बात का ध्यान रखा जाये कि यह ऋण समाज के उस वर्ग से प्राप्त किया जाये जिसके पास कोष फालतू पड़ा हो अर्थात् निजी उपभोग को कम करने की आवश्यकता न पड़े। मन्दी के समय ऋणों का भुगतान करके प्रभावपूर्ण मांग को बढ़ाया जा सकता है तथा व्यापार चक्र का प्रभाव कम किया जा सकता है।

(स) कर : करों में वृद्धि करने से जनता के पास क्रय शक्ति में कम हो जाती है, फलस्वरूप उपभोग एवं कुल व्यय गिर जाता है व रोजगार एवं राष्ट्रीय आय में कमी हो जाती है। देश में स्फीतिक प्रभावों को कम करने के लिए करों में वृद्धि करके उसे नियन्त्रित किया जा सकता है। इसके विपरीत मन्दीकाल में करों में कमी करके व्ययों में वृद्धि सम्भव करके मन्दी के प्रभावों को रोका जा सकेगा। सार्वजनिक व्ययों को उपभोग पर व्यय, व्यक्तिगत विनियोग एवं सार्वाजनिक विनियोग के रूप में विभाजित किया जा सकता है। सार्वजनिक व्ययों की प्रमुख मदों में सामाजिक ऊपरी व्यय, विभागों का विस्तार, निर्यात में वृद्धि, व्यक्तिगत उपभोग को प्रोत्साहन, कच्चे माल का संग्रह, अनुत्पादक कार्य एवं उद्योगों की स्थापना आदि सम्मिलित करते हैं।

(द) बजट नीति : मुद्रा स्फीति काल में सार्वजनिक व्ययों में कमी एवं करों में वृद्धि करके बजट बनाये जा सकते हैं। इससे देश में होने वाले उच्चावचनों को सरलता से रोका जा सकता है। इसके विपरीत मन्दीकाल में सार्वजनिक व्ययों में वृद्धि एवं करों में कमी करके घाटे के बजट बनाकर व्यापार चक्र को नियन्त्रित किया जा सकता है।

(3) मौद्रिक नीति : इसमें मुद्रा एवं साख सम्बन्धी परिवर्तनों को सम्मिलित किया जाता है। देश की आर्थिक क्रियाओं में स्थिरता लाने हेतु प्रभावपूर्ण मांग को यथास्थिर रखना पड़ता है। किसी भी व्यक्ति का उपभोग मुख्यत: आय के साधनों विनियोग व्यय, पूँजी साधनों एवं बैंक ऋण की मात्रा पर निर्भर करता है। सरकार बैंक ऋण द्वारा मौद्रिक नीति का प्रयोग करके व्यापार चक्र को सुधारने के प्रयास करती है। स्फीतिक काल में विनियोग आवश्यकता से अधिक हो जाते है जिसे रोकने हेतु ब्याज की दर बढ़ाकर बैंक ऋण को घटाने के प्रयास किये जाते हैं जिससे विनियोग की वृद्धि को रोका जा सके। इसके विपरीत मन्दीकाल में विनियोग आवश्यकता से कम हो जाते हैं, जिन्हें आकर्षित करने हेतु ब्याज दर घटाकर व सस्ती मौद्रिक नीति अपनाकर बैंक ऋणों में वृद्धि की जाती है। बैंक ऋण पर दो ढंगों से नियन्त्रण लगाये जा सकते हैं: (अ) परिमाणात्क, (ब) गुणात्मक

(अ) परिमाणात्मक में निम्न उपायों सम्मिलित किया जाता है:

(क) बैंक दर नीति : स्फीतिक प्रवृत्ति को रोकने के लिए बैंक दर में वृद्धि कर दी जाती है जिससे व्यापारिक बैंकों की ब्याज दरों में वृद्धि हो जाती है, फलस्वरूप विनियोग की मात्रा में कमी हो जाती है तथा स्फीति के प्रभावों को रोका जा सकता है। इसके विपरीत मन्दी की अवस्था में बैंक दर घटा दी जाती है जिससे ब्याज दर घट जाती है तथा ऋण सस्ता होने से विनियोग की मात्रा में भी वृद्धि हो जाती है तथा मन्दी के प्रभावों को कम किया जा सकता है।

(ख) खुले बाजार की क्रियायें : तेजी की अवस्था में केन्द्रीय बैंक द्वारा सरकारी प्रतिभूतियों को बेचा जाता है जिससे जनता का धन सरकार के पास चला जाता है। इससे विनियोग में वृद्धि नहीं हो पाती व स्फीति के प्रभावों को रोका जा सकता है। इसके विपरीत मन्दी काल में केन्द्रीय बैंक प्रतिभूतियों को क्रय करना प्रारम्भ कर देते हैं, जिससे प्रतिभूतियों सरकार के पास आ जाती हैं तथा मुद्रा बाजार में धन बढ़ जाता है, फलस्वरूप विनियोग में वृद्धि होकर मन्दी को नियंत्रित किया जाता है।

(ग) रिजर्व अनुपात में परिवर्तन : मुद्रा प्रसार के समय केन्द्रीय बैंक द्वारा रिजर्व अनुपात में वृद्धि कर दी जाती है जिससे व्यापारिक बैंकों के पास धन की कमी हो जाती है व उनकी ऋण प्रदान करने की शक्ति घट जाती है और स्फीतिक प्रभाव कम हो जाते हैं। इसके विपरीत मन्दीकाल में इस कोष में कमी कर दी जाती है, जिससे आधिक्य धनराशि बैंकों को वापस कर दी जाती है, फलस्वरूप बैंकों के नकद कोष से वृद्धि होकर विनियोग बढ़ जाते हैं, व मन्दी का निवारण ही जाता है।

(ब) गुणात्मक : इसमें निम्न को सम्मिलित किया जाता है:

(क) नैतिक दबाव : इसमें केन्द्रिय बैंक व्यापारिक बैंकों को समझा बुझाकर तथा नैतिक दबाव डालकर उन्हें अपनी नीति के अनुरूप कार्य करने को प्रेरित करती है। मन्दीकाल में बैंक ऋण में विस्तार तथा तेजीकाल में संकुचन नीति को पालन करने के प्रयास किये जाते हैं व व्यापार चक्र को नियन्त्रित किया जाता है।

(ख) ऋण मार्जिन में परिवर्तन : यदि ऋण मार्जिन में वृद्धि कर दी जये तो बैंकों की ऋण देने की सीमा कम हो जायेगी तथा व्यापारियों को पहले से कम मात्रा में धनराशि

प्राप्त होगी जिससे विनियोग कम हो जायेंगे। इसके विपरीत मन्दीकाल में इस मार्जिन में कमी करके बैंकों द्वारा अधिक ऋण जनता को दिया जाता है, जिससे विनियोग में वृद्धि होगी तथा मन्दी पर नियन्त्रण रखा जा सकेगा।

(ग) उपभोक्ता साख नियन्त्रण : इसमें उपभोक्ता की साख पर नियन्त्रण रखकर व्यापार चक्र के प्रभावों को कम किया जाता है। इस साख नियन्त्रण में तीन बड़ी बातें सम्मिलित की जाती हैं : (क) मूल्य के भुगतान का समय, (ख) पहली किस्त की राशि, (ग) किन वस्तुओं पर नियन्त्रण लगाना है। यदि यह तीनों बातें कमजोर हैं तो व्यक्ति की ऋण लेने की इच्छा बढ़ जायेगी और यदि यह शर्तें कठोर हैं तो इच्छा कम हो जायेगी। अतः स्फीतिकाल में इन शर्तो को कठोर तथा मन्दीकाल में ढीला छोड़कर साख पर नियन्त्रण लगाया जा सकता है।

(4) अन्य उपचार : व्यापार चक्र को नियन्त्रित करने के लिए निम्न अन्य उपचारों का प्रयोग किया जा सकता है:

(क) बिना लाभ बिक्री : तेजीकाल में वस्तुओं की बिक्री बिना लाभ पर करके व्यापार चक्र को नियन्त्रित किया जा सकता है, परन्तु इसमें सफलता प्राप्त करना कठिन है। मन्दीकाल में वस्तुओं को लाभ पर बेचा जा सकता है।

(ख) बेकारी बीमा योजना : व्यावसायिक परिवर्तनों को रोकने हेतु इस नीति का पालन किया जाता है। यह योजना सभी श्रमिकों के लिए अनिवार्य कर दी जाती है। जिससे प्राप्त धनराशि को एक पृथक कोष में रखा जाता है व मन्दी तथा बेकारी के समय इस कोष का उपभोग किया जाता है जिससे श्रमिकों के जीवन स्तर को बनाये रखा जा सके।

(ग) उत्पादित मुद्रा से व्यय : कीन्स एवं उनके अनुयायियों ने इस रीति का समर्थन किया है क्योंकि (अ) इससे समाज के कुल व्यय में कोई कमी नहीं होती, (ब) यह मुद्रा उस समय तक स्फीतिक प्रभाव नहीं दिखा सकती, जबतक कि देश में बेरोजगार के साधन रहेंगे।

(घ) अन्तर्राष्ट्रीय उपाय : व्यापार चक्र को नियंत्रित करने के लिए अन्तर्राष्ट्रीय स्तर पर प्रयत्न किये जाने चाहिए, जैसे मूल्य वृद्धि पर नियन्त्रण, सार्वजनिक व्ययों में वृद्धि आदि।

(ड.) सरकारी नियन्त्रण में उत्पादन : पूंजीवाद में लाभ की भावना से उत्पादन किये जाते हैं। यदि सरकारी नियन्त्रण में उत्पादन किया जाये तो व्यापार चक्रों को रोका जा सकता है।

(अ) अमौद्रिक सिद्धान्त

व्यापार चक्र के अमौद्रिक सिद्धान्तों में निम्न सिद्धान्तों को सम्मिलित किया जाता है:

(1) जलवायु सिद्धान्त : इस सिद्धान्त को प्रतिपादित करने वाले जेवन्स हैं। इसे सूर्य कलंक सिद्धान्त के नाम से भी पुकारते हैं। इस सिद्धान्त द्वारा इस बात पर बल दिया गया है कि आर्थिक संकट उसी समय दिखाई देते हैं, जबकि सूर्य पर कुछ धब्बे दिखाई दें। सूर्य

के ऊपर जो काले धब्बे दिखाई देते हैं, उनके दिखाई देने का एक निश्चित क्रम होता है और इन धब्बों के कारण ही देश में आर्थिक उच्चावचन उत्पन्न हो जाते हैं। सूर्य के यह धब्बे एक निश्चित क्रम से दिखाई देते हैं, जिनकी औसत अवधि लगभग 11 वर्ष होती है। सूर्य के इन धब्बों के कारण ही सूर्य विकिरण में परिवर्तन आ जाते हैं और इनसे भूमि पर वर्षा के चक्र उत्पन्न हो जाते है। इस प्रकार समय समय पर सूर्य के जो धब्बे दिखाई देते हैं, वे वर्षा में निरन्तर परिवर्तन लाकर जलवायु को प्रभावित करके फसलों पर गहरा प्रभाव डालते हैं। बुरी जलवायु के कारण देश में फसलें नष्ट हो जाती है, फलस्वरूप मन्दी की प्रारम्भिक अवस्थायें प्रारम्भ हो जाती है, जो कालान्तर में देश की आर्थिक अर्थव्यवस्था के अन्य भागों को भी प्रभावित करते है। इसके विपरीत अच्छी जलवायु उद्योग एवं व्यापार को बढ़ावा देकर तेजी की अवस्था को प्राप्त करने के प्रयास किये जाते हैं। जलवायु सम्बन्धी यह परिवर्तन इतने क्रमिक होते हैं कि अच्छी फसलों व बुरी फसलों की अवधियों का तांता सा बना रहता है। परन्तु वर्तमान समय में परिवहन व संदेशवाहन के विकास हो जाने से एक राष्ट्र के प्रभावों को दूसरे राष्ट्रों में प्रवेश करने के अवसर प्राप्त हो जाते है। यदि किसी एक राष्ट्र में फसलें असफल हो गयी हँ तो अन्य राष्ट्रों को भी प्रभावित करता है। जेसे यदि फसलों के खराब होने से अकाल की स्थिति उत्पन्न हो जाती है तो क्रय शक्ति में कमी हो जाने से विदेशी माल की मांग कम हो जायेगी और विदेशों में अत्युत्पादन की समस्यायें खड़ी जा जायेंगी। इस प्रकार वर्षा का चक्र विपरीत दिशा में चलने से फसलें नष्ट हो जाती हैं तथा मानव के लिए मन्दी की दशायें उत्पन्न हो जाती है। सिद्धान्त के समर्थकों का कथन है कि 1930-31 की महान् मन्दी का कारण जलवायु ही बताया गया। जलवायु परिवर्तनों ने कृषि प्रधान राष्ट्रों में मन्दी उत्पन्न करके औद्योगिक राष्ट्रों को प्रभावित किया तथा वहां से यह समस्त विश्व में फैला गया।

वर्तमान समय में प्रमुख अमरीकी अर्थशास्त्री मूर ने व्यापार चक्र एवं वर्षा चक्र में सम्बन्ध स्थापित किया तथा व्यापार चक्र को उसका कारण बताया। मूर ने वर्षा चक्र का सम्बन्ध शुक्र ग्रह से लगाया जो प्रत्येक 8 वर्ष बाद पृथ्वी व सूर्य के मध्य से गुजरता है। इस प्रकार मौसम चक्र जो शुक्र की गति पर निर्भर होते हैं, ठीक वैसे ही प्रभाव उत्पन्न करते हैं, जैसे कि जेवन्स ने अपने सिद्धान्त में बताया था।

आलोचनायें : यद्यपि कृषि पर जलवायु का प्रभाव पड़ता है और उद्योग धन्धे भी कच्चे माल की पूर्ति के लिए कृषि पर निर्भर होने से जलवायु से प्रभावित होते हैं, फिर भी इस सिद्धान्त को व्यापार चक्र की एक वैज्ञानिक व्याख्या नहीं माना जा सकता। इस सिद्धान्त की प्रमुख आलोचनायें निम्न प्रकार हैं:

(1) समान प्रभाव का अभाव : जलवायु का विश्व के समस्त राष्ट्रों में कृषि उद्योग पर एकसा प्रभाव नहीं पड़ता, जबकि समान रूप से ही प्रभाव पड़ना चाहिए था।

(2) औद्योगिक जगत में प्रभाव : इस सिद्धान्त में यह माना गया है कि औद्योगिक क्षेत्रों में व्यापार चक्र समाप्त हो जाते हैं। लेकिन वास्तविक स्थिति इससे भिन्न है क्योंकि औद्योगिक दृष्टि से विकसित राष्ट्रों में ही व्यापार चक्र के प्रभाव अधिक दिखाई देते हैं।

(3) कारण बताने में अस्पष्ट : जलवायु परिवर्तन सिद्धान्त किसी समय पर भी व्यापार चक्र की विशेषताओं को सन्तोषप्रद ढंग से बतलानें में असमर्थ रहता है। जैसे मन्दी

की अपेक्षा तेजी की अवस्था में पूँजीगत वस्तुओं का उत्पादन अधिक तेजी से क्यो बढ़ता है इसका कारण बताने में यह सिद्धान्त असमर्थ रहता है।

(4) प्रकृति पर कम निर्भरता : खेती करने के ढंगों में परिवर्तन होने से प्रकृति पर निर्भरता कम हो गई है जिससे जलवायु सिद्धान्त व्यापार चक्र की ठीक व्याख्या करने में असमर्थ रहता है।

(5) सम्बन्ध का अभाव : व्यापार चक्रों का जलवायु चक्रों से बहुत घनिष्ठ सम्बन्धत नहीं रहता। प्राय: व्यापार चक्र अन्य आर्थिक कारणों से उत्पन्न होते हैं जिसका अध्ययन इस सिद्धान्त में नहीं किया गया है।

(6) स्पष्ट चक्र का अभाव : फसलों के उत्पादन में प्राय: पूर्णतया स्पष्ट चक्र दृष्टिगोचर नहीं होते हैं।

(ब) अधिक उत्पादन सिद्धान्त : इस सिद्धान्त के अनुसार व्यापार चक्र प्राय: अधिक उत्पादन के परिणामस्वरूप उत्पन्न होते हैं। सिसमॉडी का विचार है कि एक पूंजीवादी अर्थव्यवस्था में उत्पादनों में गहन प्रतिस्पर्धा बनी रहती है। जिस पर कोई नियन्त्रण सम्भव नहीं हो पाता। प्रत्येक व्यापारी की यह इच्छा होती है कि वह अधिकाधिक बाजारों को अपने अधिकार में ले ले और इसी उद्देश्य के फलस्वरूप वह उत्पादन की मात्रा बढ़ाता है परन्तु दूसरी ओर मांग में इतनी वृद्धि सम्भव न होने से बाजार में माल बिना बिका अधिक मात्रा में रह जाता है। यह सिद्धान्त इस मान्यता को लेकर चलता है कि वर्तमान उत्पादन इतना कुशल हो जाता है कि वह उपभोग के साथ नहीं चल पाता और उत्पादन इतना अधिक बढ़ जाता है कि उपभोक्ताओं की क्रय शक्ति उसे क्रम करने में असमर्थ रहती है। अत: अतिरिक्त माल को बेचने के लिए मूल्यों में कमी करना आवश्यक हो जाता है। जैसे ही मूल्य कम किये जाते हैं, सारा माल धीरे धीरे बिक जाता है। जैसे ही पुराना आधिक्य समाप्त होता है कि उत्पादक फिर से अति उत्पादकता कर लेते हैं और यह कठिनाई फिर से उपस्थित हो जाती है। मूल्यों में जरा सी वृद्धि होने पर ही उत्पादक अपने उत्पादन को बढ़ा देते हैं, परन्तु मजदूरियों में मूल्यों की तुलना में उतनी वृद्धि सम्भव नहीं हो पाती, जिससे क्रय शक्ति में तेजी से वृद्धि नहीं हो पाती। इसके अतिरिक्त क्रय शक्ति का एक भाग ऐसे व्यक्तियों के पास चला जाता है जो उसका संचय कर लेते हैं, परिणामस्वरूप अति उत्पादन हो जाता है तथा कठिनाइयों उपस्थित हो जाती है।

उत्पत्ति के साधनों के मूल्यों में वृद्धि होने से उत्पादन व्यय में भी वृद्धि हो जाती है। उत्पादन व्यय के परिणामस्वरूप मूल्यों में भी वृद्धि हो जाती है, जिसे उपभोक्ता सहन नहीं कर पाते और क्रय को थोड़े समय के लिए स्थगित कर देते हैं। फलस्वरूप लाभ घट जाते हैं व हानि में वृद्धि होने लगती है, साहसियों में आर्थिक दिवालियापन प्रकट होने लगता है व सीमान्त उत्पादक अपना उत्पादन बन्द ही कर देते हैं।

अधिक उत्पादन सिद्धान्त का दूसरा रूप प्रतियोगिता सिद्धान्त है। व्यापार चक्र का कारण प्रतियोगी पंजीवाद बताया गया है। पूंजीवाद अर्थव्यवस्था में प्रतियोगी शक्तियां दो प्रकार से व्यापार चक्र को प्रभावित करती हैं एक ओर तो वह अधिक उत्पादन को जन्म देतीहैं और दूसरी ओर यह उत्पादन लागत को बढ़ाती है। चैपमैन ने इन दोनों शक्तियों को क्रमश: धनात्मक व ऋणात्मक कहा है। इस धनात्मक एवं ऋणात्मक प्रभाव के कारण ही

समुद्र की लहरों की भांति व्यापारिक जगत में उतार चढ़ाव आते रहते हैं। इस प्रकार इस प्रतियोगिता व लाभ अर्जित करने की लालसा से उत्पादक अधिकाधिक माल उत्पन्न करने के प्रयास करते हैं जिससे अति उत्पादन होकर व्यापार चक्र दृष्टिगोचर होने लगते हैं।

आलोचनायें : इस सिद्धान्त की मुख्य आलोचनायें निम्नलिखित हैं :

(1) कारण बताने में असमर्थ : यह सिद्धान्त व्यापार चक्रों की प्रवृत्ति का कोई कारण बताने में असमर्थ रहता है। इसी प्रकार इसमें यह स्पष्ट नहीं किया गया कि व्यापार चक्र सामान्य अति-उत्पादन के कारण उदय होते हैं।

(2) निश्चित समय की व्याख्या करने में असमर्थ : यह सिद्धान्त इस बात को बताने में असमर्थ रहता है कि व्यापार चक्र अपना मार्ग पूर्ण करने में एक निश्चित समय क्यों लेते हैं और प्रत्येक व्यापार एवं उद्योग पर ही इसका प्रभाव क्यों पड़ता है।

(3) सम्बन्ध बताने में असमर्थ : यह सिद्धान्त इस बात को बताने में असमर्थ रहता है कि अभिवृद्धि के पश्चात् अवसाद काल ही क्यों आता है।

(स) स्वयं उत्पादन सिद्धान्त : मिचैल का विचार हे कि वर्तमान आर्थिक व्यवस्था का स्वभाव व्यापार चक्रों को स्वउत्पादित बनाना है। व्यापार चक्रों का कारण पूंजीवादी प्रणाली में ही विद्यमान रहता है। पूंजीवादी आधुनिक अर्थव्यवस्था के प्रमुख लक्षण निम्न होते हैं:

(1) आर्थिक क्रिया के प्रत्येक क्षेत्र में मध्यस्थों का होना,

(2) साख मुद्रा का सरलता से प्राप्त होना,

(3) अनेक प्रकार की असंगतियों के कारण मांग एवं पूर्ति में सामन्जस्य स्थापित करना कठिन हो जाता है।

(4) उत्पादकों एवं उपभोक्ताओं के मध्य बहुत अधिक दूरी बनी रहती है।

(5) अर्थव्यवस्था में भारी मात्रा में पूंजी का विनियोजन किया जाता है।

वर्तमान पूंजीवादी अर्थव्यवस्था का स्वभाव ही व्यापार चक्र के लिए उत्तरदायी होते हैं। यदि सम्पन्नता की अवस्था का सावधानी से विश्लेषण किया जाये तो इस काल में मुद्रा की मात्रा बढ़ाई जाती है, मूल्यों में वृद्धि होने से व्यवसायीकरण एक आशावादी दृष्टिकोण अपनाते हैं और वे वस्तुओं का संग्रह करना प्रारम्भ कर देते हैं। देश की आर्थिक प्रणाली में अनेक प्रकार की कठिनाइयों के कारण उत्पादन में आनुपातिक वृद्धि असम्भव नहीं हो पाती और उत्पादन लागत की अपेक्षा विक्रय मूल्यों में तेजी से वृद्धि होने लगती है, फलस्वरूप लाभ में वृद्धि के साथ साथ उत्पादन, रोजगार एवं ऋणों की मांग में वृद्धि हो जाती है, जिससे जमा एवं ब्याज दरों में वृद्धि होने लगती है।

परन्तु इस वृद्धि की एक सीमा होती है और समस्त साधनों के प्रयोग होने पर बैंकों के न्यूनतम नकद कोष घट जाते हैं, लागत में तेजी से वृद्धि होकर, मांग में वृद्धि होना रूक जाता है, लाभ गिरते हैं, परिणामस्वरूप व्यापारी वर्ग संग्रह करना प्रायः बन्द कर देते हैं। भावी

मांग में कमी होने की सम्भावना से लाभ एवं ऋण की मात्रा कम हो जाती है। व्यवसायी अपनी वित्तीय स्थिति को सुधारने हेतु व्ययों में कमी करने के प्रयास करते हैं, परन्तु मांग में कमी होने से आय में कमी हो जाती है। उपभोक्ता की मांग में कमी होने से उत्पादक वर्ग भी अपनी मांग को अपेक्षाकृत अधिक कम कर देता है।

आलोचनायें : इस सिद्धान्त की प्रमुख आलोचनायें निम्न है:

(1) तुलना निरन्तर चालित मशीन से करना : इस सिद्धान्त में आर्थिक यंत्र की तुलना एक निरन्तर चालित मशीन से की गई है, परन्तु व्यवहार में प्रत्येक मशीन के लिए अतिरिक्त शक्ति का उपयोग करना आवश्यक होता है तथा घड़ी की भांति समय-समय पर चाबी नहीं दी गई तो अनेक प्रकार के अवरोधों के कारण वह रूक जाते हैं। यदि आर्थिक चक्र में निरन्तर शक्ति का उपयोग नहीं किया जाये तो वह कमजोर हो जायेगा।

(2) सम्बन्ध का अभाव : प्रत्येक आने वाली अभिवृद्धि का बीत चुके अवसाद से ठीक उसी प्रकार का सम्बन्ध होना चाहिए जैसा प्रत्येक अवसाद का उससे पूर्व की अभिवृद्धि के साथ होता है, परन्तु व्यवहार में ऐसा सम्भव नहीं होता। प्रायः यह देखा गया है कि एक विशाल तेजी के बाद महान मन्दी तो आती है, परन्तु महान मन्दी के पश्चात् विशाल तेजी का आना आवश्यक नहीं होता है। इस प्रकार इस सिद्धान्त में सम्बन्धों का अभाव पाया जाता है।

(द) मनोवैज्ञानिक सिद्धान्त -पीगू : यह सिद्धान्त प्रो. पीगू द्वारा प्रतिपादित किया गया है जो कि प्रतिष्ठित विचारधारा के अनुकूल ही है। प्रतिष्ठित विचारधारा में यह माना गया है कि (अ) पूंजी एवं उपभोग की मांग पारस्परिक प्रतियोगी होने के कारण अधिक बचतें होने लगती हैं और उपभोग में कमी हो जाती है, परन्तु इस कमी का पूँजीगत माल की मांग पर कोई प्रभाव नहीं पड़ता है। (ब) पूर्ति स्वयं अपनी मांग उत्पन्न कर लेती है, जिससे अति उत्पादन सम्भव सा हो जाता है। वास्तविक स्थिति यह है कि अधिक मात्रा में बचत स्वयं पूंजीगत माल की मांग को बढ़ा देती है। फलस्वरूप कुल मांग एवं कुल पूर्ति में भिन्नता नहीं हो पाती। प्रतिष्ठित अर्थशास्त्रियों ने बताया कि समाज का आशावाद एवं निराशावाद ही साख की आर्थिक अस्थिरता एवं व्यापार चक्र के उत्तरदायी होते हैं। व्यापार चक्र आने के प्रमुख कारण समाज में आशावाद एवं निराशावाद का पाया जाना है। आशावाद में तेजी काल व निराशावाद में मन्दी काल की अवस्था पायी जाती है।

पीगू के अनुसार व्यापार चक्र आने का कारण मानसिक मनोवृत्ति है। मानव के मस्तिष्क में एक के बाद दूसरी आशावाद एवं निराशावाद के विचार उठते रहते हैं कि जो व्यावसायिक क्रियाओं में व्यापार चक्र का आधार बनते हैं। पीगू की यह विचारधारा है कि प्रारम्भ में मानव की मनोवृत्ति आशा की ओर रहती है, परन्तु अपूर्ण प्रतियोगिता होने के कारण उत्पादकगण अपने नेता फर्म की कीमतों का अनुकरण करके व्यावसायिक क्रियाओं का विस्तार करते हैं। परन्तु मानव मनोवृत्ति स्थिर न रहने से धीरे धीरे यह स्थिति बदल जाती है और लागत व्यय बढ़कर लाभ की मात्रा घट जाती है, फलस्वरूप उत्पादन गिर जाता है

तथा अन्य उत्पादन उसका अनुकरण करना प्रारम्भ कर देते हैं, परिणामस्वरूप संकट उत्पन्न हो जाते हैं। इससे मनोवृत्ति पर बुरा प्रभाव पड़कर अर्थव्यवस्था मन्दी की ओर जाने लगती है तथा मनोवैज्ञानिक निराशा और अधिक बलवती बन जाती है तथा मन्दी या अवसाद काफी निम्न बिन्दु तक पहुंच जाता है। धीरे धीरे जब उत्पादन व्यय मूल्यों की तुलना में गिरने लगते हैं तो फिर से लाभ की सम्भावनाएं बढ़ जाती है। इस समय मनोवृत्ति में फिर से परिवर्तन आने से पुनरूद्धार प्रारम्भ हो जाता है। तथा अन्य में सम्पन्नता की ओर अग्रसर होता जाता है। इस क्रम का पुनरार्वतन होने से व्यावसायिक क्रियाएं व्यापार चक्र के रूप में दिखाई देती हैं। इस प्रकार व्यावसायिक क्षेत्र में जब कोई महत्वपूर्ण घटना घटित हो जाती है तो अन्य व्यक्तियों पर इसका शीघ्रता से प्रभाव पड़ने लगता है। उदाहरणार्थ, यदि मूल्य गिरने लगे तो प्रत्येक व्यक्ति हानि के डर से अपना माल बेचता नजर आने लगता है। एक व्यापारी को अपना माल गिरने लगे तो प्रत्येक व्यक्ति हानि के डर से अपना माल बेचता नजर आने लगता है। एक व्यापारी को अपना माल बेचते देख अन्य व्यापारी भी अपना माल बेच डालते हैं। इसी प्रकार तेजी के काल में लाभ की आशा से कार्य होने लगता है। इस प्रकार देश की अर्थव्यवस्था में मन्दी व तेजी के काल में निरन्तरता बनी रहती है और एक के बाद दूसरी घटित हो जाती है।

आलोचनायें : इस सिद्धान्त की प्रमुख आलोचनायें निम्नलिखित हैं :

(1) कारण बताने में असमर्थ : यह सिद्धान्त यह बताने में असमर्थ है कि मन्दी कैसे प्रारम्भ होती है तथा क्यों आती है।

(2) उतार-चढ़ाव समझने में असमर्थ : सिद्धान्त में यह स्पष्ट नहीं किया गया कि उतार चढ़ाव एक नियमित समय पर ही क्यो आते हैं?

(3) व्यापारिक विश्वास पर प्रभाव : देश की व्यावसायिक दशाओं पर व्यापारिक विश्वास का गहरा प्रभाव पड़ता है। व्यवसाय पर पूंजी की सीमान्त उत्पादकता एवं मौद्रिक व अमौद्रिक घटकों का प्रभाव पड़ता है, परन्तु इस सिद्धान्त में इन बातों की ओर ध्यान न देने से यह त्रुटिपूर्ण बन गया है।

(4) अपूर्ण व्याख्या : यह सिद्धान्त व्यापार चक्रों की केवल अपूर्ण व्याख्या ही कर पाता है जिससे यह सिद्धान्त अधुरा है।

(य) अधिक बचत या कम विनियोग सिद्धान्त - हॉब्सन : हॉब्सन एवं उसके समर्थकों ने व्यापार चक्र का कारण आय का असमान वितरण बताया है। इस सिद्धान्त के अनुसार समाज में अमीर एवं गरीबों की आय में जो व्यापक अन्तर पाया जाता है, उसके फलस्वरूप उत्पन्न हुई बचत या कम उपभोग की घटनाओं के कारण ही देश की समस्त अर्थव्यवस्था पर व्यापार चक्र का प्रभाव पड़ता है। देश में आय के वितरण की असमानतायें ही आर्थिक संकटों को उत्पन्न करती हैं। आय का वितरण असमान होने से ही देश में व्यापार चक्र उत्पन्न हो जाते हैं और आथिक संकटों को जन्म देते हैं।

समाज में रहने वाले व्यक्तियों को धनी एवं निर्धन दो वर्गो में विभाजित किया जाता है। समाज की आय का एक बहुत बड़ा भाग धनी वर्ग को प्राप्त होता है, जो अपनी

समस्त आय को उपभोग पर व्यय न करके उसका एक बड़ा भाग बचत करके विनियोग कार्य पर लगा देते हैं। परिणामस्वरूप उपभोग की वस्तुओं की मांग घट जाती है तथा विनियोग बढ़ने से आगे चलकर वस्तुओं की पूर्ति में वृद्धि होकर मूल्यों में कमी करनी होती है। इससे लाभ घट जाते हैं व धनी वर्ग की आय कम होकर, बचत व विनियोग उत्पादन पर बुरा प्रभाव डालते हैँ। उत्पादन व उपभोग लगभग समान हो जाते है। फलस्वरूप मूल्य एवं लाभ फिर से बढ़ने लगते हैं, जिससे आय बढ़ जाती है, बचत एवं विनियोग बढ़कर फिर से पुरानी बाता दोहरायी जाती है। इस प्रकार यह व्यापार चक्र का क्रम चलता ही रहेगा। यह क्रम उस समय तक चलता रहेगा जबतक कि धनी व्यक्ति अधिक व्यय न करें या बचत करना न छोड़ दें या जब तक देश में आय का समान वितरण न हो जाये। बचत जितनी अधिक होगी तथा आय का जितना अधिक असमान वितरण होगा, उतने ही अधिक व्यापार चक्र प्रभावशाली होंगे। व्यापार चक्र के संकट से छूटकारा उसी समय प्राप्त हो सकता है जबकि उत्पादन व्यय उपभोक्ताओं की क्रय शक्ति के बराबर हो तथा वस्तु के उत्पादन करने में जितना खर्चा किया जाये वह समस्त धन समाज को ही किसी न किसी रूप में वापस कर दिया जाये, परन्तु यह सम्भव नहीं होता, क्योंकि राष्ट्रीय आय का एक बड़ा भाग साहुकार, जमीदार व अन्य धनी वर्ग के पास चला जाता है जो संख्या में थोड़े होते हैं। परिणामस्वरूप उपभोक्ताओं की क्रय शक्ति कम हो जाती है तथा दूसरी ओर धनी वर्ग अपनी आय को खर्च न करके बचत करते हैं और वह धन उपभोग पर व्यय नहीं हो पाता। इस कमी के कारण ही व्यापार चक्र के संकट उत्पन्न हो जाते हैं।

आलोचनायें : इस सिद्धान्त की प्रमुख आलोचनायें निम्न प्रकार है:

(1) बचत व विनियोग का भ्रमात्मक सम्बन्ध : इस सिद्धान्त में यह माना गया है कि विनियोग के उच्चावचन, बचत में उच्चावचन से प्रभावित होते हैं। परन्तु व्यवहार में यह पाया जाता है कि विनियोगों में बचतों की तुलना में अधिक उच्चावचन होते हैं। सम्पन्नता काल में विनियोगों में उस समय तक वृद्धि होती रहती हैं जब तक कि ब्याज की दर कम रहती हैं। प्राय: मूल्य वृद्धि की सम्भावना मात्र से ही विनियोग की मात्रा में वृद्धि हो जाती है। परन्तु अवसाद काल में ही बचत विनियोग से अधिक हो जाती है जिससे ऋण लेने व देने दोनों में ही घबराहट होती है, फलस्वरूप यह बचते बैंकों में जमा कर दी जाती है।

(2) अभिवृद्धि के कारणों को स्पष्ट करने में असमर्थ : यदि आय से बचत की जाये तो यह विनियोग हो सकती है और उसका लाभ अन्तत: उपभोक्ताओं को ही प्राप्त होता है, जिससे बचत करने पर मांग में कमी होने का अनुमान नहीं लगाया जा सकता है। इसी प्रकार बचतों में वृद्धि करने से विनियोगों पर पड़ने वाले प्रभावों को ठीक प्रकार से नहीं बताया जाता।

(3) ब्याज से विनियोग प्रभावित नही होते : प्राय: यह माना जाता है कि अधिक बचत करने से ब्याज की दरें गिर जाती है और वह विनियोगों को प्रोत्साहित करेंगी। परन्तु व्यवहार में ब्याज की नीची दरें विनियोग को प्रोत्साहित नही कर पाती, क्योंकि विनियोग में वृद्धि केवल लाभ की सम्भावना पर निर्भर करती है। उदाहरणार्थ अवसाद काल में बचत जमा होने पर भी विनियोग की मात्रा में पर्याप्त वृद्धि सम्भव नहीं हो पाती है।

(4) मूल्य एवं उपभोग वस्तु के सम्बन्ध की गलत धारणा : प्राय: यह माना गया है कि मूल्यों के उच्चावचनों का उपभोग वस्तुओं की मांग एवं पूर्ति को अधिक प्रभावित करते हैं और इस प्रकार शीघ्र नाशवान वस्तुओं की कीमतों में टिकाऊ वस्तुओं की अपेक्षा अधिक उच्चावचन होता है। परन्तु व्यवहार में यह सत्य नहीं है, क्योंकि अवसाद काल में भी विभिन्न राष्ट्रों में लोहा, इस्पात व अन्य टिकाऊ वस्तुओं के मूल्य खाद्य पदार्थों की तुलना में काफी कम पाये गये।

(5) गलत दिशा में बल देना : इस सिद्धान्त में गलत दिशा की ओर बल दिया गया है। व्यापार चक्र व संकट का कारण जो आय के वितरण की असमानता माना गया है वह भ्रमात्मक है क्योंकि वितरण की असमानतायें निरन्तर बढ़ती जाती हैं।

(6) व्यापार चक्र के कारण अस्पष्ट : उत्पाद कला में सुधार के साथ साथ सामाजिक आय में वृद्धि होती है, जिससे समाज के सभी वर्गों को लाभ प्राप्त होते हैं, परन्तु इस लाभ का अधिकांश भाग धनी वर्ग को प्राप्त होता है। इससे उपभोग की वस्तुओं की मांग घटकर विलासिता की मांग में वृद्धि हो जाती है, फलस्वरूप उपभोग वस्तुओं के उत्पादन करने वाले उद्योगों में मन्दी आ जाती है। परन्तु यह व्यापार चक्र आने के कारणें को स्पष्ट करने में असमर्थ रहते हैं।

(7) न्यून उपभोग व आय वितरण असमानता का व्यापार चक्र से सम्बन्ध न होना : समाज में आय के वितरण की असमानता एवं न्यून उपभोग का व्यापार चक्र से कोई प्रत्यक्ष सम्बन्ध नहीं होता है क्योंकि आर्थिक प्रगति के साथ-साथ मूल्य स्तर नीचे गिरते हैं तथा मुद्रा का विस्तार हो जाता है, जिससे शीघ्र नाशवान एवं टिकाऊ वस्तुओं का सम्बन्ध बिगड़ जाता है।

(र) नवीनता सिद्धान्त -शुम्पीटर : शु म्पीटर के अनुसार व्यावसायिक चक्र प्राय: नवीनता के कारण उत्पन्न होते हैं, यदि नवीनतायें न हो तो अर्थव्यवस्था एक साम्य की स्थिति पर आकर टिक जायेगी जहां जनसंख्या, उत्पादन-विधियां, साधन एवं रूचियों में कोई परिवर्तन न होगा। ऐसी दशा में शुद्ध बचत व विनियोग नहीं होते, उत्पादन मांग के आधार पर समायोजित होकर, व्यावसायिक चक्रों को उत्पन्न नहीं करता। परन्तु नवीनतायें उत्पादन व्यय एवं कीमतों में अनिश्चितता उत्पन्न कर देती हैं, जिससे अर्थव्यवस्था में निरन्तर उच्चावचन आते रहते हैं। यह उच्चावचन ही व्यापार चक्र को जन्म देते हैं तथा व्यापार चक्र के कारण होतें हैं।

शुम्पीटर के अनुसार नवीनता में निम्न बातों को सम्मिलित करते हैं: (अ) व्यवसाय के आन्तरिक संगठन में कोई परिवर्तन नहीं होता, (ब) उत्पाद की बिक्री के लिए नवीन विपणियों की खोज की जा सकती है, (स) समाज में किसी नवीन वस्तु का उत्पादन सम्भव हो सकता है, (द) उत्पादन की नवीन तकनीक का उपयोग करना, (य) कच्ची सामग्री के नवीन स्त्रोतों का पता लगाना, (र) उत्पादन की नवीन विधियों का उपयोग करना।

उत्पादकों के दृष्टिकोण में परिवर्तन होने से आर्थिक व व्यावसायिक जगत में भी परिवर्तन हो जाते हैं, जिनसे उत्पादन लागत अस्थिर हो जाती है तथा देश में उद्योगों के उत्पादन को मांग के आधार पर समायोजित करना पड़ता है। परन्तु नवीन परिवर्तनों के

साथ-साथ मांग वक्र में भी बार-बार परिवर्तन होते रहते हैं जिससे यह अनिश्चित ही रहता है।

प्रारम्भ में अर्थव्यवस्था को साम्य की स्थिति में माना जाता है जिसमें, बचत एवं विनियोग दोनों समान होते है और पूर्ण रोजगार की स्थिति पाई जाती है। यदि साहसियों को किसी ऐसी नवीनता से परिचित कराया जाये, जो उनके लिए लाभप्रद होगी तो वे उसे स्वीकार करके, बैंकों से ऋण आदि लेकर नवीन उपक्रमों की स्थापना करेंगें। इनकी सफलता पर अन्य साहसी भी इनका अनुकरण करते हैं जिससे अर्थव्यवस्था में विस्तार होता है, विनियोगों में वृद्धि एवं साख का विस्तार होकर बैंक साख व मौद्रिक आय का निर्माण होता है। परन्तु उत्पादन बढ़ाने में समय का लगना आवश्यक हे जिससे पुराने उपक्रमों द्वारा ऊंचे मूल्यों व लाभों की स्थिति उत्पन्न हो जाती है और सम्पन्नता का काल प्रारम्भ हो जाता है। व्यापार चक्र स्वयं को चक्रीय प्रक्रिया के रूप में व्यक्त करता है।

धीरे धीरे नवीन उपजें भी निरन्तर बाजार में आने से पुरानी फर्मों के साथ प्रतियोगिता होगी और उनके लाभ घट जायेंगें। उपभोक्तागतण भी पुरानी वस्तुओं के स्थान पर नवीन वस्तुओं को प्राप्त करेंगें, जिससे पुरानी वस्तुओं की मांग गिर जायेगी। व्यवसाय की मांग बढ़ने पर नवीन फर्में अपने लाभ में से बैंक ऋणों को वापस करने लगेगे, जिससे बाजार में मुद्रा की मात्रा घटेगी एवं इसका मूल्यों पर विस्फीतिक प्रभाव पड़ेगा। इस प्रकार वस्तुओं की मांग पहले से भी अधिक कम हो जायेगी। पुरानी फर्मों को घटती मांग का सामना करना पड़ता है जिससे वह उत्पादन कम करके श्रमिकों व अन्य उत्पत्ति के साधनों की छंटनी करेंगे। बेरोजगारी में वृद्धि होने से प्रभावशाली मांग में और अधिक कमी होगी। और मन्दी काल प्रारम्भ हो जायेगा। इस काल में अत्यधिक अनिश्चितता के कारण स्थिति और भी गम्भीर हो जाती है। शुम्पीटर ने अवसाद की व्याख्या गौण लहरों से की है, जिसका विस्तार प्रारम्भिक लहरों से उत्पन्न होता है और बाद में अत्यधिक निराशावाद का काल प्रारम्भ हो जाता है। बैंक अपनी तरलता बनाये रखने के प्रयास करती है तथा पुराने ऋणों को वापस मांगती है।

शनैः शनैः दिवालिया फर्मे अपना व्यवसाय बन्द कर देती हैं, जिससे शेष फर्मों का भविष्य उज्ज्वल हो जाता है और वे कुशलतापूर्वक उत्पादन कार्य करना प्रारम्भ कर देते हैं, जिससे विस्फीतिक क्रम का विफारा भी अन्त में अवरूद्ध हो जाता है।

आलोचनाएँ : शुम्पीटर के सिद्धान्त की प्रमुख आलोचनाएँ निम्नलिखित हैं:

(1) बैंक साख का प्रभाव पड़ना : देश में सम्पन्नता की दशा में बैंक साख की मात्रा भी व्यापार चक्र को प्रभावित करती हैं। प्राय: यह देखा गया है कि जितनी अधिक साख की मात्रा में वृद्धि होगी, उतनी ही अधिक मात्रा में मूल्यों में भी वृद्धि सम्भव हो सकेगी।

(2) बेरोजगारी पर प्रभाव : यदि नवीन वस्तु से प्रभावित उद्योग किसी एक स्थान विशेष पर केन्द्रित हैं तो बेकारी पर बुरा प्रभाव नहीं पड़ेगा क्योंकि श्रमिक प्राय: गतिहीन होते हैं। परन्तु व्यवहार में नवीनता का प्रभाव किसी एक क्षेत्र तक ही सीमित न होकर समूचे राष्ट्र पर पड़ने से बेरोजगारी पर बुरा प्रभाव पड़ता है।

(3) अनुचित मान्यतायें : शुम्पीटर के सिद्धान्त में यह मानकर चला गया है कि देश की अर्थव्यवस्था में पूर्ण रोजगार एवं अर्थ प्रबन्धन हेतु बैंक साख की व्यवस्था है, परन्तु वास्तव में यह दोनों ही मान्यताएं अनुचित एवं काल्पनिक हैं।

(4) अवधि का प्रभाव : व्यापार चक्र पर नवीन उद्योगों की अवधि का भी प्रभाव पड़ता है। किसी भी उद्योग के निर्माण में यह अवधि जितनी अधिक होगी, उतना ही मांग के अनुरूप उत्पादन को भली प्रकार से समायोजित किया जा सकता है। इसको सिद्धान्त में ध्यान में नहीं रखा गया।

(5) नवीनता के प्रतिस्पर्धात्मक प्रभाव : व्यापार चक्र की गहनता के निर्धारण में नवीनता के प्रतिस्पर्धात्मक प्रभावों का भी महत्वपूर्ण योगदान रहता है। जैसे नवीन वस्तु के प्रचलन के कारण पुराने उद्योगों को पुनः समायोजन करना सरल होगा, परन्तु मांग में कमी होने पर उद्योगो को पुनः समायोजन करने में अत्यन्त कठिनाइयों का सामना करना पड़ेगा।

(6) सामाजिक मान्यताओं पर आधारित : शुम्पीटर के सिद्धान्त में लोचपूर्ण बैंकिंग पद्धति को महत्व प्रदान करने पर भी उसे मौद्रिक सिद्धान्त में नही रखकर सामाजिक मान्यताओं पर आधारित माना है क्योंकि यदि मौद्रिक विशेषताओं को नियंत्रित कर दिया जाये तो व्यापार चक्रों को सरलता से समाप्त किया जा सकेगा।

(7) नवीनता में अनियमितता के कारण बताने में असमर्थ : यह सिद्धान्त नवीनता में अनियमितता आने के कारण बताने में अमसर्थ है। शुम्पीटर ने यह अनियमितता व्यक्तिगत साहसी के कारण बताई है, जबकि इसका कारण प्राविधिक एवं सामाजिक गति में समानता का अभाव होना है।

(8) अवसाद व पुनरूद्धार का सम्बन्ध भ्रमात्मक : सिद्धान्त में यह माना गया है कि अवसाद के पश्चात पुनरूद्धार की अवस्था स्वतः ही प्रारम्भ हो जाती है। परन्तु यह मान्यता गलत है क्योंकि अवसाद प्रायः पूंजी व विनियोग की कमी के कारण उदय होते हैं और उसे सामान्य स्थिति तक लाने के लिए लाभ के अतिरिक्त अन्य घटकों की भी आवश्यकता होती है, जिसे इस सिद्धान्त में ध्यान में र रखकर केवल लाभ की प्रेरणा पर ही जोर दिया गया है।

(9) नवीनता की गलत व्याख्या : शुम्पीटर ने नवीनता की जो व्याख्या की है वह सही नहीं है क्योंकि कुछ नवीनताएं अधिक विकास में बाधाएं उपस्थित कर देती है। इस प्रकार इस सिद्धान्त में नवीनता की गलत ढंग से व्याख्या की गयी है।

(ब) मौद्रिक सिद्धान्त

आधुनिक काल में व्यापार चक्रों के लिए मौद्रिक कारणों का निर्माण किया गया है। इन सिद्धान्तों में पुर्ण रूप से मौद्रिक कारणों की व्याख्या की गई है। इनमें प्रमुख सिद्धान्त निम्नलिखित हैं:

1. हाट्रे का मौद्रिक सिद्धान्त,

2. हिक्स का गुणक प्रक्रिया एवं गतिवर्धन सिद्धान्त,

3. हेयक का अधिक साख सिद्धान्त

4. राबर्टसन का सिद्धान्त,

5. कीन्स का बचत एवं विनियोग सिद्धान्त,

6. व्यापार चक्र का मकड़ी जाला प्रमेय, एव

7. टिजबर्जन का व्यापार चक्र सिद्धान्त

1. हाट्रे का मौद्रिक सिद्धान्त : हाट्रे के अनुसार व्यापार चक्र एक विशुद्ध मौद्रिक प्रवृत्ति है तथा मुद्रा के प्रवाह में परिवर्तन ही आर्थिक व्यवस्था में परिवर्तन लाने के लिए जिम्मेदार है और इसी से तेजी एवं मन्दी का सृजन हो जाता है। हाट्रे का सिद्धान्त तीन तथ्यों पर आधारित होता है- (अ) देश में कुल मौद्रिक मांग के प्रवाह में परिवर्तन, (ब) थोक व्यापारियों का देश की अर्थव्यवस्था में महत्वपूर्ण स्थान होना, एवं (स) बैंक निधियों की वापसी का महत्व।

समाज के तीन वर्गों में रखा जा सकता है: उपभोक्ता, व्यापारी एवं बैंक। उपभोक्तागत अपनी सीमित आय को प्राप्त करने एवं उसे व्यय करने में लगे रहते हैं। व्यापारी वर्ग आय प्राप्ति के साथ साथ माल की बिक्री, संचय, क्रय के आदेश आदि का कार्य भी करते हैं। बैंक धन को निक्षेप के रूप में प्राप्त करते तथा ऋण देने के कार्य करते हैं, परन्तु उनका एक अतिरिक्त कार्य नवीन मुद्रा का सृजन करना है जो प्राय: नकदी या बैंक साख मुद्रा के रूप में हो सकती है। मुद्रा के प्रवाह में वृद्धि होने से वस्तुओं की मांग में वृद्धि होती है, जिससे व्यापार, रोजगार, उत्पादन, आय एवं मूल्यों में वृद्धि होती है। इसके विपरीत मुद्रा के प्रवाह में कमी होने से वस्तुओं की मांग में कमी, व्यापार में मन्दी, उत्पादन, रोजगार, आय एवं मूल्यों में भी कमी हो जाती है तथा अर्थव्यवस्था मन्दी की ओर बढ़ जाती है।

समाज के तीनों वर्ग मुद्रा की खपत एवं वृद्धि में लगे रहते हैं। जब मुद्रा को आय के रूप में प्राप्त किया जाये तो नकदी की खपत तथा व्यय करने पर नकदी की मुक्ति कहेंगे। समाज के समस्त उपभोक्ताओं को मिलाकर उनकी मौद्रिक आय कुल व्यय के बराबर होती है। यदि उपभोक्ता बैंकों से ऋण उधार लेकर व्यय करे तो भी नकदी की मात्रा में शुद्ध वृद्धि सम्भव नहीं होगी, क्योंकि भविष्य में उन ऋणों का भुगतान अपनी आय से ही करना होगा, जिससे व्ययों में कमी हो जायेगी। परन्तु इस प्रकार की आय प्राप्ति एवं व्यय में समयावधि का अन्तर पाया जाता है।

व्यापारियों को वस्तुओं की बिक्री से आय प्राप्त होती है। यदि बिना लाभ के माल बेचा जाये तो बिक्री से प्राप्त आय उनके व्यय के बराबर होगी। जो नकद राशि उपभोक्ता द्वारा दी जाती है उसे व्यापारी प्राप्त करता है तथा स्वयं भी उत्पत्ति के साधनों का भुगतान करके उपभोक्ता रूपी श्रमिकों व अन्य साधनों की आय में वृद्धि करता है। इस प्रकार उपभोक्ता व व्यापारी एक दूसरे को नकद रशि का हस्तान्तरण करते रहते हैं। उपभोक्ता अपनी आय का एक भाग बचत के रूप में रखता है जिसे वह विनियोग कर देता है। यदि मुद्रा की मात्रा में कमी हो जाये तो अपस्फीति को बढ़ावा मिलकर मन्दी का समय हो जाता है, जिससे मांग में कमी हो जाती है, फलस्वरूप मूल्यों में कमी व उत्पादन घटकर बेरोजगारी में वृद्धि हो जाती

है। परिणामस्वरूप आय में कमी हो जाती है। इसके विपरीत मुद्रा की मात्रा में वृद्धि होने से तेजी को बढ़ावा मिलता है, मांग में वृद्धि होकर मूल्य उत्पादन, रोजगार एवं आय में वृद्धि हो जाती है। मुद्रा की मात्रा में वृद्धि होने से तेजी तथा कमी होने से मन्दी की अवस्थाएं उत्पन्न हो जाती है।

बैंक जनता से निक्षेप के रूप में धन स्वीकार करते हैं तथा साख का निर्माण करके सन्तुलन स्थापित करने के प्रयास किये जाते हैं। ऐसी परिस्थिति में कुल नकद राशि एवं साख की मात्रा यथास्थिर रहती है। प्राय: व्यापारी वर्ग बैंकों से धनराशि ऋण के रूप में प्राप्त करते तथा बाद में उसे वापस कर देते हैं। जब बैंक एवं समाज के मध्य नकद राशि के हस्तान्तरण क्षपूर्ण है। तो इसका कोई विशेष महत्व नहीं होता। परन्तु यदि यह राशि इससे कम या अधिक हो जाये तो उसके परिणाम महत्वपूर्ण होते हैं। देश में व्यापार चक्र ऊपर की ओर उस समय जाता है जबकि मांग में वृद्धि हो जाये। उत्पादक अधिक मात्रा में माल उत्पादित करके प्राप्त मुद्रा को उपभोक्ताओं को हस्तान्तरित कर देते हैं। उपभोकता इस बाय का उपयोग माल खरीदने में करक इस राशि को उत्पादकों को हस्तान्तरित करते एवं अधिक माल निर्मित करने को प्रेरित करते हैं। इस प्रकार जब जब व्यापारी अपने स्टॉक में वृद्धि करें, प्रत्येक बार उपभोक्ता की आय में वृद्धि होगी। मांग पूर्ण न होने पर व्यापारी मूल्यों को बढ़ा देते हैं और तेजी की अवस्था आ जाती है।

परन्तु बैंकों द्वारा साख प्रदान करने की एक सीमा होती है और वे उससे अधिक मात्रा में ऋण प्रदान करने में असमर्थ होते हैं। बैंक साख पर नियन्त्रण लगा देंते है और कुछ समयोपरान्त इसके प्रभाव दृष्टिगोचर होने लगते हैं। साख पर लगाये गये प्रतिबन्ध ब्याज की ऊंची दरों के रूप में प्रकट होकर संकट काल के आगमन को सूचित करती है। जब बैंक अपने ऋणों को भी वापस माँगने लगते हैं तो इससे मूल्यों, आय, रोजगार आदि में कमी होने लगती है। धन वापिस करने के लिए कुछ व्यापारियों को अपने विनियोगों को हानि पर भी बेचना पड़ता है। इस काल में मजदूरी में मूल्यों की अपेक्षा कमी कम पूर्ति से होती है। बैंकों द्वारा साख के विस्तार करने की कुछ सीमाएं होती है क्योंकि उन्हें अपने दायित्वों को पूर्ण करने केलिए न्यूनतम मात्रा में नकद कोष रखना पड़ता है और जब बैंकों को यह अनुपात बनाये रखना कठिन हो जाता है तो वह साख के विस्तार पर ही प्रतिबन्ध नहीं लगाते, बल्कि ऋणें को भी वापस मांगने लगते हैं, जो व्यापारियों के लिए विपत्ति का कारण बन जाता है।

परन्तु संकुचन की भी एक सीमा होती है। उत्पादन घटने, आय में कमी होने एवं सकुचन की गहरी छाप गिरने व्यापारी स्टॉक की मात्रा में कमी करके उधार लिया हुआ ऋण बैंकों को वापिस कर देते हैं और बैंकों के नकद कोष पूरा भर जाते हैं। इस समय ब्याज की दरें काफी कम हो जाती है, जो विनियोग को आकर्षक बनाती है और बैंक फिर से साख के विस्तार की नीति का पालन करने लगते हैं। इस प्रकार तेजी व मन्दी की अवस्थाएं आती रहती हैं।

आलोचनाएँ : हाट्रे के सिद्धान्त की प्रमुख आलोचनाएं निम्नलिखित हैं :

(1) विनियोग के कारणों की उपेक्षा : इस सिद्धान्त में इन कारणों की व्याख्या नहीं की गई, जिन पर विनिमय निर्भर करते हैं। देश में उपभोग एवं विनियोग के परिवर्तनों से

आर्थिक जीवन व अर्थव्यवस्था प्रभावित होती है। परन्तु इस सिद्धान्त में इस बात का उत्तर नहीं मिलता कि मुद्रा में वृद्धि क्यो होती है।

(2) साख की निम्न कीमत का गलत विचार : सिद्धान्त में यह बताया गया है कि साख का मूल्य कम करने से साख विस्तार होकर उत्पादन व मूल्यों में वृद्धि व अभिवृद्धि का आगमन होता है। परन्तु आलोचकों का कथन है कि उत्पादन में वृद्धि होने के अन्य कारण भी होते हैं, जिन्हें ध्यान में नहीं रखा गया।

(3) ब्याज दर अप्रभावी : व्यापार चक्र के इस सिद्धान्त में यह माना गया है कि व्यापारीगत ब्याज की नीची दरों से प्रभावित होकर ही स्टॉक बनाने की दिशा में प्रेरित व प्रोत्साहित होते हैं। परन्तु वास्तव में इस बात को देखकर स्टॉक का निर्माण नहीं किया जाता, बल्कि ब्याज दरों के स्थान पर लाभ की मात्रा को ध्यान में रखा जाता है। यदि ब्याज दर ऊंची हो, परन्तु लाभ की सम्भावना हो तो भी उत्पादन व स्टॉक में वृद्धि की जा सकती है।

(4) कारण व परिणाम का अन्तर समझने में भूल : हाट्रे अपने सिद्धान्त में कारण व परिणाम का अन्तर समझने में भुल कर बैठे। सिद्धान्त के अनुसार अभिवृद्धि के शिखर पर ब्याज की दर में वृद्धि करने से संकट आते हैं, परन्तु व्यवहार में ऐसा नहीं होता क्योंकि ब्याज की दर की वृद्धि संकट से पूर्व सम्भव नहीं है बल्कि उसके पश्चात् ही आती है और संकट आने से साख का पतन हो जाता है।

(5) बचत व विनियोग में सन्तुलन का अभाव : इस सिद्धान्त की यह मान्यता रही है कि बचत एवं विनियोग में सन्तुलन बना रहता है, परन्तु व्यवहार में ऐसा नहीं पाया जाता और बैंकों की नीति इसमें विध्न उत्पन्न करती है।

प्रश्न

1. व्यापार चक्र से आप क्या समझते हैं। व्यापार चक्र की विभिन्न अवस्थायें बतलाइये।
2. व्यापार चक्र की परिभाषा दीजिये। व्यापार चक्र पर नियन्त्रण हेतु अपनाये जाने वाले उपचारों की संक्षिप्त में व्याख्या कीजिए।
3. व्यापार चक्र के प्रमुख सिद्धान्त कौन-कौन से है। इनमें से किसी एक सिद्धान्त की स्पष्ट व्याख्या कीजिए।